让 我 们 一 起 追 寻

MICHAEL DOBBS

美国与奥斯维辛之间的

逃亡者

弃民

The Unwanted

AMERICA, AUSCHWITZ, AND A VILLAGE CAUGHT IN BETWEEN

〔美〕迈克尔·多布斯 —— 著　　———— 夏文钊 —— 译

社会科学文献出版社

SOCIAL SCIENCES ACADEMIC PRESS (CHINA)

本书获誉

本书荣获 2019 年缅怀欧内斯特·W. 米凯（Ernest W. Miche）大屠杀纪念奖

一本令人心碎又恰逢其时的书……多布斯拥有记者的叙事功底与历史学家对细节与背景知识的密切关注。他追随这些犹太家庭经历一系列悲惨事件，记述他们迫切想要逃往安全之地的一系列尝试。

——《华盛顿邮报》

多布斯像编织一幅描绘惨烈景象的挂毯画一样，讲述了这个悲惨的故事：无数人希望破灭，生还者寥寥无几。透过一丝不苟、悬念迭起的细节，多布斯记述了一个个基彭海姆家庭迫切且坚持不懈地设法逃离纳粹欧洲的努力。

——《华尔街日报》

一本引人入胜、资料翔实的好书……多布斯详尽且准确地叙述了美国针对第三帝国犹太人难民政策的变迁史，令人不禁屏住呼吸。我是这一历史事件的亲历者，然而我是一字不落、一口气读完这本书的，它令人赞叹。

——历史学家、纳粹猎人塞尔日·克拉斯菲尔德

（Serge Klarsfeld）

感人至深且充满力量……《弃民》生动描绘了人类为纳粹反犹主义付出的惨重代价，以及缺乏同情心的难民政策所造成的悲剧性后果。当代世界依然存在迫害与民族间暴力的问题，如果你关心难民政策所产生的效果，你就必须读读《弃民》。

——迈克尔·切尔托夫（Michael Chertoff），

2005~2009年任美国安全部部长

当我们提及暴行、大屠杀、反人类罪或者种族清洗的时候，我们脑海中总会浮现出数以千计，甚至数以百万计的人群。《弃民》一书提醒我们，在暴行之下，每一位受害者都有自己的故事，有各自不同的悲惨经历。迈克尔·多布斯写下了关于一个小镇的犹太群体的引人入胜的历史，因而我们能够深刻地、以一种私人的方式认识书中一个个鲜明的个体。多布斯将我们带入了那些犹太人的生活，让我们透过文字感受他们被世界抛弃时努力求生的挣扎与渴望。

——黛博拉·E.利普斯塔特（Deborah E. Lipstadt）博士，

《反犹主义：此时此地》（*Antisemitism：Here and Now*）作者

献给受害者们

这是对我们时代毫无人性的残暴的极佳评论：一张盖了印章的纸居然能决定千千万人的生死。

——美国记者多萝西·汤普森（Dorothy Thompson），1938 年

这是一个光明的季节，也是一个黑暗的季节；这是希望之春，也是绝望之冬。我们面前应有尽有，同时却也一无所有。我们都将升入天堂，我们也将坠入地狱。

——查尔斯·狄更斯（Charles Dickens），《双城记》

目　录

前　言

美国犹太人大屠杀纪念馆馆长

萨拉·布卢姆菲尔德

在本书开篇，14 岁的赫蒂·瓦亨海默（Hedy Wachenheimer） 在 1938 年 11 月 10 日这一天骑着自行车前往学校。她翻过黑森林的丘陵，全然不知她的生命将在这一天永远改变。同一天早晨，身处纳粹德国的美国外交官与领事们正试图搞懂犹太教堂被焚毁，商铺、住所被捣毁，3 万犹太成年男性与男童被逮捕这一系列事件的含义。这些对犹太人的攻击预示着什么？美国应当有所回应吗？若要回应，如何回应？

我们如今所说的"犹太人大屠杀"（Holocaust）改变了我们的世界，撼动了我们对人性的假设，改变了我们对"西方文明"特征的理解，也动摇了"进步"的概念。但在这个"水晶之夜"（Kristallnacht）①，一切都还是未知。

我们应不断提醒自己：犹太人大屠杀并非不可避免。受益于一系列事后回顾与学术研究，现在我们可以发现导致纳粹主义兴起与犹太人种族屠杀的种种因素，也能从中发现随处可见的糟糕决策、不负责任与错失良机。驱动这一切的不仅是意识

---

① "水晶之夜"指 1938 年 11 月 9 日至 10 日凌晨，希特勒青年团、盖世太保和党卫军袭击德国和奥地利的犹太人的事件。许多犹太人住宅的窗户在当晚被打破，破碎的玻璃在月光的照射下犹如水晶般发光，所以有德国人讽刺地称之为"水晶之夜"。（本书中所有脚注均为译者注，后文不再特别说明。）

形态与憎恶，还有恐惧、贪婪、怨恨、冷漠与一厢情愿的想法。

1933 年 1 月，在严重的经济衰退与对共产主义普遍的恐惧之中，阿道夫·希特勒被任命为德国总理。保守派精英不喜欢希特勒的极端主义与暴力倾向，但他们认为自己可以控制希特勒。很快，希特勒就瓦解了保守派精英的权力，将德国从一个民主国家变成一个独裁国家，实现了他的愿景：把德国变成种族"纯洁"的国家。

在整个 1930 年代，纳粹政权颁布法律，剥夺了德国犹太人的公民权，在德国社会的各个方面驱逐犹太人——经济部门、政府、媒体，以及教育、社会与文化机构。在这一时期，纳粹政权针对犹太人的政策是鼓励他们移民。然而，纳粹的政策将犹太人逼入贫困的境地，加之反犹主义在世界范围内盛行，致使犹太人很难找到栖身之所。

1939 年 9 月，德国入侵波兰，第二次世界大战正式开始，事态发生了戏剧化的转变。在所有纳粹占领的土地上，犹太社区成了驱逐、迫害与暴力活动的目标。1941 年 6 月，德国突袭苏联。在那以后，纳粹政权开始系统性地枪杀犹太人，后来又转而进行"工业化"的毒气室谋杀。

早在 1933 年，美国人便能读到关于纳粹迫害德国犹太人的准确信息。在报纸头版，关于新上任的富兰克林·罗斯福总统及其新政的报道紧挨着德国人抵制犹太人的生意、焚烧犹太人著作及其他"禁书"的报道。

作为对这些新闻的回应，一些美国人集会、抗议，并开始抵制售卖德国商品的商店。数百封请愿信从美国各地发出，要求政府官员抗议纳粹对于犹太人的暴行。然而，在 1933 年，美国与其他很多国家认为外交抗议侵犯了德国的国家主权，违背了公认的国际准则。那时，对于一个国家来说，攻击自己的公民并不违法。

　　同时，民意调查显示，美国人一如既往地不想扩大1924年拟定的、不允许更多移民进入美国的限制性移民配额。1933年至1938年期间，分配给德国的移民配额没有用完；到1939年年初，多达24万德国人申请了美国移民签证，其中大多数是犹太人，如此密集的申请致使审批工作被积压多年。虽然当时美国人不知道犹太人大屠杀将要发生，但他们确实知道在纳粹德国糟糕的事情正在发生，而且事态将持续恶化。然而，除了一些勇敢的个人外，美国人并未表明立场。

　　在《弃民》一书中，迈克尔·多布斯再现了德国小镇基彭海姆（Kippenheim）与居住在那里的犹太社区成员的真实经历。与其他人类聚居地一样，基彭海姆是一个充满梦想与野心、友谊与家族亲情的小世界。多布斯之所以能够用文字将我们带入他们的日常生活，要归功于海量可用的档案材料、照片与口述史资料。对于大多数社区，尤其是大多数犹太人大屠杀被害者曾居住的东欧社区来说，这样的记录即使得以保存至今，也比基彭海姆的记录要零碎得多。基彭海姆记录翔实的故事是一个使人感到痛苦的提醒：基彭海姆只是整个欧洲大陆被摧毁的约4000个犹太社区之一。

　　有些基彭海姆居民能够走完美国越来越严的移民流程。这一流程要求申请者找到一个美国籍的财务资助者，预购一张前往美国的船票（横跨大西洋前往美国的航船并不多），并且确定无疑地证明自己不是美国的安全威胁。东欧犹太人的社区在战争中被纳粹德国占领，因而他们并没有与基彭海姆居民同样的逃生希望。

无论是怎样的研究或写作或纪念，都无法使大屠杀的受难者死而复生；但它们可以帮助我们记住那些人——他们不仅是在大屠杀中被杀害的人，更曾是一个个鲜活的生命。这样一来，我们才能意识到所失之深重：已然消亡的数百万人的世界、未曾出生的世代、长期存在却一夕全毁的社区、被斩草除根的家族，更加重要的是，每一个个体。

当时的世界未能拯救大屠杀的受难者；今天，我们必须记住他们。那些当时未能为欧洲犹太人做到的事情，我们必须为当今种族屠杀的受害者做到。正如马克·吐温所说的那样："历史不会重演，但总会惊人地相似。"我们研究历史以帮助我们想象不可想象之事，重视个体的力量并提醒自己保持警觉。用研究犹太人大屠杀的学者彼得·海耶斯（Peter Hayes）的话说："慎始为上。"

第一章
1938 年 11 月

赫蒂·瓦亨海默在阿道夫·希特勒大街（Adolf-Hitler-Strasse）上骑着自行车前往学校。那是一个极冷的早上。路两旁涂了白色颜料的二层砖房还被笼罩在黎明前的昏暗之中，依旧关闭的百叶窗后面隐约有灯光闪烁。

当赫蒂抵达小镇边缘时，她在"不欢迎犹太人"的标识旁下车，前面有一段陡坡，她没有力气蹬车爬坡，于是下车推行，进入了开阔的乡间。

很快，太阳开始升起。通常，在每年的深秋时节，莱茵河上游谷地的田野和葡萄园总被浓雾笼罩，能见度不过几英尺。然而今天，结了霜的草地与树木在晨光中闪耀着。路上落满了山杨与桦树掉落的叶子，其中还混杂着森林里的冷杉与松树叶子，走在上面容易打滑。

赫蒂在冷风中颤抖着，想起了前一天晚上她父母的奇怪举动。他们似乎非同寻常地焦虑与担忧。她的父亲告诉她，如果夜里被"巨大的噪声"吵醒，就躲进衣柜。然而她的父母拒绝解释他们为何担忧。作为独生女，赫蒂早已习惯分享父母的喜悦与忧愁，但是父母昨晚的举动与往常完全不同。[1]

赫蒂父母所谈论的"麻烦"似乎与广播里的一则报道有关：在巴黎，一位德国外交官被发狂的犹太难民杀害。令 14 岁

4

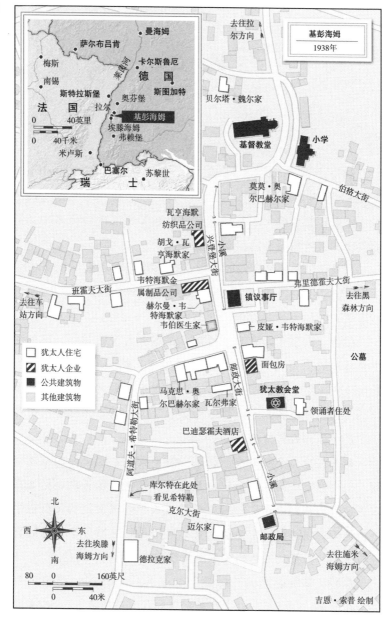

吉恩·索普 绘制

的赫蒂不解的是，这与自己家有什么关系呢？瓦亨海默一家住 5
在距离巴黎几百英里的基彭海姆，这是一个位于德国西南部巴
登州的无名小镇。最终，赫蒂与父母并未受到任何惊扰。

　　赫蒂花了将近 40 分钟，一半推车步行一半骑行，终于来到
了距家 3 英里的学校。基彭海姆只有 1800 位居民，人数太少，
不足以开设一所高中，因此赫蒂必须去相邻的埃滕海姆
（Ettenheim）上学。赫蒂走过的是黑森林山丘间蜿蜒的乡村道
路。世世代代的德国人爱黑森林，爱它如画的小镇、远足的小
径与绝佳的风景。赫蒂的右边是一座城堡，在山冈之上，居高
临下，俯瞰着莱茵河的景色。在远处，那些隐约可见的深蓝阴
影是法国东部的山脉，它们在宽广的冲积平原的另一侧。

　　17 世纪，当犹太人最初定居在这里的时候，马尔伯格城堡
（Mahlberg Schloss）曾经是神圣罗马帝国防线的一部分。它由巴
登的统治者们建造，这些统治者的贵族头衔是"侯爵"
（margrave）。侯爵们依靠犹太银行家与富有的商人为军队提供
必需品。与此相对，这些"宫廷犹太人"（Court Jews）依赖乡
下犹太商人的网络，以比大城镇的基督徒商人更优惠的条件做
生意。像弗赖堡那样的大城镇是禁止犹太人进入的。[2] 从那时
起，在侯爵们的庇护之下，犹太人便在这一拥有战略重要性的
边境地区繁衍生息了。

　　在道路的另一侧，城堡的对面，施米海姆（Schmieheim）
的犹太公墓隐藏在山丘之间，三代瓦亨海默家族的逝者便安葬
于此。这一传统对于赫蒂来说并不意味着什么，因为她直到 6
岁才知道自己是犹太人。小学老师坚持让赫蒂去上犹太律法课，
意志坚定的赫蒂告诉老师她不想当犹太人。如果她必须要有个
宗教信仰，她更想选天主教或路德宗，就像其他孩子一样。老

师清楚地告诉赫蒂在这件事上她没有发言权：她的父母、姑姑阿姨、舅舅叔叔、堂表兄弟姐妹和所有瓦亨海默远亲都是犹太人，这意味着赫蒂也是犹太人。

当赫蒂骑车经过埃滕海姆镇郊的牙医诊所的时候，她的忧虑加深了。这座房子所有的窗户都被砸碎了。暴行似乎令人费解且充满任意性——整条街上除了牙医诊所以外没有其他建筑遭受袭击。但是，赫蒂确定这场袭击一定与那个牙医也是犹太人有关系。

赫蒂将自行车停在一栋壮观的新古典主义建筑外，这栋建筑入口上方铭刻着"高级中学"（GYMNASIUM）和"1875"。老师们与学生们正三三两两兴奋地交谈着。他们用眼角的余光瞥见赫蒂，但是并没有和她说话。像往常一样，她穿过人群走到二楼的教室，俯瞰着校园。她已经习惯于被其他人当成贱民一样对待。在休息时间，其他孩子们在校园里玩着捉迷藏，赫蒂总孤身一人站在学校门前的台阶上。没有人邀请她一起玩耍，她无事可做，只能紧张地用手指拨弄红棕色的砂岩石柱直到休息时间结束。三年来她都站在同一个地方，已经在石头上摸出了一个小小的凹陷。

对赫蒂，大多数老师表现得举止得体却有意疏远。数学老师赫尔曼·赫布斯特赖特（Hermann Herbstreith）是一个例外，他是一名党卫军（Schutzstaffel，简称 SS）中士。赫布斯特赖特羞辱他的犹太学生并乐在其中。他来到教室，穿着一身党卫军黑色制服，右靴里面插着一把左轮手枪。每当他问赫蒂一个数学问题，他会冲枪比画比画。有时，他甚至直接从靴子里掏出手枪，指着赫蒂，居高临下地耸立在他惊恐又弱小的学生面前。赫蒂如何回答问题并不重要，因为不管她怎么回答，赫布斯特赖特都认为她的答案是错的。

"这是个犹太式的答案，"他用嘲讽的语气说道，赫蒂的同学们也都在偷笑，"我们都知道，犹太式的答案是不好的。"[3]

赫蒂专注于学业以应对同龄人的排挤。除数学以外的所有学科她都能拿高分，但是数学一直都不及格。[4]

赫蒂的学校曾经是一所精英高中，接收成绩优异的学生。1933 年纳粹掌权之后，学校将重心从学术研究转向了"日耳曼研究"，包括研究体育和效力于德意志第三帝国①的光荣前辈。1935 年，赫蒂的父母首次尝试将赫蒂送进这所学校，但是被拒收了，理由是赫蒂并非雅利安人。尽管赫蒂是犹太人，学校校长沃尔特·克莱因（Walter Klein）还是破例接收了她，因为赫蒂的父亲在大战②中为德国效力，甚至在战役中负伤了。

课程于 8 点准时开始。就在这一天，1938 年 11 月 10 日星期四，圆脸的克莱因博士在上课半小时后走进了赫蒂的教室。他发表了演讲，内容与他先前听到的镇长演讲一样，有关于"日耳曼人民合情合理的愤怒"，随后，他用手指着赫蒂。

"滚出去，你这肮脏的犹太人！"他尖叫着，他通常微笑着的面容被狂怒扭曲。[5]

克莱因校长，这位留着小胡子的光头绅士，在短短几秒内为何有如此大的转变？赫蒂无法理解。尽管她早上已经看到了犹太牙医诊所被砸碎的窗户，但她还是觉得克莱因博士的愤怒难以理解。先前，他似乎善意对待赫蒂，甚至还称赞了赫蒂的

①　第三帝国，即纳粹德国，是 1933 年至 1945 年阿道夫·希特勒领导的纳粹党所统治的德国的通称。

②　即第一次世界大战。1939 年 9 月第二次世界大战爆发前，一战被直接称为"大战"。

"语言能力"。[6] 她想，也许她犯了什么错。也许她先前在课上打哈欠了，或者没有在某位老师的课上认真听讲。她很担心，不知回家后如何跟父母解释这件事。

赫蒂感到困惑，不知道自己做错了什么，以及如何进行补救。她请校长再重复一遍刚才的话。校长不仅重复一遍"滚出去，你这肮脏的犹太人！"，还抓着赫蒂的手肘把她推出了门。然后，他命令剩下的学生参加镇议事厅外正在组织的反犹示威游行。几分钟之后学生们涌出教室，从赫蒂身边冲过去时高喊"肮脏的犹太人"，并前往巴洛克风格的镇议事厅。[7]

赫蒂不知道该怎么做。她蹑手蹑脚地回到了空荡荡的教室，在自己的座位上坐下并拿出一本练习册。几分钟之后，有人怯生生地敲门。敲门者是汉斯·德拉克（Hans Durlacher），也来自基彭海姆，是 1938 年秋季学期除了赫蒂之外唯一的犹太学生。汉斯比赫蒂小一级，他告诉赫蒂，校长也冲他吼了。他非常害怕。赫蒂极其不情愿地说汉斯可以和她一起待着，只要他不打扰她的学习。

8　　　汉斯在窗边坐着，俯视着校园与阿道夫·希特勒大街。每一个德国小镇最重要的街道都被命名为阿道夫·希特勒大街。汉斯在窗边看了 1 小时之后，突然急切地喊赫蒂和他一起看。他们一起看到党卫军的人像赶羊一样，用鞭子和小棍儿赶着许多衣着凌乱的囚犯从街上走过，叫喊着让囚犯们走快点。囚犯的队伍里有男人和男孩，有一些比赫蒂大不了多少。他们四人为一行走在街上，脚踝被链子拴着。走在队尾殿后的是来自当地家具工厂的一帮混混儿，他们手拿着椅子腿——他们就是拿着这些椅子腿去砸烂犹太人住宅的窗户的。他们的脖子上还挂着从犹太肉店抢来的一串一串的香肠。[8]

赫蒂与汉斯感到害怕，他们决定给家里打电话，搞清楚到底发生了什么。他们来到一个邻近的商店，找到了一部电话。赫蒂试图给母亲打电话，却只听到一个奇怪的声音说"该号码已停机"。然后她尝试给父亲的办公室与姊姊在基彭海姆的家打电话，但不管是给谁打电话，结果都是一样的——"该号码已停机"。[9]汉斯给家里打电话，得到的结果也是一样的。

教学日还没有结束，但教学楼已经空无一人了。高级中学的其他人要么在参加示威游行，要么感到反感，已经回家了。赫蒂和汉斯没有其他事情可做，只能自行回家。当赫蒂回到位于班霍夫大街（Bahnhofstrasse）的公寓时，她注意到二楼的蓝色百叶窗是关着的，前门也上了锁。这非常奇怪，因为她的母亲通常白天都在家并且开着百叶窗。

赫蒂按响门铃，却没有人回应。她站在空荡荡的公寓前面，试图忍住泪水。这时，她发现小镇里最出名的纳粹分子正从街上经过。通常，她会想尽一切办法避免与这个人会面，因为他对犹太人充满敌意，臭名昭著。但是赫蒂极其希望找到她的父母。赫蒂穿过街道，问那个纳粹是不是知道她的母亲去哪了。

"我不知道那个该死的婊子哪去了，"他咆哮道，"但如果我看到她，我会杀了她。"[10]

8 月底，也就是不到三个月前，阿道夫·希特勒，那个使诸多德国街道以其名为名的人意外到访基彭海姆。阿道夫·希特勒穿过小镇，他此行的目的是视察"西墙"，这一防御系统的别名便是更为海外人士所知的"齐格菲防线"（Siegfried Line）。这场访问组织得如此匆忙，以至于途经的小镇都没有时间将所有常用的纳粹旗帜悬挂出来。当希特勒的车队接近基彭海姆的时候，人们兴奋地小声说着"希特勒来了"。很快，基彭海姆的居民们得以看上一眼他们的元首：希特勒就站在敞篷梅赛德斯车的前排，穿着一件米色长雨衣。一辆加长轿车紧随其后，8 位上将挤在里面，他们身着全套制服，佩戴着闪闪发光的勋章。人群狂热地呼喊着"胜利万岁！""胜利万岁！"① 希特勒不屑一顾地向上挥了挥右手，以示回应。[11]

视察完莱茵河沿岸匆忙修筑的防御工程之后，希特勒通过一台巨大的望远镜看向法国。在他的自传《我的奋斗》（*Mein Kampf*）中，他将法国称为"我们国家的死敌"，并且呼吁毁灭法国，将此作为德国向东扩张的前奏。[12]

"希特勒巡视德法边境纳粹要塞；战争以来元首首次现身莱茵河"成了第二天《华盛顿邮报》的头条。《洛杉矶时报》的报道以《德军集结德法边境》为题。"战争还是和平？"《纽约时报》问道，"欧洲在希望中等待。"[13]

在法国和英国同意希特勒分割捷克斯洛伐克的要求之后，人们对战争爆发的恐惧减弱了。9 月底在慕尼黑会议上，英法对希特勒采取绥靖政策，然而绥靖政策换来的平静并不长久。这位独裁者在国际前线上收获颇丰、心满意足，又将注意力转向了国内的困扰——他与犹太人之间的战争。

11 月初，希特勒下令驱逐德国境内约 1.2 万东欧犹太人。虽然这些犹太人出生在波兰，但是事实上他们已经在德国合法居住了几十年。然而，一夜之间，他们都被逐出了家园，被带

---

① "胜利万岁！"（Seig Heil！）是行纳粹礼时喊的口号。纳粹党于 1930 年代开始使用纳粹礼，作为表达对希特勒的忠诚和作为德意志民族的荣耀。纳粹党上台之后，纳粹礼成为平民唯一的行礼方式，但德意志国防军仍沿用传统的敬礼。7 月 20 日密谋案后，国防军亦被要求行纳粹礼。目前在德国、捷克、斯洛伐克和奥地利，使用纳粹礼均会触犯刑法。

去最近的火车站乘火车前往波兰，最后被丢在波兰边境，身上没有一点金钱或其他财产。即使是按照纳粹的标准，这场行动 10 也异常残忍、野蛮。美国驻柏林领事雷蒙德·盖斯特（Raymond Geist）将这场大型的逮捕与驱逐描述为"人类现代史上最残忍的行动之一"。[14]

某个被驱逐者17岁的儿子，赫舍尔·格林斯潘（Herschel Grynszpan），通过报道得知波兰边境的悲惨状况与犹太人自杀的消息。那时，他非法居住在巴黎，希望前往巴勒斯坦。11月2日，格林斯潘收到了姐姐贝尔塔（Berta）的来信，得知他生活在汉诺威长达27年的家人被德国驱逐出境。"没有人告诉我们这是怎么回事，但是我们意识到我们完了，"贝尔塔写道，"我们身无分文。你能寄点什么东西给我们吗？"

穷困的格林斯潘几乎没有钱寄给家人。11月7日，他花掉仅剩的法郎买了一把手枪，然后坐地铁去了德国大使馆。他告诉守门人他有"一个重要的文件"要交给大使，守门人领他去了一个下级副官的房间。这位下级副官名叫恩斯特·冯·拉特（Ernst vom Rath）。当拉特要求格林斯潘出示文件时，格林斯潘掏出了手枪，吼道："你这肮脏的德国人，以1.2万被迫害犹太人的名义，这就是你要的文件！"[15]然后，他朝这位外交官射了5枪，射中了他的胃部与脾脏。

拉特身受重伤，于11月9日不治身亡。这件谋杀案给希特勒完美的借口掀起一场全国性的针对犹太人的暴行狂潮。纳粹媒体早已将这件发生在巴黎的谋杀案归罪于全体犹太人，给犹太人集体打上了"杀人犯"的标签。纳粹宣传的总负责人约瑟夫·戈培尔（Joseph Goebbels）向希特勒汇报，多个德国城市爆发了反犹抗议，包括柏林。戈培尔在日记中记录了元首的反应："他决定：允许抗议游行继续进行，撤离警察。犹太人应立刻感受到人民的愤怒。"[16]

据纳粹喉舌报道，11 月 9 日夜，德国爆发了针对犹太人的"自发抗议"。彼时，德国境内仅剩 32 万犹太人，而在 1933 年，这个数字是 50 万。[17] 事实上，这场暴行是纳粹周密组织的，并非民众自发。与希特勒会面后不久，戈培尔命令区域性纳粹党办公室筹划在同一天晚上进行"自发"的抗议。几小时之后，也就是 11 月 10 日凌晨 1 点 20 分，纳粹高层安全官员赖因哈德·海德里希（Reinhard Heydrich）用电传打字机向全德国的盖世太保办公室与警察局发送了一条紧急信息。这条信息详细地说明了应如何应对抗议游行：

· 仅有在不威胁日耳曼人民生命与财产安全的情况下才能采取措施。（例如，仅能在周遭环境没有着火危险的情况下，才能放火烧毁犹太教会堂。）

· 可以摧毁犹太店铺与私人住宅，但是不可劫掠。

· 警方不得阻碍进行中的示威抗议。

· 在现有监狱空间允许范围内尽可能逮捕犹太人，尤其是富裕的犹太人。[18]

在慕尼黑与斯图加特等城市中，对犹太教会堂与住宅的攻击几乎立刻就开始了。与此形成鲜明对比的是，这一指令几小时后才下达到更小的城镇和村庄。直到凌晨 4 点，指令才下达到拉尔（Lahr）的党卫军与纳粹党总部。拉尔位于基彭海姆北部，距其 5 英里。警察局局长与纳粹官员匆忙开会分工。党卫军和警察负责将犹太男性集中起来，纳粹激进分子将组织实施一系列"额外措施"，包括攻击犹太人住宅与商铺。拉尔的纳粹党领导人里夏德·布尔克（Richard Burk）命令当地市长召集集会并发表反犹演讲。他也发动当地希特勒青年运动成员带头摧毁犹太教会堂。

这个区域的党卫军高官名叫海因里希·雷默特（Heinrich Remmert）。他原先是集中营的指挥官，因为不能胜任而被下放到了拉尔。他的上级觉得他非常愚蠢，连"最简单的概念"都理解不了。他在党卫军中的位置相当于陆军中校，但是，根据他的人事档案，恐怕在"边远农村区域"当冲锋队队长（Sturmführer）更加适合他——那是纳粹军衔里最低的一种。[19] 雷默特受命逮捕辖区内所有犹太男性并将其送到各个集中营，他抓住这个机会，用他对纳粹意识形态的狂热"打动"了那些质疑者。

11月10日早上，在赫蒂离家上学后不久，基彭海姆的严守教律的犹太男人们聚集在邮政大街上摩尔风格的犹太教会堂外，准备进行星期四早上的祷告。来参加礼拜的人数减少了，因为很多人得病、死去，或者搬家去了德国的其他城市或者境外，隐姓埋名。但他们还是可以凑够教义规定的10个成年男子①，来为所爱之人朗诵犹太祈祷文（Kaddish）。

到场的有这些人：香烟、雪茄批发商马克斯·瓦尔弗（Max Valfer），他家人数众多、喧闹，就住在街对面；纺织品商人西格弗里德·迈尔（Siegfried Maier）也来了；牲口贩子马克

---

① 犹太教祷告需要至少10位成年犹太人参与。在更传统的犹太教分支中，祷告班必须有10位13岁以上的男性；而在更自由派的犹太教分支中，女性也被计入人数。

思·奥尔巴赫尔（Marx Auerbacher），人们都知道他爱讲下流段子；集会剩下的参与者大多来自韦特海默、奥尔巴赫尔和魏尔（Weil）家族，他们是这镇子里主要的犹太家族。基彭海姆犹太人人数不够，所以他们的犹太教会堂没有自己的拉比，礼拜由领诵者戈特弗里德·施瓦布（Gottfried Schwab）主持。[20]

进入会堂之前，礼拜者们都等待着赫尔曼·韦特海默（Hermann Wertheimer）——基彭海姆犹太社区最杰出的成员的到来。赫尔曼·韦特海默是小镇里最富有的人，犹太人和基督徒都对他又尊敬又厌恶。他的商业帝国让有些基彭海姆居民讽刺地称他为"超级大亨"。[21]他的金属制品公司是当地最成功的公司之一，年营业额高达50万德国马克。赫尔曼雇用了20位职员，包括4名旅行推销员，每一位都有单独的公司配车。[22]对于当选基彭海姆教会领袖这件事，他总是严肃对待，所以礼拜迟到这件事对他而言是极其不寻常的。

正当众人不知如何是好时，赫尔曼的19岁女儿伊尔莎（Ilse）骑着自行车到来了。她紧张且上气不接下气，向众人讲述了昨晚发生的事情。盖世太保凌晨叫醒了她的父亲，带他去了会堂并命令他打开装着贵重物品与神圣物件的保险柜。之后，盖世太保放他回家休息，但是几小时之后，凌晨5点30分，砸门声再度响起。这次，盖世太保的官员通知赫尔曼他被逮捕了。赫尔曼被带往镇议事厅，身上只穿着睡袍。镇议事厅几乎就在他家正对面，是一栋有悬窗与山形屋顶的建筑，已经有400年的历史了。关于赫尔曼突然被捕这件事，他的家人没有得到任何解释。[23]

事态发展让前来参加礼拜的男人们惊恐不安，他们决定取消祷告，立刻回家。当他们离开会堂时，多位市政官员前来拦住了他们，押着他们列队沿邮政大街走到镇议事厅，并把他们拘禁在镇议事厅里。镇议事厅的监狱单间里面关着赫尔曼·韦特海默。

犹太男人们被逮捕后不久，几辆卡车满载希特勒青年团成员从拉尔到达基彭海姆。他们加入了当地的纳粹积极分子，包括当地的邮政局局长卡米尔·林克（Camil Link），他已骚扰犹太人多年。林克总例行公事般地拆开犹太居民的信件，并且斥责前来邮政局领取信件的犹太人。有一次，一个小个子的温和男人来买邮票，林克直接扇了他一耳光，骂道："你怎么敢进来这里？你这犹太杂种！"[24] 这些纳粹暴徒在邮政大街上走来走去，四处寻找犹太人的住宅和商铺。女人和孩子们惊恐地蜷缩在瓦尔弗香烟商店和奥尔巴赫尔服饰商店的后部，石子和石块通过被砸烂的橱窗飞了进来。

一小队希特勒青年团的成员穿着作战服，手里拿着长柄斧子走进了会堂。他们首先爬上了楼厅，根据犹太传统，那里是女人与小女孩坐的地方。他们先在木栏杆上砍出了一个洞，又把座位和木嵌板从缝隙中丢到下面的会堂里。会堂里堆满了被破坏的家具。他们用消防梯砸烂了水晶吊灯，把破碎的玻璃弄得到处都是。

这些年轻的纳粹狂热分子想把这栋房子烧掉，但遭到了基督徒邻居的抗议，因为此举威胁到了邻近的"日耳曼财产"。[25]于是，他们就把神圣的犹太律法卷轴从绣着精致花纹的布幔里拉出来，撒了一地，以满足他们的破坏欲。他们还把一些经卷和几大摞犹太宗教书籍扔进了流经小镇的小溪。

破坏完会堂内部，两个希特勒青年团成员摆出了庆祝的姿势，和另一位党卫军军官拍下了一张照片（见彩图 8）。他们的

14

斧子随意地搭在肩上，咧嘴笑着。当地儿童被他们亢奋的情绪吸引而来，跑进建筑残骸，找寻掉落的水晶部件拿回家当纪念品。当天，当地纳粹党领袖布尔克抵达基彭海姆，视察被毁坏的建筑。会堂没有被完全毁坏，他感到不满，于是命令当地石匠将屋顶上的摩西十诫碑拖下来。石碑被拖下来，砸向路面，顷刻摔成碎片。[26]

15　　尽管基彭海姆犹太人不知道会堂内部发生了什么，但是他们能听见东西被毁坏的声音。在克尔大街（Querstrasse）街角，8 岁的库尔特·迈尔（Kurt Maier）清楚地听到了希特勒青年团成员的叫喊声和口哨声。几分钟后，迈尔家前面出现了一群愤怒的人，他们开始往面前的两层建筑投掷石头，把窗户都砸碎了。这些找麻烦的人中还有一个意志不坚定的男孩，名叫韦威（Wewe），他先前对犹太人从无恶意。显然，他不明白发生了什么，是人群中的其他人煽动了他。

　　在那个可怕早晨到来之前的紧张时期，库尔特对希特勒的离奇模仿使他父母忧虑的脸上露出了一丝笑容。他完美地抓住了独裁者说话一惊一乍的节奏，鼻子下面放了一把梳子当小胡子，把头发在额前梳顺几缕，装腔作势地在客厅里走来走去。[27]至少，在私密的家庭环境里，人们还能对希特勒一笑置之，但是这样的时光转瞬即逝。

　　库尔特先前对反犹主义的体验几乎都是拜邮政局局长那十几岁的儿子所赐。有一次，那个小畜生骑着自行车试图撞倒库尔特，然后给了他一耳光。眼前发生的事情可比那可怕多了。暴徒们向窗内投掷石头，库尔特的母亲把他拉到顶楼，两个人一起爬到了倒扣的浴缸下面。在这个金属保护罩下面，他们一起坐着，听着玻璃破碎的声音。他们不知道库尔特的父亲和哥哥现在怎么样：父亲仍未从会堂回来，哥哥还在学校。

同一时间，又有几拨绝望的犹太男人到达了基彭海姆镇议事厅，他们来自相邻的小镇，比如埃滕海姆和施米海姆。他们也一样被拘禁在议会厅，被迫听着门外人群喋喋不休的谩骂嘲弄。党卫军的人没收了他们的腰带、领带和祷告书。

有些不幸的人被挑出来严加惩戒。施米海姆的面包坊学徒西格贝特·布洛赫（Siegbert Bloch）和他的父亲受到了一位基督徒邻居的保护，躲过了第一拨逮捕。但不幸的是，他们的名字早就被纳粹列进了名单。纳粹发现这两人并不在基彭海姆镇议事厅，就派了一个穿着褐色衬衣的冲锋队（Sturmabteilung，简称 SA）队员前去捉拿他们。这个冲锋队队员命令西格贝特和他父亲都坐进摩托车边斗，但是不让 18 岁的西格贝特坐在父亲的大腿上，反而抓住了西格贝特的头发，一边粗暴地将他拉来拉去，一边驾驶摩托摇摇晃晃地行驶在乡间道路上。当他们抵达会堂的时候，这个冲锋队队员就让西格贝特下车步行，尽管不久前西格贝特刚刚摔断了腿，只能一瘸一拐地向前挪。

那些破坏了会堂的希特勒青年团成员用破碎的犹太律法经卷将西格贝特团团包住，还把牛粪填进了他的帽子，赶着他去镇议事厅。然后，那个冲锋队队员开着摩托，想从后面用边斗撞西格贝特的腿，却被街对面窗户传来的严厉声音制止了：

"离他远点，他是我的病人。他已经受了够多的苦了。"[28]

这个声音来自镇里的医生——伯恩哈德·韦伯（Bernhard Weber）。他穿着一身常见的黑色制服。韦伯是党卫军的储备军官，军阶比那些穿着褐色衬衣的吵闹的冲锋队街头混混儿要高。[29] 虽然韦伯是资深纳粹党人，但他依然为犹太病人提供治疗。他住在镇议事厅对面，离韦特海默家很近，他们依然交情不错。当那些洗劫韦特海默商铺的人想要闯入韦特海默家住宅的时候，这位医生就会叫喊制止他们。

房子里，伊尔莎·韦特海默与母亲缩在窗帘后面。先前，她去犹太教会堂将父亲被逮捕的事告诉了前去礼拜的人，引起了他们的警惕。她听着石子如冰雹一般砸碎窗户的声音，不知道这些掠夺者还有多久就能"把门砸烂，进来把我们杀死"。[30]奇迹般地，这些暴徒退缩了。

赫蒂被家门口遇见的纳粹狂热分子吓到了，跑到了叔叔与婶婶家。他们就住在街角，与家族纺织品商铺相邻。一路上，赫蒂经过了韦特海默金属制品公司。掠夺者们已经用铸铁棍和放在外面的机器将玻璃橱窗打碎了，现在他们正毫不客气地摆弄着店里面的器具。他们笑着，情绪快乐高涨。赫蒂不能理解，她所熟悉的凶险却相对安宁的世界已经天翻地覆。

17　　　在兴登堡大街克特（Käthe）婶婶的家里，赫蒂找到了母亲。贝拉·瓦亨海默（Bella Wachenheimer）看到女儿平安无事，松了一口气，讲述起早上经历的骚乱事件。赫蒂去上学约10分钟后，当地纳粹来到了他们位于班霍夫大街的公寓。赫蒂的父亲胡戈当时还在家，身上只穿着睡衣。与其他犹太人不同，胡戈只在神圣日（High Holy Days）才去会堂礼拜。纳粹告诉胡戈他被逮捕了。尽管天气寒冷，他们连外套都不让胡戈穿。

"找到赫蒂，不要分开！"这是胡戈被纳粹赶上大街前对贝拉说的最后一句话。[31]

几个殿后的纳粹把公寓里的窗户和餐厅里的家具都砸烂了，包括从苏联进口的一套榛木桌椅。他们走后，贝拉将百叶窗关上，尽可能挡住从砸烂的窗户里吹进来的冷风，随后奔向克特家，甚至连自己身上只穿着睡衣都忘记了。

赫蒂到来时，贝拉和克特正从楼上的窗户眺望着一个半街区之外的镇议事厅，想知道那里发生了什么，有没有可能看到她们丈夫的身影。贝拉看起来很古怪，她穿着克特的衣服，并不合身。贝拉比克特高，也比克特瘦。

赫蒂加入了这两位年长女性的行列，透过窗户远望。终于，大概 1 小时过后，她们看到一些男人被党卫军的人押着从镇议事厅出来，他们看起来可怜极了。纳粹暴徒用各种可能的方式来羞辱犹太人。一些人被他们用从会堂扯出来的破碎的经卷包裹了起来，还有一些人浑身都湿透了。有几个人戴着沾满了牛粪的帽子，粪汁滴在他们脸上。被押解的犹太男人有六七十个，不仅来自基彭海姆，还来自周边的犹太人社区，包括埃滕海姆和施米海姆。基彭海姆镇议事厅是整个地区犹太男性的集合点。

犹太男人们被分成两组。少数老弱病残被装上卡车，送往 5 英里外的区域首府拉尔。剩下的"健康犹太人"像牲口一样被党卫军军官拿着鞭子赶着，走过克特姊姊家的窗户下面。当胡戈路过时，他依然穿着睡衣。贝拉把赫蒂的头推到窗户外，她想让胡戈知道他们的女儿是安全的。

"我找到赫蒂了！"她喊道，"我们在一起！"[32]

悲伤的队伍沿街向前行进，转过街角，走过基督教堂。在镇小学外面，他们必须穿过拦路的学生们，纳粹动员这些学生辱骂犹太人并冲他们吐口水。

父亲与其他男人消失在视线中后，赫蒂与母亲、姊姊一同回到了客厅。突然，巨大的砸门声响起，有人叫喊着让她们开门。在街角的公寓，贝拉已经有过纳粹暴徒闯入家门的经历。

害怕再次遭遇暴徒，她们退到了阁楼。她们找到了一个旧衣橱，一起把它翻过来，使衣橱门朝高高的斜坡屋顶。然后，她们一个一个爬了进去，尽可能一声不吭。

砸门声和叫喊声持续了几分钟就突然停止了，正如它们突然开始一样。她们不知道，针对犹太人的"自发"示威已经于中午正式宣告结束了。她们只知道家里的男人被带走了，而她们自己可能正处于致命危险之中。她们在衣橱里待了很长时间，挤在一起，相互安慰、取暖。赫蒂不让母亲离开视线。她一遍一遍地重复着："我要离开这里。"[33]

她指的不是"离开衣橱"或者"离开基彭海姆"，她指的是"离开德国"。第三帝国的大小城镇、村庄里，数以万计的犹太人挤在阁楼或者地下室的碗橱里，或者躲到床或浴缸的底下，他们都和赫蒂有一样的想法。有关他们应该做什么的疑问瞬间被一扫而空，仅存的一线希望：移民。

第二章
等待签证的队列

斯图加特的美国总领事馆位于城市主要的商业街——国王大街（Königstrasse）上，在一栋六层新艺术派建筑里。建筑上点缀的新古典主义雕塑俯视着下方寻求庇护的人群，整座建筑张扬着一种自信的浪漫主义氛围，正如第一次世界大战前夕许多欧洲人和美国人的心态。后来，他们的幻梦变成了伊普尔（Ypres）和凡尔登（Verdun）战壕里的绝望情绪。[①] 建筑物简洁典雅、严格对称的立壁反映了美国领事服务对自己的定位：一个强大且慷慨的国家的移民法的守护者。装饰过于华丽的二楼阳台上，星条旗随风鼓动，与周遭的纳粹横幅和建筑物上的纳粹十字（swastikas）形成了鲜明对比。

每天都有约 100 个有意移民美国的人与他们的家人被召集到领事馆，接受他们等待已久、能决定他们命运的面试。他们

---

① 一战期间，两座城市都发生了惨烈的战役。

第二次伊普尔战役是第一次世界大战西线战场的一次战役，发生于 1915 年 4 月 22 日至 5 月 25 日，在此次战役中人类历史上第一次使用了化学武器。德国使用了由知名化学家弗里茨·哈伯开发并亲自指导使用的毒气，造成 5000 名法国和比利时士兵死亡。

凡尔登战役是第一次世界大战中破坏性最大、时间最长的战役，战事从 1916 年 2 月 21 日延续到 12 月 19 日，德法两国合计投入 100 多个师的兵力，双方军队死亡超过 25 万人，50 多万人受伤，伤亡人数仅次于索姆河战役。这次战役被称为"凡尔登绞肉机"。

来自德国西部和南部的广大区域，西至明斯特，南至慕尼黑。美国驻斯图加特总领事馆为大半个德国提供服务，是世界上最繁忙的签证签发机构之一，与其不相上下的还有位于那不勒斯与蒙特利尔的领事馆。除去这些事前预约过的，还有几百人在另一个队伍里等待着，希望领事馆能答复他们关于美国移民法的问题或者只是寻求庇护以免遭纳粹的折磨。两个队伍里都有"婴儿、幼童与老人"，很多人清早就来排队等待了。[1]

20　　在那个后来被称为"水晶之夜"的事件发生之前，美国领事馆组织有序、工作高效的表象早已灰飞烟灭。筋疲力尽的领事官员被洪水般涌来的绝望人群淹没，然而他们大多爱莫能助。这栋六层建筑里只有三楼的几个房间是签证区，每天只能处理三四十人的签证申请。难民危机深化之时，数任总领事都已经向华盛顿请求扩大空间、加派人手，以提供与纳粹对德国犹太人的迫害程度成正比的签证服务。国务院同意领事馆雇用额外的办事员来处理增长的签证请求，但是没有同意扩大空间的请求。1938年年中，反犹运动逐渐爆发，因而移民申请数量激增，造成了大量行政工作积压。办公室里到处堆着一厚摞一厚摞未答复的信件。"水晶之夜"的骚乱发生后不久，一位外事巡视员（Foreign Service inspector）如此评论道：

　　　　我对领事馆的第一印象是200位签证申请者挤进了同一间接待室，32个签证官和职员在8个狭小的房间里拥挤着办公。在这种情况下，这样的办公条件令人难以忍受。任何一个有空间的地方都被放上了桌子，职员们就挤在桌子边上，脸对脸、背贴背、肘靠肘。要走进这一团糟的地方，职员们要么见缝插针、迂回穿行，要么推开挡路的人群，要么意识到任何前进的努力都是徒劳的，索性站在原地向同事喊话。桌子上、椅子上甚至窗台上都高高地摞着各种各样的文件。[2]

一般来说，等在签证区外的队伍从三楼开始，沿着弧形的新艺术风格阶梯排下去，排到大街上再转个街角。但是在 1938 年 11 月 10 日星期四，情形却大不一样。纳粹对犹太人的夜间围捕使大多数签证申请者无法按计划前往领事馆。当男人们被赶往集中营时，女人和孩子们都缩在家里。领事馆与外面的街道几乎空无一人。

27 岁的埃里希·松内曼（Erich Sonnemann）是那个星期四早上成功抵达斯图加特的少数签证申请者之一，他来自曼海姆（Mannheim）。他原先是药剂师学徒，后来被解雇了。早在 1937 年埃里希就申请了美国移民签证。一位来自美国田纳西州纳什维尔的富有亲戚收到了埃里希母亲出乎意料的联络，答应当埃里希申请签证的保证人。这位长期被遗忘但现在极其重要的亲戚签署了一份被称为"宣誓书"（affidavit）的文件，保证埃里希如果被美国接纳，不会成为"人民公敌"。纳粹法令禁止德国犹太人携带储蓄前往美国，因此找到一个合适的保证人是移民过程中的关键一环。

埃里希花了一年多收集签证申请要求的材料并将它们交给美国总领馆。他还去做了体检，这个检查的目的是确认埃里希不属于《1917 年移民法案》中那类"要被排除出美国"的外国人——那个长长的、禁止进入美国的外国人列表里不仅包括卖淫者、多配偶者、无政府主义者和那些密谋"用暴力推翻美国政府"的人，还包括"低能者""癫痫病患者""职业乞丐"

"罹患任何形式肺结核的人"，以及其他被认定无法"谋生"的人。[3]

"水晶之夜"前不久，松内曼一家搬到了新公寓。他们还没去警察局登记新地址，因而能够从盖世太保的天罗地网中逃脱。那个晚上，埃里希与父母整夜躲在阁楼里，等着有人敲门，等到最后也没人来敲。第二天早上，埃里希走着去曼海姆火车站，路过了仍在阴燃的犹太教会堂。他停下来，从废墟中抢救出一个犹太律法卷轴，把它藏在了安全的地方。他知道党卫军总是检查快车，所以乘坐了一班普通列车前往斯图加特。

火车行驶了70英里，将埃里希带到了斯图加特。他从主火车站走了五个街区，到达了位于国王大街19A的总领馆。除了两个站在门口的党卫军成员之外，他的视野之内一个人也没有。他径直从两位身着黑衣的党卫军成员身边穿过，走上建筑物后部的楼梯，走进几乎空着的三楼等候室。在那里他舒了一口气，感到开心：幸运女神终于对他微笑了。

22　　在接下来的几小时里，埃里希穿梭在各个办公室之间。他的文件看起来整齐完备。在决定是否签发签证的过程中，领事官员尤其关注保证人的真实性。如果他们怀疑移民申请者和保证人之前的关系并不紧密，他们有可能拒绝签证申请。如果一位保证人为太多移民申请者签署了宣誓书，这也可能招致拒绝，尤其在斯图加特，因为这里的领事名声在外，"在签证程序上严格遵照美国宪法"。[4]

然而当时领事对埃里希住在田纳西的远亲并没有疑问，而是指向了外科医师开具的检查报告。X光片显示，埃里希的左侧身体有疝气。埃里希被归类为"身体不健全"的签证申请者。

"很抱歉，在这种情况下我不能让你去美国。"[5]

领事告诉埃里希，他可以接受疝气移除手术，六周之内再来领事馆。无论埃里希怎么恳求那位领事，他都不肯改变主意。然而，领事同意让这个寻求庇护的恐惧之人从后门离开，避免吸引盖世太保的更多注意。

第二天，11月11日星期五，为纪念一战中牺牲的美国士兵，总领馆关闭了。一战那时被称为"大战"，于1918年"第11个月的第11天的第11个小时"结束。休战纪念日（Armistice Day）在美国、法国和英国都是公休日，但在纳粹德国不是，因为那一天提醒着他们屈辱的战败。

星期六早上，当总领馆再度开门时，门外的街道上挤满了成千上万的犹太人，迫切地想要申请签证。当总领馆的铁艺大门刚打开一条缝，"沸腾而恐慌的人群"便涌进这座六层建筑。[6]"来自德国各地的犹太人一股脑挤进了办公室，直到再也进不去人，"美国总领事塞缪尔·霍纳克（Samuel Honaker）在报告中这样写道，"60多岁的妇人为丈夫申请签证，而她的丈夫仍被关押在某个未知的地方。儿子是德国籍的美国籍母亲激起了总领馆工作人员的同情心。犹太父母与他们怀中的孩子害怕回到自己的家。"人群中的每个人似乎都有一个美国亲戚。他们都想立刻获得签证，或者至少获得一张纸，一张能够向盖世太保证明他们有意尽早离开德国的纸。

在签证区的正下方，建筑物的二楼，总领事霍纳克在一封寄往柏林给美国大使的急件中描绘了这一悲惨情境。"先生，我有幸向您汇报，"霍纳克以驻外事务处（Foreign Service）要求的正式格式开头，"在过去的三天里，德国西南部的犹太人饱受悲伤离别之苦。如果不是目睹了他们惨痛的经历，一个生活在 20 世纪文明国家的人对此是难以置信的。"霍纳克接着描述了犹太人的惨状："有人在午夜被逮捕，被警察匆忙押解离家、衣衫不整；女性与儿童突然被留在家里，号啕大哭；男性则被关押在拥挤的牢房里。"[7]

与其他外国观察者一样，霍纳克认为，毫无疑问针对犹太人的暴力是被集中计划和控制的。他的手下曾经看到在纳粹打砸、洗劫犹太商铺时，一辆全新的梅赛德斯满载"党卫军高官"缓慢驶过斯图加特市中心。"这些人视察犹太店铺如何被打砸抢，并明显对当地纳粹的行为表示赞同后，大摇大摆地乘车走了，放任暴行继续。"[8]霍纳克报告道，尽管暴徒中很多人身着平民的衣服，但还是"很容易辨认出他们是训练过的党卫军或冲锋队成员"。据这位总领事的报告，大多数德国普通民众"完全不认同这些针对犹太人的暴行。事实上，很多人羞愧地低下了头"。霍纳克估计"可能有 20% 的德国人"认可"采取极端措施"。

塞缪尔·霍纳克是在驻外事务处工作了 25 年的资深雇员，1934 年 6 月来到了德国，那时希特勒正借由"长刀之夜"① 巩固他的极权主义政权。在纳粹内部，被希特勒盯上的潜在对手被无情杀戮，比如冲锋队队长恩斯特·罗姆（Ernst Röhm），他在拒绝自杀后被射杀。一些政治上被认为不可靠的官员也被清

24

---

① 长刀之夜（Night of the Long Knives），是 1934 年 6 月 30 日至 7 月 2 日发生于德国的一场清算行动，纳粹政权进行了一系列的政治清洗，大多数死亡者为纳粹冲锋队员。希特勒因无法控制冲锋队的街头暴力并视之为对其权力的威胁，故欲除去冲锋队及其领导者。至少有 85 人死于清算，不过最后的死亡人数可能达数百。此次行动加强并巩固了国防军对希特勒的支持。

算，包括那些帮助过希特勒上位的保守派政治家。两大反对党——社会民主党与共产党都被取缔了。武装部队均已向希特勒宣誓效忠。已经没有人能够阻止这位元首了。

当霍纳克来斯图加特就任时，来到总领馆的有意移民美国的人流量完全是可控的。总领馆每月签发 200 ~ 250 个移民签证，其中只有一半移民者是"希伯来族裔成员"。[9] 很多德国犹太人将希特勒政权得势视为一种短暂现象，认为一旦他们的德国同胞清醒过来，希特勒政权就会分崩离析。但希特勒并没有失势，于是犹太人对签证的需求变得非常迫切。到 1938 年年中，斯图加特总领事馆一个月签发多于 1500 个移民签证，这些签证 90% 是给犹太人的。[10]

更多的有意移民者被签证处拒签。在 1937 年 6 月到 1938 年 6 月间向斯图加特总领事馆申请签证的 2.3 万人中，多于 1.4 万人因为签证文件"不符合要求"而未能与领事官员进行正式面谈。在面试环节，又有 1200 人出于医学原因或者宣誓书出问题而被拒签。换句话说，总拒签率高于 60%。[11]

虽然霍纳克写了几封关于纳粹迫害犹太人的急件，并因这些政治报告收获了赞扬，但人们普遍认为霍纳克是一个糟糕的管理者。他对领事工作的细节毫无兴趣。在国务院巡视员的描述中，霍纳克是一位情绪化且不善社交的官员，他被"强烈的个人喜恶"所左右。他抱怨晋升不够频繁、岗位他不喜欢。年轻时，霍纳克是弗吉尼亚大学橄榄球队的明星四分卫①，但他的健康已显著恶化。"在我印象中，他不是一个身心完全健康

---

① 四分卫是美式足球和加拿大式足球中的一个位置。四分卫是进攻组的一员，排在中锋的后面，在进攻线的中央。四分卫通常是进攻组的领袖，大部分的进攻由他发动。

的人。"霍纳克的某个上级如此报告道。他的另一位上级察觉到他有被害妄想症前期症状，将这位个子不高的前运动员描述为一个"给周围的人和事物蒙上阴影"的"精神病人"。[12]

霍纳克任驻斯图加特总领事期间争议频出。由银行家费利克斯·瓦尔堡（Felix Warburg）领导的犹太人群体已对长长的等待队列与不友好的官员抱怨颇多。有人声称，支付一大笔钱——约5000美金——就可以改变不利的医学决定。美国国务院巡视员于1937年1月展开的调查显示，驻斯图加特总领事馆因申请者患有肺结核而拒绝发放签证的概率是位于柏林和汉堡的领事馆的10倍。那位巡视员勉强承认，在很多肺结核诊断中，医学检验员可能"有点过于热心"了。不过，他将大部分的矛盾归因于斯图加特地区的传染病，如流感与支气管炎："我被告知，这些疾病与肺结核通常症状相似。"[13]

总之，霍纳克和他的领事与副领事们暂且被官方宣告无罪。

对于在人行道上排起长队的寻求庇护者们来说，美国领事是遥远的统治者的代表。他们在常人难以理解的神秘法律的基础上运作。作为美国的守门人，领事们接受一本红色封面的厚重法典——《美利坚合众国法典》的指导。这本被常常翻阅的法典中有一个很长的部分，题为"外国人与国籍"。这部分又被分为了关于移民与签证的几章，每一位领事都对这部分内容烂熟于心。

"我绞尽脑汁，想方设法理解领事们的想法。"德裔犹太人作家安娜·西格斯（Anna Seghers）写道。她写了一部名为《过境》（*Transit*）的经典小说，记述了她噩梦般的流亡经历。"除了意识到我先前从未与如此清廉的官员打交道之外，我什么有用的东西都想不到。以他自己的标准来说，他是个公正的人。他像从前的罗马官员一样履行着艰巨的职责，聆听异域部落使节提出的要求，这些阴暗的要求在他看来是愚蠢的。"

面试所问的问题对于决意"遵照书本"进行面试的领事们来说似乎是切题的，但对于寻求庇护者来说，这些问题听起来武断甚至疯狂。为了测试签证申请者的精神状况，驻斯图加特的领事们询问他们类似于"马和牛有什么区别？"之类的问题。"水晶之夜"之后几周，一位来自曼海姆的年轻男性被认定为"精神有缺陷"，因为他无法在 2 小时的测试中估计一道门的高度或解读不同的交通信号。[14]

一战之后，排外的民族主义浪潮袭来，两党联立的美国国会通过了《1924 年移民法案》。这一法案为每一个国家都设置了严格的移民配额。表面上，设置配额的本意是为了反映美国的"国家起源"，但是，用一个后来的移民历史学家的话说，这一配额制度产生的过程"与其说反映了社会科学，不如说更像某种神秘主义"。[15]对配额的最终分配精确地反映了美国统治阶级的种族构成，而不是 20 世纪初期美国社会总体的构成：它严重地偏向盎格鲁-撒克逊白人新教徒。

包括华裔、日裔与大多数南亚裔在内的广大人群被认定在种族上"没有资格"得到美国公民身份，因而不得作为移民入境美国。同样被排除在外的还有"奴隶移民"与"美洲原住民"的后代，虽然埃塞俄比亚、利比里亚等非洲独立国家各获得了象征性的 100 个移民配额。巴勒斯坦与伊拉克等委任统治地也分得了一些象征性的配额，这些配额主要是为欧洲裔移民保留的。总配额约有 15 万个，四分之三被分配给了位于欧洲西部与北部的"北欧国家"，这些国家的国民被认定与美国最初

26

定居者的主要血统一致。[16]（由于美国农业需要廉价劳动力，西半球被排除在配额系统之外。）

获得配额最多的国家是英国，1929 年修订的规则允许每年有 65721 位英国移民前往美国。排第二的是德国，有 25957 个移民配额。1918 年 3 月希特勒吞并奥地利之后，德国的配额增加到 27370 个。波兰与苏联等东欧与南欧国家的待遇就差多了。一位前人口调查局局长抱怨定居在这些国家的都是"失败种族的失败者"，是"一大帮贫农，比我们能想象的更加堕落低贱"。[17] 国务院出具的图表反映了盎格鲁－撒克逊与北欧国家是如何在配额系统中受到优待的，也反映了各个民族被认定的优越性。一个英国人获准移民美国的概率比一个德国人高 3 倍，比一个意大利人高 10 倍，比一个苏联人高近 60 倍。在移民配额系统中最有优势的是爱尔兰人，最没优势的是西班牙人、土耳其人和罗马尼亚人。[18]

官方声称，宗教因素并没有影响配额计算或美国移民法的落实。至少从书面文件上看，德裔犹太人与德裔基督徒获准移民美国的概率是相同的。但从另一方面讲，国会决定在移民配额中优待"北欧人"这一点又符合民意：很多人走上街头，抗议数十万中欧与东欧犹太人移民美国。华盛顿州的国会议员阿尔贝特·约翰逊（Albert Johnson）是《1924 年移民法案》的主要起草者。他提出，美国有被"难以同化"的犹太人吞没的危险，且犹太人"肮脏、反美"并且通常有"危险的习惯"。他认为，美国"珍视的制度"正因"外族血统的流入"而受损。[19]

新移民法是对人口特征变动的反应，企图将其扭转回原来的样子。1910 年，国外出生的美国居民人口占比高达 14.7%；但直到一个多世纪之后，这一指标才再次达到同等水平（请见页边码第 293 页图 1）。[20]1927 年，约翰逊宣称"美国'熔炉'的神话已丧失可信性"，同时，总人口中的移民占比开始戏剧性地下降。"美国是我们自己的土地……我们没有打算将它拱手让人。无差别地接纳所有种族的日子肯定已经结束了。"[21]

1938 年之前，德国获得的配额足以满足"有资格"的移民的需求。[22]美国移民签证的申请者一般等待不到三四个月就能收到通知，前去面试。如果领事认为根据移民法，这些申请者是"可接受"的，且他们也通过了医学检查，领事就会为他们签发签证；反之，他们的申请要么被延期，要么被驳回。然而，"水晶之夜"前夕，原本可控的请求庇护者的人流量暴涨，变成了无法控制的洪流。即使是资格完备的申请者，也要等上两三年才能与美国领事进行面试。

作为回应，签证申请者想出了更有创造性的插队方法。有的人在街头围堵领事馆工作人员，或者在每年的冬季嘉年华等社交场合接近他们。有的人向美国外交官邮寄绝望或幽默的书信、绘画或诗文，恳求他们的帮助。驻维也纳的美国总领事有一个标着"奇怪的信件"的档案，里面的内容被转寄给国务院官员，供他们取乐。[23]一位名叫丽丝尔·魏尔的艺术家画了一张漫画，漫画里她绝望地坐在领事馆前面，等着她申请的进展（见彩图 11）。

驻斯图加特总领事馆周围的咖啡店里坐满了人，他们交流着哪些领事馆职员在私下接触后愿意"帮忙"。人们开始明白，领事馆最初在作家安娜·西格斯等难民心中留下的清廉印象只是表面。毕竟，本应"神圣"的等待名单并没有那么神圣。对于有门路的人来说，严格的移民法是有空子可钻的。

对于设法逃离纳粹德国的犹太人来说，金钱是考虑范围内

28

29　最不重要的东西了。霍纳克在 1939 年 1 月的急件中如此报告道："为了更快离开德国，德国犹太人几乎愿意支付任何数额的费用。"比起用外币向纳粹德国支付近乎勒索的高昂费用，有意移民者更乐意把剩下的德国马克全花在船票、宣誓书或者贿赂上。用霍纳克的话说，对于德国犹太人，"金钱已经失去了大部分相对价值"。[24]

　　埃米尔·弗里希（Emil Friesch）是在驻斯图加特总领事馆签证区工作了 10 年的老员工，也是耐不住金钱诱惑的领事馆德国职员之一。签证等待名单变得越来越长，弗里希开始从排名靠后的申请者手中收到大笔钱财。来自杜塞尔多夫的旅行推销员西格弗里德·施皮尔（Siegfried Spier）是弗里希的"客户"之一，他于 1938 年 8 月在驻斯图加特总领事馆登记。准备好必要的宣誓书之后，他于 10 月再次来到领事馆，却只得知他的申请文件要到 1940 年年中才能被审阅。通过小道消息，施皮尔得知领事馆里有个姓氏以"F"开头的职员可以帮忙行个方便。经中间人介绍，他向弗里希支付了初始"押金"1200 德国马克，按照官方汇率换算，相当于当时的 500 美元、2019 年的 9000 美元。[25]

　　此后无事发生。直到"水晶之夜"之后，施皮尔被抓到达豪集中营①。绝望之中，施皮尔的妻子黑德维希（Hedwig）在领事馆附近的小巷里约见了"弗里希先生"。弗里希答应给她一份"初试"证明，证明她丈夫提交的宣誓书"目前来看似乎符合要求"。[26]她可以用这份证明使盖世太保相信西格弗里德正采取必要的步骤以离开德国。在 12 月初，这份证明足以将他从

---

①　达豪是德国南部巴伐利亚州的一个城镇。1933 年，纳粹德国在该地建立达豪集中营，有 2.5 万余人被屠杀。

达豪救出来。施皮尔被释放后不久，又向弗里希支付了1800德国马克来"加速"他的签证申请。弗里希在施皮尔的档案中插入了伪造的信件，将他的签证申请整整提前了一年，从1938年8月提前到了1937年8月。[27]

到了1938年11月，这样的操作对于领事馆的德国职员来说成了"利润颇高的收入来源"。各种服务有了非正式的浮动价格。一个签证申请者支付100德国马克就能在弗里希家里与他进行一场介绍性"面试"，支付200德国马克就能在一摞未回复的信件中找寻一个文件。改变一个寻求庇护者的优先次序——这对很多人来说是生死攸关的事情——花费的金钱相当于一个领事馆职员或者一个中产阶级德国人一年的薪水。

如果美国驻德国的外交官里有谁配得上"不可或缺"的称号，那个人一定是驻柏林领事雷蒙德·盖斯特。盖斯特中等身材，稍显矮胖，头发向后梳着，说一口流利的德语。盖斯特的祖辈中有一个人是1848年德国革命的支持者，在革命被普鲁士军队镇压后逃往美国。盖斯特激烈地反对纳粹。在关照美国在德利益的9年间，他构建了一个无敌的高级别纳粹官员联络网。同时，他深受犹太人群体、难民辩护律师与美国驻德记者群体的爱戴与信任。

盖斯特拥有使馆顶级问题处理家的美名，部分是因为他长年累月的服务与令人敬畏的语言能力，[28]但这也证明了他的魅力、计谋与对纳粹心态的深入理解。他本能地知道"何时何地该出手，该使用侵略性的手段还是更加温和的方法"。[29]他年轻时是莎士比亚舞台剧演员，学会了将情绪藏在彬彬有礼、和蔼可亲的面具之下。

30

盖斯特36岁时才进入驻外事务处工作，此前的工作在学术领域：他获得了哈佛大学博士学位，除此之外，还对中世纪法语、哥特文化与盎格鲁-撒克逊文化有所研究，兼收并蓄。战争期间，他供职于海军首席监察官办公室，作为翻译参加了凡尔赛和会，并且在奥地利组织了一个救济网络：500间慈善厨房（soup kitchen）① 为数十万儿童提供食物。[30] 尽管他评级优异，严格的资历限制还是阻碍了他在外交层级上的晋升。他的头衔是使馆"一等秘书"和"代理"总领事，在职阶上属于中层，但是他的职责远超他头衔所规定的范围，包括管理德国的移民配额。作为驻柏林资深领事官员，盖斯特负责监督霍纳克与其他八位总领事的工作——这九个人职位都比盖斯特高。[31]

在刚到德国的几年里，盖斯特常常把自己当成本地人，骑着自行车去周边的乡村。一路上，盖斯特能够观察到1933年希特勒掌权后军事力量的迅速增强。他之后回忆道，当时他小心躲避着在林间进行攻击演习的希特勒青年团士兵，发现了许多"新建的大型军事设施，包括训练场、机场、兵营、试验场与防空站"。盖斯特交往广泛，与德国陆军司令弗朗茨·哈尔德（Franz Halder）将军相识。哈尔德警告盖斯特，如果"西方力量"反对纳粹向东扩张的计划，德国已准备好了与之一战。盖斯特反对，表示如果开战，美国将不可避免地介入战争。对此，哈尔德的回应很简短："非常遗憾。"[32]

保护美国居民是盖斯特的职责所在，他也因此经常接触盖世太保，他经常造访阿尔布雷希特王子大街（Prinz-Albrecht-

---

① 慈善厨房是免费或以极低价格提供食物给饥饿者的场所，通常设置于平均收入较低的邻近地区。

Strasse）① 上 的 盖 世 太 保 总 部，那 儿 与 位 于 贝 尔 维 大 街
（Bellevuestrasse）与 蒂 尔 加 滕 公 园（Tiergarten）街 角 的 美 国 领
事馆只隔了几个街区。他甚至陪着美籍犹太人代表走进了这栋
令人畏惧的建筑的铁门，自信地大步前进，走过写着"犹太人
勿入"的标志牌。在此类场合中，盖斯特时常扮演着谈判者与
翻译的角色。在同行者感到胆怯，只敢旁观的时候，他能直视
纳粹安全高官海因里希·希姆莱（Heinrich Himmler）"珠子纽
扣一般的眼睛"。对美国人来说，希姆莱的外形看似某个区县
职员办公室里的"资深产权研究员"。希姆莱的助手，6 英尺 3
英寸高的赖因哈德·海德里希，看起来像职业橄榄球队的截锋。
"他是只金毛大猩猩——肩膀宽阔，手臂修长，腿脚有力。"[33]

　　盖斯特将他的盖世太保联络人称为"我的魔鬼们"，明白
要给犹太人分发救济品，盖世太保的合作必不可少。[34] 盖斯特的
盖世太保联络人之一是负责"犹太问题"的官员卡尔·哈塞尔
巴赫尔（Karl Hasselbacher）。盖斯特"非常了解"哈塞尔巴赫
尔。1938 年年末，也就是"水晶之夜"发生前后，哈塞尔巴赫
尔告诉盖斯特，德国将不再有犹太人了——"所有没能离开德
国的犹太人都会被消灭"。[35]

　　"我有必要和'那帮人'保持良好的关系"，盖斯特 1938
年 10 月如此知会助理国务卿乔治·梅瑟史密斯（George
Mcssersmith），"那帮人"指的是盖世太保。"这样，我还能够
设法打开集中营的大门。否则，我将无能为力。"[36]

　　尽管盖斯特对德国犹太人深感同情，但他还是得在美国移
民法严格的限制之下展开行动。1932 年 12 月，盖斯特在德国

32

---

　　① 今日的尼德基尔希纳纳大街（Niederkirchnerstraße）。

的任期刚开始不久，他参与处理阿尔伯特·爱因斯坦（Albert Einstein）的签证申请，这件事因为种种误解成了一出黑色喜剧。那时，这位相对论之父接受了美国大学的客座教授一职，即将赴加利福尼亚州任教。在美国，有一群"女性爱国者"反对使馆向爱因斯坦发放签证。这群"女性爱国者"的领头人——声名赫赫的兰道夫·弗洛辛厄姆（Randolph Frothingham）太太告诉美国联邦调查局，爱因斯坦"与无政府主义与共产主义者团体联系紧密，比约瑟夫·斯大林（Joseph Stalin）本人更甚"。[37] 这一指控是荒唐的，但是美国国务院必须做出禁止政治危险分子入境的样子来。

面试爱因斯坦的任务落到了盖斯特头上。时任总领事的梅瑟史密斯不在领事馆，因此盖斯特成了代理负责人。这二人都明白"无论用法律或者其他途径建起怎样的高墙，都不能将某种思想挡在国门之外"。[38] 盖斯特引导爱因斯坦填写一份长长的表格，这份表格是每一个前往美国的人都要填写的。当盖斯特介绍那些必答题时，爱因斯坦突然开始怀疑他被一个精心谋划的"恶作剧"给耍了，意图探查他"政治活动与联系"的那些问题让他尤其恼火。

"你在开玩笑吗？"爱因斯坦问道，伸手想拿他的帽子和外套，"你问我这些，是给自己找乐子吗？还是受到了上级的指示？"[39]

爱因斯坦的妻子埃尔莎（Elsa）将此事告诉了记者。世界上最著名的科学家在领事馆遭到了"羞辱"的报道激起了美国进步人士的强烈愤慨。只有当第二天盖斯特通知爱因斯坦他将获得签证之后，这场争论才稍稍平息。梅瑟史密斯大力为他的副手辩护，坚称盖斯特对爱因斯坦"以礼相待，考虑周全"，

33

整个问询的过程完全是例行的，遵照"法律规定的正式程序"。[40]

此事之后不久，爱因斯坦就乘船前往美国了，嘲笑着"热心"的兰道夫·弗洛辛厄姆太太和其他"警惕的公民"。[41]

1938年的秋天，"围攻"美国总领事馆的犹太人队伍变得越来越长，盖斯特尝试尽可能多地批准签证申请。他将所有可用签证配额合理分配给不同的领事馆，充分利用了当年德国的所有美国移民配额——27370个，这是历史上前所未有的。盖斯特"想方设法拯救这些好人的生命"，准备打破领事馆的规定。他向升任助理国务卿的梅瑟史密斯坦白他的心理压力"相当沉重……不得不自作主张地采取进一步措施"。[42]

"水晶之夜"之后，盖斯特尝试跟上美国移民签证需求增长的所有希望彻底破灭了。11月14日，也就是"水晶之夜"后的第一个星期一，盖斯特告知华盛顿，"因现有的排犹措施"，[43]1500个签证申请者正在领事馆外的大街上排着长队。几天后，《纽约先驱论坛报》（*New York Herald Tribune*）报道称有16万德国人想移民美国。这意味着，即使除去不符合要求的申请者，剩下的完全符合要求的申请者也要等上至少3年才能拿到签证。[44]

蒂尔加滕公园对面，大批"惊恐的犹太人"挤进了美国驻柏林总领事馆，其中有人甚至来自城里"几个古老且著名的家族"——凯宾斯基（Kempinski）、韦特海姆（Wertheim）、罗森塔尔（Rosenthal）。盖斯特的助手向他报告道，犹太人"在我们桌前颤抖着，哀求我们给他们签证和护照——任何能把他们从外面纳粹的疯狂中拯救出来的东西都行"。晚上，"暴风雨停息之前"，领事馆官员们的家里"挤满了寻求庇护的犹太人"。美国外交官们惊恐地看着纳粹暴徒洗劫犹太人的商铺，入侵犹太人的住宅。"犹太居民被一伙暴徒扔到街上，在街上又被另一伙暴徒用棍棒一顿痛打。"一位领事的朋友称其看到了纳粹分子将一个小男孩从二楼窗口推下来后一哄而上，用穿了黑色靴子的脚踢他。在柏林最大的百货商场之一——韦特海姆百货商场，暴徒将三角钢琴一架一架从展示厅推下六楼。钢琴摔得粉碎，暴徒们发出了愉快的笑声。[45]

盖斯特觉得自己就像母鸡保护小鸡一样有责任"将害怕的人们护在羽翼之下"。[46]有时，他告诉盖世太保，一些犹太人最终会获得美国签证，这样盖世太保就会把那些犹太人从集中营里放出来。他几次造访柏林北边的萨克森豪森（Sachsenhausen）集中营，为领事馆员工或者杰出的犹太人求情，比如被关押在那里的银行家弗里茨·瓦尔堡（Fritz Warburg）。在一封寄给乔治·梅瑟史密斯的信里，盖斯特告诉他，一对犹太夫妇在他的办公室里"精神崩溃"，以自杀相威胁。"他们说我是他们最后的希望，"盖斯特告诉梅瑟史密斯，"毋庸讳言，我承诺帮助他们逃离德国。"[47]

多年来，盖斯特都建议他富有的犹太朋友不要离开德国——如果离开德国就意味着抛弃所有财富的话。然而，过去几个月接二连三的事件已经对"盖斯特式的乐观主义"造成了沉重打击。很明显，现在对所有人来说，逃离是唯一的选项。盖斯特筋疲力尽，不断复发的膀胱炎让他难受。他每天走进办公室，"步伐沉重，因为我知道悲剧在那里等着我"。

盖斯特学过中世纪史，曾惊讶于"在那些黑暗年代，人类竟能如此残酷、愚昧、杀气腾腾"。现在，他正见证着同样恐怖的事情发生在 20 世纪中期的欧洲中心。针对手无寸铁的少数族群展开的恐怖运动是"尼禄时代以来最残忍无情的"。希特勒承诺将德国打造成"千年帝国",但讽刺的是,在盖斯特看来,"千年善行"都不足以抹去他祖先土地上这片"无法根除的污点"。[48]

"水晶之夜"发生之后几周时间里,驻柏林领事开始相信希特勒决意清除德国境内的犹太族裔。德国在奥地利与捷克斯洛伐克的胜利使他们满面红光,失去了所有的克制。12 月 5日,盖斯特给梅瑟史密斯写信道:"德国人已经开始了犹太毁灭计划。如果我们选择拯救幸存的犹太人,我们应当被允许这样做。"[49]

而华盛顿方面犹豫不决。盖斯特尝试说服其他外国领事为等待美国移民申请结果的犹太人签发临时签证。在这一尝试中,英国护照官员弗兰克·福利(Frank Foley)是盖斯特的主要同伴。当时,福利正秘密地为英国情报机构军情六处(MI6)工作。福利个子不高,性格温和,曾学习神学,为成为牧师做准备。他认为希特勒是"地球上的魔鬼"。福利与盖斯特一同想出了个计划,让"绝望之中的人们",包括先前被关押在集中营的人,能在英格兰"等待"美国签证的结果。[50]

不久,盖斯特与福利的计划就在华盛顿遭遇了官僚制度的阻碍。美国助理国务卿梅瑟史密斯反对任何暗示美国允诺这些犹太人在未来一定会给予他们签证的计划。梅瑟史密斯担心这一举措可能违反美国移民法,致使在国会上爆发政党间的强烈抗议。"我们不能在配额上给出任何承诺",梅瑟史密斯如此命令国务院签证部门。[51]迫于华盛顿方面的压力,盖斯特不得不向他的英国伙伴说明形势。他告诉福利,在众多等待美国签证的

35

人里面至少有一半永远都不可能获得美国移民签证。如果英国政府被误导，认为这些人将"被美国几乎自动地接纳"，这对英国方面是"非常不公平"的。[52]

英国官员小心翼翼地避免公布来自美国国务院的警告。他们已经对英国公众公布了他们的难民救援计划，称该计划是帮助受迫害的德国犹太人在前往其他国家途中进行中转的人道主义举措。成千上万美国"不接受"的难民将永远成为英国的重担，如果这一消息泄露出去，该计划得到的政治支持将顷刻土崩瓦解。在那种情况下，英国政府将不得不重新考虑它的立场。

取道英国的逃生路线那时暂且还是半开放的。1939 年 1 月，盖斯特报告说福利仍旧在以此为由，给"大量"美国签证"等待名单"里的德国犹太人发放签证。[53]至于他的救援行动能持续多久，就是另一码事了。

36 同为看着希特勒日渐掌权的美国外交官，乔治·梅瑟史密斯与雷蒙德·盖斯特的关系变得格外紧密。从很多方面来看，他们的关系都很像一位老师与他最喜欢的学生的关系。"我一直尝试成为一个有智慧的学者"，1934 年盖斯特向梅瑟史密斯写道。之后不久，梅瑟史密斯离开柏林，前往维也纳出任美国公使。[54]虽然盖斯特只比梅瑟史密斯小两岁，但他从未幻想过直呼梅瑟史密斯的名字"乔治"。他们之间的称谓总是"梅瑟史密斯先生"与"雷蒙德"。对于雷蒙德，争强好胜、时而刻薄的梅瑟史密斯也会一反常态地夸赞他有"确实而清晰地预见〔德国〕事态发展"的能力。[55]他为他的门生争取提拔，与国务院官僚在年资规定上起了冲突。

在他们冗长的通信中，两位职业外交官着手解决民主国家面临的最大挑战之一：如何与一个使用"流氓手段"的集权国家打交道，从而达成目的。这两位德裔美国人达成一致，认为邪恶的纳粹是美国的一个主要威胁。他们认识到这一点的时间早于他们的其他所有同事。他们都警告华盛顿姑息政策的危险与被纳粹宣传的表象所诱惑的风险。与梅瑟史密斯一样，盖斯特也认为德国与美国必有一战，一切只是时间问题。

然而，在一件事情上他们的看法完全不同，那就是尝试大规模援救德国犹太人是否可行、对美国是否有利。他们的观点反映了他们不同的视角。梅瑟史密斯曾在德国与奥地利居住多年，但现在已经回到华盛顿了，整日坐在紧邻白宫的豪华办公室里工作，而盖斯特每天目睹纳粹的恐怖。

盖斯特在柏林，整日被各种人间悲剧环绕。他开始相信美国有责任尽其所能，帮助被迫害的人。如果与纳粹在犹太人移民问题上达成一致需要让美国停止批评德国政府，盖斯特已经准备好付出相应代价。他想要"尽快行动，赶在50万潜在难民的处境变得过于绝望以至于任何拯救都无法挽回"之前——不 37 仅仅是德国的难民，还有奥地利和捷克斯洛伐克的难民。在某一时刻，美国将不得不与德国"斩断联系"并"加入战争"，反抗纳粹。然而，在那个时刻到来之前：

> 我建议不要使受害者的处境继续恶化，而是创造各种有利机会接近德国方面，努力使他们停止残忍的暴行……这意味着那个人必须始终依赖某些欺骗与背叛的手段，但这不该阻止我们努力拯救无辜的人的生命。[56]

在寻找帮助受害者们的方法时，德意志帝国银行行长亚尔马·沙赫特（Hjalmar Schacht）的提议让盖斯特看到了一线希望。所谓的"沙赫特计划"意在保障15万犹太男性及其家人在3年内"有序"移民。然而，参与这一计划有一个值得注意的额外条件。该计划要求难民们将一大笔钱留在德国的"信托基金"里，作为由"国际犹太人"（international Jewry）融资发行的债券的"抵押物"。债券将被用于支持德国犹太人重新定居其他国家，而德国对债券的偿付将取决于德国未来的出口收入增长情况。

梅瑟史密斯认为，从华盛顿的角度来看，当务之急是在经济上继续向纳粹德国施加最大限度的压力，即便这么做的代价是无法帮助被迫害的人。在他看来，"沙赫特计划"是拙劣的"敲诈"，意在削弱罗斯福政府对德国大力实行的经济制裁。[57]毫无疑问，希特勒会利用"沙赫特计划"，将通过金融把戏巧取豪夺的资金用于进一步建造他的战争机器。如果纳粹真的达成了清除犹太人的目标，那么波兰等同样有大量犹太少数族群的国家将禁不住诱惑，效仿德国的做法。

梅瑟史密斯暗示盖斯特，他"与具体的情况离得太近"，无法对美国的政策有全面的理解。12月20日，外交信使送来一封"个人而机密的"信件，梅瑟史密斯在信中对盖斯特写道："你已经看到那些可怕的事情发生了，并且你即将看到更可怕的事情发生。"梅瑟史密斯还写道，华盛顿的官员们也对纳粹暴行深感憎恶，但他们认为阻止纳粹"针对犹太人的进一步行动"是不可能的。[58]

"根本性的问题正处于成败攸关的紧要关头，"这位助理国务卿教导盖斯特，"这些问题比任何个体或个体的苦难更加重要。"

梅瑟史密斯反对"沙赫特计划"的另一原因纯粹是出于对美国国内形势的考量。他担心犹太难民大量涌进美国会激化美国的反犹主义。几天之前，他向盖斯特解释他"在国内真正感觉到了美国自身的问题，例如失业等。美国没有立场成为世界上所有受苦人民的避难所"。任何增加美国移民配额的尝试都很有可能导致反犹的抵制运动，进而导致美国的移民政策变得更加严格。

盖斯特与梅瑟史密斯的争论不仅源于视角的差异，而且反映了二人对纳粹政权能持续多久有完全不同的看法。梅瑟史密斯认为"水晶之夜"标志着希特勒已身处绝境，只是为了掩盖纳粹政权在美国的强硬政策下正加速崩溃的事实。盖斯特也认同希特勒正面临着愈加严峻的经济危机，但是强调希特勒有能力运用"恐怖主义的方法……去击溃任何形式的反对"。盖斯特预言这位德国元首将用"向东侵略"、寻求粮食与石油的军事方式来解决他的问题。[59] 盖斯特甚至在"水晶之夜"前就得出了这个令人沮丧的结论：至少在短期之内，"独裁者已经赢了"。[60] 他想在还有可能救人的时间里，尽他所能，救出尽量多的人。

柏林充斥着纳粹高层分裂的传言。据说"温和派"人士聚集在希特勒指定的继任者赫尔曼·戈林（Hermann Göring）的麾下。在戈林与英国代理大使之间的一次秘密谈话中，这位肥胖的元帅断然表示"必须将犹太人清除出德国"。然而，他又补充道，针对犹太人的暴行之残忍"非常令他困扰"。从"针对犹太人的进一步物理攻击"中去除"极端元素"是非常困难的。[61] 这一问题的唯一解决方法是沙赫特提出的移民计划。

盖斯特的几位线人称，纳粹中的"强硬派"受宣传部部长约瑟夫·戈培尔领导，戈培尔喜欢对犹太人采取严厉的手段。毕竟，在这一点上他说服了希特勒。戈林的同僚们认为德国正一步步走向灾难性的战争，而只有"铲除"戈培尔与他的激进支持者才能避免德国的厄运。线人们告诉盖斯特，问题就在于戈林"与希特勒关系过于密切，无法反对希特勒"。[62]

很难相信，此时居然有一个美国代表团跌跌撞撞地闯入了这个充满谋杀诡计的环境。贵格会（Religious Society of Friends，又译教友会）坚信每个人都有好的一面，没有人是不可被救赎的。"水晶之夜"之后，他们决定派三个资深贵格会成员前往柏林，尝试改善犹太人的处境。神学家鲁弗斯·琼斯（Rufus Jones）是这个三人小组的带头人。为了最大限度确保成功，这三人将在"没有任何宣传"的情况下执行任务。

不幸的是，正当琼斯与他的伙伴们乘坐着"玛丽皇后号"（Queen Mary）航行在大西洋上时，有人将消息泄露给了美国媒体。在三人代表团 12 月 8 日来到柏林的时候，戈培尔授意制作的宣传单已经在拿从费城来的这"三位智者"取乐了。柏林的《攻击报》（Der Angriff）就此事发表社论："他们是来调查我们的，因为在费城有人说德国人的坏话，但德国人只是劫了可怜的犹太百万富翁的一点点不义之财。"[63]

这些贵格会成员希望被希特勒接见。当他们知道此事绝无可能之后，他们转而联系了盖斯特。盖斯特把他们介绍给了在盖世太保工作的他的"魔鬼们"。后来，鲁弗斯·琼斯描述了这位领事如何在一年中最冷的一天走进暴雪中，找到了打电话没能联系到的赖因哈德·海德里希。（琼斯说："如果世界上有好人的话，盖斯特肯定是其中之一。"）警察部门负责人海德里希拒绝与贵格会成员见面，但是琼斯他们和海德里希的两个助手交谈了。当琼斯请求许可，表示想要给德国犹太人分发救济品时，他发现盖世太保的官员们"冷酷如铁"的脸上有了"一丝暖意"。海德里希的助手离开去询问海德里希的意见后，琼斯建议用一点时间"静静地冥想与祈祷——这是史上唯——场在盖世太保的地盘上举行的贵格会集会"。[64] 半小时之后，盖世太保的官员们回来了，宣布他们可以与贵格会成员们合作分发救济品。当盖世太保的官员们帮助贵格会成员们穿上冬衣时，鲁弗斯·琼斯坚信他见证了一场"由爱锻造的奇迹"。

其他人则认为事件发展的前景较为悲观。在贵格会成员们离开德国之前，他们会见了亚尔马·沙赫特——犹太移民计划的幕后主使。沙赫特催促他们快点行动，因为"没人知道在这个国家明天会发生什么"。[65]

甚至在贵格会成员之中，也并非所有人都支持盖斯特帮助犹太人移民美国的援助政策。有的人担心美国的帮助最终可能为纳粹的种族清洗计划提供了方便。"水晶之夜"余波未尽时，柏林的贵格会代表霍华德·埃尔金顿（Howard Elkinton）将纳粹政策描述为"既幼稚又简单：犹太人必须滚出去"。犹太人可以移民，可以被抓去强制劳动的集中营，甚至可以来点"毒气"（"毒气"是埃尔金顿用于指代大规模屠杀犹太人的隐喻）——纳粹根本不关心犹太人是怎么"滚出去"的。埃尔金顿给贵格会领导人克拉伦斯·皮克特（Clarence Pickett）写信说，"看着一部分自己的同胞被屠杀"对普通德国人来说可能是有益的。虽然这样的结果"对犹太人来说是糟糕的"，但是可能将其他人从可耻的被动、无为的状态中唤醒。另一个选项——帮助德国犹太人大规模移民——可能被理解为"德国

（希特勒）的又一胜利"。

"你（Thee）当然是理解我的，"埃尔金顿对皮克特写道，使用了贵格会成员在与教友交谈中使用的亲密称呼形式，"尽管犹太人为我们提供了金钱，有时我也会想我们是否要出于人性而太轻率地加入这场运动。"[66]

与此同时，在斯图加特，领事馆职员埃米尔·弗里希的邻居注意到每天都有一些"犹太种族的人"来到弗里希的公寓。纳粹的教条禁止雅利安人与犹太人有"商业或社会往来"，除非这种往来是绝对必要的，比如雅利安人购买犹太人被强制出售的商铺。弗里希一个特别狂热的邻居向海关犯罪办公室（Office for Customs Offenses）告发了弗里希。海关检查员怀疑弗里希可能"与犹太人合谋将财产转移出德国"，违反了外汇管制条例。[67] 他们监视了弗里希的公寓，并且打开了他的信箱。

调查网很快扩展到了其他德国籍领事馆职员与被观察到与弗里希会面的犹太签证申请者的身上。海关官员逮捕了施皮尔夫妇，强迫他们彻底招供。然后他们在公寓里逮捕了弗里希，那时"几个犹太访客"还在门口等候。因为弗里希的罪行与海关条例无关，海关官员把弗里希交给了盖世太保。

鉴于美国移民法的威信受到了挑战，霍纳克总领事下令复审过去6个月的移民申请案例。在霍纳克的调查员们反复研究之前的文件，判定哪个人有可能插队的时候，常规的领事工作彻底停止了。有6个德国籍领事馆职员承认收受贿赂后被当场辞退。霍纳克的两个美国籍副领事也受到了同样的怀疑，但是对他们的指控一直没有证据。[68] 霍纳克对犹太签证申请人注册记录的调查也同样没有结果。这位总领事告诉美国国务院，此时此刻他已经叫停了虚假文件与证书的交易，那些虚假的文件"占据了很大一部分"。[69]

　　清楚的是，这些职员向行贿人许诺提供或者已经提供了一些服务，在这个过程中大笔钱财易手。盖世太保告知霍纳克，他们搜查了一个领事馆职员的住处，发现了一个装着 2.5 万德国马克的信封。这笔钱很显然是"犹太人为未来移民美国寻求帮助"而支付的。领事馆又对另一职员的个人文件进行了搜查，发现了一个装着 1.95 万德国马克的信封。当时，一个领事馆职员的年薪大约只有 2000 德国马克，他们是怎么攒下这么多钱的？总领事只能猜测。[70]

第三章

罗斯福

　　1938 年 11 月 15 日，在这个星期二的下午，记者聚集在白宫里面，人数比往常要多得多。他们亲切地称此行的看头为"城里最棒的演出"。富兰克林·德拉诺·罗斯福（Franklin Delano Roosevelt）即将出席他每周两次的新闻发布会。那天早些时候，有消息称罗斯福召回驻纳粹德国大使以"报告和磋商"，这标志着国际危机的加深。总统的新闻秘书史蒂夫·厄利（Steve Early）已经告知记者们，罗斯福在德国这一议题上"有话要讲"。[1]

　　4 点，一位引宾员准时将总统办公室门前的红色隔离带撤走。新闻工作者们浩浩荡荡地向前走，最前面的是通讯社工作人员，紧随其后的是国内主要报纸的通讯记者、广播评论员、杂志作者，最后是边远地区当地报纸的代表。资深记者们占据了罗斯福桌子周围的扇形区域，而那些没有受到优待的同行们则争夺后面的位置。这间房间里挤着约 200 位新闻工作者（大多是男性，只有少数几个女性），几乎快装不下了。[2] 此时，站在门口的助理按照惯例大喊："全部都进来了！"

　　第 32 位美国总统向后靠在活动靠背扶手椅上，牙齿咬着陶瓷烟嘴，烟嘴上装着一根点燃的香烟。罗斯福充分利用了只有总统才被允许在总统办公室吸烟的规定。等待上台的时候，他与前排的男性记者们交谈、说笑，像对待朋友一样。罗斯福知道他们妻子的名字，知道他们与上司的关系如何。罗斯福为其中的很多人起了绰号，邀请他们参加社交活动，在他们成功时恭喜他们，在他们失败时温和地责备他们。有时，罗斯福甚至半开玩笑地提出要替他们写新闻报道。作为《哈佛深红报》（*Harvard Crimson*）的前编辑，罗斯福在正式讲话前的开场白经常是："如果今天我要写你写的新闻，我会说……"

与先前的所有总统不同，罗斯福懂得如何利用媒体吸引全国的注意力，直接与美国人民对话。一位钦佩他的报纸编辑曾经告诉他，他是这片土地上"最有趣的人"。"就票房吸引力来说，你能让克拉克·盖博①喘不过气。"[3]这位总统成了一个取之不尽的消息源。据美国联合通讯社（Associated Press，简称美联社）的一位记者观察，罗斯福"在交谈时会使用报纸头条的标题语"，"他既通情达理又不可理喻，既仁慈又恶毒，既能出言讽刺又能安慰人心，既好笑又阴郁。他令人兴奋，他是人类，他和我们一样"。[4]

新闻发布会不仅仅是一种奇景，它最主要的功能是为新闻定调。除非罗斯福同意被直接引用，否则他所说的一切都只能用作背景介绍。用一位记者的话说，总统"就像一位友好且不拘小节的校长，讲授着向所有人免费开放的课程"。[5]他通过媒体教育民众，让他们知晓国家面临的挑战，耐心地为未来政策的变动打下基础。

总统将前两个主要反映了当时狭隘议题的问题放在一边。罗斯福开着玩笑，似乎意在强化带有阴谋色彩的亲密氛围，这

---

① 克拉克·盖博（Clark Gable，1901—1960），生于美国俄亥俄州加的斯，外号"电影皇帝"，美国国宝级电影男演员，《乱世佳人》的主演。

种氛围是罗斯福与"第四阶级"①之间关系的特征。一位记者开玩笑问道，要在华盛顿外建造一个新的国家机场，是不是很难取得规划许可。另一位记者提及了棘手的"樱花树起义"。一群罗斯福的批评者抗议罗斯福为其杰出先辈之一——托马斯·杰斐逊（Thomas Jefferson）修筑纪念馆，因为修筑纪念馆将致使潮汐湖周遭的几百棵日本樱花树被移植他处。埃莉诺·"茜茜"·帕特森（Eleanor "Cissy" Patterson），这位《华盛顿时代先驱报》（*Washington Times Herald*）的拥有者是激进的孤立主义者。她带领着一群杰出女性，威胁决策者说，为了防止樱花树被移除，她们将把自己用铁链拴在树上。6

"让我们谈谈比樱花树起义更加严肃的事情吧"，罗斯福突然不耐烦地插了一句。从密密麻麻摆着烟灰缸、书籍、装饰性镇纸与政治纪念品的桌子上，罗斯福拿起了一张纸。那是一份打字机打出的声明，罗斯福在上面手写了一些注解。接着，他将这份声明朗读出来，"用冷峻、严肃的声音，这是他的许多听众所不熟悉的"。7他的声明将被记录下来。

此刻，记者们疯了似的在纸上潦草而快速地记着笔记。罗斯福总统公开谴责了德国针对犹太人的屠杀。他说，"此事严重冲击了美国的公众舆论"。他在自己写下的句子上加重语气，以强化助手准备的不太会得罪人的措辞："我本人几乎无法相信那样的事情居然能在 20 世纪的人类文明中发生。"8

罗斯福召回了驻柏林大使，此事意味着他比世界上任何一位领导人在谴责德国暴行上都更进一步。然而，一个显而易见

---

① 第四阶级（the fourth estate），又被称作第四权，大众广泛认知的"第四权"是指在行政权、立法权、司法权之外的第四种制衡的力量，一般指的是媒体、公众视听。

却悬而未决的问题是罗斯福政府准备如何行动以减轻大洋彼岸数十万犹太人的苦难。在这个问题上，总统陷入了困境。虽然罗斯福同情被纳粹迫害的人，但是他同样意识到美国公众舆论中的排外主义张力。他感受到，提议对充满限制性的移民法案做出重大修改将无异于政治自杀，更何况使反移民的国会通过这一法案本身就困难重重。

截至此时，罗斯福对这一困境的解决方案是将救助难民的责任分摊给其他西方民主国家。1938 年 3 月，德国吞并奥地利后又有 20 万犹太人被纳入纳粹种族法律的统治。罗斯福出了个主意：举办一场国际会议，探讨如何应对迅速升级的难民危机。7 月，来自 32 个国家的 200 多位代表适时齐聚法国温泉小镇埃维昂莱班（Évian-les-Bains）。然而，除了表达同情之外，埃维昂会议并未产出任何具体成果。纳粹喉舌们幸灾乐祸：这些 45 "民主国家"急于批评德国，却不愿意向犹太人敞开国门。

一位记者问罗斯福总统对于在世界其他区域找"能照顾从德国移民的大量犹太人"的地方是否有"仟何想法"。

"关于此事我已经考虑了很多。"

"可以告诉我们哪些地方尤其合适吗？"

"不，现在时机还不成熟。"

另一个记者想知道罗斯福是否将"建议放松移民限制，以使美国接纳犹人难民"。

"这不在考虑范围内。我们有配额制度。"

新闻发布会的议题已经转入了一个危险的领域。罗斯福无意激起一场关于移民的全国辩论，那可能使人们要求提高移民限制。所谓的国家起源系统造成的局面对德国犹太人来说是相对有利的，他们至少比南欧人与东欧人更加有优势，更别提亚洲人和非洲人了。1937 年之前，德国的移民配额连三分之一都用不完。[9] 在罗斯福看来，与建议大幅度修改配额系统相比，充分利用现有配额才是帮助难民的更高效的方法，更何况前者还有可能激起民众的抵制。把德国和奥地利的配额相加，德语国家每年已经有总共 27370 人能移民美国，其中绝大多数是犹太难民。罗斯福觉得，其他国家也应该尽一份力。

罗斯福勤奋钻研美国公众舆论，当然已经注意到了埃维昂会议前后出版的《财富》（Fortune）杂志 7 月刊登载的民意调查。调查显示，有 55% 的民众支持罗斯福总统，34% 的民众不支持他。这个结果是令人满意的，但是在难民问题上，罗斯福如履薄冰。只有 5% 的美国人赞同"提高我们的移民配额"，让更多难民进入美国。只有略多于 18% 的美国人同意让难民进入美国，"但不要提高移民配额"。调查中，每三个人里就有两个人想"把移民挡在国外"。[10]

46　　记者们没有兴趣在移民配额上向罗斯福施加压力。几周以来，他们第一次从总统的新闻发布会上得到了能报道的大新闻，《纽约时报》（The New York Times）在头版用了一个四栏、多层的头条描述了总统对纳粹德国前所未有的谴责：

罗斯福谴责纳粹暴行

他说，"这令人难以置信"；

伦敦方面研究犹太人定居

————

严正声明

————

这是总统对友好国家使用过的

最激烈的言辞

——

舆论"深感震惊"

《华盛顿邮报》（*The Washington Post*）报道："罗斯福先生与想让世界知道他一举一动的记者们之间 30 分钟的对话包含了如此之多的内容，这种情况多年未见。"

在罗斯福看来，犹太难民问题与另一个更加重要的问题紧密相关：如何应对希特勒这个疯狂的煽动者——他公然违抗国际条约，接连入侵多个欧洲国家。在吞并奥地利之后，希特勒又派兵入侵捷克斯洛伐克的苏台德地区，该地区居民大多属于日耳曼民族，使用德语。希特勒坚称"苏台德地区是他在欧洲不得不取得的最后一片领土"，但是人们没有任何理由相信他。[11]以英法为首的欧洲民主国家已被证明没有能力或意愿与希特勒对抗。在于慕尼黑会议上同意纳粹德国分割捷克斯洛伐克之后，9月 30 日，英国首相内维尔·张伯伦（Neville Chamberlain）用他笛子一般尖锐的声音宣称："我们的时代是和平的。"民意调查显示，大多数美国人不想再被卷入一场欧洲的争端——上一场是 20 年前的"止战之战"大屠杀。每当总统拿出哪怕一点小小的行动来干涉欧洲事务，大量的抗议信就会涌入白宫的信箱。

慕尼黑会议的几周后，罗斯福与他的外交顾问们召开了一系列会议，商讨如何应对希特勒。在罗斯福吃早餐的时候，顾问们在白宫二楼罗斯福的卧室集合开会。罗斯福披着蓝色法兰绒披肩，坐在床上，仔细研读面前摆开的、令人担忧的国务院密电，同时听着助手们给出的建议。[12]这些会议得出了一个结论：绥靖政策几乎绝对会失败。另一场世界大战的爆发变得愈加可能。美国避免直接卷入即将到来的冲突的最大希望，在于用其丰富的工业资源支持英法的军队。那将意味着他们需要废止或者修订《中立法案》，因为该法案禁止向好战的国家运送军事物资。

罗斯福知道，要使国会通过这一计划，他必须小心推进。一年前，罗斯福发表演讲，直言不讳地呼吁"隔离"纳粹德国，结果被迫退却。他惊讶于民众广泛而强力的反对。"如果你想要和平，那就保持和平，"一封典型的电报这样写道，"没人会不远万里来进攻我们。"塞缪尔·罗森曼（Samuel Rosenman）是罗斯福的讲稿写手，据他所述，罗斯福很快意识到他"犯了一个他极少犯的错误——过度急于尝试领导美国人民，而没有使他们充分认识事实"。

罗森曼是罗斯福团队中的几位犹太人之一。罗斯福对他说："当你尝试领导人们，回过头却发现身后空无一人——这太可怕了。"[13]

罗斯福总结道，他需要教育美国民众，使他们认清面前的危险。近几天，他被据说是一个贩卖花生的希腊人说出的一句话逗乐了。史蒂夫·瓦斯拉克斯（Steve Vasilakos）常年在白宫外兜售他的货物，以至于记者们都开始将他看作一位受欢迎的预言家。他的最新名言是关于国际形势的，已为子孙后代记录在册："除了这里，全世界其他地方都在相互叫喊推搡。他们那里有枪支，我们这里有草地上的松鼠。这不是绝妙的事情吗？"11 月 15 日，在写给一个作家朋友的信中，罗斯福抱怨那个花生小贩忽略了"一个不幸的事实：大洋彼岸的吵闹、推搡、枪支无时无刻不在靠近我们的国家"。[14]他需要想出一些办法，反驳那些将美国视为远离欧洲危机的世外桃源的说辞。

罗斯福有丰富的德意志文化与历史知识，且对德意志民族性格了解深入，他以此为傲。青年时期，他几次随父母在德国长期旅行，提高德语水平，在巴特瑙海姆（Bad Nauheim）享受矿物浴，再收拾行装前往格罗顿（Groton）的预备学校。他与家庭教师骑车遍游德国的乡野，与农民一同过夜。他最后一次在德国长住是在 1896 年，返程之前，他父母给了他一份特别的奖励——带他参加拜罗伊特节（Bayreuth festival），观赏瓦格纳的歌剧《尼伯龙根的指环》①。这场激动人心的民族主义歌剧历时 15 小时，罗斯福一直坐在座位上。当时他才 14 岁，但是据他母亲所记，罗斯福 "在长剧上演期间是最全神贯注的，总是不想离席，一刻也没有感到无聊或倦怠"。[15]

尽管罗斯福与希特勒从未会面，他们的职业生涯却在关键节点交了。罗斯福于 1933 年 3 月举行总统就职典礼，而就在 5 周之前，希特勒被任命为德国总理。在经济危机与一战之后国际秩序的巨变之中，这二人领导国家的方式反映了两种截然不同的应对策略。罗斯福的 "新政" 是希特勒 "新秩序" 的民主的、美国化的替代物。总统和元首之间的紧张关系，几乎蔓延到个人领域。从许多方面来看，二人互为镜像。罗斯福私下里将希特勒称为 "那个疯子"，纳粹领袖也因白宫里的 "那个蠢蛋" 狂怒。罗斯福对希特勒与其代表的危险不抱任何幻想。他注意到，英文版的希特勒自传《我的奋斗》与德语原文相比省略掉了许多煽动性的段落。在这本书章节后的空白处，罗斯

---

① 《尼伯龙根的指环》（*Wagner Ring Cycle*）是一个由四部歌剧组成的系列，由瓦格纳作曲及编剧。创作灵感来自北欧神话《诸神黄昏》及日耳曼叙事诗《尼伯龙根之歌》内的故事及人物。

福写下了这样的笔记："翻译后的文本删减了太多，以至于让读者对希特勒其人或他说的话有了完全错误的看法。"[16]

49　　罗斯福有贵族式的敏感，纳粹集会上的尖叫与德国喉舌宣传的生硬令他不快。在听到希特勒在慕尼黑会议之后得意扬扬的演讲时，他感到震惊。他在听完元首的一通咆哮之后问他的表妹玛格丽特·萨克利（Margaret Suckley）："你今天听希特勒的演讲了吗？他声音尖利，装模作样，让众多的观众做出了反应——他们没有鼓掌，而是发出了动物一样的噪声。"[17] 同时，罗斯福让他的内政部部长哈罗德·伊克斯（Harold Ickes）从一段谴责"水晶之夜"的广播演讲中删掉任何直接提到希特勒或者其他纳粹领导人的部分，否则这演讲就太过尖刻了。[18] 罗斯福虽然看不起希特勒，但是还得与其打交道。

　　这位总统打算利用近期德国的暴行，强调美国需要增强其被废弃的军事防御。在 11 月 15 日的新闻发布会上，他表示美国本土受到袭击的可能性"与五年前相比极大地提高了"。他接着呼吁制订一个全新的国防计划，"使整个大陆不会遭受空袭"。尽管如此，罗斯福拒绝提出德国就是最有可能的侵略者，而是让记者们自己得出这个明显的推论。

　　罗斯福的克制有几方面的原因。1938 年 11 月的中期选举上，他遭受了重大政治挫折，致使几个关键盟友被击败。在此之前，1937 年，罗斯福的最高法院改组计划失败了。1936 年，罗斯福再次当选美国总统，是美国选举史上最大的胜利。此事使罗斯福感到振奋，他企图增加最高法院法官人数以克服"新政"的司法阻力。他的举动点燃了舆论批评的大火，他被指责为"独裁者"。国会民主党人也参与进来攻击自己的总统。与最高法院的斗争很快转变成了一场更大的、行政分支与立法分支之间的战役，这场战役以罗斯福屈辱战败告终。

从这些挫折中，罗斯福得到了教训：他必须通过秘密的行动与巧妙的手法推进，每前进一步，就得后退半步。罗斯福勤奋研读《国会议事录》（*Congressional Record*），即每天国会山辩论的文字记录。他充分意识到美国有一种孤立主义情绪。当白宫记者团陶醉于罗斯福的魅力时，罗伯特·麦科米克（Robert McCormick）与威廉·兰道夫·赫斯特（William Randolph Hearst）等保守派报纸业主麾下的社论作者们却对他表示反对。罗斯福已经习惯于听见自己被他们描述为"战争贩子"或者"鲁莽的黩武主义者"。他必须说服国会与美国民众，他的重整军备计划是避免另一场欧洲战争的最大希望。

罗斯福保持谨慎的背后是他回忆起他的政治导师伍德罗·威尔逊（Woodrow Wilson）在上一场战争后遭受的严酷考验。当时，罗斯福任威尔逊的海军助理部长，眼看着这位满怀理想主义的总统为了实现他创立国际新秩序的愿景与顽固的国会进行斗争。那是1920年，美国普遍厌倦战争，孤立主义的参议院带头拒绝认同创立国际联盟的条约，这一计划从一开始就注定失败。罗斯福认为威尔逊犯了一个巨大的政治错误——在初步协商中没有将共和党参议员囊括进来。威尔逊再也没能从这次挫折中恢复。在《凡尔赛和约》遭到参议院拒绝后不久，威尔逊患上了重度中风。

罗斯福下定决心避免再犯他目睹过的前人的错误。罗斯福对罗森曼说："从威尔逊总统身上，我不仅学到了什么该做，也学到了什么不该做。"[19] 对他而言，要使混乱的世界局势变得有序，仅凭理想主义与良好意愿显然是不够的。踏实的政治现实主义同等重要。有时，解局要靠戏剧性的行动；有时，也需

50

要忽悠、和稀泥。在民主政体中，两党共识的缺失会阻碍最有力和最有创造性的外交政策。为了获得国会的支持，罗斯福必须先获得美国民众的支持。

11月16日早上9点45分，财政部部长小亨利·摩根索（Henry Morgenthau Jr.）致电罗斯福。摩根索想对罗斯福在前一天的新闻发布会上的出色表现表示祝贺——有关新闻已经登上了各大报纸的头版。[20] 即便在通常不支持罗斯福的地区，他从柏林召回大使的决定也收到了不错的反响。这位总统成功利用了他绝大多数美国同胞对德国发生的野蛮事件的愤慨。

摩根索是罗斯福最早结交的朋友之一。他们曾住在纽约上州的海德公园，两家离得不远。二人都是乡绅，都对林学感兴趣。在一张照片（见彩图12）里，罗斯福和摩根索坐在敞篷轿车里，脸上洋溢着几乎一模一样的欢乐微笑。罗斯福用潦草的笔迹在照片上写着"来自'天生一对'中的一个"。1928年，罗斯福竞选纽约州州长的时候，摩根索是他的心腹，开着一辆旧别克车载着州长候选人在纽约州行驶了数千公里。摩根索是杰出商人与前外交大使之子，也是内阁里唯一的犹太人。他意识到社会歧视犹太人，更喜欢将自己描述为"百分之百的美国人"。罗斯福看重摩根索的忠诚与直言不讳。1937年当经济转向衰退的时候，是摩根索警告时任总统的罗斯福：美国"正在走向另一场大萧条"。[21]

像罗斯福一样，摩根索也就安置欧洲犹太人这一问题思虑颇多。在公开场合，二人小心谨慎，谈论"政治难民"而非"犹太难民"以避免激起潜在的反犹主义情绪。私下里，二人都认识到希特勒已经在欧洲全境释放了民族主义的恶魔，主要且直接的目标就是犹太人。随着德国向东扩张其势力，局势可能急剧恶化。德国 50 万犹太人遭迫害所反映的问题与东欧 "约 700 万" 犹太人被强制移民相比，反而显得 "微不足道" 了。

在罗斯福看来，难民危机的唯一长期解决方法是 "创造一个能吸收极大量犹太移民的新的犹太人家园"。[22] 奥斯曼帝国解体后，美国同意了国际联盟的提案——在英国托管下的巴勒斯坦建立一个 "犹太人民的民族家园"。但是，即使假设包括周遭阿拉伯族裔的激烈反对之类的政治阻碍可以被克服，罗斯福仍然怀疑仅巴勒斯坦能否吸收数以百万计的难民。他向摩根索求助，问他是否能找到另一个合适的犹太人避难所。

摩根索在罗斯福的卧室里找到这位总统，说道："关于安置犹太难民，我有了第一个具体的建议。"[23]

"好吧，看在老天的分儿上，你有什么建议？"

摩根索想到的地方是几内亚，位于非洲西海岸，受英国与法国管辖。摩根索概述了一个复杂的计划：豁免这些殖民力量的一部分战争债务，作为交换，他们需要开放国土，接纳犹太移民。

"这个不行，"罗斯福不耐烦地说，他已经花了几小时仔细研究带有气温图表的非洲、南美洲地形图，在适合 "白人定居" 的地方做了标记，"犹太人需要 25～50 年才能克服那里的热病。"[24]

罗斯福更看重喀麦隆，一个当时属于法国的前德国殖民地。他听说喀麦隆有 "极棒的高地" 且 "人烟稀少"。另一个选项是位于更南边的、由葡萄牙管辖的领土——安哥拉。这个地方也很适合欧洲人大规模殖民。很快，罗斯福就大胆地想象了一些方法来说服葡萄牙独裁者安东尼奥·德·奥利韦拉·萨拉萨

尔（António de Oliveira Salazar）来支持这项计划。他令他的外
交官知会萨拉萨尔"在安哥拉建立一个新的犹太家园"将对葡
萄牙经济有利，并能让这位葡萄牙强人"成为他国家与我们时
代史上最伟大的人之一"。[25]

想出这样宏伟的计划需要有罗斯福这样丰富的想象力。财
政部部长感到他有义务协助总统，因为总统在决心构想宏图的
时候似乎形单影只。"没人在帮他，"摩根索在他那晚的日记里
写道，"我至少得做些费力气的基础工作。"[26] 几周后，他们照
例一起吃工作午餐，其间摩根索与他的上司罗斯福尽情谈论筹
集5亿美元来资助50万犹太人有序离开欧洲的可能性。"不入
虎穴，焉得虎子"是摩根索的座右铭。罗斯福将想法大声对朋
友说出来，并认为如果能说服其他国家每年接收8万犹太难民，
那么美国也许每年能够接收2万人。[27]

无论罗斯福宏大的犹太难民移居计划的长期可行性有多高，
短期内他仍受制于国内的种种限制。国会建立的配额系统不会
优先考虑逃离种族或政治迫害的难民。除非总统已经为这场可
能会输的殊死斗争做好了准备，否则他必须一小步一小步地来，
至少先帮助一部分的难民。最重要的一步是确保所有的配额都
确实被填满了。

罗斯福的劳工部部长弗朗西丝·珀金斯（Frances Perkins）
想要为临时被美国允许入境的约1.5万德国犹太人延长访客许
可证的有效期。因为珀金斯也管理着移民服务，所以她的观点
很重要。但是国务院对此强烈反对。助理国务卿梅瑟史密斯辩
称这一提案将违反法律，"意味着我们签证惯例的彻底崩溃"
且将要激起"全国范围的压倒性的不利反应"。[28] 罗斯福与珀金
斯站在一边，称"在现在的局势下让犹太人上船，把他们送回

德国"是残酷的。这些访客的签证将延长 6 个月，且可以继续
延长。

"我不能，且任何体面的人都不能将他们赶出去。"在 11
月 18 日的新闻发布会上，罗斯福如此对记者说道。[29]

即使仅对美国移民政策做出细微改动，也有激起公众抵制
的风险。"水晶之夜"之后，电报与信件涌入白宫和国务院的
信箱，抗议难民的进入。一封从新泽西州发来的、署名为"一
个受够了的美国异教徒"的电报指责罗斯福"做得太过了……
如果你继续被华盛顿的犹太少数族裔利用，那么你面临的要么
是一场革命，要么是一场弹劾"。[30]一位来自俄亥俄州的银行董
事长写信说，他愿意捐钱"帮助犹太人买下一个新的祖国"，
但是不想让他们来"这个国家"。一个来自纽约的纺织品销售
员说，他"对德国犹太人深表同情"，但是担心他们会和"许
多应被优先考虑的我们自己的公民"竞争工作职位。

"难道我们没有很多失业的人、领取救济金的人吗？"这个
销售员写道，与其他来信者直指同一个主题。[31]

如果说有许多美国人因"水晶之夜"的几周后大批难民将
涌入美国而感到警惕，那也有其他人搜寻可行的途径帮助受迫
害的人。12 月 8 日傍晚，杰出的慈善家与社会工作者聚集在位
于纽约第五大道上、中央公园对面的一个公寓里，发动一场救
援犹太儿童的运动。28 个参加者中有芝加哥百货商场巨头马歇
尔·菲尔德（Marshall Field）、《华盛顿邮报》的拥有者尤金·
迈耶尔（Eugene Meyer）与贵格会领袖克拉伦斯·皮克特。他
们快速起草了计划，打算在当地教会的帮助下将 2 万难民儿童
安置在全美的寄养家庭里。他们将精力集中在儿童身上，希望

避免难民与美国工人竞争工作职位之类的抱怨。一个重要的问题是"怎么让这些儿童到美国来"。[32]

这里是著名的儿童精神病学家马里恩·肯沃西（Marion Kenworthy）的客厅，挤在这里的热心的男人与女人们受到了英国"儿童撤离行动"（Kindertransport program）的鼓舞。将该计划升级为行动的是报纸登载的发生在德国的悲惨新闻，难民利益维护者们已经说服英国政府为受纳粹迫害的儿童签发临时入境许可证。英国外交大臣哈利法克斯勋爵（Lord Halifax）希望"这慷慨的行为能产生连锁反应，使美国进一步打开国门"。[33]

虽然这一计划并未严格限制英国接受儿童的数量，但接纳1万名儿童被认为是一个可行的目标。难民组织承诺为一个孩子筹集50英镑（相当于2019年的1500英镑），保证这些儿童将尽快"再移民"。12月中旬，满载犹太儿童的火车班列陆续抵达伦敦利物浦街火车站，它们从柏林、维也纳、法兰克福等城市发出，彻夜行驶，通过荷兰角穿越了北海。

说服美国政府采纳相似的计划很可能更加困难。肯沃西与她的同事们相信罗斯福"赞同"他们的倡议，但是也知道在移民事务中罗斯福不是最终的决策者。一位英国首相通常可以依靠其在下议院中占据多数席位的同僚，而在美国建国先驱们设计的这一套系统中，行政权永远受到立法权的制衡。

1933年罗斯福接替赫伯特·胡佛（Herbert Hoover）出任美国总统之后，没有在改变美国移民惯例上做出努力。在大萧条开始后，胡佛拿出举措，进一步大幅度削减移民。在股市崩盘不到一年的1930年9月，胡佛命令国务院确保移民不会与美国公民竞争工作机会或者成为政府的经济负担。[34]

1930年之前，这套"可能会成为社会负担"的说辞主要被用于排除那些患慢性病或者精神不稳定的人。现在，这套说辞被重新解释，也被用于排除那些下船之后不能立刻自食其力的人。在结束于 1931 年 6 月的财政年度，美国历史上首次出现流出人口多于流入人口的现象。美国接收的德国移民人数陡然下降：从 1930 年的 27119 人降到 1931 年的 10100 人，再降到 1932 年的 2086 人。[35]

出于对国内失业危机的担忧，罗斯福在第二个任期开始时才着手解决移民问题。1937 年 1 月，罗斯福回到白宫两个月之后，国务院悄悄放宽了关于"社会负担"的规定。领事们被告知不用再拒绝那些客观上有概率会成为社会负担的人，而只需拒绝那些已有证据证明其会成为长期负担的人。他们不再要求签证申请者提交由已经居住在美国的直系亲属提供的经济担保证明。在新规定下，远亲提供的无约束力的支持宣誓书也被认为是符合要求的。[36]

对移民法解释的小小改动致使罗斯福第二个任期内签证签发数量迅速增长。1938 年，向犹太签证申请者签发的移民签证数量增长至 1936 年签发数量的 3 倍。然而，直到 1938 年年中，领事们才将德国与奥地利的所有移民配额完全利用起来（请见页边码第 296 页图 2）。[37]美国接纳的移民数量激增，但是无法满足对德国签证配额愈加强烈的需求。1938 年开始于德国吞并奥地利、结束于"水晶之夜"的一系列骚乱事件在一个全新的维度上激发了一场难民危机。

尽管总统利用了修改移民法解释的有限空间，但他依旧无法单方面废除配额的限制。在配额系统之外接纳 2 万难民儿童将需要国会通过法案。罗斯福需要谨慎考虑：要通过这项牺牲其他重要事项的新移民法，他准备投入多少政治资本。

56

* * *

会集在马里恩·肯沃西家客厅里的慷慨的人们与白宫有极好的联系纽带——埃莉诺·罗斯福（Eleanor Roosevelt）。这位第一夫人是个活动家，与这些人在各式人道主义事业中共事。在西班牙内战期间，以弗朗西斯科·弗朗哥将军（General Francisco Franco）为首的国民军迫使巴斯克①儿童逃离家园，巴斯克儿童们的困境令埃莉诺·罗斯福深受触动。"西班牙儿童在我心头的分量越来越重，"1937 年 5 月，她在报纸专栏上这样写道，"我希望我们国家有能力的人为这些儿童捐款，让他们能被带到安全的地方，吃饱穿暖，获得充足的教育。"右派批评家宣称她"煽动共产主义"，[38] 她置之不理，向贵格会一个帮助这些儿童的救济委员会捐了款。

埃莉诺承诺与丈夫讨论将数万儿童接来美国的提案。罗斯福自己并未赞同这一倡议，但是对儿童难民利益维护者们做出些许鼓励，这被解读为继续开展计划的"绿灯"。埃莉诺将罗斯福的看法转达给她在纽约的朋友：

> 我的丈夫说你们最好立刻行动，在民主党和共和党、众议院和参议院分别找一个人，让他们在你们想要的、为接纳儿童而设立的法律上取得共识。国务院只忌惮国会的意见，因此，如果你们消除了这种担忧，国务院不会反对你们的计划。他建议你们慎重决定人选，并且如果有可能的话，取得所有能取得的天主教方面的支持。[39]

---

① 巴斯克人是居住于西班牙中北部以及法国西南部的民族。

57

肯沃西与她的同事们听取了总统的建议。他们选择纽约州的参议员罗伯特·F. 瓦格纳（Robert F. Wagner）在参议院支持他们提案的法律。罗伯特·F. 瓦格纳是一位杰出的新政派民主党人，恰巧也是天主教徒与第一代德国移民。在众议院，他们说服了马萨诸塞州的共和党自由派国会女议员伊迪斯·诺斯·罗杰斯（Edith Nourse Rogers）加入他们的计划。

《瓦格纳-罗杰斯法案》得到了许多宗教界领袖的支持，除了脱离了天主教的"广播神父"查尔斯·库格林（Charles Coughlin），他激烈反犹，恶言谩骂。在他每周的广播里，库格林将"水晶之夜"描述为犹太人迫害基督徒的合理报应。他认为犹太人与"苏联的共产主义政府"是一伙的，他们曾"谋杀2000多万基督徒"且偷窃价值"400亿美元"的基督徒财产。[40]纽约的天主教大主教弗朗西斯·斯派曼（Francis Spellman）反对库格林，但是不想让他自己的名字出现在儿童法案后面，只能由芝加哥大主教在无宗派的德国难民儿童委员会上代表天主教教会了。[41]

在多灾多难的 1938 年即将过去，被众人给予和平厚望的 1939 年即将到来的时候，在难民儿童的辩题上，强大的两方准备角力。一边，天主教神父与新教牧师们带领着这片土地上伟大和善良的人们，守卫自由女神像所代表的精神。儿童法案的支持者阵营包括前总统赫伯特·胡佛，他在大萧条之初收紧了移民限制。胡佛是难民问题上公认的权威：一战之后，他主管向欧洲地区发放救济品，帮助拯救了百万生命。作为一个贵格会成员，胡佛力劝美国人"接受与美国能力相称的欧洲难民儿童数量，并将其安置在美国家庭里"。[42]

几大报纸也赞同这一法案。《纽约时报》提醒读者，过去

58

美国曾向饱受战火的欧洲儿童"欣然给予救助"。"尽管我们的大门不再向世界所有受压迫的人敞开，但保持我们引以为傲的热心肠、敞开大门接纳这些儿童是我们的传统。"[43]

另一边，反对者们也在行动。国会每收到一个放开移民配额的法案，就会收到另外 3~4 个法案呼吁更严格地限制移民。来自北卡罗来纳州的民主党参议员罗伯特·雷诺兹（Robert Reynolds）想要在未来 10 年内禁止移民，并且遣返"所有的外国犯罪者与不受欢迎者"。其他人要求美国"远离战争"，让所有外国人按指纹，并且禁止"国外的所有主义"（all foreign isms）。[44]

同时，国务院担忧放开移民法的尝试会在政治上适得其反。乔治·梅瑟史密斯报告，反移民的游说团体正尝试收集并公开配额系统下接纳的移民中犹太人占较高百分比的信息。在 1939 年 1 月的备忘录中，助理国务卿预测，如果儿童法案通过，反犹主义即将盛行。"相当明显的是，表面之下，暗流涌动，可能会事与愿违"，他警告道。美国已经有"现今世界上最宽松的移民政策"了，因而最好避免对移民法做出任何修改。梅瑟史密斯声称"深思熟虑且见多识广的犹太人"赞同他的看法。[45]

59 对儿童法案的支持者们来说，更麻烦的是美国公众舆论仍对接纳移民怀有敌意。虽然大多数美国人对"水晶之夜"的暴行感到惊骇，但这并未使他们乐意允许纳粹的受害者进入美国。1939 年 1 月，盖洛普民意测验中心询问美国人是否支持"将德国难民儿童接入美国，让美国家庭照料"的计划，三分之二的受访者反对这一计划，只有四分之一赞同。事实上，当问题的措辞发生了轻微改变、指明难民儿童"大多数是犹太人"时，支持接收他们的比例从 26% 上升到 30%，反对的比例从 66% 下降到 61%。[46] 看上去，美国人反对任何移民，不仅仅是犹太移民。

罗斯福任总统将满 6 年时，感到愈加疲惫倦怠。在公开场合，他依旧维持着不屈不挠、充满能量的形象，但他难以向身边的人隐瞒自己的真实状况。1921 年他被诊断为脊髓灰质炎，这种疾病可使人瘫痪，罗斯福不得不坐上了轮椅。每天，他的日常起居都得依赖别人的照料。他的真实状况对普通美国人是保密的，近距离接触过他的人对他的状况感到震惊。时任加拿大总理麦肯齐·金（Mackenzie King）在"水晶之夜"前后访美，在日记中，他坦白道："他的双眼之中有深深的倦怠，我能看出他非常疲惫。"[47] 内政部部长哈罗德·伊克斯"不禁察觉到内阁会议上罗斯福脸上显现出的前所未有的可怕紧张，罗斯福正是在这种紧张感之下工作的"。总统的医生罗斯·麦金太尔海军上将（Admiral Ross McIntire）通常心态乐观，但他史无前例地为他的病人"感到忧虑"。[48]

罗斯福疲惫与病痛的解药是尽可能频繁地逃离华盛顿。这些旅程使他获得能量并得以暂缓会见总统办公室络绎不绝的访客。春夏时节，他喜欢回到纽约上州他长大的地方，但在冬天他喜欢往南，去往阳光充足的地方。11 月末，他去往佐治亚州温泉镇，他已经在那里开设了一所脊髓灰质炎患者的康复水疗会所。从临近山脉涌出的富含矿物质的水流使他因疾病变得瘦弱的肌肉放松下来，使他的精神充满活力。

与之相似，大海能使罗斯福精神振奋。他是一名出色的水手，最爱站在美国战舰的甲板上（即使需要拄着拐杖），在海风中，他的蓝色海军斗篷在身后飘扬。他醉心于航海的点滴细节，得以暂时将担任总统的重担放在一边。

罗斯福已计划在2月末花两周的时间乘坐他最喜欢的军舰"休斯顿号"（USS *Houston*）巡游加勒比海一带。表面上，他的目的是去视察海军演习，包括"黑舰队"与"白舰队"的模拟战。这一演习将为欧洲的独裁者们发送一个讯号：美国已经充分准备好保卫自己2000英里的大西洋海岸线。但是，这一行程的真实目的其实在于让罗斯福歇口气——这位总统太需要休息了。出发前罗斯福患上了严重流感，麦金太尔曾考虑取消这一行程，但最终决定允许罗斯福出发，认为他的病人将从"逃离华盛顿"中受益。[49]

当罗斯福在富有仪式感的管乐吹奏声中登上这艘停泊在基韦斯特岛（Key West）的9000吨战舰时，他的健康状况开始恢复。这艘装有大炮的战舰驶过地平线，《纽约时报》记者在海岸上报道：总统男孩时代的幻想成真了。"他将沿秘密航线行驶，脚下是轰鸣的甲板，头上是热带地区的太阳和星星，照耀着他周围的一片蓝海，季风如轻抚般昼夜吹拂他的面庞。"[50]与华盛顿的通信变得有限，只有每日的少数信件与一个用于接收紧急讯息的加密无线频道。

儿童难民法案是罗斯福留在白宫的众多问题之一。埃莉诺·罗斯福已经告诉记者（并"同意他们引用"）她出于"人道主义的"原因支持该法案。"其他国家也会接收它们那一份难民，这看起来是一件公平的事情。"[51]这位第一夫人从纽约向"休斯顿号"发电报，问她的丈夫是否也会支持这一法案。结尾签名处，她祝愿罗斯福在海上"度过绝佳的时光"。

罗斯福有些为难。虽然他私下里支持这一法案，但是顾问们力劝他不要公开表示支持。副国务卿萨姆纳·威尔斯

（Sumner Welles）抱怨针对"用各种借口"进入美国的犹太人的抗议已经把他淹没了。[52] 有些国会成员想要削减90%或以上的移民份额。与此同时，孤立主义者们天天对罗斯福发动攻击，指责他让国家卷入国外的战争。若在他亲自支持的这一项重大立法上落败，他的权威将严重受损。

罗斯福不用花太长时间来权衡利弊。他愉快地在"休斯顿号"上的军舰司令室里坐下来，向助手口授对埃莉诺的回复：

> 船上一切都好，天气不错，一切按部就班。你可以支持儿童难民法案，但是在回去之前，我最好不对此发表意见。爱你。罗斯福。[53]

第四章
基彭海姆

"水晶之夜"后的几天，赫蒂·瓦亨海默几乎"被吓瘫了"。先前，她与母亲和婶婶藏在阁楼的衣橱里躲避楼下街道上咆哮的暴徒，然而即使她壮着胆子走出了衣柜，这种恐惧依旧萦绕不去。赫蒂既不知道纳粹把她父亲带去哪里，也不知道是否还能再见他一面。每当母亲离开她的视线，赫蒂就会陷入恐慌。[1]

接下来的两周，被带走的男人们依旧下落不明。没人知道他们挚爱的家人是死是活。犹太男人们被逮捕后的第二天，邮政局局长林克出现在会堂，手里拿着一大团领带和皮带。韦特海默家族的远亲、住在街对面的范妮·瓦尔弗（Fanny Valfer）看到了这一幕，那些被没收的衣物令她感到警觉。她的丈夫，也就是香烟、雪茄批发商马克斯与她的几个兄弟与堂表兄弟都被带走了。

"我的神啊，他们把男人们都杀了吗？"她尖叫道。

"也许吧。"林克幸灾乐祸地笑着。[2]

两周后，留下来的人开始陆续收到来自达豪的明信片，那正是第一个党卫军把持的集中营的所在地。明信片上，囚犯们手写了安慰家人的话语。除此之外，明信片上还预先印了一行字：禁止探望囚犯。[3]

前往达豪显然没有任何意义——达豪离慕尼黑不远，从基彭海姆出发则要花一整天的时间。于是贝拉·瓦亨海默转而前往位于基彭海姆北部 60 英里的卡尔斯鲁厄（Karlsruhe），想向盖世太保州级指挥部申诉她丈夫的案件。赫蒂央求母亲不要去，害怕母亲也像父亲一样被逮捕，但是贝拉坚持要去。早上，贝拉很早就离家赶火车，夜里很晚才回来。盖世太保官员表明犹太囚犯是否能被释放取决于其从德国移民的状况。如果他们的家人可以表明他们正在采取积极的行动离开德国，那么囚犯就能被释放。贝拉向盖世太保展示了一张美国驻斯图加特总领事馆开具的票据，上面写着胡戈是美国签证"等待名单"上的第 20753 号。[4]

第四周的星期一，贝拉最后一次前往卡尔斯鲁厄。这次，盖世太保官员告诉她胡戈可能很快就会被释放，但说完又补了一句不祥的警告："如果星期五之前他没回去，这意味着他已经死了。"

在同一天，第一批被释放的囚犯开始从达豪回到基彭海姆，从距离小镇 20 分钟路程的火车站走回来。他们都被剃成光头，看起来茫然而憔悴。没人想要谈论他们在集中营的经历。星期二、星期三、星期四，胡戈依然杳无音信。到了星期五，12 月 9 日，贝拉已经放弃了希望。她哀悼自己的丈夫，拒绝从床上起来。"他死了，"她一遍又一遍地说，"他再也没法回家了。"

此时，敲门声响起。贝拉认定是纳粹恶棍又回来了，试图阻止赫蒂前去查看是谁在敲门。14 岁的赫蒂挣脱开来，跑下楼梯，打开了门。门口站着的是她父亲。他摘下帽子。

"他们剃光了你的头发！"赫蒂尖叫道。

胡戈上楼后，贝拉几乎认不出他来了。他穿着一件外套，但即使公寓内很温暖，他也拒绝脱衣服或者换衣服。她们为胡戈准备了早餐，但是他并不想吃。他的手上布满了冻疮与烫伤——他是在为其他囚犯提滚烫的汤壶时被烫伤的。他不想脱衣服，因为他的手臂已经被打肿了。贝拉不得不用剪刀把衣服剪开，胡戈身上还有更多的烫伤和淤青。从赫蒂的角度来看，她父亲离开基彭海姆时还人在壮年——他才49岁，归来时却是"千疮百孔的老人"了。

64　　那天早上稍晚时候，胡戈在浴室刮胡子。贝拉与赫蒂听见浴室里砰的一声响，发现胡戈正倒地挣扎。基彭海姆没有犹太裔医生，而基督徒医生被禁止为犹太人看病。他们的家庭医生——伯恩哈德·韦伯，是那位在"水晶之夜"阻止冲锋队队员进一步作恶的党卫军储备军官。那晚，韦伯悄悄地来给胡戈看病。胡戈有轻微的心脏病。接下来几晚，韦伯照料胡戈，直至其康复。

　　囚犯们被要求不能与任何人谈论他们的经历，但这段恐怖的经历通过其与妻子与成年儿女的低声交谈悄然渗透出来。从火车站到装饰着"劳动使你自由"字样的铁门之间的漫长步行；被迫洗冷水澡；因为莫须有的罪名遭受殴打；薄而脆的木床板上，与几百个男人挤在一起；"出去，出去，出去"的叫喊声；拘留所里面挨鞭子的凳子。他们被党卫军用牛鞭抽打，数着鞭打的次数，直到昏过去或者痛到忘记了数字——如果忘记了数字，就从1开始重新打。风从巴伐利亚这一侧的阿尔卑斯山吹来，冰冷刺骨。极低的温度使人难以入眠，致使先前强壮的人患肺炎死去。

　　大早上的点名尤其是一种残酷的折磨。每天，在探照灯的照射下，2万个囚犯在一个巨大的阅兵场集合，那里就是"点名场"。他们穿着白上衣、条纹裤，就像一队被剃了光头的哑巴。党卫军不允许他们动弹，甚至不允许他们咳嗽。他们不得不一直垂眼盯着地面。如果有一丁点响动，司令官就会拒绝检阅部队。如果人数不对，就又要从头开始点名。有时，这种折磨要持续好几小时，过程中体弱的囚犯会晕倒然后被拖走。[5]

残酷的惩罚取得了预期效果。被从达豪释放后，这些犹太男人与男孩变得更加坚定：要尽快离开德国，去任何一个乐意接收他们的国家。

纳粹领导人几个月来一直绞尽脑汁迫使犹太人移民。1938 年年初德国吞并奥地利后，迫害犹太人的节奏加快了。4月，犹太人被要求登记所有超过 5000 德国马克的财产。6月，警卫队展开了第一轮对犹太人的大规模逮捕，这是对所谓的工作偷懒者的全国性围捕的一部分，被称为 "工作偷懒者行动"（Operation Work Shy）。同月，政府下令登记所有犹太人的商业机构，这显然是没收财产的前兆。8月，当局下令犹太人采用附加名：女性的附加名为萨拉（Sara），男性的附加名为伊斯拉埃尔（Israel）。10月，纳粹当局强迫犹太人申请新的护照，上面盖着字母 J 的印章——J 象征着犹太人（Jude）（见彩图 17）。

"水晶之夜"之后的几日里，歧视犹太人的法令如洪水般袭来。11 月 12 日，元帅赫尔曼·戈林召集纳粹高级官员开会商讨进一步针对犹太人的措施。他下令对犹太社区罚款 10 亿德国马克，作为对谋杀德国外交官的 "补偿"。犹太人不仅没有因其损失收到补偿，还要支付费用来修复自己 "造成" 的破坏。骚乱中 7500 个犹太商业机构与 267 间会堂被破坏，而犹太人财产遭到破坏产生的保险金直接进入国库。一项《从经济生活中消除犹太人的法令》关闭了所有犹太商业机构，包括零售商店。其他法令禁止犹太人就读公立学校与大学，并冻结了大部分犹太资产。[6] 在那次会议末尾，戈林幸灾乐祸地说道："我可不想在今天的德国当一个犹太人。"[7]

新法令即刻开始实施。各项"补偿性罚款"相加可达数月前登记的犹太资产的 20%。富裕家庭必须在 24 小时内支付罚款，否则将面临逮捕。随后颁布的法令禁止犹太人出入娱乐场所、驾驶汽车或者饲养信鸽。当时甚至有谣传说要将犹太人限制在贫民窟里或者要求他们在衣服上佩戴黄色星形徽章，尽管这一提议当时暂且被拒绝了。[8]

基彭海姆有许多犹太商业机构，而这些法令为掠夺者们大开绿灯。赫尔曼·韦特海默是全小镇最富有的人，他早已是嫉妒与憎恶的目标。商业竞争对手指责他通过"腐败的贸易行为"主导周边地区的金属贸易，这些人现在有机会将他彻底逐出行业了。还没等赫尔曼从达豪回家，当地官员就命令他的妻子策琳（Zerline）出售公司，价格是其真正价格的零头。购买者是两个来自弗赖堡的"雅利安"商人，负责安排这笔交易的律师收到了一辆公司用车作为报酬。[9]

赫尔曼·韦特海默是公选的基彭海姆犹太社区领头人，要负责修复被损毁的会堂。他现在已经一无所有，不得不将建筑出售给镇政府以支付修复的费用。这个先前被用于祷告的场所被镇政府官员改造成了农业仓库，但是他们忽略了蚀刻在石头上的希伯来语铭文。这句话摘自《创世记》："这不是别的，乃是神的殿。"

基彭海姆的一些犹太人公司被以极低的价格出售给雅利安雇员，比如胡戈·瓦亨海默的祖父于 1857 年创建的纺织品公

司。其他一些企业，比如马克斯·瓦尔弗的烟草批发公司，被
立即清盘。犹太商人被迫把雅利安顾客欠下的债务一笔勾销。
从达豪回家之后，西格弗里德·迈尔花很多时间手写列出了长
长的债务人清单，但其中没有一个人还他钱。

在失去生意之后，犹太人被下令向国营当铺上交剩余的贵
重物品。（他们被允许每人持有两件餐具、一个没镶钻石的金
质婚戒与一块表。）收音机也被没收了，尽管没有一条法令下
令没收收音机。收音机被没收的理由是"犹太人无权分享'日
耳曼文化'"。[10] 纳粹当局禁止犹太人订阅报纸，除了一份由纳
粹控制的、专为犹太人准备的宣传小报。

在犹太人被赶出德国前，这些法令总体上将他们曾经富裕
的中产阶级家庭变得一贫如洗。除"补偿性罚款"之外，即使
只是相对富裕的家庭也被迫支付 25% 的"帝国逃离税"，且
1933 年之后购买的个人物品还要另缴 100% 的税。剩余资金均
被宣告"冻结"，意味着它们不能被带出德国。

1938 年 12 月 23 日，"纳粹限制令与特殊税金剥夺犹太人财
富"成了报纸头条，这是一则由犹太通讯社（Jewish Telegraphic
Agency）从柏林发回的报道——在盖斯特领事的帮助下，犹太
通讯社设法在德国首都保留了一名记者。[11]

1933 年 1 月 30 日希特勒被任命为德国总理之前，基彭海
姆的犹太人和基督徒很少有公开摩擦。尽管二者几乎不通婚，
不同信仰的德国人还是会手挽手走去学校，参加对方的葬礼
或者婚礼，并在对方的宗教节日到来之时送上美好的祝愿。
路德宗牧师时常参加犹太人的逾越节家宴，天主教徒欢迎犹
太人参加圣体节游行。在逾越节，犹太儿童拜访基督徒邻居

并将无酵饼①作为礼物送给对方，还会收到复活节蛋与兔子玩偶作为回礼。¹² 而现在，犹太人在基彭海姆已经没有了容身之所。基督徒与犹太人的关系恶化到这个地步只用了不到 6 年的时间。

先前，基彭海姆犹太人得益于巴登州相对自由的氛围，巴登一直以来都被视为德国较为进步的地区之一。1871 年该地区才被吸收进德意志帝国，此前，这片沿莱茵河谷展开的回旋镖形土地是一个主权国家，先后被侯爵与大公所统治（请见第 170 页地图）。法国大革命的思想——"自由、平等、博爱"——与拿破仑的军队一同跨过河流从阿尔萨斯来到了这里。大公国发行自己的货币、邮票，并且拥有小规模的军队。它是雅克·奥芬巴赫（Jacques Offenbach）的喜歌剧《格罗斯坦大公爵夫人》（*La Grande-Duchesse de Gérolstein*）的灵感来源。这个大公国与几十个国家建立了外交关系，包括美国。欧洲贵族们聚集在巴登-巴登的温泉浴场。大公许诺其犹太臣民他们能获得公民权利上和宗教上的平等地位——前提是犹太人遵照德国的文化传统与教育惯例。大公是第一位做出如此决定的德意志统治者（1808 年）。大多数犹太人开心地接受了。

"我是个德国人，其他什么都不是。"犹太作家贝特霍尔德·奥尔巴赫（Berthold Auerbach）参加了 1848 年的自由主义革命后如此写道。这一革命后来被普鲁士军队镇压。"我是个斯瓦比亚人②，其他什么都不想当。我是一个犹太人。我是以上身份适度混合的产物。"¹³ 奥尔巴赫是那个时代最受欢迎的德

68

---

① 无酵饼（matza）是犹太传统食物，是用面粉与水制作的未发酵面饼，通常在逾越节食用。

② 斯瓦比亚人（Swabian），居住于德国西南部的族群。

国作家，他出生在黑森林另一侧的偏远村庄，那里与基彭海姆隔林相望。《黑森林乡村故事》（*Village Tales from the Black Forest*）描绘了一个简单而平和的世界：犹太小贩与天主教农民和平共处，包容彼此的小缺点，尊重彼此的传统。

虽然奥尔巴赫的"乡村故事"确实是理想化的，但是它的描述与19世纪后半叶的基彭海姆不同宗教群体之间关系的实际情况大致相符。基彭海姆犹太人将那段时光视为"黄金时代"，那时他们能够经营生意、获得成功。1852年，他们在基彭海姆镇中心修建了一座宏大的砂岩会堂，建筑风格是当时流行的摩尔式。约10年之后，犹太人迎来了全面的解放。19世纪末，约300名犹太人居住在基彭海姆。1906年，弗里德里希大公①在位50周年纪念日的庆典上，犹太人骄傲地加入了欢庆的人群。整个小镇都装饰着大公的画像与巴登州黄-红-黄的条纹旗帜。学校里，老师教孩子们唱"基彭海姆歌谣"，歌里有一句唱道："犹太人与基督徒相亲相爱，共享甜美宁静的生活。"14

但并非一切都是安宁和谐的。每隔几十年，该地区就会出现一阵影响巨大的反犹主义潮流，时间与政治上的巨变碰巧重合。1848年的革命中，奥尔巴赫本人便亲历了海德堡一场针对一位犹太人成衣制造商的暴乱，这个犹太人被指责抢走了当地裁缝铺的生意。奥尔巴赫深爱的妻子奥古斯特（Auguste）在生下未足月的孩子后去世，而这些事件留下的创伤或许间接导致了她的死亡。然而，在很大程度上，反犹主义激起的动荡仅局限在市镇地区，并未影响基彭海姆这样的小镇。

1914年8月，基彭海姆犹太人与他们的基督徒邻居一同充

---

① 即弗里德里希一世。

满激情地奔赴战场，展示了他们对德国的忠诚。在施米海姆的犹太人墓地，人们为 8 名在战争中牺牲的基彭海姆犹太人修建了纪念碑。"这些孩子为祖国而死，"花岗岩碑上面蚀刻着用德语和希伯来语写的铭文，"愿平安康泰归与远处的人，也归与近处的人（《以赛亚书》57∶19）。"[15]

为了寻求更多的经济方面的机会，犹太群体从基彭海姆这样的小镇移民到卡尔斯鲁厄、曼海姆之类的城市，这样的趋势甚至在一战之前就存在。基彭海姆犹太人口的外流在一战之后依然继续，1933 年希特勒掌权之后，只有 144 名犹太人居住在基彭海姆了，而 60 年前这个数字高达 323。[16]一战之后的几年，该地区被重新命名为"巴登共和国"（Republic of Baden），经济遭受了《凡尔赛和约》中一系列惩罚措施的重创，人们深感不满。阿尔萨斯被重新割让给法国，与该地区的经济纽带被切断，导致该地区失业率高于其他地区。德国境内的莱茵河地带被宣布为非军事区，难以吸引工业投资。纳粹利用这复杂且有害的政治氛围，指责犹太人是"捅在背后的一刀"。

纳粹党，也就是国家社会主义党，在信仰新教的村庄里成绩不俗，有时甚至能斩获 90% 以上的选票。但是纳粹在基彭海姆难以立足——根据 1925 年的人口普查，基彭海姆人口中有58% 信仰天主教，33% 信仰路德宗。路德宗信徒没有自己的政党，而相比之下，天主教徒则是一股更加团结的政治力量。在1928 年的德意志帝国国会选举中，只有三位基彭海姆居民为希特勒投票。1932 年 7 月，纳粹在基彭海姆获得的选票占比增至36%，但仍落后于由天主教徒主导的中央党（Center Party），后者获得了 42% 的选票。[17]为了阻止纳粹当选，许多基彭海姆犹太人将选票投给了天主教徒候选人，而非他们一向支持的更具自由主义的政党。

1933 年，纳粹统治早期，基彭海姆犹太人并不十分担心。他们视希特勒为"一个疯子"，认为他的统治不会长久。3 月，镇议会以多数票通过了一项决议，拒绝在镇议事厅悬挂纳粹旗帜以免引发混乱。[18]4 月 1 日，反犹"新秩序"的先兆显现了：纳粹组织了一场抵制犹太企业的全国性运动。赫蒂·瓦亨海默一直记得这一场景：父亲的纺织品商店外站着一名穿着棕色衬衣的冲锋队队员，他双手背在身后，双腿岔开，眼睛望向远方。他被派驻在那里阻止基督徒进店。犹太人的面包店、肉铺、五金店、酿酒厂与烟草批发商店门口也同样有其他冲锋队队员驻守。

小镇的宁静被打破。赫蒂问父亲这些冲锋队队员在做什么，父亲自信地说："别担心，他们会离开的。"[19]冲锋队队员们确实离开了：正式的抵制活动只持续了一天。但是从那一刻开始，基督徒们如果继续光顾犹太人的商铺，就有被称为"犹太马屁精"的风险。与犹太人紧密合作的基督徒商人也可能遭受"预防性拘留"。

纳粹在柏林掌权 10 个月后，才在基彭海姆当局安插了足够多的纳粹支持者，成功在镇议事厅升起了纳粹旗帜。小镇里支持纳粹的一伙人"弥补"先前错失的时机，迅速出台了大量反犹法令。小镇里的纳粹比城市里的纳粹还要极端。1935 年 3 月，他们通过决议禁止更多犹太人在基彭海姆定居。这一决议将犹太人描述为纳粹党的"死敌"并且敦促基彭海姆居民"清除所有威胁德国文化的外国元素"。尽管这一未经认可的决议没有法律效力，但小镇的入口处还是出现了写着"这里不欢迎犹太人"的标志。[20]

  基彭海姆纳粹迅速开始抨击任何体现基督徒与犹太人团结友爱的现象。他们威胁着要揭发继续与犹太人有生意往来的"我们的德国同胞"。1935 年 3 月的决议警告道，"如此无耻的行为"将不会被容许。[21] 即使有这样的法令，许多基督徒依然在私下里与犹太邻居保持着良好的关系，在公共场合保持距离。

  在国家层面，1935 年 9 月的《纽伦堡法令》已经将对犹太人的歧视写进德国法律。因为犹太人与非犹太人通常很难区分，这一法律规定一个人的祖父母中犹太人超过三人的即为犹太人，无论其是否改信其他宗教。犹太人不再被视为德国公民，而是"国家支配的对象"。另一项法律将犹太人与雅利安人之间的性关系定为犯罪行为。"种族污染"（Rassenschande）是一项可被判处 15 年监禁的重罪。

71 胡戈·瓦亨海默试图尽可能长时间地怀有乐观态度，与许多基彭海姆犹太人一样，他与中产阶级德国人有着同样的文化兴趣。他的书柜中塞满了歌德、席勒与其他经典德国作家的作品。晚上，他喜欢用留声机听贝多芬、舒伯特的乐曲。作为一个在战争中受伤的退伍军人，他拒绝相信一个如此文明开化的国家居然能让纳粹为所欲为。但是，有一天他的商店附近墙上出现了一个玻璃展柜，里面展示着最新一期的反犹小报《冲锋报》（Der Stürmer），他的信心被动摇了。胡戈让赫蒂无视这个玻璃展柜，赫蒂尽全力按照父亲说的去做，却还是不禁看到报纸上的漫画。漫画里的犹太人驼背，长着鹰钩鼻，数着一袋袋钱，就像老是盯着赫蒂的脸看似的。

  当地的纳粹不断想出新方法来折磨犹太居民。有一天，他们宣布从志愿救火队中驱逐犹太人，紧接着又禁止犹太牛贩参加小镇里的干草拍卖会。然后有消息传来说，犹太居民将不会分得从小镇森林中砍伐的木料。犹太人还被指控性侵犯。1934年，当地纳粹报纸《元首报》（Der Führer）上面刊登了一则耸人听闻的故事：一个不具名的基彭海姆犹太牙医"利用职业地位占患者便宜"。报纸声称"犹太人 X"的女性病人常常"在牙齿上钻的洞还没被补上时就逃出了手术室，逃离被玷污的命运。在这个畜生手里没有一个女孩是安全的"。[22]

　　纳粹在装饰着纳粹旗帜的街道上游行，而对于住在镇议事厅旁边的里夏德·韦特海默（Richard Wertheimer）一家，这样的场景已经司空见惯了。有一次，他们从睡梦中醒来，发现自己家整栋房子的正面都被巨大的纳粹旗帜覆盖，整个客厅被笼罩在有威胁意味的红色光晕里。皮娅（Pia）是里夏德的女儿，当时 14 岁。纳粹的游行与示威在她心里留下了深刻的印象。起初，她尚能享受这激昂的音乐。但是当她听清一些歌词的时候，尤其是其中的一首歌，她吓坏了。"当一名年轻的冲锋队队员出现在那里，"下句歌词使她退回床上去，把头藏在毯子里，"当犹太人的血沿着刀子流下来，生命将会加倍美好。"[23]

　　疯狂的反犹主义甚至影响到了宠物。皮娅家里有一条叫瓦尔迪（Waldi）的腊肠犬，喜欢跟着葬礼的游行队伍。犹太人的葬礼欢迎瓦尔迪，但在基督徒的葬礼上，瓦尔迪遭到驱赶，因为它是"犹太狗"。

　　也有某些时刻见证了犹太人与基督徒之间静默的友善团结。皮娅的一个好朋友是路德宗牧师的女儿安娜玛丽·凯泽（Annemarie Kaiser），两个人每天一起骑车去埃滕海姆上学。安娜玛丽的父亲亚当·凯泽（Adam Kaiser）1929 年回到故乡巴登，在此之前他在瑞士当牧师，深受瑞士改革派神学家卡尔·巴特（Karl Barth）的影响——卡尔·巴特直言不讳地批评纳

72

粹。"她们一家都很勇敢，"几十年后，皮娅回忆道，"凯泽牧师身体力行地表达着他对纳粹的反对。"[24] 皮娅的钢琴教师贝格曼夫人（Frau Bergmann）亦公开其反对纳粹的观点。

凯泽牧师隶属于"忏悔教会"（The Confessing Church），这是一个持不同政见的少数群体，反对纳粹全面干涉宗教事务。纳粹试图建立一个支持纳粹政权的教会，拉拢不同的新教教派，凯泽牧师反对这一举措。凯泽与镇邮政局局长林克起了冲突，而林克是纳粹党在基彭海姆的"监控主管"（Überwachungsleiter）。林克告诉他的纳粹上级，有人碰巧听见凯泽这位持不同政见的牧师向他的教区居民说："我们宁死也不要失去我们的信仰。"一篇1934年10月的报告写道，林克指控凯泽利用他的讲道坛"在一个原本平静的新教社区内煽动引发暴乱的情绪"。[25]

另一位教区居民抱怨凯泽牧师把"更多的理解和基督徒式的爱"展示给了"天主教徒与犹太人"，而不是"我们这些同道者与第三帝国"。"我们需要一个支持元首的牧师"，这位教区居民总结道。[26] 不久之后，凯泽被调到了另一个教区。

即使是最有原则的德国人也难以完全抵抗威权制国家的力量。路德宗教会的档案揭示了凯泽牧师也有忍耐的极限。那是1941年夏，德国入侵苏联之后。那时，整个德国都被动员与"红色威胁"斗争，而在希特勒眼里，"红色威胁"和"犹太威胁"都要被打压，凯泽被迫放弃不同政见的压力陡然增大。德军向莫斯科进发，这位曾经为基彭海姆犹太人挺身而出的牧师签署了一份声明，"向元首与第三帝国"宣誓效忠。[27]

对于很多基彭海姆基督徒居民而言，反犹主义是一种不同阶级间的憎恶，而不是种族仇恨。犹太人不被允许拥有土地的时间长达几个世纪，于是他们成为小商贩或牛贩以谋求生计。尽管农民们每天都能接触到牛贩们，但他们还是会用怀疑的目光看待后者。"在农民们眼中，做生意或者放贷与在土地上进行体力劳动并不具备同等的价值，"乌尔里希·鲍曼（Ulrich Baumann）在他关于巴登乡村地区天主教徒、新教徒与犹太人的社会学著作中如此写道，"农民们并不认可牛贩们的工作。对他们而言，买进一头牛再卖出，从中赚取差价的行为不是劳动。"[28] 在基督徒农民与犹太商人之间，一道文化上与心理上的鸿沟逐渐显现。

基彭海姆农民将土地分给所有的孩子，这是一项悠久的传统，但同时也让农民们一代更比一代穷。相比之下，韦特海默、瓦亨海默与瓦尔弗家族已经从走街串巷的小商小贩变成了成功的企业家，拥有公司用车与全职员工。他们追求城市的生活水准，坚持让孩子接受最好的教育。据鲍曼所述，犹太居民"购买了全镇第一辆汽车、第一台收音机、第一辆婴儿推车与童车。而农民们并不能察觉到他们需要一辆童车，他们总是将婴儿抱在怀里"。基彭海姆最显赫的犹太家族雇用基督徒女佣。

不同的宗教传统使两方的社会差距更加显著。农民们星期天去教堂礼拜，而犹太人的安息日是星期六，他们在会堂礼拜过后举办各种社交活动。库尔特·边尔回忆道："去会堂的时候，我的父亲和其他犹太人都戴着丝绸高帽，像亚伯拉罕·林肯一样。当农民们赶着羊、驾着干草车走来时，他们看到犹太人都盛装打扮着。对农民们来说，犹太人似乎每天都在庆祝节日。这是两种文化的碰撞。即使是在和平时期，两方之间也存在敌意。"[29]

74 　　"水晶之夜"前，像库尔特这样的年幼孩子几乎接触不到所谓的"Rischus"，即意第绪语①里的反犹行为。然而，时有发生的带有敌意的事件却会留下深深的印象。库尔特一直记得有一次他妈妈让他拿着 10 芬尼硬币去邻居家买欧芹。当他站在门口等着拿欧芹的时候，他听见周遭有一个男人的声音在嘟囔："他们让一个犹太男孩拿着 10 芬尼来这里。这 10 芬尼都够我们的饭钱了，而犹太人都很有钱。"30

　　1938 年 8 月，当希特勒的车队穿过小镇时，这个 8 岁的小男孩终于证实了自己的感觉：他是一个不受欢迎的外来者。他的父母与其他的犹太成年人被要求关上窗户，在室内待着。但是没人注意到"拿着 10 芬尼的犹太男孩"悄悄走出家门，来到街道尽头，静静地站在街角。在他身旁，居民们正激动地喊着："胜利万岁！"

　　当汽车队列缓缓驶过，库尔特感觉希特勒灼热、会催眠术一般的眼睛似乎"正直直地看着自己"。库尔特是人群之中唯一没有举起右臂行纳粹礼的人。作为一个犹太人，他知道自己不被允许"向德国的领袖致意"。他只能静静地站着，不带任何感情地观察着眼前的景象。他从未感觉如此孤单与格格不入。

　　那时，基彭海姆只有 12 条街道，其中 4 条在文艺复兴风格的镇议事厅与旁边的喷泉处汇聚。在镇议事厅后侧蜿蜒向上、通向森林的道路之间坐落着旧的犹太街区与原先的犹太教会堂。这个有着 1800 位居民的平静社区自然地融入了周边的乡村景色。一条小溪沿着主干道向南流淌，农民们赶着牛经过基督教堂与犹太教会堂，牛贩们将牲畜养在房子后面的院子里。周遭

————————

① 　意第绪语属于日耳曼语族。全球大约有 300 万人在使用，大部分使用者是犹太人。"意第绪"这个称呼本身可以用来代表"犹太人"。

弥漫着牛棚的味道，而这味道也浸透了牛贩们的衣服。对库尔特·迈尔来说，西格弗里德叔叔的西装上的牛粪味是他最珍视、最喜爱的童年回忆之一。[31]

从地理位置来看，在纳粹统治德国的 6 年间，基彭海姆正处于德国各路纳粹疯狂势力的交汇处。西边是与法国相接的莱茵河边境，7 英里宽的平地上布满了各种防御工程，此地大小战役无数。北边是区域首府拉尔与纳粹独裁者压迫人民的官僚机器。所有折磨基彭海姆犹太人的势力，包括"水晶之夜"期间打砸抢烧的暴徒，似乎都是从这个方向来的。东边耸立着黑森林，它象征着为一代又一代的风景画家与作家提供灵感的童话般的德国：它有着古雅的村庄、潺潺的溪水与神话中的怪兽。逃出纳粹魔爪最显而易见的路线是向南逃。瑞士境内高耸的山脉是绝佳的天然屏障，为受迫害而出逃的犹太人提供了一个至少可以中途歇脚的避难所。

1939 年春天，希特勒的车队再一次穿过了基彭海姆。[32] 像之前一样，他是从北面来的。他的梅赛德斯敞篷豪华轿车驶过了小学与兴登堡大街（Hindenburgstrasse）上的大教堂，路德宗教徒与天主教徒都会在那里做礼拜。车队在镇议事厅外面短暂地停了一下，以便元首接受小镇领导人们永远效忠的宣誓。车队没有沿着邮政大街继续行进，没有路过已经被摧毁的犹太教会堂，而是再一次右转驶入阿道夫·希特勒大街，向着西墙与所有人都怀疑即将到来的战争驶去（见彩图 13）。

作为基彭海姆最古老也毫无疑问最富有的家庭之一，韦特海默家族煞费苦心地提醒其他人其家族较高的地位。韦特海默家族来自巴登北部的韦尔特海姆（Wertheim），他们的德国祖先可以追溯到 13 世纪。[33] 他们通常与远房表亲通婚。韦特海默家族的男子衣着类似英国乡村的绅士，他们穿马甲，给硬翻领上浆，还戴着黄金表链。神圣日，他们盛装打扮前往会堂，穿晨礼服，打蝴蝶领结，戴着白色手套与大礼帽。维多利亚英国的文化传统传播到德国，影响了他们。"我们从小就被教导英式的'得体礼仪'（comme il faut），"皮娅·韦特海默回忆道，她于 1937 年移民美国，"即良好的礼仪、克制、文雅、从不失态。"[34]

76　贫穷的犹太人靠赫尔曼·韦特海默的施舍过活，他有一家大型金属制品公司，就在镇议事厅对面。赫尔曼·韦特海默遵照犹太传统，一周两次为穷人们免费分发食物，每周五还提供葡萄酒。"犹太社区的其他许多成员都蒙受他的恩惠，"皮娅说，"他花钱帮助他人，这使他被整个犹太社区视为保护者。"他在去会堂的途中，有时也会把钱分给有需要的基督教徒，告诉他们："你们要去祷告，我也要去祷告，你该给自己买块油酥糕。"[35]

如果金属制品商人赫尔曼·韦特海默是基彭海姆犹太人中无可争议的大家长，那么这个社区的生命和灵魂就是与他同名的屠夫赫尔曼·韦特海默。尽管同名，二人只是远亲。屠夫赫尔曼子承父业，和父亲一样有引人瞩目的大胡子。他是家里的长子，也是 8 个兄弟姐妹公认的领导者。据他的侄女皮娅所述，屠夫赫尔曼"十分聪明，非常好笑，总是有各种趣事"。屠夫赫尔曼最受喜爱的一则童年趣事是关于睡前仪式的。大人允许年幼的小赫尔曼坐在"王座"上——他的王座其实是马桶。他面前围坐着他的兄弟姐妹，都坐在可移动的幼儿便盆上。赫尔曼回忆道，每个人都舒舒服服地坐着，"听我给他们讲睡前故事"。[36]

　　赫尔曼的肉铺开在邮政大街上，在会堂对面的一侧。肉铺旁边是一间酒店，也是赫尔曼开的，名叫巴迪瑟霍夫（Badischer Hof），意为"巴登朝廷"（Court of Baden），以纪念弗里德里希大公。酒店楼上的大房间是犹太人在安息日祷告之后聚会、举办婚礼或者其他大型聚会的场所。傍晚，犹太男人们会聚集在巴迪瑟霍夫酒店，品尝赫尔曼家的香肠，玩纸牌游戏，再喝加了一份白兰地的咖啡。节日期间，犹太人在这里载歌载舞。韦特海默家族在音乐方面具有天赋，所以那里常常会变成他们的即兴钢琴独奏会会场，间或回荡着德国、意大利歌剧里的咏叹调。有一年，韦特海默家族的年轻人组织了一台关于基彭海姆的表演，其中有一首歌唱道："这一切发生在基彭海姆，没有一座大城市能让生活如这般有趣。"[37]

　　小镇里只有两个屠夫，赫尔曼与另一个屠夫关系不错，后者叫卡尔·多尔纳（Karl Dorner），是基督徒。两个屠夫约定长期共享肉源。当卡尔买了一头牛，赫尔曼就会根据犹太教法将牛宰杀，再将后半截还给他的朋友卡尔。[38] 即使在纳粹禁止犹太人与基督徒合伙做生意之后，他们依然保持合作。1937年的一天，一个邻居向党卫军告发，说赫尔曼依然在从卡尔处买肉。当党卫军军官前来调查时，赫尔曼向他大喊让他离开自己的肉店。党卫军军官离开前警告赫尔曼，让他关闭商店。根据韦特海默的家族史，"就在那个时刻，赫尔曼与家人决定要尽快离开德国"。[39] 1938年3月，赫尔曼一家登上美国轮船公司的"华盛顿号"（SS *Washington*）豪华游轮前往纽约。他将酒店与肉铺以22924德国马克的价格出售给了卡尔，这在当时是一个合理的价格。[40]

77

巴迪瑟霍夫酒店向北隔了几家住着赫尔曼的姐姐范妮（Fanny），她热心而慷慨，对韦特海默家族而言就像母亲一样。范妮嫁给了雪茄和香烟商人马克斯·瓦尔弗。他们的客厅里有丰富的藏书，还有全基彭海姆的第一台收音机，那里变成了亲戚与邻居们的聚会地点。虽然范妮并不是特别虔诚的宗教信徒，但她也会定期前往会堂，总是像念咒语一样重复着《摩西五经》中的一句话："以色列啊，你要听！"一听这句话，人们就能想起她。[41] 她是家里的长姐，也是一个喧闹大家庭中的母亲，她需要从成堆的责任与忧虑中松口气。

与韦特海默家族不同，瓦尔弗家族并不是在基彭海姆发源的。马克斯·瓦尔弗将祖先追溯到中世纪西班牙宗教裁判所时期。1492 年，他的祖先们被逐出西班牙，在法国阿尔萨斯葡萄酒区落脚，在一个叫作瓦尔夫（Valff）的地方繁衍生息了几个世纪，家族也因此地而得名。在法国大革命的一片混乱中，瓦尔弗家族跨过莱茵河，在迪尔斯堡（Diersburg）安家，那是黑森林里的一个村庄，比基彭海姆更小、更偏远。

在与范妮·韦特海默结婚并搬家到基彭海姆之前，马克斯·瓦尔弗是一名簿记员。一战期间，他参军为德国而战，并取得了中士的军阶。战争之后，他在几个年龄较大的儿子的协助下开始了烟草批发生意。他的生意范围扩展迅速，覆盖了整个黑森林，使得瓦尔弗家族成了基彭海姆比较富裕的几个家族之一。与他坚忍的妻子相比，马克斯是出了名的没耐心和易怒。

78

马克斯的房子在邮政大街上，临街的两个房间是商店，外侧墙上挂着萨勒姆金（Salem Gold）香烟的海报。在一张 1930 年代中期拍摄的照片（见彩图 15）上，光头的马克斯坐在一个铺了木板的阴暗房间里面，上方摆着一长排会计活页夹。他穿着白衬衫、灰马甲，透过圆框眼镜眯着眼看镜头，脸上带着古怪的表情。墙上挂着的是画着一大瓶花的静物写生。马克斯巨大的、盖着玻璃的桌子上乱七八糟地摆着纸张和与香烟相关的随身用品。挨着马克斯的桌子，有另一张更靠近窗边的桌子，那里坐着马克斯的秘书贝尔塔·魏尔（Berta Weil），她是个脸庞圆润、笑容满面的美人，穿着一身轻便的夏装。

　　另一张 1937 年 4 月拍摄的照片展示了瓦尔弗家族三代人的样貌（见彩图 16）。尽管是在纳粹统治的紧张时期，这家人依然保持着中产阶级的体面形象。长子卡尔（Karl）衣冠楚楚，身着西装三件套，胸前口袋还插着白色手帕。他右侧站的是他美丽的新婚妻子特露德（Trude），左侧站的是他最小的弟弟埃里希（Erich），后者那时还在埃滕海姆高中上学。他们旁边站着另外三个还没结婚的兄弟姐妹：露特（Ruth）、胡戈（Hugo）与埃尔泽（Else）。前排的扶手椅上坐着他们的父母马克斯与范妮，还有他们已婚的女儿弗雷亚（Freya）与女婿路德维希·迈尔（Ludwig Maier）。弗雷亚的大腿上坐着两岁的索尼娅（Sonja）。团圆的一家人脸上充满了安乐与满足。

　　这张照片拍摄后不久，最小的女儿露特就动身前往美国了。有一天，她仅仅告诉父母她要"离开德国"，因为她再也无法忍受这压抑的氛围了。她住在另一个镇子的表亲帮她在美国找了一位远亲担任保证人。一位来自密西西比州的国会议员同情她的遭遇，通过国务院推进她移民所需的文书工作。[42]1937 年 4 月 14 日，她的哥哥卡尔陪她来到法国港口瑟堡（Cherbourg），看着她登上了"玛丽皇后号"轮船。接下来的 5 天里，她饱受晕船之苦。10 天过后，她到达纽约，22 岁的她几乎身无分文。幸运的是，她在纽约地区有一些亲戚，而且还有一技傍身：她可以当幼儿园老师。她与同样来自基彭海姆的另一家人住在一起，并得到了一份保姆的工作。[43]

1939 年年初，原本联系紧密的瓦尔弗一家已经四散各地。胡戈前往美国与妹妹会合。卡尔刚从达豪回来，集中营的经历令他身心俱疲，决心尽快离开德国。弗雷亚与路德维希搬到了另一个小镇，正在计划移民。最后一个离家的孩子是埃尔泽，她正拼命找办法离开德国。1938 年 2 月，她与一位韦特海默远亲结婚，而她的婚礼成了基彭海姆犹太教会堂内举行的最后一场婚礼。[44]

马克斯与范妮最担心的还是他们的小儿子埃里希。埃里希刚满 20 岁，他古怪的幽默感和结交朋友的才能是出了名的。他的表妹皮娅还记得埃里希小时候在一只母鸡下的蛋上坐了几小时，想孵出小鸡来。虽然埃里希是埃滕海姆高中那一届唯一的犹太学生，但他有几个好朋友是基督徒。1938 年 3 月，当学校试图阻止埃里希参加期末考试时，他的朋友们为他挺身而出，因而埃里希对这些朋友一直心存感激。

埃里希一直有狂热的流浪情节。他是读着卡尔·麦（Karl May）① 的冒险小说长大的，这是一位因写了许多美国西部冒险故事而闻名的作家。[45] 麦的文字十分鲜活，以至于没人在乎其实麦根本没去过美国且他的小说与现实没有半点关系这两点。麦笔下的角色，尤其是印第安部落首领温内图（Winnetou）与温内图的结拜兄弟、德裔移民"老残手"（Old Shatterhand），激

80

① 德国作家，以通俗小说而知名。根据联合国教科文组织的统计，他是德语作家中作品被最广泛地阅读和翻译的一位，作品常常带有异域情调，场景常设定在 19 世纪的东方、美国和墨西哥。特别有名的是以印第安人温内图为主角的三部曲。

起了数百万德国人想象的火花。在德国，麦的作品广为流传，他还写了一系列关于中东与巴勒斯坦的小说，而埃里希对这一地区也越来越感兴趣。

埃里希知道留在德国是没有未来的。他读了《我的奋斗》，也去听了关于雅利安人种族优越性的强制讲座。与尽快逃离德国相比，他的目的地并不重要。高中毕业后，他就去了瑞士。那时德国犹太人的护照上还没被印上代表"犹太人"的字母 J 标记，因此埃里希可以离开德国，不需要额外的许可证。他又从瑞士前往意大利，希望能在米兰大学学习化学。然而，希特勒与墨索里尼的会见以及意大利高涨的反犹主义迫使他改变了计划。9 月，墨索里尼颁布法令，禁止外国犹太人就读意大利大学。

1938 年夏天，在埃里希前往意大利未果、返回瑞士后，他听说有一群年轻的捷克犹太人计划从罗马尼亚非法进入巴勒斯坦。旅途中有英国海军封锁，非常危险，但埃里希还是决定碰碰运气。为了支付此行费用，埃里希卖掉了他的大多数家当，包括他自己的和姐姐借给他的照相机。1939 年 1 月，埃里希登上了希腊货船"卡蒂娜号"（Katina），这艘船摇摇晃晃地从罗马尼亚的黑海港口康斯坦萨（Constanţa）出发，甲板下挤了 600 多个非法移民。[46] 每天，马克斯都去邮局看看有没有埃里希的来信，但是几个月过去了，埃里希依然杳无音信。范妮则不停地重复着她标志性的"以色列啊，你要听！"

瓦尔弗一家反映了德国犹太人的普遍趋势：年轻人通常急切地想离开德国。与更年长的人比起来，年轻人与德国之间没有太多的情感与经济纽带，移民了也不会损失什么。对瓦尔弗夫妇，尤其是马克斯来说，离开德国、离开舒适的中产阶级生

81 活是困难的。与其他成功的德国犹太人一样，马克斯起初不想放弃他在德国苦心经营多年的生意。他为自己白手起家打造的公司感到自豪，并且告诉孩子们："没有人能拿走我们创造的一切。"[47]

在纳粹的统治之下，尽管有诸多麻烦，马克斯和范妮依然有一栋属于自己的居所与体面的收入。"水晶之夜"前的日子相对而言是平静的。有一些基督徒邻居对他们有敌意，但其他基督徒邻居则在尽力帮助他们。二人很快明白了什么人能信任，什么人要回避。如果他们前往美国，他们将一无所有。

1938 年 9 月，马克斯与范妮像他们的孩子们一样申请了美国签证。他们在"水晶之夜"事发很早之前就向美国驻斯图加特总领事馆提交了移民申请文件，但在等候队列中还是排在许多基彭海姆的亲戚与邻居之后——他们是在针对犹太人的第一轮大规模围捕之后才申请签证的，那次围捕让德国犹太人陷入了集体恐慌。他们的注册编号是 22811 与 22812。[48] 根据当时签证等候队列的前进速度，他们在 1941 年前后才有可能获得面试的机会。

犹太人对美国驻斯图加特总领事馆保持谨慎态度，那里等候队列长且有不欢迎签证申请者的气氛。总领事霍纳克因受贿丑闻解雇了 6 名德国籍职员。他临时雇用美国学生代替德国职员，这些学生也急切地想要帮忙，但是对签证的规章制度与行政程序一无所知。霍纳克本性多疑，将学生们安排在办公室周遭的"战略位置"上，比如档案室，这让房间变得更加拥挤了。在霍纳克的眼中，签证的每一个环节中都有行贿受贿的可

能。他甚至连自己身边的美国籍领事馆员工都不信任。他经验
丰富的副手赫维·勒赫（Herve L'Heureux）抱怨霍纳克派一个
学生来"监视"他。[49]

霍纳克花很长时间撰写冗长的、一式四份的备忘录，向华
盛顿证明自己的举措是正当的。有一封信件居然有 22 页之长，
还有好几个附件将他上级的耐心彻底耗尽。"如果驻斯图加特
总领事馆的人写了如此冗长的信件，也难怪他们现在陷入了麻
烦"，一位国务院官员在信件顶部潦草地写道。[50]1938 年，霍纳 82
克的清单上有 151939 封领事馆的"收函"、122780 封"发函"，
这是 1937 年的 5 倍。

一位在 1939 年 1 月造访领事馆的美国籍女士批评领事馆某
些员工在进行签证申请所需的医疗检查时"傲慢且有虐待倾
向"。"体检令人极端头疼，"埃尔娜·阿伯斯海姆（Erna
Albersheim）表示，她来自纽约，与一个德国犹太人结了婚，
"犹太人都害怕极了，不敢抱怨。有一个臭名昭著的眼科医生，
所有人都怕她。她本可以简单地要求我女儿把眼镜取下来，但
她粗暴地把我女儿的眼镜扯了下来。"

阿伯斯海姆认为混乱是许多问题的根源。似乎没人知道领
事馆什么时间开始接受申请者到访，也没人知道什么时候自己
的材料才轮得到被检查。阿伯斯海姆承认领事们拼命工作，
"劳累过度"。有些职员展示了"最大限度的耐心"，试图回答
人们的问题。然而，阿伯斯海姆总结道，总体来说"犹太人害
怕［驻］斯图加特［总领事馆］更甚于德国警察。这是令人悲
伤的事态"。[51]

现在驻斯图加特总领事馆一个月处理 860 个签证申请，而
前一年夏天他们一个月要处理 1400 个申请，数量变少了。埃里

希·松内曼，那个"水晶之夜"事发之时被拒签的年轻男子，终于在 2 月疝气手术完成后获批签证。混乱的局面被一点一点控制住。一位 3 月造访领事馆的驻外事务处巡视员报告道，先前被"任意"摆放的桌子现在都面朝同一个方向。他用认可的口吻写道，改良后的签证区是为进行"大型工业生产式的环形线"作业而设计的——"一旦生产线开始运作，什么也无法让它停下来"。[52]

更大的问题是有限数量的签证根本无法满足庞大的需求。1939 年年初，第三帝国已经有一半犹太人申请了美国签证。根据配额制度，驻斯图加特总领事馆每年可以签发 1 万份签证，但是申请者多达 10 万人。通常，过半的申请人在最初的筛选阶段就被拒绝，原因可能是缺少合适的宣誓书或者其他文件出了问题。对于其他"合格"的申请人来说，等待美国领事馆签证面试的时间大约是 3 年。[53]

与此同时，纳粹正向犹太人施加更大的压力来迫使他们离开。2 月 25 日，美联社报道称，德国当局正展开"对犹太人新一轮的集中驱赶，意在将犹太人彻底逐出德国"。柏林的犹太人社区被要求每天提供 100 人的移民列表，这 100 个人需要在两周内离开首都柏林。如果他们两周之后没有离开，"就会招致可怕的结果"。[54] 对于在达豪与萨克森豪森的集中营里面待过的人来说，这种"结果"到底意味着什么不言自明。

然后，突然之间，一种新的可能性浮现了。老样子，它起初是人们悄声谈论的传闻，在签证的队列里、在外国领事馆周边的酒吧与咖啡店里飞速传播开来。据说，古巴移民局局长，一个叫曼努埃尔·贝尼特斯·冈萨雷斯（Manuel Benítez

González）的男人，在售卖游客登陆许可证，且不做任何询问，每份售价 160 美元。[55] 这份许可证并没有明确说明持有者可以在古巴境内逗留多久，但至少它可以保证持有者能够逃离纳粹的魔爪。

第五章

逃　离

　　　1939 年 3 月中旬的一天，马克斯·瓦尔弗回到家，脸上带着大大的笑容。他刚从邮政局取回了信件。通常，去邮政局意味着一场折磨，这都是拜充满敌意的邮政局局长、纳粹眼线林克先生所赐。但是这次，马克斯给家里人带来了好消息。马克斯收到了小女儿露特的来信，露特两年前去了纽约。

　　"露特订婚啦！"马克斯叫喊道。马克斯的大儿子卡尔之后对露特回忆道："我刚洗完澡，全身还在滴水，爸爸就奔过来亲了我好几下，弄得我一脸口水。"[1]露特的未婚夫来自黑森林中的劳普海姆（Laupheim），这个叫鲁迪·贝格曼（Rudy Bergman）的犹太年轻人与露特大概在同一时间段抵达曼哈顿。他是一位有抱负的喜剧作家，他的才智颇具锋芒，有时甚至显得有些无礼。鲁迪的妹妹格蕾特尔（Gretel）是一位世界级跳高选手，在 1936 年柏林奥运会上因其犹太出身而被德国队除名，因而为人所知。（她之后会开玩笑说，在那个商店里经常挂着"狗与犹太人不许入内"标识的年代，她可是全德国的"'犹太'希望"。）[2]虽然鲁迪没有与妹妹一样的运动天赋，但是他个头高挑，长相帅气，性格外向，总之似乎是个绝佳的结婚人选。

　　6 天后，马克斯与范妮收到了更好的消息。他们收到了小儿子埃里希的来信。埃里希在海上受了两个月的罪，几次与死

神擦肩而过，终于抵达了巴勒斯坦。经历了过去令人精疲力竭 85
的几个月，整个瓦尔弗家族终于感觉他们"受到了一颗幸运星
的庇佑"。以色列终于听见了范妮的祈祷。

　　从罗马尼亚到巴勒斯坦，这趟航行途经黑海、伊斯坦布尔
海峡（Bosporus，又称博斯普鲁斯海峡）与爱琴海，通常只需
要5~6天。埃里希1938年12月中旬离开瑞士，坐飞机到达捷
克斯洛伐克的布尔诺（Brno）。在那里他联系上了一群捷克犹太
人，他们是贝塔尔（Betar）的成员。贝塔尔指的是修正主义犹
太复国主义青年运动，其成员梦想重建犹太古国以色列。这些
修正主义者带头宣扬向巴勒斯坦非法移民，违反英国人制定的
严格的配额制度。埃里希与他的朋友们坐火车去了黑海边的康
斯坦萨，受到了当地犹太村民的欢迎，一路上都能听到他们发
出"沙洛姆，沙洛姆！"① 的喊声，村民们还将食物塞进列车窗
户的栏杆送给他们。³经历了一波三折，1939年1月18日他们
终于登上了"卡蒂娜号"。

　　这艘古老的大船更像是一艘内河驳船而不是一艘海轮。约
600个非法移民挤在甲板底下的铺着干草垫的三层木板床上。
因为船上厕所少，所以乘客们大小便时只能用绳子把自己挂在
船的　侧以防被风吹走。"卡蒂娜号"驶过伊斯坦布尔海峡，
遇上了地中海海域猛烈的风暴，"我们晕船，吐到没有东西可
吐"。⁴食物与水都极其短缺，船长只能分给瘦弱的乘客们仅能
维生的极少量的食物。

　　"卡蒂娜号"接近巴勒斯坦时，英国皇家空军的飞机正在
上空盘旋。船长设法将一部分乘客转移到另一艘更小的船上，

---

① 　犹太见面语，意为"您好"。

将他们运上岸。正当载有难民的救生艇驶向海岸之时，这场登陆行动被英方打断，17个难民被逮捕。[5]"卡蒂娜号"被迫退回塞浦路斯，船体重新刷漆换色。[6]备有轻型武器的贝塔尔守卫人员从乘客那里收缴了贵重物品，以此支付购买必需品的费用。同时，船上糟糕的卫生情况致使脑膜炎暴发。脑膜炎患者的脑膜与脊髓肿胀，患病乘客奄奄一息。在这种情况下，脑膜炎很容易大规模传染，而船上的医务人员没有药给患者治病。

在海上漂泊大约8周后，"卡蒂娜号"收到另一条船发来的紧急求救信号。信号的来源是失火的"切波号"（Chepo），这条船同样挤满了难民。"切波号"沉没之前，"卡蒂娜号"接收了"切波号"上的500多个非法移民。"切波号"的幸存者们是来自另一个犹太复国主义派系的波兰犹太人，比贝塔尔派更加难以管理。"切波号"幸存者们震惊于"卡蒂娜号"上糟糕的条件，要求"卡蒂娜号"将其送回欧洲。[7]贝塔尔派领头人是一位意志坚定的拉脱维亚内科医生，名叫策利希·保罗（Zelig Paul）。策利希·保罗不得不用"铁腕"手段镇压叛乱，支持他的是戴着贝雷帽、身着破旧制服的贝塔尔派新兵。现在，保罗明白他得让这些非法移民登上巴勒斯坦的海岸，"不管在什么条件下，不论使用什么方法，越快越好"。[8]

保罗用火把发出事先安排好的信号，联系到了岸上的一个修正主义团体。难民们的最终登陆耗时两晚，海上狂风肆虐、惊涛骇浪，登陆比以往更加困难，但他们可以趁英方不备时行动。第一晚，修正主义团体的志愿者们用手臂扛着女性与儿童，将他们送上沙滩；第二晚，船上剩下的男人们在没到脖子的深水中跋涉上岸。埃里希终于来到了圣地巴勒斯坦，除了肩上围着的湿透的毯子之外一无所有。关于他非法移民这件事情，他写了简短的笔记：1939 年 3 月 21 日，此时距他旅程的第一阶段结束、离开瑞士之后已有 3 个月了。[9]

埃里希在海上漂泊之时，战争已前所未有地迫近欧洲。3 月 15 日，在吞并苏台德地区之后，德国又入侵捷克的剩余领土。英法对希特勒撕毁慕尼黑会议上的承诺感到震惊，并保证如果波兰受到攻击，英法将提供军事上的支持。捷克的两大省——波希米亚（Bohemia）与摩拉维亚（Moravia）被纳粹占领，另外 118000 名犹太人被迫加入了在其他国家寻求庇护所的行列。

纳粹向德国犹太人施压，迫使他们通过任何可能的路线离开德国，并且悄悄鼓励拉丁美洲国家的签证交易。盖世太保派出一个由极度惊恐的犹太领导人组成的代表团去往伦敦请求英国大幅增加移民配额。犹太领导人警告道，如果移民配额无法增加，"德国当局将继续采用突击战术——过去他们就是用突击战术成功赶走犹太人的"。[10] 在德国，犹太人在路上被任意拦下，他们只有两个选择：离开德国或者去集中营。

面对如此可怕的威胁，弗雷亚·瓦尔弗与丈夫路德维希决定带着 4 岁的女儿索尼娅前往古巴。3 月底，路德维希给妻子的妹妹露特写信，信中解释道："英国的局势比较不确定，似乎规定更加严格。生活成本高昂。"[11] 路德维希的一些亲人已经拿着游客通行证成功进入古巴，他们可以为路德维希一家做必要的安排。几周后，路德维希与弗雷亚收到了一封打字机打出的信件，信件来自古巴移民局。确切来说，这封信并不是一份签证，却盖着大大的印章，并有移民局局长曼努埃尔·贝尼特斯·冈萨雷斯的亲笔签名。信件指示古巴移民官员"在本国法律允许的时间内"放行持有者进入古巴，以中转前往美国。[12]

87

＊　＊　＊

受到已经到达古巴的亲人们的鼓励，24 个来自路德维希家乡马尔施（Malsch）的犹太人购买了前往哈瓦那的"圣路易斯号"客轮（MS *St. Louis*）的船票。17000 吨的"圣路易斯号"是汉堡-美洲航运公司（Hamburg America Line）的骄傲，这是一艘 7 层豪华客轮，宴会厅装点着闪耀的水晶大吊灯，有宽敞的楼梯，还配有游泳池。"圣路易斯号"与载着弗雷亚的弟弟埃里希前往巴勒斯坦的破旧的"卡蒂娜号"简直是云泥之别。弗雷亚与路德维希明白他们的钱如果不花掉就会被没收，所以他们为自己和索尼娅购买了头等舱船票，成人每人 800 德国马克。他们还被要求支付 230 德国马克的押金用以支付回程船票，以防被拒绝入境古巴。因为船舶公司是德国公司，所以他们可以用还没被强制收缴的德国货币来支付。

在汉堡登上"圣路易斯号"之前，弗雷亚最后一次回到黑森林探望父母。路德维希已经为马克斯与范妮安排了古巴登陆许可证，费用由他们的美国亲戚支付。范妮急切地想跟随她的孩子们去往美国，或者任何他们最终落脚的地方。她已经十分想念他们了。当她的所有孩子都离开了德国，她便没有理由继续待在基彭海姆了。"无论哪种情况下，决定离开德国的人总是妈妈，"范妮的侄女皮娅写道，"男人们总不情愿离开。女人的骨子里烙印着保护全家人的直觉。"[13]

最后，马克斯和范妮同意乘坐下一艘船前往哈瓦那，二人将跟随范妮的弟弟西格弗里德，他已经购买了船票。范妮期待着尽快与女儿与外孙女重聚。范妮站在基彭海姆的街道中央，挥着手，嘴里说的不是"别了"而是"再会"——这一场景将刻印在弗雷亚脑海里，让她回味多年。[14]

5月13日星期六，弗雷亚与路德维希与约900位其他乘客一起登上"圣路易斯号"。在一张码头边拍摄的照片（见彩图20）上，路德维希的贝尔塔（Berta）姑姑身后，这对穿着时髦的夫妻大步登上舷梯。弗雷亚满面笑容，她的帽子俏皮地歪戴在一边。他们的女儿索尼娅还太小，被舷梯遮住了，画面中看不到。路德维希在马尔施的大家庭（涵盖父母双方的亲戚）都有人登上了"圣路易斯号"，包括祖父母和外祖父母、叔叔舅舅、姑姑婶婶、表亲与姻亲。

出发之前，汉堡－美洲航运公司收到了关于古巴新法令颁布的通知。由古巴总统费德里科·拉雷多·布鲁（Federico Laredo Brú）颁布的第937号总统法令规定，希望前往古巴的非美国公民需要获得经国务卿和劳工部部长授权的签证才可入境，获取该签证需要额外缴纳500比索（约等同于500美元）的保证金。而移民局局长贝尼特斯则坚称乘客们不用担心，在5月7日新法令颁布之前，由他签发的游客通行证将继续有效。法令不具备追溯效力。[15]

在这个奢侈的环境中，弗雷亚与路德维希数月来第一次感到放松。尽管"圣路易斯号"是德国船，船员也大都是德国人，但船上的气氛与他们近期的经历可谓天差地别。船长古斯塔夫·施罗德（Gustav Schröder）尽其所能使犹太乘客在船上感到舒适。他在头等舱与经济舱的餐厅都安排了正统的犹太教仪式，并且房间上方没有挂出强制要求悬挂的希特勒画像。乘务员中也有纳粹党人，他们对犹太人彬彬有礼、服务专心，尽管在德国他们被要求将犹太人视为"次等人"。船上的商店售有在德国不可能获取的商品。船上的食物，无论洁食还是非洁食，都美味且充足。

作为一位多次与盖世太保发生冲突的老海军，施罗德船长确保乘客们都受到款待。忙碌的航程总是快乐的。一晚，乘务员们装扮交谊室，举办了一场巴伐利亚啤酒节庆典。船上乐队奏响巴伐利亚民歌、蒂罗尔约德尔音乐与维也纳华尔兹。几天前被逐出德国的人们心中突然萌生了思乡之情。"如果我的皮短裤没被压在行李最下面，我就忍不住要穿上它了，" 17 岁的弗里茨·布夫（Fritz Buff）在日记中写道，"快到半夜时乐队才停止演奏。那时，旋转的华尔兹让我们头晕眼花。"几晚后，乘客们又受邀参加莱茵兰（Rhineland）酿酒师节。"我们跳舞，喝葡萄酒喝到过量，直到清早才去睡觉。"布夫写道。[16]

弗雷亚与路德维希将 4 岁的索尼娅交给女性长辈们照料，加入了船上欢乐的活动。一晚，弗雷亚穿着为特别场合准备的紫色天鹅绒长袍参加了船上的正式舞会。船上也有专门为孩子们准备的派对，有能弄出声音的小玩具、彩色纸带和滑稽的帽子供他们玩耍。索尼娅第一次吃到香蕉和菠萝。弗雷亚告诉女儿，"圣路易斯号"上深肤色的服务人员"都是好人——他们不是希特勒"。[17]弗雷亚的话让索尼娅感到安心。关于纳粹的可怕回忆总在索尼娅脑中挥之不去："水晶之夜"当晚，纳粹闯进她家，砸碎玻璃器皿与陶器，将父母卧室里漂亮的羽绒被扯开，最可怕的是纳粹暴徒将她父亲的照片撕成了小块。弗雷亚抱着哭泣的索尼娅，试图安慰她路德维希还活着。

"圣路易斯号"进入古巴附近的热带水域时，一位老年乘客的死亡使乘客们乐观的心情蒙上了阴影。古巴政府不允许将死者尸体埋葬在古巴境内，只能将其海葬。船只的引擎被关闭，船员在甲板列队向死者最后致意，尸体被缓缓降入大海。船长向死者遗孀展示了一张地图，上面标记了她丈夫长眠的地点。与航海传统不同的一点是：覆盖死者的并不是德国的纳粹旗，而是汉堡-美洲航运公司的旗帜。几小时后悲剧再次发生，一位乘务员从船上跳入黑暗的海中，结束了自己的生命。搜寻无果，"圣路易斯号"只得继续向哈瓦那驶去。

5 月 27 日星期六的黎明，"圣路易斯号"驶入了哈瓦那的港湾，距离其从汉堡起航的日子已过去了两周。这艘有两个烟囱的船气派地驶过了维达度（Vedado）的高档别墅区与海滨大道（Malecón）沿路闪闪发光的酒店，那片滨海区域很有名气。游客们按照指示将行李箱装好放在客舱的外侧，准备即刻上岸。乘客们挤在栏杆边上，看到种着棕榈树的哈瓦那道路在清晨变得逐渐忙碌起来，车水马龙。岸上的人们挥着手，这艘大船还吸引了一群小船，上面载着乘客们的亲友与挚爱。他们兴奋地相互问候。

当船只驶进港湾，弗雷亚与路德维希与其他乘客一同在电报室门口排成一队，给在基彭海姆的马克斯与范妮发了一封电报。"平安上岸。"[18] 他们写道，尽管还为时过早。他们也排队接受必要的医学检查与登船通行证检查。所有人都期待着能在中午之前下船。

然后，令人费解的事情发生了：登陆程序完全停止了。"圣路易斯号"没有停泊在为汉堡-美洲航运公司准备的泊位上，而是在港湾中间锚定了。起初，乘客们以为推迟上岸的根源是"'以后再说'心态（Mañana mentality）①，我们认为这种

---

① 一种西班牙语地区的"拖延症"。Mañana 在西班牙语中意为"明天"或者"不确定的未来某天"。"以后再说"心态意味着人们会把需要做的事情拖延到未来的某刻。

心态在热带环境中很常见"。[19] 船上的一切照常进行，令人心安。中午，号角吹响，召集乘客们用午餐；下午 3 点半，号角再次吹响，召集乘客们用下午茶；6 点钟，又召集乘客吃晚餐。"每次号角吹响，我们都期盼是马上要下船了，"布夫回忆道，"但是我们的乐观来得太早了。"

船上的号角和铃声听着越来越单调乏味，乘客们无处可逃，在船上度过了一天又一天。

"圣路易斯号"驶入了一锅经典的拉丁美洲"大乱炖"，其中有财富、权力与腐败，局外人难以理解。在锅中翻江倒海的是鱼龙混杂的一伙人，有狂热纳粹分子、贪污腐败的官员、敌对的政治家、残酷的律师与一位名叫富尔亨西奥·巴蒂斯塔（Fulgencio Batista）的古巴强人。

尽管古巴有一位民选总统，但统领军队的巴蒂斯塔上校实权在握。巴蒂斯塔原是古巴东部的贫穷劳工，1933 年领导"军士起义"（Revolt of Sergeants）反抗西班牙精英的统治——西班牙人已统治这个岛屿几个世纪。起初，美国对这个混血古巴人心存戒备，但很快就将其视为一个可以交往的人。巴蒂斯塔总是衣着考究，把长筒靴与马刺擦得锃亮，看起来和蔼可亲，有一种自然的魅力。1938 年 11 月，他前往华盛顿，受到了军事官员的最高礼遇，并接受了美国总统的亲自接见。他希望讨好罗斯福，这位强人笑容满面地宣称古巴将与美国合作，为德国犹太人提供一个庇护所。[20] 起初，他至少兑现了他的诺言。古巴开始以每月 500 人的速度接纳犹太难民；1939 年 5 月，古巴的犹太人口已经超过 5000，比之前翻了一倍。

巴蒂斯塔接纳犹太难民进入古巴并非仅仅是出于发扬人道

主义的动机。他的密友们，尤其是贝尼特斯，已从售卖登陆许可证的生意中获利颇丰。据信，这位移民局局长已借此积累了巨额财富，美国官员估计金额在 50 万至 100 万美元。这笔钱很大程度上来自售卖登陆许可证的获利或贿赂金。贝尼特斯在汉堡-美洲航运公司在哈瓦那滨海区的办公室旁设立了自己的签证处，每一份机打的登陆许可证售价 160 比索（价值约等于 160 美元）。这是一项"非官方的费用"，想必直接就进了贝尼特斯的口袋。[21] 一位哈瓦那的犹太救济工作人员注意到古巴总统与其助手"对贝尼特斯上校将贿赂金尽收囊中一事感到厌烦"。[22]

古巴总统费德里科·拉雷多·布鲁一直被认为仅仅是巴蒂斯塔的傀儡。当军事长官结束访问从美国回国时，这位总统宣告全国放假，并带头庆祝，欢迎巴蒂斯塔归来。然而，近几周，布鲁显现出一些独立的迹象。同样，他也背负着打压犹太难民的政治压力。移民局局长厚颜无耻的贪婪刺激了哈瓦那的法西斯支持者，他们掀起一场声势浩大的针对"犹太入侵"的媒体攻势。大批量发行的报纸——《警报》（*Alerta*）使人脑海中浮现出古巴人"被异族奴役"的可怕场景，这与戈培尔的手段简直如出一辙。5 月 26 日，也就是"圣路易斯号"抵达哈瓦那的前一天，《警报》发出了战斗的号召：

"犹太人滚出去！"

明天，1200 个犹太家庭即将抵达哈瓦那。这些冒牌"游客"将在古巴获得食物与栖身之所，而数千本地家庭还住在条件恶劣的贫民窟里，遭受风吹日晒，连一点面包渣都没得吃。[23]

93　　　据美国驻哈瓦那领事的情报，14 个纳粹特工假扮难民抵达古巴，煽动了反犹情绪，他们大肆挥霍金钱。领事报告道，犹太活动家们正筹集资金"说服那些报纸改变态度"。[24] 他们计划发起应对纳粹的宣传攻势，强调犹太难民定居为古巴带来的好处。然而，到此时为止，只有英语报纸《哈瓦那邮报》（*The Havana Post*）发声为难民们辩护。

"圣路易斯号"乘客身陷困境的消息很快传到了纽约的犹太人道主义组织那里，其中就有美国的犹太人联合分配委员会（Jewish Joint Distribution Committee）。犹太人联合分配委员会并未参与安排犹太人乘坐"圣路易斯号"漂洋过海一事，但是委员会的官员们感到有责任帮助乘客们。5 月 29 日，他们派出了一个两人小组前往哈瓦那协助解决危机。他们委派社会工作者塞西莉亚·拉佐夫斯基（Cecilia Razovsky）联络乘客与哈瓦那的犹太人组织。与古巴官员谈判的任务则交给了纽约律师劳伦斯·贝伦森（Lawrence Berenson），他曾是古巴-美国商会会长。贝伦森与巴蒂斯塔及其他古巴政要交好，犹太人联合分配委员会相信贝伦森可以利用在古巴的人脉解决这场危机。

贝伦森与拉佐夫斯基抵达哈瓦那，入住历史悠久的西尔维拉-比尔特莫尔酒店（Silvilla-biltmore hotel），酒店坐落在总统府外的街角。贝伦森失望地获知他不能见到老朋友巴蒂斯塔，那位强人正躲在城外哥伦比亚营地（Camp Columbia）的兵舍，据说患上了"严重的流感"。[25] 上校绝不可被打扰。当时，没有人知道巴蒂斯塔是真的病了还是只想与"圣路易斯号"一事保持距离。多年后，巴蒂斯塔才告诉贝伦森他无法干涉"圣路易斯号"事务，原因很简单，那些登陆许可证是"无效的"并违反了古巴法律。[26] 贝伦森明白他得直接和拉雷多·布鲁——那位先前有名无实、最近开始独立自主的古巴总统——打交道。

　　然而，总统也很难接触到，还释放了一些令人费解的信号。一开始，他传话说"圣路易斯号"一事"已结案"。[27]贝尼特斯与汉堡-美洲航运公司售卖非法登陆许可证，他们都需要得到一些教训。然后，在对媒体透露的信息中，他暗示可能有"人道主义"的解决方案。然而，在谈判开始之前，"圣路易斯号"就得驶出古巴海域。"圣路易斯号"离开古巴的原定时间为6月1日，现在被推迟到了6月2日。

　　原本"圣路易斯号"上有937位旅客，22位有合规文件的旅客被允许下船。一位难民于海上自然死亡。一个叫马克斯·勒韦（Max Loewe）的人企图自杀，割腕后跳入了哈瓦那港。他先前被关押在布痕瓦尔德（Buchenwald）集中营。勒韦被送进医院，在医院慢慢恢复了，但是他的妻子和孩子不能上岸与他会合。船上还剩下913个男人、女人与孩子，他们都没有有效的古巴签证。正当"圣路易斯号"要起航时，又有6位乘客被护送下船，这在剩余乘客中激起"恐慌"。[28]没有人知道为什么那些乘客受到了特殊的优待。

　　两天后，两位迈阿密律师乘包机抵达哈瓦那，谜团开始被解开。两位律师是百万富商瓦尔特·安嫩伯格（Walter Annenberg）的代表，之前一位被允许下船的乘客是安嫩伯格的亲戚。其中一位律师尤为讨厌，叫詹姆斯·M.卡森（James M. Carson）。他吹嘘自己在古巴与美国政府的人脉，用高脚杯一杯接一杯地喝酒。他喝得越多，反犹情绪就越强烈。他告诉塞西莉亚·拉佐夫斯基：她和贝伦森不知道如何与古巴人打交道，因为他们有"犹太心理"。只有持"美洲心理"的人，比如卡森他自己，才知道怎么跟古巴人打交道。他卖弄一般地向迈阿

94

密拨长途电话，说着："我在乎什么，有安嫩伯格买单。"[29] 然后他纠缠拉佐夫斯基一直到她下榻的酒店，点了更多饮品，还拒绝付钱。他从未透露他是如何让安嫩伯格的亲人下船的，但暗示其中有大宗金钱交易。

拉佐夫斯基将卡森介绍给来哈瓦那报道"圣路易斯号"事件的美国记者中的一位，终于摆脱了这个让人难以忍受的家伙。"圣路易斯号"很快成了一个重大国际事件。6月1日，美联社报道称，施罗德船长担忧船上乘客会发生"暴动"或者"集体自杀"事件，因为他们害怕被送回纳粹德国。哭泣的乘客在栏杆处站成一排，向聚集在下方一艘艘小船上的亲人与朋友呼喊（见彩图21）。第二天，6月2日，《纽约时报》报道称，"圣路易斯号"于11点30分在古巴海军的护送下离开哈瓦那港。报纸称接触巴蒂斯塔"使他关注'圣路易斯号'难民的困境"的数次尝试"最终还是失败了"。[30]

正当"圣路易斯号"向东北方的迈阿密航行时，贝伦森与古巴政府的谈判开始了。开始，贝伦森出价较低，提出犹太人联合分配委员会将支付5万美元，并且将确保难民们不会变成一个公共问题。很快，贝伦森就将出价提到了15万美元。古巴政府再次要求在这15万美元之外，每个成年难民还需要缴纳500美元保证金，但理论上，如果难民们离开古巴，这笔钱可以退还。在纽约，一位联合分配委员会官员抱怨道，他们"几乎是被敲诈了，要给一整船的难民交赎金"，而且此类情况很可能在未来再次出现。[31] "奥尔杜尼亚号"（Orduña）与"弗兰德雷号"（Flandre）是另外两艘较小的船，上面载着257位处境相似的乘客，这使犹太人联合分配委员会的经济负担更重了。如果能够与古巴政府达成协议，这两艘船上的乘客也将一并获益。犹太人联合分配委员会被要求提供总计将近 60 万美元的资金，这相当于 2019 年的 1000 多万美元。

拉雷多·布鲁为达成协议设定了最后期限：6 月 6 日星期二的中午。尽管对赎金充满忧虑，但犹太人联合分配委员会的官员们乐意支付所需的费用。然而，贝伦森相信如果时间拖得久一点，他能争取到更有利的条件。他认为他还有一张王牌：多米尼加共和国答应接收所有难民，每人只需缴纳 500 美元登陆费。贝伦森告诉他身在纽约的紧张的上司，如果犹太人联合分配委员会"不再插手"，让贝伦森自行谈判，他可以为他们省下"一大笔钱"。[32]

6 月 2 日星期五，"圣路易斯号"离开哈瓦那港。这对弗雷亚与路德维希·迈尔来说是"令人心碎的"。他们已经能和更早乘船抵达古巴的、路德维希的亲人洛布斯一家（the Löbs）相互打招呼。洛布斯一家乘着小船在港湾里起伏颠簸，之后被古巴警察驱赶。他们帮助朋友与亲人购买了贝尼特斯签署的登陆许可证，但是现在许可证成了废纸。

自从 5 月 27 日抵达哈瓦那，弗雷亚就对古巴的景色与声音充满了兴趣。哈瓦那看起来充满了活力，"宏大而美丽"。"圣路易斯号"驶离哈瓦那时，弗雷亚看着汽车、公交车与自行车在棕榈树人道上行驶着。她凝视这景象，"直到目光所及之处尽是海和天空"，但她已不再对此怀有兴趣。大约中午时分，迈尔一家回到自己的客舱午睡。"我们今天已经遭了够多的罪"，弗雷亚向身在基彭海姆的父母报告道。一见面，路德维希的姑姑就给了她一个大无酵饼与一个苹果蛋糕当作礼物。"就像在家一样"，索尼娅欢快地尖声叫道。[33]

96

接下来的4天里，"圣路易斯号"似乎漫无目的地徘徊在古巴与佛罗里达之间。有时，它似乎只是在绕圈。乘客们认为船的航向与正在哈瓦那进行的、命运攸关的谈判有某种关联。当船驶回哈瓦那时，乘客们就欢欣鼓舞；当船驶向欧洲的方向时，乘客们就意志消沉。"圣路易斯号"不断更改航向，船上散布着有关去往新避难地的传言，其中最使人警惕的是回到汉堡。"这一传言对于我们的神经系统来说简直就像是丢下一颗爆炸的炮弹，"弗里茨·布夫在日记中写道，"这实在令人难以承受。除了汉堡，船驶向哪一个港口都行。仅仅是提及'汉堡'这两个字就足以勾起恐怖的回忆。船上的绝大多数人决心即便是死也不要回到汉堡。"[34]

星期六，弗雷亚和路德维希在船上的宴会厅参加安息日礼拜活动。这"令人感到舒适，因为礼拜活动跟在家中的是一样的"。第二天，船沿佛罗里达海岸向南行驶，在距离迈阿密海滩约3英里的地方停泊了2小时。[35]"我们看见一些高耸的白色建筑，那是宾馆。大小船只从我们眼前经过。我们不能相信我们只能眼睁睁地看着'圣路易斯号'驶过这一切。"弗雷亚告诉她的父母。迈尔一家与船上大多数其他乘客一样有美国签证的注册编号，一两年之内就可以获准赴美。他们不明白为什么不能破例让他们提早一些抵达"我们的梦想之地"。

"圣路易斯号"徘徊于劳德代尔堡（Fort Lauderdale）与基韦斯特之间时，美国海岸警卫队的一艘巡逻艇与两架飞机一直紧随左右。布夫写道："我们认为他们是被派来监视我们的航程并且防止有人试图游上岸的。美国政府如此冷漠，令人难以接受。"[36]

防止群体性自杀是施罗德船长心头的一件大事。他把船上的男性乘客组织起来成立了一个防自杀监视小组，其中就包括路德维希。[37] 他还发布了一系列公告安抚乘客，强调犹太人联合分配委员会正努力说服外国政府接纳难民。"别忘了，犹太人联合分配委员已经承诺你们不会再回到德国，"施罗德于 6 月 4 日告知乘客们，"请保持冷静。"[38] 如果没办法去古巴，还会有其他选项。船长设立了乘客委员会，并及时告知这些难民代表谈判中的起伏转折。

6 月 6 日星期二的早上，船长调转船头向着哈瓦那的方向行驶，乘客们仿佛看到了希望的曙光。施罗德告诉乘客们古巴政府已经同意将他们拘留在派恩斯岛（the Isle of Pines）①。乘客们"欢欣溢于言表"，尽管他们从未听说过这个靠近古巴西南海岸线的岛屿。"我们相互拥抱亲吻。我们冲向电报室向全世界发电报告诉我们的至亲这一幸运的好消息。"[39]

这种喜悦并没有持续很久。几小时后，消息传来，谈判失败了。哈瓦那的犹太人联合分配委员会代表没能在中午的最后期限之前答应古巴总统的要求。拉雷多·布鲁坚持说已经没有了讨价还价的余地。6 月 6 日傍晚，庞大的"圣路易斯号"再次调转了方向，现在它要驶向汉堡了。[40] 当晚，乘客代表用德语发了一封电报，收信方是"罗斯福总统，华盛顿"。

> 这是"圣路易斯号"乘客急迫而悲痛的声声呼救，请帮助我们，罗斯福先生。船上的 900 名乘客中包含了 400 名女性与儿童。乘客们。[41]

---

①　即现在的青年岛（Isla de la Juventud）。

98　　当"圣路易斯号"驶回德国的消息传遍世界时，弗雷亚收到了身在纽约的妹妹露特的电报，上面只写了三个字："要坚强。"[42]

"圣路易斯号"事件发生时，罗斯福正在他的童年住处——纽约上州的海德公园休息。5月31日，他返回白宫。他患上了严重的头伤风，不得不取消大部分会面。尽管"流浪犹太人"的冒险故事吸引了媒体的注意，但它在总统的议事日程中还是排在了后面。记者们懒得在罗斯福的例行媒体见面会上提及此事。

5月30日于海德公园举行的新闻简报会的内容全都是关于国内事务的，会议接近尾声之时，一位记者问罗斯福："国际形势有没有新变化？"

"没有。"罗斯福高兴地回答。

下一场新闻发布会于6月6日举办，那也是"圣路易斯号"开始驶回欧洲的日子。会上讨论的内容大多与英国国王及王后即将到访美国有关。一位记者写道，有传言称总统计划用进口葡萄酒招待英国皇室，而美国"葡萄酒酿造业者"对此感到"相当不安"。罗斯福用他的惯用技巧回避了这个问题，说他将"不会为特定的品牌做广告"。[43]再一次，没有人提及那艘载有难民的船。

罗斯福已告知国务院在"圣路易斯号"一事上不要干涉古巴政府与犹太人组织的谈判。他认为接纳难民的负担应该由所有文明国家共同分担。罗斯福政府已经动用了所有的德国移民配额，在帮助难民这件事上做得比世界上其他政府都要多。根据法律，在这个6月结束的配额年度中，纳粹暴政下的27370

名难民将被美国接纳。没有国会授权，这一数字不可被随意更改。如果允许"圣路易斯号"的乘客插队，那么仍然身处德国的人们就要等待更长时间了。如果犹太人联合分配委员会可以说服古巴或者其他国家接纳这些用渴望的目光看着迈阿密天际线的难民，那将是一个更好的解决方案。

使罗斯福拒绝干涉谈判的还有他第一个就职演讲时宣布的针对拉美国家的"睦邻政策"（Good Neighbor Policy）。他将美国海军撤出尼加拉瓜与海地，与墨西哥协商签署贸易协定，并且不再将古巴视为美国的殖民地。在罗斯福看来，不干涉政策取得了巨大的成功。数十年来，拉美地区一直是美国的麻烦源泉；而现在，当纳粹德国正在西半球拉拢盟友时，这一地区变成了美国外交政策坚实的堡垒。国务院代表白宫行事，命令美国驻古巴大使馆将"圣路易斯号"谈判完全视为"古巴内政"。[44]

在"圣路易斯号"沿着佛罗里达海岸线来回行驶时，犹太人联合分配委员会官员依旧希望谈判能够成功。他们依旧不停从他们在哈瓦那的代表劳伦斯·贝伦森那里接收到积极的信号。位于华盛顿的古巴驻美大使向国务院保证他们很可能即将找到解决方案。主要的问题是"筹措资金"。[45]不管怎样，至少还有多米尼加共和国同意接收难民，虽然它以宗教为借口进行金钱勒索。犹太人联合分配委员会官员写道，多米尼加共和国只向"犹太人"收取每人 500 美元的登陆费。[46]

在罗斯福政府官员中最关心"圣路易斯号"乘客的是财政部部长小亨利·摩根索。他是内阁唯一的犹太人，扮演着犹太人联合分配委员会驻纽约官员与国务卿科德尔·赫尔（Cordell Hull）的中间人角色。6 月 5 日，当哈瓦那的谈判濒临崩盘之

99

时，他致电赫尔商讨"这一惨烈的悲剧"。台面下，赫尔思考过为这些乘客签发游客签证，将其送往美属维尔京群岛的可能性。[47]这似乎是一个可行的选项，因为维尔京群岛立法议会在"水晶之夜"后通过了一项决议，同意"为难民提供一个安全的居所"。[48]但是国务院官员认为该举措将与美国移民法冲突，因而这一设想也被放弃了。

赫尔告诉摩根索，只有在申请者有一个"可以回归的、明确的家乡"的条件下才可以签发游客签证。根据这一定义，难民不可以申请游客签证。

摩根索无法掩盖他的失望之情。

100 　"把难民送去维尔京群岛的事，一点希望都没有吗？"

"我的伙计们是这样告诉我的。"[49]

作为财政部部长，摩根索负责管理美国海岸警卫队，这是他部门中的一个分支。6月6日从犹太人联合分配委员会处听闻他们失去"圣路易斯号"音信的消息时，摩根索给海岸警卫队打了一个电话，命令他们确定"圣路易斯号"的位置。海岸警卫队的指挥官报告说，警卫队队员跟着船"向南行驶到基韦斯特附近"后，"圣路易斯号"调头向大海方向驶去，队员没有继续追踪。摩根索命令其再次搜寻。即使"圣路易斯号"已经驶离美国领海，财政部部长还是想知道它的情况。

"我希望你秘密处理此事，看，这样我对此事感兴趣的消息就不会泄露……如此处理此事，这样船上的人就不会有所反应。"

"好的，长官。"

"谢谢你。我想定位它。"

"好的长官。我们将尽力而为。"[50]

古巴决定不接纳难民的消息改变了犹太人联合分配委员会与罗斯福处理此事的方式。6 月 7 日，犹太人联合分配委员会宣布其已授权美国大通银行（Chase National Bank）向古巴政府账户汇入其要求的款项。此前，罗斯福命令美国驻哈瓦那大使不要干涉此事；现在他敦促国务院用一切手段促成这笔交易。副国务卿萨姆纳·威尔斯命令美国驻古巴大使尽早约见拉雷多·布鲁总统，并"强调该事件的人道主义考量"。[51]

但这一切都太晚了。无论怎么劝说，通常乐于助人的拉雷多·布鲁都不会改变主意了。

罗斯福在"圣路易斯号"事件中采取的不插手政策与他在儿童难民法案中采取的策略相似。儿童难民法案遭到了国会方面的反对。罗斯福敏锐地察觉到了美国国内的反移民情绪。民意调查持续显示 5 个美国人中有 4 个反对对移民配额进行任何提高。少于十分之一的美国人同意增加移民配额或对难民进行豁免。十分之四的美国人告诉民意调查员"犹太人在美国权力太大了"。[52]6 月 2 日，罗斯福拒绝了自由派纽约国会女议员卡罗琳·奥戴（Caroline O'Day）要他对儿童难民法案发表意见的恳求。"归档，不要采取行动。"罗斯福如此告诉助手。[53]

作为一个精明的公众意见分析师，罗斯福能够判断政治风向。前一天，也就是 6 月 1 日，众议院移民委员会听取了多家"爱国者组织"的证词，猛烈抨击了两年内接纳 2 万难民儿童入境美国的提案。"慈善应该从本国开始，"一位一战老兵遗孀坚称道，"在世界性危机中，那些外国人是我们孩子的潜在敌人。"另一位证人表示美国已经接纳了"比其他国家接纳的难民加起来还要多的难民来美国永居"。[54] 这一论述只能描述近几

101

年的情况。1937 年之前，更多犹太人移民去巴勒斯坦而非美国（请见页边码第 317 页图 3）。[55]

6 月 6 日"圣路易斯号"起航驶回欧洲时，众议院正在考虑立法驱逐所有"不受欢迎的外国人"。[56]反移民派的发言人——北卡罗来纳州参议员罗伯特·雷诺兹在全国广播中谴责儿童难民法案。他的论证非常简洁，甚至有些过于简单了。接收难民儿童将意味着"2 万名美国男孩和女孩难以找到工作"。雷诺兹以响亮的呼吁结束了他的演讲："我们的公民优先。"

让我们把美国留给我们的儿女，

把美国的工作给美国公民，

把关押外国罪犯的监狱清空，让他们回到自己的国家。

把美国留给美国人。[57]

反对者并未完全阻碍《瓦格纳–罗杰斯法案》，而是设法在议会中规避它。5 月 30 日，他们在参议院中提出了一项将对儿童难民法案有利的修正案，但是签发给儿童难民的签证将从德国配额中扣减。[58]每当一个无成年人陪伴的儿童被允许入境，留给那些排队等待签证已久的成年人的配额就减少一个。接纳难民的总人数不会增加。

对于瓦格纳参议员来说，这一修正案破坏了他原本的提案，甚至比原先没有提案的情况更糟了。6 月 30 日，他宣布无法接受对提案的修改，并完全撤回了提案。对进步人士来说，这是一次惨痛的失败。此前他们认为英国"儿童撤离行动"的先例将会激起"所有人人性的本能"，进而使"移民法自 1924 年以来首次放开"。[59]他们低估了国会与全国范围内反移民情绪的力量。

对难民的敌意不仅仅局限于围绕雷诺兹参议员活动的反移民游说团。有声望的共和党人小威廉·卡斯尔（William Castle Jr.）甚至警告说，如果《瓦格纳–罗杰斯法案》通过，会发生反犹暴乱。卡斯尔曾在胡佛政府中担任副国务卿。他说他更愿意"接纳2万个不会繁殖的老犹太人"而不是2万名儿童。[60]罗斯福说话刻薄的表亲、移民专员詹姆斯·霍特林（James Houghteling）的妻子劳拉·德拉诺（Laura Delano）表示了相似的担忧。她告诉一位朋友，她担心"2万名充满魅力的孩子会很快长大变成2万名丑陋的成年人"。[61]

彼时，总统不想在一场失败的努力中浪费自己的权威。他正准备在《中立法案》的修订上再次迎战孤立主义分子们。[62]起初，他尝试在现付自运的前提下允许向英法出售军火，被国会否决。罗斯福认为将欧洲民主国家武装好是阻止希特勒却又不用将美国大兵们送回欧洲的最佳方式。对罗斯福来说，《中立法案》的角力远比儿童法案或"圣路易斯号"的目的地重要得多。如果罗斯福在难民问题上站在了不受欢迎的一边，那么他在国会乃至全国范围内的政治基础都会被动摇。

罗斯福对"圣路易斯号"事件与儿童难民法案的处置并不代表他对德国犹太人遭受的迫害无动于衷。在1938年7月埃维昂会议以失败告终后，他一直主导建立政府间委员会，协调国际政策以重新安置难民。当"圣路易斯号"正沿佛罗里达海岸线南北来回航行时，罗斯福继续努力为难民危机寻求解决方案。6月8日，他与他在政府间委员会的代表迈伦·泰勒（Myron Taylor）通信，信中他承认自己试图"刺激其他政府做出切实行动"，但一直没有成效。现在他将希望寄托于建立一个"国际难民组织"，这一组织将由"私有公司"提供资金。与政府间委员会相比，它"能更加高效地"与柏林谈判。[63] 难民基金会将由罗思柴尔德家族（Rothschilds）等富有的犹太人与非犹太人的救济组织组成。

罗斯福制定这一新策略，部分是由于受到了驻柏林的雷蒙德·盖斯特观点的影响。2月，代理领事普伦蒂斯·吉尔贝特（Prentiss Gilbert）突然去世，时任领事盖斯特接任吉尔贝特成为美国驻纳粹德国的高级外交官。盖斯特不断警告美国国务院，纳粹极端分子正准备"用他们自己的方式处理犹太问题"。4月4日，盖斯特向他的保护人乔治·梅瑟史密斯写了一封信，如预言一般详细描述了"内部解决方案"可能代表着什么：

> 他们的方案当然包含将所有身体健康的犹太人关进劳动集中营，没收所有犹太人的财产，孤立他们，向整个犹太人群体施加额外的压力，并用武力除去尽可能多的犹太人。[64]

在5月3日的电报里，盖斯特敦促其上级与戈林身边的纳粹"温和派"保持联络。盖斯特相信可行的最佳解决方案是协商谈判并制订一个有序移民的计划，类似的计划已经在戈林的顾问赫尔穆特·沃尔塔特（Helmut Wohlthat）的合作下于伦敦间歇施行。这当然比可能的替代方案更受青睐。"否则，我认为激进分子们将要求政府放手让他们以自己的方式自行处理犹太问题。"[65]

总统严肃考虑盖斯特的电报。5月4日，他告诉犹太领导人"有必要抓紧时间"。一位国务院官员表示，"总统相信驻柏

林使馆发出的警告并非小题大做"。与如何筹措所需资金的问 104
题相比,如何拯救"实实在在的生命"显得重要得多。[66]

与早先的"沙赫特计划"一样,沃尔塔特计划呼吁外国犹太人承担德国犹太人重新定居的一大部分花销。沃尔塔特表示,谈判的成功取决于外国犹太人是否愿意贡献他提出的 1 亿美元的重新定居资金。犹太领导人表示,只要德国不能保证犹太资产获准离开德国,他们便不会提供资金。问题在于双方互不信任,都不认为对方会遵守约定。

6 月 6 日,"圣路易斯号"正驶回欧洲。在当天一场伦敦举办的会议上,困局到了紧要关头。与沃尔塔特一同参会的有英美官员、保罗·贝瓦尔德(Paul Baerwald)等犹太领导人、犹太人联合分配委员会主席,以及英国银行家莱昂内尔·德·罗思柴尔德(Lionel de Rothschild)。犹太官员声讨纳粹集中营、反犹宣传以及对犹太人财产的没收。沃尔塔特表示他也将直言不讳。接着,他绕房间走了一圈,逐一询问犹太领导人是否准备了"全部或者部分"犹太人重新定居资金。他得到的回答都是否定的。此时,这位纳粹谈判官走出了房间。[67]

罗斯福通常倾向于彻底从地缘政治而非人类个体的角度思考难民危机。他希望在全球范围内解决难民危机的问题,而不是零碎地逐一解决。与他的妻子埃莉诺不同,罗斯福不想牵涉进具体的个案,即使是涉及 900 个人的个案也不行。罗斯福的传记作者之一断言,罗斯福能够"像拧开或者拧紧水龙头一样随心打开或者关闭他的同情心"。他像"一位每天都要面对生死的内科医生"。这位总统不能让自己太深刻地感受到别人的痛苦,因为那样只会"影响他的专业表现"。[68]

尽管伦敦有关犹太人大规模重新定居的协议谈判暂时破产

了，渺茫的希望似乎依然存在。沃尔塔特坚称他已取得希特勒的支持以制订一个最终方案，使得德国犹太人可以有序移民。[69]罗斯福下定决心继续推进谈判，英美官员做出英勇尝试，将对峙的双方召集到一起。眼看战争爆发的可能性越来越大，他们知道时间所剩无几。

105　　4 周以来，"圣路易斯号"上乘客的心情在希望和绝望之间激烈摇摆。在大西洋上，这艘船正驶回欧洲，船长与乘客委员会尽力让难民们觉得他们不会被送回德国。慢慢地，船上乘客们的士气开始振作起来。6 月 10 日，他们收到了来自纽约的犹太人联合分配委员会的电报，它称正在努力实现"使包括英国的其他国家接纳难民的可能性"。[70]同一天，弗雷亚坐在桌前给基彭海姆的亲人们写了一封长长的信。

　　"我们认为总会有个解决方案，我们总不能连续几周在海上四处游荡。"弗雷亚在信中向父母写道。与多米尼加共和国的谈判没有任何结果，整件事情让弗雷亚私底下感到轻松。她将谈判失败归咎于"那里据说令人难以忍受的气候"。"我很开心我们不用去那里，我们也不是随便去哪里都行的。"她写道，"船已经在去往英国的半路上了"，航行状况很好。"炎热的天气并没有让我感到不适，恰恰相反，我觉得相当舒服。"[71]

　　船上的电报室如往常一般运转着，乘客们得以与亲人朋友保持联系。路德维希在伦敦的亲人向他们发来了无线电报，说他们正试图为路德维希一家安排办理英国的登陆许可证。"抬头挺胸，心存希望"，他们在电报中如此写道。从基彭海姆也传来了一些消息：弗雷亚的舅舅西格弗里德"并未"按计划"离开"德国前往古巴。马克斯与范妮也被迫取消了他们离开德国的计划，尽管他们现在已经有钱购买登陆许可证了。[72]

　　最令弗雷亚担忧的是她父母的命运。"你们已经做好了去往古巴的所有准备，可是现在呢？亲爱的爸爸妈妈，我为你们感到非常难过，也为其他所有人感到难过。"弗雷亚知道她的信直到抵达下一个港口时才能寄出，就一直在末尾处添加更多的信息。最终，打字机打出来的信件就像日记一样长。当"圣路易斯号"接近欧洲时，弗雷亚在信中写道，她与路德维希正在上英语课，"索尼娅去幼儿园上学……我在午饭后小睡了一会，之后便喝咖啡、吃蛋糕，还听了音乐会"。

　　使乘客们心中的希望之火持续燃烧的是餐厅内张贴的公告。6月13日，犹太人联合分配委员会发来电报称，很快就可以找到一个解决方案。"所有的问题都将被解决，"电报中写道，"请保持勇气。"第二天，局势迎来了决定性的突破。犹太人联合分配委员会的欧洲代表莫里斯·特罗珀（Morris Troper）发来了这样的信息：

　　　　　所有乘客的最终登陆安排已经完成。我们很高兴地通知你们，与美国犹太人联合分配委员会达成这一伟大合作的是比利时、荷兰、法国与英国政府。[73]

　　"我们就像已经卜船了一样开心，"弗雷亚感到一阵狂喜，"事态正向好的方面发展。"她发现其他大多数乘客将古巴视为一个中转站，最终目的地是美国。那晚，乘客们举办了一场大型庆祝派对，前来助兴的有歌手、魔术师，以及打趣说这场旅行是"快乐的古巴轮船度假行"的喜剧演员。乘客委员会向特罗珀发去电报感谢他的努力："我们自5月13日便在海上漂浮，对你的感谢就像这片海一样巨大。"[74]

特罗珀发疯似的工作，与美国官员一同说服其他国家政府为"圣路易斯号"乘客在前往美国之前提供一个暂时的避难所。在英国政府同意接纳几百名难民后，其他国家很快照做了。最终，英国决定接收288名难民，法国、比利时、荷兰决定接收的难民数量分别为224名、214名、181名。旅客们填写了调查他们家庭关系与未来计划的问卷，以决定最合适的目的地。6月17日，当"圣路易斯号"就要抵达比利时的时候，特罗珀登船，受到了如英雄一般的待遇：200名儿童站在船上主门厅的两侧向他欢呼。乘客委员会领导者的女儿——11岁的莉斯尔·约瑟夫（Liesl Joseph）向前一步感谢犹太人联合分配委员会"从巨大的痛苦中拯救了我们"。[75]

因为弗雷亚与路德维希有家人居住在英国，所以他们与路德维希的父母一同乘坐一艘更小的船前往南安普敦。其他几位亲人，包括几位洛布斯家族的成员留在了比利时——1937年，希特勒"保证"了比利时的中立国地位。

107 19世纪丹麦哲学家索伦·克尔凯郭尔（Søren Kierkegaard）曾提出，历史"通过回顾被理解"（understood backwards），却"不断向前演进"（lived forward）。"圣路易斯号"的航行便是这一现象的绝佳示例。现在，"圣路易斯号"被视为国际社会，尤其是美国，对德国犹太人的惨剧冷眼以待的标志。但是，在当时，人们认为"圣路易斯号"事件的结局是圆满的，尤其是亲历事件的难民们。乘客们的最终命运未知且不可知：我们只知道他们成功逃离了迫害他们的国家。

"那欢呼奇妙无比、难以形容，那是所有人异口同声的欢呼。"弗里茨·布夫写道，他也在比利时下船了。"地平线一下子变得开阔了。在大海上漂浮了 5 周，遭受胁迫，承受巨大压力，但我们没有被遗忘。"这个来自巴伐利亚州的年轻人将结果描述为"一项伟大的、通过国际社会合作达成的成就"。他尤其感谢施罗德船长，"他设法将登船的盖世太保党羽造成的影响最小化了"。[76] "圣路易斯号"停泊在安特卫普之后，《纽约时报》引用了一位游客的话："如果船要把我们带回汉堡，我们中 80% 的人会直接从船上跳下去。"[77]

至于伸出手臂欢迎来客的自由女神像所代表的美式理想与现实之间的差距，就留给纳粹官员来做文章了。"圣路易斯号"被古巴与美国拒绝，穿越大西洋返回欧洲的剧情简直是为纳粹宣传量身定做的。"我们公开宣布不欢迎犹太人，而那些民主国家坚称愿意接纳犹太人——却又把他们的客人扔在海上！"反犹刊物《世界斗争》（Der Weltkampf）幸灾乐祸地写道，"到头来我们这些残暴的人难道不比他们更好吗？"[78]

第六章
S. O. S——拯救我们的灵魂

　　与瓦尔弗一家一样，瓦亨海默一家喜爱卡尔·麦的美国蛮荒西部冒险故事。无论处境如何，每当有要事需要讨论时，胡戈·瓦亨海默总能从卡尔·麦的虚构世界中获得灵感，假装组织一场印第安式的家庭议事会（pow-wow）。他扮演睿智的印第安老酋长，贝拉扮演他的印第安妻子，固执的赫蒂则扮演他们忠实的女儿。[1]

　　胡戈从达豪回来的几周后，瓦亨海默一家召开了一场印第安式的家庭议事会，讨论有关离开德国的事情。他们围坐一圈，假装中间有篝火。他们与众多犹太家庭一样面临着令人苦恼的两难选择。无论情况如何，一家人都应该待在一起吗？或者，如果有机会的话，是不是让一个人先出国会更好，即使这意味着把其他家人留在这个森林边缘的小镇？

　　长期以来，瓦亨海默一家一直尝试寻找能够赞助他们一家移民美国的人。1937年，胡戈给一位住在芝加哥的远亲写信恳求他帮忙。几周后，赫蒂从邮局的信箱里拿出一封带有芝加哥邮戳的信。她手拿信件飞奔回家，想象着高高的摩天大楼和大大的美国汽车。胡戈用他自学的半吊子英语将信件翻译成了德语，这位亲戚解释道，美国正在经历经济大萧条，他能找到工作就已经很幸运了。他的所有钱都用在了自己与他年老母亲的

生活上。他不敢向雇主寻求帮助，因为这可能使他丢掉工作。　109
并且，他也羞于向芝加哥犹太人社区求助。他鼓励瓦亨海默一
家保持耐心，说德国的生活一定会越来越好的。[2]

1938 年夏天，胡戈重新在美国驻斯图加特总领事馆登记，
但即使他找到了合适的赞助人，他也得等两年才能有面试的机
会。1939 年年初，当瓦亨海默一家召开家庭议事会的时候，逃
离德国的可选路线急速减少。英国政府严格限制向巴勒斯坦合
法移民，古巴线路人满为患，还有一个剩余选项——英国。英
国同意接收 1 万名无成人陪伴的犹太儿童。在"儿童撤离行
动"的组织下，每隔几天就有孩子乘着火车或船只离开德国控
制的领土，这使得尽可能多的孩子逃离魔爪。

在充分讨论后，瓦亨海默一家做出了决定：赫蒂将通过
"儿童撤离行动"前往英国。一旦到达英国，赫蒂将尝试为她
的妈妈找一份为英国富裕家庭当佣人的工作。胡戈将尽快与妻
女团聚，不过他明白，他还得在德国待很长时间。正如他向伦
敦一位有可能资助他的人写信时说的那样，他已经习惯于"谦
虚与贫困"，他"在大战的战壕中待了四年半"，甚至当过战
俘。他已经"准备好要维持自己的尊严"。[3]

与其他 14 岁少女一样，赫蒂一想到可以去伦敦就十分兴
奋，但也感到紧张。她的父母为她描绘了令人激动的大都市生
活图景：时常乘坐地铁短途旅行，去电影院看电影。她将重返
学校，学习英语，结交新朋友。起初，一切听起来好极了，但
之后赫蒂渐渐有了疑虑。一些基彭海姆犹太人说，在困难时期，
一家人最好待在一起。赫蒂听说英国人总是在喝茶，她不喜欢
茶。最重要的是，赫蒂十分不想与父母分开。她尤其期待每周
与父亲在黑森林散步，听父亲讲关于成长的故事和道理。

父女俩在每周例行的散步开始和结束时都会唱一首使人振奋的歌谣，那是一首19世纪流行的歌谣，讲述一个年轻人"怀着快乐的心情"离开了家。胡戈与赫蒂手挽手，大声唱着副歌："唱着歌儿叮叮当，少年要往世界闯。"每周，胡戈都会为散步时间选择不同的话题，通常围绕着对新生活的希望。他期望他的女儿能提前阅读一些必需的材料。4

父女俩的最后一次散步是赫蒂出发前的星期天。胡戈问他的女儿是否按照他的要求研究了五月虫（May bug）① 的生存技巧。

"没有。"赫蒂固执地回答。

胡戈换了一种方式。

"永生是什么意思？"

"它们不会死。"

"为什么？"

"因为它们会产卵，会生虫宝宝。"

"谁来照料虫宝宝呢？"

"它们在土里挖洞，藏在里面两年甚至更多年。它们以蔬菜的根系为食，在5月从土里钻出来，所以它们叫'五月虫'。"

"然后呢？"

"然后这个物种就延续了下来，一代接着一代。因为它们有虫宝宝。"

显然这是正确的答案。父女俩静静地走了很长一段路。当他们走到离家很近的时候，赫蒂突然唱起了歌，这次她是一个人唱的：

---

① 即鳃金龟。

满心都是欢喜渴望，

充满爱也充满歌唱，

唱着歌儿叮叮当，

少年要往世界闯。

赫蒂离开德国前还有很多项准备工作要做，有很多表格要填写。他们需要交出家族珍宝，还要取得文件证明他们缴纳了所有税费。行李明细需要上交德国海关获得批准。赫蒂只能带几件值钱的纪念品出国，包括一套带有母亲姓名缩写的银质餐具、一个银质糖罐、一条银链表、一只小手镯以及母亲的东方风格的扇子。与这些家族珍宝一同打包的是几张父母的照片、一件洛登毛呢外套、一条带有波点领结的绿色针织连衣裙和一件带有小圆领的海军蓝西装。连衣裙是用瓦亨海默家商店里的剩余织物制作的，现在商店已经关门了。赫蒂不能带着她心爱的集邮册，因为邮票被视为可出售的值钱物件。[5]

打包完成后，一位海关官员来到家里检查这两个装着赫蒂所有家当的小行李箱。他用铁丝网将行李箱紧紧绑在一起，把铁丝焊接起来。如果不剪断铁丝，行李箱就没法打开。

赫蒂为离家感到难过，她开始琢磨为什么她的父母急着要她离开。忽然，她想到也许自己根本就不是他们的女儿。在她的想象中，她是那些每年都来基彭海姆、在小镇外支起帐篷的吉卜赛人的女儿。吉卜赛人颜色鲜艳的衣服、令人难忘又充满韵律感的音乐与看似无忧无虑的生活方式一直深深地吸引着赫蒂。她幻想其实自己是被胡戈和贝拉收养的，因为她真正的吉卜赛父母不想要她。在这种想法的驱使下，赫蒂指责胡戈与贝拉想抛弃自己，就像她的"亲生父母"那样。贝拉与胡戈试着

111

安慰赫蒂，但是赫蒂不听。[6]

赫蒂下定决心要带着她收藏的集邮册去英格兰。在离开基彭海姆的前一晚，她悄悄溜进存放她行李箱的阁楼，她的父母正在楼下睡觉。赫蒂打着手电筒，在铁丝网间发现了一条刚好能塞进邮票的缝隙。冒着被盖世太保调查的风险，她把珍贵的邮票一张一张地从缝隙里塞了进去。

胡戈与贝拉送赫蒂到法兰克福，那里住着贝拉最小的弟弟马克斯。赫蒂启程前，瓦亨海默一家与马克斯舅舅及他的新婚妻子葆拉（Paula）一起住了几天。与胡戈和贝拉一样，马克斯与葆拉想要移民美国。贝拉的另一个弟弟曼弗雷德（Manfred）已经离开了。赫蒂在德国的最后一晚，一家人拍照留念。他们约定在海的另一边团聚。

5 月 18 日星期四，瓦亨海默一家在火车站送赫蒂启程。清早，火车站已经十分拥挤。同一班车里有 500 个孩子，最小的6 个月，最大的 17 岁。强颜欢笑的背后，每个人都在哭泣。"请照顾好我的宝贝们。"一对年轻的夫妻恳求道，他们正通过火车的窗口将自己的双胞胎交给一个陌生人。胡戈做出了最勇敢的、印第安酋长般的表情，带着赫蒂沿站台走向她的车厢，唱着熟悉的歌谣："唱着歌儿叮叮当，少年要往世界闯。"赫蒂脖子上挂着身份标牌，上面写着"黑德维希·瓦亨海默（Hedwig Wachenheimer），许可证号 5580，前往伦敦"。[7]

最后的汽笛声吹响，火车开始缓慢前行。通过开启的窗户，赫蒂发现父母已经泪流满面。他们追着火车奔跑，一直追到站台末端。火车开始提速。"我的父母变得越来越小，变成了遥远的两个小点，我看不见他们了。"

车轮的咔嗒声似乎在告诉赫蒂"你正离家，你正离家，你正离家"。当父母彻底从视野中消失，赫蒂猛地明白了父母送她离开的真正动机：并不是因为不爱她，刚好相反，父母的决定实则是出于"伟大的爱"。[8]

孤身一人乘着前往英格兰的火车，赫蒂为幻想自己是吉卜赛人的孩子从而情绪崩溃说的那些糊涂话感到深深的后悔。她给父母写信，为自己对他们缺乏信任而道歉，泪水浸湿了眼眶。赫蒂一直想着这些事，直到她看到窗外壮观的哥特风大教堂——科隆大教堂的钟塔。列车在科隆停下，更多孩子上了车。赫蒂趁机请站台上的人把她的信放进邮筒。亚琛（Aachen）是火车在德国的最后一站。在从科隆到亚琛的 1 小时左右的路程里，赫蒂给父母写了另一封信。赫蒂再次将信交给站台上的人邮寄。

载着犹太孩子的列车穿过边境进入荷兰，孩子们受到了荷兰犹太人的欢迎——他们把饼干和水果通过窗户塞给孩子们。接下来，火车向西北方向驶往荷兰角，穿过了大片闪闪发光、五彩斑斓的郁金香花田，这与红色黑色整齐划一的德国形成了鲜明的对比。当晚，孩子们搭渡轮穿过北海到达英国的哈维奇（Harwich）。

在利物浦街站，孩子们按要求在原地等待，等着自己的名字被叫到。在工作人员按字母顺序叫到姓氏首字母为 W 的孩子之前，赫蒂就在她的行李上睡着了。赫蒂醒来后，接待处已经几乎没有人了。赫蒂开始哭泣。这时，一位和蔼的工作人员终于找到了这个掉队的孩子，并用一大串赫蒂听不懂的英语问候她。一通比手画脚后，这位女士让赫蒂跟她乘坐扶梯前往地铁。

这个来自黑森林小镇的女孩从未见过扶梯，也不知道怎么上下扶梯。赫蒂的膝盖开始颤抖。她先把行李箱放了上去，随

113

后跳上扶梯，紧紧地抓着扶梯这个奇怪装置的两侧。黑暗的、充满回声的隧道和黑压压的人群吓到了赫蒂。一辆呼啸着的红色列车将她们送到了线路终点站——埃奇维尔站（Edgware）。她们又乘坐出租车穿过一条条看似完全相同的街道，来到了罗斯一家的门前。罗斯家有三个女儿，当她们看见赫蒂打开箱子、邮票撒了一地的时候，她们咯咯笑成一团。[9]

虽然英国与德国之间关系日益紧张，伦敦与基彭海姆之间的邮政服务依然很好。一封信一到三天就能寄到目的地——取决于发信人愿不愿意多花钱航空邮寄。赫蒂的信为阴郁绝望的纳粹德国带来了点滴的快乐。"唱着歌儿叮叮当，"收到赫蒂在火车上写的第一封信后，胡戈写道，"少年已经启程，她出色的表现与优美的书信为我带来了巨大的快乐。"[10]

"继续写这些美丽的信吧，"胡戈在几周后的信件中写道，那时战争的阴云正笼罩欧洲，"无论大雨瓢泼还是电闪雷鸣，当我们收到你的信，亲爱的小赫蒂，我们就能感受到阳光一般的温暖光明。"[11]

胡戈与贝拉每周给赫蒂写两三次信。通过赫蒂信中描述的经历，他们间接地体验着赫蒂的生活，并要求知道赫蒂正在做的每一件事情。"你生活中具体到每分钟的细节我们都感兴趣，"赫蒂抵达伦敦后不久，胡戈告诉赫蒂，"写信告诉我们你如何度过一天，比如，你在几点起床，洗了脖子，等等。直到晚上你对室友说'我很累了，晚安，好梦'。你要像你先前讲故事那样写信，别忘记任何事情。"[12]

胡戈想知道赫蒂是否已经不再讨厌茶，想知道赫蒂每餐都吃了什么。回答这些问题而不引起父母的警觉对赫蒂来说是困难的。她的寄宿家庭错误地认为赫蒂在德国食物短缺，所以严格地控制赫蒂的饮食。赫蒂早餐有一片涂了黄油的烤吐司和一杯茶，中午有两片烤土司和一杯茶，晚餐只有一杯茶。星期天，他们给赫蒂一块饼干当零食。一天，罗斯家发现赫蒂吃了一片食物储藏室里的烤牛肉，便指责赫蒂偷东西，因为那牛肉是他们为自己准备的。[13]

默默忍耐两个月之后，赫蒂告诉那位"儿童撤离行动"的女工作人员自己一直忍饥挨饿，每餐口粮少得可怜。那位工作人员安排她搬去和埃奇维尔的另一家人住。为了向父母解释地址的变动，赫蒂只能吐露实情。胡戈与贝拉为女儿受到苛待感到难过，但也不满赫蒂起初没对他们说实话。从赫蒂来信的语气中，他们怀疑有事情不对劲，且赫蒂对伦敦生活的描述也有未尽之处。"如果你再遇到这样的烦恼，请与我们分享。"贝拉恳求道。[14]

"在信中，对我们只说真话，"胡戈劝诫赫蒂，"当我们知道了全部的真相，我们才感到安心。记住你学法语的时候学到的那句话：'告知真相，不得隐瞒。'"[15]

在德国，关于战争的流言更加肆意地传播着。在占领捷克斯洛伐克的大部分领土之后，希特勒威胁要入侵波兰，尽管其先前承诺尊重波兰的领土完整性。在纳粹颠倒黑白的宣传攻势中，波兰才是侵略者，而德国是受害者。8月初，纳粹报纸便在警告"最后审判日"即将到来。波罗的海港口城市但泽（Danzig）成了导火索。那时，但泽受国际联盟保护，是一座"自由城"。但泽的德裔居民想和祖国"统一"，这将会侵蚀波兰领土通向波罗的海的狭窄走廊地带。巴登的纳粹宣传小报《元首报》指责波兰人正在准备偷袭德国：[16]

115

华沙威胁轰炸但泽！
波兰人的丧心病狂令人难以置信

"紧张局势持续数周，不断升级，未曾改变，"在 8 月 14 日这一天，柏林的日记作家维克托·克伦佩雷尔（Victor Klemperer）如此写道，"舆论：他［希特勒］将于 9 月发动攻击，与苏联分割波兰，英法虚弱无力……犹太人观点：战争第一天将会是血腥屠杀。"[17]

对于基彭海姆被围攻的犹太人社区来说，战争爆发意味着潜在的逃生路线将不复存在。英法双方都已承诺，如果德国攻击波兰则帮助波兰抵抗。这意味着，如果战争爆发，人们就很难从德国前往英法两国了，所有的直接交往都会被中断。

胡戈·瓦亨海默密切关注时事，对政治形势的觉察非常敏锐。他明白，时间已所剩无几。过去几个月，他用他日益进步的英语帮助基彭海姆的其他犹太居民与领事馆和难民组织打交道，现在他得集中精力开辟自己从德国逃生的路线了。他或者贝拉是否能在英格兰找到工作已经不再重要了。正如他对赫蒂所说的那样："我们当然愿意接受任何工作职位，哪怕是在原始村落里。你明白我的意思——不惜一切代价离开德国。"[18]

胡戈向大西洋两岸潜在的赞助人与难民组织写了几十封信，希望一次次破灭。许多收信人根本懒得回信，回信的人则坚决拒绝了他的请求。但胡戈没有放弃。他吃力地用英语将自己比作"一个轮船船长，被迫向世界发出求救信号 S.O.S——拯救我们的灵魂（Save Our Souls）"。[19]

116 8 月初，胡戈收到了一封来自伦敦德国犹太人救助委员会的航空邮件，通知胡戈他们不可能为胡戈移民美国找到一位

"保证人"。[20] 这封来信让胡戈万分沮丧。他催促赫蒂找到"一个举足轻重的人"直接向救助委员会为他们一家请愿。几天后，他为他多余的催促向赫蒂道歉："你放心，我们没有信中写得那样绝望，你无须为此担心。"[21]

胡戈在写给赫蒂的信中讲述了基彭海姆的新闻。领诵者戈特弗里德·施瓦布一家将搬去英格兰，犹太社区失去了精神领袖。他们将为赫蒂带去"四双漂亮的白袜子"。德拉克一家（the Durlachers）将前往法国，带着两个孩子——汉塞尔（Hansel）和格蕾特尔（Gretel），他们的名字取自格林兄弟的童话。一位雅利安邻居被指控从韦特海默金属制品公司挪用钱款。"他的妻子昨天试图上吊自尽。然而她活了下来，精神崩溃，被医院收治。"

最让人揪心的新闻是关于范妮·瓦尔弗的弟弟西格弗里德的，他就住在班霍夫大街上，在瓦亨海默家楼下的公寓里。8月2日，胡戈写信告诉赫蒂"西格弗里德W"已被逮捕，罪名不详。"他好几年都不会回来了。他的案件还没有解决。我们过几周才能知道更多消息。"[22]

西格弗里德·韦特海默年轻时风度翩翩，时常戴着波点领带，家人们认为他是一个讲究生活享受的人，还有点儿流氓无赖。[23] 他结过两次婚，但从未安定下来。第一段婚姻里他有了一个女儿，于1932年离婚。1937年10月，他的第二任妻子埃尔娜（Erna）在她36岁生日的三天前死于癌症。[24] 西格弗里德尝试在科隆开办自己的金属制品公司，但是没有成功，他就回到了基彭海姆，在韦特海默金属制品公司担任销售员。[25]

西格弗里德对未来感到不确定。1938年夏天，他前往巴勒斯坦探寻移民的可能性。他的妹妹卡罗利娜（Karolina）与丈夫欧根（Eugen）已经从基彭海姆移居特拉维夫（Tel Aviv），带着他们的三个孩子。多亏了一个纳粹准许的投资移民项目，欧根得以在特拉维夫重建面粉厂。与其他初来乍到的德国犹太人一样，韦特海默一家十分想念故土。根据他的儿子施特夫（Stef）所述，他们既恨德国，"同时又渴望德国。他们说德语，读德文，紧紧抓住塑造他们的德国文化"。他们的朋友大多是与他们处境相同的逃亡者，"被从他们与生俱来的环境中连根拔起"。他们家里都是笨重的德国家具。[26]

与他的妹妹、妹夫相比，西格弗里德发现在巴勒斯坦定居更加艰难。他不喜欢这种贫困的定居者生活。他想念他的女儿伊薇特（Yvette）。伊薇特与他的前妻阿莉塞（Alice）一起住在法国东部，与基彭海姆只隔了一条莱茵河。促使他回到基彭海姆的还有与玛尔塔·布鲁德（Marta Bruder）刚刚萌芽却万分危险的情愫。她是西格弗里德在韦特海默金属制品公司的同事，一个来自贫农家庭的 27 岁基督徒女孩，比西格弗里德小 16 岁，但在巴登的乡村地带，玛尔塔已经过了女性通常结婚的年纪了。帝国公民法禁止犹太人与基督徒发生性关系，以"保护日耳曼血统与日耳曼荣耀"，但是西格弗里德"十分寂寞"。[27]

在巴勒斯坦待了几周后，西格弗里德做出了一个冲动的决定——返回德国。[28]他依旧计划移民，但不是去"旧世界"，而是去"新世界"。他相信还有时间做必要的安排，并且与第一任妻子讨论带着女儿移民美国的事情。

回到德国是一个灾难性的错误。西格弗里德回到基彭海姆时，纳粹的反犹宣传攻势进入了一个尤其猛烈的阶段。不到 3 个月的时间，西格弗里德也在"水晶之夜"的纳粹大规模逮捕中被抓。他与其他基彭海姆犹太男人一同在达豪集中营待了一个月，1938 年 12 月初才被释放。集中营的恐怖经历使他确信他必须尽早再次离开德国。他前往古巴的计划最终落空了："圣路易斯号"在古巴吃了闭门羹，且古巴的签证规定发生了变化。他心仪的目的地是美国，但是要等好几年才能等到移民签证。

西格弗里德的世界彻底破碎了：那一天，玛尔塔告诉家人她怀孕了。她不仅未婚先孕，而且怀了犹太人的孩子。家人说服她去做人工流产。某个人——某个亲戚或者爱管闲事的邻居——向盖世太保告发了西格弗里德。他被逮捕并关进了附近肯青根（Kenzingen）的监狱。在那里，盖世太保以"Rassenschande"——那是纳粹的术语，意为"种族污染"——为"罪名"对他进行调查。[29]

雇用律师为西格弗里德辩护，理清他风流韵事的前因后果，并去监狱给他送必要补给的重担主要落在了马克斯·瓦尔弗的身上。马克斯毫不同情这个任性的小舅子。他们早就警告过西格弗里德与雅利安人交往过密可能会带来麻烦，但他充耳不闻。马克斯难以理解为什么一个 44 岁的男人可以这么愚蠢。"不听劝告的人将吞卜仕性的苦果"，在信中，马克斯给在纽约的女儿露特如此写道。[30]

在与孩子们的通信中，马克斯表明了一种近似冷酷的决心，誓要让全家安然度过这次危机。他告诉露特："你亲爱的妈妈和我不会因为这件事而垮掉。很多人反对我们，我们已经感觉像是待在一间黑暗的牢房里了。"他安慰自己，其他犹太家庭"也十分痛苦，这在某种程度上让我们感觉受到了保护，即使我们家还有这样一桩不可张扬的丑事"。让马克斯感到欣慰的是，他还能够告诉露特他和范妮都没因为丑闻而被"羞辱或骚扰"过，即使"在这里，人们通常直言不讳"。

西格弗里德独自一人在监狱，给他在法国的前妻阿莉塞写信，幻想着实现他们的移民计划。阿莉塞立刻在 1939 年 8 月 18 日回信，鼓励西格弗里德"不要绝望"，"继续勇敢，继续坚强。上帝会再次帮助你。也许我们很快就能一起移民了"。阿莉塞的信于 8 月 21 日抵达肯青根，检察员检查了信件，又将信件退了回去，只手写了一行字："收件人已死亡。"[31]

西格弗里德已于那天早上早些时候死亡。在官方记录里，他得知自己被宣判犯有种族污染罪后自杀身亡。[32]他的一些亲戚怀疑他是被那些抓捕者追捕，精疲力竭而亡。真相已无从得知。

119 匆忙安排的葬礼既孤独又荒凉。出席的有西格弗里德的几位亲人与邻居，包括马克斯·瓦尔弗与胡戈·瓦亨海默，他们将西格弗里德的棺材送到了施米海姆的犹太公墓。在高耸的冷杉、橡树与柏树之下长满草的斜坡上有一个匆忙挖出的坑，他们把棺材放进里面。旁边是他第二任妻子埃尔娜的坟墓。为了避免吸引纳粹分子前来破坏，他们将墓碑平放，与周遭竖放的墓碑形成了对比。[33]

吊唁者念了几句祷告词，但是流不出眼泪，因为他们沉浸在自己的困境中。"他做了几件不太好的事情，被罚在监狱里关了 4 年，"从公墓回来后，胡戈·瓦亨海默给赫蒂写信说道，"为了逃避，他终结了自己的生命。或许这也不坏，他的家人并不是非常悲伤。不幸中的万幸是可怜的伊薇特将继承西格弗里德先前拥有的半间住宅。没有其他的新闻了。"[34]

用马克斯的话说，基彭海姆居民们都觉得西格弗里德与玛尔塔只是在"寻欢作乐"。[35]事实上，至少在玛尔塔看来，这段感情比人们想象的要更严肃。1941 年德国与苏联开战后，作为与犹太人发生关系的惩罚，玛尔塔被送去东线战场当护士。战争之后，玛尔塔的家人说服她与一个基彭海姆的残疾老兵结婚，老兵不育，玛尔塔无法拥有孩子。据一位知情的家族成员所述，失去与西格弗里德未出生的孩子的悲伤一直萦绕着玛尔塔。她在房子里一直放着一个摇篮，里面有一个小心翼翼地包裹着的婴儿玩偶。玛尔塔于 1997 年去世。[36]

受西格弗里德的悲剧影响最大的可能是她的姐姐范妮·瓦尔弗。西格弗里德死亡的消息是一系列心碎暴击中沉重的一击；除此之外，还有孩子们的相继离开与前往古巴计划的落空。现在，只有她和马克斯还留在基彭海姆，而且逃离德国的希望渺茫。"妈妈（范妮）是最不幸的人了，"听闻西格弗里德被捕后，路德维希·迈尔在给纽约的小姨子露特的信中写道，"她为所有离开的孩子们感到担心，现在又要遭受这种折磨。"[37]

瓦尔弗家的六个孩子中最后一个离开德国的是 26 岁的埃尔泽，8 月初她去英国与丈夫海因里希团聚。乘着"圣路易斯号"在大西洋上兜了一圈后，弗雷亚与路德维希住在伦敦一处贵格会的公寓里。瓦尔弗家的长子卡尔 4 月离开基彭海姆，现在在格拉斯哥当无线电机匠。其他三个孩子——露特、胡戈与埃里希，已经在"水晶之夜"前逃离德国。与范妮、马克斯一样还留在基彭海姆的只有另外 39 名犹太人了——1933 年，基彭海姆一共有 144 名犹太人，而如今只剩下 41 人。

终于逃出德国后，埃尔泽尝试向其他兄弟姐妹描绘家乡生活的"真实图景"，她再也不用害怕信件被邮政局局长林克读到了。在信的开头，她咒骂希特勒，但写出那个名字依然使她紧张。她使用家族密语，把希特勒称为"那条狗"，把德国称为"狗国"。"因为那条狗我们受了太多罪。我问我自己我们是从哪里取得力量度过这一切的。"不幸的是，她不得不承认"那条邪恶的狗还能蹦跶一阵"。[38]

接下来她抱怨家族的珍贵财产被偷窃或强制出售，包括"极好的小块地毯"、"织锦被子"以及"双人沙发床"。"我们被骗了，"她告诉露特，"没有一件事与我们预想的一样。我们不得不为所有东西支付两倍的价格。""帝国逃离税"高达 3.5 万德国马克；谋杀德国外交官的"补偿税"又是 1.2 万德国马克。剩下的钱在支付完过高的旅行费用与货币兑换费用后也所剩无几。"要是我知道我们亲爱的父母将如何用那些钱勉强度日该多好。每当我想起妈妈和爸爸，我都心痛欲裂。"

对埃尔泽来说，挥别"我们温柔的妈妈"尤其困难："她挂念着我们所有人"且"看上去脸色不好"。范妮急切地想要与孩子们在英国或者美国团聚。然而现在，准备必要的宣誓书与雇佣信已经不可能了。随着战争的迫近，前往英国变得越来越难。所有申请都必须通过犹太难民委员会的筛选，才能到达英国内政部。在有可能移民美国之前，马克斯与范妮面临着至少两年的等待时间，在英国官员眼中这件事本身可能就让马克斯与范妮失去资格了。[39]

121　　使马克斯与范妮的逃生计划变得更加复杂的是马克斯对贝尔塔·魏尔的关心。贝尔塔 33 岁，是他的秘书。贝尔塔与她的母亲、姐姐和兄弟一起住，她家离瓦尔弗家只有 5 分钟的步行时间。她的父亲 3 年前去世了。每当提及离开德国的出行计划，马克斯总坚持要找个办法让魏尔一家跟他和范妮一起走。然而这样做有个问题：魏尔一家没有合适的美国赞助人支持他们的移民申请。[40]

马克斯为魏尔一家做出的努力让他的孩子们与他们的配偶感到失望。他们抱怨道马克斯在贝尔塔身上花的精力太多了，甚至不惜以家庭为代价。1939 年夏天，路德维希·迈尔给住在纽约的小姨子露特写信，信中说："你父亲就是太喜欢她了，他不明白他必须要把这种过度的喜爱之情放到一边。"[41]与之不同的是，马克斯在说起贝尔塔时把她当成安慰的来源，尤其是在他自己的孩子离开基彭海姆之后。"我们很开心还能有一个善良诚实的人陪伴我们左右，"马克斯对露特说，"我们都知道在困难时期有人陪伴意味着什么。"[42]

他们很快便无心关注此事，因为国际事态的发展令人震惊。8 月 23 日，即西格弗里德·韦特海默下葬的日子，纳粹德国与它的死敌——共产主义的苏联签订了互不侵犯条约。德国外交部部长约阿希姆·冯·里宾特洛甫（Joachim von Ribbentrop）前往莫斯科会见苏联外交部部长维亚切斯拉夫·莫洛托夫（Vyacheslav Molotov）。这个分割东欧的协议后来被称为《莫洛托夫-里宾特洛甫协定》，其详尽细节是机密。然而，清楚的是，两个集权国家讽刺地达成了政治上的和解，却威胁到了周边国家的生存。似乎要不了几天，德国就要攻击波兰了。

富兰克林·罗斯福睡得本不安稳，又被床边的电话叫醒。那是 9 月 1 日星期五的凌晨 2 点 50 分。当他从睡梦中苏醒过来时，他听到白宫的接线员说驻法国大使威廉·布利特（William Bullitt）想与他通话。

"托尼·比德尔（Tony Biddle）刚从华沙打来电话，总统先生。"布利特口中的比德尔是美国驻波兰大使。"德军几个师已

122

深入波兰领土，战斗十分激烈。托尼报告说有人在城市上方目击到了轰炸机，然后通信就中断了。"

"哦，比尔，它最终还是来了。上帝保佑我们。"[43]

接下来的 2 小时里，罗斯福阅读了那些从波兰寄来的、越来越引起警惕的急件。德军 42 个师，包括 10 个坦克师，已于凌晨在毫无预警的情况下穿越波兰边境。德国空军正轰炸波兰的城市。凌晨 5 点，罗斯福给埃莉诺打了通电话，让她打开收音机，那时她正在海德公园。[44]希特勒正要发表演讲。相隔 300 英里，他们听着这位元首指控波兰对但泽的德裔"难以容忍"的压迫。他将入侵波兰描述为对其侵犯的还击。

曾在上一场战争中任海军助理部长的罗斯福突然"被一种奇异又熟悉的感觉吓得一惊——一种我先前曾经感受过的感觉"。在和平的 20 年之后，他迅速回到了军队指挥官的角色，就像一个人"重新开始遵循被打破的惯习"。

"接下来的日子会被塞得满满的，"他警告他的内阁，"就像满是问题与焦虑的 1914 年 9 月一样。因为，历史确实会重演。"[45]

为了放松，那晚总统彻夜与密友在私人书房打牌。牌局一次又一次地被带来最新消息的信使打断。英国与法国是否会信守承诺在德国攻击波兰时挺身而出尚不明确。夜晚 11 点前后，读过一条刚到的消息之后，总统对他的同伴们说："明天中午之前，他们就会宣战。"然后他回到了牌桌，输得一塌糊涂。

"与总统玩牌，我们不用非要巴结他、让他赢。"内政部部长哈罗德·伊克斯钦佩地写道。[46]

战争爆发，与纳粹金融专家赫尔穆特·沃尔塔特在伦敦进行的有关难民危机的谈判被终止。双方立场都更加坚决了。即

便这样，罗斯福也没有放弃希望。德国政府向华盛顿方面传达 123
信息，表示他们依然准备"与政府间委员会合作"——政府间
委员会是试图帮助犹太人移民离开德国的国际组织。委员会的
一场会议计划于 10 月 16 日于华盛顿召开。罗斯福的顾问认为
眼下这样的努力注定徒劳，但是罗斯福不同意。罗斯福坚持让
会议如期召开。

　　会上，罗斯福发表演说，呼吁与会代表用创新大胆的方式
思考问题。在英国叫停巴勒斯坦接纳移民后，罗斯福提议为犹
太人建立一个"补充性的民族家园"。罗斯福表示需要开展一
个大型项目，在"地球表面许许多多闲置空间"重新安置难
民。演讲末尾他化用了埃玛·拉扎勒斯（Emma Lazarus）蚀刻
在自由女神像底座上的话："让我们在金色大门旁边点亮一盏
明灯，为疲惫者、饥饿者与万千渴望自由的人建起庇护所。"[47]

　　演讲并未如预想一样激动人心——它并没有给迫在眉睫的
问题提供解决方案，就像罗斯福先前很多不切实际的想法一样。
美国国会不会增加美国接纳移民的配额。其他国家，比如英国，
正忙于战争。

　　现在，难民危机的规模已升级，受到波及的不仅有德国犹
太人。1938 年德国吞并奥地利之后，罗斯福创建了总统政治难
民问题顾问委员会，专门研究难民问题并提供解决方案。从那
以后，情况越来越糟糕。委员会主席詹姆斯·格罗弗·麦克唐
纳（James Grover McDonald）估计，1939 年秋天有"多于 100
万难民"于欧洲各处游荡。[48] 西班牙内战后，有约 50 万西班牙
难民涌入法国。而在战争的头几个月，又有约 50 万波兰人与芬
兰人逃往邻国——这场战争之后被称为第二次世界大战。难民
规模最大但几乎在美国难民问题辩论中隐形的是中国难民：

1937 年日本侵华，1000 万中国人被逐出家园。[49]

1939 年秋天，罗斯福的主要精力被用在说服国会允许向英法出售军火。民调显示，反对美国直接介入战争的人占绝大多数。"说真的，我如履薄冰。"罗斯福向一位英国官员说道。[50]当他前往国会山提议修订中立法案时遭遇了一群女性反对者，她们念经一般反复喊着口号："我们是母亲，我们不想儿子们上战场！"24 位主要的孤立主义参议员发誓要和罗斯福对抗"到底"。罗斯福希望以计谋取胜，使用了对手的那套反战话术，以其人之道还治其人之身。他告诉国会，主导他计划的是"一个冷静的想法——使美国远离战争"。[51]11 月 4 日，国会认同了罗斯福的这套逻辑，投票通过，允许向民主国家以现货自运的方式出售军火。

总统发现他的立场有些棘手。虽然他一再向德国侵略的受害者表示同情，但是他不能过于明目张胆地提供帮助，以免被打上"战争贩子"的标签。他一直认为美国将会被迫对抗那些独裁政权的威胁。他面临的挑战是如何将美国人民从麻木状态中唤醒，而不让他们觉得自己正在把他们拉入新的战争。在1939 年 12 月给朋友的信中他写道："令我尤其担心的是，公众舆论每天早上都在沾沾自喜，感谢上帝安排了大西洋（与太平洋）隔离了战火。我们严重低估了海那边的危机对我们未来的影响。"[52]

罗斯福对纳粹意图的怀疑被证实了——他收到了一份报告，它关于一场有约瑟夫·戈培尔参与的对话。罗斯福收到的版本是，希特勒的这个喉舌头目吹嘘德国将在搞定波兰之后"迅速粉碎"法国和英国。

戈培尔的对谈者问他："那下一个国家是？"

"你知道下一个是谁，"据说戈培尔如此答道，"美利坚合众国。"

对方充满了惊讶——德国居然要征服一个大洋彼岸的国家。而戈培尔已经有了答案。

"我们的征服是由内而外的。"[53]

对于公开强调纳粹的威胁，罗斯福一向谨慎，这使他的许多同僚万分失望。他的牌友哈罗德·伊克斯认为总统应该更开诚布公地"指出对于一个像我们这样的国家，纳粹会带来怎样的危险"。伊克斯认为最终希特勒将毫无悬念地"将注意力转移到世界上最富有的国家，也是其征服行动最大的奖赏——美国"。[54]

在牌桌上，罗斯福喜欢拖延时间、用计精妙，摆出一副令人捉摸不透的扑克脸，隐藏着自己的底牌。他总是隐藏自己的终极目的——不仅对敌人，也对朋友，有时甚至对自己。他后来坦白道："你知道，我是个变戏法的。我从不让我的左手知道我的右手在干什么。""也许，我对欧洲的政策可能与对南北美洲的政策截然相反。我有可能彻头彻尾地自相矛盾，并且，如果能够帮助赢得战争的话，我非常愿意说谎与误导别人。"[55]

罗斯福采取相似的策略面对那个最人的政治问题：他是否会再次参加总统大选。1940 年 11 月的总统大选已经进入了倒计时阶段。如果罗斯福第三次参加大选，他将打破从乔治·华盛顿时代就开始的、总统不得连任超过两届的传统。罗斯福拒绝透露他的意图，连暗示都不肯。1939 年 12 月，在一年一度的冬季晚宴上，白宫记者和这位言行难以预测的总统开了个玩笑。他们摆出一个 8 英尺高的混凝纸雕像——雕像看起来像埃及的狮身人面像，是罗斯福手拿长长的烟嘴、面带顽皮笑容的

125

卡通形象。制作混凝纸的报纸全是预测罗斯福是否会再次参选的。滑稽的雕像成了精妙玩笑的重头戏，罗斯福看到后发出了由衷的笑声，但拒绝做出评论。

事实上，对于是否再次参选，罗斯福确实举棋不定。一方面，他想放下总统的重担。他已经在海德公园修建了他退休后的去处，那是一座图书馆。尽管他只有 58 岁，但他已经非常疲惫了。1940 年 2 月下旬，他患上了轻微的心脏病。他抱怨自己昼夜被困在总统办公室。"每一天都有人来到这里，大都想从我这里得到些什么。有些东西不能提供给他们，还有些东西就算我能提供，我也不会给他们。"其他人累了、疲倦了，还能站起来走走，但这对罗斯福来说是不可能的。"几天过去了，几周过去了，几个月过去了，我都被束缚在这张椅子上。我再也不能忍受了。我坚持不下去了。"[56]

126　　但另一方面，罗斯福认为自己是指引美国度过历史上一些最危险时刻的那个人。为了接受这个挑战，他已经准备了整整一辈子。

前几个月，战争几乎没有影响基彭海姆犹太人的日常生活。尽管德国已经正式向英法两国宣战，但西线战场上几乎没有任何战斗。所有的战斗都发生在东线战场。这一时期被英国人称为"冒牌战争"（phoney war），被法国人称为"滑稽战争"（drôle de guerre），被德国人称为"呆坐战争"（Sitzkrieg）。战争带来的最直接的影响是通信的中断。基彭海姆居民与身在英格兰的亲人保持联系必须通过在中立国（比如瑞士和比利时等）的第三方。信件往来可能要花上几周。

移民美国的申请队列正在缓慢前移。与在德国的犹太人相比，前往美国对于身在"中转国"的德国犹太人要更容易，现在他们可以优先使用为德国公民准备的签证配额来获得签证。[57]这一新政策可以使流亡者们受益，比如正在伦敦度过"等待期"的弗雷亚、路德维希与他们的女儿索尼娅。1940年年初，他们终于拿到了签证。那时他们正在慢慢习惯几乎每天都要面对的"空袭、避难所与防毒面具"。[58]1940年2月11日，在漫长的等待之后，这家人终于第一次看见了自由女神像。

　　与此同时，在基彭海姆，犹太人发现他们要设法应对愈加贪婪的要求。以前基彭海姆最富有的人、金属制品大户赫尔曼·韦特海默成了敲诈勒索的重点目标。当赫尔曼被关在达豪集中营时，有位雅利安买家从赫尔曼妻子手中买下了公司，但是现在他拒绝按先前商量好的价格支付。为了出售公司的事情，他们讨价还价了6个月之久，推迟了计划前往美国的时间。赫尔曼一旦与买家最后商量好价格，他就得支付一系列罚款与税费，面临巨大的经济损失。各种各样的罚款加起来约9万德国马克，相当于一般德国人20年的收入。[59]

　　交完全部的罚款并安排孩子们前往英国后，赫尔曼已经没钱支付自己移民的费用了。他和妻子策琳只能依赖犹太人难民组织支付旅费了。善良的韦伯医生为赫尔曼提供了航程中的所需药物。1940年5月14日，韦特海默夫妇离开了基彭海姆，抵达了意大利港口热那亚，并从那里乘坐"华盛顿号"前往纽约。他们走得正是时候：德军已入侵比利时、卢森堡与荷兰。"冒牌战争"已经成了一场真正的战争。

　　在赫尔曼与策琳拿到签证的几周后，西格弗里德·迈尔与夏洛特·迈尔也得到了签证。在美国驻斯图加特总领事馆进行的体检给他们10岁的儿子库尔特留下了深深的印象。"那是我第一次看到我父亲全身赤裸"，他后来回忆道。对他而言，同样难忘的是体检室的石砖与第一次尝试使用在学校里学到的、稚嫩的英语。他用英语对领事官员说："我父亲的脚是冷的。"[60]

迈尔一家买了一艘从热那亚到纽约的意大利船的船票，却又不得不放弃了这个逃跑计划。6 月 10 日，有消息称意大利已作为德国同盟参战。向南越过阿尔卑斯山到达瑞士再前往意大利——这最后一条可靠的、从纳粹德国逃往美国的路线也已不复存在。[61]

6 月 14 日，也就是 4 天后，德军攻入了巴黎。

第七章
"第五纵队"

    1940 年 5 月 26 日傍晚，在罗斯福发表战争开始后第一场 128
"炉边谈话"演讲时，德军距离巴黎就只有 50 英里了。演讲的
题目是《论国防》（"On National Defense"）。他在白宫一楼的
椭圆形办公室里录制了广播音频。他面前的桌子上摆着一摞纸、
一支削尖的铅笔、一包骆驼牌香烟与一组麦克风。房间里并没
有壁炉，但对他的数百万听众来说这并不重要。通过亲密的语
气与对话式的措辞，罗斯福使美国民众确信他们的总统正同他
们推心置腹地说着心里话。他将听众称为"我的朋友"，并坦
诚地谈论人们普遍怀有的担忧与面临的挑战。"你会觉得他就
在那里和你说话，"一位记者回忆道，"并不是向其他 5000 万
人，而是单独和你一个人讲话。"[1]

    罗斯福只有在特别的情况下才发表这样的广播演讲，例如
在罗斯福新政启动时与战争爆发时。他现在的目的是教育美国
人，告知他们纳粹的威胁并解释自己将如何保护美国的安全。
他一改 1939 年冬天的无精打采，下决心抓住时机。他想利用这
场国际危机，抓住机会引导舆论，支援德国侵略的受害者们。
美国人再也不能以"事不关己，高高挂起"的态度看待这场发
生在欧洲的战争了。

    挪威、丹麦与低地国家已经陷落。法军全面败退。英国远   129

征军被困在敦刻尔克。市民们正在逃离巴黎与其他法国北部城市。总统先是描述了百万难民在"一度安静祥和的比利时与法国道路上"恐慌地奔逃的惨状，继而讲起了"攻击的新方法"：设计从内部摧毁一个国家。

"特洛伊木马。一个不能防患于未然的国家会遭到'第五纵队'的背叛。在这一新策略中，间谍、破坏者和背叛者都是其行动者。我们必须，也一定会，积极地应对这一切。"2

10 天后，也就是 6 月 5 日，罗斯福与青年活动家会面，明确地将犹太难民与"第五纵队"威胁联系在一起。当有人问他是否"对外国人的怀疑"加深了，他答道"有一些人被证实是间谍"，包括那些"被迫成为间谍"的人，他们扮成难民成功渗透了西欧国家。德国政府强迫难民为其提供情报，如果他们拒绝合作，纳粹就会威胁射杀他们"年迈的父亲母亲"。

"当然，这说的只是逃出德国的难民中非常非常小的一部分，"罗斯福补充道，"但情况确实存在，所以我们必须密切关注。这难道不是一件挺糟糕的事情吗？"3

1940 年的夏天，纳粹闪电战横扫西欧，紧接着，"第五纵队"狂热席卷美国。法军令人震惊的溃败有了一个所有人都容易理解的解释：德国特工的颠覆。德军一次次的胜利使民众对"内部敌人"的怀疑日益加深，这种怀疑于 6 月 14 日巴黎陷落时达到顶峰。年初，联邦调查局每日收到 100 条左右有关"第五纵队"的情报；到 6 月中旬，联邦调查局每天收到的有关"第五纵队"的情报激增至 3000 条。4

"第五纵队"狂热不仅影响了保守人士，也影响了进步人士。名为"帮助美国人的美国人"与"美国的'一分钟人'①"的右翼"义警小组"正在追捕外国间谍。即使是自由派评论家也在质疑政府是否将国家利益放在最优先的位置。7月16日，专栏作家多萝西·汤普森（Dorothy Thompson）向国务卿赫尔发送电报，称："来自欧洲的'第五纵队'分子乘着美国的船只纷至沓来，而民主的斗士却寸步难行。我们许多人都十分愤怒。"⁵

130

执行颠覆任务的德国特工的故事成了美国流行文化的主要产品。好莱坞正吃力地追赶《纳粹间谍的忏悔》（*Confessions of a Nazi Spy*）的风潮——华纳兄弟公司宣传机器将其称为第一部"将纳粹标志称为纳粹十字"的美国电影。在"第五纵队"狂热风潮中诞生了一些如"美国队长"的粗俗小说角色，他们誓要对抗"由内向外的侵略"，保卫美国。很快，这位超人将加入反纳粹事业，贡献他"巨大的能量"与敌人斗争："我们最阴险的敌人……隐藏的蛆虫、背叛者、'第五纵队分子'与潜在的卖国贼们。"⁶

"第五纵队"一词源自西班牙内战。国民军领袖埃米利奥·莫拉（Emolio Mola）在1936年吹嘘称，他不仅指挥着四个朝马德里行军的陆军纵队，还有一个由城内支持者组成的"第五纵队"。根据莫拉的说法，正是"第五纵队"从内部颠覆了共和派政府，确保了国民军的胜利。欧内斯特·海明威（Ernest Hemingway）在围城期间旅居西班牙首都担任驻外记者，写了一部以"第五纵队"为题的戏剧。1940年3月，这部戏剧于百老汇首演，恰恰在纳粹对西欧发动进攻之前不久。

---

① "一分钟人"（Minute Man），美国独立战争期间召之即来的民兵。

对"第五纵队"敲响战鼓的人剑指挪威——在挪威，维德昆·吉斯林少校（Major Vidkun Quisling）支持纳粹的行动成了叛国的同义词。美国情报官员认为同样的事情也发生在法国。罗斯福的情报顾问威廉·多诺万（William Donovan）写道："法国的崩溃无疑是'第五纵队'的杰作。在这里，希特勒承诺的一切都分毫不差地发生了。"他将法国的溃败归因于"无处不在、无所不见、无所不知"的德国特工，以及给特工帮忙的"臭名昭著、贪污腐败的法国报纸"。[7]多诺万的分析得到了美国驻法大使威廉·布利特的认同，布利特坚称对抗法军的间谍行动中有一半以上是"德国难民"执行的。[8]

131　　　尽管官员们发出了这样的警告，来自纳粹德国的犹太难民对美国国家安全的威胁更多只是传言，并无确凿证据。在双重间谍威廉·西博德（William Sebold）的帮助下，联邦调查局近期渗透了纽约一个巨大的德国间谍网络。所谓的"杜肯间谍系统"① 成员要么已经归化美国籍，要么是美国的长期居民。其中几个成员来自德美联盟（German American Bund），那是一个于 1930 年代中期成立的支持纳粹的团体。事实上，同情纳粹的德裔美国人带来的内部威胁远比难民们带来的外部威胁大得多。

　　尽管如此，欧洲的灾难使人们十分担忧未经充分审查就入境的难民带来的安全风险。乔治·梅瑟史密斯刚被任命为美国驻古巴大使，他警告称美国正面临史上"最严峻的国家危机"。他宣称有些难民会为巴黎的陷落欢欣鼓舞，说着"我们首先是

---

① 杜肯间谍系统（Duquesne Spy Ring）是美国历史上发现的最大的外国间谍组织，涉及 33 名被安插在关键职位、搜集军事情报并进行颠覆活动的德国间谍。这个间谍系统的领导人是弗里茨·朱伯特·杜肯（Fritz Joubert Duquesne）。

德国人，然后才是犹太人"。梅瑟史密斯认为应该对"所谓的难民"进行集中筛查，搞清楚他们到底效忠谁、是否可能利用同情心蒙混入境。为了"自保"，移民限制必须"大大收紧"。"放任国民一向怀有的人道主义冲动肆意妄为"已经不再明智。[9]

下一任国务卿、梅瑟史密斯的继任者布雷肯里奇·朗（Breckinridge Long）将其建议付诸实施。朗曾任美国驻法西斯意大利大使，是一位资深民主党政客，也是罗斯福的盟友。他与罗斯福的交情始于二人在伍德罗·威尔逊政府共事期间。朗是国家安全方面的鹰派人物，对美国面对的威胁持悲观看法。1940年夏天，他的日记中布满了这样的记述："四处前景黑暗。破坏、无序、分裂，蔓延猖獗。"[10]

朗一心一意、决心完成任务，保护美国免遭危险分子破坏。他起草了一系列电报，增加了难民们面临的官僚主义阻碍。6月29日的电报指示领事们"如果对外国移民申请者有任何疑虑"就拒绝他们的移民签证申请。这份电报承认新规定将致使发放给移民的签证数量"大大减少"。尽管如此，依然"有必要在此时采取一切预防措施以维护美国的最佳利益"。[11]

"这些几乎叫停移民的电报发出了！"朗在日记中写道。[12]

结果不出所料。在德国，移民签证的签发数几乎一夜骤降。1938年6月到1940年6月的两年间，美国领事们几乎把德国移民配额的27370个席位都填满了。在之前一年的大多数月份中，驻斯图加特总领事馆每月签证签发数为400～600个。1940年7月，这个数字变成了19；8月，这个数字变成2。尽管驻英国等"中转国"的领事馆签发了更多签证，新签发的难民签证总数还是减少了近50%。[13]

罗斯福深知"第五纵队"分子不仅会给法国，而且会给美国带来致命的威胁。一战期间，罗斯福担任海军助理部长，亲历了德国对美国军事设施的破坏。那场爆炸给罗斯福留下了深刻的记忆：1916 年 7 月，纽约港黑汤姆岛（Black Tom Island）的弹药仓库遭到轰炸，导致 7 人死亡，200 万磅弹药被毁。爆炸十分强烈，以至于附近自由女神像的火炬被严重损毁，长期对游客关闭。最终，调查结果显示，德国特勤局是黑汤姆爆炸案的罪魁祸首。一些可怕的、具有警示性的情报使罗斯福确信德国人企图故技重施。

在这个总统大选年，罗斯福强调纳粹特工与破坏者带来的威胁也有政治目的。在保护美国免遭内外敌人破坏这一点上，罗斯福无法接受自己被政敌打败。他认为"第五纵队"威胁不仅包含纳粹敌人，还包含那些怀有孤立主义想法的、批评他的人。

7 月，罗斯福已下定决心。他将再次参加总统大选，争取再次连任——这是史无前例的。7 月 19 日，在于芝加哥举办的民主党全国代表大会上，罗斯福发表承诺演说，这位扑克牌老手终于露出了自己的底牌。罗斯福坐镇白宫，通过无线电向与会代表演讲，猛烈抨击了"指责我是歇斯底里的战争贩子的、和稀泥的'第五纵队'分子们"。美国人面临着"历史上最重大的决定之一"。摆在面前的是截然不同的两条路："延续我们所熟知的文明，或将我们珍视的一切送往终极的毁灭。"美国的命运不能交给"没有经验的人"。

罗斯福的再度当选绝非板上钉钉之事。他的共和党政敌温德尔·威尔基（Wendell Willkie）是一个百万富商，威尔基的竞选口号是"支持罗斯福就是支持战争"。在政治代表大会之后进行的盖洛普民调预测，威尔基将以 304∶227 的票数赢得总统选举人团的投票。[14] 在罗斯福看来，这将是一场灾难。赢得第三个任期与拯救国家是紧紧相连的。其他任何事情都必须为指引美国赢得胜利的大目标让路。

富兰克林·罗斯福与夫人埃莉诺·罗斯福住在白宫二楼相邻的两个套间，那里是罗斯福政府的大脑与心脏。1918 年当埃莉诺发现富兰克林与她的社交秘书露西·默瑟（Lucy Mercer）有婚外情时，二人的夫妻之情就宣告结束了，但之后埃莉诺与富兰克林变成了一对卓越的政治搭档。埃莉诺在公共生活中获得了满足感。1921 年富兰克林·罗斯福瘫痪后，埃莉诺代表罗斯福全国奔走，不知疲倦。她从丈夫的阴影中走了出来，开始有了自己引以为豪的事业，其中之一便是救助困境中的难民。

许多人认为埃莉诺是她丈夫富兰克林的道德良心，包括埃莉诺本人。在富兰克林·罗斯福的每一次公开演讲中，他都贯彻着政治成本效益分析的逻辑；埃莉诺与他形成了鲜明的对比——她乐意说出真心话。虽然二人政治理念相近，但是行事方式非常不同。富兰克林将人性看得很抽象，在他的思考中，宏观的政策影响着面目难辨的巨大人群；而埃莉诺则被需要救助的个体的故事打动。年幼时，埃莉诺花几小时陪伴在卧病在床的母亲身边，温柔地为母亲按摩头部以缓解她的偏头痛。埃莉诺之后回忆道：“我最大的快乐或许是感觉自己对别人有用。”[15] 帮助他人成了埃莉诺满足感的最大源泉。

几个月之前，在 1939 年与 1940 年之交的那个冬季和早春，埃莉诺抑郁复发。她将这类情绪称为“格丽塞尔达情绪”（Griselda moods）——格丽塞尔达是乔叟童话中的穷苦

134

村庄女孩，为了向强大的丈夫表示服从，她情愿牺牲自己的孩子。① 埃莉诺认为，除了履行总统伴侣的义务之外，她无法做其他有意义的事情，由此心态悲观。据埃莉诺的朋友约瑟夫·拉希（Joseph Lash）所述，埃莉诺努力以身作则，向"典型的中世纪式妻子"靠拢——"贤惠服从、柔和、让步与顺从"。[16] 私底下，她"退入了深深的沉默"；在公共场合，她保持着勇敢坚毅的表情，但是难以拿出她惯有的热情，甚至早上起床都很困难。她忠实的秘书马尔维娜·"汤米"·汤普森（Malvina "Tommy" Thompson）因此十分担忧，并将这份担忧告诉了埃莉诺的女儿安娜。"我对你说的这些绝不可告知他人，"汤米写道，"你母亲感到相当不满足。在这种紧急情况下，她急切地想被分配到一些事情做，但没人能分给她事情做。他们都害怕此举可能会导致的政治后果等。"[17]

欧洲的难民危机为埃莉诺的人道主义热情提供了一个完美的出口，终结了埃莉诺的"格丽塞尔达情绪"。很快，她便开心地往返于海德公园与纽约。在纽约，她在一个新成立的救济组织中担任荣誉主席——美国关爱欧洲儿童委员会（U.S. Committee for the Care of European Children）。委员会计划从"战争地区"救出多达 2 万名儿童，无论其国籍与宗教是什么。埃莉诺与政府部门合作，简化这些孩子的移民程序。她还说服罗斯福以私人名义救出了两个犹太儿童：纳粹德国入侵荷兰，他们为了逃离纳粹的迫害，与父母划船在北海上飘荡了七天七夜，随后被英军驱逐舰所救并送到了英国。在埃莉诺的劝说下，富兰克林签下了 240 美金的个人支票，支付艾莱·克莱因（Ilay

---

① 来自《坎特伯雷故事集》。

Klein）与约瑟芬·克莱因（Josephine Klein）前往美国的旅费。签支票时，罗斯福附上了一个限制性条件："可以，但是他们不能住在海德公园。"[18]

很快，收养难民儿童的请求从全国各地涌来，还有人出钱捐助他们的旅费与食宿。"我终于能为这些孩子做些什么了，我的感激之情溢于言表。"埃莉诺在 6 月 26 日的专栏中如此写道。汤米·汤普森为埃莉诺重新焕发活力感到开心。"你母亲十分享受她在难民委员会的工作，"汤米告诉安娜，"她气色好极了，当然，当她感觉自己在做有建设性的事情的时候总是更开心。"[19]

然而，到头来，由于存在一系列风险，大规模疏散难民儿童的计划必须缩减规模。9 月 17 日，一艘载有 90 名难民儿童的船"贝拿勒斯城号"（*City of Benares*）被德军潜水艇用鱼雷击沉，运送随即暂停。艾莱·克莱因、约瑟芬·克莱因以及数千其他委员会名单上的孩子再也没能渡过大洋。

与此同时，埃莉诺又找到了新的事业：拯救巴黎陷落后逃到法国南部的反纳粹的政治家、知识分子和艺术家们，他们正遭到盖世太保的追捕。停战协定中的条款规定，位于南部温泉小镇维希的法国政府残党应"按要求交出"任何被纳粹追捕的帝国公民。对被追捕者来说，一份美国签证能帮他们逃离必死的命运，获得一线生机。在这位第一夫人的支持下，另一个私人资助的组织——紧急救助委员会（Emergency Rescue Committee）成立了，组织的目标是拯救被困法国南部的知名反纳粹知识分子。

6 月 24 日，在拉希的建议下，埃莉诺与几位难民活动家会面。他们在格林尼治村（Greenwich Village）轻松愉快地用晚餐，之后回到埃莉诺与汤米·汤普森共住的两居室公寓，公寓位于第十一街。[20] 活动家们知道，要绕过累赘的政府官僚体制，最好的机会是得到埃莉诺的帮助。仿佛是为了证实这一点，埃莉诺拿起电话，给在华盛顿的罗斯福打了通电话。在度过了应对国际危机的漫长一天后，罗斯福正与副手哈里·霍普金斯（Harry Hopkins）在书房放松。在拉希日记的记述中，罗斯福"有点不耐烦与恼怒，因为他已经为此尝试了一切可行的手段，但这并不是理所应当的。他一直强调事情的困难性，而埃莉诺则孜孜不倦地指出各种可能性"。

"国会不会让他们入境的，"总统反对道，"配额已经用完了。我们试过劝说古巴与其他拉美国家接纳他们，但是一直都没成功。"

136　　　对于被困法国南部的难民来说，最可行的逃生路线是翻越比利牛斯山脉进入西班牙，再前往葡萄牙。当富兰克林表示西班牙将不接受中转前往美国的难民时，埃莉诺对此早有准备："你总说我们可以贿赂西班牙和葡萄牙政府。"[21]

被流放的奥地利社会党领导人约瑟夫·布廷格（Joseph Buttinger）碰巧听到了埃莉诺谈话的结尾，据他所言，第一夫人挂电话之前留给罗斯福一句警告：如果华盛顿不向身处险境的难民提供签证，他们的朋友就会包一艘船送他们渡过大西洋。那艘船将"沿美国东海岸南北来回航行，直到美国人民出于羞耻和愤怒强迫美国总统与国会允许这些遭受政治迫害的难民登陆"。[22]

"她对难民的遭遇极其同情，并表示无法理解到底发生了什么——这片素来是庇护所的土地为什么不愿意接收遭受政治迫害的难民登陆。"拉希如此记录。[23]

罗斯福与国务院在难民问题上感受到危险，而埃莉诺却将其视为机会。在演讲与发表在报纸上的文章中，埃莉诺坚称在面对难民危机时美国人不应任由恐惧左右决策。她公开反对席卷全国的"第五纵队"狂热，呼吁美国人保持一个平衡的视角。"我们会任由'第五纵队'的歇斯底里改变我们对公民自由的一向追求吗？还是说我们能保持头脑清醒？"[24]

埃莉诺相信，难民不仅不会构成威胁，还可以帮助民主国家赢得战争。"难民们知道共产主义者、纳粹与法西斯分子是如何工作的，"她在她的专栏"我的一天"中如此写道，"难民们知道那些宣传材料是怎么传播的，知道年轻人是怎么被纳粹影响的。他们与同为德裔的卡尔·舒尔茨①［于 1848 年来到美国］和波兰裔的科希丘什科②［于 1776 年来到美国］一同到来的政治难民一样是很好的材料——因他们对自由的热爱，如今我们让年轻人向那些先行者的雕像致敬。"[25]

埃莉诺提出了一个兼具话题性与深度的问题：一个基于自由思想而建立的国家如何保护自己免遭肆无忌惮的极权主义敌人的侵害？在这个问题的答案上，第一夫人与美国国门的守卫者们持截然不同的观点。

事件的发展正如埃莉诺所预言的那般。8 月，为横渡大西洋，一些富有的难民包下一艘葡萄牙轮船——"昆扎号"（Quanza）。当他们抵达纽约时，拥有美国护照或者签证的人被

137

---

① 卡尔·舒尔茨（Carl Schurz, 1829—1906），德裔美籍政治家、军官、新闻记者。
② 即塔德乌什·柯斯丘什科（Tadeusz Kościuszko），波兰爱国将军。因崇尚法国自由哲学思想而于 1776 年赴美，参加美国独立战争，成为华盛顿将军的助手并取得美国国籍。

允许登陆。接着，"昆扎号"驶到墨西哥港口韦拉克鲁斯（Veracruz），33 名乘客被允许登陆。墨西哥官员坚称剩余 81 名乘客的签证是无效的。他们的签证要么是伪造的，要么是以每人 100~500 美元的价格从腐败的领事官员那里买来的。[26] 这些难民只能被送回欧洲，就像是"圣路易斯号"事件的重演。

"昆扎号"调转方向、沿着美洲大西洋海岸线向北行驶时，乘客们向美国的亲友与支持者们发送一封封电报，情绪愈加绝望。难民组织游说国务院与司法部，企图使他们允许难民们登陆。9 月 10 日，埃莉诺收到一封来自"'昆扎号'女性乘客"的电报，从而得知"昆扎号"乘客面临的困境。乘客们告诉第一夫人，"昆扎号"将停靠在弗吉尼亚州诺福克补充煤炭。"我们恳求您的帮助，祈求一切登陆的可能性。"她们在电报中如此写道。[27] 收到电报时，埃莉诺正在海德公园，与丈夫罗斯福在一起。她立刻采取行动，劝说丈夫想办法准许难民们留在美国境内。她还代表船上的儿童向国务院发送电报请愿。[28]

9 月 11 日星期三的上午 10 点，"昆扎号"抵达诺福克，停泊在休厄尔岬（Sewell's Point）。南北战争期间的汉普顿路之战中，南北方军队的炮艇曾于此处交战。运煤码头上海风呼啸，下着雨，有一群人在等待——他们是难民们的亲友、律师、记者与塞西莉亚·拉佐夫斯基等犹太救济官员们。在"圣路易斯号"事件中，拉佐夫斯基吃了败仗。装备武器的安保人员阻拦乘客们与岸上的亲友会面，却没能阻止一个带着两个孩子的年轻母亲向记者们大声喊道："我本以为美国是自由者之国。"[29]

前一天晚上，一位乘客摸黑跳下了船，试图游上岸。他是赫尔马·沃尔夫（Helmar Wolff），他尚存良知，反对纳粹的所作所为，不愿应征入伍。他知道，如果他被送回德国，等待他的不是监狱便是死亡。他在激流中拼命游了几小时，最终被拦截并送回"昆扎号"。[30]

难民活动家们的当务之急是防止"昆扎号"把绝望到近乎疯狂的乘客们送回欧洲。补充煤炭需要耗费 11 小时，一旦所需煤炭被运上船，"昆扎号"随时可能起航。富有的纽约犹太人收到了无线电报，明白事态紧急，雇用了当地律师团拖延"昆扎号"的出发时间。那天上午 11 点，律师团代表一位罗马尼亚犹太人提起第一份人身保护令请愿书，称其在"昆扎号"上遭到了"非法且不公正的拘留"。根据可被追溯到中世纪英格兰的法律传统，联邦法警要求"昆扎号"船长在 24 小时内向美国当地法院交出"弗拉基米尔·齐默尔曼（Vladimir Zimmerman）其人"。很快，律师团也为另外三位犹太人提起了同样的请愿书。[31]

一位名叫雅各布·莫雷维茨（Jacob Morewitz）的律师采取了不同的策略。他在晦涩难懂的海事法方面是个专家，熟悉针对航运公司的民事诉讼。通常，他每天都向法院申请没收非正当出售或运送的一包包玉米或者一捆捆棉花。现在，他发现自己正身处变幻莫测的国际新闻的中心。

莫雷维茨的客户是兰德（Rand）一家，他们是捷克犹太人。在墨西哥，因为签证无效，兰德一家无法登陆。莫雷维茨担心没有足够的法律依据为其申请人身保护令，因而以违反合约为由提起了诉讼。莫雷维茨并未利用那句拉丁语——"你拥有你的身体"来提起诉讼，转而诉诸海事法中的"起诉状"（libel）概念，这个词来源于法语的 libelle，意思是提起涉及船只的民事诉讼。他宣称他的客户深陷这个葡萄牙航运公司的"险恶阴谋"——这个航运公司设计骗走乘客们的钱财。据莫雷维茨所述，这家航运公司明知乘客们无法在墨西哥登陆，却依旧与多名外国官员串通一气，从乘客身上收取"高昂费用"。莫雷维茨认为他的客户因此变得"可怜而充满恐惧"，并由此提出索要 10 万美元损害赔偿的要求。[32]

139　　　莫雷维茨并没有很多证据支持这些指控，但是这并不重要。通过起诉"昆扎号"，莫雷维茨可以在船主出庭应诉前阻止船离开港口。星期三下午 3 点 38 分，"昆扎号"到达 5.5 小时后，莫雷维茨对"昆扎号"正式提起了第一次诉讼。美国执法人员及时地拿着一份唬人的文件，以"美利坚合众国总统"的名义暂时扣留了"'昆扎号'的船只、渔具、服装、家具、发动机与船货"。一艘海岸警卫船就停在"昆扎号"旁边，确保它不会离开。码头上，到处都是警卫人员。[33]

　　船只被扣留一事让绝望的乘客们又燃起了希望。仅仅几分钟前，他们仍以为自己会被送回纳粹统治的欧洲。现在，他们有了开始新生活的一线机会。一位法籍犹太人演员马塞尔·戴利奥（Marcel Dalio）写道："我们大笑，我们哭泣，我们难以相信，我们想亲吻我们的代理律师。"戴利奥在德国入侵之前成功逃离巴黎。"我好像看到一本巨大的《圣经》出现在天上，神就站在后面，冲我眨眼。"[34]

　　莫雷维茨精通错综复杂的海事法，这次帮了大忙。地区法院的法官驳回了其他律师提出的人身保护令申请，却允许莫雷维茨的民事诉讼继续进行。至少在接下来的三天里，"昆扎号"不会离开了。

　　正当莫雷维茨奔走于"昆扎号"与诺福克法院之间时，位于华盛顿的美国国务院里同样有好戏上演。白宫旁边有一座新巴洛克风格的建筑，二楼便是助理国务卿朗的办公室。他已经接到了若干电话，总统打来的，第一夫人打来的，还有许多难民组织打来的，他们都对"昆扎号"乘客的命运十分关心。每小时国务院都能收到电报，一部分敦促其同意难民上岸，另一部分要求把难民拒之门外。朗书桌后面挂着一张标志着德国占领区的欧洲地图，地图下面是高高的一堆等待他签署的文件。

朗坚持贯彻已有的程序，反对在美国移民法的执行中包容任何例外。尽管如此，但他同意逐个筛选乘客，看其是否应在没有签证的情况下被允许进入美国。只有三类人被允许入境：儿童、计划前往第三国、仅入境中转的人，以及处境极其危险的"政治难民"。

星期四下午，司法部的移民检察员开始与船上的乘客一一面谈，并得出结论：船上没有"第五纵队"分子，允许船上的3名儿童、2位母亲与35位"中转乘客"下船。总统政治难民问题顾问委员会代表帕特里克·马林（Patrick Malin）接到委托，负责分辨乘客们是否为"真正的"难民。在连续听了三天的法律论证后，马林宣布剩下的41名乘客均为政治难民，可被允许入境美国。星期六，马林致电朗，告知最终的决定。[35]

朗十分生气。在国务院备忘录中，他写下了强烈的反对意见："我告诉他我不会允许，不会同意。我将不会对此负责。我认为这是对法律的违背。就算要做出这样的决定，也应与我本人毫无关系。"在朗看来，"昆扎号"的处境"根本谈不上是紧急情况"。[36]

这一论断一部分是语义上的，另一部分属于老派的官僚权力斗争。朗将"政治难民"一词理解为"有生命危险的"公众人物，只有两位乘客符合这一定义。其中一个是被纳粹视为典

140

型犹太演员而蔑视的戴利奥。[37] 他最知名的角色是在 1937 年让·雷诺阿（Jean Renoir）的战争电影《大幻影》（*La Grande Illusion*）中逃离德国人控制的犹太人。逃离巴黎后，戴利奥与年轻的演员妻子马德莱娜·勒博（Madeleine Lebeau）成功抵达里斯本。与其他"昆扎号"乘客一样，这对亮眼的影星夫妻（见彩图 25）购买了智利签证，试图在墨西哥中转时却被拒之门外。［戴利奥与勒博均将在经典难民电影《卡萨布兰卡》（*Casablanca*）中饰演配角，电影主演为亨弗莱·鲍嘉（Humphrey Bogart）与英格丽·褒曼（Ingrid Bergman）。］

141 　　总统顾问委员会对"政治难民"一词有更加宽泛的定义，即所有因政治迫害而背井离乡的人。委员会断言其有权判断哪些人是身处危险之中的。马林致电朗时，委员会做出的决定已无法撤回了。"昆扎号"停泊的码头已经洋溢着充满欢乐的团圆气氛：父亲与孩子们团聚，丈夫激动地拥抱着几月未见的妻子。

　　据犹太人联合分配委员会代表塞西莉亚·拉佐夫斯基所述："许多乘客极其富有。"海关检查发现有两位乘客携带十分昂贵的钻石，有一位乘客带来了两大箱鸵鸟的羽毛，还有一个人藏有大量金质线材。[38] 不可否认，"昆扎号"的乘客能被允许上岸，有一部分原因是他们财力雄厚——这样的财力使他们得以包下一艘跨越大西洋的航船、雇用律师并影响舆论。但是，德国入侵西欧后，那些身处荷兰、比利时或者法国的身陷困境的、典型的犹太难民并不具备与"昆扎号"乘客一样的资本或其他优势。

　　与马林结束通话不久，助理国务卿朗收到了来自诺福克的电报。"'昆扎号'全体难民感恩你为他们所做的一切，向你致以最深切的谢意",这封未署名的电报如此写道。[39]朗陷于被动，感到气愤，开始谋划他的复仇。他将"用另一种方法处理这件事"。[40]不能让第二艘船重蹈"昆扎号"的覆辙了。

几天后，白宫收到了一大瓶红色玫瑰花，是给埃莉诺与富兰克林的。随花送来的卡片上写道："深切感谢二位的善举。来自'昆扎号'全体难民。"[41]埃莉诺把花和卡片都放到了富兰克林卧室外显眼的地方，确保他看得到。

业余时间，布雷肯里奇·朗是一位赛马培育者，而他自己也以其毫无瑕疵的血统为荣。他是两大政治家族联姻的产物——密苏里州的布雷肯里奇家族与北卡罗来纳州的朗家族。他的朋友们称他为"布雷克"。在他于普林斯顿求学期间，伍德罗·威尔逊任普林斯顿大学校长。当威尔逊竞选美国总统时，朗为其竞选活动慷慨出力。作为回报，朗被威尔逊任命为助理国务卿，这一职位使他得以接近时任海军助理部长富兰克林·罗斯福。这两位冉冉升起的政坛新星属于同一类人。在 1932 年的民主党大会上，朗担任罗斯福的会场监督。罗斯福当选总统时，他将自己的老朋友朗任命为驻罗马大使。

出任大使的几个月中，朗在写给罗斯福的私人信件中表达了对墨索里尼的钦佩之情——在信中，他仍将罗斯福称为"我亲爱的弗兰克"。他称赞墨索里尼终结意大利乱象，建立了秩序。朗在信中写道："火车十分准时，装备齐全，速度飞快。"这与法西斯最爱的宣传主题相切合。之后他改变了对法西斯分子的看法，将他们描述为"顽固、残酷和恶毒的"。[42]虽然他厌恶独裁者，但这种厌恶之情中还掺杂着对他们权力的尊敬。他认为德国人是唯一"有足够的智力、勇气与服从力"为大陆东部"带来秩序、系统与相对和平"的欧洲族群。1938 年 3 月德国吞并奥地利后，朗在日记中坦白道："他们（指奥地利——译者注）需要一个强大的领导人物——元首、国王或者皇帝。"[43]1940 年 6 月巴黎陷落后，朗反对与纳粹德国过早进行军事对抗。他警告道："如果不够小心，我们将一败涂地。如果我们与这个即将控制整个欧洲大陆的战争机器为敌，我们很有可能引火烧身。"[44]

法国的完败使朗放弃了与希特勒与墨索里尼长期和平共处的幻想。现在，这位助理国务卿将自己视为命运之人，有责任保护美国免受法西斯分子、共产主义者与"第五纵队"分子的侵害。1940 年 6 月 28 日，朗在日记中写道："在所有让人觉得鲜活的历史时代中，似乎没有一个比当下更令人激动的了。没有人知道接下来会发生什么。"他拿希特勒与历史上其他伟大的征服者相比——亚历山大、恺撒、成吉思汗和拿破仑。两天后，他感叹于自己正在经历"历史上最伟大的时刻"，并为自己拥有法律头脑、冷静思维与长远眼光感到满意。他对于"过分理想主义"的人充满了怀疑：这类人里面包含他的上司——国务卿赫尔，以及政府中许多其他同事。[45]

朗在难民政策和其他"特殊战争问题"方面的新职责干扰了他作为乡绅的生活。他住在华盛顿郊外一座乔治亚风格的豪宅中，周围有 500 英亩的土地，非常适合狩猎和饲养马匹。于蒙彼利埃大宅（Montpelier Mansion）与市里之间通勤是不切实际的，所以他在距离白宫五个街区的五月花酒店（Mayflower Hotel）里选了一个套间住。周末，他回到乡下，巡查他的财产并在附近的劳雷尔公园（Laurel Park）赛纯种马。他发现自己每天除了与管家打交道，照顾瘸腿的马和寻找新园丁，还"要在真正重要的事情上做出 25～50 个决定"，压力很大。他在日记中写道："没有人能完成我所有要做的事，并且做得很好。"[46]有时，他感到非常疲倦，几乎无法保持清醒。

"昆扎号"事件中的战术失败使朗得出结论：必须限制难民救济委员会的权力"以使法律能够再次正常运行"。[47]他为发动攻击选择的战场是国家安全，他的士兵是领事们——移民战争的前线人员。一般来说，领事在是否应该签发签证方面有最终决定权。虽然领事是一个复杂的团体，有不同的政治见解，但有许多领事对蜂拥而至的签证申请者感到怀疑。美国驻阿尔及尔领事在 9 月 28 日的备忘录中指出："难民常常是很危险的。他们身披痛苦与祈求的伪装，却能作恶。申请人称自己被迫害或证实被迫害，并不一定证明他的情况属实。"[48]

朗捍卫国务院利益的决心使他与总统政治难民问题顾问委员会主席詹姆斯·麦克唐纳发生冲突。麦克唐纳来自美国中西部，品行高尚，在过去 7 年中花了很多时间为纳粹迫害的受害者奔走。他曾任国际联盟德国难民事务高级专员，并参加了惨淡收场的埃维昂会议。短暂担任《纽约时报》编辑后，他接受了罗斯福的邀请，担任罗斯福的难民问题顾问，因为他认为自己可以改变局面。现在看来，他的努力遭到了系统性的阻碍。

极为警惕的朗很快意识到麦克唐纳的敌意。在一次与麦克唐纳"寒暄了几句"的会面后，朗在日记中写道："他视我为阻碍，态度尖刻。"据朗所述，麦克唐纳"暗示朗自我意识过剩，有报复心态"。[49]麦克唐纳指责国务院无情。他抱怨说："无论新来者的个人处境如何悲惨，我们的大门都对他们紧紧关闭。"[50]麦克唐纳对自己缺乏影响力感到沮丧，请求埃莉诺帮自己约见总统。埃莉诺很乐意帮忙。"麦克唐纳先生对此事感到非常紧张，他想和你聊 15 分钟，"她对丈夫写道，"我心里想着这些可怜的人随时有可能死去……我希望你能尽快解决此事。"[51]

埃莉诺经常通过备忘录与罗斯福进行交流，即便二人都在白宫时也是如此。她的秘书将打出的字条放进"埃莉诺篮子"中，篮子则放置在总统床旁边的战略性位置。埃莉诺与富兰克林私下达成一致："他早上最先处理的是我放在他床边小桌上最上面的三件事情。"[52] 然而，这一次，朗相信罗斯福也同样感受到了对难民问题的担忧。他在与总统会晤后记录道："我发现他的想法与我的 100% 相符。"[53] 朗并不害怕与麦克唐纳针锋相对。

为此，朗精心准备。朗确保罗斯福看到了 10 月 2 日驻莫斯科大使劳伦斯·斯坦哈特（Laurence Steinhardt）发来的电报，电报中他批评了代表难民游说的组织。斯坦哈特认为，这些团体"在这个最危急的时期显然对帮这些不幸者找避风港更感兴趣，而不是维护美国利益"。斯坦哈特指责难民活动家歪曲其客户的证明文件，以帮助他们获得政治庇护。他总结说："我仍然认为进入美国是一种特权，而不是一项权利。"[54] 并且，斯坦哈特本人是犹太人，这使他的论点更具说服力。

10 月 9 日，罗斯福在与麦克唐纳会面时大声朗读了斯坦哈特的电报。第二天，他告诉朗，他已指示麦克唐纳"不要再说任何煽情的话"。[55] 同时，罗斯福敦促国务院加速筛选潜在移民，并叮嘱要特别注意总统政治难民问题顾问委员会推荐的人选。总的来说，这是朗的胜利，他再度确认了其对签证政策的控制权。在至关重要的总统选举前几周，就连犹太领导人都不愿要求采取更为宽松的难民政策。

145

由于民意测验显示二位候选人难分伯仲，总统的盟友不想采取任何可能破坏平衡、使情况对威尔基有利的行动。他们担心共和党人会利用难民问题，声称罗斯福在国家安全问题上态度不坚定。对于像美国犹太人大会主席斯蒂芬·怀斯拉比（Rabbi Stephen Wise）这样的人来说，"船长"① 的掌控至关重要。法国已被击败，欧洲一半的土地被德国占领，英国正为生存苦苦挣扎，现在不是动摇美国这艘大船的时候。对于怀斯来说，罗斯福的连任"比任何事情都要重要，比少数人能被允许入境美国更加重要——即便这些人面临危险"。[56]

11月5日选举日，罗斯福待在海德公园。前期的速报显示，威尔基有可能当选，这使罗斯福将自己锁在书房中，大汗淋漓。但是当纽约州、宾夕法尼亚州和俄亥俄州等大州投票结果出炉时，局势发生了逆转。到午夜时分，很明显，罗斯福已经赢得了史无前例的第三个任期。他对一群欢呼雀跃、手持火炬的邻居说："我们的国家正面临着艰难的日子，但我想，在将来的日子里我依然会初心不改，一直都会是诸位熟识的老邻居。"[57] 罗斯福最终赢得54.7%的选票，威尔基的选票则占44.8%。

选举结束后，罗斯福周围的进步派人士认为可以继续推进难民事宜了。内政部部长哈罗德·伊克斯恢复了先前的计划：在美属维尔京群岛上为欧洲难民建立庇护所。一项宣言草案允许美属维尔京群岛总督向排队申请配额签证的移民签发访客许可证——唯一的条件是难民们必须能够自立而不成为"公众的

① 特指富兰克林·罗斯福。

负担"。[58] 这似乎是一个完美的人道主义解决方案。如果难民们留在德国统治的欧洲将面临死亡的威胁，美属维尔京群岛将为他们提供安全的中转地。这样一来，审核担保信、背景调查等烦琐的官僚程序将被大大简化。这些难民将受到美国的保护，而不用在葡萄牙或法国南部等危险地区度过"等待时间"。

当朗听到这个提议时，他大为光火。他在日记中写道："艰难的一天。"他反对该计划，认为对维尔京群岛访客的"领事调查"不足。他深信，仅仅在 12000 名滞留在葡萄牙的难民之中就有"许多德国特工"。如果伊克斯和他的盟友如愿以偿，这些人"在维尔京群岛短暂居住之后"就能自由地来到美国本土，不需要办很多手续。该计划将变成"将难民从葡萄牙虹吸到美国的管道，缺乏预防性的检查步骤"。[59]

惊慌失措的助理国务卿打电话给伊克斯表达了他的忧虑。他为领事检查步骤辩护，认为它是"一个可以过滤申请人的筛子"。

"筛子上的孔太小了，"伊克斯反驳道，"它们应该变得更大。"

"他相当固执，还有点冷嘲热讽"，这是朗对伊克斯的描述。而伊克斯则用"愚昧无知"形容自己的对手。[60] 朗呼吁总统打破僵局。对于罗斯福来说，这是一个管辖权问题。外交政策属于总统和国务院的管辖范围，而不是内政部的。他还担心大量难民的涌入会使维尔京群岛的社会和经济局势更加紧张。

"我对想要帮助目前成千上万外国难民的深切渴望不输给任何部门的任何人。"罗斯福给伊克斯写信道。但是他又补充说，维尔京群岛不是设立难民营的合适地点。他敦促伊克斯找到一个"无人居住的地方"安置难民，以免损害"现今美国公民的未来"。[61]

伊克斯不得不做出妥协，但没有投降。在官场，他是一位出色的斗士。他知道还有其他方法可以继续这场战斗，其中最重要的方法是利用媒体。他抓住一切机会私下向同情难民的记者们介绍情况，希望"通过进行充分的有利宣传以打破国务院的顽固立场"。[62]进步的媒体如《新共和国报》（The New Republic）、《PM 报》、《国家报》（The Nation），以及《华盛顿邮报》和其他主流媒体上开始出现一些文章，将朗描述为人道主义难民政策的一大阻碍。

"富裕的反犹法国人得以进入美国，盖世太保的受害者却被拒之门外"——1940 年 12 月，这是《PM 报》的典型头条新闻。1941 年 2 月，该报再次宣称"朗应对难民丑闻负责"。[63]该报称，朗未能遏制美国驻德国、瑞士领事的歧视性行为，据称，这些领事"对犹太人不友好"。

朗前往南卡罗来纳猎鸭，待了几天，终于让心烦意乱的他松了口气。但他回到华盛顿后发现自己又遭到报纸袭击。他抱怨道："这些狂热的家伙认定我是他们的靶子。"[64]

朗阵营利用媒体进行反击。在 1940 年 12 月一个在多家报纸同时发表的专栏中，保守派评论员韦斯特布鲁克·佩格勒（Westbrook Pegler）指责伊克斯的维尔京群岛提案"操之过急"。他声称，支持难民的运动"受到了共产主义势力的影响，他们主要来自纽约和好莱坞——在好莱坞，一群平庸的共产党人耍着写作与戏剧的雕虫小技，假装是伟大的自由主义知识分子"。[65]

选举后，签证的发放量有所增加，但仍远低于前一年的水平。德国入侵西欧和德国潜水艇在大西洋上的活动使难民们面

148　临更多麻烦。在获得签证之前，一个难民必须证明他已经预订了船票，而穿越大西洋的航班少之又少。逃避迫害的犹太人不得不与其他非犹太人和希望返回美国的美国公民竞争卧铺席位。

华盛顿决策者们注意到了一项更大的挑战。美国遭到越来越多的安全威胁，而罗斯福将有限的精力集中在一个目标上：击败纳粹德国。像伊克斯这样的政治盟友会抱怨很难了解他们的老朋友罗斯福的真实想法。伊克斯在日记中写道："可悲的是，总统虽然疲惫不堪，但越来越孤立自己。""考虑到世界处于如此绝望的境地、需要真正的领导者，这种情况既不令人感到开心，也不令人充满希望。"[66]

即使是埃莉诺，也很难继续推动难民救助活动。夜里，她继续将便笺留在罗斯福寝室外的篮子里，但是她的影响力正在减弱。有时，她的丈夫无法掩饰自己的不耐烦。大选获胜几周后，他向伊克斯抱怨"太太昨天早上在我起床之前就来我的房间找我"，敦促他去见她的一位朋友。恼怒的总统直言不讳地拒绝了妻子的要求。

"埃莉诺自己很坚强，似乎没有意识到富兰克林正在承受怎样的压力。"伊克斯总结道。[67]

第八章
居　尔

　　1940 年 10 月 22 日，星期二上午，31 名犹太人仍然住在基彭海姆，身穿制服的警察敲响了他们的家门。警察给了犹太人 2 小时的打包时间，并告诉他们携带足够的食物，因为接下来的几天都要赶路。每个人携带的现金不得超过 100 德国马克（约合 30 美元）。警察没有告知旅程最终目的地。[1] 在离家之前，被驱逐的犹太人必须签署文件，将所有剩余财产移交给帝国。

　　那一天凉爽、阴郁，是黑森林秋天的常见天气。犹太人正在庆祝住棚节（Sukkot），以纪念他们的祖先——他们的祖先在沙漠中流浪了 40 年才到达应许之地。在暴力压迫中为上帝的祝福"欢庆"的诫命恰逢其时，但比以往更加难以实现。根据宗教传统，犹太人要用树枝建造小棚屋以象征着逃离"埃及之地"的难民居住的临时避难所。但这一年，只有少数家庭建造了神棚（sukkah）。[2] 大多数人沉陷于自身的苦难，无法好好庆祝节日。《圣经》中描述的不幸已经成为他们日常生活的一部分。

　　人们几乎没有时间集合，更别提做好充分准备离开这个至少过去五代犹太人居住过的家园了。西格弗里德·迈尔与夏洛特·迈尔的两个儿子——海茵茨与库尔特正在 25 英里之外弗赖堡的一家犹太寄宿学校上学。迈尔夫妇叫了一辆出租车把两个孩子接回了基彭海姆。

150

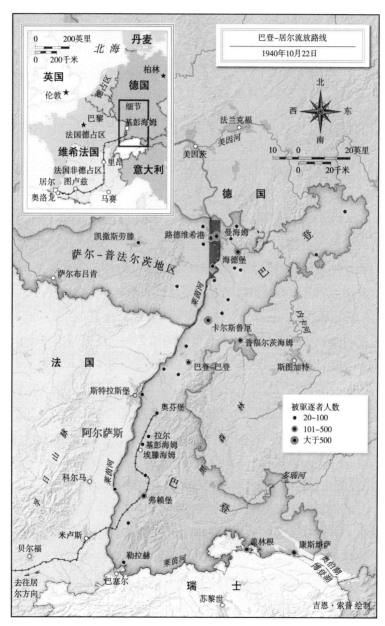

吉恩·索普 绘制

孩子们到家的时候，迈尔夫妇已经把一些物品塞进了两个 151
手提箱和几个枕套。他们的两层白色房子坐落在克尔大街上，
木质百叶窗关闭，仿佛要去度假一般。被扯碎的洗衣粉广告仍
然挂在房屋一边的商店橱窗里。在皇帝威廉二世（Wilhem II）
统治期间，西格弗里德的父亲创办了一家杂货店——那是一个
更加幸福的时期。

西格弗里德没忘记在大衣翻领上戴上一战时的老兵徽章，
上面印有"我有一个战友"（Ich hatt'einen Kameraden）字样。
这个闪亮的珐琅制品曾经保护西格弗里德免遭纳粹暴虐。但是，
自从"水晶之夜"以来，它的魔力逐渐失效。但是西格弗里德
希望它仍然可以为他的家人提供一点保护。[3]

两个孩子在客厅找到了父母与外公外婆——赫尔曼·奥尔
巴赫尔与索菲耶·奥尔巴赫尔。外公与外婆在被迫离开自己的
家后搬入克尔大街上的房子。现在他们看上去无助而困惑。外
公赫尔曼最近中风了，他的手在发抖。每个人都在等待最后的
敲门声。

帆布包裹的警用卡车的隆隆声穿过百叶窗，他们知道离家
的时刻已到。两名警察身穿厚重的冬季大衣，脚蹬闪亮的黑靴
了，在面对迈尔家的一侧放下了卡车的金属台阶。警察站在卡
车的两端，好像要阻止任何企图逃脱的人。夏洛特首先在 12 岁
的海因茨的陪同下离开了房子。随后是外祖母索菲耶，岁月压
弯了她的背；再后面，外祖父赫尔曼跟着上了卡车，咳嗽阵阵。
10 岁的库尔特紧随其后，左手抓着父亲的公文包。他戴着白色
的工人贝雷帽，帽子太大，几乎遮住了头。西格弗里德最后一
个上车，他带了两个鼓鼓的手提箱。按照指示，他将房门钥匙
留在了锁中。

153   迈尔一家人在卡车前排着队。从附近的村庄来了一个人，用他的爱克发（Agfa）① 相机拍摄了一张照片（见彩图26）。在秋天的阴霾中，站在他面前的是一个年轻女孩，她是库尔特先前的玩伴。她把手背在身后，冷漠地看着现场。她与摄影师一样将目光聚焦于以下场景：卡车，警察，手提箱，犹太人离开了世代生活的家。其他邻居从房屋的窗户和阳台上偷看着这悲伤的队伍。[4]

威廉·菲舍尔（Wilhelm Fischer）先前是木匠，如今却成了一个有抱负的纳粹宣传家。当天早上他共拍摄了五张照片，记录了基彭海姆的"清洗"行动。其中一张照片拍下了这样的场景：在阿道夫·希特勒大街上，牲口贩子马克思·奥尔巴赫尔（Marx Auerbacher）与他的妻子明娜（Minna）离开了家，登上了载有迈尔一家的卡车。在基彭海姆，人人都知道马克思·奥尔巴赫尔滑稽搞怪。他为每个人都起了绰号，并会讲述一些的粗俗故事来取悦当地的孩子。邻居们记得，他在去会堂的路上（那是在"水晶之夜"之前，会堂还未被摧毁），肘部向后顶，拇指紧扣在裤子的吊带上。现在，马克思68岁了，依旧高傲，却也认命，以至于连一个手提箱都懒得带了。他穿着未系扣的大衣低头朝卡车蹒跚走去，人行道上的几个孩子正看着他。[5]

在邮政大街拐角处的场景则更加富有动态。从邮局通往镇议事厅的那条街上挤满了从周围乡村来基彭海姆做生意的人。一个农夫领着他的奶牛经过瓦尔弗家门前，正从被破坏的犹太

---

① 爱克发·吉华集团（Agfa-Gevaert N.V.）是一家欧洲跨国公司，从事发明和制造用于生产、处理、复制影像的类比和数位产品，亦曾从事生产民用摄影器材。

教会堂走向街道对面。马克斯和范妮已经准备好了几个装满衣服鞋子和床单桌布的手提箱。根据规定，他们可以随身携带100磅的行李。[6]但是，"先生们"（die Herren）——这是基彭海姆居民们对盖世太保的称呼——说卡车上没有足够的空间放行李了。范妮几天后告诉她的孩子们："我在2小时内收拾好了很多东西，但其中一半都被'先生们'扔回了房前的走廊。""没有床单桌布，没有衣服，这些年来我和你们亲爱的爸爸获得的一切都没了。我们现在成了乞丐。"[7]爱克发相机拍下的照片（见彩图27）中，有人伸出手，帮助范妮上车，而马克斯则在街道上无动于衷地等待着。

尽管从理论上说，"目前卧病在床的犹太人"可被豁免，不被驱逐，但事实上无人幸免。[8]在古老的犹太街区——弗里德霍夫大街（Friedhofstrasse）上，盖世太保认为一位名叫玛蒂尔德·韦特海默（Mathilde Wertheimer）的97岁的老妇是"可运送的"，她形容枯槁，与她一起被送走的还有她的两个女儿罗莎（Rosa）与索菲耶（Sofie）。

卡车的最后一站是伯格大街（Bergstrasse）。这是一条蜿蜒的山路，通向黑森林，奥尔巴赫尔家族的几个远亲住在那里。卡车到达伯格大街时，已经没有放行李的空间了。奥古斯特·奥尔巴赫尔（Auguste Auerbacher）帮助她的丈夫萨洛蒙（Salomon）多拿了几套西装，他把这些西装层层叠叠都穿在身上。她也试图多套几件衣服，但是时间已经耗尽了。警察不愿再等，就把奥尔巴赫尔夫妇强行推上了卡车。[9]萨洛蒙的母亲——83岁的玛蒂尔德·奥尔巴赫尔（Mathilde Auerbacher）卧病在床，住在德国与瑞士边界上盖林根（Gailingen）的一所养老院里。她也和养老院里其他的老弱病残一起被驱逐出境了。

154

基彭海姆犹太人被带到奥芬堡（Offenburg）火车站，这是巴登州和附近的萨尔－普法尔茨①地区 6504 名被驱逐犹太人的十二个集合点之一。[10] 在火车站，被驱逐者们必须列出他们拥有的所有物品，包括房屋、银行账户和个人物品。据库尔特·迈尔回忆，他周围的人看起来都"穿着得体"。"男人们穿着看上去时髦的衬衫。他们都穿着大衣，戴着帽子，鞋子擦得发亮。年幼的孩子有玩偶和其他玩具。但是，每个人的脸上都写满了焦虑：'我们将被送到哪里？'"[11]

经过了几小时的排队等候，火车终于进站了。他们在哨声的指示下登上火车。一位盖世太保官员指示道："我发出的第一声哨声意味着'拿起你的手提箱'，第二声意味着'开始走动'。"[12]

当基彭海姆的犹太人们登上火车时已经是下午晚些时候了。一名党卫军告诉西格弗里德·迈尔他要负责看好他车厢的乘客，免得他们企图逃跑。党卫军看到了西格弗里德翻领上的老兵徽章，说："你可以把那个摘下来了。接下来它不会为你带来任何好处。"[13]

155　　火车向南，朝瑞士的方向痛苦地缓慢地移动着。至少，这对一些乘客来说是一个好消息，因为他们更害怕火车驶向东面把他们送去波兰。抵达弗赖堡后，火车向西驶向法国的米卢斯（Mulhouse），那里已被德国占领。火车在米卢斯停了好几小时，犹太人得以将德国马克兑换成法郎。党卫军士兵穿过车厢，威胁要射杀携带多于 100 德国马克的人。党卫军士兵一离开，恐惧的人们就开始销毁他们藏起来的高额钞票。他们烧掉钞票，

---

① 萨尔－普法尔茨（Saar-Palatinate）是德国萨尔兰州的一个县，首府洪堡。

或者将其撕成小块，冲到厕所里。

一个反希特勒德裔流亡者在这些犹太人抵达法国后采访了他们，他写道："尽管党卫军没有真正进行过搜查，但他们实现了此举的目的：大部分人销毁了隐藏的钞票，只有小部分人冒着生命危险把钱留下了。现在，这些犹太人已经和乞丐一样贫穷了。"[14]

盖世太保的"犹太事务"专家阿道夫·艾希曼（Adolf Eichmann）正等着装满犹太人的火车到达法国德占区和未被占领的法国之间的边界。在这个34岁的党卫军少校的监督下，成千上万奥地利和捷克斯洛伐克的犹太人被迫移民，艾希曼也因此而出名。1939年，他还参与组织将犹太人第一次从德意志帝国大规模驱逐到德国占领的波兰的行动。他负责确保行动顺利进行，并未事先通知法国方面，以免法国方面提出任何异议。[15]

根据艾希曼后来的证词，1940年10月驱逐犹太人的命令来自巴登纳粹首脑。法国战败后，罗伯特·瓦格纳（Robert Wagner）负责将新征服的阿尔萨斯纳入第三帝国。他已将阿尔萨斯的"不良因素"清洗过了，包括犹太人、吉卜赛人、罪犯和精神病患者。3000多名阿尔萨斯犹太人被装载到卡车上，运过边境，扔在未被德国占领的法国地区。另有17000名在德国入侵前逃离的犹人人被禁止返回。萨尔-普法尔次的纳粹首脑约瑟夫·比克尔（Josef Bürckel）在被德国吞并的法国洛林地区也采取了类似的行动。[16]

摆脱了阿尔萨斯和洛林的"不受欢迎之人"后，地区纳粹首脑们将注意力转移到了自己的辖区内。他们驱逐巴登和萨尔-普法尔茨全体犹太人的提议得到希特勒的正式批准。赖因

156

哈德·海德里希领导的帝国主要安全办公室（Reich Main Security Office）受命负责组织运输犹太人，并向法国人展示这一决定已是既成事实。艾希曼前往索恩河畔沙隆（Chalon-sur-Saône）的过境点监督转运工作。如果法国拒绝接受被驱逐者，他将不得不把他们送往德国的集中营。[17]"自由区"因其首府维希而得名，它至少拥有名义上的自治权，而法国的其余五分之三，包括巴黎和整个大西洋沿岸，则被德国完全占领。

很快，九列客运火车抵达边境，每列客运火车上有 500～1000 名犹太人。维希官员对此举感到惊讶，不愿接纳这些被驱逐者。艾希曼与法国站长协商，后者同意宣布这些火车为"德国陆军运输专列"。[18]这使他们有权在停战协议下自由越过分界线。据艾希曼自己的说法，这位盖世太保的犹太专家担心火车会被卡在德占区和非德占区的"官僚无人区"，进退两难。几十年后，他对一位以色列警察说："对我来说，对犹太人来说，这都是一件坏事。"艾希曼焦急地坐在他的车上，"汗流浃背"，直到最后一列火车驶入维希法国。[19]

海德里希松了一口气，他终于能够报告整个行动"顺利进行，没有发生事故"，而且"几乎没有当地人注意到"。[20]巴登和萨尔-普法尔茨地区成了德意志帝国中首先正式成为"无犹太人"（judenfrei）的地区。法国官员后来说，他们认为火车上载有被从阿尔萨斯驱逐出境的法国公民。当他们意识到自己的错误时，为时已晚。[21]

菲利普·贝当元帅（Marshal Philippe Pétain）领导的维希政府一改不愿挑战柏林的通常立场，拒绝成为第三帝国"倾倒"犹太人的"垃圾场"。1940 年 11 月 18 日，法国提出抗议，要求德国遣返犹太人，坚称法国"不能再向这些外国人提供庇护"。²² 柏林拒绝了法国的抗议，但并未试图进一步将德国犹太人驱赶到法国。与此同时，法国人面临的问题是如何对待他们所谓的"不受欢迎之人"。由于缺乏合适的收容所，法国人将火车引向了一个拘留营，该拘留营是为了收容西班牙内战败军而建立的，位于比利牛斯山下的居尔（Gurs）附近。

被驱逐者们花了三天三夜才到达目的地。在旅途中，他们挤在木板凳上，没有伸展的空间。许多人不得不坐在没有取暖设备的三等车厢的走廊上，挤在成堆的手提箱之间。他们几乎粒米未食，滴水未进。第三天下午，经过法国朝圣小镇卢尔德（Lourdes）后，他们到达了一个名为奥洛龙－圣玛丽（Oloron-Sainte-Marie）的地方。这里阴雨连绵，山里刮来了阵阵寒风。

下火车后，被驱逐者们登上了卡车，走完剩下的 15 英里乡村道路，抵达居尔。许多卡车没有顶棚，难民很快就被雨水淋得湿透。美国救援人员唐纳德·劳里（Donald Lowrie）那天正好访问居尔，看到无顶棚卡车上有许许多多"灰发、漂亮、衣冠楚楚的人，有些甚至穿着皮大衣"，深感震惊。然而，难民中还包括伤残者、腿脚不便者和部分"头脑不灵光的人"。士兵们说着一种难民们不懂的语言，把他们赶来赶去。"行李的数量多得让人没法想象，其中大多数看上去很精致，与这些人所受的苦难形成了鲜明对比。他们是多么安静！没有喋喋不休，也没有怨言。"²³

他们到达居尔时天已经很黑了。营地有一条将近 1 英里长的碎石路，两边立着许多脆弱的小木屋，这些木屋聚集成所谓的"小岛"（见彩图 28）。"小岛"这个词恰如其分，因为每个"小岛"都漂浮在泥泞的海洋上。为了从中央通道到达"小岛"，

158

必须要蹚过一大堆黏稠的黏土，弄得满身泥泞（见彩图 29）。

巴登的难民们加入了拘留营现有的 3000 多名囚犯，包括其他外国犹太人、反对佛朗哥的西班牙人和反纳粹的德国人。尽管他们习惯了严苛的集中营生活，但老人们"面对如此令人震撼的悲惨景象感到不知所措"。被维希政权宣布为"敌对外国人"的流亡柏林人汉娜·施拉姆（Hanna Schramm）目睹目光呆滞的新移民从卡车上一个个下来。

> 各种各样、来自各个年龄段的人：富人，穷人，健康人，病人，以及，唉！还有那么多孩子。患病的人不得不被放在担架上抬入"小岛"，还有年龄在 70~80 岁甚至 90 岁的老人。他们看起来像是逃脱了坟墓的幽灵，不再属于这个世界。他们任人带领，得到帮助时则礼貌地表示感谢。他们无法理解发生了什么事……这些老人不再挣扎了。他们的手仍然温暖，腿在动弹，但实际上，他们已经死了。

"这就是旅馆吗？"一位新来的人问汉娜。

"我想回家，"另一位叫道，"我今年已经 95 岁了。"

一群难民拖着手提箱跌跌撞撞地穿过营地。汉娜大喊："当心，那里有条沟。"汉娜的提醒没有任何用处。新来者不断陷入沼泽，再从沼泽中爬起来，他们筋疲力尽，几乎没有注意到自己已经浑身是泥。[24]

男性难民与女性难民被分配到营地两端的小屋，被长长的带刺的铁丝网隔开。每个小屋大约可容纳 60 人，所有人睡在紧挨着的铺位上。几个老年难民有薄床垫可用，但大多数人只能用稻草和一条毯子凑合着睡。这些黑暗而阴郁的小屋由未熏制、未上漆的木材建造而成，既不隔音又不保暖。[25] 房屋没有窗户，只有屋顶上漏水的木质活板门，在频繁的倾盆大雨中必须保持关闭。风和雨号叫着钻过胶合板墙与金属屋顶之间的裂缝。老鼠沿着泥泞的地板爬来爬去。

难民们的第一顿饭是汤和开水煮过的硬豌豆和地瓜。这几乎难以下咽，但难民们还是感到开心，因为他们终于有食物果腹了。早上，他们得到一小块面包，然后吃些稀溜溜的汤作为午餐，晚餐还是汤以及浑浊的水中漂浮着的几粒鹰嘴豆。幸运的人能够用从德国带来的猪油来改善伙食。[①] 第一个月，每天有多达 20 个难民死于疾病和营养不良。

上厕所之类的简单事情成了严峻的考验。为了使用临时厕所，难民不得不离开小屋，冲进连绵不绝的雨，然后爬上梯子，来到悬挂在垃圾桶上方的木质平台上。虚弱的老年人经常被困在泥中，无法动弹，必须有人救援，将他们拉出泥潭。小屋里，孩子们不断的哭泣声和老人的呻吟声使人无法入睡。

一夜之间，难民营的人口增加了两倍，达到近万人。尽管条件已经差得令人震惊，新来者得知营地中没有纳粹警卫时还是松了一口气。少数法国宪兵和戴着袖章的救济工作者维持着营地的秩序。只要难民有足够的钱购买邮票，他们就可以与外界交流。很快，他们开始写信给英格兰和美国的亲人，描述他们的境况。

马克斯·瓦尔弗到达居尔后不久就写信给家人："我们厚实的衣服和鞋子都在那些被［盖世太保］拿走的包裹里。天气很冷，我们希望可以在营地里取暖。"他要求他的孩子们"立

---

① 根据犹太律法，犹太人是不可以食用猪油的。此处指的可能是没有严格遵守教律的犹太人或者与犹太人一起被驱逐的其他非犹太难民。

即寄点钱到这里，这样我们就可以偶尔买些东西"。他还敦促
孩子们跟进他和范妮两年多前向驻斯图加特总领事馆提交的美
160 国移民申请。他恳求说："亲爱的孩子们，不要忘记我们。去
犹太人委员会，尽你们所能，帮我们摆脱这混乱的泥潭。"

范妮在马克斯信的末尾潦草写道："现在，我亲爱的孩子
们，在比利牛斯山脉，我们就像可怜的乞丐一样。我仍然无法
相信我们已经变得如此贫穷和无助。我常常无法忍受。我时常
哭泣，眼睛疼痛。"[26]

其他基彭海姆犹太人则心态积极。奥尔巴赫尔家的格尔达
（Gerda）和萨洛蒙［被称为"莫莫"（Momo）］来居尔时没带
一件行李，但他们很高兴能离开德国。格尔达给在纽约的弟弟
胡戈写信道："虽然我们贫困潦倒，但现在我们离开了德国，
终于可以再次自由呼吸了。无论如何，我都不会回德国把我的
东西拿回来了，即使他们允许我这么做，我也不会回去。"格
尔达从她一位朋友的话中得到了安慰："一无所有的人不必感
到担心。"听到罗斯福连任的消息，她很高兴，她告诉胡戈：
"也许现在，我们能更快地与你团聚了。不要太担心我们。上
帝会继续帮助我们的。"[27]

几天之内，犹太人被大规模驱逐出境的消息传到了西方各
国的首都。10 月 25 日，美国驻柏林大使馆报告道，"六七千
名"犹太人被从德国西南部驱逐到法国南部。一周后，驻维希
的美国代理大使讽刺地将接纳巴登犹太人描述为"法德新合作
政策对法国的第一项利好"。这位外交官说，居尔营地指挥官
因为在难民到来前"仅 3 小时才接到通知"，感到不满。"当
然，当地媒体已接到对此事不予报道的通知。"[28]

关于居尔难民困境的报道很快就来到了埃莉诺·罗斯福的桌上。法国南部一名救援人员在备忘录中写道："法国难民营的状况令人不忍言说。目前没有人为营地中成千上万的可怜人做任何事情。"另一份备忘录敦促美国同事为难民"竭尽全力争取签证"。他写道："每一天都意义重大，签证意味着活下来的机会。"

备忘录的旁边是奥地利反对派活动家约瑟夫·布廷格（Joseph Buttinger）的便条，他曾代表巴黎沦陷后滞留在法国南部的政治难民游说埃莉诺。信中，他先感谢第一夫人"尽一切可能帮助难民"，之后他又写道："这次，看来似乎只有您的话"才能改变"这种可怕的局面"。埃莉诺立即将备忘录和便笺转发给总统。"富兰克林，我们无法为他们做些事情吗？"[29] 并没有答复记录在案。

有关巴登犹太人悲惨经历的第一手资料也出现在美国媒体上。一封来自居尔，然后被红十字会的官员转发给了《纽约时报》的信写道："我感到非常沮丧，这是世界上有史以来最大的悲剧。"[30]《纽约时报》还摘录发表了贵格会官员关于居尔的报告，这报告令人绝望，标题为《法国营地的痛苦和死亡》。[31] 贵格会的报告描述了营地中"人类绝望的气氛"，医生们接力"奋战"，抗击四处蔓延的伤寒和其他流行病。一次对营地的实地调查显示："60个人躺在他们的床垫上或站着，因为他们没有桌子，没有椅子。孩子们不能玩耍，女人们不能工作。"

根据贵格会的调查人员所述，许多年老的难民表现出"强烈的死亡愿望……他们不再挣扎求生了：他们躺在草席上，一脸冷漠，经常拒绝进食并等待死亡。"尸检显示难民中营养不良者甚多："他们皮包骨头，肌肉过度增大，身体极度瘦弱。"

161

营养专家估计，居尔营地的难民每天最多摄入 850 卡路里的热量，对于已经因一系列"身体和道德折磨"而衰弱的难民们来说，低至如此的卡路里摄入简直是灾难性的。[32] 这些来自法国非占领区令人震惊的报道激起了人们对"水晶之夜"之后的几周内达豪以及其他德国集中营的可怕记忆。

加斯顿·亨利-艾（Gaston Henry-Haye）因其出色的英语能力和深厚的政治影响力，在巴黎沦陷后被任命为维希法国驻华盛顿大使。青年时期，他曾在纽约一家酒店当过电梯操作员，并在美国军队担任教员。他于 1928 年当选凡尔赛市长，他这一派法国右翼政治家曾在战争之前主张与纳粹德国合作。他带有短横线的姓氏、修剪过的胡须和对纯种大麦町犬的爱好暗示他具有贵族背景，但他实际上来自一个贫穷的农民家庭，从政期间一直致力于宣扬"全国社会革命"。

亨利-艾与美国前驻法国大使威廉·布利特交好，但罗斯福的朋友哈罗德·伊克斯"不喜欢他"，认为"他看起来是一个八面玲珑之人"。伊克斯怀疑亨利-艾这个"高大、精致又好看的人"是被派到华盛顿帮希特勒制造麻烦的。[33]

新任驻华盛顿大使的首要任务之一是敦促罗斯福政府接纳滞留在维希法国的犹太难民。11 月底，他向国务卿科德尔·赫尔提交了一份备忘录，告知被德国驱逐的"几千名犹太人"抵达居尔。备忘录中提及法国已经向"350 万外国人"提供了庇护所，其中包括白俄人、亚美尼亚人、德国人、西班牙人和波兰人。亨利-艾在备忘录中呼吁"更加公平地分配外国难民，特别是犹太人"。[34] 亨利-艾希望美国国务院为被驱逐到居尔的难民提供移民美国的便利条件。

亨利-艾的举动给罗斯福的助手们带来了一个棘手的问题。尽管他们看轻以贝当元帅为首的亲德政府，但至少美方有兴趣保持与其有正常邦交关系的表象。根据停战协定，维希依旧保有一支强大的海军舰队，以及法国在北非和加勒比海地区的海外殖民地的控制权。这些都是重要的战略资产，绝不能直接落入德国之手。此外，亨利-艾小心地采用了罗斯福在为政治难民呼吁国际行动时采用的人道主义话语，赞扬了罗斯福总统召集 1938 年埃维昂会议的"崇高举措"。他想传达的信息是：美国有义务为其长期以来的人道主义理想做出行动。

美国国务院的官员察觉了对方的阴谋。以前，德国人试图用枪指着犹太人，让他们跨越边境，把他们赶到邻国。如果德国人发现边境上存在"薄弱点"，在随后的几个夜晚他们会以同样的方式把更多犹太人赶走。国务院认为，德国在故技重施，但这一次是冲着美洲。法国人"在德国的压力下采取行动"，以迫使美国改变移民政策。他们的目的是试探"软肋"以在民主国家中煽动"出乎意料的人道主义情绪"。[35] 如果美国同意"营救"巴登被驱逐者，则会有更多犹太人不可避免地被驱逐出境。

副国务卿萨姆纳·威尔斯给总统写了一封备忘录，建议他抵制德国人的"勒索性的极权主义手段"。他警告道，纳粹对留在德国的犹太人实行"恐怖统治"。"成千上万不幸犹太人的房屋和财产将被剥夺，将在德国的操纵下被用作棋子，使民主国家的舆论一片混乱。"[36]

威尔斯起草了对亨利-艾的答复，并将其发送给罗斯福批准。回复中强调，美国已经在竭尽全力"减轻一些国家难民过度集中所造成的压力，包括法国"。他声称，美国已接纳了移民配额允许的"最大人数"难民。但这是错误的。就 1940 年 6 月之前的两年而言，德国的移民配额确实被用完了。但是，从那以后，德国的配额只使用了不足 70%（请参阅本书页边码第 296 页图 2）。法国的移民配额比德国少得多，但被使用的配额占比也不足 70%。[37]

总统通过在文件顶部潦草地写上"OK, FDR"以示同意。[38] 巴登难民能否进入美国，必须根据个案情况，具体问题具体分析。

在 11 月 28 日，即亨利-艾向美国国务院交付备忘录的三天后，闪闪发光的 1936 年别克停在居尔营地的门口，从上面走下来两个美国人。[39] 其中之一是基督教青年会①的欧洲代表唐纳德·劳里（Donald Lowrie），他已经成为营地的常客。他的同伴是个年近 40 的男人，身材高大，戴着金属框眼镜。他出示的介绍信上显示他是美利坚合众国副领事小海勒姆·宾厄姆（Hiram Bingham Jr.）。[40]

那是寒冷、沉闷且潮湿的一天，这种天气在这季节再正常不过了。一位来自阿尔萨斯的前警察局局长刚刚从一位军官那里取得营地的指挥权，他正在检阅由宪兵与士兵组成的乌泱乌泱的仪仗队，协助他的是一些粗野的、穿着皮外套的年轻西班牙人，他们是营地的信使。两位美国人尽其所能让自己感到暖和，他们正等着与指挥官交谈。营地有些办公室有电暖气或者小煤炉，但这些都不足以驱赶寒冷与潮湿。宾厄姆之后回忆道："冷风从裂缝中呼啸而入，地上都是鞋子带进来的泥巴。"[41]

---

① 基督教青年会（Young Men's Christian Association），简称 YMCA，1844 年建立于伦敦，后来逐步在世界各地开枝散叶，1878 年将总部设于瑞士。

164

表面上，宾厄姆造访居尔营地的目的是让营地收容者少向领事馆寄送关于美国移民事宜的"无用信件"。位于马赛的美国领事馆已经被淹没在被逐出家乡的巴登犹太人的信件中了——他们写信要求领事馆优先考虑他们的签证申请。维希官员告知领事馆，他们"急切地想为一切外国难民与外国人离开法国提供便利"。他们提出在距离马赛比较近的地方建立一个"移民营"，安置那些有望移民美国的难民。然而，领事馆却没有足够的人手，每天最多只能处理 20 个签证申请。宾厄姆使他的上级相信，造访营地有助于筛除那些"毫无希望的签证申请者"，以防他们的签证申请大量涌向领事馆。[42]

实际上，宾厄姆想要将注意力放在难民们的困境上，并尽自己所能帮助难民们。他是自费前往居尔的。[43] 巴黎陷落之后，宾厄姆被维希法国的救援工作者视为美国官员中最支持难民救助工作的人。为了帮助反法西斯难民逃出法国，他乐意冒着被华盛顿谴责的风险偶尔放宽规定。他曾帮助利翁·福伊希特万格（Lion Feuchtwanger）逃离法国的拘留营。福伊希特万格是一位有名的德国犹太裔小说家，因为写了反希特勒的作品而被纳粹追捕。宾厄姆将福伊希特万格藏在自己位于马赛的家中，并用"维特切克"（Wetcheck）这一假名为他签发了旅行证件——"维特切克"几乎是"福伊希特万格"的英文翻译。① 福伊希特万格用证件非法过境进入西班牙，比前来追捕他的盖世太保早了一步。[44]

---

① 福伊希特万格（Feuchtwanger）可被分为两部分，Feucht 意为"潮湿的"，wanger 意为"脸颊"。假名维特切克（Wetcheck）也可被分为两部分，Wet 意为"潮湿的"，而 check 与英文中的脸颊（cheek）一词仅有一个字母的差别。

宾厄姆被朋友们称为"哈利"，其家族世代生活在康涅狄格州，是美国北方人。他的父亲海勒姆曾任康涅狄格州参议员，但海勒姆更知名的身份是发现了印加失落之城马丘比丘（Machu Pichu）的探险者。宾厄姆的祖父与曾祖父曾在夏威夷担任传教士，而宾厄姆一家数代都就学于耶鲁大学或哈佛大学。一般而言，这样的家族背景能使宾厄姆在外事部门顺风顺水，青云直上。然而，哈利并不能融入"外交老男孩俱乐部"，尽管他一直以来接受的教育与训练都是为此准备的。他数次错过升迁机会，他的上级认为他性格过于敏感，心怀理想主义而无处安放，且不具备美国外交官应有的社交风度。

宾厄姆公开支持罗斯福新政，并且经常因此与更加保守的同事争论。宾厄姆告诉上司他的人生目标是"帮助他人"。[45]福伊希特万格在日记中如此形容宾厄姆："一个奇怪、友好、清教徒一般的、恪尽职守却有些悲伤的新英格兰人"，而且他"总是疲惫不堪"。[46]同时，他感激宾厄姆帮他逃离，觉得自己欠宾厄姆人情。在美国救援工作者瓦里安·弗赖伊（Varian Fry）看来，宾厄姆是"领事馆唯一"能够理解他们工作的人——救援人员的工作"并非刻板地执行规章，而是尽力拯救生命"（见彩图30、31）。[47]

宾厄姆的人道主义倾向使他的上级感到惊讶与不快。"他有很多理想主义的想法，且这些想法会使他偏离命令的指示，"在一封年度效率报告中，驻马赛的美国总领事休·富勒顿（Hugh Fullerton）如此写道，"他信仰坚定，甚至有些固执。我认为，这使他有时疏远了他先前的长官。"[48]

宾厄姆与劳里在营地四处巡视，震惊于营地糟糕的卫生状况与食物的短缺。营地人口已经多达14000人——另一个营地伤寒肆虐，许多人被转移到了居尔。人们最主要的生存资源是每天早上派发的 12 盎司面包——靠着这仅有的面包，人们要撑一整天。在"小岛"生活中，派发面包是"一天中最重要的事情"。营地的居民们围绕在分配面包的"面包外科医生"的周围，看他把面包切成 6 份。刀即将切进面包的时候，有人会喊："这块太大了！"刀子移动，另一个人又会喊："这块现在太小了！""切大点，再切大点。"[49]（见彩图 32）

除了面包之外，居民们只有很稀的蔬菜汤佐餐。据宾厄姆观察，蔬菜汤到达营地的时候"经常已经冰冷或满是泥土"了。营地里缺少盘子和勺子，居民们只能用"用过的沙丁鱼罐头盒"喝这些汤汤水水。[50]

尽管营地弥漫着深重的绝望情绪，美国人也注意到营地里有居民做出勇敢的努力，激起人们的斗志。他们在报告中写道，已经有几位老师将孩子们组织成几个班级。在一些营地里，包括居尔在内，成年人可以观赏戏剧，欣赏音乐会，还可以参与由大学教授讲授的课程。有经验的手艺人建立了小型工作坊，将废弃的零碎材料做成多米诺骨牌、象棋棋子甚至飞机模型。营地里，有创造性、有知识的能人很多。宾厄姆和劳里遇见了一个之前在不来梅歌剧院担任首席小提琴手的年轻人，而另一个来自巴登的被驱逐者告诉他们自己先前是一位法官。营地居民之间会用"教授女士""博士先生"等称呼彼此。

宾厄姆在居尔进行了访谈并发现营地里有大约 3000 个"有前景移民美国的人"。[51]其中，有许多人是之前已经在斯图加特填写过移民申请表格，等着通过使用德国移民配额移民美国的巴登居民。为了减轻领事馆的压力，宾厄姆建议救援组织官员对营地居民进行初筛以确定哪些人可以优先被转移去马赛。

167

宾厄姆的建议意味着犹太人救援组织需要进行很多的初步工作。最有名的犹太救济组织是希伯来移民救援团体（Hebrew Immigrant Aid Society，以下简称 HIAS）与它的法国分支机构 HICEM。HIAS 最初设立的目的是在 19 世纪帮助犹太人从俄国的大屠杀中逃亡。在纳粹掌权早期，HIAS 就在推动德国犹太人移民美国事宜。它的口号是"通过移民实现救援"。这些团体从美国犹太人处筹集资金，用这些钱包下从欧洲开往美国的轮船，并帮助难民们支付船票。一份 HIAS 的宣传页声称，其已帮助数十万遭受威胁的犹太人在战争开始之前安全逃离。[52]

宾厄姆到达居尔之前，HIAS-HICEM 已经入驻营地。一则 HIAS 在 11 月 19 日发布的新闻称，巴登被驱逐者们正面临着生死一线的抉择：移民或者"饿死"。[53]副领事还遇见了一群营地居民，他们担任志愿者，处理营地中与签证相关的信件，这些信件将被送往 HICEM 在马赛的办公室。志愿者的"乐于合作"与对美国移民法律复杂性的了解给宾厄姆留下了深刻印象，视察完毕后宾厄姆驱车离开营地。[54]HICEM 的官员们感到满意——他们的组织已经成为难民们与领事馆之间获得官方认可的沟通桥梁。领事馆已经"由于工作繁多而不堪重负"，无法一封封回复寻求信息的信件。[55]

两个美国人来到居尔的这一天以及接下来的夜晚，在医院工作人员的记录中，有 13 个营地居民死亡，包括 73 岁的赫尔曼·奥尔巴赫尔。一个月之前，他在基彭海姆登上了前往营地的卡车，这一幕被摄影师拍下。他在营地医务室去世，时间是凌晨 1 点，也就是宾厄姆离开的几小时之后。在死亡证明上面，他的死因是"衰老"——在大多数离世老人的死因一栏都填着这个词语。[56]事实上，赫尔曼死于由老鼠传播的伤寒。

索菲耶·奥尔巴赫尔送丈夫的遗体到营地最远端的墓地，与她一起的还有女儿夏洛特与女婿西格弗里德·迈尔。墓前，一位拉比念诵着犹太教祷告文，其他几位营地居民远观着赫尔曼的葬礼。有葬礼进行时，人们可以离开"小岛"而不用事前通知营地管理人员。平时，男人们和女人们被分开来，在不同的"小岛"上居住，而埋葬逝者为人们提供了宝贵的与家人团聚的机会，尽管他们也许并不认识逝者。时常，居民们向一具陌生人的遗体凭吊告别，只是为了和其他人说说话或者出来走动走动。[57]

葬礼队伍由北向南走过营地的中央通道——没过多久，这样的场景在居尔营地的日常生活变得十分常见。1940年与1941年之交的那个冬天严寒刺骨，十分难熬，有时在营地里，葬礼能多达每天20场。有一场葬礼在年仅10岁的库尔特·迈尔心中留下了深刻的印象。那时，他站在自己营房外有刺铁丝网的旁边，有人用担架抬着一具遗体经过，要把遗体送往墓地。抬担架的人把担架放下休息。逝者是年老的女人，长长的白发拖到了地上。当人们把担架抬起时，遗体的头发拂过了库尔特的套衫。库尔特哭着跑去找母亲，求她把衣服洗干净。由于没有肥皂，她只能仅用冷水清洗衣服。[58]

对于这个最年轻的基彭海姆人来说，居尔是他长大成人的转折点：他一夜之间从幸福童年进入了残酷的成人世界，尽管他并不愿意。库尔特来到营地时已经10岁了，他还能记得在德国犹太社区被摧毁前人们过着怎样的生活。他喜欢跟着父亲在黑森林的村庄间漫游，那里大部分地区还没有被纳粹的疯狂影响。他们会在犹太人经营的小旅馆歇脚，点上一杯柠檬水和一份香肠三明治。当然，也有黑暗的时光。"水晶之夜"前后，库尔特的父亲精神崩溃；他的父母经常吵架：为了钱，或者为了能否花钱帮助亲人与朋友。一次争吵过后，库尔特的妈妈哭着走了，一会儿，库尔特听见阁楼里传来了一阵哭喊。当他上楼查看时，他发现妈妈脖子上缠了一圈布。她刚刚试图上吊自杀，但是在看到儿子后停了下来。[59]

但即便这些也比不上库尔特后来的一系列创伤性经历：被逐出家园，被迫前往异国他乡的监狱式营地。在居尔，他与母亲、外祖母一起住在编号 J17 的小屋中，距离营地的出口很近。像其他人一样，他需要穿着鞋子睡觉，以免鞋子在睡觉的时候被老鼠咬坏；为了保暖，他还得穿着外套睡觉。空气中飘着一阵阵恶臭，这恶臭来自痢疾患者的排泄物与试图爬上前往户外公厕的梯子却不慎摔下、身上沾染污物的老人。在居尔，"一切都是灰色的"：透风的小屋，阴暗的冬日天空，人们脸上紧张的表情。库尔特躺在木板上，听着老鼠们在地板上蹦蹦跳跳，听着大雨哗哗地落在屋顶上，胃部因焦虑持续疼痛。[60]

外祖父赫尔曼去世前一阵，库尔特患了白喉，被送去了隔离营房。隔壁床住的是一个比库尔特年长约一岁的漂亮女孩，名叫莉泽尔·克林（Liesel Kling）。在德国，莉泽尔是一位电影童星，在营地里也很有名。幸运的是，一位医生有可以治愈他们的血清，不然他们俩都活不下来。库尔特和莉泽尔缓慢地康复，在病愈后，他们一起去附近的小山丘散步，山丘俯瞰着营地的一片泥泞与脆弱的小木屋。他们坐在阳光里，一起欣赏远处比利牛斯山的美景。库尔特非常想牵住莉泽尔的手，给她一个吻。但这个 10 岁男孩太害羞了，不敢付诸行动。[61]

* * *

赫蒂已经 16 岁了。在胡戈与贝拉写给赫蒂的信中，他们尽 170
量用最积极乐观的语气描述他们是如何被逐出基彭海姆的。他
们极端想念赫蒂。信中，他们避免提及居尔险恶的环境，或者
他们被囚禁在一个监狱式营地的事实。11 月 20 日，也就是他
们到达法国的四周之后，胡戈在给赫蒂的信中写道："这段时
间，我们搬到了另外一个地方。最重要的是我们都很健康，整
个家族的人都在一起。"[62] 与胡戈、贝拉一起被驱逐的还有赫蒂
的叔叔奥斯卡、婶婶卡特，以及外祖父海因里希·艾歇尔
（Heinrich Eichel） 与其他几位亲属。

在过去的 4 年里，外祖父海因里希断断续续地与胡戈、贝
拉夫妇一起住。他几乎不能自理，需要吃特殊准备的病号餐，
但居尔的条件不能满足他的需求。赫蒂特别喜欢这位温和、光
头且戴着圆框眼镜的外祖父。胡戈告诉赫蒂，他已经为"亲爱
的外祖父"安排了医院，外祖父将在那里"得到妥善的照顾"。
居尔营地记录显示，海因里希·艾歇尔于 1940 年 12 月 29 日去
世，也就是赫蒂收到父亲的信件后不久。海因里希被送去了简
陋的营地医务室，但没有人能救他。

胡戈与贝拉不能经常见面，因为他们住在营地的相反两端，
需要特别的许可才能去往对方居住的"小岛"。一般，通行证
一个月只会签发一次或者两次，在特殊情况下，比如生日或者
纪念日，他们也能获得通行证。12 月中旬，他们都获准参加一
场盛大的家族聚会，那是胡戈的叔叔尤利乌斯（Julius）的"金
婚纪念日"。瓦亨海默家族三代人集合在木质营房外，拍下了
一张家族合影（见彩图 33）。[63] 在居尔的一片肮脏与悲惨中，人
们度过了这本应充满喜悦的一刻。这一事实让整个事件变得更
加骇人。

尤利乌斯患有眼疾，几乎失明，坐在第一排。与他携手的是妻子埃玛（Emma），在阳光中眯着眼睛。尤利乌斯身着西装三件套，打着领带，戴着丝绸帽子。如果观者能忽略他衣服上的泥点，他的形象彰显着资产阶级的尊严。尤利乌斯与埃玛两侧坐着的是孙辈——10 岁的玛戈（Margot）和 7 岁的埃迪特（Edith），她们的裤腿上也满是泥巴。玛戈身后站的是她的父亲马克斯·施特劳斯（Max Strauss）。他因为心脏不好而被美国拒绝签发签证。胡戈和贝拉站在人群后排的长椅上，与其他的旁系亲属在一起。

拍照的时候，玛戈和埃迪特都生病了。她们的眼中毫无活力，看起来昏昏沉沉，几乎要睡着了。家族聚会的第二天，玛戈接受了护士的检查，被诊断患有猩红热。她被转移到了隔离小屋，很快，她的妈妈和妹妹也被转移到了隔离营房，她们都病了。[64]

在德国的时候，瓦亨海默家族围绕尤利乌斯与胡戈父亲的遗产继承问题起了争执，最终结果是弟弟尤利乌斯离开基彭海姆去往更大的城市卡尔斯鲁厄，开设了自己的公司。尽管争执的细节很快就被遗忘了，但从那时起两家就几乎不再往来。[65] 他们都被驱逐到居尔，这使得疏远的家族成员再一次团聚。无论贫穷还是富有，年轻还是年老，健康还是病弱，照片中的 20 个人现在终于团聚了，尽管他们是在不幸与悲伤中团聚的。

在胡戈从居尔给赫蒂寄的第一封信中，他将法国看成一个暂时的中转地："希望我们只需要在这里待几周，能快点去往美国。"在信件末尾的签名处，贝拉期待着团圆时刻的到来："我们会欢乐地团圆，那时我们会忘记所有的苦难。"[66]

在胡戈几周后写给犹太救济组织的信中，他所描述的移民

172

前景更加黯淡——或者说更加贴近现实情况。他和贝拉无法获得申请美国签证所需的宣誓书，也不知道怎么才能付得起前往美国的船票。胡戈给 HICEM 官员写道："我们在这里生活，感到极度沮丧。两年前，我们唯一的孩子不得不离开我们，因此，我们深受思念之苦。我们也在悼念我的岳父［海因里希］，他是在这里去世的。"[67]

尽管如此，胡戈也拒绝放弃希望。胡戈与其他基彭海姆人一起在 HICEM 居尔办公室门前排队，申请美国移民签证。他为自己和贝拉填写了一份表格，表格的名字显得乐观积极——"旅行申请表"（Demande de Voyage）。表格上最重要的问题是资助者的姓名——谁能支付他们前往美国所需的费用。胡戈填写了内弟曼弗雷德的名字，曼弗雷德最近刚刚抵达纽约。胡戈还填写了一位住在芝加哥的远亲的名字，尽管这位远亲已经暗示过他不准备帮忙。胡戈填写了 1938 年 8 月美国驻斯图加特总领事馆签发的注册编号。这些信息将决定瓦亨海默一家是否拥有获得释放、离开居尔的优先权。[68]

在灯光昏暗的营地小屋内，签证就像一场赌局，成为占据人们时间与精力的主要话题。他们对于是否有逃生机会展开辩论，同时也意识到他们的命运取决于某种更高层的力量——这种力量按照自身神秘的规章，依照自己的时间表运转。就像一个居尔被拘留者对美国领事所说的那样："对你们而言，我们只是数字；对我们而言，你们就是神，有权打开那扇通往应许之地的大门，或者关上大门，把我们永远留在绝望里。"[69]

第九章
马赛—马提尼克

　　1941 年 2 月下旬，居尔营地指挥官召见迈尔一家。他们在指挥官办公室里等着他缓慢地逐字阅读一份包含了迈尔一家移民申请的文件。文件看似井井有条，但是这位"特别专员先生"并不急于做出决定。

　　乔治斯·凯泽（Georges Kaiser），这位头发向后梳、胡子修剪过的警察担任营地指挥官还不到两个月。在他之前的那位指挥官只在这个岗位上待了几周，任职期间花了很多时间设法调往一个工作不那么繁重的职位。一些人批评凯泽，认为他"更关注自己的利益"，而非被拘留者的福利。[1]据基督教青年会的唐纳德·劳里所述，这位居尔营地的指挥官发现自己"像神一样全能"，可以决定万名"大都比他本人更有文化、更有能力、更聪明"的男男女女的生死。[2]

　　维希法国难民营的管理者有很多贪污腐败的机会。营地的管理者滥用定夺生死的权力，掌管着一个由营地守卫运作的、庞大的黑市系统。营地每日 850 卡路里的食物配给不足以让难民们活下来，而黑市上有面包、鸡蛋、香肠等商品任君挑选，要价奇高。用劳里的话说，这些管理营地的"二等人"面临着"极大的诱惑：他们完全掌握着所有的采购、所有的供给，以及一个人可能做梦也想不到的、巨额的钱财"。[3]

凯泽的桌子上，西格弗里德·迈尔和夏洛特·迈尔的卷宗显示，1940 年 5 月二人已在斯图加特取得了美国签证，签证有效期只有 4 个月，于 9 月失效。[4] 为了更新签证，他们需要去马赛与领事面谈。迈尔一家的文件还包含了一份由维希地方长官签发的安全通行证。报告显示，德方官员对于释放迈尔一家并无异议，且他们居住在纽约与得克萨斯的亲人同意支付其前往美国的船票。一切看起来直接明了。[5]

西格弗里德看着营地长官费劲地检阅文件，变得不耐烦起来。维希的官僚比纳粹德国的官僚有人性多了，却没有纳粹官僚那么有效率。西格弗里德忍不住用德语对妻子嘟囔道："这些法国人干起活来可真是不紧不慢啊。"[6]

"你刚才说了什么？"营地指挥官厉声说道。妻子向西格弗里德使眼色警告，他赶快嘟囔着道了歉。很显然，这个法国笨蛋懂一点德语，又或许他在痛苦地阅读卷宗时不想被人打断。他认为被拘留者在他面前应该一直卑微且充满敬意。

在过去的三个月，西格弗里德一直在研究通过移民离开法国的方法。他一直带着一个小小的黑色地址簿，上面写着如何获得美国签证的笔记。上面有一条用德语写的信息，那是在德国犹太人之间流传的关于美国领事馆手续的谣言："美国政府现在愿意向身在法国或者西班牙身受威胁的德国移民签发访客签证，数量不限。"[7] 笔记接着写道：美国驻马赛领事将帮助难民乘坐美国轮船前往美国。美国官员追溯这些谣言的源头，发现是卢森堡与比利时发行的纳粹控制的报纸。尽管报道的作者未知，但是总体来说，它让犹太难民对移民一事开始抱有不切实际的期待。

迈尔一家有过期的美国签证，意味着他们比居尔的其他人更有可能获得释放。然而，西格弗里德不合时宜的情绪爆发却使逃离的机会看起来更渺茫了。

凯泽受到了来自上级的压力，要把难民们转移到马赛区域的"移民营"中去。居尔营地拥挤得令人绝望。巴登犹太人到来几天后，3000 名难民也被丢在了居尔，其中以比利时人为主，他们从圣西普里安（Saint-Cyprien）营地带来了伤寒疫情。死亡与少量难民获释使营地人口有了些微的下降，但是还有12000 多人挤在几百间黑暗拥挤的营房里。[8] 几个月来，维希官员给德国犹太人签发释放签证的速度非常缓慢，担心把纳粹追捕的犹太人放走。现在，他们决定把这些"不受欢迎者"赶走，越快越好。他们告知美国外交官，2 月起他们将采用新政策，对象是全部营地难民——除了被纳粹德国点名的几个德国难民。[9]

尽管被西格弗里德惹恼了，但凯泽还是在迈尔一家的文件上签字同意。"因为你这张嘴，全家人差点要丢掉性命。"当迈尔一家安全离开办公室后，夏洛特用温和的黑森林口音训斥自己的丈夫。[10]

迈尔一家即将被释放，这一新闻一下子在"小岛"间传遍了。在接下来的几天里，很多先前的基彭海姆邻居找到他，请他帮忙联系海外的亲人。一些人想让海外的亲人赶紧帮忙寄钱或者出具宣誓书，但大多数人只想让亲人知道自己还活着而且需要帮助。西格弗里德在本子上记下了几十个姓名与地址，承诺他将尽其所能帮忙。[11]

3 月 2 日，在坐了一整天火车、穿越法国南部后，夏洛特和两个孩子来到了马赛。同一天，西格弗里德被转移到莱斯米勒斯（Les Milles）的移民营。移民营在城镇上方多风的高原，

1 / 1920 年代，从空中俯瞰基彭海姆
照片中，基督教堂在左侧，镇议事厅在中间，犹太教会堂在右侧

2 / 一战后的邮政大街
画面左侧可以看到流经镇上的小溪，路的尽头是邮局

3 / 弗雷亚·瓦尔弗的婚礼，1933 年 1 月 12 日
她在哥哥卡尔的陪同下走向会堂。18 天后，希特勒被任命为
德国总理

4 / 马克斯·瓦尔弗与范妮·瓦尔弗去温泉小镇巴特诺因阿尔（Bad
Neuenahr）度假，1934 年

5／迈尔一家的住处与杂货店，1930 年代早期

6／西格弗里德·迈尔、夏洛特·迈尔和他们的两个孩子——
海因茨与库尔特，站在一辆新汽车前面，摄于 1935 年

7 / 皮娅·韦特海默家门口聚集着穿着棕色衬衣的纳粹冲锋队队员与基彭海姆救火队乐团，
1935 年
右侧窗户处可以看到皮娅的母亲贝尔塔与弟弟汉斯

8 / 被破坏的犹太教会堂内部，1938 年 11 月
照片左侧有男孩捡拾水晶碎片

9 / 犹太教会堂外部，摄于 1938 年

10 / 赫尔曼·韦特海默与妻子策琳

赫尔曼曾是犹太教会堂负责人、基彭海姆最富有的人。"水晶之夜"后，他的一切财产都被掠夺一空。1940 年 5 月，赫尔曼与策琳移民美国

II / 丽丝尔·魏尔自画像，1938 年 9 月

"在阿姆斯特丹，我沮丧地坐着，因为我被告知我的文件还没到达领事馆。"

12 / 小亨利·摩根索与罗斯福
照片右下方写着"来自'天生一对'中的一个",并有罗斯福的签名

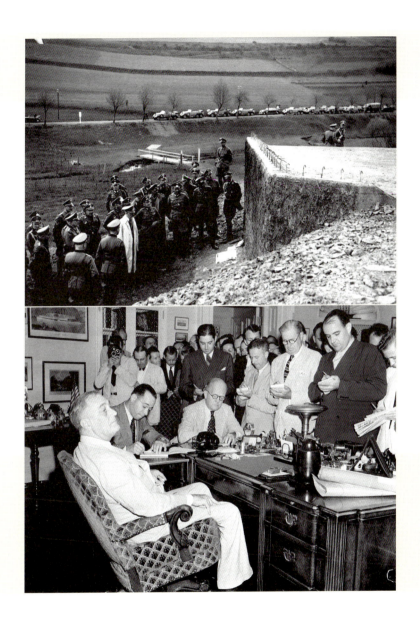

13 / 阿道夫·希特勒与他的元帅们巡视抵御法国的"西墙"，1939年5月15日

14 / 罗斯福在椭圆形办公室里召开两周一次的新闻发布会，1939年8月25日

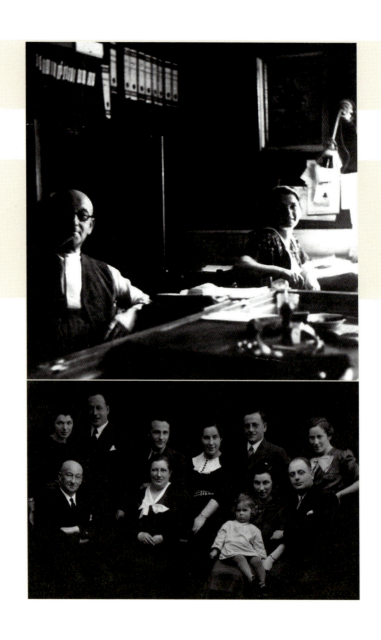

15 / 马克斯·瓦尔弗与秘书贝尔塔·魏尔

16 / 瓦尔弗一家，1937 年 4 月

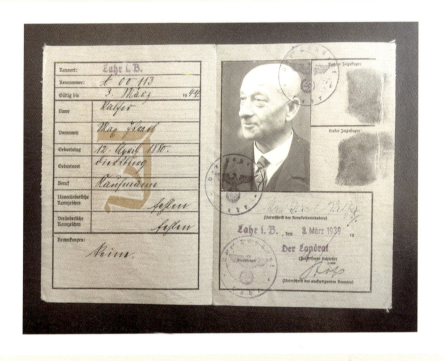

17 / 马克斯·瓦尔弗的身份证件，签发于 1939 年
左侧盖的印章 J 象征着"犹太人"，1939 年颁布的一项法律要求他在姓名里添加中间名"伊斯拉埃尔"

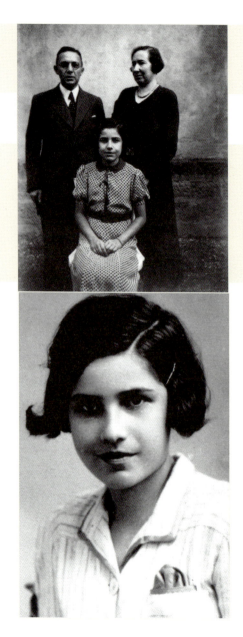

18 / 胡戈·瓦亨海默、贝拉，以及他们 14 岁的女儿赫蒂，摄于 1938 年"水晶之夜"前

19 / 赫蒂通过"儿童撤离行动"离开德国前拍摄的护照照片，摄于 1939 年 5 月

20／弗雷亚和路德维希·迈尔携家人登上"圣路易斯号"，1939 年 5 月

21／"圣路易斯号"停泊在哈瓦那的港口，1939 年 6 月 1 日
难民们在甲板上站成一排，呼喊下方小船上的亲友

22 / 美国助理国务卿乔治·梅瑟史密斯

23 / 梅瑟史密斯的继任者布雷肯里奇·朗在他于国务院的办公室，1942 年

24 / 雷蒙德·盖斯特，摄于 1939 年 10 月
他在"水晶之夜"事发之时任美国驻柏林代理总领事。这张照片拍摄时，
他刚会见完罗斯福总统，正在离开白宫的路上

25 / 演员马塞尔·戴利奥与妻子马德莱娜·勒博
他们就在 1940 年 8 月乘坐"昆扎号"成功进入美国的 81 位难民之中

26 / 西格弗里德・迈尔一家被驱逐

27／马克斯·瓦尔弗与其妻范妮被逐出家门，1940 年 10 月
他们随后被驱逐到居尔与奥斯维辛

28 / 法国居尔的拘留营

1940 年 10 月，德国西南部的犹太人被驱逐到比利牛斯山脉附近的居尔，许多人死于疾病或营养不良

29 / 冬日阴雨连绵，一个老年难民试图穿过满地泥泞的居尔营地

30 / 美国副领事小海勒姆·宾厄姆在船上俯瞰马赛港

31 / 紧急救助委员会代表瓦里安·弗赖伊
弗赖伊夸赞宾厄姆是美国领事馆里能够理解"尽力救人是
自己职责所在"的"那个人"

32 / 居尔的"面包外科医生"
漫画作者是卡尔·博德克（Karl Bodek）与库尔特·勒夫（Kurt Löw）

33 / 尤利乌斯·瓦亨海默与埃玛·瓦亨海默的"金婚纪念日"，居尔
赫蒂的父母位于右上方，具体人物关系请参见本书附录二

34 / 港口终点酒店，马赛，1941 年

35 / 美国总领馆，马赛，1941 年 5 月

36 / 莱斯米勒斯的营地
有望获得美国签证的难民被送往莱斯米勒斯，那是马赛
周边一座废弃的瓷砖厂

37 / 华盛顿的国家广场上的"速建"
这些临时建筑物是 1942 年年初为跨部门签证审查委员
会修建的

Immigrant identification card No. ------- issued.

Passport No. ------- or other travel document

French Safe Conduct
(Describe)

Issued to   Mathilde Weil WERTHE[]

Issued by   Prefecture des Basse[]
             Pyrénées, Pau, Franc[]

Date   November 21, 1941

Valid until -------

NOTE.—This Immigration Visa will not ent[] [] person to whom issued to enter the United [] [] if, upon arrival in the United States, he is [] to be inadmissible to the United States und[] []migration Laws. (Subdivision (g), sec. 2 []gration Act of 1924.)

Meine liebe Hes[]
Auf der Fahrt nach dem
Osten sendet dir von Montauban
noch viele innige Abschieds=
grüße. Deine liebe Mutter

4. September 1942.

38 / 玛蒂尔德·韦特海默的美国签证的一部分

39 / 贝拉写给女儿赫蒂的最后一张明信片

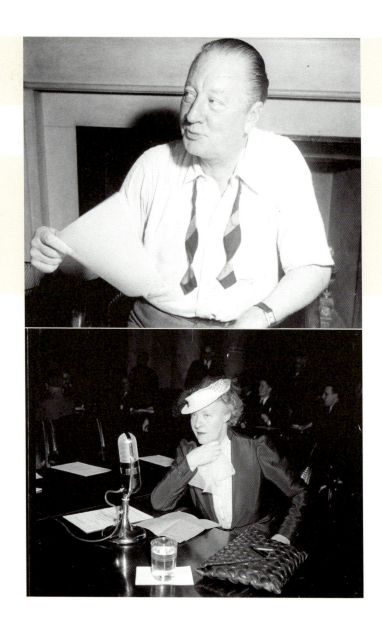

40 / 参议员罗伯特·雷诺兹

41 / 报纸专栏作家多萝西·汤普森

这两人代表着有关美国是否应当接纳纳粹统治区的难民的辩论中针锋相对的两方。雷诺兹认为不应接纳任何难民，而汤普森则担心于"一批带有印章的脸"能可能是难民的生死

42 / 维希总理皮埃尔·赖伐尔与国家元首菲利普·贝当检阅仪仗队

43 / 犹太人救助组织 HIAS–HICEM 张贴的海报，他们为将犹太难民转移至美国筹集资金

1942 年被困法国南部的犹太难民有着截然不同的命运：登上前往美国的轮船，或坐上前往奥斯维辛的火车

44 / 99 岁的马蒂尔德·韦特海默登上"尼亚萨号"，1942 年 7 月抵达巴尔的摩

45 / 里沃萨尔特的犹太人等着被驱逐到德朗西和奥斯维辛，其中就有贝拉·瓦亨海默。1942 年 9 月，一个难民劳工悄悄拍下了这张照片

46 / 1930 年代的瓦尔弗家，建筑正面悬挂着香烟广告

47 / 2016 年，来自叙利亚的一个库尔德人家庭住进了这栋建筑，开了一家烤肉店

48 / 一战后，基彭海姆犹太教会堂被用作农业仓库

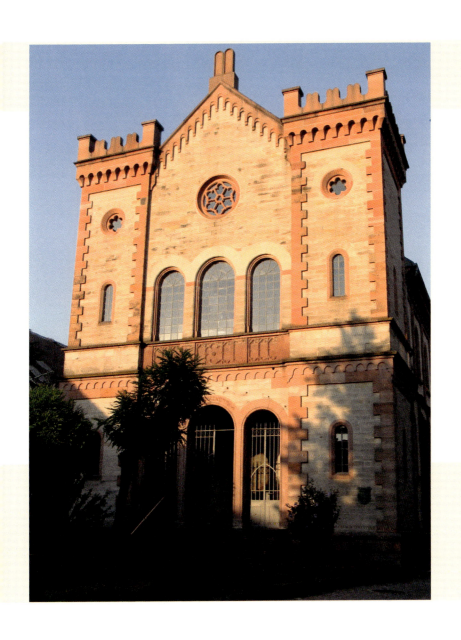

49 / 修复、翻新过的犹太教会堂
在前犹太居民、当地历史学家与基彭海姆镇长 25 年的努力下，基彭海姆犹太教会堂于
2003 年被全面复原

50 / 库尔特・迈尔一家的签证

临近普罗旺斯地区艾克斯（Aix-en-Provence）。[12]他们距离最终的目标已经很近了，但是男人和女人依然要被分开。

在它两千年的历史里，马赛这座地中海上的伟岸港口一直　176
是通往气候温和的欧洲的通道。希腊人、罗马人、腓尼基人以及最近的阿尔及利亚人都在北上时途经马赛。1940 年 6 月德国入侵法国之后，马赛城里挤满了一心想要离开欧洲的人。人们不再渴望前往欧洲，而是想要逃离欧洲。

巴黎的陷落使人间惨剧在法国南部不间断上演。难民们通过各种可能的方式离开首都：坐汽车和火车，骑自行车，甚至是乘坐运货马车。头顶有德国人的飞机隆隆飞过，身后有坦克的驱赶，难民们犹如惊弓之鸟，纷纷抛弃他们抛锚的公交车或者被炸毁的卡车。道路不可通行时，他们只能徒步前进，将仅有的财产拖在身后。随着法国城镇一个又一个落入德国人之手，人群逐渐向南移动，临近"自由区"。在未被德国占领的法国地区，马赛轻而易举地成了最大的城市，尽管维希才是名义上的首府。这座移民之城很快就成了逃离希特勒的难民的聚集地。

用《时代周刊》记者的话说："在这个历史性的疯狂时刻，欧洲的苦痛全部被塞进了这只有几平方英里的、淫邪且肮脏的港口。"[13]众多移民从一个领事馆跑到另一个领事馆，希望能获得入境或者中转签证。国际救济工作者在锦绣酒店（Hôtel Splendide）成立委员会，在警觉的法国警察的监视下面试潜在的"客户"。反纳粹政治家与有名的艺术家和学者们在旧港（Old Port）附近的咖啡馆里高谈阔论。一些肮脏的宾馆被改造成了临时拘留营，犹太家庭被迫挤在其中狭小的房间内。轮船公司门外排起了长队，难民们为了拥挤船舱里的一个位置相互推操。

在德裔犹太人安娜・西格斯的自传体小说《中转》（*Transit*）中，她将马赛称为"欧洲的尽头，大海的开端"。她将马赛的主干道拉卡讷比耶尔大道（Canebière）描述为"人类的下水道"。拉卡讷比耶尔大道顺着缓坡延伸而下，像箭一般笔直，两侧种着行道树，连接着旧港与城市边缘的山丘。在讽刺纳粹宣传的一小段话中，西格斯问自己"一切种族的亵渎者、一切国家的背弃者"将要去往何方，她的答案是：拉卡讷比耶尔大道。"这大概就是碎石涌向的地方——顺着河道，或者说是阴沟，或者说是拉卡讷比耶尔大道，涌进了大海。在那里，至少每个人都能有地方待。"[14]

西格斯透过自己作为难民的经历描述了一种梦魇一般的情况：在有机会使用宣誓书与许可证之前，文件就过期了。她开始熟悉这一切：辖区内"卷曲头发的官僚丑小鬼"与面无表情的领事，"他让你觉得自己一文不名"。[15]她习惯了一种被法国人称为"cafard"的情绪——"不信神的空虚感"——一种因无穷无尽的等待而倍感衰弱的倦怠。在一片混乱中，她惊奇地发现当局"发明了更多错综复杂的冗长手续来筛选、分类难民或者为难民注册或者盖章，这让人们情感耗竭、毫无能量"。[16]在这里，只有许可证和橡皮章说了算。

每个人都明白逃生的机会非常珍贵，随时都可能消失。总部位于纽约的紧急救助委员会向马赛派驻的代表瓦里安・弗赖伊称，难民们生活在一刻不停的恐惧感之中。"每当门铃被按响，每当楼梯有脚步声，每当有人敲门"，都意味着警察有可能把他们抓走交给盖世太保。"就像有一张网突然落在了他们头上，他们发了疯似的寻找逃生口。正因为急于逃生，他们反而容易成为各路骗子与敲诈者的猎物。有时，荒诞、恐怖的流言不断传播，人们已经饱受折磨的神经最终走向崩溃。"[17]

在难民的世界里，人们根据"痛苦的程度"被划分为几个等级，而这决定着他们逃生的机会。最受照顾的是有反纳粹作品的作家，比如利翁·福伊希特万格、亨利希·曼（Heinrich Mann）和弗朗茨·韦费尔（Franz Werfel），他们的名字都在弗赖伊的组织列出的"受威胁的知识分子"清单中。下一层级是杰出艺术家，比如马克·夏加尔（Marc Chagall）、马克斯·恩斯特（Max Ernst）、安德烈·布勒东（André Breton），他们也可以使用不占用配额的"紧急"美国签证，因此得以插入移民队列的前端。弗赖伊的救援网络帮助他的一些"客户"偷渡翻越比利牛斯山，进入西班牙或者葡萄牙，那时他们几乎不可能获得离开法国的签证。其他人在相对舒适的环境中等着他们的书面材料准备就绪。布勒东与其他超现实主义艺术家在艾尔贝尔别墅（Villa Air-Bel）加入了弗赖伊一行，那是马赛城外的一座乡间小屋。那里虽然食物缺乏，但是有足够的酒。艺术家们用各种充满创造性的方法解闷：玩毫无意义的游戏、唱下流歌曲或者设计一打超现实主义的塔罗牌。他们在入口处摆了一块牌子，将这个小屋重命名为"等待签证城堡"（Château Espère-Visa）。[18]

难民阶层的另一端是数千和迈尔一家一样身无分文的贫苦犹太人。夏洛特·迈尔与孩子们抵达了马赛的圣夏尔火车站（Gare Saint-Charles），火车站有纪念碑一般的、由104个台阶组成的石制阶梯。夏洛特与孩子们被安排在新港口旁边的一个肮脏且满是跳蚤的宾馆。

港口终点酒店（Hôtel Terminus des Ports，见彩图34）被市

178

政府征用，用作"女性移民中心"，收容居尔或者其他拘留营释放的犹太人。据库尔特·迈尔所述，"酒店的房间奇小无比，甚至人一开门就倒在了床上"。[19] 居民们需要自己洗衣服，把衣服挂在面朝大海的锻铁阳台上晾干。冬天，酒店没有暖气，他们冻得瑟瑟发抖。管道总是在漏水，150 个居民公用的唯一的简陋厕所时常出故障，未粉刷的墙被烟尘染黑。社交生活围绕着吵闹的中央楼梯展开，满是难民交换八卦情报或者倍感无聊的孩子们上下跑动。楼梯底下，垃圾堆成小山。[20]

在位于达姆大道（Boulevard des Dames）尽头的宾馆里，透过宾馆的窗户，迈尔一家可以看到来来往往的巨大蒸汽轮船，闻到使人精神一振的海风。街对面就是法国船运公司——跨大西洋总公司（Compagnie Générale Transatlantique）的办公室，它被简称为"Transat"。他们的最佳逃生线路近在眼前却又远在天边，这真是令人心焦。迈尔一家远在美国的亲人已经为他们179 垫付了前往美国的船票，但依旧需要迈尔一家获得美国签证。他们日夜等待着，像是等待一个来自远方神明的召见。

美国总领馆位于圣费雷奥尔广场［Place Saint-Ferréol，现称为费利克斯-巴雷广场（Place Félix-Baret）］，从拉卡讷比耶尔大道向南走六个街区即可到达。一天又一天，穿着整洁的签证申请者在这座建筑前的广场上排着蛇形的队伍（见彩图 35）。不管处境多么绝望，这些寻求庇护者都为这等待已久的会面穿上了最好的衣服。他们仔细压平西装与裙子上的褶皱，精巧地织补破洞的外套，都是尽可能为了给那些能够决定他们命运的180 官僚留下好的印象。广场两侧种着悬铃树——一种普罗旺斯式的景观——树下则是耐心排队等待、交流着最新情报的难民。

有关美国签证规定变动的流言或者关于船只来往的情报四处流传。

在这栋有经典石头立壁的四层建筑中，领事们与副领事们正绞尽脑汁想要搞懂来自华盛顿的指令，这些指令让人疑惑，甚至相互矛盾。理论上，一位领事可以最终判断一位难民是不是符合美国移民法规定的标准。但在实际操作中，他受制于国务院的上级官员。他很难弄清楚国务院的确切意图。法国陷落后，华盛顿立刻发来电报，命令"骤减"移民签证的处理数量。[21] 现在，六个月过去了，似乎国务院听取了难民活动组织的恳求，把签证之门稍稍打开了一些。

总领事休·富勒顿在写给位于苏黎世的同事的私人信件中，将新政的实施归功于总统政治难民问题顾问委员会的游说。他写道："国务院似乎被迫用最宽松的方式处理这些签证申请。我们的办公室正尽力优雅地适应这一情况。"[22]

法国决定不再限制离法签证的签发，这给美国领事馆带来了压力。美国驻维希大使馆2月中旬估计有大约2万名以德国人为主的难民在法国的非占领区申请了美国签证，其中有1.2万是在马赛申请的。[23] 先前，只要这些难民没法获得离法签证，处理他们的签证文件就毫无意义。而现在，他们可以获得离法签证，那么大使馆也就不能再延后处理他们的申请了。

巴登难民们的到来让领事馆工作人员们头疼。富勒顿的一位副手乔治·艾伯特（George Abbott）告知他在柏林的同事："你可以肯定，我们听说有6000名犹太人从德国的斯图加特地区被送到未被占领的法国。他们来后，我们就被各种信件电报连番轰炸。"艾伯特与其他很多领事都认为这场驱逐是德国人的一种"试探"。"如果难民们没费什么力气就得到了签证，那么更多难民就会照做。"但由于华盛顿和各种犹太人救济组织带来的压力，"设法拖延这些签证申请的进程"也并不容易。

"我们能做什么呢？"这位领事抱怨道，"国务院很明显是想让难民们得到签证。"据艾伯特所言，现在马赛领事馆内最耗时的工作是应付华盛顿有关"艾萨克·施泰因（Isaac Stein）取得签证的困难"的询问。[24]

对副领事哈里·宾厄姆来说，这样的抱怨是令人沮丧的。他在领事馆感受到了一种"失败主义的""反犹主义的"气氛。理想主义的宾厄姆认为，他为难民们做出的努力正在被他上级的"拖延策略"挫败。[25]有传言称，1940年年末他被调离签证处主任一职是因为他对难民们"太过慷慨"。他的新职位是领事馆英国利益部门的牵头人，这极大限制了他签发签证的权限。[26]

宾厄姆将自己的部分遭遇归罪于一个名叫卡米耶·德拉普雷（Camille Delaprée）的法籍领事馆职员身上，他后来指控她为德国提供情报。德拉普雷太太举止轻浮，喷着浓重的香水，"漂白了头发"且"眼睛里有不正常的光彩"。她是一个右翼法国记者的遗孀，她的丈夫是在西班牙内战中为国民军一方报道战况时死亡的。她是领事馆的前台与"电话女孩"，这个战略性的职位使她能够观察领事馆里的任何人。她干活麻利，得到了高层人员的信任。宾厄姆怀疑德拉普雷太太从中作梗，致使他于1941年4月被调离马赛——但是他不能提供任何证据。[27]

宾厄姆的担忧也是一些救济工作者的担忧，尤其是瓦里安·弗赖伊，他连珠炮一般地向国务院投诉那些持反对意见的官员。在1941年2月的备忘录中，弗赖伊写道："他们关于签证的冗长废话简直毫无人性。这简直是在害死难民。这些可怜的人不仅要在获得离法签证的时候听取法国官僚的冗长废话；他们在美国、西班牙或者葡萄牙领事馆时也要遭受同样的折磨。他们一遍又一遍地在走廊里排着队，直到他们的灵魂因为这段摧心折骨的经历而变得干缩枯萎。"[28]

其他国务院官员为总领事辩护，认为其并无"反犹主义"倾向，并且认为有关"失败主义"的指控是"一派胡言"。[29]富勒顿承认他小心行事、遵守维希法律并与东道主维持良好关系，但他坚决否认双方合作良好。他告知国务院他必须"步步小心"，因为他"在敌国领土上"工作，一直处于监视之下。领事馆门口永远有四个警察驻守，其中有两个是德国人。[30]

虽然宾厄姆认为他的上级没有为帮助犹太人拿出足够举措，但是其他人则批评宾厄姆等人对难民太过宽松。富勒顿的另外一位副手威廉·佩克（William Peck），认为有必要写一份备忘录为领事馆辩护，认为领事馆并未在工作中松懈怠惰。

"有人认为我们可以用浅薄的托词拒绝为所有我们不喜欢的人签发签证，我并不赞成这种想法。"佩克写道。他也不赞同拒绝书面文件还不完备的申请者。这位领事将"人道主义考量"理解为偏袒老年难民，"尤其是在拘留营里面的"。佩克认为向老人和长期卧病在床的人签发签证没有风险。他写道："老人和病人才是真正受苦、真正有生命危险的人。年轻的人虽然也在受苦，但是历史表明这个种族的人并不会因受苦而大量死去。而且，假如有足够的证据支持，老人们不会再生育，对我们的国家无害。"[31]

领事馆缺乏人手。即使有心帮忙，已经超负荷工作的领事们也难以回应越来越多的签证请求。1941 年 1 月末，一位犹太救济官员抱怨道，向难民签发的签证数量受制于马赛领事馆

"打字员的人数"。一位充满同情心的领事馆雇员——很有可能是宾厄姆——要求难民组织游说国务院为领事馆增添人手。他暗示难民组织去借助"非犹太"的中间人的力量。[32]

183   马赛领事馆工作积压的消息传到了副国务卿萨姆纳·威尔斯的耳中，他是罗斯福总统的密友，同时也是公认的国务院中最同情难民的官员。在他的要求下，领事馆提交了一份计划，计划雇用更多打字员和速记员，以及购买更多打字机。领事馆报告，有了更多的人手，每个月的签证签发数量能翻一倍，从每月 400 份增长到每月 800 份。[33]HICEM 在 4 月愉快地报告道，与先前相比，领事馆"签证的签发更加宽松自由了"。[34]

    1941 年 2 月之前，逃离法国非占领区的主要路线是翻越比利牛斯山，经西班牙前往葡萄牙。对于那些没有通行证的人来说，这是一条危险的路线。难民们很容易被维希警察拦下，或者被西班牙的边境巡逻队送回法国。一些被认定为希特勒反对者的难民彻底失去了勇气。德裔犹太人文学批评家瓦尔特·本雅明（Walter Benjamin）罹患心肺疾病，翻越比利牛斯山的偷渡路线遍布岩石，对他来说十分困难。他的朋友们担心他会心脏病发作，但他还是成功爬上了山顶。休息时，一行人观赏着布拉瓦海岸（Costa Brava）的壮丽风景，它如同陡峭悬崖边的"一块透明的绿松石"。一位向导记述："我从未见过如此美丽的风景，近乎窒息。"[35]

    到达西班牙之后，本雅明的轻松心情顿时一扫而空。他被西班牙边防巡警拦下，称他是非法入境西班牙。在被送回法国之前，他被允许在西班牙边境上的一家旅店里待一晚。那一晚，他吞下了过量的吗啡药片——他一直带着这些药片，就是为了这一刻。他在旅店里去世。

1月末，法国的政策有改变的迹象，有流言称，通过某条路线，难民可以从法国直接逃往美洲。等待离法签证数月的难民称，他们可以从马赛前往法属西印度群岛的马提尼克岛，那里有很多船只开往纽约和其他美国港口。这条新的海路与先前前往里斯本的陆路相比有很多优势。人们不需要再花几周甚至数月的时间获得西班牙或者葡萄牙的中转签证，也不用冒着危险翻越比利牛斯山了。马提尼克是法国领土，这意味着各种旅行文件更容易取得。

达达主义诗人瓦尔特·梅林（Walter Mehring）是第一批买票前往马提尼克的人之一。他因创作讽刺歌谣而出名，1935年被剥夺了德国公民身份。他的书被纳粹分子焚烧，表演被禁，他还被指控为"犹太颠覆分子"，逃离了家乡柏林，却在法国陷落后落入了纳粹的天罗地网。他费尽口舌设法把自己弄出了法国的拘留营，便向瓦里安·弗赖伊求助，弗赖伊之后将他写进了"受威胁的政治难民"名单。外表上，梅林看起来瘦小且没有存在感，弗赖伊与他的朋友们称梅林为"宝宝"。[36]在阿尔勒（Arles）有一位因反对维希的反犹主义倾向而出名的签证官员十分同情梅林，为他签发了前往马提尼克的特别签证，还建议他尽早离开。

第一艘难民们能乘坐的船是"怀俄明号"（Wyoming），这是一艘摇摇晃晃的蒸汽轮船。它将葡萄酒和香水带到西印度群岛，再把蔗糖与香料运回来。"怀俄明号"计划于2月4日离开马赛。登船之前，乘客们需要站成一排，出示各项文件以备检查。在停战协定之下，法国需要"按要求交出"所有纳粹追捕的德国流亡者。德国外交官恩斯特·孔特（Ernst Kundt）领导委员会起草了一个逮捕名单，梅林确实需要担忧他的名字是否在上面。

在准备登上"怀俄明号"之前，梅林与维希警察代表，即所谓的"国家安全员"（Sûreté Nationale），打了个照面。这位官员对照着一份旧卡片上的名单检查他的材料。他掏出了一张卡片，上面写着："禁止瓦尔特·梅林离开法国。孔特委员会决定。"

正当梅林痛苦地在甲板上等待时，这位警察离开去给上级打了一通电话。约 10 分钟后，他回来了。

185　　　"或许是另一个瓦尔特·梅林，"他微笑着说，"你可以走了。"[37]

穿越大西洋的航程平静而令人喜悦。这位诗人庆祝自己从苦难中得到解放，写下了一首"给马提尼克的情歌"，其中包含了向送他平安抵达大洋彼岸的"怀俄明号"的致敬：

> 海上航行，平安无事；
> 船上载着战时物资与黑人士兵小伙。
> 坚固的"怀俄明号"载着我们
> 穿过大海的混沌污浊。[38]

梅林看似奇迹般的逃亡经历在马赛的反纳粹流亡者之间传播开来。几十名受弗赖伊保护的难民购买了前往马提尼克的船票。二十几位紧急救助委员会的客户，包括几位"等待签证城堡"先前的居民，都登上了 3 月 25 日离开马赛的"保罗·勒默尔船长号"（*Capitain Paul Lemerle*）轮船。[39] 旅客包括先锋派艺术家安德烈·布勒东和维尔弗雷多·拉姆（Wilfredo Lam），作家安娜·西格斯和维克托·塞尔日（Victor Serge），以及法国人类学家克劳德·列维−斯特劳斯（Claude Lévi-Strauss）。这些知识分子与艺术家与船上的普通难民是分开的。大约200名难民住在被改造成集体宿舍的货舱中。其中很多人刚刚被从居尔等拘留营中释放出来，对简陋到极致的卫生设施习以为常。

"船上有德国犹太难民，但我不知道有多少，"列维−斯特劳斯有些傲慢地回忆道，"为了克服我们周边的混乱情况，我们建立起小小的、只关注自身的社交圈，而不是与外人交往。"[40]

塞尔日先前是俄国革命者，认识列宁与托洛茨基。他将"保罗·勒默尔船长号"描绘成"一个被改造成海上代用集中营的货船"。他抱怨许多同乘的旅客"心里只想着逃亡"。在第一次看到椰子树与"马提尼克的翠绿山峦"之前，塞尔日记录下他看到海上"与天空一色的飞鱼像蜻蜓一般腾空而起"的欣喜。他逃离德国控制的欧洲的喜悦因吝啬的定额配给大打折扣——这是法属加勒比群岛上另一所由"小偷一般的警察管理的"拘留营。这位前共产主义活动家纳闷马提尼克上由甘蔗种植园主与朗姆酿酒坊主把持的寡头政治还能撑多久。他沮丧地总结道："也许还能撑很久。"[41]几周后，他设法为自己安排路线，逃往多米尼加共和国与墨西哥。

谈及为何将不受欢迎的难民发派到"气候温暖的地区"，维希官员给出的解释是出于人道主义考量。但真正发挥作用的还有其他因素。开放马赛到马提尼克的离法路径，这一决定反映了德方的现行政策。在1941年10月希姆莱颁布法令禁止犹太人移民离开德国之前，纳粹官方在西欧对犹太人的处理方式都是驱逐，而非系统性的杀戮。数月来，维希高级官员都在商

186

讨如何尽可能多地摆脱这些"不受欢迎之人"。内政部部长马赛尔·佩鲁东（Marcel Peyrouton）抱怨难民"消耗了很多日用品，但自己无法生产"。他建议推出政策使外国犹太人"大规模移民"，不再允许他们停留在"目前进退两难的境地"。难民们将去往西半球任意一个愿意为其提供长期庇护所的国家，而马提尼克只能是他们的中转站。[42]

　　不管高层因何为犹太人的大规模移民提供便利，马提尼克逃生路线都为绝望的难民们提供了一道希望之光。在莱斯米勒斯，难民们画了一幅壁画，上面有菠萝与贝壳，具象化了他们对自由的向往。在居尔，卡巴莱歌舞艺术家创作了一首赞颂加勒比快乐生活的歌谣，以娱乐其他难民：

> 你知道安的列斯群岛（Antilles）吗？
> 你和家人应该去那里居住。
> 你的梦里有什么？
> 真正的天堂？马提尼克。
> 在那里，朗姆酒就像牛奶一样，
> 你随时都能喝到……
> 如果我能在沙滩上做美梦，
> 远离这营地的泥泞，
> 我会感到多么幸运！
> 阳光闪烁，我心雀跃。
> 喔，马提尼克！[43]

逃往热带地区并不只是一种幻想。4月初，每周都有一艘或者两艘满载难民的船开往马提尼克。4月末，有流言称5月上旬至少会有三艘船开往马提尼克，可以带走 1000 多名难民。这一消息使更多难民涌向跨大西洋总公司总部与位于圣费雷奥尔广场的美国领事馆。

　　库尔特·迈尔的外祖母索菲耶·奥尔巴赫尔 4 月 6 日从居尔抵达马赛。[44] 因为索菲耶先前没有取得美国签证，所以领事馆分别考量她的签证申请与其他家族成员的签证申请。她和夏洛特挤在一张窄窄的单人床上，而孩子们，海因茨和库尔特，则睡在地上。

　　港口终点酒店的食物比居尔的好很多，被装在盘子里而不是生锈的罐头里，但是库尔特觉得比在营地里更饿。在居尔，库尔特大部分时间都在生病，并不想吃太多东西。即使是在健康的时候，肮脏的厕所也会让库尔特"失去一切食欲"。[45] 在马赛，库尔特的胃像是变大了一般，从来没有被填满过。而葡萄酒的供应却十分充足且价格低廉，连孩子们也被允许喝酒。库尔特发现葡萄酒可以麻痹他的饥饿感，让他心情舒畅。

　　酒店只提供代用咖啡与稀粥，一家人想尽办法搜罗其他食物来补充。一天，海因茨和库尔特在码头上发现了刚被卸下船的、堆得像山一样的花生，它们来自一艘刚从北非返航的轮船。他们装了满满的几口袋花生，然后兴高采烈地回到了酒店。因为迈尔一家没有配给票，所以不能在商店购买面包。但是一位善良的天主教护士可怜两个孩子，跟面包店的女售货员求情。之后，夏洛特即使没有配给票也可以购买面包了。在面包店，库尔特看着一个年老的乞丐，看得入迷。那个乞丐总是坐在街对面，衣衫褴褛，推着一个婴儿推车，里面是一个破破烂烂的包，装着她全部的财产。对这个 10 岁的犹太难民来说，那个乞丐变成了"被击败的法国的象征"。[46]

4月12日星期六，逾越节的第一天，全家人去了附近的黎凡特酒店（Hôtel du Levant），在那里，当地的拉比组织了逾越节宴会。[47]100多个满身泥泞的女性与儿童聚在一起，欢庆以色列人从埃及的奴役中获得解放的纪念日。当他们坐在桌前，孩子们问着他们的祖先们几个世纪都在追问的问题：为什么这一晚和其他的夜晚都不一样？为什么平时我们吃松软的、发酵过的面包或无酵饼，但今晚我们只能吃扁平的无酵饼？

为了让孩子们了解犹太人的传统，大人们解释他们吃扁平的无酵饼是因为"在逃离埃及人的奴役的时候，犹太人的祖先没有时间等到面包变得膨大松软"。他们让孩子们品尝苦味的草药，这象征着"奴役之苦"，并鼓励孩子们思考"自由的人"意味着什么。之后，祷告结束，人们说着："明年耶路撒冷见！"逾越节宴会不再只是一个仪式，祷告者们其实是在描述他们自己的窘况：他们已经离开了"埃及"，却还没有到达"耶路撒冷"。

等待已久的美国领事馆面试终于在5月8日到来了。西格弗里德离开莱斯米勒斯与其他家人团聚在马赛。迈尔一家已经预订了"怀俄明号"的船票前往马提尼克，与瓦尔特·梅林在2月乘坐的是同一艘船。这艘船5月中旬就要起航了，留给他们取得美国签证的时间并不多。一位在一战中受过伤、名叫萨洛蒙·朗（Salomon Lang）的法国亲戚也来到马赛，协助他们处理各种文件。

当来到拉卡讷比耶尔大道另一侧的美国领事馆的时候，他们遇到了一大群申请签证的人，那些人把圣费雷奥尔广场都填满了。库尔特担心外祖母苏菲耶"是否能在无法坐下休息的情况下在大街上等待很久"。[48] 她几乎连站立几分钟的力气都没有。库尔特的父亲西格弗里德的状况也不好，他的腿还是肿的，这是他在达豪和居尔落下的病。萨洛蒙·朗没有被吓倒，他向守卫领事馆大门的宪兵展示了自己的老兵勋章。迈尔一家人得以排在了队伍最前列。

在领事馆内，迈尔一家走上楼梯，去往一位副领事的办公室。这位副领事询问西格弗里德的政治倾向为何，去往美国后如何自力更生。询问过后，他认为迈尔一家不是"第五纵队"分子，感到十分满意，同意为他们更新签证。他为迈尔一家签发了家庭宣誓书"以替代护照"，因为他们的护照已经被盖世太保没收了。副领事在宣誓书背面盖上了"德国配额移民签证"的印章，并在文件上打了一排孔，通过这些孔用鲜艳的红色丝带把文件穿了起来。[49]

三年以前，欧洲难民危机事态升级，美国记者多萝西·汤普森评论道："一张带有印章的纸决定着千千万人的生死。"在这几张珍贵的纸上，迈尔一家还需要多印几个印章才能逃离法国，但现在他们已经拥有了推开自由女神镇守的"金色大门"的钥匙。尽管他们对插队一事抱有歉意，但他们还是开心地走出领事馆，庆祝一家人顺利获得签证。

萨洛蒙把他们带到了一家比萨店，在安娜·西格斯有关马赛难民生活的记述中，这家店被称为"旧世界最后的庇护所"。[50] 库尔特一直记得那白得发亮的桌布、帮忙点单的热情的服务员与美味的菠菜浓汤。离开饭店之后，这一家人还经历了其他美好的事情。法国海军水手正在马赛大街上游行，队伍最前面飘扬着法国的三色旗帜。乐队演奏着活泼的行军曲。当观众看到他们溃败的祖国的旗帜的时候，一些人流下眼泪。

190

接下来的一周，迈尔一家穿梭在各种办公室之间，收集出发所需的印章。很快，他们的旅行文件上就盖满了各种印章，附上了各种签证与通行证。收集必要的印章成了一种竞赛，让人充满焦虑。像"怀俄明号"这样的船只铺位非常有限，而急于离开的难民人数众多，铺位严重不足。成功买到船票渡过大西洋就像中彩票一样难，但那些有人脉有资源的人更有胜出的机会。

这场逃生游戏里充满陷阱与利益交换，不到最后一刻没人能确定逃生机会花落谁家。另一对来自基彭海姆的夫妇——格尔达·奥尔巴赫尔与莫莫·奥尔巴赫尔已经买到了"怀俄明号"的船票，费用是由格尔达在纽约的弟弟支付的。美国驻马赛领事馆已经承诺会给他们签发签证，这意味着他们的宣誓书将会很快就绪。他们也获得了离法签证。然而，还有一个问题阻碍他们逃离。莫莫被送到了莱斯米勒斯的"移民营"，而格尔达被留在了居尔，因为马赛铺位已满，无法继续为女性难民提供食宿。如果格尔达没办法及时到达马赛，这对夫妇将失去"怀俄明号"的船票，而他们的移民计划将会被无限期延迟。[51]

与难民一同竞争这些老旧货船铺位的还有百来位紧急救助委员会的"客户"，包括大出版商、法籍犹太人雅克·希夫林（Jacques Schiffrin）一家。在密友、作家安德烈·纪德（André Gide）的帮助下，希夫林被瓦里安·弗赖伊列入了"受威胁的"欧洲知识分子的 2000 人名单里，因而他无须排长队等待美国签证。希夫林在德国人入侵之前离开巴黎，躲在圣特罗佩（Saint-Tropez）的一间小公寓里谋划逃离法国的路线。5 月初，他得知"怀俄明号"上或许有铺位，便把妻子与 5 岁的儿子转移到了马赛的宾馆。接下来，他们遭遇了"一种新的折磨"。

191

5月11日希夫林在给纪德的信中如此写道：

> 在同一天里，我的计划被迫变动数次。这么说吧：我
> 们成功了一步，有机会得到登船所需的所有东西（签证、
> 船票、护照，等等）；我们却错失了下一步——然后一切
> 都完了！为了挽回看似无望的局面，我强迫自己走街串巷，
> 希望能遇见有特殊人脉的人。有一两次我十分幸运，20多
> 年没见的朋友碰巧认识领事馆或者委员会或者辖区的人。
> 今早9点，一切又都完蛋了。现在已经11点了，我刚接到
> 一个电话，说明早的另一通电话或许能提供一个解决
> 方案。[52]

对所有渴望离开的难民来说，等待的时光总是充满焦虑与
痛苦的。5月15日星期四，"怀俄明号"要起航的那天，即将
登船的乘客们依旧发疯似的奔波在美国领事馆、船运公司与辖
区之间，试图收集必需的印章与文件。精疲力竭的难民围住了
弗赖伊或者其他救济组织的办公室"寻求建议或者提出不可能
达到的要求"。"怀俄明号"起航前几小时，希夫林一家终于在
马赛港务局局长处得到了最后一枚印章，证明他们"适合
登船"。[53]

医生里夏德·拜尔采莱尔（Richard Berczeller）也处于弗赖
伊保护之下。他震惊于出发大厅的气氛：兴奋与极端紧张相互
交融。他观察到每一个队列都有"它自己的人格"，这取决于
"人们等待着什么——一张面包票、一袋煤、一张电影票，或
者是前往新世界的机会"。拜尔采莱尔确信，对于得到船票的
人来说，这是他们"距离一艘承诺可以将他们带离欧洲的船最

近的时刻"。[54]

192　　码头上，与迈尔一家一同庆祝逾越节的犹太拉比看着曾经受他召集一同庆祝逾越节的犹太人们与其他 500 多名精疲力竭的难民一起登上了这艘老旧的货船。他回忆道："终于可以离开这个地方了，你可以想象人们有多开心。"[55]尽管如此，也有一些人被迫留在原地，情况令人痛心，比如格尔达·奥尔巴赫尔与莫莫·奥尔巴赫尔。法国警方记录显示，同一天，格尔达从居尔抵达马赛。二人没有人脉摆平官僚程序造成的延迟，错过了最好的逃生机会。一位法国官员告诉迈尔一家，奥尔巴赫尔夫妇"少盖了一个章"。[56]

幸运的少数人成功登上了"怀俄明号"，但是他们的喜悦也被临行前的羞辱蒙上了阴影。几周来，维希政府都将难民们视为"不受欢迎的"外国人、寄生在诚实的法国国民身上的吸血虫。法国的码头工人在码头上站成一排，向即将启程的旅客们出言不逊："肮脏的犹太佬！"[57]

"怀俄明号"上的货仓被改造成了公共宿舍，一间女宿舍，一间男宿舍。像在居尔一样，人们的生活空间被严格限制，但是数月以来，人们第一次感受到自由。里夏德·拜尔采莱尔在儿子睡着以后走上甲板，呼吸着沁人心脾的夜间空气。他的妻子已经在那里了。他们站在那里，"相互凝视，笑出声来，久久不能停止，就像孩子一样"。最后，他们安静下来，回望马赛："马赛已经成了黑色地平线上难以辨别的小光点。"

黑暗中传来了"深沉且忧郁"的声音，另一对夫妇正在讨论他们是否还会回到欧洲。丈夫听起来十分坚决，他一直说："不会了。永远也别再让我们回到那个地方，永远。"[58]

这艘老旧的船在地中海上缓慢航行。"只要我们还在地中海上，只要我们还能看到法国或者之后西班牙的海岸线，就意味着我们离欧洲依然不远，这令人不适。"拜尔采莱尔回忆说。当"怀俄明号"抵达直布罗陀（Gibraltar）并即将进入大西洋之时，每个人的呼吸都更顺畅了。但是周边疑似有德国潜水艇在活动，人们需要穿上紧急救生衣，于是又开始担心。

"怀俄明号"并未向西航行、跨越大西洋，而是贴着非洲海岸线航行，最终停在了摩洛哥的卡萨布兰卡①补充燃料——摩洛哥是法国的保护国。在港口的入口，人们看到了几个月前被击毁的法国海军船只。击毁船只的是英国海军，此举是为了避免这些船只落入德国之手。[59]

拜尔采莱尔回忆道："我们就坐在船上，一天又一天过去了，没有人告诉我们究竟发生了什么，流言满天飞，但是其中没有有价值的信息。"船上先前刚刚够吃的食物配给越来越少。戴着土耳其毡帽的男人与赤脚的孩子在码头上挤成一团，拿着装满面包和香蕉的篮子向难民们叫卖。几乎身无分文的犹太难民为了以合理的价格买到食物和小商小贩激烈地讨价还价。商定价格后，乘客就会从船上放下一根绳子，把篮子和食物拉上船，把食物取出后把相应数额的钱放进篮子，用绳子把篮子还给卖方。

5 天后，码头上卖水果的人消失了，取而代之的是拿着刺刀的摩洛哥军人。难民们被一个一个押下了船，接受便衣警察的询问。

---

① 今日的达尔贝达（Dal el Beida）。

警察问他们："你们有什么计划？你们想回到法国吗？"

"不，我们想去美国。"

"这不可能。这艘船不会离开卡萨布兰卡了。"

"为什么？"

"来自维希的命令。别的我不能告诉你了。"

乘客们有两个选择：要么回到法国，要么被拘押在摩洛哥内陆的一个"营地"。毫无例外，他们都选择了后者。[60]

一段时间之后，迈尔一家和其他难民才明白到底发生了什么。当"怀俄明号"到达卡萨布兰卡的时候，它的姐妹船"温尼伯号"（*Winnipeg*）在靠近马提尼克时被法国海军拦了下来。[61]"温尼伯号"上有 700 多名乘客，多数是犹太难民，从马赛起航的时间比"怀俄明号"早了 9 天。"温尼伯号"在海上航行之时，伦敦方面接到报告称船上载有非法货物，有碍英国的计划：掐断德国控制的欧洲与美洲之间贸易航线。报告还称船上乘客里有纳粹间谍。[62]

5 月 26 日清早，拦截行动开始了。那时，较为富有的乘客还在开香槟庆祝自己即将到达马提尼克。在英方的命令下，荷兰战船"范金斯伯根号"（*Van Kinsbergen*）将灯光投射在"温尼伯号"上，并遵照海军行动的一贯规则发射警示炮弹掠过"温尼伯号"船头。当荷兰水手带着梯子与抓钩冲上船时，法国海员将大量文件扔进了大海。[63]在一片混乱中，有些难民担心他们是不是被德国潜水艇拦截了。入侵者们戴着金属头盔并用荷兰语对话，对于极度惊恐的乘客们来说，荷兰语听起来可太像德语了。[64]

被俘获的船被当作"战利品"押送去了特立尼达（Trinidad）。[65]

许多年轻的船员自愿加入了戴高乐（Charles de Gaulle）的"自由法国"运动（Free French movement）。船长和高级船员继续效忠于维希。700 名乘客乘坐大巴车抵达岛上由英国人运营的拘留营。"这一次，一切似乎都还不错。"来自柏林的摄影师约拉·尼古拉斯-萨克斯（Yolla Niclas-Sachs）如此记录道，她曾与丈夫被拘禁在居尔。"英国人总是公平且正确，他们不拿我们当敌人，而是把我们当作人一样对待。"[66]

美国官员对于"温尼伯号"被截停俘获一事感到不快。他们并不想在法属西印度群岛挑起事端或者破坏马提尼克的"经济稳定"。他们相信马提尼克政府在遵守与美国定下的协议，将船上进出口货物限制在少量必需品的范围内。美方敦促英方尽早放行"温尼伯号"。[67]而英方将"温尼伯号"视为"封锁破坏者"。除了将近 1000 吨维希矿物质水之外，船上的货物中还有高级的法国红酒与香水，远远超过了马提尼克居民所需要的物资。一位英国海军官员抱怨道："法国人正想蒙骗美国人，就像他们之前蒙骗我们一样。"放行"温尼伯号"绝无可能。

英国情报官员也对"这一船德国人"抱有深深的疑虑。英国外交部警告道："即使很多德国人最后能被证实是真正的难民，这些人中间也很可能有德国间谍。这些人被送往马提尼克，美国公众应该明白，这一事实是德国间谍即将到来的最新证据。"[68]英方逐一面谈了所有难民，确保其中"没有纳粹分子"。英方满意后，便同意难民们继续前往纽约。

维希政府不愿冒失去更多船只的风险，马上命令"怀俄明号"与其他开往马提尼克的船只返回法国。这意味着马赛—马提尼克逃生路线不复存在。在马赛—马提尼克路线存在的 4 个月里，法国船只载着几千个难民逃往安全和自由的地方。现在，纳粹恐怖在欧洲四处蔓延，滞留在法国南部拘留营的男男女女只能另寻逃生路线了。居尔的卡巴莱歌舞艺术家与马赛的反纳粹知识分子再也不能唱响他们的马提尼克情歌了。

第十章
莱斯米勒斯

当"怀俄明号"还在海上航行，前往卡萨布兰卡时，美国
国务院从驻马提尼克领事馆收到了一份令人不安的报告。马塞
尔·马利奇（Marcel Malige）受命严防渗透西半球的"德国特
工。"1941 年 5 月 20 日，他向华盛顿发送电报称有两名德国人
使用法国护照前往马提尼克，由一位德国官员陪同。这三个人
在离开欧洲前都取得了"美国签证"。

领事的电报让原本就神经紧绷的首都再次响起警钟。副国
务卿威尔斯在写给主管安全事务的助理国务卿阿道夫·伯利
（Adolf Berle）的备忘录中写道："这封电报令人不安。我们得
到了有关于马提尼克情况全面而准确的消息：德国间谍正假扮
成法国人和其他国家的人来到马提尼克。你是否满意？"1

伯利认同如果在马提尼克"释放"难民，再想得知他们的
行踪几乎是不可能的。"当然，岛上的纵帆船几乎可以把他们
带到任何地方。"他也听闻了同样的流言："来者之中有些'法
国人'其实是德国人。"伯利给威尔斯写道："我没有全面解决
此问题的方案，除非我们准备改变涉及马提尼克的政策——我
个人强烈认为我们应该这么做。"2

这封来自马提尼克的报告强化了一种存在已久的恐惧：对
于纳粹特工与"第五纵队"分子进入美国，尤其是假扮成犹太

难民进入美国的恐惧。尽管没有切实证据证明德国特工已成功渗透美国，谣言还是到处流传。政府中的强硬派抓着情报机关提供的一点点边角料不放手，要求禁止移民。国家进入紧要关头，难民活动家有限的影响力在国家安全机构面前变得不值一提。

类似的报告从美国驻英国、驻瑞士领事馆发回，使美方重新全面审视美国移民政策。一封 1941 年 1 月从伦敦发来的备忘录称，将纳粹间谍从真正的难民中区分出来是很难的，甚至是不可能的。领事馆既没有时间，也没有人力做更详细的调查。犹太难民时常"在外表和性格上与那些所谓的纯正雅利安人没有两样"，并与雅利安人一样忠于"祖国"。[3]一封 2 月 27 日发自瑞士巴塞尔（Basel）的电报称德国特工组织会为"愿意在美国为德国政府做地下工作"的难民提供资金。[4]

伯利作为支持罗斯福新政的杰出自由派人士，先前曾担心限制难民移民有损美国在世界上的道德立场。2 月 11 日，他写道："或许在此刻，我们最大的保护措施是欧洲那种古怪又神秘的心态：他们觉得美国伟大、有力且公正。"他认为难民们被要求"通过一系列筛选，而这些筛选时常筛除好人，而把那些我们不欢迎的人放进来"。[5]读过从巴塞尔发来的电报之后，伯利立即改变了他的想法。他告诉他在国务院的同事："从现在开始，所有的签证申请都必须让华盛顿知情。"[6]他还暗示改变签证流程中的步骤，让所有签证申请者都接受 FBI 的背景调查。

J. 埃德加·胡佛（J. Edgar Hoover）乐意照做。这位联邦调查局局长引述"绝密资料"，声称"为颠覆美国而入境的德国人"取得配额签证毫无难度。但是除了一份引用"西海岸德国人"言论的模糊报告之外，他没有为此提供任何证据。[7]

其他美国官员认为在难民中间抓捕可能存在的纳粹特工基 198
本没有意义。很快，马提尼克的马利奇领事便开始恼怒于华盛
顿接连不断的要求：要求他调查有关德国间谍的流言。先前的
情报都被证实是假消息。"这里有德国人？"他带着讽刺语气询
问他在国务院的同事，"这样的故事挺逗的——但如果我们要
因此加班加点寻找证据证明它们是假的，事情就没那么好
玩了。"[8]

尽管如此，1941 年 4 月 21 日，让华盛顿集中执行"外国
人签证控制"的新系统还是获得了罗斯福的批准。[9]从 7 月 1 日
开始，所有的签证申请都必须通过"跨部门委员会"的复核，
除国务院与移民归化局的代表之外，委员会中还有 FBI 代表、
陆军情报人员与海军情报人员。国务院会额外雇用数百名员工
来处理增加的文件流通。这一新规在难民与他们的"梦想之
地"中间又加了一道官僚程序的障碍。

执行签证新规的是难民活动家的对头布雷肯里奇·朗。这
位助理国务卿一直认为盖世太保操纵移民实施间谍活动。他认
为私人的救济组织，比如 HIAS-HICEM 与贵格会，已经无意中
被德国人当枪使了。他们的救援行动"会带来灾难，因为德国
政府只给他们想派往美国的人发放通行证。这是德国人往美国
疯狂输送间谍的绝佳途径"。[10]

媒体舆论战进一步升级。6 月 5 日，来自北卡罗来纳州的
反移民派参议员罗伯特·雷诺兹披露了一封来自美国驻莫斯科
大使劳伦斯·斯坦哈特的密电，批判难民活动家们的所作所为。
在参议院演讲中，雷诺兹声称"纳粹与共产主义特工"已经混
入了到达美国港口的"每一船难民"。阻止美国成为"充满革

命活动的粪坑"的唯一途径是竖立无法逾越的障碍。这位参议员大喊："如果我有办法，我会在美国边境修一堵墙，这堵墙又高又安全，地球上任何一个外乡人或者难民都无法攀登。"[11]

朗的对手们进行反击，向同情难民的报纸提供消息。6月19日，《纽约时报》报道国务院推出新规定，禁止任何在德国控制的区域有"近亲"的人进入美国。[12]报纸头版头条写明了这一新规定可能带来的后果。

美国新规切断众多德国难民逃生路线

——

禁止那些可能为营救亲人而在美国当间谍的难民入境

——

许多签证即将宣告无效

——

上千名预定从里斯本乘船前往美国的乘客现在将被拒绝入境

政府里的人权活动家担忧签证新规将使他们为救援付出的努力大打折扣。一封成功送达白宫的 HICEM 报告称，超过 2.6 万名外国犹太人正在未被德国占领的法国地区与北非的拘留营里面苦苦煎熬，等待离开的机会。报告称："对于这些不幸的人来说，移民是他们改写命运的唯一机会。**仍有一丝逃离的希望，这是支撑他们继续活下去的全部精神动力。**"[13]

战场上发生了重大变化，有关美国移民系统的争论变得不那么重要了。6月22日，美国人醒来时得知纳粹德国入侵了苏联。一夜之间，斯大林从敌人变成了潜在的盟友。8月，罗斯福前往纽芬兰的普拉森舍湾（Placentia Bay）秘密会见英国首相丘吉尔。在英国战舰"威尔士亲王号"（HMS *Prince of Wales*）的甲板上，两位领导人并肩而坐，就《大西洋宪章》达成一致，这为之后正式结盟提供了条件。

在罗斯福的坚持下，战后目标声明中提及了他所珍视的 200 "四大自由"：言论自由、宗教自由、免于匮乏的自由、免于恐惧的自由。

难民活动家们不愿打扰正忙着制定大战略的总统。9 月 4 日，在一场白宫的会议上，他们终于有机会说出他们的担忧了。这场会议上有朗，还有他最坚定的反对者们，包括拉比斯蒂芬·怀斯、刚被任命为司法部部长的弗朗西斯·比德尔（Francis Biddle）以及总统难民问题委员会负责人詹姆斯·麦克唐纳。人权活动家们要求总统放松"近亲"规定并简化先前提议的复核程序。麦克唐纳感觉罗斯福对他们的担忧表示同情，然而，老样子，"他并没有做出切实承诺"。[14] 尽管有些时候罗斯福可以当即做出决定，但他还是会做出模棱两可的反应，这是他处理难民危机的惯用方法。

"我变得有点生气，且担心我暴露了我的愤怒。"朗之后在日记中坦白道。他厌恶拉比斯蒂芬·怀斯的"假虔诚"，口口声声说着需要营救"难民中的知识分子和勇敢者，帮助他们逃离独裁者的折磨"。朗认为难民中只有"极小的一部分"属于这类人，剩下的人里有的"绝对是德国间谍"，还有些人是纳粹的"同情者"。

提及麦克唐纳和他的同僚们，朗写道："这些人中的每一个人都真切地憎恶我，他们摧毁我的心是如此急切，如果有机会他们会把我丢进狼群。"[15]

＊　　＊　　＊

与此同时，"温尼伯号"被拦截后，在纽约和卡萨布兰卡，犹太人联合分配委员会的工作人员正尽其所能营救滞留在摩洛哥的难民——那些先前被关押在居尔的难民。与其他前往马提尼克的旅客一样，迈尔一家持有的移民签证有效期只有 4 个月，9 月初就会过期。如果他们不能及时抵达美国的港口，签证就会作废，他们会再次回到冗长官僚程序的地狱中去。

201 在刺刀的威胁下，难民们走下"怀俄明号"。迈尔一家和其他带有年幼孩子的难民家庭被送上卡车，卡车朝着撒哈拉沙漠的方向开去。他们的目的地是位于西迪埃尔-阿亚奇（Sidi el-Ayachi）的法国外籍兵团①废弃营地，位于卡萨布兰卡西南方向约 50 英里处。这个营地建立在荒凉的沙丘之间，有一排排"像马厩一样的木质营房"。疲惫的旅行者们感觉他们"来到甚至是越过了'无名之地'（Nowhere）的边界"。[16]

难民们的到来是不祥的。营地负责人以"几乎令人生畏"的面貌，在马背上俯视着难民们。头盔下，他被太阳晒黑的脸隐隐闪现。他向难民们发表了简短的演讲，毫无欢迎之意。他对瑟缩着的难民们说道："你们是不受欢迎之人。我们没有邀请过你们，也不希望你们来。你们必须好好表现，遵守纪律。在这里，你们只能用双手劳作，金钱解决不了任何问题。"[17]

难民们即刻被投入工作，将干草搬运进营房作为床铺。几乎在 24 小时之后他们才吃上营地的第一顿饭：又黑又粗的面包，和汤一起才能够下咽。夜间，巨大的老鼠在地板上蹦蹦跳跳。白

---

① 法国外籍兵团（French Foreign Legion），为法国的正规部队，军团成员以外籍人士为主。19 世纪兵团主要的工作是保护法国的海外殖民地。

天，营地负责人将男性难民编成几个工作组，让营地变得更适合居住。有些人被派去邻近的小镇阿泽穆尔（Azemmour）领取物资，并为最年幼的孩子们带回少量的牛奶。

几天之后，另一群难民加入了进来，他们来自另一艘本应去往南美洲却调头回到卡萨布兰卡的船，本就人多地少的营房变得更拥挤不堪。肥皂彻底停止了供应。至于洗衣，"人们几乎无法洗衣，即使能洗，也是在棕色的泥水里洗的"。老鼠的数量随着人口数量的增加而暴增。难民到达三周后，"严重的传染病"爆发了。据医生拜尔采莱尔所述，数百人昼夜在厕所外排队，"饱受痢疾之苦"，他的儿子彼得也在死亡的边缘徘徊了数日。[18]

渐渐地，瘟疫退去，营地条件逐步改善。营地负责人比他看起来的要更有人性。在难民间树立威信之后，营地负责人尽其所能改善难民们的生活。一天，这位营地负责人依旧骑在高高的马背上，但这次他带着孩子们来到了大西洋海边一个极好的沙滩远足。孩子们在海里游泳，并在旁边的田野里挖土豆，在沙滩上点燃篝火烤土豆吃。对刚过 11 岁生日的库尔特·迈尔来说，这段经历是难忘的。他日后回忆道："那天天气很好。二战史上还有其他的拘留营负责人带着孩子们去远足吗？"[19]

7 月中旬的某一天，营地负责人宣布安排已就绪，大多数营地难民可以前往美国了。虽然马赛—马提尼克路线依旧行不通，但是犹太人联合分配委员会在一艘葡萄牙轮船上为难民们找到了位置。"尼亚萨号"（*Nyassa*）从里斯本开往纽约，途中将在卡萨布兰卡停泊，接西迪埃尔-阿亚奇的难民们上船。

7 月 25 日，迈尔一家在卡萨布兰卡的廉价旅馆度过了一晚，第二天乘坐马车去往码头。[20] 在里斯本，600 余名乘客已经登上"尼亚萨号"，包括一位波兰公主以及一位诺贝尔物理学奖获得者的遗孀。迈尔一家与其他几位三等舱乘客一起住在船头的一间小客舱里，其中有一位年轻的女士将大多数时间用于"和水手们消遣"，这让严格的外祖母苏菲耶感到恐慌。[21]

跨越大西洋成了一项危险的行动。乘客们与船员们时常需要注意周遭有没有德国潜水艇，他们也有被英国皇家海军拦截的风险。果然，从卡萨布兰卡出发 5 天后，他们被一艘英国战舰拦了下来。英国水手敷衍地进行检查后便放行了。难民们心怀感激，在登船搜查人员下船时抛给他们大量香烟与巧克力以示感谢。

8 月 9 日，星期六的黎明时分，迈尔一家终于第一次看到了自由女神像的身影。"尼亚萨号"在自由女神像伸出的手臂正下方停泊了 4 小时，等待满潮时间驶入纽约东河。不幸的是，海潮涨得过于高了，"尼亚萨号"在驶过布鲁克林大桥时桅杆与桥相撞，撞断了 10 英尺的中空钢结构部件。乘客们听到了"响亮的断裂声"，看到桅杆顶部被折弯成一个直角，摇摇欲坠。他们赶忙离开了前甲板——为庆祝"尼亚萨号"平安抵达纽约，前甲板上装饰着巨幅美国旗帜。

"尼亚萨号"停泊在第 28 号泊位之时，一大群记者聚集在附近，等着开"尼亚萨号"船员们的玩笑。"轮船经过布鲁克林大桥，把中桅撞歪了"，第二天，《纽约先驱论坛报》头版头条如此写道。[22]"'尼亚萨号'首次沿河而上，结果发现自己超高了 10 英尺。"这篇报道顺便提及有"200 名来自卡萨布兰卡的难民"抵达纽约，他们曾"与时间赛跑"，试图在签证过期之前抵达美国。

＊　　＊　　＊

迈尔一家已经到达了应许之地，但他们的朋友格尔达和莫莫就没有这么幸运了。他们错过了登上"怀俄明号"的机会，重新回到了申请签证的难熬地狱。多年来他们都在收集警局记录与宣誓书，以证明自己"道德与政治品行良好"。大洋彼岸，他们的亲人为他们提供了就业记录与银行流水，以证明他们不会成为美国纳税人的负担。虽然领事馆先前承诺奥尔巴赫尔夫妇4月可以领取签证，但是他们没能在签证规定变化前领取签证。[23]

6月25日，格尔达给纽约的弟弟胡戈写道："领事馆没有为我们签发签证，现在我们又得努力满足新的要求了。4月19日之后，一切毫无进展，总有一些需要抱怨的原因。"几周之后，她在信的末尾写下了一段绝望的话："现在人们必须取得华盛顿的许可了。总是有新的规定和挑战。希望主帮助我们渡过难关。"[24]

7月17日，胡戈给美国国务院写信为格尔达与莫莫"申请新的表格"。[25]除了需要克服其他的障碍，胡戈还需要让签证审查委员会确信自己的姐姐与姐夫不会被盖世太保敲诈并成为间谍。与其他的巴登犹太人一样，格尔达与莫莫也在"纳粹控制的领土"上有"近亲"，这些亲戚可能成为纳粹的人质。

HICEM马赛办公室的负责人抱怨道："工作变得越来越困难了。我们本以为有些案子已经完结了，现在又得重新开始处理这些案子的手续。"[26]让事态变得更加复杂的是，横跨大西洋的轮船班次原本就不多，现在这些轮船船票的价格一直在涨。从里斯本到纽约的二等舱船票先前需要花费250美元，现在则

204

需要 450 美元，这几乎相当于 2019 年的 8000 美元了。

莫莫·奥尔巴赫尔来到了位于普罗旺斯地区艾克斯附近的莱斯米勒斯移民营（见彩图 36），那里还有另外六个来自基彭海姆的男性，包括 5 月底到达莱斯米勒斯的马克斯·瓦尔弗与胡戈·瓦亨海默。[27] 营地位于一个废弃的瓷砖厂，厂房处于一片经典的普罗旺斯式景观之间：橄榄园、葡萄园、老旧农屋，远处还有一条沟渠。对莱斯米勒斯的居民们来说，美丽的乡间景色与"丑陋得难以描述"的瓷砖厂之间形成了鲜明的对比，令人印象深刻。德国作家利翁·福伊希特万格写道："透过窗户眺望远处的风景给人一种奇怪的感觉。那随风拂动的、可爱而柔软的绿色原野看起来近在咫尺，却遥不可及。"[28]

入口处有门岗，检查各种文件并登记姓名。新来者被送进一个大院子，在那里营地居民们无所事事，四处游荡，交换着各种八卦。在明媚日光之下，他们进入了一个形如"大型黑洞"的地方，走入混沌的黑暗。狭窄的走廊蜿蜒环绕着废弃的砖窑，让福伊希特万格想到了"地下墓穴"。二层更加宽敞，天花板更高，但同样黑暗。窗户都被用木板封住或者涂成深蓝色以防在空袭中被轰炸。"夜里，营房里有几个微弱的灯泡。它们非但没有照亮黑暗，反倒让黑暗显得更深沉了。"

如果说居尔生活的主要元素是泥泞和雨水，那么莱斯米勒斯生活的主要元素则是尘土与昏暗。极细的红色尘土弥漫在整栋建筑物之中，被呼啸着穿过屋顶与墙壁缝隙的强劲西北风卷起。无论是物件的表面还是人们的身上，尘土无处不在。尘土还落在居民们饮用的稀汤里。福伊希特万格写道："尘土，到处都是尘土！厚厚地落在地上被人们踩实，地面难以行走；看似即将散落成尘土的砖块一堆一堆，到处都有。"[29]

营地居民们将破碎的砖块做成临时桌椅，尽管这些桌椅很快就散架了。他们在砖块之间铺上干草，做成临时床铺，占领一席宝贵的私人空间。福伊希特万格估计每个人只有"30英寸宽的空间"。"干草堆之间没有通道，所以睡觉的时候人们不仅得身体挨着身体，还得头对着头。"[30]

像居尔一样，这里厕所数量严重不足。有时候，院子里6个厕位有100个人在等。"没有冲水系统，没有办法避免沾上污物，也没有办法逃过四处飞舞的苍蝇……起初，许多人生病了；很快，所有人都病了。如果一个人没有吃坏肚子，那么他肯定会通过肮脏的厕所染上疾病。"[31]许多营地居民染上了痢疾，等待如厕的时间使这痛苦更加难熬。

设立莱斯米勒斯营地的目的是帮助难民移民，使他们离领事馆的所在地马赛更近一点。营地负责人签发通行证，允许人们响应外国领事馆的召见或者与住在港口终点酒店或者邦帕德酒店（Bompard Hotel）的妻儿团聚。前往马赛单程需要至少2小时：从莱斯米勒斯徒步1小时走到圣马丁（Saint-Martin），再花1小时乘坐电车前往市中心。如果难民们有迫切需要，他们也偶尔被允许在马赛过夜，第二天再返回瓷砖厂。[32]

在马提尼克路线依然畅通、美国领事馆仍在正常签发签证的时候，莱斯米勒斯主要作为一个移民中转营。但是1941年7月事情发生了变化，因为新的政策开始生效。在昏暗的几周中，美国移民似乎被无限期叫停了。如果真是这样，莱斯米勒斯就会重新成为一个普通的拘留营。记者汉斯·弗伦克尔（Hans Fraenkel）写道："悲观主义的冷风吹过庇护我们的砖厂。"[33]期待被早日释放的希望让位于"黑色的绝望"与"愈演愈烈的紧张感"，这种情况很可能让整个营地陷入无穷无尽的忧郁。流言称莱斯米勒斯将被关闭，人们要么被送到北非或法国德占区强制劳动，要么被送回居尔。

1941 年 8 月的一篇 HICEM 报告称，美国移民政策的改变使许多莱斯米勒斯居民陷入了"近乎无望的境地"。莱斯米勒斯的情况本来已经够糟了，其他的选项只会更糟。HICEM 组织营地居民代表团直接向美国领事表达他们的忧虑，美国领事充满同情地倾听他们的诉说，但明确表示领事已经不再是签证事宜的决定者了。他建议难民们让在华盛顿的支持者游说总统政治难民问题顾问委员会。[34]

在这时候，一位营地居民想到把莱斯米勒斯改造成一个"劳动夏令营"，致力于促进其他营地居民精神与智力的发展。为了对抗可怕的抑郁情绪，难民们组织了讲座、体育锦标赛与音乐会。老师们在课堂上教授历史与外语；艺术家们在卫兵食堂的外墙上画了幽默的涂鸦；营地负责人为摄影师建立暗房提供材料；营地甚至还有图书装帧工作坊。地下墓穴一般的营房一楼变成了卡巴莱歌舞剧与舞台剧的布景。忧郁情绪并没有消失，但是生活变得没有那么难熬了，"即使对那些不知道自己能否离开营地的人来说也是如此"。[35]

营地负责人鼓励莱斯米勒斯的居民开展文化活动，认为忙于活动的营地居民们更易于管理。卫兵主要是当地农民，只要能在繁荣的黑市交易中赚到钱，他们就对难民们足够友好。在居民们的绘画中，头戴贝雷帽的卫兵推着巨大的香肠与一桶桶葡萄酒穿过营地，嘴里还叼着香烟。福伊希特万格回忆道，有一次他与其他居民正在踢足球，球飞出了围栏。踢足球的人问卫兵可不可以出去捡球。卫兵回答说那是严格禁止的。他不能允许这种行为，但"如果谁可以帮他拿一会儿枪，他可以翻过墙把球捡回来。他确实这么做了"。[36]

自从和妻子范妮在居尔分别后，马克斯·瓦尔弗花了大部 207
分时间在莱斯米勒斯给陌生的政府官员写求告信。对于这位光
头的烟草经销商和第一次世界大战老兵来说，集齐文件成了他
的一份全职工作。他不得不与六个不同的官僚机构打交道：美
国国务院、美国驻马赛领事馆、HICEM 和其他难民援助组织、
难民营机关、所在地政府、外国航运公司。每个官僚机构都有
自己的制度怪癖和规定，这些规定经常与其他官僚机构的规则
相互矛盾。要离开法国前往美国，必须天时、地利、人和兼备。

他的当务之急是安排把范妮从居尔解救出来，让他的妻子
搬到一个位于马赛这个地中海港口城市、为难民准备的廉价酒
店中，这将是他们为最终逃离法国而迈出的切实一步。在美国
领事馆的办事手续被大大简化。不幸的是，获得离开居尔的许
可变得越来越困难。难民营官员允许范妮前往马赛的前提是她
拥有一张行程已确认的、横渡大西洋的船票。[37]但航运公司签发
船票的前提是，她持有一个签证。所以为了获得签证，她首先
必须去马赛。诸如此类。循环逻辑或不合逻辑的移民出入境程
序令人恼火。

除了与官僚机构打交道，马克斯还与他分散在世界各地的
孩子们保持着稳定的通信。他依靠孩子们得到宣誓书、食品包
裹和买蒸汽船票的钱。到 1941 年夏天，他六个孩子中的四个
（卡尔、胡戈、弗雷亚和露特）已经到达了美国。埃尔泽和丈
夫海因里希住在英国，而最小的埃里希则在巴勒斯坦过着新的
生活。收集宣誓书必要材料的负担主要落在了在美国的孩子们
身上，尤其是住在美国时间最长的胡戈和露特。

境况总是起起落落。马克斯在 7 月中旬很沮丧地报告说，因为华盛顿出台了新程序，"关于我们出境移民的情况进展缓慢"。[38]他很高兴地得知胡戈和露特向纽约的一家犹太人救济机构存了 600 美元，为他和范妮支付横渡大西洋的船票。然而，这笔钱花了几个月才到达欧洲，马克斯只能不停地发跨洋电报催问。7 月底，马克斯仍在等待转账的"书面确认"，当时他正在莱斯米勒斯接受 HICEM 代表的面谈。[39]如果没有书面确认，就不能确保让范妮成功离开居尔。

这一时期的信件显示了马克斯和范妮在性格上的深刻差别。平静、坚忍的范妮比她那严厉、有时脾气暴躁的丈夫更能承受难民营生活的压力。在写给孩子们的信中，范妮很少提及自己的烦恼，而是不断询问她的亲人是否健康。"〔前去美国的〕旅程无法很快安排好，但我们必须耐心和坚持，"她在那个夏天写给埃尔泽道，"我多么渴望见到你们所有人，我亲爱的孩子们，特别是我亲爱的埃里希〔她最小的、现在在巴勒斯坦的儿子〕。我什么时候才能再见到我的金色男孩呢？"她煞费苦心地让孩子们放心，表示她生活得很好。她告诉埃尔泽："我每天都准备好的水果和蔬菜，我依旧还是你的老妈。"马克斯离开居尔去莱斯米勒斯之后，包括马克斯以前的秘书贝尔塔·魏尔在内的其他基彭海姆人陪伴着范妮，让她感到了安慰。她写信说："我们在一起，这非常好。"[40]

贝尔塔以及她的母亲、妹妹和范妮住在居尔的同一间营房里。[41]马克斯一如既往地非常重视帮助贝尔塔和她的家人到达美国。马克斯在给 HICEM 信上写道："如果有可能的话，魏尔家和我们家都希望一起乘船去纽约。""我们一起来到居尔，从那时起我们共同度过了好几个月。愿上帝保佑我们也一起进入下一个阶段。"[42] 马克斯在莱斯米勒斯写信给他的女儿埃尔泽说，当知道"我们亲爱的妈妈和贝尔塔"以及她的母亲、妹妹一起在居尔难民营时，他松了一口气。马克斯补充说，魏尔一家的陪伴"就像自己的家人陪伴一样好"。

马克斯的女儿和她们的丈夫仍然用怀疑的眼光看待贝尔塔。 209 露特的丈夫鲁迪·贝格曼担心他的岳父母被魏尔一家拖累，"错过了不少离开法国的机会"。他告诉埃尔泽："一旦魏尔一家永远走不了，我们就会采取适当的措施。"[43] 然而，仔细分析事情发生的先后顺序就会发现，马克斯和范妮遭受的签证磨难与魏尔一家无关。他们的命运掌握在航运公司和美国国务院的手中。

HICEM 官员们试图用官僚手腕巧妙地处理文件中相互矛盾的要求。他们签发了措辞含糊不清的证明信，目的是说服驻马赛的美国领事，他们的客户已经做好出发的准备了。一封证明信是这样说的："我们荣幸地确认，我们的里斯本办事处在将于 12 月 31 日前后从里斯本前往纽约的船上为马克斯·瓦尔弗先生和他的妻子预定了两个位置。"[44] 与此同时，他们向里斯本的难民救助官员发出错误的保证——"有关人员已经持有他们的签证，并将在不久的将来离开"。[45] 这个系统依赖于制作堆积成山的、唬人的文件，这些文件都盖有橡皮印章，但从来没有人会去检查它们。

到了 10 月底，瓦尔弗夫妇收到了他们盼望已久的消息。他们的签证申请终于在华盛顿获得了批准。接到了美国总领事馆的传见，范妮获得了离开居尔的许可。[46]11 月 14 日，她乘坐长途火车前往马赛，去黎凡特酒店的妇女拘留中心报到，该中心位于港口终点酒店的拐角处。[47]

11 月 28 日，马克斯告知 HICEM，他和范妮希望在 12 月 8 日星期一从美国领事那里得到签证。一旦他们获得了美国签证，他们将立即申请西班牙和葡萄牙的过境签证。"我恭敬地请求您安排其他一切事项，这样我们才能及时订票，我们的离境行程才不会延误。"[48]

在法国拘留营待了一年多之后，签证之神似乎终于对马克斯和范妮微笑了。

12 月 7 日，星期天，当电话铃响起时，富兰克林·罗斯福总统正在白宫二楼他的私人书房里吃午餐。他的亲信哈里·霍普金斯在他旁边坐着。他们使用的那张沉重的橡木书桌是用 19 世纪英国探险船"坚毅号"（HMS *Resolute*）上的木材制作的。这个书房的第一个主人是众所周知的美国前总统约翰·亚当斯，他将这间书房称为"楼上的椭圆形办公室"。这个以航海为主题的房间里摆满了军舰模型和其他象征美国海军力量的物品。当白宫话务员转接了海军部部长打来的紧急电话时，两人还在闲聊"与战争无关的事情"。[49]

"总统先生，"弗兰克·诺克斯（Frank Knox）报告说，"日本人似乎袭击了珍珠港。"[50] 罗斯福桌子上黄铜船用时钟显示了时间：下午 1 点 47 分。

霍普金斯确信事情一定是搞错了：从长远来看，把美国卷入战争对日本来说无异于自杀。总统凭直觉认为这个报告是准确的。为了回应日本对印度支那的入侵，他对日本实施了石油禁运，从而把日本军国主义者逼入了绝境。截获的电报显示，日本政府打算中断与华盛顿的外交谈判。对罗斯福来说，日本对火奴鲁鲁的美国太平洋舰队的突袭相当合乎逻辑，至少现在回想起来是这样的。

从航空母舰上起飞的两拨日本飞机轰炸所造成的损失十分惨重。8 艘美国战列舰、3 艘轻型巡洋舰和 3 艘驱逐舰并排停泊在港口里，在突袭的头几分钟里就受损。数百名水手被困在燃烧的船上。90 分钟后，当袭击结束时，已有 3500 名美国人丧生。唯一的好消息是，包括全部 3 艘航空母舰在内的一半美国舰队都出海了，日本人不知道它们的位置。

随着日本袭击珍珠港的消息传开，一些美国高级官员议论说这是一场"彻头彻尾的灾难"，认为日本即将袭击美国太平洋海岸。相比之下，在风暴的中心，夏威夷火速传来的消息"一个比一个更可怕"，罗斯福却保持着"极度的冷静"。"他对任何事件的反应总是冷静的，"埃莉诺·罗斯福惊叹道，"如果发生了糟糕的事情，他表现得几乎就像一座冰山，从来不允许有丝毫的情绪表露出来。"[51]

总统深知，在历史长河中属于他自己的时刻——他过去四年一直在为之准备着的那一刻，终于来到了。在他的一些助手看来，他似乎已经卸下了一个巨大的包袱。现在再也不会有关于美国是否应该站在民主国家一边参战的争论了。孤立主义者已经失败。"我认为，这件事发生后，总统一定大大地松了口气，"邮政部部长弗兰克·沃克（Frank Walker）对一位内阁同事低声说，"之前这对他来说是个沉重的思想负担。我觉得他头脑里的压力会杀了他……至少我们现在知道该怎么做了。"[52]

罗斯福修改着他向国会传达信息的措辞，直到它能尽量简明扼要地表达他的想法。助手们敦促他发表一个重磅演讲，但他更喜欢简短发言。他最初的草稿将 1941 年 12 月 7 日描述为

"一个将载入世界历史的日子"。在最终版本中，他删除了"世界历史"，取而代之的是"奇耻大辱"。[53] 他的演讲得到观众们长久的起立欢呼。美国国会通过了他对日本发动战争的请求，仅一票反对。[54]

罗斯福很清楚，向日本宣战也意味着向日本的轴心国盟友德国和意大利宣战。然而，出于政治原因，他决心避免留下发动战争的印象。他宁愿等到德国对美国宣战后，美国再对德国宣战。12 月 11 日，阿道夫·希特勒对"那个喜欢围坐在炉边聊天的人"发出了辱骂的咆哮，这正中罗斯福下怀。在希特勒看来，罗斯福是与苏联布尔什维主义结盟的"盎格鲁-撒克逊-犹太人-资本主义世界"的领导人。"充满邪恶卑劣的犹太人都聚集在那个人的周围，那个人伸长了他的双手。"[55] 在当天晚些时候，美国国会做出回应，对德国宣战。

埃莉诺陪同她的丈夫罗斯福赴美国国会大厦向国会发表演讲。之后，她立即动身进行计划已久的加州旅行，据《洛杉矶时报》所说，加州已经成为"一个危险地带"。该报警告说，"内部有敌人"，敦促"目光敏锐的平民"警惕"间谍、破坏者和'第五纵队分子'"。[56] 任何一个日本人、德国人或意大利血统的人，无论他们在美国生活了多久，都立即遭到了怀疑。在珍珠港遭到袭击后的 48 小时内，联邦调查局向罗斯福报告说，有 1212 名"日本人"和 620 名"德国人"已被"拘留"。[57]

埃莉诺对于重新爆发的"第五纵队"臆想很担忧。在日报专栏中，她承认"德国和意大利特工"在美国很活跃，但是强调了包容少数群体的必要性。在西海岸时，她确保能够与微笑着的日裔美国人一起拍照。[58] 她写道："这也许是这个国家有史以来遇到的最大考验。也许正是它将考验美国能否为世界其他地区的未来提供一种模式。"[59]

12 月 8 日早上，马克斯·瓦尔弗和范妮·瓦尔弗按照指示到美国驻马赛领事馆报到。由于他们已经预约，所以他们能够从圣费罗尔广场梧桐树下那些通常熙熙攘攘、谋求签证的人群中挤过去。然而，他们的面谈并没有像预期的那样进行。领事拒绝授予他们最重要的"那一张盖有印章的纸"。相反，领事要求提供更多的文件。对日宣战之后，法国和西班牙之间的陆地边界已经对"途经北美的外国人"关闭了。[60] 领事要求瓦尔弗夫妇解释，即使假设他们预订的船票仍然有效，他们将如何在 12 月底到达里斯本。[61]

离开领事馆后，马克斯和范妮就立即绕过拐角处来到帕拉迪斯街（Rue Paradis）的 HICEM 办事处，那里像往常一样挤满了紧张的难民。在描述了领事馆发生的事情后，HICEM 官员给他们签发了一张新文件，将离境日期推迟到 1 月 31 日。到那时，边境肯定会重新开放。马克斯带着重新签发的证书回到了领事馆，但这一次也被拒绝了。领事需要知道瓦尔弗夫妇将要乘坐的船只的名字和确切的出发日期。如果他们计划途经里斯本，领事需要他们提供西班牙和葡萄牙过境签证。[62]

其他数百名之前被拘留在居尔的难民发现自己处于类似的处境。很快，有关美国签证规定进一步紧缩的谣言开始满天飞。213 12 月 24 日，格尔达·奥尔巴赫尔告诉她在纽约的弟弟胡戈："目前，领事馆正在休假过圣诞节。人们听到的流言蜚语太多了。前天，我们听说我们将不得不从华盛顿那里获得一些其他的文件。但是那些还没有拿到文件的人要比那些已经拿到文件的人情况更好。"[63]

法国-西班牙边境的关闭使许多已经拥有美国签证的难民陷入了困境。格尔达写道，一个年长的基彭海姆人"已经戴上帽子，准备离开了，但有消息传来说，边境已经关闭了"。另外一些人发现自己被困在边境附近，"无处可去"。"当所有的东西都很昂贵的时候，一切都是那么困难。你已经在努力挣扎勉强度日了，还要忍受办理所有这些手续时遇到的推诿扯皮。"[64]

格尔达在应对习以为常的被拒绝和失望中，培养了一种态度："对一切都漠不关心，这有助于我活下来。"相比之下，马克斯·瓦尔弗无法抑制他对自己和范妮所受待遇的愤怒。他指责 HICEM 偏袒其他被拘留者，向他们发放即使在珍珠港事件之后也能通过领事馆审核的旅行证件。他声称 HICEM "行事不公正且不顾后果"，威胁要让移民部门"对所有可能发生的事件负责"。[65]

HICEM 官员已经习惯了这样的抱怨。1 月 8 日，他们在给马克斯的信中写道，"我们完全理解你急切离境的心情"。不幸的是，瓦尔弗夫妇现在需要"美国当局的特别授权"才能获得签证。[66] 被希特勒赶出家园的德国犹太人现在被认为是"敌国之人"，与迫害他们的人属于同一类别。[67]

问题不在于马赛，而是在华盛顿。

第十一章
"敌国之人"

J. 埃德加·胡佛的体型就像一只斗牛犬，拥有沉重的躯 干、细长的腿和好斗的面孔。他是美国执法部门的代表人物。他那个有实木墙面的办公室，位于司法部大楼五楼，可以俯瞰宾夕法尼亚大道。在这里，他控制着一个由成千上万的特工和情报人员组成的调查机构。一旦有要紧事，桌子上的一排电子按钮可以让他和在政治中心（Seat of Government，胡佛如此称呼华盛顿特区）的最高官员，以及遍布全国各地的联邦调查局的办事处进行即时沟通。巧妙的档案系统让他能够监视一大批间谍和破坏分子嫌疑人。

胡佛是个工作狂，强迫症般地关注细节，在细节上不遗余力地下功夫。他依照自己的形象创建了联邦调查局。他坚持要求他的特工们穿深色西装、白色衬衫，戴单色的领带和时髦的帽子，而且他们既不能太矮，也不能太笨重。他们都是男性，且除了极少数人比如他的私人司机之外，都是白人。他们必须时刻保持专业的行为举止。他们应该精力充沛、清正廉洁、完完全全忠于联邦调查局，换句话说，就是忠于胡佛本人。胡佛把他的特工看作美国对抗颠覆分子的第一道防线。他希望人们对他们既尊敬又害怕。

胡佛拥有权力的关键之一是他有处理公共关系的天分。他

215 能够确保他的联邦特工（G-men）或"政府官员"的工作业绩
被报道和记载在新闻杂志、广播节目、电影甚至连环漫画中。
随着人们越来越能感知到来自德国或日本特工的威胁，标题为
《间谍终结者》（*Spy Smasher*）、《联邦特工对抗"第五纵队"》
（*G-Man vs. The Fifth Column*）之类的侦探小说越来越受欢迎。
根据一项统计，好莱坞仅在 1942 年就制作了 70 多部内容有关
打击外国颠覆活动的电影，其中许多故事原型取自联邦调查局
的档案。[1]

　　胡佛喜欢仔细阅读他放在办公桌旁边的剪贴簿，上面有他
喜欢的漫画剪报和新闻报道。珍珠港事件发生后的几周内，他
的剪贴簿上充满了赞美联邦调查局领导打击"内部敌人"的漫
画。许多画都以"胡佛真空吸尘器"为主要内容。在一幅具有
代表性的漫画中，一只贴着联邦调查局标签的手臂正在一张标
有"西海岸防御区"的地毯上，像吸尘器一般清除"敌国之
人"。在另一幅漫画中，一个联邦特工戴着一顶标准的软呢帽，
用一盏灯照射着被困在陷阱中的、被描绘成老鼠的"敌国之
人"。在第三幅画中，一名如巨兽般庞大身躯的联邦调查局特
工，正把一群长相像德裔和日裔的人，推搡到"破坏者和间谍
接待中心"，配上的标题是"安全第一"。[2]

　　胡佛肩负着保护美国国内安全的重任，他一直在寻找加强
美国国土防御的方法。他不信任国务院的签证申请程序。联邦
调查局的报告强调，在许多重要信息"被埋藏在轴心国占领的
领土上，难以获取"的情况下，收集签证申请人的准确情报是
非常困难的。胡佛拒绝承认难民是应该得到美国同情的"受压
迫的人"。在他看来，配额制度的主要受益者是"钻石商人"
和其他通过贿赂得以在欧洲通行的"富裕人士"。与"商人、

交易员和欧洲激进主义极端分子的数量"相比,获得美国签证的"小人物"的数量"少得可怜"。[3]

联邦调查局称,这些难民拥有一个有"高度影响力"的支持者网络,除了那些常见的"自诩的自由主义者"外,还包括国会议员和参议员。任何试图将大量难民带到美国的人都可能有被贴上"赤色分子"标签的风险。英格丽德·瓦尔堡(Ingrid Warburg)是瓦尔堡银行王朝的一员,她为赞助欧洲知识分子签证的紧急救助委员会工作,因而成为联邦调查局的目标。"鉴于这个人对移民们表现出的强烈兴趣,"胡佛在备忘录中写道,"查清她的背景、性格、声誉和组织隶属是明智的。"秘密线人报告,该委员会——赞助人包括埃莉诺·罗斯福和阿尔伯特·爱因斯坦——是一个"共产主义阵线组织"。[4]

胡佛也对 HICEM 持怀疑态度,这个组织在营救滞留在法国的犹太难民方面是最活跃的。1941 年 9 月,他写信给美国国务院,转达了一个"绝对机密"的信息,即盖世太保正在"利用 HICEM"向美国渗透特工。[5]美国国务院进行调查,但未能找到支持性证据。美国驻马赛领事报告说,尽管他与该组织"几乎每天都有接触",但他没有发现盖世太保和 HICEM 之间有联系的"丝毫迹象"。[6]然而,这一事件损害了 HICEM 在华盛顿官方眼中的声誉。它为难民代言和服务的努力被挥之不去的怀疑蒙上了阴影。[7]

在珍珠港事件发生后不久,联邦调查局立即清理了一批"敌国之人",其中有一个名叫保罗·博尔夏特(Paul Borchardt),是"一个遭受希特勒主义迫害的难民"。这位专精于阿拉伯世界的前地理学家和考古学家,曾在第一次世界大战期间为德国做间谍。他持续指导德国纳粹国防军的地缘政治工作,直至 1938

年。尽管博尔夏特已经皈依了天主教，但他是犹太人血统，因此在纳粹眼中是一个"非雅利安人"。他曾两次被盖世太保逮捕，在达豪待了一小段时间后，经过有影响力的朋友解救而获释。在英国待了一年后，他于1940年年初作为移民来到了纽约。1942年3月，在他因间谍罪受到审判时，他的辩护律师将他描述成"一个情非得已的纳粹主义仆人"。检察官指控他以"成千上万真正的难民的痛苦"为挡箭牌。[8]博尔夏特被宣判为间谍罪，被判处20年监禁。尽管这是一个特例，但由此引起的公众关注支持了胡佛颁布更多限制性签证政策的需要。《纽约时报》头条新闻报道此事件的标题是《与纳粹间谍团伙有关的"难民"》。[9]

217　　　对胡佛来说，博尔夏特案的寓意是显而易见的。现在美国正处于战争状态，权衡潜在安全威胁的举证责任需要果断地推卸出去。联邦调查局不再应该有责任证明一名难民会对美国带来威胁，而应由难民来证明自己没有带来威胁——这将更加困难，也许是不可能的挑战。

　　罗斯福政府中遭到胡佛蔑视的"自诩的自由主义者"中，有一个是胡佛名义上的上司，他就是司法部部长弗朗西斯·比德尔。作为费城贵族世家的后裔，比德尔似乎是"贵族义务"观念的缩影。他的朋友包括作家、知识分子、艺术家和慈善家。他和著名诗人——凯瑟琳·加里森·蔡平（Katherine Garrison Chapin）结为伉俪。作为哈佛大学法学院的高才生，他一直苦苦思索国家安全和公民自由之间如何维持适当平衡。他是政府内支持人道主义难民政策的主要倡导者之一。

　　罗斯福总统的一些亲信觉得比德尔既迂腐又软弱。总统本人也喜欢嘲笑他的司法部部长真诚且有点自以为是的举止。在珍珠港事件发生几周后的一次午餐会上，罗斯福漫不经心地宣布，他已经决定在战争期间中止言论自由，他要比德尔起草一份合适的公告。"这是一件困难的事情，但我相信这是绝对必要的。"其他客人明白总统是在开玩笑，他们静静地坐着，看打着领结的比德尔中了圈套，反应激烈。比德尔在白宫的内阁室里踱来踱去，激情陈词，敦促罗斯福重新考虑这个决定。他热情洋溢的独白持续了大约 5 分钟后，听众才哄堂大笑。[10]

作为司法部部长，比德尔负责多个官僚机构。除了联邦调查局，他还负责监督移民服务处。该处于 1940 年从劳工部脱离，转属于司法部，是新政进步派的大本营。在难民政策方面，移民服务处和联邦调查局的负责人经常互相攻击。移民服务处强调难民（包括被希特勒迫害的德国犹太人）可以对战争做出贡献。联邦调查局的重点是为敌特提供掩护的"所谓的难民"所构成的国家安全风险。

被指派对难民进行背景调查的联邦调查局特工严厉抨击了据说由司法部部长和其他"自由派人士"所倡导的"对移民实行门户大开政策"。1942 年 3 月，联邦调查局的一份备忘录谴责了国务院的"愚蠢之举"，因为它忽视了联邦调查局提供的有关难民的"极其负面的信息"。胡佛在上面潦草地签了一个"OK"表示同意。[11]

比德尔在强调独立监督的必要性的同时，谨慎地赞扬了联邦调查局追捕间谍的热忱。"一项彻底的调查工作需要从最可疑的角度来考虑每一条线索和每一点信息。"他写道。相比之下，"评估功能"则需要仔细权衡证据，包括"有利的和不利的"。以一个难民过去曾"对左派表示同情"的事实为由，将

218

他排除在美国之外，这个理由不充分。比德尔指出，许多难民"早在我们之前就与纳粹进行斗争"，然后"遭到迫害并被赶出家园"。[12] 他的助手抱怨说，安全部门"宁可错把十个有资格的人拒之门外，也不放过一个不值得被接纳的人入境"。[13]

比德尔违背了自己的正确判断，默许了对居住在西海岸的10万多名日裔美国人的大规模拘留。起初，他以宪法为理由抵制迁移令，但在军队担负起"军事禁区"的责任后，他放弃了反对。与此同时，比德尔继续发表演讲，对于针对在外国出生的美国人和"忠诚的外国人"的迫害提出警告。"今天被拘留的外国人，可能明天就是美国公民了，"1942年2月1日，他告诉哥伦比亚广播公司，"让我们不要怀疑他们，除非我们有证据去怀疑。"[14]

难民在战争时期造成了一个特殊的问题。1941年11月25日，德国政府通过修改《德意志帝国国籍法》，剥夺了不在德国居住的德裔犹太人的国籍。[15] 根据德国法律，他们现在是无国籍的。然而，就美国而言，根据难民们的出生地，他们仍然是"德国人"。12月11日美国国会对德国宣战后，所有尚未自动获得美国公民身份的"德国人"自动成为"敌国之人"。[16] 同样的逻辑也适用于"日本人"和"意大利人"。

219　　根据战时规定，"敌国之人"进入美国被认为是"有损公众利益"的。[17] 几个星期以来，美国几乎没有给滞留欧洲的德国犹太人发放新的签证。[18] 比德尔和他的支持者反对全面禁止移民，理由是它排除了反对希特勒的难民，他们对美国不构成安全威胁。[19] 1月底，有关方面达成了妥协，允许这部分"敌国之人"可以另外向国务卿提出申诉，请求特殊情况特殊考虑。

申诉程序异常烦琐，涉及多个阶段。那些签证在珍珠港事件前就已原则上获得批准的难民，必须向国务院重新提交申请。这些申请由国务院、司法部和安全部门代表组成的跨部门委员会审查。一个"初级"委员会将其建议提交给"二级"委员会，二级委员会做出的决定相应地提交申诉委员会进行审查，由申诉委员会向国务卿提出最终建议。[20]

2 月初，美国难民救济人员瓦里安·弗赖伊在给一位法国朋友的信中写道："签证情况一天比一天令人绝望。正如我们在美国所说的那样，签证发放的流程现在完全由幕后操纵。换句话说，现在任何人获得签证的唯一办法，就是找一些非常重要、有影响力的人向国务院施加压力。"

这个签证体系让刚刚从欧洲回国的弗赖伊联想起法国君主制时代。"如果你刚好在一个人那说得上话，而他又在太阳王①那说得上话，也许你就能得到你想要的恩惠，否则就完全没有希望了。"[21]

伴随着政府机构竞相要在"战争"中发挥作用，华盛顿的官僚机构一发而不可收地扩张了。"临时"建筑物，或简称"速建"，"几乎一夜之间"出现在国家广场（National Mall）的绿地中。（创纪录的建造时间是 38 天。）"这些临时建筑物太丑陋了，"播音员戴维·布林克利（David Brinkley）回忆道，"它们无处不在。""速建"如雨后春笋般出现在林肯纪念堂、华盛顿纪念碑和潮汐湖周边。国家广场上排满了"一排又一排沉闷阴郁的办公大楼，覆盖了之前占地几英亩的美丽动人的公园景

220

---

① 路易十四（Louis XIV），自号太阳王（法语：le Roi Soleil），是法国波旁王朝的国王。在位时间是 1643 年 5 月 14 日至 1715 年 9 月 1 日，长达 72 年 110 天，他是有确切记录的在位最久的主权国家君主。

色"。[22]

新的跨部门签证审查委员会就坐落在这样一个匆忙建立的办公大楼里（见彩图 37）。这个"U 形的临时建筑"，像一把长着粗齿的怪物梳子，位于宪法大道的一个尊贵角落，夹在华盛顿纪念碑和史密森尼国家自然历史博物馆之间，从白宫步行 5 分钟即可到达。它有两层楼高，是多个政府机构的总部，这些机构都致力于阻止敌方特工进入美国，但彼此之间经常打架。军事情报人员集中精力击退司法部对他们防守良好的阵地发起的"正面攻击"。[23] 陆军部指派了"1 名中校、2 名少校和 7 名上尉"，在 6 名打字员和 4 名士兵的支持下，从事全职签证工作，但仍抱怨被对手机构打得丢盔卸甲。[24] 联邦调查局有 12 名特工和 100 名办事员，国务院有 50 名官员和大约 250 名后勤人员。[25]

在一个签证案件被考虑之前，每个机构都必须在自己的档案中搜索有关申请人或他在美国的担保人的负面信息。初级委员会拒绝了大约 60% 的申请。这引发了更详细的审查，包括对担保人和其他证人的面谈。到 1942 年年初，美国国务院报告积压了 2.5 万多起签证案件，据估计，这大约需要 14 个月才能处理完毕。[26]

与国务院或司法部的移民部门相比，联邦调查局、陆军部和海军部这三家安全部门在发放签证方面通常采取更严格的态度。许多委员会投票以 3∶2 反对发放签证。这三个部门的代表不断指出涉及"人质困境"的风险。他们认为任何在纳粹控制的领土上有亲戚的难民都容易遭受盖世太保勒索，对国务院和移民部门代表有时提出的"家庭团聚"的论点也无动于衷。

一个典型的案件涉及一个 61 岁的犹太商人，他来自巴登-

巴登，名叫特奥多尔·克勒（Theodor Köhler），他和妻子奥古 221
斯特在 1940 年 10 月被驱逐到居尔。除了一个人外，他们的兄
弟姐妹都在美国。作为"德国人"，尽管没有发现针对他们的
"负面信息"，克勒夫妇依然被认为是"敌国之人"。移民部门
代表在国务院同事的支持下认为，"把他们从国外进一步压迫
的危险中解救出来"是"可取的"。被纳粹迫害的人几乎不可
能对德国保有任何残存的忠诚。让克勒夫妇进入美国，实际上
将消除"当前存在的人质困境"。

　　安全部门的代表对此案的看法截然不同。一名海军情报部
门官员指出，美国年轻人正准备去欧洲"为了民主国家的利
益"而战斗。他们也将与家人分开。"数百万计的美国家庭"
因为战争而支离破碎，"其中一些家庭将永远骨肉分离"。"我
们要求这些敌国之人忍受一下那些美国人所付出的同样的牺牲，
这个要求难道太过分了吗？我们正在把美国男孩送到这些敌国
之人所说的过于危险的地方。"签证审查委员会投票以 3∶2 反
对给克勒夫妇发放签证，3 个月后，他们被驱逐到奥斯维辛。[27]

　　对于安全部门人员来说，任何能够逃离纳粹控制下的欧洲
的难民都会自动受到怀疑。"维希政权治理下的法国不是一个
自由国家，"一名联邦调查局特工在另一宗案件中辩称，"这是
一个傀儡政府，由轴心国建立，我们正在与他们交战……除非
对轴心国有利，否则任何人都不可能被允许离开法国。"根据
这个定义，任何有利于轴心国的行动"都一定会对美国造成损
害"。[28] 这是一个循环论证，无论怎样对难民都是不利的。

　　军事情报人员认为，他们有充分的理由主张驱除难民，特
别是敌国之人。在 1941 年 9 月的一份备忘录中，他们声称，
"杰出的犹太人领袖们"认识到，大量犹太人的涌入"无疑会

引起国内法西斯主义的强烈反弹，对美国的犹太人造成损害"。根据作者的说法，公众对于严格控制移民的支持正在"迅速增加"。他们呼吁军队组建"统一战线"，来对抗主张宽松移民政策的"压力集团"。[29]

当安全部门代表得知签证审查委员会的意见仅仅是"参考意见"时，他们感到很失望。[30] 拒绝向难民发放签证的多数票经常被申诉委员会推翻。申诉委员会是由总统任命的两名没有情报工作背景的官员组成的。理论上，这个系统充满了制衡，允许有利证据和不利证据一起考虑。实际上，当最后的建议被提交给国务卿时，往往已经太晚了。

珍珠港事件发生时，胡戈·瓦亨海默已经在莱斯米勒斯移民营待了 7 个月。他日日夜夜都魂牵梦绕的愿望是：在美国与家人团聚。他的妻子贝拉未能获得前往马赛的许可，仍然留在居尔。女儿赫蒂 17 岁了，当时在伦敦。她已经离开了学校，在一家军火工厂工作。

胡戈已经约两年半没见过他的女儿了。他对她的最后印象是他们在法兰克福火车站道别的那一天，当时，赫蒂登上了前往英国的"儿童撤离行动"专列。"我是如此频繁地重复回忆这一情景，这看起来很傻。但我们如何手挽着手走路，唱着耳熟能详的'唱着歌儿叮叮当'的画面，总是出现在我眼前，"他给赫蒂信中写道，"我永远不会忘记那伤感的一幕：看着你坐的火车越来越远、越来越小，我唱起一首歌，唱得越来越大声，越来越热烈，表达了我发自内心的最大愿望：**一个年轻人已经走出家门去闯荡大世界了。**"[31]

美国的参战让胡戈有理由充满希望，感觉获得自由已经不是太遥远了。"我们已经可以听到远处的钟声,宣布世界和平的到来。我们数着时间,直到自由之花在这个世界上再次绽放,自由最美丽的礼物,将是你回到我们身边。"

胡戈在营地里最珍贵的财产是他女儿的四张照片。在最漂亮的一张照片上,他写下了海蒂最喜欢的一句话:"振作起来!"他认为这张照片是他的"幸运护身符",经常把它带在身边。[32] 在夜晚,当他因为周围的鼾声和隆隆的枪炮声而无法入睡时,他就会偷偷看一眼这些照片。"在幻想中我把照片放大到真人的大小。我闻着它们的气味,然后想象自己像以前那样把你抱在怀里,我的姑娘现在已经长大了。"[33]

胡戈和贝拉在渴望见到自己唯一孩子的同时,也一直在担心着她。她在信和明信片中含含糊糊提到了一个名叫"吉米"的男孩,这使他们非常不安。"告诉我们更多关于吉米的详细信息,他的为人、他的父母,以及你和他的关系,"胡戈坚持道,"你还记得在你离开前不久,亲爱的妈妈和你谈了一些重要的事情,给了你一些宝贵的经验吗?现在是时候记起来这些经验了。"[34] 在另一封信中,他说得更直白了一点。他用法语写道:"荣誉至上。"[35]

钱的问题一直是令人担忧的。无论在居尔还是莱斯米勒斯,单靠每日配给的食物生存是不可能的。为了帮助父母在黑市上买食物,赫蒂卖掉了她偷偷带出德国的邮票。但无论她寄多少钱,都是远远不够的。瓦享海默夫妇正处于饥饿的边缘。"他们的情况很糟糕。"早在 1941 年 8 月,一个 HICEM 官员就报告过。[36] 到 1942 年 3 月,贝拉的体重下降到 94 磅,比她的正常体重低了约 30 磅。她利用她的缝纫技能对她所有的衣服"进行修改",并为其他狱友修补长袜,以图挣几个法郎。"我们已经度过了一个非常漫长和困难的冬天，"她在给赫蒂信中写道，"我们几乎无法保护自己免受严寒。"贝拉说，多亏赫蒂寄来的钱，让她能够"用豆粉和大蒜做了"一些"汤"。但是这些资助很快也耗尽了。[37]

赫蒂的来信给父母双方都带来了最大的快乐。邮件从伦敦或纽约寄到法国可能需要长达 6 周的时间。所有的邮件都要接受审查。许多信件根本永远无法寄到。"每天早上分发邮件时，我们都在等待，"贝拉给女儿写道，"当收到邮件时，我们不胜喜悦。"食物包裹的到来是一件更大的事情，需要在泥泞中跋涉半小时到营地办公室去把它拿回来。"一旦取回来，问题就来了。你收到了什么，从谁那里得到的？你应该看看这里的每个人是如何在原始的炉子上烹饪、烘焙和煎炸包裹里的食物的。"[38]

在距离居尔 400 英里的莱斯米勒斯营地，胡戈在基督教青年会等救济机构组织的文化和教育活动中寻求安慰。除了"电气工程、摄影以及时装设计"课程之外，他还学习了法语和英语。这些专业课程给了胡戈"幻想未来图景"的机会。[39]只要有机会，他就会参与在废弃砖厂地下墓穴般的通道里举行的戏剧和音乐会。他在贝多芬的音乐里得到了安慰，"音乐非凡的力量抚平了每一个烦恼的额头，打开了每一个握紧的拳头"。[40]

1942 年 3 月初的一个晚上，胡戈观看了歌德的戏剧《浮士德》（Faust）的演出，这部剧被公认为是德国文学中最伟大的作品。他发现自己被上帝对魔鬼代理人墨菲斯托（Mephisto）说的一句话"奇妙地感动了"："一个好人，即便身处最黑暗的渴望中，也依然知道正确的道路。"

胡戈最近做了一件大胆的事情，直接写信给维希政府中的一个"大人物",请求将贝拉从居尔释放出来。他希望他们能在 3 月 29 日结婚 20 周年时团聚。如果贝拉能来马赛,他们就能一起向美国领事提出请求。胡戈决定相信歌德的话。

"但愿我的道路是正确的。"他告诉赫蒂。[41]

胡戈写给这位"大人物"的信引起了维希官僚机构的一阵短暂骚动。几天后,莱斯米勒斯营地负责人收到了一封官方电报,询问胡戈是否有获得美国签证的机会。"胡戈·瓦亨海默无法在不久的将来移民国外,"他回答说,"他的妻子暂时不需要从居尔转移。"[42]

由于缺乏合适的赞助人,胡戈和贝拉的移民前景更加复杂起来。胡戈在美国没有任何可以为他担保的近亲。他在芝加哥的远房表亲拒绝参与此事。贝拉在纽约有两个兄弟——马克斯·艾歇尔和曼弗雷德·艾歇尔,但他们都不是美国公民。他们最近才抵达美国,也被认为是"敌国之人"。他们设法凑齐了 200 美元,为贝拉买一张蒸汽船票,但 HICEM 的要求更高。他们在 1941 年 6 月的一封信中通知胡戈:"这笔钱完全无法支付两个人的旅行费用。请告诉我们你计划如何弥补这个差额。"[43] 为了支付横渡大西洋的旅费,胡戈还需要筹集另一笔大约 800 美元的钱款。

尽管如此,他和贝拉依然都拒绝放弃希望。4 月中旬曼弗雷德·艾歇尔告诉他们,他收到了来自华盛顿跨部门签证审查委员会传唤的消息。之后,他们的情绪振奋起来。1942 年 6 月 10 日,贝拉给赫蒂写道:"我们现在对移民抱有很高的期望。上帝保佑,事情最终会解决,我们将能够再次看到未来。"她厌倦了居尔"没完没了一成不变"的生活,厌倦了"无所事事地枯坐在一起",也厌倦了"痛彻心扉"的分离。[44]

曼弗雷德写信说，与签证审查委员会的面谈进展顺利，这进一步激起了他们的希望。"我们现在可以期待华盛顿很快决定批准签证了，"胡戈激动地说，"当那一天到来的时候，五彩缤纷的旗帜将为我们飘扬。"[45]

7月2日，就在胡戈想象着旗帜在风中飘扬的同一天，贝拉被转移至另一个拘留营，它位于比利牛斯山脉东端的里沃萨尔特（Rivesaltes）。前往里沃萨尔特的路程花了24小时，包括带着行李在烈日下徒步疾行长达1小时。在步行前往里沃萨尔特时，人们看到这里比居尔更"令人生畏"、更荒凉。它坐落在一个高原上，"没有一棵树，没有一丝草，强风肆虐"。[46]一排排低矮的灰色营房被带刺的铁丝网包围着，一眼望不到尽头。

贝拉在这次转移过程中表现得很勇敢，她告诉赫蒂她可以在新营地买到水果和西红柿，这在居尔是不可能的。几天后，胡戈写信说，他们的签证仍然没有消息。"这里几乎每天都能收到经华盛顿授权批准的签证，"他告诉赫蒂，"不幸的是，我们的并不在其中。"[47]

226　　胡戈和贝拉毫不知情的是，他们的命运早已注定。6月10日，马克斯·艾歇尔在纽约告知 HIAS，国务院拒绝了贝拉和胡戈的签证申请。HIAS 将这个令人心碎的消息转达给了马赛的HICEM。"艾歇尔先生要求你谨慎地把这些信息告诉瓦亨海默先生和夫人，因为他意识到这个消息将会让他们不安，他们会极度担忧。"[48]

1942年，从未被纳粹占领的法国到达美国仍然是可能的，但这一旅程既危险又曲折。法国-西班牙边境的关闭阻止了难民通过里斯本入境。作为替代，他们不得不乘船穿过地中海，从马赛到达阿尔及利亚的奥兰（Oran）。从奥兰出发，他们经过 600 英里陆路到达摩洛哥港口卡萨布兰卡。在卡萨布兰卡，他们可以乘另一艘船去往美国。然而，在日益危险的形势下，只有少数几艘船还在经营横渡大西洋的旅行业务。

为了获得美国签证，难民必须提供承诺过境的证明，包括船只名称和出发日期。领事馆官员会向航运公司进行核实，以确保承诺的船只确实将要出发。难民们发现自己陷入了一个官僚主义的陷阱。1942 年 2 月 HICEM 的一份报告称，"快速获得美国签证的最大障碍是必须证明已预订了某艘船的座位"。船只不定期地离开卡萨布兰卡，几乎没有事先通知。当 HICEM 听说要出发的时候，往往已经来不及安排从马赛出发的交通工具了。[49]

尽管有这些障碍，HICEM 的记录显示，在 1942 年的头三个月里，仍有 1190 人离境。[50] 许多难民前往古巴，在"圣路易斯号"事件后，古巴恢复向犹太人发放签证。还有一些人是在珍珠港事件之前获得美国签证的。幸运的少数人中包括两位年长的基彭海姆人：奥古斯特·韦特海默（Auguste Wertheimer）和罗莎·奥尔巴赫尔（Rosa Auerbacher）。奥古斯特和罗莎持有 1941 年 11 月签发的美国签证，可以通过奥兰和卡萨布兰卡旅行。他们和其他 300 名难民于 2 月 20 日乘坐"塞尔帕·平托号"（Serpa Pinto）抵达纽约。[51] 因为他们的签证在 3 月初到期，这可能是他们最后一次逃跑的机会了。

227

3 月之后，由于签证审查委员会开始处理积压许久的工作，来自华盛顿的签证授权工作缓慢加速。瓦里安·弗赖伊变得稍微不那么悲观了。但据他所说，即使在最好的情况下，"任何签证申请都需要 4~6 个月才能通过"。[52]

审查委员会更青睐那些已经有孩子在美国的年长难民的签证申请。用美国驻马赛领事的粗鄙措辞来说，这些人"不会繁殖，不会对我们的国家造成任何伤害"。[53] 难民的辩护律师可以基于人道主义理由主张他们入境的权利。通过让他们在美国家庭团聚，"人质威胁"也将被消除。

玛蒂尔德·韦特海默（Mathilde Wertheimer）是审查委员会眼中"理想"的难民——在他们能够同意的范围内。玛蒂尔德是基彭海姆犹太社区有声望的女性长辈，现在已经 99 岁了。她在纽约有一个女儿、一个女婿和一个外孙女。另外两个未婚的女儿，一个 69 岁，另一个 63 岁，和她一起被从基彭海姆驱逐到居尔。她是那么虚弱又矮小，只有 4 英尺 4 英寸高，看起来会"迷失在普通家具之间"。[54] 即使在最多疑的官僚心目中，这位白发的老人家也很难被视为安全风险。她显然风烛残年，来日无多了。由于她在美国有亲密的家人，所以她不会成为一个"公众的负担"。

一些难民救济人员最初怀疑把玛蒂尔德和她的女儿们带到美国的价值。"她们太老了，看起来似乎不值得。"贵格会驻马赛的代表玛乔丽·麦克莱兰（Marjorie McClelland）在被请求帮忙时评论道。驻费城代表处同意这个说法，1 月 30 日发给麦克莱兰信息说："试图转移她看起来几乎是犯罪行为。"[55]

另一些人则认为这位接近百岁的老人是人类忍耐力的证明。HICEM 的官员在她的案卷上加上感叹号，钦佩她在面对极端艰难困苦生活时的长寿和坚韧。[56] 她经历了多年纳粹迫害、"水晶之夜"、97 岁高龄时被从在基彭海姆的家中驱赶的经历和居尔难民营的恐怖生活。她至少两次被承诺将获得美国签证，但在最后一刻，签证都被硬生生地抢走了。[57]

在珍珠港事件发生的三天前,玛蒂尔德和她的女儿们应美国领事馆的召见,从居尔抵达马赛。[58]战争的爆发使她们自动变成"敌国之人",需要受到额外的审查。华盛顿花了 6 个月才重新批准她们的签证。然后,她们必须经过烦琐冗长的程序,收集所需的个人宣誓书、出生证明、司法记录和医疗报告,以期获得领事批准。

韦特海默一家非常幸运,为她们做身体检查的是一位同情受迫害犹太人的内科医生,他在马赛十分有名。这位医生名叫乔治·罗多卡纳基(George Rodocanachi),经常忽视那些会引起其他医生注意的疾病,比如风湿病、关节炎、视力差、消化问题和静脉曲张。除了帮助难民,他还允许英国士兵和间谍使用自己的公寓作为躲避德国人的安全屋。他为玛蒂尔德·韦特海默提供的医疗证明显示她健康状况良好。在回答有关"这个人谋生能力"的问题时,他简洁地写道:"99 岁。"[59]

1942 年 6 月 25 日,这母女三人获得了领事馆的签证(见彩图 38),正好赶上了从马赛到奥兰的渡轮。[60]她们乘坐了一辆相当舒适的客运火车,开启了奥兰和卡萨布兰卡之间陆路旅行的第一站。在阿尔及利亚和摩洛哥的边境,她们被调换到一列缓慢的货运列车上。7 月 8 日,她们和其他 40 名难民一起抵达卡萨布兰卡,这些难民大多是老年妇女,因这"极其劳累之旅"而疲惫不堪。由于年事已高,这些老年妇女被安置在一家妇产医院的待产室,等待着有船只运送她们横渡大西洋。[61]

玛蒂尔德和她的同伴们用谦卑的感激之情赢得了卡萨布兰卡难民救济人员的心。她们对当地 HICEM 官员说:"HICEM 就是我们的再生父母。"HICEM 官员已经习惯了来自难民们的抱怨，甚至是侮辱。每次有船离开卡萨布兰卡，就会有激烈的争论，争论船上的住宿，争论谁应该坐头等舱或二等舱。令人心碎的场面常常出现：由于一些文书问题或签证过期，难民在最后一刻被阻止上船。[62] 但是玛蒂尔德光是能活下来就很高兴。后来她告诉家人，她最大的愿望是拥有"可以自己一个人撕成小块吃的一整片面包"。[63] 在居尔，分吃面包是一种羞辱的日常仪式。没有一个人能吃饱。

229 　　7 月 13 日，韦特海默一家乘坐"尼亚萨号"离开卡萨布兰卡，迈尔一家也乘坐了这艘船。与他们同行的乘客中包括由贵格会信徒赞助的 35 名难民儿童。当难民儿童的父母在马赛与他们的孩子们告别，也许是永远地告别时，难民救济人员指示他们保持"平静和不露感情"。玛乔丽·麦克莱兰记录："这些不幸的人表现出的尊严和克制比任何感人的场面都更有戏剧性，更催人泪下。即使是回忆，我也感动得几乎流泪。"一位父亲解释说，他要送两个孩子去美国，这样他们就能获得自由和快乐。"我们的家庭生活曾非常幸福和满足，"他写道，"不幸的是，好景不长。"[64]

230 　　"尼亚萨号"避开了那些被布雷的航道，历时 17 天横渡大西洋。当船只最终到达巴尔的摩（Baltimore）时，当地报纸的头版头条是关于营救难民儿童的报道。《巴尔的摩太阳报》（Baltimore Sun）也记录了"最年长的乘客"的抵达，"99 岁的玛蒂尔德·韦特海默夫人，一个德国人"和她的女儿索菲耶、罗莎一起抵达美国。[65]

　　次年 4 月，玛蒂尔德迎来了她的 100 岁生日，《纽约时报》刊登了一篇庆祝她逃离欧洲文章，以示纪念：

百年岁月中

她在恐怖的纳粹集中营待了两年

——

但这还不够摧垮这位女性难民的精神

——

今天她在这里避难，

和家人平安相守

——

一整片面包仍然是奢侈品，

这就是她想要的生日礼物

"她身材小巧，很有幽默感，"记者注意到，"人们可以理解她是如何经受住纳粹施加的苦难的。她从不想在午夜前上床睡觉。她拒绝使用女婿给她买的轮椅。相反，她会沿着哈得孙河（River Hudson）散步，或者到百老汇（Broadway）观赏橱窗中的商品。对她来说，最吸引人的橱窗里陈列着新鲜的水果、鸡蛋，以及现在更加少见的家禽和肉。"[66]

与此同时，回到法国的马克斯·瓦尔弗，正在尽最大努力接受珍珠港事件后被美国拒签这一令人震惊的挫折。他生性急躁，正从妻子那里学习保持耐心的重要性。"美日交战带来的移民政策变化，我们首当其冲、饱受困扰，"他在 2 月底给他的孩子们写道，"我们的命运已经由上帝决定了，这就是为什么我们必须继续相信他。我们是否能够离开，何时能够离开，并不是我们此时此刻能够知道的事情。我们必须继续保持耐心，愿上帝保佑我们身体健康。"

231

马克斯最大的安慰是"我们可爱的妈妈"来看望他。每隔两周，妻子范妮就被允许乘坐 2 小时的电车，然后步行，长途跋涉从马赛到莱斯米勒斯。她带来亲手烹饪的食物，补充了马克斯微薄的营地口粮。他说，这样的见面让他们"像孩子一样快乐"。"虽然这些食物从来没有填饱过我的肚子，但我仍能尽情享用，享受它们带来的快乐。只要我还在监狱里，就没有什么东西比我们亲爱的妈妈摆上餐桌的食物更美味了。"马克斯钦佩他妻子的能力，范妮能通过"勤奋和努力"，在什么都没有的情况下创造出小小的奇迹。在后来给女儿埃尔泽的一封信中，他写道，范妮的来访"使我们两个人都更加坚强。我们可爱的妈妈虽然身材单薄，但看起来很健康，而且像一个年轻的女人一样漂亮。能拥有和她在一起的片刻幸福，让我当皇帝也不换"。[67]

范妮在信中明确表示，她很高兴不再待在居尔了。马赛的旅馆虽然又脏又挤，但与营地的条件相比仍然是巨大的改善。逆境教会了她"自力更生"。与此同时，她对来自华盛顿不断变化的信号感到沮丧。"当我第一次到达这里的时候，我们预计四周后会去美国。结果并非这样。现在我们必须等到时机成熟。在这段艰难的日子里，我们除了忍受痛苦，对其他事情无能为力。"[68]

瓦尔弗家的经济条件比瓦亨海默家好一些。他们的孩子倾其所有为他们凑足了横渡大西洋的旅费。他们还通过贵格会和其他难民救济组织转来了少量资金，以支付食物和范妮在马赛的旅馆住宿费。但钱总是不够用，而且经常寄丢了。"我们亲爱的孩子们写信说，他们给我们汇了钱，但是只有上帝知道钱怎么到达，什么时候到达。"马克斯在 6 月底抱怨道。他的

"荣誉感"让他为不断地要钱感到羞辱,但没有钱,他和范妮就很难活下来。[69]

预期的等待时间从几周变成了几个月,马克斯越来越感到孤独和被遗弃了。他在美国和英国的孩子们要么不再像以前那样经常写信,要么更有可能的是,他们的信件无法送达。"这么长时间,你杳无音信,让我们完全无法理解,"他在 5 月底给他在英国的女儿埃尔泽写信说,"我们已经好几个星期没有收到你的信件、卡片或电报了。这让我们很烦恼。"[70]他转而向其他营地居民寻求支持。他当时最珍贵的财产之一是一首诗,那是另一位莱斯米勒斯居民在 1942 年 4 月 12 日为庆祝马克斯 62 岁生日而写的。马克斯自豪地把它分享给他的孩子们:

> 尽力帮人解难,
>
> 虽有争吵争端,
>
> 总是和善、安静、爱好和平,
>
> 正直、真诚、自由、开放,
>
> 简言之,一个诚实老汉。[71]

6 月初,女儿露特从纽约寄来一封信,承诺将打破他们的签证僵局。作为瓦尔弗家第一个到达美国的后代,她向家人宣布,华盛顿已经传唤她在签证审查委员会面前做证。"希望她能有好运,我们也能在这里从厄运中解脱出来,"马克斯在写给英国的女儿埃尔泽的信中说,"是时候了。"[72]露特随后带给他们一条消息,面谈进行得很顺利。到了 7 月中旬,马克斯再次催促 HICEM 做好必要的旅行安排。[73]

渴望已久的突破终于在 8 月 1 日星期六那天到来了。美国国务院宣布，瓦尔弗夫妇的签证已获得批准。"我几乎高兴得不能自持了，"瓦尔弗家的长子卡尔在芝加哥给父母写信说，"我仿佛看到了你们，亲爱的爸爸妈妈，我努力不让眼泪从脸颊流下来。昂首挺胸。上帝保佑，你们很快就能踏上这个美妙的国家了。"[74]

对于他们在大洋彼岸的亲人来说，马克斯和范妮似乎已经在路上了。他们甚至可能在犹太新年到来之前到达应许之地。"一旦你们和我们在一起，我们就会成为世界上最幸福的人，"卡尔告诉他的父母，"你觉得 8 月 15 日你们能登船起航吗？"

第十二章
"去东边"

玛蒂尔德·韦特海默离开卡萨布兰卡前往美国的第二天，一个盖世太保的"犹太事务专家"来到马赛，目的是"收集信息"。特奥多尔·丹内克尔（Theodor Dannecker）又高又瘦，身穿党卫军上尉制服。在加入党卫军之前，他经营纺织品生意。他处理犹太事务的本钱来自他的狂热，这种狂热即使从纳粹的角度来看也堪称极端。他虚荣、敏感，特别有野心，总是生活在作为下属和上司的"持续冲突"中。[1]一位维希高级官员后来将这个 29 岁的艾希曼同伙描述为"一个发狂的纳粹分子，一提到犹太这个词就陷入恍惚"。[2]

丹内克尔带着统计"可驱除"外国犹太人口数量的使命，从巴黎来到自由区。他所在部门负责执行新的纳粹犹太政策，即从驱除转向消灭。他曾监督将约 5000 名犹太人通过铁路从法国德占区运送到被德国占领的波兰奥斯维辛的过程。作为"最终解决"犹太问题的第一步，丹内克尔要求法国维希政府再交出 1 万名犹太人。[3]德国和法国官员共同决定，在外国出生的犹太人——而非法国犹太人——将首先被送到奥斯维辛。

丹内克尔于 7 月 14 日巴士底日（Bastille Day）到达马赛。他震惊地目睹了第一次大规模反对维希政府和德国的示威游行。他在报告中写道，著名的拉卡讷比耶尔大道上"挤满了人"，齐声呐喊戴高乐主义口号，高唱《马赛曲》。"警察设置路障，但显然不能控制局势。"其他城市也发生了类似事件，包括普罗旺斯地区艾克斯，那里的犹太人加入抗议，"警察毫无作为"。[4]

第二天，丹内克尔访问莱斯米勒斯。当从集中营指挥官那里得知，大约 1 万名外国犹太人已于 1941 年成功离开法国时，他非常生气。通过卡萨布兰卡移民已经变得"非常困难"，但"仍有可能"。丹内克尔对集中营安全措施不足感到不快。他气愤地写道，被拘押者经常获得去往艾克斯和马赛的通行证，以"准备移民"。实际上，犹太人花费大量时间"在面包房外排队，排在法国家庭主妇前购买最好的货物"。途中陪同这位党卫军军官的法国警察告知集中营指挥官，维希政府已经"同意将外国犹太人驱离"。他们移民的希望将很快"化为泡影"。[5]

不久后，维希政府就向丹内克尔兑现了它的承诺。7 月 17 日，法国警察局局长密令他的下属，宣布外国犹太人的出境签证无效。[6]如果没有特别许可，则不再签发新的签证。犹太人最后一条从欧洲逃亡的路线实际上已被关闭。

当丹内克尔去非占领区的"犹太集中营"时，他沮丧地听说那里没有足够的在押者以填满他的定额。他本希望在居尔一地找到 2 万名犹太人。但是他在居尔仅找到 2247 名"可驱离的犹太人"，莱斯米勒斯有 1192 名，马赛"女性移民中心"有361 名。就拿莱斯米勒斯来说，大多数在押者是从巴登地区驱逐的，正在等待美国的签证。为使盖世太保上司满意，丹内克尔必须采取额外措施。[7]

流言很快传开，称反犹运动将采用更加恶毒的手段对付犹

太人。从巴黎传来的消息称，在德国监督下，法国警察正大规　235
模清除犹太人，这就是所谓的"大搜捕"行动。似乎仅在7月
16日夜，大约16000名外国出生的犹太人就被带到埃菲尔铁塔
附近被称为"冬季赛车场"（Vélodrome d'Hiver）的室内体育
馆。早期的突击仅针对犹太成年男性，而此次包括妇女和儿童。
根据红十字会报道，这些犹太人"没有任何准备时间"，且不
允许携带基本的洗漱用品。"所有东西都被收走，包括结婚戒
指等个人物品。"法国警察将这些"犯人"从体育场运到巴黎
郊区的德朗西（Drancy）拘留营。在这里，他们将父母和孩子
分开，然后驱赶到货车上运往"未知的目的地"。[8]

　　在这几天，似乎这个新措施仅在法国德占区推行。"受惊
吓的犹太难民"逃向南方，越过边界线。马克斯和范妮仍希望
状况变好。7月末，马克斯给他在英国的女儿写了一张充满乐
观情绪的明信片。他用纤弱的笔迹潦草地写道："期望我们团
聚后，一切能变得稍微祥和一些。"范妮在马赛的黎凡特酒店
加上了几句话："我亲爱的孩了，还有亲爱的孩了他爸，真想
和你们团聚。我们要有耐心。"她似有深意地模糊地写道，她
"有很多担忧"，最后签上"爱你的妈妈"。[9]

　　"自由区"被豁免的希望很快被打碎。马赛的救援官员获
知维希警察接到命令，7月21日取消犹太人的出境签证。他们
也证实，"对集中营人口的详细调查"已经开始。所有在押者
都必须再次登记。贵格会高级官员罗斯韦尔·麦克莱兰
（Roswell McClelland）在报告中写道，他们"特别被要求填写
有关他们家庭组成的全部信息"。"整天整夜进行此类数据汇
总。汇总结果将被纳入主要列表，显然要在不同截止日期前将
其递交不同辖区。"[10]同时，集中营官员拒绝所有暂时性外出，

即使是与外国领事面谈也不允许。

7月30日，救援官员接到了维希警察的秘密书面指令，指令说将1936年之后进入法国的外国犹太人全部驱除出境。[11]4天后，警察将收容从居尔转移过来的妇女儿童的马赛"女性移民中心"全部清空。基督教青年会代表唐纳德·劳里在记录中写道："凌晨4点，这些可怜的人被从床上赶起来，仅仅给了穿衣服的时间，并被告知带上一件毯子和供一天行程用的补给。他们被装上卡车，运到铁路车站，被推挤进车厢，然后运输到莱斯米勒斯。"[12]

在马赛黎明前的突袭中被抓的人中有范妮·瓦尔弗。当她到达莱斯米勒斯时，迎接她的是充满威胁的目光。一个叫作"移动预备队"（Groupes Mobiles de Réserve）的准军事部队取代了温和的集中营看守。新看守身穿黑色制服，头盖钢盔，让饱受惊吓的难民联想到德国纳粹党卫军。他们围绕在瓷砖厂的周边，向"穿着破烂、营养不良、半饥半病的被拘押者不成比例地展示他们的武力，这种对比简直是滑稽可笑"。[13]

8月3日星期一，麦克莱兰正在莱斯米勒斯访问，那时从马赛转运来的妇女儿童刚到达，他回忆道："气氛凝重而不祥。"在这些难民被计划转至德朗西之前尚有几天，还有向"法兰西救星"菲利普·贝当元帅申诉的时间。这是仅存的一丝希望。

以矿泉水和东方式浴场而出名的温泉小镇维希，由于其豪华的宾馆设施，已经变成了法国非占领区的首都。法国其他城市都没有足够的宾馆空房容纳1940年6月从巴黎逃离的政客和官僚。皇帝拿破仑三世统治下，维希建设了宽阔的林荫大道、美丽的公园，甚至还有大到可召开国民议会会议的音乐厅。在

236

此前两年，维希人口从 3.5 万人膨胀到 10 万人以上。

贝当元帅和他的贴身助手们占据了公园酒店（Hôtel du Parc）三楼一间套房作为办公室，这是维希的一座豪华宾馆。他在那里签署命令，接见外国大使，用无线电向他的人民讲话。在宣传海报上，一个大胡子士兵凝望理想化的"永恒的法国"（la Franceéternelle）形象：天主教教堂、精心耕耘的美丽田野、快乐的工人和天使般的孩童。海报上写着："旅行，家庭，祖国。"这是对法兰西共和国口号"自由、平等、博爱"别有用心的颠覆。

1942 年夏天，维希政府真正的权力中心实际上从公园酒店三楼转到了二楼。皮埃尔·赖伐尔（Pierre Laval）总理的办公室位于贝当办公室的下一层。1940 年 12 月，赖伐尔被免去外交部部长职务，借助他与纳粹的联系，1942 年 4 月他作为政府首脑回归。赖伐尔善于讨价还价，被法国选民称为"贩马人"。他粗暴、不修边幅，一缕头发总是垂在额头。他影响力的提升与维希政府与柏林合作的密切程度息息相关。严格地说，他不是纳粹傀儡，但他利用德国的支持战胜了他的政治对手。获得德国支持的代价是必须满足德国对希特勒最看重的事务的要求，包括反犹运动。

"祝德国胜利，"赖伐尔在 6 月 22 日广播讲话中说，"否则，布尔什维主义明天将占领整个欧洲。"[14]

赖伐尔决定将外国犹太人驱除出境的流言已经流传几周了。贵格会从法国政府内部消息源获悉 7 月上旬总理和一位德国高级官员的对话内容。德国人想知道维希政府什么时候将实行"我们在法国占领区"实行的反犹措施。赖伐尔在答复中提及两年前被从巴登驱逐的犹太人。"我们仅有的犹太人都是你们的犹太人。我们将按照你们的要求随时送还给你们。"[15]

美国人来到公园酒店，便搞清楚了这一事项的确切负责人是谁。贝当的贴身助手和私人医生伯纳德·梅内特雷尔（Bernard Ménétrel）对驱离计划感到"深深的痛苦"。然而，他澄清，贝当元帅上了年纪，对此事几乎没有发言权。负责这件事的人是皮埃尔·赖伐尔。

贵格会官员对德国正在波兰南部创建"犹太居留地"、协助"犹太家庭团聚"的说法持怀疑态度。他们听到了令人惊慌的消息，犹太人被分成不同类别：身强体壮的、老人和病人、年轻妇女、儿童。"家庭团聚"不可能在纳粹考虑的范围内。

"我担心纳粹真正的目的是肉体消灭。"罗斯韦尔·麦克莱兰对梅内特雷尔直言。

麦克莱兰后来写道，医生对这种担心不以为然，认为是"歇斯底里的夸张"。同时，他似乎"明显受到震动"。[16]

第二天，也就是 8 月 6 日，梅内特雷尔成功地安排了总理和贵格会在公园酒店的临时会面。赖伐尔形容憔悴，身穿总是发皱的西服，系着标志性的白色领带。他表现出"明显的不耐心和厌烦"，满嘴都是对外国犹太人的恶毒攻击。他将难民描述为"不良分子、煽动反政府活动之源，并从事黑市活动"。他们忘恩负义，对法兰西的慷慨接待"毫无感激之情"。

"我们最初不愿意他们来这里。我们现在除了弄走他们外，别无他求。"赖伐尔继续说道。他得到消息是，德国已决定在波兰建立"种族保留地"，犹太人将在那里"集中居住和工作"。

梅内特雷尔提到，贵格会认为"德国政策的真正目的是灭绝。"

"可笑!"赖伐尔大声说,"纯粹是杜撰。"然后他开始了对美国无休止的指责。如果罗斯福政府那么关心犹太人,他应该允许更多想去美国的难民入境,"而不是仅仅指责他国"。赖伐尔明确说,他不会被境外那些无休止的"噪声"吓倒。"我不关心别人说什么,只关心他们做什么。"

既然总理明确不愿意阻止驱除犹太人,贵格会转而聚焦于说服他特赦几个例外。贵格会提出,大约600名难民已准备好,可立即赴美。赖伐尔回答此事"正在考虑"。然后,美国人敦促赖伐尔至少应该救救那些儿童。如果可行,美国的救援组织将尽全力说服华盛顿允许儿童避难。正在这时,赖伐尔因"紧急事务"被叫走。那些儿童的命运悬而未决。[17]

当天晚些时候,梅内特雷尔安排贝当元帅接待另外一个外国代表团。该代表团由基督教青年会的唐纳德·劳里率领。唐纳德·劳里时任主要救援组织委员会的主席。虽然美国人已从维希政府宣传画上熟悉贝当的样貌,但仍对那张"毫无血色,几乎蜡色"的面孔感到意外。元帅似乎"身体保持得不错",但"全然不知周边发生的事"。他的听力也不太好。

"你们有何贵干?"这位86岁的凡尔登英雄问道,他严肃而刻板。劳里表达了他对驱除犹太人事件的关注。就在当天,第一批来自居尔的犹太人将被驱除出境。

一位助手解释说,那些被驱除的犹太人将被运往波兰南部,那里"可以说是一个犹太国家",且"似乎在那里,他们可以享受一定的自由"。

"是的,我知道,是在克拉科夫(Kraków)附近。"贝当说。

"元帅先生,我不相信您对此事知情。"

贝当做了一个无助的手势。"关于德国人，您知道我们现在的处境。"

根据与贵格会达成的协议，劳里再次恳求对儿童和已获得美国签证的难民例外对待。

"我会与赖伐尔说这件事情的。"[18]

劳里急于与维希政府达成一致。他告诉贝当，驱除事件将在国际公共舆论中造成非常"不幸的印象"。元帅做了一个结束的手势，站起身。会见结束了。

在莱斯米勒斯瓷砖厂大院，下午炽热的阳光中，格尔达和莫莫·奥尔巴赫尔与其他在押者正在等待着。他们从上午到现在一直都在那里。身着黑色制服、背挎自动步枪的看守在监视
240 着他们。看守正在按名单核对他们的名字，然后根据姓氏字母顺序将这些在押者分成小组。大约有 20 个在押者姓氏第一个字母是"A"。

那天是 8 月 10 日星期一。就在几天前，格尔达和莫莫似乎就要走完冗长的、噩梦般的官僚程序了。他们与马赛领事馆约定 8 月 8 日面谈。在几个月的延期以及各种相互冲突的指示后，美国国务院终于同意了移民申请。他们预订了横渡大西洋的船票并付了款。如果一切顺利，他们将乘坐葡萄牙船"塞尔帕·平托号"前往美国，轮船原定于 8 月底从卡萨布兰卡启程。[19]

此前，奥尔巴赫尔一家已至少两次被承诺将获得美国签证。1941 年 5 月，他们在马赛的码头看着他们在基彭海姆的邻居迈尔一家乘船奔向自由。美国移民程序的变动使他们赶上下一班轮船的希望更加迫切。他们的签证 11 月再次被核准，但珍珠港事件后签证又被撤销。1942 年 1 月，他们向莫莫的罗莎大姑告

别，她在战争爆发前就已获得签证。然后是 6 个月的等待，接着是美国领事的又一次召见。连续三次，奥尔巴赫尔一家都没能拿回签证。在他们约定面谈的四天前，格尔达在马赛被从床上赶了起来，然后被运往莱斯米勒斯。

集中营负责人的办公室俯瞰操场。办公室内，法国官员和外国救援人员正在研究"可驱除者"名单。狭窄的房间很像"狂乱的法庭"，各方争论着每个在押者的命运。HICEM 官员代表那些已获赴美签证承诺的犹太人苦苦恳求；新教牧师出示最新皈依的犹太人洗礼证书；贵格会祈求对儿童例外对待。在一片忙乱中，"警察进进出出，集中营职员送进维希发来的电报和各种法国人的抗议书"。理论上，集中营负责人有权做出选择，"但他的椅子后面站着代表维希政府的警察局局长"。[20]

维希传来指示，18 岁以下的年轻人可暂时豁免。救援人员从营地负责人办公室跑到操场，问父母们他们是否愿意与孩子分开。除了一家人拒绝分离，其他人都同意了。父母们脸上挤出微笑，拥抱他们的儿子女儿，小声说着鼓励的话道别。当接走孩子们的车队从集中营大门口消失时，心烦意乱的父母们马上就开始哭泣。有些昏了过去，有些被朋友"半拉半架地弄走"。[21]

法国主要的犹太组织负责人雷蒙德－拉乌尔·兰伯特（Raymond-Raoul Lambert）在日记中写道："当汽车离开院子的时候，我们不得不拉住父母们。母亲在绝望地尖声哭叫，其他人止不住地掉泪。"[22]

那天下午麦克莱兰返回莱斯米勒斯的时候，想起了但丁《地狱篇》中的一个场景。尘土在阳光曝晒的瓷砖工厂院子上空盘旋，周边是年久失修的建筑物。担架抬着"在炎热和神志

241

混乱中昏迷的病人和老人的瘦弱身躯，在操场和集中营医务室间往返"。[23] 集中营官员大声喊着一个个挑出的被驱离者名字。

"阿舍尔，赫伯特（Ascher, Herbert）。"

"奥尔巴赫，平卡斯（Auerbach, Pinkas）。"

"奥斯坦，萨穆埃尔（Austein, Samuel）。"

"奥斯坦，多拉（Austein, Dora）。"

"阿克塞尔拉德，舒林（Axelrad, Schulin）。"

第一份名单上有 260 人，按照字母顺序截至"H"。格尔达和萨洛蒙（莫莫）·奥尔巴赫尔暂时不在名单上。[24]

当叫到名字时，被选出驱离的人有专人看押，回到瓷砖工厂的宿舍。收拾完不多的几件个人物品后，被驱离者要从两列"移动预备队"中间的狭窄过道穿过，在集中营门口围栏内集中。在一片混乱中，看守们将很多被驱离者最后一点值钱的东西都抢走了。[25]

在集中被驱离者的空地上，散落着成堆的箱子、袋子和成捆的衣服。虽然热浪袭人，但很多人还是穿着厚重的冬季外套，认为几个月后也许用得着。

242　　"此情此景，令人难以名状地痛心。"法国救援人员丹尼尔·贝内迪特（Daniel Bénédite）在给瓦里安·弗赖伊的信中写道。他将这封信装在牙膏筒中偷偷运到纽约。"所有在押者排着队，带着用绳子捆在一起的可怜的破旧行李袋。大多数人衣衫褴褛，面色苍白，身体瘦弱，因为紧张而精疲力竭。这种状态已经持续一周多的时间了。很多人在静静地哭泣……没有任何反抗的迹象。这些人崩溃了。他们的脸上只有绝望，被动接受命运的安排。"[26]

贝内迪特了解到很多被驱离者已被承诺将获得美国签证。

他到附近的咖啡馆向美国驻马赛领事馆打电话,却无法联系到经常联系的人。最终他接通了领馆一位低级官员的电话。这位疲惫且无可奈何的官员听完了贝内迪特请美国立即干预的恳求。美国在维希的领馆代办平克尼·塔克(Pinkney Tuck)已经就驱离犹太人表示了抗议,但没有任何结果。

"非常不幸,先生,"领事馆官员告诉心急如焚的年轻法国人,"可是我们什么也做不了。"[27]

按照兰伯特的话说,排成一列用来运输牲口的车厢"黑得就像灵车",出现在集中营大门口对面的铁路岔线上。1英尺厚的新鲜稻草铺在每节车厢里,仅有的通风口是在顶棚附近的"带栅栏的长方形开口"。

夜幕降临,人们从通风口大声喊着给孩子们的最后消息。多只手臂从通风口的栅栏中伸出来,拿着字条并伴随着"给我在美国的亲属发电报"的急迫请求。揉皱的钞票和珠宝从开口中递出来,里面的人简短说道"给贵格会的"。"当你离车厢开口足够近的时候,就会被干草和紧紧拥挤在一起的人体发出的热烘烘的气味熏到。你可能会在手电光中最后一次瞥见某一张熟悉而憔悴的面容。"罗斯韦尔·麦克莱兰回忆道。

运送牲口的火车在岔线上停了一夜。老人们恳求守卫允许他们出去小便。守卫命令他们用放置在车厢内的金属桶小便。救援人员被允许清空金属桶并分发补给。他们发放肥皂、沙丁鱼罐头、浓缩牛奶和水果。这些都是马赛的犹太人组织捐赠的。

救援官员不停地请求豁免。麦克莱兰惊讶地在车厢里看到一个不久前被美国领事召见的妇女。在向集中营指挥官请求后,他将她解救了出来。同时,自杀者被陆续送到了集中营医务室。

一对夫妇服毒自尽。抢救已经来不及，医生那里也没有洗胃器。还有另外两个人割腕自杀，医生缝合伤口，将他们救了过来。"他们被缠上绷带，但还是要被送走。"兰伯特在他的日记中写道。[28]

晚饭时间，汤从一个大锅中用长把勺子舀出，通过半开的车厢门送进车内。麦克莱兰对一位 23 岁的小提琴手的高贵气质印象深刻。这位小提琴手名叫里夏德·弗罗因德（Richard Freund），他对这个年轻人很熟悉。年轻的小提琴手被指定为所在车厢的车长。他严肃对待他的责任："帮助老年人，安慰心理脆弱者，设法在他这个狭小的特殊地盘上建立某种秩序，清点包裹以保证每个人都能得到一个。"贵格会官员注意到，"他穿着系带高筒老式黑皮鞋，鞋或许曾经属于某位过世的严谨亲属"，这位亲属可能曾经是柏林的中产阶级。这位小提琴手从容应对身边的突发状况。或许他甚至会为从"两年多单调无聊且拥挤的集中营生活"状态，从"半病，总是饥饿"的状态，从"永久等待并希望终会被给予签证"的状态中解脱出来而感到高兴吧。[29]

早上大约 6 点 30 分，一部陈旧的蒸汽机车头连接到车厢上。发动机牵引着列车向前离开岔线。麦克莱兰和救援人员伙伴"站在那里看着它开动，然后转过身，心情沉重地走回集中营"。[30]

到德朗西 500 英里的路程行驶了接近 24 小时。火车途经索恩河畔沙隆，这是法国占领区和非占领区的交界处，曾用作 1940 年 10 月将犹太人从巴登驱除到居尔的中转站。在德朗西，法国警察清点人数并将被驱离者装进不同车厢。此次目的地是奥斯维辛。

美国还是奥斯维辛？
1941~1942

被困在法国的犹太难民有两种截然不同的
命运：乘船去美国或者坐火车去奥斯维辛。
迈尔一家和玛蒂尔德·韦特海默获得了美
国签证；瓦亨海默夫妇和瓦尔弗夫妇被驱
逐"去东边"时仍在等待签证。

□ 拘留营
△ 中转营

▨ 轴心国
▨ 轴心国占领区
□ 维希控制区
□ 同盟国或中立国

北 海

丹 麦

英 国 荷 兰

伦敦 ★

英吉利海峡

比利时 德 国

去往奥斯维辛

德朗西
巴黎 ★

法国德占区

法 国

贝拉·瓦
亨海默

索恩河
畔沙隆

维希 ☆

伯尔尼
★ 瑞士

里昂 胡戈·瓦亨海默
马克斯·瓦尔弗
和范妮·瓦尔弗

法国非德占区

豪托邦
居尔 ●图卢兹
●卢尔德

□里沃萨尔特

莱斯米勒斯

意 大 利

大
西
洋

葡萄牙

马德里

西班牙

里斯本 ★

去往美国

拉巴特

卡萨布兰卡
西迪埃尔-阿亚奇

摩洛哥

迈
尔
家

玛
蒂
尔
德
·
韦
特
海
默

●奥兰

阿尔及尔
★

马赛

地 中 海

北

西 东

南

阿尔及利亚

突尼斯

100   0   200英里

0   200千米

吉恩·索普 绘制

245　　同一时间，在莱斯米勒斯，同样的凄惨画面在不停地重复。8 月 12 日，维希官员将剩下的在押者集中到瓷砖厂的院子里。那同样是夏季炎热的一天。有 10 个人试图自杀。救援人员不顾一切地提出同样的请求：赦免某类被驱离者，但这次不那么成功。当天下午，一名德国军官出现在集中营，他将和维希警察局局长商谈。据新教牧师亨利·曼恩（Henri Manen）说，这次来访导致了"一次真正的搜捕行动"。[31] 一些在第一批运送中被排除的人被加进了第二批。对被驱除者点名再次按照姓氏从字母"A"开始。

"阿布朱格，阿尔弗雷德（Abzug, Alfred）。"

莫莫和格尔达等待着，注意他们的名字是否被叫到。

"奥尔巴赫尔，萨洛蒙。"

"奥尔巴赫尔，格尔达。"[32]

当第一组被驱离者跌跌撞撞地走向停在门口的车厢时，"移动预备队"抽打那些走得不够快的人。兰伯特写道："院子里的情形变得更加悲惨。想想吧，这些不幸的人没有犯下任何罪行，只因为他们不是雅利安人！"警察的动作是那样"粗野"，救援人员都觉得应该提出抗议了。警察局局长提醒看守，他们面对的是"被驱离者，不是在押犯人"。[33]

救援官员逐渐意识到，以"情况特殊"为由申请豁免大体上是没有用的。如果能说服集中营当局豁免某个人，他们就会立即挑出另一个人替代。事情越来越清楚："即使犹太难民持有美国移民签证，且护照上已经盖章，也不可能免于被驱逐出境。"这就是此前维希政府决定废除所有外国犹太人出境签证的"无情逻辑"。[34] 满足德国人的要求成了维希当局最重要的事情：提供 1 万名犹太人。所有外国犹太人迟早都要被驱离，接着就要轮到法国犹太人了。

点名仍在继续，直到字母表的最后。"瓦尔弗，马克斯。 246
瓦尔弗，范妮。"他们的文书上，与莫莫和格尔达的一样，印
着"移民美国待定"。但这已经不能成为免于被送走的充足理
由了。

当天在从莱斯米勒斯带走的 500 多人中，有另外两位从基
彭海姆来的人：尤利乌斯·魏尔和胡戈·瓦亨海默。[35]（尤利乌
斯是马克斯的秘书贝尔塔的兄弟。）胡戈最近才知道他未被允
许移民美国。无论他的签证最终是被拒绝还是无限期推迟，关
系都不大了。他的命运，和其他梦想到达希望之地的几千人的
命运一样，都已被决定了。

胡戈在等待点到他的时候，大多数时间在想他在伦敦的女
儿赫蒂和在里沃萨尔特的妻子贝拉。8 月 9 日，在第一批难民
被送走的前一天，他给贝拉草草写了一个简短字条。他说他可
能很快被送去东边，并希望他们能"在路途中某个地方"见
面。贝拉后来告诉赫蒂，如果能在中途见面，他们将承受这种
重担，"虽然可能很困难，但我们将带着尊严和勇气来面对"。[36]

这次驱离引起人们的普遍厌恶，即使原来对外国犹太人不
太同情的维希官员都看不下去了。"我从未想过在我们的营地
能发生这样的事情，"莱斯米勒斯营地主任罗伯特·毛拉维
（Robert Maulavé）对唐纳德·劳里说，"想到自己对这样的罪行
负有责任，虽然我只是执行者，心里仍感到撕裂般地疼痛。"[37]
劳里在报告中写道，难民们被"运送'去东边'"一般被理解
为"送到波兰的犹太'保留地'强迫劳动或是［在饥饿与疾病
中］慢慢死去"的委婉说法。[38]那时还不清楚这些被驱赶上法

国铁路系统运送牲口的车厢的人将如何迎接他们的厄运。但有一点是清楚的，德国官方对需要紧急"重新安置"几万犹太人的解释是胡扯。

一些营地的长期看守对此次驱离感到如此震惊，以至于决定帮助犹太人逃跑。有一个看守名叫奥古斯特·布瓦耶（Auguste Boyer），他将一位母亲和她的三个孩子藏在瓷砖工厂的阁楼。当第二批运送车辆等待启程时，这个看守将他们带到一个货运电梯上，将孩子背在背上，沿绳子滑下去，一次运送一个。然后他护送这家人钻过栅栏的洞，那是他负责守卫的那片栅栏。在他的农场隐藏了一段时间后，这家人最终安全抵达瑞士。[39]

同样的事情在其他营地也有发生。当里沃萨尔特的指挥官得知儿童也将被遣送时——尽管此前的指示是不遣返儿童——他将儿童移交给了贵格会。他命令道："让他们消失，别让纳粹发现！"一些警察私下靠近外国援助工作者，说他们憎恶此次驱逐行动，将其描述为国家的耻辱。[40] 根据劳里 1942 年 9 月的报道："坊间流传着此次驱离的悲惨故事和此事件带给法兰西的耻辱。"[41]

在这一段时期"消失"的儿童中，有两个是瓦亨海默家族的成员。1940 年 12 月在居尔拍摄的"金婚纪念日"照片上，玛戈·施特劳斯和埃迪特·施特劳斯坐在前排他们的外祖父母尤利乌斯和埃玛两边。一年后，这两个女孩被安置在儿童救助协会（Children's Aid Society）管理的儿童之家，该协会的法语缩写是 OSE。1942 年 8 月初，玛戈和埃迪特，那时分别为 13 岁和 10 岁，去往瑞士边境附近阿尔卑斯山的亲戚家居住。官方说法是 OSE 批准她们"两周假期"。她们再也没有回来。

她们的父母，马克斯·施特劳斯和梅塔·施特劳斯（Meta Strauss），一直在集中营。他们试图移民美国，但没有成功。马克斯·施特劳斯和胡戈·瓦亨海默在同一天从莱斯米勒斯被运送到德朗西。在离开的两天前，他通过孩子们新的养父母给孩子们写了一封绝望的信。"我还能再见到她们吗？"他写道，"一切发生得如此之快，没有人能帮上忙。"[42] 几天后，梅塔被从里沃萨尔特驱逐。

豁免的名单几乎每天都变，也总是在缩短。8月底，警察突袭了马赛的邦帕德酒店，逮捕了许多儿童，这些儿童是在他们父母同意后被从莱斯米勒斯秘密带走的。有几个孩子在贵格会帮助下成功逃脱。"我们极尽所能给他们钱、食物和各种买东西用的定额票，"麦克莱兰回忆说，"但除了隐藏，还能给他们多少有价值的建议呢？"[43]

有些人对维希政府感到愤怒的同时，也对美国感到不满。HICEM 马赛办公室负责人弗拉迪米尔·沙恩（Wladimir Schah）抱怨美国难民政策的伪善。"伟大的美利坚合众国代表抗议将外国犹太人驱赶'去东边'，但并没有给他们'到西边'的可能性。"这种差异使皮埃尔·赖伐尔方便地找到借口，将"外国犹太人"送到一个准备接受他们的国家——纳粹德国。

"大家都知道，如果美国将它的大门开得稍微大一点，那些难民仍有可能逃向'西边'。然而美国并没有这么做，我们就很难抗议纳粹将难民驱逐'去东边'，"弗拉迪米尔·沙恩向他的上司报告，"仅仅二三十万遭到驱除威胁的犹太难民去到美国这样一个有 1.4 亿居民的国家，能造成什么危害呢？"[44]

沙恩所说的"二三十万"犹太人能获救，指的是埃维昂难民问题会议后的四年间。会上，美国代表团首先发言，发言人一个接一个表示对纳粹暴行受害者的同情。会议成立了一个"政府间委员会"来应对难民危机，提及在非洲、南美甚至在阿拉斯加建立一个犹太人家园。但会议没取得什么实质性结果。

1942 年夏天，大规模的逃亡已经不再可行。德国以及被占领的国家如波兰、比利时和荷兰的边境已经关闭了。即使难民可以抵达马赛或者卡萨布兰卡，办理越过大西洋的签证也越来越困难。没有过硬的关系和大量的金钱，这几乎是不可能的。

即使如此，沙恩仍拒绝承认失败。8 月末，HICEM 设法包了两艘从卡萨布兰卡出发的轮船，一艘去往纽约，另一艘去墨西哥。沙恩相信仍然有机会将"3 万人"送到美国。他敦促他的美国同事说服罗斯福总统免除难民的入境手续。"到美国后，调查完每个人的情况之前，可以先把他们安置在难民营。"[45]

没有用多长时间，关于驱除犹太人的报告就到了美国。8 月底，埃莉诺·罗斯福收到来自瓦里安·弗赖伊的一封信。信中描述了维希政府试图满足德国人要求的疯狂举动："在马赛、图卢兹、里昂街头和其他人口聚集中心，男人、女人和孩子被拘捕，以完成驱逐难民的'人数目标'。在非占领区，5 岁以上的儿童和父母一起被驱离；在占领区，与父母一起被驱逐的孩子有的仅 2 岁。"[46]

埃莉诺将弗赖伊的备忘录转交给她在国务院工作的朋友萨姆纳·威尔斯。萨姆纳·威尔斯认为这些消息"基本属实"。他告诉埃莉诺，美国驻维希使馆不断抗议"这种不人道的计划"。不幸的是，美国的抗议对"赖伐尔没有造成任何影响，他显然决定继续他的既定计划，将这些不幸的人交给他们的压迫者"。[47]

第一夫人通过她的报纸专栏呼吁允许"父母身陷集中营的"儿童进入美国。[48]如往常一样，她小心地避免使用"犹太儿童"一词，而说他们是"欧洲儿童"。

在对法国难民驱逐事件表示厌恶的美国名人中，有财政部部长小亨利·摩根索的父亲。老亨利·摩根索是第一次世界大战期间美国驻奥斯曼帝国的大使。他目睹了国家主导的对约100万亚美尼亚人的大屠杀。1918年他写道："我确信在整个人类历史上没有出现过这样恐怖的一幕。"[49]这位前大使担心历史将重演。他敦促国务卿科德尔·赫尔尽其所能"防止这令人恐惧的罪行进一步蔓延"。[50]

从德国泄露的报告表明，纳粹可能使用更加恐怖的方式对犹太人进行"种族灭绝"。位于瑞士的世界犹太人大会代表格哈特·里格纳（Gerhart Riegner）获知德国人计划用毒气杀死400万犹太人，消息来自一个人脉颇广的德国工业家。8月28日，里格纳将该消息辗转传递给在纽约的斯蒂芬·怀斯拉比。怀斯立即向国务院发出警示。

萨姆纳·威尔斯很难相信德国人会浪费"有价值的劳动力"，但承认希特勒能做出任何事。"谁能说得准呢，你面对的是那个疯子。"他对怀斯说。[51]

贝拉·瓦亨海默希望在她被送"去东边"前将个人事务整理好。当她察觉胡戈已经被从莱斯米勒斯驱逐的时候，她就开始做最坏的打算。向在伦敦的赫蒂告别非常困难，但"纠结没有任何用处，这件事情必须要做"。她给赫蒂写了一封墨迹斑斑的信，9 月 1 日从里沃萨尔特寄出。

"另外一次驱逐即将在这里进行，我就在这一批里，"贝拉写道，"我亲爱的孩子，我将尽所有可能与你保持联系，但也许很久以后才能再次听到你的消息。"

贝拉只有写一封信的精力，她通过赫蒂向身在纽约的弟弟们口头告别。她感谢曼弗雷德和马克斯尝试为"我们这些可怜的人"获得签证。她知道他们已经尽其所能：他们不应因为没有成功而受到指责。贝拉最后的话是给女儿的：

> 永远保持和善与诚实，高高扬起头，永远不要丧失信心。不要忘记你亲爱的父母。我们继续希望我们终有一天会相见，即使需要很长时间……我亲爱的好孩子，让我再唤你一声，用心吻你。我永远不会忘记你并深深爱着你。妈咪。[52]

9 月初，里沃萨尔特变成了"人类分拣站，人们被分到未知和不可知的被遗忘角落"。[53] 与在莱斯米勒斯一样，救援人员试图说服营地负责人在此次运送中赦免儿童。失败后，他们开始阻碍营地方面编制可驱离的儿童名单的尝试——名单还包括那些已经逃离营地、身处 OSE 管理家庭中的儿童。"回到你的营房去。"救援人员对排队的父母们小声说，这些父母正排队向营地管理者提供孩子们的详细地址。"你并不是真的想现在就见到你的孩子，对不对？"

救援官员小心地组织着语言，以使他们的劝告听上去不那么骇人。然而，到了 9 月，他们对这些被驱离者的命运已经不抱幻想了。"我们已经知道了真相。"一位 OSE 工作人员后来回忆说。救援人员陪着第一批运送车辆到达法国德占区边界线。他们看到丈夫、妻子被"无情地分开"。他们还听到可靠消息:在德朗西,难民们的行李被充公,孩子与父母被分开。所谓"家庭团聚"明显就是个"笑话"。

一个救援官员组成的代表团面见了辖区长官,为营救儿童做出"最后尝试"。他们争论说,莱斯米勒斯从来就没有转运过年轻人。

"是的,但那只是暂时的。"

救援人员指出了孩子们的恐惧——被从所谓"自由区"送去"灭绝"的恐惧。

"你还指望什么? 法国已经战败,我们没有军队了。"[54]

最后,救援官员说服辖区长官赦免了 20 个被标为"智力障碍"的儿童。其他数十个儿童也在 OSE 和贵格会帮助下"消失了"。尽管如此,9 月还是共有 150 个儿童从里沃萨尔特被送往德朗西。[55]

9 月 4 日,星期五一早,贝拉和其他 620 个男人、女人和儿童开始步行前往 1 英里外的里沃萨尔特火车站。救援人员在这些被驱离者离开前尽量让他们吃饱。在车站,男人被装进运牲口的车厢,女人和孩子被塞进三等车厢,但这些车厢比牲口车厢更拥挤。[56]一位贵格会代表向他们分发"变更地址"的字条,这些字条将寄往在日内瓦的国际移民服务处。

当列车隆隆地缓缓驶向北方,贝拉草草地给伦敦的"我亲爱的赫蒂"写了一张明信片(见彩图 39)。当列车下午早些时候到达图卢兹北面的蒙托邦(Montauban)时,贵格会官员正在

252

站台上等候，期望安慰这些难民并转达他们给亲人的信息。火车快要驶出车站，去往德国在法国的占领区前，贝拉将明信片交给一位救援人员。她给赫蒂的告别信息用铅笔书写，字迹走样，当天下午寄出。虽然火车驶向德朗西，但她对最终目的地不抱任何幻想。

> 在去东边的途中，我从蒙托邦再向你亲密地道无数次珍重。爱你的妈咪，于 1942 年 9 月 4 日。[57]

皮埃尔·赖伐尔坐在公园酒店豪华宾馆二楼属于他的办公室里，感觉越来越被孤立。普通法国公民对驱离外国犹太人感到惊愕，尤其是驱逐犹太儿童。他们对赖伐尔试图说服法国工人"自愿"到德国工厂工作的做法感到非常害怕。至少有两起试图刺杀赖伐尔的行动，破坏活动"迅速增加"。[58]

赖伐尔对付外交官和人道主义工作者的批评有一套成形的策略。他谴责"某些政府"伪善、"唱高调"，拒绝帮助犹太人难民，还指责维希政府。"我要将在法国的外国犹太人全部送回他们来的地方，没有什么能动摇我，"9 月中旬赖伐尔对外国记者说，"我不会接受任何外国的人道主义说教。"[59]

在私下谈话中，总理使用更加粗暴的语言描述他对外国犹太人的态度。"让他们从这里滚出去"，他对美国领馆代办平克尼·塔克说。[60]

赖伐尔宣称美国政府"在过去的时间里没有表示出许可犹太民族的人民进入美国的倾向"，塔克对此进行反驳。为了准备与赖伐尔未来辩论的弹药，塔克请求华盛顿提供有关移民数据。国务院回复了从 1933 年到 1942 年详细数据。数据显示，

自希特勒在德国掌权以来，162575 名"希伯来移民"被许可进
入美国。在"水晶之夜"后的三年里，10 万人来到美国。加上
访问签证，这 10 年间身份认同为希伯来人的移民达到 204085
人。虽然美国显然可以为遭纳粹迫害的犹太人提供更多帮助，
但被允许入境的犹太人数量也是不容忽视的。在这 10 年中，仅
有一个地区接受犹太人的数量超过美国，那就是英国管理的巴
勒斯坦（参见本书页边码第 317 页图 3）。[61]

　　虽然塔克对阻止驱逐难民已不抱幻想，但他相信也许能说
服赖伐尔赦免儿童。"贩马人"的名头真不是白叫的，赖伐尔
急于保持与华盛顿至少看上去正常的关系，以平衡他与柏林的
密切关系。使馆代办敦促国务院向维希政府提出"具体建议"，
向受到驱离威胁的儿童颁发签证。他相信赖伐尔也许会在这一
点上做出让步，以期能够"平息他不人道的政策在全国引起的
批评浪潮"。[62]

　　在埃莉诺和她同盟者的鼓励下，罗斯福同意授予 1000 名难
民儿童紧急签证。后来他又将签证名额增加到 5000 名儿童，条
件是对该计划保密。[63] 他不希望在美国引起反移民的想法或者德
国对救援方案的警觉。

　　起初，赖伐尔似乎愿意合作。9 月 30 日，他告诉塔克他
"原则上"同意救援儿童："能弄走他们，我真是太高兴了。"
然而，紧接着他与德国总领事会面，导致局面反转。德国人担
心美国人将利用这些儿童进行"反德宣传"。塔克怀疑德国人
拦截了通信，从而获知了这个计划。他非常恼火，既是因为国
务院对这样一份敏感电报竟然没有加密，也是因为德国人暗示
这些儿童可能被用于宣传。"我很难抑制我的愤怒。"他电告华
盛顿说。[64]

254

贵格会和其他救援机构积极推进救援安排，但是无法克服政治和军事障碍。他们又耗费了 6 周才对 500 名儿童的初步撤离做了安排。[65]11 月 8 日，同盟国入侵北非，随后儿童撤离行动被取消。同日，法国维希政府与美国断交。两天后，德国军队横扫非占领区，掌控了全部边境。

255

在大洋的另一边，华盛顿的签证机构似乎没有被法国戏剧性的形势发展所影响。他们依旧对移民申请提出同意或拒绝意见，即使申请人已没有任何被营救的希望。1942 年秋天，在德国彻底占领"自由区"前后，美国签证授权量突然激增。

贝尔塔·魏尔一家是典型案例。贝尔塔·魏尔是马克斯·瓦尔弗的秘书。9 月 24 日，驻马赛领馆向居尔集中营发函告知魏尔一家，美国国务院已同意他们的移民申请，请他们在方便的情况下尽早去领馆进行最后的面谈并接受他们的旅行文件。只有一个问题：贝尔塔与她的母亲和妹妹已于 8 月初被驱逐到德朗西，然后去了奥斯维辛。给魏尔一家的信被退回领馆："无法送达，因没有收信地址。"与之一起的还有几百份相同的通知单。[66]

一些签证案例被送到战争难民委员会（War Refugee Board），这个委员会是罗斯福总统于 1944 年年初为帮助纳粹的受害者而设立的。1944 年 12 月 20 日，委员会负责人收到一封来自移民服务处的信，内容是同意德国基彭海姆的马克斯·瓦尔弗和范妮·瓦尔弗的签证申请。这是华盛顿三年内第三次为瓦尔弗一家的海外避难请求开绿灯。美国官僚机构的巨轮仍在转动，但已经与启动它的悲惨事件脱节。

根据移民服务处的信，1880 年出生的马克斯·瓦尔弗"最后的已知地址"是"法国莱斯米勒斯营地"，1886 年出生的范妮·瓦尔弗则住在"马赛黎凡特酒店"。[67] 像他们基彭海姆的朋友们一样，魏尔一家、马克斯及范妮已无法收到信件。他们已经消失在奥斯维辛集中营的毒气室和焚烧炉里。

后　记
记　忆

　　尽管赫蒂·瓦亨海默自从父母被流放"去东边"后就再也没有收到他们的任何消息，但她仍然坚信他们可能还活着。或许他们已经用某种方式回到了基彭海姆，毕竟那里是法国的"东边"。战争一结束，她就回德国寻找他们。1945年夏天，她的机会来了，她看到了一则"在欧洲的令人兴奋的工作"的招聘广告。她的德语和英语都很流利，获得了美国陆军部民事审查部门的工作资格。在巴黎接受了两周的训练后，她前往了慕尼黑。

　　6年前，赫蒂身穿大翻领海军蓝衣裙，乘坐"儿童撤离行动"的专列离开了德国。6年后，她重新回到了祖先生活过的土地上。现在她已经21岁了，穿着一身美军制服。用她自己的话说，她认为所有的德国人都是"纳粹"。她因为她家人的遭遇而恨他们。过了几个月她才缓过来，能够给那些与希特勒罪行无关的贫困德国儿童发放糖果。"这让我很烦恼，"她后来回忆道，"我怎么能与我痛恨的人生活在同一个国家呢？"[1]

　　她的第一份工作是阅读被截获的德国平民的邮件，并报告其中任何反对同盟军的倾向。但她很快找到了更有趣的事情：为审判纳粹战犯的纽伦堡检察官办公室工作。一天，在庭审休息时，她发现自己与赫尔曼·戈林面对面。她目不转睛地盯着他看。这位前纳粹党头目显然很不舒服。"这个小家伙是谁?"他问辩护律师,他并不知道赫蒂会说德语,"她想干什么?"走廊里的偶然碰面让赫蒂既惊讶又满足。"这就是戈林,"她心里暗自思忖,"要是在前不久,我还怕他怕得要死。但是,在这儿,他怕我——从基彭海姆来的小赫蒂。"[2]

赫蒂被分配到的工作是"纳粹医生"案件。她花了大部分时间在柏林已被盟军占领的德国文档中心,查阅纳粹医生在集中营囚犯身上做实验的证据。当她发现一份显示有罪的资料时,她会做出标记,以供翻译和进一步审查。"安乐死计划"中包括注射处死和毒气毒杀"心理疾病患者"的"冷酷无情的细节"描述,让她感到憎恶。阅读了有关实验的资料后,赫蒂发现自己难以吃饭和入眠。她想,她的父母一定遭受了很多折磨。

她花了很长时间才鼓起勇气重返家乡。"一方面,我想回到基彭海姆;另一方面,我又很害怕,"她后来写道,"只要我离家在外,我就能够保留再见到父母的幻想。但如果我回到基彭海姆,而他们不在那里,我就不得不埋葬我所有的希望。"[3]当她第一次回去,抵达基彭海姆火车站时,她的决心退缩了,她没有朝小镇的方向走,而是搭乘下一班火车返回了。

1947 年 8 月,她再次尝试回家。她的美军制服让她感到更加自信。即便如此,当她走在熟悉的街道上,她的神经还是"支离破碎"了。基彭海姆已被指定为法国占领区。纳粹统治下的所有痕迹都被消除了。阿道夫-希特勒大街又恢复了它原来的名字——"欧贝赫大街"(Obere Haupstrasse)。步行了 20 分钟后,赫蒂从她在班霍夫大街的老家门前走过,但她几乎没有看它一眼。她不想一个人独自进去。相反,她去了街角处的镇议事厅,要求和镇长谈一谈。

赫蒂回来的消息很快就传开了。一小群人聚集在镇长办公
258　室门外，急切地想迎接她。她不想和他们说话。而是和镇长一
起去了她以前的公寓。镇长要带她一起进去，但在最后一刻，
她改变了主意。她不忍心看到楼上那些熟悉的房间里换了新住
户和新家具。她想记住这里的每一件东西，就像她父母还在世
时一样。

在她童年故地的名单上，下一个就是镇议事厅所在街道北
边的古老的瓦亨海默纺织品公司。"海因里希·瓦亨海默有限
责任公司，1857 年成立"的题字已被粉刷掉了。经过仔细观
察，透过涂料，仍然隐约可以看到她曾祖父的名字。没有人住
在这所战争期间被炸毁的房子里。赫蒂的记忆突然如潮水般涌
了上来。她回想起她种过野草莓的花园、小时候荡来荡去的吊
床、家中的轿车、她用来学打字的打字机。[4]

突然，她想起了父亲从达豪回来后，在比她还高的排水槽
里藏了一些珠宝。她请求镇长帮助她寻找那些贵重物品。镇长
叫来一个工人，带着梯子爬上去，彻底地把排水槽搜查了一遍，
但是什么也没有发现。镇长急于提供帮助，猜测她的父母有可
能把珠宝埋在房子后面的花园里。镇长安排那个工人去花园把
它们挖出来。又是一无所获。[5]

渐渐地，赫蒂与那些曾经善待她父母的基彭海姆居民取得
了联系，同时避开了那些骚扰过他们的居民。她拜访了安娜·
克劳斯（Anna Kraus），她曾卖牛奶和鸡蛋给瓦亨海默家。大儿
子加入纳粹党后，安娜担心自己会因为继续与犹太人接触而受
到谴责。她请求胡戈和贝拉不要再来她家。尽管如此，她还是
继续秘密地为瓦亨海默家提供食物，在深夜镇里其他人都睡着
的时候去看望他们。安娜在为没有给赫蒂的父母多做些事情而

道歉时，眼泪夺眶而出，顺着她的脸颊流淌下来。[6]

赫蒂得知，1940 年 10 月被赶出基彭海姆的犹太人的财产不久之后就被拍卖了。一位邻居安排她和一个公证人会面，公证人记录下了每件物品的成交价。如果赫蒂决定要求买家归还她父母被迫丢弃的财产，公证人的记录将会很有帮助。随着会面的时间临近，她"突然被恐惧和怀疑打败了"。"当我发现现在是谁拥有了那个曾在书架上严肃地看着我的但丁半身像时"，她写道，她不知道自己会做何反应。[7]她取消了这次会面。

赫蒂离开了基彭海姆，她意识到，她的父亲、母亲以及和他们一起被驱逐到居尔的其他犹太人，都没有回到过这个小镇。尽管如此，她仍然希望"总有一天、在某个地方、以某种方式"，她会与父母重逢。[8]

来自基彭海姆的大屠杀幸存者花了很多年的时间才证实了发生在他们亲人身上的事情。赫蒂·瓦亨海默一直不确定父母的命运，直到 1956 年收到法国政府处理战争受害者的部门发来的两封信件。信件中记述，胡戈·瓦亨海默和贝拉·瓦亨海默于 1942 年 9 月 11 日从法国德朗西被流放到奥斯维辛。事实上，正如赫蒂后来发现的一般，她的父亲在 8 月就被驱赶到奥斯维辛了。[9]

战争刚结束，法国人对调查维希政权的罪行并不感兴趣。皮埃尔·赖伐尔被认定犯有重大叛国罪，并于 1945 年 10 月被处决。按照美国学者罗伯特·帕克斯顿（Robert Paxton）的说法，这位前总理成了"一个邪恶化身的象征"，是与纳粹合作的可怕经历的"理想替罪羊"。[10]直到 1970 年代初，帕克斯顿出版了他关于法国维希政权的开创性著作，戴高乐主义关于国民普遍抵抗纳粹的神话才受到严重的挑战。直到 1979 年，法国纳粹猎人塞尔日·克拉斯菲尔德和贝亚特·克拉斯菲尔德（Beate Klarsfeld）才成立了一个协会，为"被驱逐出法国的犹太人的儿女"代言。

在克拉斯菲尔德夫妇和其他大屠杀研究者的帮助下，幸存者最终拼凑出被流放"去东边"的完整故事。赫蒂得知，她的父亲与马克斯·瓦尔弗、范妮·瓦尔弗以及尤利乌斯·魏尔一起在德朗西拘留中心待了五天。1942 年 8 月 19 日，他们乘坐"21 号车队"被送往奥斯维辛：马克斯和范妮一起乘坐"14 号货车"、胡戈和尤利乌斯乘坐"15 号货车"。[11] 乘火车旅行花了两天时间。一到奥斯维辛，这 4 名基彭海姆人连同其他 440 名成年人和 373 名儿童，就立即被毒气毒死。车队中的 955 名犹太人中，只有 4 人在战争中幸存下来。[12]

维希政府的档案揭露了 1940 年 10 月从巴登被驱逐到居尔的 6500 名犹太人中大部分人的命运。大约四分之一的被驱逐者死在居尔或其他法国营地，许多人死于斑疹伤寒或营养不良。十分之四的人被驱逐到奥斯维辛。11% 的人到海外避难，大部分在美国。还有 12% 的人，主要是儿童和老年妇女，成功地躲藏在法国，直到战争结束。[13]

尤利乌斯·瓦亨海默和埃玛·瓦亨海默的"金婚纪念日"照片是反映居尔被驱逐者故事的缩影（见彩图 33 和附录二的谱系 3）。在照片中的 22 人中，只有 6 人在战争中幸存下来。胡戈·瓦亨海默的姐姐希尔达·魏尔（Hilda Weil）在 1941 年年底和丈夫西奥（Theo）移民到美国。和他们一起逃走的有胡戈和希尔达的母亲莉娜·瓦亨海默（Lina Wachenheimer）。1942 年年底，埃玛·瓦亨海默获得许可，赴法国东部阿讷西镇

（Annecy）和她的外孙女玛戈·施特劳斯、埃迪特·施特劳斯住在一起。73 岁的她被排除在早期流放人员之外。在阿讷西镇被意大利人占领期间，埃玛和两个女孩觉得相当安全。德国人取代意大利人之后，她们躲在阿尔卑斯山的一个偏远小镇里。她们最终在 1946 年 12 月到达了美国。[14]

除了胡戈和贝拉，被驱逐到奥斯维辛的家庭成员还包括奥斯卡·瓦亨海默和克特·瓦亨海默（胡戈的弟弟和弟媳），以及马克斯·施特劳斯和梅塔·施特劳斯（玛戈和埃迪特的父母）。尤利乌斯·瓦亨海默死在一个法国营地里。

与其他德国犹太人相比，被驱逐出境的巴登人相对幸运。尽管居尔和其他法国营地的条件恶劣，但他们至少有逃脱的可能。如果他们留在德国，几乎所有人都会被送去东边的特莱西恩施塔特（Theresienstadt）和奥斯维辛。在法国，他们得到了第二次获得美国签证的机会，当时仍在德国的人已经没有逃离的可能性了。许多生活在德国西南部莱茵河沿岸的犹太人在美国有很多亲戚，这使他们的移民计划更加简单易行。

这些因素有助于解释为什么基彭海姆犹太人的存活率比德国犹太人整体略高，比东欧犹太人高得多。东欧犹太人与美国的联系更少，逃跑机会也更少。1933 年希特勒掌权时，德国大约有 52.2 万名犹太人，大约三分之一的人死于大屠杀。相比之下，1933 年基彭海姆的犹太人只有 144 人，31 名基彭海姆犹太人死于纳粹迫害，死亡率略高于 21%。再顺路往下看，在施米海姆，那里的犹太人比较贫穷，没有那么多人脉，死亡率超过 60%。[15]

财富、教育和在美国的家庭关系都有助于提升犹太人组织逃亡的能力。个别领事和华盛顿的签证审查委员会的态度和偏见也起到了一定作用。但还有另一股力量在起作用，其重要性绝不应被低估，那就是：纯粹和偶然的运气。

1938 年 8 月 8 日，埃尔泽·瓦尔弗和她的丈夫海因里希一起申请移民美国。他们是 1939 年前 8 个月被接纳到英国的数万名犹太难民中的一员，这得益于他们在美国签证注册队列中排名靠前。[16]1939 年 9 月 1 日，战争爆发前不到一个月，埃尔泽与海因里希在英国团聚。假设她当时没有离开德国，她很可能会在经历多年的失望和心碎后，以死亡告终。

马克斯·瓦尔弗和范妮·瓦尔弗向美国提交了他们的移民文件，只比自己的女儿晚了几周。然而，到 1938 年 9 月，驻斯图加特总领事馆外的排队人数已经无法控制。一系列反犹法令的出台导致赴美签证申请人数激增。马克斯和范妮在签证注册队列中位置靠后，这使他们失去了赴英获得庇护的资格。[17]1939 年 5 月，他们正要起航驶往古巴时，由于"圣路易斯号"被迫返航，这条逃生路线就被关闭了。1941 年 12 月，他们得到了签发美国签证的承诺，但在日本偷袭珍珠港之后，他们眼睁睁地看着获得签证的希望再一次破灭。1942 年 8 月，美国驻马赛领事馆召见二人面试，但消息迟来了几个星期，再也无法把他们从奥斯维辛拯救出来了。

在德国，就像在法国一样，战后的岁月是一段遗忘的时光。在纽伦堡审判纳粹高层领导人之后，将较低等级的纳粹分子绳之以法的热情迅速下降。一个新的敌人在东方崛起了，那就是苏联共产主义，它很快变得比失败的国家社会主义意识形态更具威胁性。战胜国和战败国的焦点都从清算纳粹罪行转移到冷战和经济重建上来了。

　　从 1948 年开始，人们对各地的纳粹官员进行了一系列的审判。审判结果往往是模棱两可的，判决罪名也特别轻微。拉尔地区的纳粹党领袖里夏德·布尔克被洗脱了"反人类罪"。他设法将"水晶之夜"和其他反犹行为的责任推给了那些早已死亡或失踪的下属。对布尔克唯一能够证实的指控是，他下令拆毁了基彭海姆犹太教会堂屋顶上的摩西石碑。这位后来成为旅行推销员的纳粹党头目，因"破坏财产罪"被判一个月监禁。[18]

　　新建立的西德政府允许大屠杀幸存者对被纳粹没收或以极低价格出售的财产提出合法索赔。一些来自基彭海姆的犹太家庭直接与新物主商谈赔偿事宜，这些新物主通常是他们以前的邻居。还有一些人聘请律师代表他们打了多年的官司。赫蒂·瓦亨海默起草了一份她 1939 年动身前往英国时，父母在班霍夫大街公寓里物品的详细清单。她列出了如下物品：一尊但丁青铜半身像、一座落地式大摆钟、一台梅赛德斯牌打字机、一台"大约有 300 年历史"的古董迈森烛台和一堆留声机唱片，"其中包括贝多芬、莫扎特和舒伯特的作品"。[19]

　　即使官司打赢了，归还财物的过程也充满了焦虑和挫折。再多的钱也不能让已被谋杀的亲人起死回生。直到 1960 年，赫蒂才得到了对于被纳粹盗抢的瓦亨海默公司和财产的赔偿。那时，她已经在美国俄亥俄州的代顿（Dayton）过着中产阶级的生活，丈夫是在孟山都公司工作的一位物理学家。她想把钱捐给慈善机构，但她的丈夫坚持要买一辆车。经历了一番痛苦煎熬之后，赫蒂屈从了。"我讨厌那辆车，"她后来回忆道，"对我来说，它永远是我痛失父母的象征。"[20]

　　基彭海姆犹太教会堂的遭遇是遗忘岁月的缩影。在"水晶之夜"惨遭亵渎之后，这座一度辉煌的摩尔式风格建筑被废弃

263

了。屋顶和窗户在战争中遭到进一步破坏，但是外部结构一直保持完整，直到 1940 年代末。除了那些丢失的石碑外，它仍然可以被辨认出曾是犹太人顶礼膜拜的地方。这种情况很快发生了变化。

战后，这座建筑被归还给了南巴登犹太协会（South Baden Jewish Association），该协会是基彭海姆犹太社区的合法继承者。该协会发现，在一个没有犹太人的小镇里，一座被玷污的犹太教会堂毫无用处，于是把这座建筑卖给了基彭海姆的新镇长，他名叫安东·弗里奇曼（Anton Fritschmann），是个退伍兵。弗里奇曼是一名石匠，他把圣所变成了一个生产空心混凝土砌块的车间。他把仪式浴场用作私人澡堂。几代犹太教会成员曾坐着进行祈祷的木质长椅，变成了鸡笼。圣所的石柱和山墙被纳入了他家的酒窖。[21]

1956 年，镇长把这栋建筑卖给了一家私人农业物资供应公司作为仓库。新主人拆掉了构成会堂西立面的双子塔，用砖头堵住了那扇美丽的玫瑰花窗。他们把前厅改造成一个装卸口和坡道，以便货车装上成箱的牲口饲料和肥料。之前供妇女和孩子低头看着男人们祈祷的旁听席，变成了一个额外的储藏区，通过传送带与主厅相连。唯一能够证明这座建筑的初衷的，就是在铸铁大门上方刻有铭文的石雕。假如仓库的工人们能够破译希伯来文，他们就会认出此乃《圣经》中的名言："这不是别的，乃是神的殿。"[22]

264　　　小镇的官方历史中省略了对犹太教会堂的破坏，也没有提及任何对犹太人的迫害。1963 年，一本庆祝基彭海姆成立 1200 周年的书只是顺带地提到了以前居住在此地的犹太人口。没有提到"水晶之夜"，没有提到难民被驱逐到居尔，也没有提到在奥斯维辛用毒气杀害基彭海姆人的事。幸存者们都被震惊了。马克斯·瓦尔弗和范妮·瓦尔弗的女婿鲁迪·贝格曼给基彭海姆镇长写了一封抗议信。他在纽约抱怨道："仅仅杀死犹太人是不够的，也有必要让他们噤声。"[23]

几年后，曾经显赫一时的魏尔家族的后代——利奥波德·魏尔，在度假途中路过基彭海姆，对犹太教会堂的遭遇产生了兴趣。他出生在瑞士，以前从未到过基彭海姆，但从亲戚那里听说过这个小镇。他把车停在邮政大街上，惊愕地发现原来的犹太教会堂已经被变成了存放牲口饲料的仓库。他气愤地冲向镇议事厅提出控告。被镇长拒绝之后，他就给所有他认为可能有帮助的人写了信，包括当地的报纸。

他的抗议引起了媒体的关注。在接受德国国家电视台采访时，镇长弗里奇曼指责魏尔引发了不必要的争议。他特别指出，镇议会已经投票决定在仓库的墙上放置一块纪念牌匾，介绍该建筑物的历史。当电视记者问他为什么这块牌匾还没有被安装时，弗里奇曼解释说，恐怕它可能会招致反犹主义者的涂鸦。[24]

在国家层面，1960年代，人们对研究德国纳粹历史的兴趣激增。学生运动的积极分子要求一份完整详尽的历史记录。记者们发现了一些令人不安的证据，表明一些西德达官显贵们与纳粹有联系，其中包括总理库尔特·基辛格（Kurt Kiesinger），他曾在战争期间帮助组织德国的对外宣传。1968年年底，在一次政治会议上，大屠杀研究人员贝亚特·克拉斯菲尔德当众扇了基辛格一个耳光。当她被拖出房间时，她用法语和德语大喊："基辛格！纳粹！下台！"

然而，学生反叛者抽象的知识辩论与巴登农村地区保守的政治立场之间在很大程度上是脱节的。关于基彭海姆犹太教会

265　堂的争论持续了许多年，结果在实际考虑方面陷入了困境。没有人能够设计出一个把仓库搬到新地址的切实可行的计划。关于谁来支付修复犹太教会堂的费用的问题也存在争论。"他们成立了一个委员会，然后就把这一切都忘了。"社会活动家罗伯特·克赖斯（Robert Krais）回忆道。[25]

　　1937 年年末，11 岁的施特夫·韦特海默（Stef Wertheimer）①与父母和妹妹多丽丝（Doris）一起离开了基彭海姆。他的父亲欧根在第一次世界大战凡尔登战役中失去了一条腿，他很早就认清了希特勒所带来的威胁。"这个人是疯子，"他告诉家人们，"我们得离开这里。"[26]通过移民到巴勒斯坦，韦特海默家族的分支——施特夫及其家人，避免了他姨妈范妮·瓦尔弗在奥斯维辛被谋杀的命运。

　　在他的自传中，施特夫将自己描述为"一个叛逆的孩子，一个捣蛋鬼"。[27]他在埃滕海姆高级中学一直是一个平庸的学生。尽管他受的教育有限，但他动手能力很强，有很强的商业头脑。他在以色列的家中后院里，从一个小金属车间起家，创建了一家非常成功的公司——ISCAR，为喷气式飞机和燃气涡轮机制造工业用具和叶片。到了 1970 年代，施特夫已经成为以色列最富有的人之一。

　　1956 年，他第一次回到基彭海姆时，"感觉到的只有愤怒"。[28]他走过位于班霍夫大街上他的旧居和他众多亲戚的房子，但不想进去，也不想和任何人说话。除了他表亲埃里希·瓦尔

---

①　施特夫之父为欧根·扎哈里亚斯·韦特海默（Eugen Zacharias Wertheimer），施特夫之母名为卡罗丽娜·韦特海默（Karolina Wertheimer），两人均是韦特海默家族的成员，见 www.geni.com。

弗这样几个亲密的家庭成员外，施特夫对基彭海姆没有"愉快的记忆"，也"没有归属感"。[29]

1977 年，作为一个新中间派政党的领导人之一，他当选为以色列议会议员。尽管他仍然认为自己主要是一个商人，但现在他有了一个政治平台。虽然他从来不信教，但对基彭海姆犹太教会堂遭受的肆意破坏感到震惊。他开始用议会的信纸给他在波恩的议员同行写抗议信。他还派出了一名亲信到基彭海姆游说重建犹太教会堂。

与此同时，基彭海姆选出了一位新镇长。他叫维利·马蒂斯（Willi Mathis），是一名工程师，代表了与过去没有情感或政治联系的新一代德国人。他年仅 25 岁，是新西德的巴登-符滕堡州（Baden-Württemberg）最年轻的镇长。和许多农村行政官员一样，他以前与这个小镇没有任何联系，在竞选时对这个小镇的历史也知之甚少。马蒂斯就任镇长后，才了解到犹太教会堂的争议，并开始查阅村里的档案。"我很清楚，我必须处理这个问题，"他后来回忆道，"基彭海姆犹太人的历史是我们社区历史的一部分。"[30]

在施特夫·韦特海默来信的激励下，马蒂斯敦促镇议会修复犹太教会堂，以纪念基彭海姆曾经充满活力的犹太社区。公众舆论分成两派。一项民意调查显示，50% 的基彭海姆人支持他的计划，而 40% 的人表示反对。两代人之间也存在分歧，年轻的居民比年长的居民更有可能支持这项提议。[31]

在新镇长看来，主要的障碍是资金。修复犹太教会堂的费用估算大约为 250 万西德马克，折合超过 100 万美元。一个 2000 人口的小镇没有足够的资金实施这种项目。如果他能从其他来源筹集到大部分资金，为仓库找到一个新地点，马蒂斯相

266

信他能够压倒挥之不去的反对意见。

修复工程花了 20 多年才完成。施特夫为重建犹太教会堂的塔楼支付了 2 万马克，基彭海姆捐助了 20 万马克，其余的资金来自州和国家。一位著名的地方政治家沃尔夫冈·朔伊布勒（Wolfgang Schäuble）说服联邦政府宣布犹太教会堂为"国家级的重要纪念碑"。尽管遭到亵渎和严重破坏，它仍然是巴登为数不多的幸存犹太教会堂建筑之一。其他一些会堂则被拆除或改造成办公楼、艺术中心，甚至是私人住宅。

在如何为该项目提供资金的争论激烈之际，当地一位社会活动家开始联系犹太幸存者。罗伯特·克赖斯（Robert Krais）是一名年轻的运动员，1972 年慕尼黑奥运会上以色列运动员遭恐怖袭击遇害后，他组织了一个德国-以色列友谊协会。他阅读一篇文章后，对基彭海姆犹太教会堂"着迷"了，文中提到，会堂入口上方的石雕上刻着这样一句话："这不是别的，乃是神的殿。"他的研究显示，犹太教会堂遭受的大多数破坏并不是发生在纳粹时期，而是发生在 1945 年之后的民主统治下。

克赖斯希望通过鼓励以前住在这里的基彭海姆人讲述他们的故事，来消除这个小镇根深蒂固的历史失忆症。他本人不是犹太人这一点无关紧要。这座犹太教会堂曾是当地记忆的宝库，如今正面临消失的威胁。"这不仅仅是犹太人的历史，"他说，"这是我们的历史。"[32]

让马蒂斯和克赖斯都很震惊的是，现在主要由东欧移民组成的德国犹太人社区对于修复会堂不予支持。犹太人的领袖们不再认为从前的犹太教会堂还是"神的殿"，因此也不再关心它。他们对为基彭海姆犹太人建造纪念碑不感兴趣。德国犹太人中央委员会主席在一封信中说，基彭海姆当局可以随心所欲地处置这座教堂。"我们没有得到犹太领导人的帮助，"克赖斯说，"只有通过公众施加压力，这件事情才能做成。"[33]

克赖斯和马蒂斯是盟友，但他们的个性迥然不同。马蒂斯信奉机智圆滑的外交手段；克赖斯天生具有对抗性，喜欢硬碰硬。马蒂斯是善于沟通的桥梁纽带，而克赖斯是单打独斗之人。马蒂斯有耐心等待结果，而克赖斯想要立竿见影的效果。最终，要想摧毁人们的"心墙"，使他们正视历史，必须用克赖斯的果决作大锤、马蒂斯的缜密作独轮车，还有外部力量的推动，三者缺一不可。

马蒂斯镇长的头等大事是恢复与基彭海姆前犹太人社区的良好关系。赫蒂·瓦亨海默是在他的邀请下定期返回基彭海姆的幸存者之一。她在 14 岁时带着行李登上一辆"儿童撤离行动"专列远赴英国。多年来，她学会了把德国人区分成两类：给她的家人带来痛苦的德国人和试图为过去赎罪的德国人。

1997 年 10 月的一次访问尤其令人动情。以前的犹太教会堂内部仍然只有部分重建。小时候，赫蒂总是梦想着和楼下的男人们坐在一起，而不是和女人们坐在旁听席。她受邀与当地学生见面，终于有机会站在她父亲曾经站过的地方。演讲结束后，一位听众向她赠送了一卷被撕毁的、藏匿于阁楼上长达半个世纪之久的《摩西五经》经卷。一些来自基彭海姆的犹太人在被押送到火车站之前，身上都曾包裹着经卷示众。其他的经卷像窗帘一样挂在站台上，让人们登上开往达豪的火车时可以看到。

居民们想让赫蒂收下那张被亵渎的经卷，但她犹豫了。她甚至不确定自己是否应触摸一下这样一块曾经用来羞辱她父亲和其他犹太男人的经卷。她苦苦思索，不知所措，泪流满面。摄影师们拥挤着围了过来，期待她能接受这份礼物。最后，她建议把这块残片捐赠给一家博物馆。[34]

在访问期间，还有其他一些发人深省、揭开伤疤的时刻。赫蒂遇到了一个女人——在一次犹太人财产拍卖会上，她买下了赫蒂童年最珍爱的东西，即那辆她经常骑着去上学的自行车。原来，这个女人的姐姐格特鲁德·施特雷勒（Gertrud Strähle）是赫蒂在埃滕海姆高级中学的同班同学。赫蒂记得她是希特勒青年团中特别狂热的一员。现在，格特鲁德想和那个她在 60 年前折磨过的犹太女孩成为朋友。在一次学校举办的活动结束后，她走到了赫蒂的身边。她回忆起过去学生时代校外郊游、围坐在篝火旁的美好时光。

这对赫蒂来说太过分了，当年她一直被格特鲁德和她的朋友们排斥，从来没有被邀请去校外郊游过。"你的现实和我的现实有天壤之别，"她告诉她的老同学，"你把我的生活变成了人间地狱。"在被活动组织者要求离开之前，格特鲁德一直坚称，她对于犹太同学受到的侮辱并不知情。[35]

269　　在大洋彼岸，历史以另一种不同的角度记载此事。争论的中心是富兰克林·罗斯福是否应该——或者本可以——为拯救受迫害的犹太人做更多的事情。就在基彭海姆乃至整个德国重新发现了他们的犹太遗产的时候，关于美国对大屠杀反应的辩论突然进入公众意识。

历史学家戴维·怀曼（David Wyman）在 1984 年出版的畅销书《被抛弃的犹太人》（*The Abandonment of the Jews*）中对罗斯福发起控诉。怀曼认为，罗斯福允许国务院阻止向受迫害的犹太人发放签证，且未能对大规模屠杀的可信报道做出充分的回应。罗斯福的犹太顾问们担心"政府对欧洲犹太人的援助可能会增加美国的反犹主义"。[36] 一个值得尊敬的例外是财政部部长小亨利·摩根索，他说服罗斯福在1944年1月授权成立战争难民委员会。据怀曼所说，该委员会因拯救了成千上万犹太人的生命而获得赞誉。这是一项值得做的工作，但其所为仍远远不够，而且太迟了。

与怀曼相反，另一位历史学家小阿瑟·施莱辛格（Arthur Schlesinger Jr）提出一个观点，即罗斯福一直被大多数美国犹太人视为"英雄"。在连续四次选举中，他们以压倒性的多数投票支持他。以前没有哪位总统"身边有这么多犹太顾问"，也没有哪位总统"如此雄辩而坚持不懈地谴责反犹主义"。在施莱辛格看来，罗斯福不遗余力地说服"一个孤立主义国家，称纳粹主义是对美国的致命威胁"。阻止对犹太人大规模屠杀最有效的方法是集中一切精力"赢得战争"。[37]

1994年4月，对立的双方通过美国公共广播公司（Public Broadcasting System）进行了一次圆桌辩论。当时美国公共广播公司正在播出一部名为《美国与大屠杀》（*America and the Holocaust*）的纪录片，怀曼曾担任这部副标题为"谎言和冷漠"的纪录片的历史顾问。辩论的问题，正如主持人查利·罗斯（Charlie Rose）所提出的，是"美国人和美国政府是否都对二战期间欧洲犹太人的困境置之不理"。

对怀曼来说，答案很明确。总统和国会都没有通过对其领导能力的考验，美国国务院对接纳难民"完全是蓄意阻挠"。媒体也是同谋，对犹太人的大规模屠杀"几乎从未成为头版头条"，这使公众难以对政府协调行动进行支持。面对欧洲犹太人的灭绝，罗斯福的被动态度是他总统任期中"最大的失败"。

施莱辛格并不认为在"数百万美国年轻人"与欧洲犹太人的压迫者进行战斗时，美国对欧洲犹太人的境遇"置之不理"。他承认，在战争开始时，美国本可以接纳更多的难民，但即便这样也是"非常困难"的。如果政府试图增加移民配额，那么国会就可能会减少配额。

当时，对大规模救援行动是否可行——比如 1944 年年底轰炸奥斯维辛的提议——历史学家们持截然不同的观点。美国陆军部否决了该计划，理由是死亡集中营不是军事目标。对怀曼来说，这意味着失去了破坏大规模屠杀机器的机会。施莱辛格认为，即使被炸毁，铁路也可以迅速重建。同盟国不想冒这样的风险，即因轰炸误杀"很多犹太人"而给纳粹带来宣传上的胜利。

另一位历史学家艾伦·布林克利（Alan Brinkley）指出，"当大屠杀的事实出现时，美国人的道德想象力普遍失灵了"。对包括罗斯福在内的大多数美国人来说，想象如此规模的恶行是困难的。

怀曼表示强烈反对。"也许我们没有完全意识到会有多达600 万人被杀，但我们知道纳粹形形色色的暴行。"他从一个塞满文件的公文包里拿出一份又长又复杂的表格，表格日期可以追溯到 1943 年，如果难民想移民到美国，就必须填写这份表格。

"它有 8 英尺长，字体很小，"他抱怨道，一边在电视镜头前挥舞着表格，"这是在刻意为难民们设置障碍。"

"别紧张，放轻松。"施莱辛格反驳道。他认为，仅仅因为文件不足而被排除在美国之外的犹太人数量"并不太多"。认为"数百万欧洲犹太人"本可以被拯救的想法是荒谬的。

"没人说过是'数百万'欧洲犹太人。"怀曼反驳道。

"你就是这个意思。"

"我不是这个意思。"[38]

争论就这样还在继续着，几乎没有解决问题的希望。然而，在一件事情上历史学家们达成了共识。在民主国家，政治决策最终反映人民通过选票表达的意愿。正如怀曼在早期的一本书《纸墙》（*Paper Walls*）中所指出的那样，大多数美国人在 1930 年代和 1940 年代初"反对为欧洲受压迫者敞开大门"。怀曼的结论是，在大屠杀前的几年里，美国的难民政策"本质上是美国人民想要的"。[39]

范妮·韦特海默和马克斯·瓦尔弗在奥斯维辛被谋杀半个世纪后，用《出埃及记》的一句话来说，他们的后代"开枝散叶，生生不息"。他们现在散居在世界各地——从北美到英国、以色列和澳大利亚。1990 年、2005 年和 2018 年，数百名韦特海默和瓦尔弗家族成员，聚集到已经成为他们中大多数人家园的国度——美国，举行了盛大的家庭团聚。每次聚会都是一场哀悼，但也是一场庆祝。"我们所有人和我们的孩子们都是打在希特勒脸上的耳光"，马克斯和范妮的侄孙女玛丽昂·布洛赫（Marion Bloch）这样总结了幸存者的态度。[40]

这次聚会聚集了一群各不相同、足智多谋、富有才华的人。施特夫·韦特海默把他家庭作坊似的后院工具公司变成了以色列最成功的企业之一。施特夫的表姐皮娅·吉尔贝特（Pia Gilbert，原名皮娅·韦特海默）是一位著名的钢琴家、舞曲作曲家，也是纽约茱莉亚音乐学院的教授。另一个表亲，赫塔·

271

布洛赫（Herta Bloch，玛丽昂的母亲）以制作正宗的德式香肠而在犹太烹饪圈里备受推崇，基彭海姆的韦特海默肉铺在曼哈顿获得了新生。安德鲁·贝格曼（Andrew Bergman），一个曾被家族除名的表亲，曾凭借创作《炽焰的马鞍》（*Blazing Saddles*）和《维加斯的蜜月》（*Honeymoon in Vegas*）等滑稽喜剧而在好莱坞一举成名。

聚会的组织者之一是马克斯和范妮的孙女索尼娅·盖斯马尔（Sonja Geismar）。4 岁时，索尼娅与她的父母路德维希和弗雷亚一起乘坐"圣路易斯号"。在被古巴拒绝后，这家人最终来到了英国，在那里等待他们的美国签证。他们最终在 1940 年 2 月 11 日，也就是离开汉堡近 10 个月后，抵达纽约。选择英国而不是欧洲大陆作为中转站，可能挽救了他们的生命。他们许多姓洛布斯的亲戚在德国入侵西欧后，被困在了比利时，并在 1942 年夏天被送往奥斯维辛。在"圣路易斯号"的 937 名乘客中，大约有四分之一在大屠杀中丧生。[41]

韦特海默家族中有声望的老夫人皮娅·吉尔贝特，在 1937 年随家人移民美国，定居在纽约。她喜欢讲述一个在德国小镇长大的人来到大城市后的震惊。即使在美国，她也无法克服对穿制服的男人的恐惧。他们让她回想起在基彭海姆的家门外，高唱"当犹太人的血沿着刀子流下来"的冲锋队队员。在她 18 岁第一次在美国中西部开办巡回演唱会期间，这种恐惧折磨着她。在从芝加哥到纽约 15 小时的火车旅程中，她对列车检票员产生了莫名的恐惧。

检票员一边检查她的票，一边用奇怪的目光打量着她。皮娅被他的制服"吓得要死"。每当他回到车厢时，他就会再次盯着她看，使她更加紧张不安。

大约过了 5 小时后，检票员问皮娅："你是德国人吗？"这个问题吓了她一跳。早在 1939 年，无论在什么情况下，旅途中遭到这种盘问都是一种耻辱。

"是的。"

"你来自德国南部？"

她的心怦怦直跳。

"是的。"

"你来自基彭海姆？"

"是的。"

检票员最终透露了他好奇的原因。"我也来自基彭海姆。我叫赫尔佐克（Herzog）。你看起来就像是你们韦特海默家的人。"[42]

皮娅的叔叔婶婶们和她的父母一起在纽约的站台上迎接她巡回演唱归来。皮娅下了火车，第一个认出她旁边那张熟悉面孔的人是屠夫赫尔曼叔叔。

"瞧，那是赫尔佐克，"这位巴迪瑟霍夫酒店的前主人对聚集在一起的叔叔婶婶们说，"他是基彭海姆人。"不知为何，他们在中央车站集合似乎是再自然不过的事了。

哈得孙河畔这座伟大的城市显然与黑森林边缘的小镇没有什么相似之处，但在某种程度上，它只是同一群演员的一个更大的舞台，这舞台上的人梦想和激情不改。

在所有幸存者中，对自己的出生地最怀念的是库尔特·迈尔。库尔特 10 岁的时候，他的家人被驱逐到居尔。1953 年，库尔特作为美军士兵驻扎在西德时，第一次回到基彭海姆。作为美国国会图书馆的一名德国图书编目员，以及一本关于在纳粹统治下成长的回忆录的作者，他仍然沉浸在自己祖国的历史和文化中。即使离开基彭海姆几十年了，晚上闭上眼睛，他仍然能听到牛拉的干草车在邮政大街上嘎吱作响。他在美国城市大街的人群里，仍能闻到基彭海姆谷仓院落的味道，回忆起基彭海姆农场的喧嚣。

2003 年，库尔特和基彭海姆的其他犹太前居民一起，被邀请回到这个小镇，参加被摧毁的犹太教会堂的最后修复仪式。这是 60 多年来第一次，来自迈尔、瓦亨海默和奥尔巴赫尔家族的人们在他们祖先礼拜的地方点燃蜡烛，吟诵希伯来文祈祷词。在欢迎他们"回家"后，马蒂斯镇长最终承诺，将就犹太人 1940 年 10 月从巴登到居尔的流放一事"打破沉默"。

库尔特代表幸存者向镇长做了答复。"我们是乡村的犹太人，"他提醒每个人，"我们亲近土地。这片德国的热土也曾经是我们的家园。"[43]

"水晶之夜"时库尔特还是一个小男孩。当一群愤怒的暴徒从窗外扔石头时，他和母亲蜷缩着挤在一个倒置的浴缸下面。现在，他试图用几句话总结两千年的犹太人历史。"犹太人在一个社区定居。他们买地建墓地。然后，他们建了一个犹太教会堂、一所学校和一个仪式浴场。很快，屠夫和面包师都开了自己的店。社区兴旺发达了。犹太人感到安全了。然后一些事情就发生了。政府就变脸了。"

他指的是在基彭海姆发生的事件，但他所言极有可能映射了自有记载的历史以来很多受到威胁的少数民族社区的命运。他引用了《出埃及记》中的话：

　　　　有不认识约瑟的新王起来，治理埃及，对他的百姓说，

看哪，这以色列民比我们还多，又比我们强盛。来吧，我们必须用巧计待他们……[44]

随着岁月的流逝，其他幸存者相继离世，库尔特被视为与一种已经永远消失的生活方式相联系的纽带。他接受了数不清的邀请，回到德国，就巴登的犹太人生活和他的家人遭受纳粹迫害的经历发表演讲。他的访问，以及围绕修复犹太教会堂的宣传，促使德国人在阁楼中寻找被遗忘的照片和信件。1995年，一名当地男子发现了他最近去世的岳父拍摄的一组五张照片，上面显示了基彭海姆犹太人被驱逐出境的情景。当照片被刊登在媒体上时，其他居民站出来指认受害者和一些旁观者。其中一张照片（见彩图26）显示，1940年10月22日上午，库尔特和他的家人被押上了一辆警用卡车。

受幸存者故事的启发，当地历史学家开始细致地记录在黑森林边缘的基彭海姆和邻近村庄中存在了近三个世纪的犹太人。马蒂斯镇长委托制作了精美的两卷本纪念册，里面列出了埋葬在施米海姆公墓的每一个人的名字。其他出版物包括一本关于犹太教会堂的书和一本关于当地犹太人历史的论文集。[45] 一本名为《犹太人的基彭海姆》的旅行指南出版，其中列出了以前的犹太家庭和企业。许多被谋杀和被驱逐的犹太人的家被用鹅卵石大小的牌匾来纪念，这些牌匾被称为"绊脚石"（Stolpersteine），镶嵌在门外人行道上。到2019年，在20多个欧洲国家已经安装了大约7万块"绊脚石"纪念牌匾，将最初由一位德国艺术家发起的私人倡议转变为世界上最大的分散式纪念项目。

2016年10月，在被流放居尔周年纪念之际，库尔特邀请我陪同他回访基彭海姆。像往常一样，东道主安排了满满当当

275

的行程，包括在学校和教堂进行演讲，接受当地历史学家和记者的采访，以及纪念被驱逐出境的仪式。每一站都会唤起库尔特对基彭海姆人物的回忆，比如行脚商——"收破烂的"雅各布（Jakob），他背着一袋动物皮毛和别人不要的旧衣物，叼着烟斗吞云吐雾，从一个村庄走到另一个村庄。农夫们的妻子都是基督徒，她们喜欢雅各布，因为他总是知道最新的八卦消息：她们一边听他讲故事，一边给他端上葡萄酒。由于库尔特不知道雅各布的姓，他无法确定到底发生了什么。他只知道这个年老的小贩和其他许多人一起被"送去东边"。[46]

在与法国接壤的莱茵河附近的安妮·弗兰克高中（Anne Frank High School），库尔特鼓励学生们反思纳粹时期德国人的疯狂行为。"你认为希特勒上台时，德国有多少犹太人？"他问学校里的一群学生。教室里很快举起了许多手。

"600 万？"一个 16 岁的女孩猜道。其他几名学生也做了其他的估计，其中最少的是 200 万。

库尔特揭开了正确的答案："1933 年，只有 50 多万德国犹太人。这明显少于总人口的 1%。"学生们倒吸一口冷气。一想到这一小部分人竟会成为被恨之入骨的对象，年轻的德国人感到惊愕。[47]

后来，我和库尔特一起徒步游览了基彭海姆。那是一个阴冷的早晨，很像 76 年前他和家人被赶出自己家的那一天。现在库尔特已经 80 多岁了，依稀还是能看出来他与那张黑白照片上的小男孩是同一个人——那张记录迈尔一家被驱逐出基彭海姆的模糊的黑白照片。他左手抓着一个公文包，就像照片上的他一样：他跟着外祖父赫尔曼走出前门，登上了警用卡车。他头上戴着一顶和照片上相似的灰色工装帽。小镇也没有什么变化，至少在表面上是这样。

当我们漫步在基彭海姆时，库尔特回忆起与他的童年有关的地方，包括犹太人的面包店和肉店，那"是我最喜欢的地方，因为在那里我们可以买到香肠"。他指给我看一个地方。就在"水晶之夜"的几个月前，他曾站在那里，瞥见希特勒的车队飞速穿过基彭海姆。他回忆起他的姑姑发现一具犹太邻居尸体的痛哭声。那位犹太邻居宁可割喉自杀，也不愿意在纳粹的魔掌下遭受无尽的折磨。

对库尔特来说，他走过童年在克尔大街上的旧居时仍然感到心痛。他不想和现在的主人交谈，也不想在他和基督徒邻居玩过"跳房子"的街上拍照。他解释说，他没有选择在他以前的房子外面安装"绊脚石"，因为担心重新唤起痛苦的记忆。尽管如此，他还是给我指出了其他基彭海姆犹太人，包括马克斯·瓦尔弗和范妮·瓦尔弗的纪念石碑。瓦尔弗家的住宅就在邮政大街上翻修过的犹太教会堂对面，现在住着一家来自叙利亚的库尔德难民，他们因为野蛮的内战而逃离了自己的家园。马克斯经营烟草批发业务的前厅，已经变成了一家烤肉外卖店。除了库尔特和我，没有人注意到，在相邻的人行道上并不显眼地镶嵌着两块相匹配的金属牌匾。范妮的"绊脚石"纪念牌匾读起来很简单：

> 范妮·瓦尔弗，旧姓韦特海默，曾住在这里，
> 1886 年出生，
> 1940 年被流放到居尔，
> 1942 年被谋杀在奥斯维辛。

对马克斯·瓦尔弗和范妮·瓦尔弗的纪念促使库尔特反思，

277 他与家人的好运气在于获得了"一份盖有印章的文件"，用多萝西·汤普森的话来说，这是"生与死之间的区别"。就迈尔家族而言，这份至关重要的文件上不止一枚印章（见彩图50）。他们的美国签证背面缀满了大量的印章和签名，反映了这个家庭从基彭海姆到居尔到马赛到卡萨布兰卡，最后于1941年8月到达纽约的辗转旅程。只要缺少一枚印章，难民们就会陷入无尽的官僚炼狱，往往面临走向死亡的命运。

"这是我拥有过的最珍贵的文件了，"库尔特说，"那些印章拯救了我们的性命。"[48]

附录一
悼念名单
（本书中提到的大屠杀受害者）

姓名	死亡地点	死亡日期 *
西格弗里德·韦特海默	德国	1939 年 8 月 21 日
赫尔曼·奥尔巴赫尔	法国	1940 年 11 月 29 日
玛蒂尔德·奥尔巴赫尔	法国	1940 年 12 月 6 日
约瑟夫·奥尔巴赫尔	法国	1940 年 12 月 27 日
海因里希·艾歇尔	法国	1940 年 12 月 27 日
尤利乌斯·瓦亨海默	法国	1942 年 1 月 24 日
马克思·奥尔巴赫尔	法国	1942 年 1 月 29 日
特奥多尔·克勒	奥斯维辛	1942 年 8 月 12 日
奥斯卡·瓦亨海默	奥斯维辛	1942 年 8 月 12 日
克特·瓦亨海默	奥斯维辛	1942 年 8 月 12 日
海伦娜·魏尔	奥斯维辛	1942 年 8 月 12 日
格尔达·魏尔	奥斯维辛	1942 年 8 月 12 日
贝尔塔·魏尔	奥斯维辛	1942 年 8 月 12 日
萨洛蒙（"莫莫"）·奥尔巴赫尔	奥斯维辛	1942 年 8 月 17 日
格尔达·奥尔巴赫尔	奥斯维辛	1942 年 8 月 17 日
奥古斯特·克勒	奥斯维辛	1942 年 8 月 17 日
马克斯·施特劳斯	奥斯维辛	1942 年 8 月 19 日
马克斯·瓦尔弗	奥斯维辛	1942 年 8 月 19 日
范妮·瓦尔弗	奥斯维辛	1942 年 8 月 19 日
胡戈·瓦亨海默	奥斯维辛	1942 年 8 月 19 日
尤利乌斯·魏尔	奥斯维辛	1942 年 8 月 19 日

续表

姓名	死亡地点	死亡日期[*]
格蕾特尔·德拉克	奥斯维辛	1942 年 8 月 26 日
梅塔·施特劳斯	奥斯维辛	1942 年 8 月 28 日
贝拉·瓦亨海默	奥斯维辛	1942 年 9 月 11 日
伊西多·洛布斯	奥斯维辛	1942 年 9 月 26 日
卡罗利娜·洛布斯	奥斯维辛	1942 年 9 月 26 日
汉斯·德拉克	奥斯维辛	1942 年 10 月 31 日

* 或为被驱逐到奥斯维辛的日期。死亡日期通常是到达日期的两天后。

附录二
家族谱系

马克斯·瓦尔弗
1880—1942
和
范妮·韦特海默
1886—1942

两人一起于1940年
被流放到居尔
1942年死于奥斯维辛

卡尔	胡戈	弗雷亚 [·迈尔]	埃尔泽 [·韦特海默]	露特 [·贝格曼]	埃里希
1907—1973	1909—1948	1910—2003	1913—1985	1915—2003	1919—2006
1939年 抵达英国 1940年 抵达美国	1938年 抵达美国	1939年 抵达英国 1940年 抵达美国	1939年 抵达英国	1937年 抵达美国	1939年抵 达巴勒斯坦

埃里希　　　卡尔　　　范妮　　　弗雷亚　　　胡戈

埃尔泽　　　　马克斯　　　露特

281

海因里希（"赫谢尔"）·韦特海默
基彭海姆 屠夫
1850—1925

范妮	特蕾泽	里夏德	珍妮特
1886—1942	1890—1969	1893—1958	1897—1979
1940年	1942年抵达	1937年	1938年
被流放到居尔	特莱西恩施塔特	抵达美国	抵达美国
1942年	1952年	女儿：	
死于奥斯维辛	抵达澳大利亚	皮娅·吉尔贝特	

屠夫赫尔曼	利奥波德	西格弗里德	卡罗利娜
1888—1973	1891—1953	1895—1939	1899—1964
1938年	1936年	被控"种族	1937年抵达巴勒斯坦
抵达美国	抵达美国	污染罪"	儿子：
		死在监狱中	施特夫·韦特海默

赫尔曼　　　里夏德　　　　利奥波德　　　西格弗里德

卡罗利娜　　特蕾泽　　　赫谢尔　　　　范妮　　　珍妮特

282

海因里希·瓦亨海默
1857年在基彭海姆创建公司

马克斯
基彭海姆
企业家
死于1925年

莉娜
1940 年
被流放到居尔
1941年
抵达美国

尤利乌斯
1940年
被流放到居尔
☆1942年
被流放到
诺埃营地（死亡）

埃玛
1940年
被流放到居尔
1946年
抵达美国

希尔达和西奥
1940年
被流放到居尔
1941年
抵达美国

胡戈和贝拉
1940年
被流放到居尔
☆1942年
被流放到奥斯
维辛（死亡）

索菲和阿道夫
1939年
抵达美国

奥斯卡和克特
1940年
被流放到居尔
☆1942年
被流放到
奥斯维辛（死亡）

罗伯特和露特
1939年
抵达美国

梅塔和马克斯
1940年
被流放到居尔
☆1942年
被流放到奥斯
维辛（死亡）

赫蒂
1939年
抵达英国
1948年
抵达美国

玛戈
1940年
被流放到居尔
1946年
抵达美国

埃迪特
1940年
被流放到居尔
1946年
抵达美国

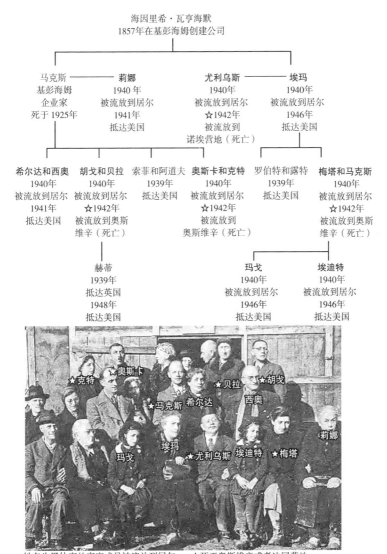

姓名为黑体字的家庭成员被流放到居尔　　☆死于奥斯维辛或者法国营地

致谢和对史料的一点说明

写作本书的想法发端于一份长期被忽视的文件和一张隐藏 50 年之久的照片。1940 年 12 月 21 日，一份由副国务卿萨姆纳·威尔斯签署的文件报送罗斯福总统。文件内容涉及几周前纳粹将数以千计的德国犹太人驱除到未被德国占领的维希法国。法国请求美国帮助安排这些在法国集中营居住的"以色列人"迁移到美国或美洲其他国家。威尔斯向总统建议拒绝法国的请求，理由是这可能招致纳粹的后续"勒索"。罗斯福总统在文件封面上潦草地批示"同意"（详见本书第 183 页）。

这份极少引起学术界关注的文件唤起了我的好奇心。原因有以下几个。作为在美国犹太人大屠杀纪念馆工作的一部分，我曾经协办名为"美国人与大屠杀"的展览活动，做过有关纳粹时期美国移民政策的课题研究。结果显示，许多从德国西南部巴登地区被驱逐的犹太人在美国移民签证等待名单上。这事关德国，也事关美国。当我们谈论纳粹将犹太人驱逐出境时，往往想到纳粹始于 1942 年的驱逐行动：将犹太人驱逐"去东

边"的死亡集中营。这份文件描述的犹太人被驱逐案例并不是"向东"，而是在此 18 个月前的"向西"驱逐犹太人。我认为，对于研究美国在我们现在称之为"种族清洗"的大屠杀之前的移民政策，巴登地区被驱逐的犹太人是一个很好的案例。我想知道这些"弃民"遇到了什么，他们的命运如何与罗斯福时期

有关美国移民政策的激烈争论绑在一起。

6500 名巴登犹太人被驱逐出祖居之地，出发前他们仅有不到 2 小时的准备时间。研究这一历史事件时，我碰巧发现了当时拍下的照片。关于该事件有不少照片，但照片上仅有少数受害者可分辨出身份。其中一位特别引起了我的注意。本书彩图26 的那张照片显示了在基彭海姆的一家人被驱赶上警用卡车之前邻居们冷漠注视的情形。我很快发现照片中一个 10 岁的男孩，他的名字叫库尔特·迈尔。他已 86 岁，仍在华盛顿国会图书馆担任德国书籍高级编目员。本书的主要人物之一居然在离我在犹太人大屠杀纪念馆办公室向国家广场行去仅 5 分钟车程的地方。

我要特别感谢库尔特和其他基彭海姆犹太社区前成员。他们花费了很多时间向我讲述他们的经历，与我分享珍贵的家庭文件和照片。我非常幸运地赶在这些历史的亲历者去世之前，通过电话采访了赫蒂·瓦亨海默·爱泼斯坦和汉斯·韦特海默，并与皮娅·韦特海默·吉尔伯特会面。其他被采访者讲述了在基彭海姆的个人成长记忆，包括"圣路易斯号"的最后一批健在乘客中的几位——索尼娅·迈尔·盖斯马尔、知名以色列商人施特夫·韦特海默以及作家英格·奥尔巴赫尔（Inge Auerbacher）。

研究写作这样一本书就像组装一个大型、多维、由几千个部件组成的智力拼图玩具。这些支离破碎的拼图部件包括褪色的家庭照片、口述历史、回忆录，以及巨量的文献：从老旧的司法案例到移民文件到政府记录，再到在揉皱的信封中或在破损鞋盒中保存的爱人之间的信件。起初，将不同证据联系在一起很不容易。随着时间推移，具有细节的画面逐渐浮现。签证申请表、警局记录、日记、旧剪报、难以理解的信件中看上去模糊的话语——当你把那些不相干的东西如变魔术般贴合在一起的时候，你就知道你正走在正确的路上。书中的对话选自多个来源，包括当时的通信、报纸报道、官方文件、个人回忆录、当面采访等。引用来源均在注释中进行了说明。

如没有一群卓越人才的支持，我就不可能将这个"智力拼图"整合起来。提供支持的人包括历史学家、档案工作者以及幸存的目击者。我想特别感谢德国当地历史学家，在我还没有产生写这本书想法的时候，他们早已为拯救几十年前巴登地区南部犹太人社区的故事进行了艰苦的采访工作，以免这些故事被人刻意遗忘。特别感谢德国-以色列工作组（Deutsch-Israelischer Arbeitskreis）的罗伯特·克赖斯，前基彭海姆犹太教会堂之友（Förderverein Ehe-malige Synagoge Kippenheim e. V.）的于尔根·施图德（Jürgen Stude）。克赖斯简直就是基彭海姆犹太人生活的百科全书。在过去30多年中，他花费了大部分时间联络散布在世界各地的犹太前居民，积极争取修复已变成农业仓库的犹太教堂。他提供了本书开始部分的基彭海姆城区平面图的很多详细信息。施图德是本书参考书目中几部有分量的关于基彭海姆历史研究著作的主要作者。他无比慷慨地分享了他在研究过程中收集的文件和照片。

为更好理解本书主要人物的经历，我漫步在基彭海姆、斯图加特、马赛的大街小巷，游荡在达豪、居尔及莱斯米勒斯等集中营的废墟之上。我两次访问德国，一次访问法国。所到之处，人们热情款待，我深深感激。库尔特·迈尔建议我陪同他于2016年10月回到德国。罗伯特·克赖斯带我漫步基彭海姆城区和施米海姆犹太人公墓。退休英语教师乌尔丽克·舒马赫

（Ulrike Schumacher）向我介绍了基彭海姆的很多人，包括前镇长维利·马蒂斯，在他的领导下，基彭海姆与被驱逐的前犹太居民们渐渐达成和解。埃滕海姆中学老师安德烈·盖普（André Gap）给我指出了赫蒂·瓦亨海默的教室。在那里，赫蒂被校长称为"肮脏的犹太人"并被赶出了教室。他还让我查阅了纳粹时期的记录。两个弗赖堡大学语言学专业的学生，尤利娅·索菲耶·安德烈亚诺（Julia Sofie Andreano）和尤利娅·罗森菲尔德（Julia Rosenfeld），为我做德语翻译兼助手，指引我查阅了弗赖堡、奥芬堡和卡尔斯鲁厄的有关档案文件。在达豪，志愿者科林·巴特尔（Colinne Bartel）非常热心地为我带路。在法国，法国历史学家罗伯特·门切里尼（Robert MencheriniI）专门带我参观了莱斯米勒斯营地，他是法国维希时期历史的前沿研究者。另一位历史学家西尔维·奥尔索尼（Sylvie Orsoni）帮助我理解马赛家庭移民中心如何运作。

我在访问德国和法国的过程中形成的个人印象是以档案研究为基础的。如果没有来自美国和欧洲众多档案工作者和历史学家的协助，这项工作是不可能完成的。我要特别感谢罗纳德·科尔曼（Ronald Coleman）。在位于华盛顿特区的犹太人大屠杀纪念馆，科尔曼指引我在卷帙浩繁的藏书中查阅所需资料，并对我进一步研究提供了宝贵建议。在马里兰州大学城国家档案馆，戴维·兰伯特（David Lambert）给我提供了同等专业的协助，帮我查阅国务院记录，这对于理解罗斯福时期美国的移民政策来说是不可或缺的。美国国务院历史学家梅丽莎·简·泰勒（Melissa Jane Taylor）慷慨地分享了她在研究美国驻马赛领事馆运作时收集的领事私人记录，包括休·富勒顿和小海勒姆·宾厄姆的私人记录。冈纳·伯格（Gunnar Berg）帮助我找到在纽约 YIVO 犹太研究所的重要记录。如果没有唐·戴维斯（Don Davis）的协助，我就会像其他研究者一样迷失在费城的美国公谊服务委员会（American Friends Service Committee）的记录里。我要感谢在德国时以下诸位对我的帮助，他们是奥芬堡档案馆（Offenburg Kreisarchiv）的科尔内留斯·戈尔卡（Cornelius Gorka）、基彭海姆社区档案（Kippenheim Gemeindearchiv）的瓦尔特·凯克（Walter Keck）、历史学家诺贝特·克莱因（Norbert Klein）、乌韦·舍林格（Uwe Schellinger）、乌尔里希·鲍曼（Ulrich Baumann），以及罗伯特·内森（Robert Neisen）。我还要感谢阿莫斯·赖希曼（Amos Reichman），他与我分享了他未发表的关于希夫林家族从维希逃离的硕士论文。

在我的研究过程中，我与以前居住在基彭海姆的家庭保持287 密切联系。2018 年 7 月一个周末，在宾夕法尼亚州波科诺山（Pocono Mountain），韦特海默-瓦尔弗大家族的 100 多位成员参加的家庭聚会给我留下了愉快的回忆。我要特别感谢林达·卡普兰（Linda Kaplan）和索尼娅·盖斯马尔的邀请，感谢莱斯利·韦特海默（Leslie Wertheimer）、法伊·韦特海默（Fay Wertheimer）、多丽丝·贝格曼（Doris Bergman）、米夏埃尔·瓦尔弗（Michael Valfer）、玛丽昂·布洛赫和拉赫尔·麦卡锡（Rachel McCarthy）为我提供文件、照片和其他家庭资料。瓦亨海默家族的玛戈·沃尔顿、埃迪特·施特劳斯（这两个女孩出现在彩图 33 的金婚纪念照片上，此后她们移民到美国），以及哈里·瓦亨（Harry Wachen）和布伦达·曼德尔（Brenda Mandel）向我提供了瓦亨海默家族资料。特别感激黛安娜·李（Dianne Lee）与我分享她已故朋友赫蒂·爱泼斯坦档案中的文件和照片，赫蒂于 2016 年去世。埃米·维斯努德尔（Amy Wisnudel）与我分享了她叔祖父莫莫和叔祖母格尔达·奥尔巴赫尔从居尔寄来的信件。

我为美国犹太人大屠杀纪念馆承担了本书写作任务。没有犹太人大屠杀纪念馆同事的友谊和支持，我就不可能进行研究、写作或出版本书。本书缘起于与威廉·莱文家族犹太人大屠杀教育学院（William Levine Family Institute for Holocaust Education）前院长迈克尔·阿布拉莫维茨（Michael Abramowitz）的一席长谈，此后他转往自由之家（Freedom House）工作并成为主席。纪念馆馆长萨拉·布卢姆菲尔德和副馆长萨拉·奥格尔维（Sarah Ogilvie）从项目一开始就表示感兴趣，提出了很多好的建议。我的导师格蕾琴·斯基德莫尔（Gretchen Skidmore）和格雷格·纳兰霍（Greg Naranjo）也同样如此。诸位专家的专业审核使我避免了许多严重错误，这些专家包括里夏德·布赖特曼（Richard Breitman）、彼得·布莱克（Peter Black），以及不知疲倦的贝姬·埃贝尔丁（Becky Erbelding），她提供了很多重要文件。自不用说，书中错误无论事实的还是解释性的错误都归咎于我自己。特别感谢纪念馆照片档案部门的卡珊德拉·拉普拉德·佐伊特（Kassandra Laprade Seuthe）帮助我翻译德语文件，帮我读懂成堆的似乎无法破译的家庭通信。

在过去 30 多年中，我都与克诺夫出版社（Knopf）有紧密的合作。安德鲁·米勒（Andrew Miller）是本书编辑，他给予我鼓励和真知灼见，助我改善本书中的长叙事，万分感谢。安德鲁的助手济基亚·哈里斯（Zakiya Harris）协调出版日程。印制编辑弗雷德·蔡斯（Fred Chase）在文中找出不少不一致的地方，数量超出我想象；莉萨·蒙泰贝洛（Lisa Montebello）、玛丽亚·马西（Maria Massey）、玛吉·欣德斯（Maggie Hinders）和泰勒·科姆里（Tyler Comrie）团队一如既往地运转顺畅。凯茜·多萝西（Cathy Dorthy）在时间紧张的前提下制作了一份极佳的索引。书中令人喜爱的地图和图画是吉恩·索普（Gene Thorp）的大作。我要感谢我的代理人雷夫·萨加林（Rafe Sagalyn），这是我们合作出版的第六本书，他将我半成品的想法塑造成形并赋予其生命。最后，我感激我可爱的妻子丽萨和女儿亚历克丝，她们审读了本书多个版本的稿子，一直支持着经常神游物外的我写作本书。

注　释

注释中使用的缩写

AFSC	American Friends Service Committee（Quakers）
AFSC-Ph	AFSC archives, Philadelphia
AJDC	American Jewish Joint Distribution Committee
AP	Associated Press
APP	American Presidency Project, University of California, Santa Barbara
CDF	State Department Central Decimal File, Record Group 59, NA-CP
CJH	Center for Jewish History, New York
FDRL	Franklin D. Roosevelt Library, Hyde Park, New York
F-BdR	Archives départementales des Bouches-du-Rhône, France
F-PA	Archives départementales des Pyrénées Atlantiques, France
FRUS	*Foreign Relations of the United States series*
G-HSAS	Hauptstaatsarchiv Stuttgart, Germany
G-STAF	Staatsarchiv Freiburg, Germany
G-LAK	Landeskirchliches Archiv, Karlsruhe, Germany
IMT	International Military Tribunal（Nuremberg, Germany）, *The Trial of the Major War Criminals*
IWM	Imperial War Museum, London

JTA　　Jewish Telegraph Agency

LAT　　*Los Angeles Times*

LC　　Library of Congress, Washington, D. C.

M-UD　　George S. Messersmith papers, University of Delaware

NA-CP　　National Archives, College Park, Maryland

NA-DC　　National Archives, Washington, D. C.

NA-Ph　　National Archives, Philadelphia

NA-SL　　National Archives, St. Louis

NYHT　　*New York Herald Tribune*

NYT　　*The New York Times*

OH　　Oral History

OPF　　Official Personnel Folders, NA-SL

RG　　Record Group

SecState　　Secretary of State of United States

UGIF　　Union générale des israélites de France

UKFO　　United Kingdom Foreign Office

UK-NA　　United Kingdom National Archives

USC-SF　　University of Southern California, Shoah Foundation, Los Angeles

USHMM　　United States Holocaust Memorial Museum, Washington, D. C.

WP　　*The Washington Post*

YIVO　　Institute for Jewish Research, New York

如无另外说明，所有的访谈都是作者进行的。

第一章　1938 年 11 月

1. 1995 年 12 月 7 日，赫蒂·（瓦亨海默）·爱泼斯坦接受了南加州大学犹太人大屠杀基金会（Shoah Foundation of the University of Southern

California）的采访；并于 1991 年 12 月 12 日与 1997 年 12 月 4 日接受了英国帝国战争博物馆（Imperial War Museum）的采访。我大量引述了赫蒂用德语写作的回忆录：Hedy Epstein, *Erinnern ist nicht genug*（"To Remember Is Not Enough"）, referenced henceforth as Epstein, *Erinnern*。在赫蒂于 2016 年 5 月去世之前，我们在 2015 年数次通过电话交流。这些访谈在后文被标为：Epstein Dobbs 2015。

2. Selma Stern, *The Court Jew*, pp. 23-25.

3. Epstein USC-SF; Epstein Dobbs 2015.

4. 作者于 2016 年 10 月造访埃滕海姆高中。学校档案中包含赫蒂·瓦亨海默与其他犹太学生的成绩单，以及沃尔特·克莱因、赫尔曼·赫布斯特赖特与其他教师的生平记录与纳粹党籍信息，档案显示赫布斯特赖特于 1931 年 7 月加入纳粹党，并于 1932 年加入党卫军。

5. Epstein, *Erinnern*, p. 40. 克莱因于 1932 年 1 月加入纳粹党，担任区域宣传工作负责人。

6. Letter from Klein to Hugo and Bella Wachenheimer, April 14, 1937, Hedy Epstein papers, 1994. A. 0117, USHMM.

7. Walter Klein and Edwin Fischerkeller testimonies, Ettenheim Kristallnacht case, "I. Str. S. gegen Seitz u. A. ," May 1947, F179/1, G-STAF.

8. Jakob Reinbold testimony, Ettenheim Kristallnacht case, May 1947, F179/1, G-STAF; Epstein, *Erinnern*, p 41.

9. Epstein, *Erinnern*, p. 41.

10. Epstein USC-SF.

11. Hitler, *Das Itinerar*, Vol. 3, entry for August 29, 1938, p. 1583; 2016 年 10 月 25 日作者访谈库尔特·迈尔并造访基彭海姆（访谈在下文被标为 Maier Dobbs 2016）; "Hitler Sees Forts at Swiss Frontier," *NYT*, August 30, 1938, p. 6。

12. Adolf Hitler, *Mein Kampf*, Vol. 2, Chap. 14, "Germany's Policy in Eastern Europe. "

291

13. "Hitler Inspects Nazi Forts," *WP*, August 30, 1938, p. 1; "German Army Massed at French Border," *LAT*, September 4, 1938, p. 1; "War or Peace?," *NYT*, September 4, 1938, p. 37.

14. Martin Gilbert, *Kristallnacht: Prelude to Destruction*, p. 23; personal letter from Raymond Geist to George Messersmith, November 7, 1938, M-UD.

15. Gilbert, *Kristallnacht*, p. 24.

16. "Tagebucheintrag vom 10. November 1938," Diaries of Joseph Goebbels Online, Institute of Contemporary History, Munich-Berlin.

17. "Estimate of Jewish population in Alte Reich," December 1938, Germany-Delegation to Germany file, November 1938, AFSC-Ph.

18. Heydrich to Gestapo, Criminal Police and SD offices, November 10, 1938, Nuremberg Document No. 3051-PS, IMT, Vol. 31, pp. 515-18.

19. Johannes Tuchel, *Konzentrationslager*, p. 171. See also Uwe Schellinger, ed., *Gedächtnis aus Stein*, p. 89.

20. Inge Auerbacher interview, July 2016; Maier Dobbs 2016.

21. Max Valfer to Ruth Valfer and Rudolf Bergman, 信件未标明写作时间，很有可能是 1939 年 8 月，Doris Bergman private collection。

22. Schellinger, ed., *Gedächtnis aus Stein*, pp. 79-80; Jürgen Stude et al., *Schicksal und Geschichte der jüdischen Gemeinden*, pp. 352-54.

23. Essay written by Ilse Wertheimer Gutmann for Rachel McCarthy, ed., *Wertheimer-Valfer Family Reunion August 2005*, a privately published family memoir. See also testimony of Kippenheim town clerk Otto Buggle, October 27, 1947, Lahrer Synagogenprozess, F179/1, Nr. 299, pp. 117-20, G-STAF.

24. Maier Dobbs 2016.

25. Robert Krais interview, October 2016. 被毁的会堂的照片于 1999 年被赠与赫蒂·爱泼斯坦，当地历史学家认出了照片上的党卫军军官，他就是卡尔·里夫林（Karl Rieflin），海因里希·雷默特的下属。See

Schellinger, ed. , *Gedächtnis aus Stein*, pp. 84–86.

26. Otto Buggle testimony, October 27, 1947. See also Jürgen Stude, "Der Novemberpogrom in Kippenheim," in Stude et al. , *Schicksal und Geschichte*, pp. 45–47.

27. Kurt Salomon Maier, *Unerwünscht*, p. 70.

28. Siegbert Bloch OH, August 20, 1996, USC-SF.

29. 西格贝特·布洛赫后来确认，折磨他的人是冲锋队队员奥托·莱尔克（Otto Lerch）, See Schellinger, ed. , *Gedächtnis aus Stein*, p. 91。

30. Ilse Gutmann essay.

31. Epstein USC-SF; Epstein Dobbs 2015.

32. Epstein, *Erinnern*, p. 43.

33. Epstein, *Erinnern*, p. 43; Epstein Dobbs 2015.

第二章 等待签证的队列

1. Erna Albersheim letter to Assistant Secretary of State George Messersmith, March 9, 1939, CDF 125. 8856/120.

2. Report of John. G. Erhardt, Foreign Service Inspector, March 27, 1939, Reports of Foreign Service Inspectors, 1927–1939, Entry 418, Box 2, RG 59, NA-CP.

3. Sections 9–12, 1917 Immigration Act. 292

4. Erhardt report, March 27, 1939.

5. Erich Sonnemann OH, 2014. 34. 1, USHMM. See also Toby Sonneman, "Why St. Patrick's Day Is My Jewish Family's Favorite Holiday," *Tablet*, March 14, 2014.

6. Honaker/Stuttgart to Wilson/Berlin, "Anti-Semitic Persecution in the Stuttgart Consular District," November 12, 1938, CDF 862. 4016/2002.

7. Honaker/Stuttgart to Wilson/Berlin, November 12, 1938.

8. Honaker/Stuttgart to Messersmith, November 15, 1938, CDF 862.

4016/2002.

9. Memorandum on "Percentage of Jewish visa applicants at the Stuttgart consulate," September 17, 1936, Stuttgart (1930s) I, Reports of Foreign Service Inspectors, 1937–1939, Entry 418, RG 59, NA-CP.

10. Honaker/Stuttgart to State Department, July 12, 1938, CDF 811.111 Quota 62/587.

11. Honaker/Stuttgart to State Department, July 12, 1938.

12. Rating Sheet, January 1, 1943, Samuel Honaker OPF, NA-SL.

13. Report by Inspector J. Klahr Huddle, February 18, 1937, Stuttgart (1930s) I, Reports of Foreign Service Inspectors, 1937–1939, Entry 418, RG 59, NA-CP. See also Herbert Lehman to FDR, June 15, 1936, OF 133, FDRL.

14. Correspondence of Maximilian Neubauer, 1938 – 1945, Otto Neubauer collection, CJH.

15. Roger Daniels, *Guarding the Golden Door*, p. 57.

16. President Herbert Hoover, Proclamation 1872, March 22, 1929, APP.

17. Mae M. Ngai, "The Architecture of Race in American Immigration Law," *The Journal of American History 86*, no. 1 (June 1999): 75.

18. Memoranda for SecState, March 14 and April 22, 1929, Box 145, CDF 811.111 Quota National Origins/27.

19. Daniels, *Guarding the Golden Door*, pp. 47–48, 55.

20. 根据美国人口普查局收集的数据，在外国出生的美国人占美国总人口的比例在 1890 年达到了 14.8% 的峰值。皮尤研究中心（The Pew Research Center）估计，2015 年在外国出生的美国人占美国总人口的比例为 13.9%，预计到 2065 年该比例将升至 17.7%。而根据美国人口普查局的数据，这一比例在 1970 年处于最低值，为 4.7%。图 1 反映了美国人口普查局的数据和皮尤研究中心的预测。

21. Daniels, *Guarding the Golden Door*, p. 55.

22. 根据美国国务院的报告，1938 年之前，移民案件的处理"相对比较及时"。See letter from Warren/Visa Division to Malcolm Bryan, January 23, 1940, CDF 811. 111 Quota 62/769. See also David S. Wyman, Paper Walls, p. 34. 其中指出，到 1937 年年底，难民的情况已经相对稳定。怀曼（Wyman）补充说，在 1938 年危机之前，那些有能力和有意愿移民的人相当容易找到地方接纳自己。

23. "Freak letters" collection, October 20, 1938, CDF 811. 111 Quota 62/619.

24. Honaker dispatch 1340, "Dismissal of Six German Clerks," January 17, 1939, CDF 125. 8853/503. See also CDF 125. 8853/497.

25. Honaker dispatch 1344, "Payment of Money to Germans Formerly Employed at the Stuttgart Consulate," January 24, 1939, CDF 125. 8853/507.

26. "Preliminary Examination" form, cited in Honaker dispatch 1340, January 17, 1939.

27. Honaker dispatches 1340 and 1344, January 1939.

28. See, for example, profile of Geist, "Trouble-shooter in Berlin," NYT, July 23, 1939.

293

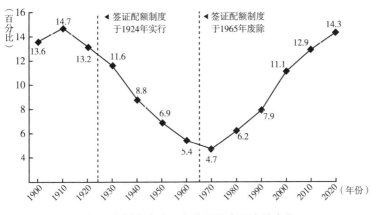

图 1　外国出生人口占美国总人口比重变化

29. Geist to Assistant Secretary of State Messersmith, May 16, 1938, Messersmith collection, M-UD.

30. "Application for Appointment," Geist OPF, NA-SL.

31. Geist to Messersmith, October 21, 1938, M-UD.

32. Geist deposition, August 28, 1945, Nuremberg Document 1759-PS, IMT, Vol. 28, pp. 234-54.

33. David Glick, "Some Were Rescued," *Harvard Law Bulletin*, 1960, Glick collection AR 1239, CJH.

34. Geist to Messersmith, October 21, 1938, M-UD.

35. Geist deposition, August 28, 1945.

36. Geist to Messersmith, October 21, 1938.

37. "U. S. Asked to Bar Einstein as Radical," *WP*, November 30, 1932.

38. Messersmith to Oswald Villard, December 15, 1932, M-UD.

39. "Einstein's Ultimatum Brings a Quick Visa," *NYT*, December 6, 1932.

40. Messersmith to Oswald Villard, December 15, 1932, M-UD.

41. "Einstein Ridicules Women's Fight on Him," *NYT*, December 4, 1932.

42. Geist to Messersmith, December 12, 1938, M-UD.

43. Geist/Berlin to SecState, November 14, 1938, CDF 811. 111 Quota 62/635.

44. "160000 Germans Seeking Visas to Enter U. S. ," *NYHT*, November 29, 1938.

45. Charles W. Thayer, *The Unquiet Germans*, pp. 162-63.

46. Geist to Messersmith, February 15, 1938, M-UD.

47. Geist to Messersmith, December 12, 1938, M-UD.

48. Geist to Messersmith, December 12, 1938, M-UD.

49. Geist to Messersmith, December 5, 1938, M-UD.

50. Geist to Messersmith, December 5, 1938. 关于盖斯特与福利之间的协议，见 British Home Office memo HO 213/100, UK-NA。See also Geist/Berlin to SecState, December 12, 1938, CDF 840. 48 Refugees/1187.

51. Messersmith to Avra Warren, December 9, 1938, CDF, 811. 111 Quota 62/662B.

52. Foley to British Home Office, January 17, 1939, HO 213/115, UKNA.

53. Geist to Messersmith, January 22, 1939, M-UD.

54. Geist to Messersmith, June 14, 1934, M-UD.

55. Messersmith to Geist, April 5, 1938, M-UD.

56. Messersmith to Geist, December 5, 1938, M-UD.

57. Messersmith to Geist, December 20, 1938, M-UD.

58. Messersmith to Geist, December 20, 1938.

59. Messersmith to Geist, November 30, 1938; Geist to Messersmith, January 4, 1939, M-UD.

60. Geist to Messersmith, October 21, 1938, M-UD.

61. Gilbert/Berlin to SecState, November 30, 1938, CDF 862. 4016/1939.

62. Geist to Messersmith, January 4, 1939, M-UD.

63. Elizabeth Gray Vining, *Friend of Life*, p. 286.

64. Rufus M. Jones, "Our Day in the German Gestapo," *The American Friend*, July 10, 1947.

65. Vining, *Friend of Life*, p. 292. 1939 年 1 月 20 日，就在沙赫特会见贵格会代表的几周后，他被免去了德意志帝国银行行长的职务。

66. Elkinton to Pickett, November 24, 1938, Correspondence, Letters from Berlin, AFSC-Ph.

67. Honaker dispatch 1340, January 17, 1939.

68. "Report of Investigation of Alleged Visa Irregularities at Stuttgart Consulate," August 27, 1939, CDF 125. 8856/125.

69. Honaker dispatch 1340, January 17, 1939.

70. Honaker dispatch 1340, January 17, 1939.

第三章　罗斯福

1. See, for example, editorial in *Washington Evening Star*, "America Protests," November 15, 1938, and front-page coverage in *NYT*, November 16, 1938.

2. "Roosevelt Coldly Serious as He Attacks German Persecutions," *WP*,

November 16, 1938, p. 1.

3. William E. Leuchtenburg, *The FDR Years*, p. 13.

4. AP White House reporter Jack Bell, cited in Leuchtenburg, *The FDR Years*, p. 13.

5. John Gunther, *Roosevelt in Retrospect*, p. 135.

6. JoAnn Garcia, "Cherry Tree Rebellion," NPS. gov, March 15, 2012.

7. *WP*, November 16, 1938, p. 1; FDR press conference #500, November 15, 1938, FDRL.

8. PSF Diplomatic Correspondence, Germany 1933–1938, FDRL.

9. See, for example, Geist/Berlin to SecState, July 23, 1936, State Department CDF 811. 111 Quota 62/505. 盖斯特报告称，在截至 1936 年 6 月 30 日的配额年度，他们签发了 6978 份移民签证，这占当时德国 25957 份配额的 27%；截至 1937 年 6 月的配额年度，配额已满 48%；截至 1938 年 6 月的配额年度，配额已满 71%。

10. Charles Stember et al. , *Jews in the Mind of America*, p. 145. See also "Fortune's Survey on How Americans Viewed Jewish Refugees in 1938," Fortune. com, November 18, 2015.

11. Hitler speech, Sportspalast, Berlin, September 26, 1938, BBC Monitoring Service.

12. Joseph Alsop and Robert Kintner, *American White Paper*, p. 15.

13. Samuel I. Rosenman, *Working with Roosevelt*, p. 167.

14. FDR letter to Emil Ludwig, November 15, 1938, PPF 3884, FDRL, cited in James MacGregor Burns, *Roosevelt: The Lion and the Fox*, p. 388.

15. Letter from Sara Roosevelt to Dora Roosevelt, cited in Jean Edward Smith, *FDR*, p. 25.

16. Inscription in FDR's copy of *Mein Kampf*, FDR book collection, FDRL.

17. FDR to Margaret Suckley, September 26, 1938, in Georey Ward ed. , *Closest Companion*, p. 125.

18. Ickes diary, November 15, 1938, LC, transcribed in Harold L. Ickes, *The Secret Diary of Harold L. Ickes*, Vol. 2, *The Inside Struggle*, p. 504.

19. Rosenman, *Working with Roosevelt*, p. 172.

20. Henry Morgenthau Jr. diary, November 16, 1938, FDRL.

21. Burns, *Roosevelt*, p. 320.

22. FDR message to Myron Taylor, January 14, 1939, contained in State Department telegram to U. S. embassy, London, 840. 48 Refugees/1290B, reprinted in FRUS, 1939, Vol. 2, p. 66.

23. Morgenthau diary, November 16, 1938.

24. 地理学家以赛亚·鲍曼（Isaiah Bowman）绘制的犹太人可能定居处的地图，请见 OS-053 PSF Maps, FDRL。

25. FDR to Taylor, January 14, 1939.

26. Morgenthau diary, November 16, 1938.

27. Morgenthau diary, December 6, 1938, FDRL.

28. Messersmith memorandum, October 25, 1938, CDF 811. 111 Regulations/2175.

29. FDR press conference #501, November 18, 1938. See also Richard Breitman and Allan J. Lichtman, *FDR and the Jews*, p. 115.

30. Telegram to FDR, November 17, 1938, OF 76c, Church Matters Jewish, 1938, FDRL.

31. Correspondence regarding immigration, November 1938, CDF 150. 626J.

32. Minutes of December 18–19, 1938, meeting, Non-Sectarian Committee for German Refugee Children, Marion Kenworthy papers, CJH.

33. Mark Jonathan Harris and Deborah Oppenheimer. , *Into the Arms of Strangers*, p. 10.

34. Hoover news conference, White House, September 9, 1930, APP.

35. *Statistical Abstract of the United States 1933*, U. S. Census Bureau, Tables 87 and 96. 1929 年，每年给德国的美国移民配额从 51227 个减少到 25957

个。1930 年获准入境的一些移民使用先前的配额获得了签证。

36. Visa instruction to U. S. consuls, January 5, 1937, CDF 150. 626 J/242.

37. "配额年度"始于 7 月，终于次年 6 月。关于 1932~1933 年至 1936~1937 年德国配额签证年度总结，请见：General Visa Correspondence, 1914–1940, CDF 811. 111 Quota, Box 165。关于此后的配额年度，请见以下文件中的表格：letter from Visa Division to Samuel Goldstein, April 15, 1943, CDF 150. 001/4–1443。有关德国配额总体使用情况的数据，请见下方图 2。

38. ER, "My Day," May 29, 1937.

39. ER letter to Justine Wise Polier, January 4, 1939, ER 100, 1939, Box 698, FDRL. 波利尔（Polier）是美国犹太领袖斯蒂芬·怀斯拉比的女儿，她是一位杰出的家庭法院法官，也是埃莉诺·罗斯福和马里昂·肯沃西的朋友。See also Polier OH, September 14, 1977, FDRL.

40. November 20, 1938, Coughlin broadcast, Holocaust Encyclopedia, USHMM.

41. Polier OH, FDRL.

296

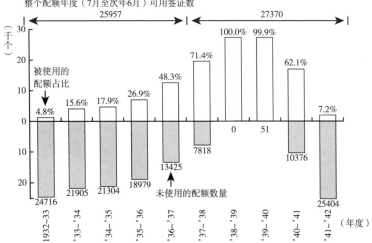

图 2　德国的移民配额

42. "Hoover Backs Sanctuary for Child Refugees," *WP*, January 16, 1939, p. 1.

43. "Children in the Dark," *NYT*, February 18, 1939, p. 7.

44. Julian Pleasants, *Buncombe Bob*, pp. 158–59.

45. Messersmith memorandum, January 23, 1939, CDF 150. 01 Bills/99.

46. Stember et al., *Jews in the Mind of America*, 149; Frank Newport, "Historical Review：Americans' Views on Refugees Coming to U. S.," Gallup. com/opinion, November 19, 2015.

47. Mackenzie King diary, November 17, 1938, MG26-J13, Archives Canada.

48. Ickes diary, March 12, 1939, LC; Ickes, *The Inside Struggle*, p. 590.

49. Ickes diary, March 12, 1939.

50. "Roosevelt's Life Aboard Ship," *NYT*, February 19, 1939, p. 135.

51. "First Lady Backs Move to Open U. S. to 20, 000 Exiles," *WP*, February 14, 1939, p. 1. See also Blanche Wiesen Cook, *Eleanor Roosevelt*, p. 26.

52. ER to Polier, February 28, 1939, cited in Joseph P. Lash, *Eleanor and Franklin*, pp. 576–77.

53. Exchange of telegrams between FDR and ER, February 22, 1939, Presidential Trip File, FDRL.

第四章　基彭海姆

1. Epstein, *Erinnern*, 44; Epstein Dobbs 2015.

2. Ilse Gutmann essay.

3. 请见 1938 年 11 月 22 日亚伯拉罕·奥尔巴赫尔从达豪寄给住在基彭海姆的妻子的明信片，来源：私人收藏。

4. Hugo to Hedy Wachenheimer, February 6, 1940, Hedy Epstein private collection, translated by Hedy Epstein. 1994 年，赫蒂向美国大屠杀纪念馆（USHMM）捐赠了几份主要是德语的信件副本。See Epstein papers, 1994. A. 0017, USHMM.

297　5. 2016 年 11 月，作者到访达豪集中营。

6. Sigrid Schultz, "Berlin's Jews Seek Flight," November 15, 1938, *Chicago Tribune*, p. 1; Associated Press, "Berlin Preparing More Degrees of Ostracism," *NYHT*, November 15, 1938, p. 1.

7. Notes from meeting at Air Ministry, November 12, 1938, Nuremberg Document 1816-PS, IMT, Vol. 28, pp. 499-540.

8. See, for example, Ralph W. Barnes, "160000 Germans Seeking Visas to Enter U. S. " *NYHT*, November 29, 1938, p. 1; Louis Lochner, "Reich Papers Angrily Reply to Roosevelt," *Baltimore Sun*, November 17, 1938, p. 1.

9. Schellinger ed. , *Gedächtnis aus Stein*, p. 81; Stude et al. , *Schicksal und Geschichte*, pp. 352-54.

10. "Reich, Angered by Roosevelt, Waits for U. S. Reaction," *NYT*, November 17, 1938, p. 1.

11. "Nazi Restrictions, Special Taxes Strip Jews of Wealth," JTA, December 25, 1938.

12. OH interview with Pia Gilbert, 1988, Center for Oral History Research, University of California, Los Angeles.

13. Quoted by Amos Elon, *The Pity of It All*, p. 166.

14. Karl Kopp, *Das Kippenheimer Lied*, 57.

15. Naftali Bar-Giora Bamberger, *Der jüdische Friedhof in Schmieheim, Memor-Buch*, p. 936.

16. Schellinger, ed. , *Gedächtnis aus Stein*, p. 68.

17. Jürgen W. Falter et al. , *Wählerbewegungen zum Nationalsozialismus: Wahl- und Sozialdatender Gemeinden Badens in der zweiten Hälfte der Weimarer Republik.* 数据集提供方：GESIS Institute, Cologne。部分选举数据亦被以下文献引用：Schellinger, ed. , *Gedächtnis aus Stein*, p. 75。

18. Kopp, *Das Kippenheimer Lied*, 64.

19. Epstein IWM 1991; Epstein, *Erinnern*, p. 25.

20. Stude et al. , *Schicksal und Geschichte*, p. 347; Kopp, *Das Kippenheimer Lied*, 66.

21. Stude et al. , *Schicksal und Geschichte*, p. 347.

22. Stude et al. , *Schicksal und Geschichte*, p. 354.

23. Pia Gilbert OH 1988.

24. Pia Gilbert interview, January 17, 2017. See also Pia Gilbert OH 1988.

25. "Bericht über eine Predigt von Pfr. Kaiser," October 31, 1934, Adam Kaiser personalfile, G-LAK.

26. Undated letter to regional bishop, Dr. Kühlewein, in Kaiser personal file, G-LAK.

27. Written statement by Pastor Kaiser, September 28, 1941, Kaiser personal file, G-LAK.

28. Ulrich Baumann interview, October 21, 2016. See also Baumann, *Zerstörte Nach barschaften, Christen und Juden in badischen Landgemeinden, 1862–1940*.

29. Maier Dobbs 2016.

30. Kurt Maier OH, June 24, 1997, USC-SF.

31. Maier, *Unerwünscht*, p. 31.

32. Sandner, *Das Itinerar*, Vol. 3, p. 1692, entry for May 19, 1939.

33. Stef Wertheimer, *The Habit of Labor*, p. 5.

34. Pia Gilbert OH 1988.

35. Pia Gilbert interview, January 17, 2017; Schellinger, ed. , *Gedächtnis aus Stein*, p. 80.

36. *Wertheimer/Valfer Family Reunion*, p. 60; Pia Gilbert interview, January 17, 2017.

37. Freya Valfer Maier memoir, *Wertheimer/Valfer Family Reunion*, p. 23.

38. Email from Marion Bloch, granddaughter of Hermann Wertheimer, July

1，2016.

298　39. *Wertheimer/Valfer Family Reunion*, p. 25.

40. Sales contract between Hermann Wertheimer and Karl Dorner, November 12, 1937, Marion Bloch private collection.

41. Interview with Gunther Wertheimer, January 21, 2017.

42. See correspondence between Congressman William Whittington（D-Miss.）and State Department, CDF 811. 111 Valfer Gerhard.

43. *Queen Mary* passenger list, Cherbourg-New York, April 19, 1937, RG 85, NA-DC.

44. Emails from Fay Wertheimer, daughter of Else Valfer and Heinrich Wertheimer, June 15, 2016, and June 25, 2018.

45. Gunther Wertheimer interview, January 21, 2017; Pia Gilbert interview, January 17, 2017.

46. Erich Valfer letter, March 30, 1987, to Institute of Contemporary History, Munich.

47. Freya Valfer Maier OH, January 21, 1997, USC-SF.

48. 马克斯与范妮的签证注册编号载于家庭通信与纽约 YIVO 保管的 HICEM-HIAS 档案文件中（France Ⅲ-462, RG 245. 5）。我根据注册编号推测出了移民登记的日期——注册编号是按时间顺序签发的。

49. Report of John G. Erhardt, Foreign Service Inspector, March 27, 1939; Reports of Foreign Service Inspectors, 1927-1939, Entry 418, Box 2, RG 59, NA-CP.

50. Honaker dispatch, February 22, 1939, CDF 125. 8853/510.

51. Albersheim to Messersmith, March 9, 1939, CDF 125. 8856/120.

52. Erhardt report, March 27, 1939.

53. "Aryans Aid Jews Furtively in Reich," *NYT*, December 26, 1938, p. 9; "Half the Jews in Reich Beg for U. S. Visas," *NYHT*, March 9, 1939, p. 1. 1939 年 1 月 1 日，美国国务院报告称，有 240748 件使用德国配

额的美国移民申请悬而未决。理论上，这意味着将近 9 年的工作积压。(See Avra Warren testimony to Senate subcommittee on immigration, March 23, 1939.) 但实际上，有两种不同的等候名单。文件被认为不合格的签证申请人被列入"不积极"的等待名单。符合条件的申请人被列入"积极"的等候名单。1937～1938 年的配额年份，在驻斯图加特总领事馆一次"对文件的初步审查中"，每 10 名潜在的移民中就有 6 名被淘汰。(See Honaker/Stuttgart to SecState, July 12, 1938, CDF 811. 111 Quota 62/587.) 1939 年年初，初步筛选程序将合格申请人的等待时间缩短至 3 年左右。(See note from Geist/ Berlin, January 23, 1939, CDF 811. 111 Quota 62/670.)

54. AP, "100 Jews Each Day Must Leave Reich," *NYT*, February 26, 1939, p. 1.

55. Report by U. S. Consul General Coert du Bois, "Jewish Refugee Situation in Havana," June 7, 1939, State Department CDF 837. 55/39.

第五章　逃离

1. Karl Valfer to Ruth Valfer and Rudolf Bergman, March 26, 1939, Doris Bergman private collection.

2. "Margaret Bergmann Lambert, Jewish Athlete Excluded from Berlin Olympics, Dies at 103," *NYT*, July 25, 2017. 在发誓再也不回德国后，格蕾特尔（她婚后的姓名是玛格丽特·兰贝特）于 1999 年接受邀请，在当地体育场特地更名以向她致敬后，回到了她的家乡劳普海姆。在纳粹时期，她被禁止在体育场参加比赛。

3. Memoir of *Katina* passenger Michael Engel, in the form of a 1970 letter to Dr. Zelig Paul, the Betar commander. 这封米夏埃尔·恩格尔（Michael Engel）的信是由他的女儿克劳迪娅·史蒂文斯（Claudia Stevens）提供给本书作者的。这些细节与埃里希·瓦尔弗在 1987 年 3 月 30 日写给慕尼黑当代历史研究所（Institute of Contemporary History, Munich）的信中

的内容大体一致。

4. Engel letter.

5. 关于英国拦截较小型船只"阿尔泰米西娅号"（*Artemisia*）的内容见 February 16, 1939, report of the Chief Secretary of the Government of Palestine, FO 371/24088, UK-NA。报告称，2月6日，"阿尔泰米西娅号""在成功地非法将约 160 名犹太人运送上岸后"被截获。该报告是由保罗·锡尔弗斯通（Paul Silverstone）提供给作者的。

6. Letter from *Katina* passenger Kalman Yardeni, August 17, 1999, Claudia Stevens private collection.

7. Yardeni letter.

8. Engel letter.

9. Erich Valfer letter, March 30, 1987; Claudia Stevens's conversations with her father. 史蒂文斯（Stevens）"承袭木偶师的衣钵"，用一出单人木偶剧再现了"卡蒂娜号"的航海之旅。

10. Pell/London to SecState, May 18, 1939, CDF 840.48 Refugees/1617, reprinted in*FRUS*, 1939, Vol. 2, pp. 110-12. See also Henry L. Feingold, *The Politics of Rescue*, p. 65.

11. Ludwig Maier letter to Ruth Valfer Bergman, March 30, 1939, Doris Bergman private collection.

12. Maier family papers, 2004.515.1, USHMM.

13. Gilbert interview, January 17, 2017; Ludwig Maier letter to Ruth Valfer Bergman, March 30, 1939, Doris Bergman private collection.

14. Freya Valfer Maier OH, USC-SF.

15. Report by U.S. Consul Harold S. Tewell, "European Refugees in Cuba," June 8, 1939, CDF 837.55J/51. See also report dictated by Cecilia Razovsky, June 11, 1939, SS *St. Louis* folder, AJDC, reprinted in Henry Friedlander and Sybil Milton, eds. *Archives of the Holocaust：An International Collection of Selected Documents*, Vol. 10, part 1, pp. 264-74.

16. Fritz Buff diary, Fritz Buff papers, 2007. 121, USHMM. 英文译本已出版：Fred Buff, edited by Maryann McLoughlin, *Riding the Storm Waves*。See Buff, pp. 38, 44.

17. Sonja Geismar talk to B'nai Jeshurun, Yom Kippur, 2015.

18. Freya Valfer Maier to Valfer family, June 10, 1939, Maier family papers, 2004. 515. 1, USHMM.

19. Buff, *Riding the Storm Waves*, p. 52.

20. "Haven for Exiles in Cuba Planned," *NYT*, November 19, 1938, p. 3.

21. Du Bois report, June 7, 1939.

22. Paul Vincent, "The Voyage of the St. Louis Revisited," *Holocaust and Genocide Studies* 25, no. 2 (Fall 2011): 280, citing message from Laura Margolis, JDC Archives 33/44, file 378— *St. Louis*.

23. Tewell report, June 8, 1939.

24. Tewell report, June 8, 1939.

25. Du Bois report, June 7, 1939.

26. Batista letter to Berenson, December 4, 1967, Mirta Pérez-Benitoa collection, 2004. 638, USHMM. 佩雷斯-贝尼托瓦（Pérez-Benitoa）是巴蒂斯塔的孙女。

27. Enclosure 4, Du Bois report, June 7, 1939.

28. Razovsky *St. Louis* report, June 11, 1939.

29. Razovsky *St. Louis* report, June 11, 1939.

30. Hart Phillips, "907 Refugees Quit Cuba on Liner," *NYT*, June 3, 1939. See also AP report, "Cuba Orders Refugee Ship to Go Away," reprinted in *NYHT*, June 2, 1939.

31. JDC Executive Committee minutes, June 5, 1939, JDC *St. Louis* file, cited by Vincent, "The Voyage of the St. Louis Revisited," p. 262.

32. Enclosure 13, Du Bois report, June 7, 1939.

33. Freya Valfer Maier letter, June 10, 1939, Maier family papers,

300

2004. 515. 1, USHMM.

34. Buff, *Riding the Storm Waves*, p. 62.

35. 美联社的一张照片显示"圣路易斯号"在 6 月 4 日锚定于迈阿密海滩。See, for example, "Home of the Wandering Jews," *Baltimore Sun*, June 5, 1939, p. 7.

36. Buff, *Riding the Storm Waves*, p. 63.

37. 施罗德后来给路德维希·迈尔和委员会的其他成员写了一封信，感谢他们的帮助。Sonja Geismar private collection.

38. *St. Louis* passenger bulletin, June 4, 1939, Karmann family papers, 2000. 137, USHMM.

39. Buff, *Riding the Storm Waves*, pp. 63–64.

40. 一些材料显示"圣路易斯号"将于 6 月 7 日返回。然而，6 月 6 日美联社的一篇报道称，这艘船在 6 月 6 日晚上 11 点 40 分通知迈阿密的热带广播电台（Tropical Radio）"它已经驶向欧洲"。See, for example, "Denied Entry, Refugee Ship Heads Home," *Atlanta Constitution*, June 7, 1939, and "Cuba Recloses Door to Refugees," *NYT*, June 7, 1939.

41. Radiogram to FDR, June 6, 1939, State Department CDF 837. 55J, Box 5969, Red Ink Letters folder.

42. Telegram from Ruth Valfer Bergman to Ludwig Maier, June 7, 1939, Maier family papers, 2004. 515. 1, USHMM；"Cuba Recloses Door to Refugees," *NYT*, June 7, 1939, p. 1.

43. FDR press conferences #550 and #551, May 30 and June 6, 1939, FDRL.

44. Messersmith memo, June 1, 1939, State Department CDF 837. 55 J/36；Du Bois report, June 7, 1939.

45. Morgenthau diary, June 5, 1939, FDRL.

46. State Department Memorandum from Ellis Briggs, June 5, 1939, CDF 837/ 55J/44.

47. Morgenthau diary, June 5, 1939. 文本记录显示，赫尔是在律师詹姆斯·

卡森的建议下探索选择维尔京群岛作为难民们的避难所的可能性，卡森当时正在为安嫩伯格的亲属寻找临时避难所。

48. AP, "Virgin Islands Willing: Legislative Assembly Would Open Doors to Refugees," *Baltimore Sun*, November 22, 1938, p. 10.

49. Morgenthau diary, June 5, 1939.

50. Morgenthau diary, June 6, 1939.

51. J. Butler Wright/Havana to SecState, June 8, 1939, CDF 837. 55 J/43.

52. See, for example, "No Haven for Refugees," *Fortune*, April 1939, p. 102; Stember et al., *Jews in the Mind of America*, p. 121.

53. Annotation on memo to FDR, OF 3186 Political Refugees, FDRL.

54. "Admission of German Refugee Children," Hearings Before House of Representatives Immigration Committee, June 1, 1939.

55. 有关巴勒斯坦接收犹太移民的数据，请见英国政府数据，引用于以下文献: *American Jewish Year Book*, Vols. 44-46。有关美国接收犹太移民的数据，请见: SecState to Tuck/Vichy, October 2, 1942, CDF 851. 4016/104。

56. Testimony on H. R. 3029, House Committee on Immigration and Naturalization, June 6, 1939, ProQuest.

57. Appendix to *Congressional Record*, June 7, 1939, pp. 2424-25.

58. "Poage Would Balance Child Exiles, Quota," *WP*, June 1, 1939, p. 2.

59. Cesar Saerchinger broadcast, May 5, 1939, CDF 150. 01 Bills/138.

60. William Castle diary, May 26, 1939, cited by Breitman and Lichtman, p. 150.

61. Pierrepont Moffat diary, May 25, 1939, Houghton Library, Harvard University.

62. See, for example, "Hull Injects New Life into Neutrality Fight," *NYT*, June 4, 1939, p. E6.

63. FDR to Myron Taylor, June 8, 1939, OF 3186 Political Refugees, FDRL.

64. Geist to Messersmith, April 4, 1939, M-UD.

65. Geist/Berlin to SecState, May 3, 1939, CDF 840. 48 Refugees/1597.

66. Pierrepont Moffat diary, May 4, 1939, Houghton Library, Harvard University.

67. Pell/London to SecState, June 7, 1939, Telegram 788, Myron Taylor papers, FDRL.

68. Kenneth Davis, *FDR*, 746-47.

69. Pell/London to SecState, June 7, 1939, Telegram 791, Myron Taylor papers, FDRL.

70. *St. Louis* passenger bulletin, June 10, 1930, 2000. 137, Karmann family papers, USHMM.

71. Freya Valfer Maier letter, June 10, 1939. 尽管这封信是从 6 月 10 日开始写的，但内在证据显示，写这封信花费了几天的时间。

72. Telegram from Kippenheim, June 12, 1939, Maier family papers, 2004. 515. 1, USHMM.

73. *St. Louis* ship bulletin, June 15, 1939, Karmann family papers, USHMM.

74. Gordon Thomas and Max Morgan Witts, *Voyage of the Damned*, pp. 281-82; Passengers' committee to Troper, June 14, 1939, Troper collection, 2005. 27, Folder 4, USHMM.

75. Vincent, "The Voyage of the St. Louis Revisited," p. 272.

76. Buff, *Riding the Storm Waves*, pp. 68-70.

77. "907 Refugees End Voyage in Antwerp," *NYT*, June 18, 1939, p. 1.

78. Quoted by Arthur Morse, "Voyage to Doom," *Look*, November 28, 1967, p. 68.

第六章 S. O. S——拯救我们的灵魂

1. Epstein IWM 1991; Epstein Dobbs 2015.

2. Harris, *Into the Arms of Strangers*, p. 40.

3. Hugo Wachenheimer to Robert Amias, June 4, 1939, Epstein papers,

1994. A. 0017, USHMM.

4. Epstein, *Erinnern*, pp. 53–54.

5. Hedy Epstein private collection.

6. Epstein, *Erinnern*, pp. 56–57.

7. Epstein, *Erinnern*, pp. 55–56.

8. Epstein, *Erinnern*, p. 56.

9. Harris, *Into the Arms of Strangers*, p. 133.

10. Hugo Wachenheimer to Hedy Wachenheimer, May 20, 1939, USHMM.

11. Hugo Wachenheimer to Hedy Wachenheimer, July 12, 1939, USHMM.

12. Hugo and Bella Wachenheimer to Hedy Wachenheimer, May 23 and June 1, 1939, USHMM.

13. Harris, *Into the Arms of Strangers*, p. 134.

14. Bella Wachenheimer to Hedy Wachenheimer, July 28, 1939, USHMM.　302

15. Hugo Wachenheimer to Hedy Wachenheimer, August 9, 1939, USHMM.

16. William L. Shirer, *The Nightmare Years, 1930–1940*, p. 398.

17. Victor Klemperer, *I Will Bear Witness*, p. 304, August 14, 1939, diary entry.

18. Hugo Wachenheimer to Hedy Wachenheimer, August 5, 1939, USHMM.

19. Hugo Wachenheimer to Robert Amias, June 4, 1939, USHMM.

20. German Jewish Aid Committee to Hugo Wachenheimer, August 2, 1939, USHMM.

21. Hugo Wachenheimer to Hedy Wachenheimer, August 9, 1939, USHMM. See also letters of August 2, 4, and 5.

22. Hugo Wachenheimer to Hedy Wachenheimer, August 2, 1939, USHMM.

23. Ludwig Maier to Ruth Valfer Bergman, August 15, 1939, Doris Bergman private collection.

24. Kurt Maier interview, February 27, 2018.

25. " Dokumentationsstelle zur Erforschung der Schicksale der jüdischen

Bürger," Kippenheim, EA 99/001 Bü 71, G-HSAS.

26. Wertheimer, *The Habit of Labor*, pp. 20-21.

27. Telephone interview with Lars Kindle, January 12, 2018; telephone interview with Stef Wertheimer, May 6, 2017.

28. Stef Wertheimer interview; email from Anett Daan, December 13, 2017.

29. Stude et al. , *Schicksal und Geschichte*, p. 355.

30. Max Valfer to Ruth Valfer Bergman, undated but evidently written in mid-August 1939, Doris Bergman private collection.

31. Alice Zivi to Siegfried Wertheimer, August 18, 1939, Robert Krais private collection.

32. Hugo Wachenheimer to Hedy Wachenheimer, August 24, 1939, USHMM.

33. Visit to Schmieheim cemetery with Robert Krais, June 30, 2017.

34. Hugo Wachenheimer to Hedy Wachenheimer, August 24, 1939, USHMM.

35. Max Valfer to Ruth Valfer Bergman, August 1939.

36. Kindle interview, January 12, 2018.

37. Ludwig Maier to Ruth Valfer Bergman, August 15, 1939.

38. Else Valfer Wertheimer to Ruth Valfer Bergman, undated but evidently written in August 1939, Doris Bergman private collection.

39. Heinrich Wertheimer to Ruth Valfer Bergman, July 20, 1939, Doris Bergman private collection.

40. Telephone interview with Steven Weil, December 29, 2017.

41. Ludwig Maier to Ruth Valfer Bergman, August 15, 1939, Doris Bergman private collection.

42. Max Valfer to Ruth Valfer Bergman, undated but evidently written in mid-August 1939, Doris Bergman private collection.

43. Alsop and Kintner, *American White Paper*, p. 1.

44. Eleanor Roosevelt, "My Day," September 2, 1939.

45. Notes taken by Acting Navy Secretary Charles Edison, reprinted in *F. D. R. ,*

His Personal Letters, *1928-1945*, Vol. 2, pp. 915-17.

46. Ickes diary, September 9, 1939, LC; Ickes, *The Inside Struggle*, pp. 712-13.

47. FDR address to Intergovernmental Committee, October 17, 1939, APP.

48. Breitman, Stewart, and Hochberg, eds., *Refugees and Rescue*, p. 183.

49. "Mrs. Roosevelt Charges Intolerance Drive Against Refugees," *NYT*, November 29, 1939, p. 1.

50. FDR to Lord Tweedsmuir, governor general of Canada, October 5, 1939, *F. D. R.*, *His Personal Letters*, *1928-1945*, Vol. 2, p. 934.

51. Front-page coverage of Roosevelt visit to Congress in *NYT*, September 22, 1939.

52. FDR to William Allen White, December 14, 1939, reprinted in *F. D. R.*, *His Personal Letters*, *1928-1945*, Vol. 2, pp. 967-68.

53. Ickes diary, September 9, 1939, LC; Ickes, *The Inside Struggle*, p. 720.

54. Ickes diary, September 9, 1939, LC; Ickes, *The Inside Struggle*, p. 721.

55. Morgenthau diary, May 15, 1942, FDRL.

56. Cited by Ted Morgan, *FDR*, p. 520.

57. German quota table for September-December 1939, State Department CDF 811. 111 Quota 62/860.

58. Sonja Geismar talk to B'nai Jeshurun, 2015.

59. Stude et al., *Schicksal und Geschichte*, pp. 352-53; Schellinger, ed., *Gedächtnis aus Stein*, pp. 81-82.

60. Maier, *Unerwünscht*, p. 75.

61. 迈尔一家于 1940 年 5 月 8 日取得美国签证，有效期为 4 个月。See "Demande de Voyage," November 9, 1940, Siegfried Maier refugee case file, FranceⅢ-252, RG 245.5, YIVO.

第七章　"第五纵队"

1. Betty Houchin Winfield, FDR and the News Media, p. 104.

2. FDR radio broadcast, May 26, 1940.

3. Meeting with American Youth Congress, June 5, 1940, Press conference 649–A, FDRL.

4. "FBI Gets 3000 Fifth Column Complaints Daily," WP, June 12, 1940, p. 3.

5. Dorothy Thompson cable, July 16, 1940, CDF 811. 111 Refugees/186.

6. "The Superman Creed," *WP*, March 10, 1942, p. 28.

7. William Donovan and Edgar Mowrer, "French Debacle Held Masterpiece of Fifth Column," *NYT*, August 22, 1940, p. 6.

8. William Bullitt, "America Is in Danger," *NYT*, August 19, 1940, p. 4.

9. Messersmith/Havana to SecState, June 21, 1940, State Department CDF 150. 626J/798. 有关难民庆祝巴黎陷落的原报道，请见：attachments from Henry Stimson to SecState, December 15, 1942, CDF 811. 111 W. R. Committees/30。

10. Breckinridge Long diary, June 22, 1940, LC.

11. SecState to U. S. Consuls, June 29, 1940, CDF 811. 111 W. R. 108a.

12. Long diary, June 29, 1940, LC.

13. 根据美国国务院的数据，德国的配额在 1938~1939 年度被全部用完，在 1939~1940 年度 "用完了 99.9%"。1939~1940 年度配额未全部用完可能是由于管理上的疏漏。德国的配额在 1940~1941 年度用完了 62.1%。见本书页边码第 296 页图 2。

14. Public Opinion News Service, August 4, 1940, Pathfinder Poll Data, Emil Hurja papers, FDRL.

15. Lash, *Eleanor and Franklin*, pp. 40, 133.

16. Lash, *Eleanor and Franklin*, pp. 157–58.

17. Doris Kearns Goodwin, *No Ordinary Time*, pp. 84 – 85, citing Malvina Thompson to Anna Roosevelt, June 17, 1940, Halsted papers, FDRL.

18. Undated September 1942 memo from ER to FDR, ER 102, Refugee Letters;

304

letter from Muriel Martineau to ER, August 18, 1940, ER 100 Martineau, FDRL.

19. Goodwin, *No Ordinary Time*, p. 101, citing Thompson to Anna Roosevelt, July 12, 1940, Halsted papers, FDRL.

20. See *Life*, February 5, 1940, p. 74, 其中可见对格林尼治村公寓的描述。

21. Joseph Lash journal entry, June 25, 1940, retyped by his son, Jonathan Lash papers, FDRL.

22. Muriel Gardiner and Joseph Buttinger, *Damit wir nicht vergessen*, pp. 153–54. See also Buttinger report of meeting with ER, Holocaust/refugee collection, FDRL.

23. Lash journal entry, June 25, 1940.

24. ER, "My Day," June 21, 1940.

25. ER, "My Day," June 26, 1940.

26. Long diary, September 18, 1940, LC.

27. *Quanza* passengers' telegram to ER, September 10, 1940, CDF 811.111 Refugees/289.

28. ER telegram to Coulter/Department of State, September 10, 1942, CDF 811.111 Refugees 41/144; Coulter to ER, September 19, 1942, CDF 811.111 Refugees 41/92.

29. Associated Press, "War Refugees, Turned Back, Sob as Ship Coals at Norfolk," *WP*, September 12, 1940, p. 5.

30. Razovsky report on *Quanza*, September 16, 1940, Celia Razovsky papers, P-290, Box 5, CJH.

31. Habeas Corpus cases 6592, 6593, 6595, Records of U. S. District Court, Eastern District of Virginia, Norfolk Division, Admiralty Casefiles, 1801–1966, NA-Ph.

32. Case No. 6594, Records of U. S. District Court, Eastern District of Virginia, Norfolk Division, Admiralty Casefiles, 1801–1966, NA-Ph.

33. Case No. 6594; Razovsky *Quanza* report.

34. Marcel Dalio, *Mes années folles*, pp. 151–52.

35. Report by Patrick Malin, November 12, 1941, INS correspondence files, File 56 054/218, Entry 9, RG 85, NA-DC; see also Long diary, September 18, 1940, LC.

36. Long memo on conversation with Malin, September 16, 1940, CDF 811. 111 Refugees/416.

37. Long memo on conversation with Malin.

38. Razovsky *Quanza* report.

39. Unsigned telegram to Long from Norfolk, Virginia, September 14, 1940, CDF 811. 111 Refugees/414.

40. Long diary, September 18, 1940, LC.

41. Gift from *Quanza* passengers, received September 17, 1940, OF 3186 Political Refugees, FDRL.

42. Long to FDR, June 27, 1933, and September 6, 1935, cited in Fred L. Israel, ed., *The War Diary of Breckinridge Long*, p. xix.

43. Long diary, March 13, 1938, LC.

44. Long diary, June 13, 1940, LC.

45. Long diary, September 2, 1939, and June 28–30, 1940, LC.

46. Long diary, December 29, 1940, LC.

47. Long diary, September 18, 1940, LC.

48. Cole/Algiers to SecState, September 28, 1940, CDF 811. 111 Refugees/608.

49. Long diary, September 24 and October 3, 1940, LC.

50. Breitman et al., *Refugees and Rescue*, p. 214.

51. Eleanor to FDR, September 28, 1940, OF 3186 Political Refugees, October-December 1940, FDRL.

52. Polier OH, FDRL.

53. Long diary, October 3, 1940, LC.

305

54. Steinhardt/Moscow to SecState, October 2, 1940, CDF 811. 111 Refugees/397.

55. Long diary, October 10, 1940, LC.

56. Breitman et al. , *Refugees and Rescue*, p. 210, citing Wise to Otto Nathan, September 17, 1940.

57. "Roosevelt Looks to 'Diffcult Days,'" *NYT*, November 6, 1941, p. 1.

58. Memorandum from Department of State legal advisor, "Proposed proclamation by the governor of the Virgin Islands," December 16, 1940, OF 3186 Political Refugees, FDRL.

59. Long diary, November 13, 1940, LC. See also Ickes diary, November 17, 1940, LC.

60. Ickes diary, December 13, 1940, LC.

61. FDR to Ickes, December 18, 1940, OF 3186 Political Refugees, FDRL.

62. Ickes diary, December 13, 1940, LC.

63. Clippings from *PM*, December 15, 1940, and February 11, 1941, Long papers, LC.

64. Long diary, December 9, 1940, LC.

65. Westbrook Pegler, "Red Refugees May Suit Virgin Islands Official," *Philadelphia Inquirer*, December 20, 1940, Long papers, LC.

66. Ickes diary, November 23, 1940, LC; *The Secret Diary of Harold L. Ickes, 1939–1941*, Vol. 3, *The Lowering Clouds*, p. 375.

67. Ickes diary, December 21, 1940, LC; partially transcribed in *The Lowering Clouds*, p. 396.

第八章　居尔

1. Stude et al. , *Shicksal und Geschichte*, p. 358; Schellinger, ed. , *Gedächtnis aus Stein*, p. 94.

2. Maier, *Unerwünscht*, pp. 82–83.

3. Maier Dobbs 2016. See also Kurt Maier USC-SF.

4. Robert Krais/Deutsch-Israelischer Arbeitskreis photo archive. 有关照片的讨论，请参阅当地历史学家的文章：Gerhard Finkbeiner in Stude et al. , *Shicksal und Geschichte*, pp. 466–69; *Unterbelichtete Erinnerung：Fotohistorische Zugänge zur Deportation der badischen Juden am 22. Oktober 1940*, minutes of Landeskunde am Oberrhein historical working group, December 13, 2001. 芬克拜纳（Finkbeiner）和克赖斯 1995 年收到了这些照片，它们来自摄影师威廉·菲舍尔的遗产。威廉·菲舍尔于 1981 年去世。

5. Stude et al. , *Schicksal und Geschichte*, pp. 466 – 67; Inge Auerbacher interview, July 21, 2016.

6. Document Nr. 437, Paul Sauer, ed. , *Dokumente über die Verfolgung der jüdischen Bürger in Baden-Württemberg durch das Nationalsozialistische Regime, 1933–1945*, Vol. 2, pp. 236–37.

7. Undated Max and Fanny Valfer letter to children from Gurs following October 1940 deportation, probably written in November 1940, Doris Bergman and Leslie Wertheimer private collections.

8. Document Nr. 437, Sauer, ed. , *Dokumente 2*; see also Stude et al. , *Shicksal und Geschichte*, p. 358.

9. Auguste（Rosenfeld）Auerbacher to Poldi Auerbacher, December 27, 1940, Robert Krais private collection.

10. 被驱逐的有 6504 人，这一数据来自 1940 年 10 月 29 日海德里希向德国外交部提供的报告，Document Nr. 440, Sauer, ed. , *Dokumente 2*, p. 241。

11. Maier, *Unerwünscht*, p. 83.

12. Laure Wildmann diary, cited in "The Non-Emigration of the Wildmanns," www. wildmannbirnbaum. com.

13. Maier, *Unerwünscht*, p. 83.

14. Hanna Schramm and Barbara Vormeier, *Vivre à Gurs*, p. 80.

15. Trial of Adolf Eichmann, Jerusalem, Session 77, June 22, 1961.

16. Christopher Browning, *The Origins of the Final Solution*, p. 91.

17. Eichmann trial, Session 77.

18. Eichmann trial, Session 77; Browning, *The Origins of the Final Solution*, pp. 90–91.

19. Israeli police interrogation of Eichmann, tape number 4, reprinted in *The Trial of Adolf Eichmann*, Vol. 7, p. 144.

20. Heydrich report, Document Nr. 440, Sauer, ed., *Dokumente 2*.

21. Telegram from German delegation to Armistice Commission, October 28, 1940, Document Nr. 443, Sauer, ed., *Dokumente 2*, p. 244; Browning, *The Origins of the Final Solution*, p. 91.

22. Telegram from German delegation to Armistice Commission, November 19, 1940, Document Nr. 444, Sauer, ed., *Dokumente 2*, pp. 244 – 45; Browning, *The Origins of the Final Solution*, p. 92.

23. Donald A. Lowrie, *The Hunted Children*, p. 67. See also Donald Lowrie letter to friends, November 14, 1940, reprinted in Friedlander and Milton, eds., *Archives of the Holocaust*, Vol. 2, pp. 74–77.

24. Schramm and Vormeier, *Vivre à Gurs*, pp. 76–78.

25. Lowrie, *The Hunted Children*, pp. 61–62.

26. Max and Fanny Valfer letter to children from Gurs, ca. November 1940, Doris Bergman private collection.

27. Gerda Auerbacher letter to Hugo Auerbacher, November 6–8, 1940, EA 99/001 Bü 200, G-HSAS. 格尔达和她的弟弟胡戈与格尔达的丈夫萨洛蒙（莫莫）有血缘关系，并且有共同的姓。

28. Morris/Berlin to SecState, October 25, 1940, CDF 862. 4016/2173; Matthews/Vichy to SecState, November 3, 1940, CDF 862. 4016/2176.

29. ER comment on letter from Joseph Buttinger with accompanying memos, November 15, 1940, OF 3186 Political Refugees, FDRL.

30. "Refugees Write of French Camps," *NYT*, February 23, 1941, p. 13.

31. "Misery and Death in French Camps," *NYT*, January 26, 1941, p. 24.

32. Camp Gurs report, February 1941, Internment Camps folder, AFSC-Ph.

33. Ickes diary, August 3, 1940, LC; Ickes, *The Lowering Clouds*, pp. 277-78; "France Puts Faith in New Envoy Here," *NYT*, August 11, 1940, p. 18.

34. 关于法国备忘录的文本及相关通信，见 CDF 840.48 Refugees/2317, reprinted in *FRUS*, 1940, Vol. 2, pp. 243-49。

35. Memorandum on "German refugees in France" by Robert Pell, November 22, 1940, CDF 840-48 Refugees/2317.

36. Welles to FDR, December 21, 1940, CDF 840.48 Refugees/2317, reprinted in *FRUS*, 1940, Vol. 2, p. 245.

37. Travers to Dickstein, April 15, 1943, CDF 150.001/4-1443. 与德国形成鲜明对比的是，在法国沦陷后的 12 个月里，先前利用率较低的法国配额利用率从 25% 增加到 68%。

38. Annotated note from FDR to Welles, CDF 840.48 Refugees/2352.

39. Photograph of car in Bingham family papers, 1991.240.8, USHMM.

40. ID reproduced in Robert Kim Bingham, *Courageous Dissent*, p. 19.

41. Hiram Bingham report on "Concentration Camps for Foreigners in the Marseille Consular District," December 20, 1940, CDF 740.00115 European War 1939/850.

42. Hugh Fullerton dispatch, "Concentration Camps in Southern France," December 20, 1940, CDF 740.00115 European War 1939/850.

43. Hugh Fullerton letter to Howard Kershner, December 13, 1940, CDF 740.00115 European War 1939/850.

44. Varian Fry, *Surrender on Demand*, pp. 11-12, 56-57.

45. G. Howland Shaw, memorandums of conversations with Hiram Bingham, June 14 and 15, 1938, Bingham OPF, NA-SL.

46. Feuchtwanger diary, July 22, 1940, translation from Bingham, *Courageous*

Dissent, p. 138.

47. Bingham, *Courageous Dissent*, pp. 39 – 40, citing Varian Fry diary, May 7, 1941.

48. Annual effciency report, 1941, Bingham OPF, NA-SL.

49. Lisa Fittko, *Escape Through the Pyrenees*, p. 34.

50. Bingham report, December 20, 1940.

51. Bingham report, December 20, 1940.

52. HIAS news release, November 19, 1940, OF 76c Church Matters Jewish, October-December 1940, FDRL.

53. HIAS news release, November 19, 1940.

54. Bingham report, December 20, 1940.

55. HICEM Marseille to HIAS New York, January 27, 1941, France C-4, RG 245. 4. 12, YIVO.

56. Hermann Auerbacher death certifificate, November 29, 1940, 72 W 37, F-PA. 根据集中营死亡登记簿, 另外两名来自基彭海姆的奥尔巴赫尔家族成员于 1940 年 12 月死于居尔。83 岁的玛蒂尔德·奥尔巴赫尔于 12 月 6 日去世, 她此前一直住在盖林根的养老院。格尔达·奥尔巴赫尔 77 岁的父亲约瑟夫·奥尔巴赫尔 (Joseph Auerbacher) 于 12 月 27 日去世。See 72 W 36, F-PA.

57. Bella Gutterman and Naomi Morgenstern, eds., *The Gurs Haggadah*, 30.

58. Maier, *Unerwunscht*, p. 87.

59. Maier, *Unerwünscht*, p. 20.

60. Kurt Maier USC-SF.

61. Maier, *Unerwünscht*, p. 89.

62. Hugo and Bella Wachenheimer to Hedy Wachenheimer, November 20, 1940, USHMM.

63. Photograph #07362, Hedy Epstein collection, 1994. A. 117, USHMM.

64. Interviews with Margot and Edith Strauss, January 5, 2016.

65. Email from Hedy Wachenheimer Epstein, January 3, 2016.

66. Hugo and Bella Wachenheimer to Hedy Wachenheimer, November 20, 1940.

67. Hugo Wachenheimer to HIAS-HICEM Marseille, February 18, 1941, Wachenheimer HICEM file, France Ⅲ-467, RG 245.5, YIVO.

68. "Demande de Voyage," December 12, 1940, Wachenheimer HICEM file.

69. Helen Lowrie letter to supporters, November 23, 1940, cited in *The Unitarian Register*, January 1, 1941. See also Lowrie, *The Hunted Children*, p. 102.

308 第九章　马赛-马提尼克

1. Gurs inspection report, cited by Amicale du Camp de Gurs in "L'histoire du Camp," www. campgurs. com.

2. Lowrie, *The Hunted Children*, p. 63.

3. Lowrie, *The Hunted Children*, p. 63.

4. Siegfried and Charlotte Maier Gurs file, 72 W 65, F-PA. 关于早些的美国签证，见 "Demande de Voyage," November 9, 1940, Maier HICEM file, France Ⅲ-252, RG 245.5, YIVO。关于先前签证的过期问题，见 HIAS memo, November 1, 1940, CDF 811. 111 Refugees/820。

5. Siegfried and Charlotte Maier Gurs file, 72 W 65, F-PA.

6. Maier, *Unerwünscht*, p. 90.

7. Siegfried Maier address book, Kurt Maier private collection; Hodgdon/Berlin to SecState, September 29, 1940, CDF 811. 111 Quota 62/890; see also Stewart/Zurich, to SecState, December 20, 1940, CDF 811.111 Refugees/877.

8. Rapport Camp de Gurs, January 1941, UGIF, RG43-025M, Reel 27, Frame 173, USHMM. 美国犹太人大屠杀纪念馆保存的版本为微缩胶卷，原件保存于 Archives départementales des Alpes- de- Haute- Provence, France。

9. Leahy/Vichy to SecState, February 12, 1941, CDF 811. 111 Refugees/959.

10. Maier, *Unerwünscht*, p. 90.

11. Siegfried Maier address book, Kurt Maier private collection.

12. Charlotte Maier Marseillefiche, Hotel Terminus des Ports, 7 W 112, F-BdR;
    Siegfried Maier Les Milles fiche, 142 W 32, F-BdR; Sofifie Auerbacher Gurs
    file, 72 W 57, F-PA. See also Maier, *Unerwünscht*, p. 90.

13. "End of a World," *Time*, May 24, 1948.

14. Seghers, *Transit*, p. 35.

15. Seghers, *Transit*, pp. 100, 153.

16. Seghers, *Transit*, p. 31.

17. Fry, *Surrender on Demand*, p. 13.

18. Fry, *Surrender on Demand*, p. 121.

19. Kurt Maier USC-SF; Charlotte Maier Marseille fiche.

20. André Fontaine, *Le camp d'étrangers des Milles*, p. 123.

21. SecState to U. S. Consuls, June 29, 1940, CDF 811. 111 W. R. 108a.

22. Fullerton/Marseille to Stewart/Zurich, Marseille consulate, General Records
    1941, 810–812. 8, Box 43, RG 84, NA-CP.

23. Leahy/Vichy to SecState, February 12, 1941, CDF 811. 111 Refugees/959.

24. Abbott/Marseille to Hodgdon/Berlin, February 26, 1941, Marseille
    consulate, General Records 1941, 810–812. 8, Box 43, RG 84, NA-CP.

25. C. Howland Shaw, "Memorandum of Conversation with Hiram Bingham,"
    October 9, 1941, Fullerton OPF, NA-SL.

26. "Strictly confidential" memorandum from Lisbon (probably written by Jay
    Allen), November 12, 1940, ER Warburg, FDRL; Bingham memorandum,
    Confidential annex to Fullerton OPF, NA-SL.

27. 宾厄姆"严格保密"的备忘录,日期不详,但显然记于 1941 年 4 月
    前后,Fullerton OPF。也可参见弗赖伊对一个"娇媚"的领事职员的
    描述,描述对象明显是德拉普雷太太,*Surrender on Demand*, p. 4。

28. Fry memorandum, February 13, 1941, Varian Fry papers, Columbia University.

29. Shaw memorandum, October 9, 1941.

30. G. Howland Shaw, "Mr Hugh S. Fullerton," November 28, 1941, Fullerton OPF, NA-SL.

31. William Peck memorandum, March 6, 1941, Marseille consulate, General Records 1941, 851. 2-869. 2, Box 46, RG 84, NA-CP. 欲知马赛领事政策与有关宾厄姆与富勒顿的延伸讨论，请见美国国务院历史学家梅丽莎·简·泰勒的文章："American Consuls and the Politics of Rescue in Marseille, 1936 - 1941," *Holocaust and Genocide Studies*, August 2016, pp. 247-75。

32. HICEM Marseille to HIAS New York, January 27, 1941, France C-4, RG 245. 4. 12, YIVO.

33. SecState to U. S. embassy Vichy, February 4, 1941, 811. 111 Refugees/909; Leahy/Vichy to SecState, February 12, 1941, CDF 811. 111 Refugees/959.

34. HICEM Marseille to Max Gottschalk/New York, April 8, 1941, France C-4, RG 245. 4. 12, YIVO.

35. Fittko, *Escape Through the Pyrenees*, pp. 110-14.

36. Fry, *Surrender on Demand*, p. 48.

37. Eric T. Jennings, *Escape from Vichy*, pp. 70 - 71, citing Varian Fry papers. See also Fry, *Surrender on Demand*, pp. 173-74.

38. Walter Mehring, *No Road Back*, p. 147.

39. "Rapport administratif," November 6, 1941, Centre Américain de Secours, Marseille consulate, General Records 1941, Box 44, RG 84, NA-CP.

40. Eric Jennings, "Last Exit from Vichy France," *Journal of Modern History*, June 2002. See also Jennings, *Escape from Vichy*, p. 87.

41. Victor Serge, *Memoirs of a Revolutionary*, pp. 429-30.

309

42. Jennings, *Escape from Vichy*, p. 37, citing Peyrouton letter to Vichy Ministry of the Colonies, November 29, 1940.

43. Schramm and Vormeier, *Vivre à Gurs*, p. 137.

44. Sofie Auerbacherfiche, 7 W 112, F-BdR.

45. Maier, *Unerwünscht*, p. 91.

46. Maier, *Unerwünscht*, p. 91.

47. Reports by Rabbi Langer, April 15 and April 29, 1941, UGIF, RG43 - 025M, Reel 23, Frames 160-73, USHMM.

48. Maier, *Unerwünscht*, p. 91.

49. 库尔特·迈尔将文件捐献给德国奥芬堡档案馆。

50. Seghers, *Transit*, p. 114; Maier Dobbs 2016.

51. Gerda Auerbacher Gurs fiche, 72 W 57, F-PA. 有关马赛食宿供应紧张导致的问题，请见：Raymond - Raoul Lambert letter to HICEM Marseille, "Émigration du camp de Gurs," May 8, 1941, France II, RG 245.5, YIVO, and HICEM/Marseille to Chief Rabbi of France, July 16, 1941, France B-11, RG 245.4.12, YIVO。另见 "Report on HICEM's Activities June-July 1941," Myron Taylor papers, FDRL。

52. André Gide and Jacques Schiffrin, *Correspondance, 1922-1950*, pp. 164-66. See also André Schiffrin, *A Political Education*, p. 30. 随父母逃离法国后，年轻的希夫林成为万神殿出版社（Pantheon）和新媒体出版社（The New Press）的美国前沿出版人之一。他合作过的作者包括诺姆·乔姆斯基（Noam Chomsky）、米歇尔·福柯（Michel Foucault）、斯塔兹·特克尔（Studs Terkel）和玛格丽特·杜拉斯（Marguerite Duras）。

53. Amos Reichman, "Jacques Schirin, Aller Sans Retour," p. 51 (MA thesis, Columbia University, 2014).

54. Richard Berczeller, *Displaced Doctor*, pp. 107-8.

55. Rabbi Langer report, May 15, 1941, UGIF, RG43-025M, Reel 23, Frame 191, USHMM; Fullerton/Marseille to SecState, "Immigrants Sailing via

310

Martinique," May 19, 1941, CDF 811. 111 Refugees/1547.

56. Maier, *Unerwünscht*, p. 94. 目前还不清楚格尔达到达马赛与"怀俄明号"离开两个事件的先后顺序。她在居尔的档案显示，1941 年 5 月 15 日，她被转移到马赛港口终点酒店。港口终点酒店记录（7w 112, F-BdR）显示她于 5 月 16 日在该酒店登记入住。

57. Schiffrin, *A Political Education*, p. 34.

58. Berczeller, *Displaced Doctor*, p. 108.

59. Maier, *Unerwünscht*, p. 96.

60. Berczeller, *Displaced Doctor*, p. 110.

61. "温尼伯号"是 5 月 26 日早晨在马提尼克岛西北 20 海里处被截获的。Admiralty signal, May 26, 1941, FO 837/178, UK-NA.

62. Fullerton/Marseille to SecState, May 19, 1941; Jennings, *Escape from Vichy*, p. 220.

63. Contraband control service officer, Trinidad, to Director of Naval Intelligence, May 30, 1941, FO 837/178, UKNA. See also R. M. Sallé, *70000 kilomètres d'aventures*, pp. 132–37.

64. Unpublished memoir of Rudolf Sachs, CJH.

65. "Dutch Navy Takes Germans O Ship," AP report reprinted in *Baltimore Sun*, June 3, 1941.

66. Yolla Niclas-Sachs, "Looking Back from New Horizons," unpublished memoir, CJH.

67. British embassy Washington to UKFO, Telegram 2511, June 3, 1941, FO 837/178, UK-NA.

68. UKFO to British embassy, Washington D.C., Telegram 2981, May 31, 1941, FO 837/178, UK-NA.

第十章　莱斯米勒斯

1. Welles to Berle, May 21, 1941, CDF 811. 111 Refugees/1447.

2. Berle to Welles, May 21, 1941, CDF 811. 111 Refugees/1447.

3. Memorandum from Paul Reveley/London, January 8, 1941, Enclosure No. 1 to Stimson to SecState, December 15, 1942, CDF 811. 111 W. R. Committees/30.

4. Blake/Basel to SecState, February 27, 1941, CDF 811. 111 Refugees/1048.

5. Berle to Long, February 11, 1941, CDF 150. 062 Public Charge/1352.

6. Berle to SecState, February 28, 1941, CDF 811. 111 Refugees/1883.

7. Hoover to Berle, March 13, 1941, CDF 811. 111 Quota 62/995.

8. Jennings, *Escape from Vichy*, p. 169, citing Malige to Department of State, July 12, 1941.

9. FDR to SecState, April 21, 1941, OF 20, Department of State 1941, FDRL.

10. Long diary, January 28, 1941, LC.

11. *Congressional Record*— Senate, June 5, 1941, p. 4753.

12. "U. S. Rulings Cut Off Means of Escape for Many in Reich," *NYT*, June 19, 1941, p. 1.

13. "Report on HICEM Activities," June-July 1941, Myron Taylor papers, FDRL. 黑体部分在原文件中是加下画线的。

14. Breitman et al., *Refugees and Rescue*, p. 256, citing McDonald to ER, September 5, 1941.

15. Long diary, September 4, 1941, LC.

16. Berczeller, *Displaced Doctor*, p. 111.

17. "Liner Breaks Tip of Topmast in Tilt with Brooklyn Bridge," *NYHT*, August 10, 1941, p. 1.

18. Berczeller, *Displaced Doctor*, pp. 113-14.

19. Maier, *Unerwünscht*, p. 96.

20. Maier, *Unerwünscht*, p. 97.

21. Maier, *Unerwünscht*, p. 97; Hans Vogel diary, Accession # 2013. 160. 1, USHMM.

22. "Liner Breaks Tip of Topmast in Tilt with Brooklyn Bridge," *NYHT*, August 10, 1941.

23. Salomon Auerbacher Gurs fiche, 72 W 57 F-PA; Salomon Auerbacher HICEM file, France Ⅲ-9, RG 245.5, YIVO.

24. Gerda Auerbacher to Hugo Auerbacher, June 25 and July 29, 1941, Amy Wisnudel private collection.

25. Hugo Auerbacher index card, CDF 811.111 Auerbacher, Solomon.

26. HICEM/Marseille to Chief Rabbi, July 16, 1941, France B-11, RG 245.4.12, YIVO.

27. Auerbacher Les Millesfiche, 142 W 30, F-BdR; Valfer and Wachenheimer Les Milles fiches, 142 W 33, F-BdR.

28. Lion Feuchtwanger, *The Devil in France*, pp.24-25.

29. Feuchtwanger, *The Devil in France*, p.25.

30. Feuchtwanger, *The Devil in France*, p.30.

31. Feuchtwanger, *The Devil in France*, p.51.

32. Visit to Camp des Milles, March 14, 1941; Frames 190-91, Reel 28, UGIF, RG43-025M, USHMM.

33. Hans Fraenkel report, October 27, 1941, quoted in Jacques Grandjonc et al., *Zone d'ombres*, pp.260-63.

34. HICEM report, "re. Camp des Milles" August 12, 1941, France Ⅱ-121, RG 245.5, YIVO.

35. Hans Fraenkel report, October 27, 1941.

36. Feuchtwanger, *The Devil in France*, p.67.

37. Max Valfer to HICEM Marseille, July 28, 1941, Max Valfer HICEM file, France Ⅲ-462, RG 245.5, YIVO.

38. Max Valfer to Else and Henry Wertheimer, undated but evidently written in July 1941, Leslie Wertheimer private collection.

39. Max Valfer to HICEM Marseille, July 28, 1941.

40. Fanny Valfer to Else and Henry Wertheimer, undated but evidently written July-August 1941, Leslie Wertheimer private collection.

41. Weil Gursfiches, 72 W 70, F-PA. 海伦妮（Helene）、格塔（Gertha）和贝尔塔·魏尔和范妮·瓦尔弗一起住在 M16 营房。她们后来搬到了 J2 营房。

42. Max Valfer to HICEM Marseille, July 28, 1941.

43. Rudolph Bergman to Else and Henry Wertheimer, July 6, 1941, Leslie Wertheimer private collection.

44. HICEM to U. S. Consulate Marseille, November 21, 1941, Valfer HICEM file.

45. HICEM Marseille to HIAS Lisbon, October 31, 1941, Valfer HICEM file.

46. "Emigration de Madame Valfer Fanny," November 6, 1941, Valfer Gursfile, 72 W 321, F-PA. 领事馆在得到华盛顿的"初步授权"后，于 10 月 21 日写信给瓦尔弗夫妇，通知他们进行面谈。See Leonard Bradford to Fanny Valfer, August 1, 1942, Valfer HICEM file.

47. Fanny Valfer Gursfiche, 72 W 70, F-PA.

48. Max Valfer to HICEM Marseille, November 28, 1941, Valfer HICEM file.

49. Robert E. Sherwood, *Roosevelt and Hopkins*, pp. 430–31.

50. Forrest Davis and Earnest K. Lindley, *How War Came*, p. 5.

51. Goodwin, *No Ordinary Time*, p. 289.

52. Frances Perkins OH, Columbia University Oral History Research Office.

53. Rosenman, *Working with Roosevelt*, 307. 草稿原件存于 FDRL。

54. 唯一持不同意见的是来自蒙大拿州的共和党国会女议员珍妮特·兰金（Jeannette Rankin），她在 1917 年也投票反对对德宣战。

55. Speech to Reichstag, December 11, 1941, as recorded by BBC.

56. "Death Sentence of a Mad Dog," *LAT*, editorial, December 8, 1941.

57. FBI reports, 1941, OF 10–B, FDRL.

58. *NYT*, December 15, 1941, p. 9.

312

59. ER, "My Day," December 16, 1941.

60. Hawley/Marseille to SecState, December 24, 1941, CDF 811.111 W. R. /726.

61. Max Valfer to HICEM, December 31, 1941, Valfer file, YIVO.

62. U. S. consulate to Fanny Valfer, December 10, 1941, Valfer file, YIVO. See also Hawley/Marseille to SecState, December 24, 1941; and HICEM documentation, February 1942, France Ⅱ-11, RG 245.5, YIVO.

63. Gerda Auerbacher to Hugo Auerbacher, December 24, 1941, Amy Wisnudel private collection.

64. Gerda Auerbacher to Hugo Auerbacher, December 24, 1941.

65. Max Valfer to HICEM, December 31, 1941, Valfer file, YIVO.

66. HICEM to Max Valfer, January 8, 1942, Valfer HICEM file; Hawley/Marseille to SecState, December 24, 1941.

67. 关于同为"敌国之人"的难民的入境许可，见 correspondence between Department of State and Senator Joseph Ball, September 1942, CDF 811.111 R. /1030。

第十一章　"敌国之人"

1. Francis MacDonnell, *Insidious Foes*, p. 136.

2. J. Edgar Hoover's Scrapbooks, Cartoons, Box 233, RG 65, NA-CP.

3. "History of FBI in World War Ⅱ," FBI file 66-1723, RG 65, NA-CP.

4. Hoover to E. J. Connelley, June 25, 1941, FBIfile 40-4538, RG 65, NA-CP.

5. Hoover to Berle, September 29, 1941, CDF 862.20200/37.

6. Hawley/Marseille to Everett/Vichy, January 5, 1942, CDF 862.20200/53.

7. See, for example, Welles to U. S. Embassy Havana, March 28, 1942, CDF 862.20200/64.

8. "3 Spy Ringleaders Get 20-Year Terms," *NYT*, March 14, 1942, p. 1.

9. "'Refugee' Linked to Nazi Spy Ring," *NYT*, December 31, 1941, p. 1.

10. Rosenman, *Working with Roosevelt*, p. 321.

11. R. J. Lally memo, March 6, 1942, FBI file 40-6186-4, RG 65, NA-CP.

12. Biddle to SecState, November 27, 1942, CDF 811.111 W. R. Committees/31.

13. "Notes on Travel Control Conference," November 18, 1941, INS Subject and Policy Files, 1906-1957, 56114/398, Entry 9, RG 85, NA-DC.

14. Speech delivered via CBS, February 1, 1942.

15. Eleventh Decree to the Law on the Citizenship of the Reich, November 25, 1941.

16. For U. S. definition of "alien enemy," see Federal Register, December 17, 1941, p. 6451. "凡与美国交战的任何国家的原住民、公民、臣民或外籍居民，上述这一类外国人应被视为敌国之人。""外国敌人"和"敌对的外国人"这两个词是可以互换使用的。

17. Cordell Hull circular telegram, January 19, 1942, CDF 811.111 W. R./730.

18. HICEM documentation, February 1942, France II-11, RG 245.5, YIVO.

19. Biddle to Hull, December 27, 1941, CDF 811.111 W. R./730.

20. Hull telegram, January 19, 1942.

21. Fry to Daniel Bénédite, February 2, 1942, Varian Fry papers, Columbia University.

22. David Brinkley, *Washington Goes to War*, p. 120.

23. MID memo, "Present Status of Discussions Between the Department of State and Department of Justice," October 15, 1941, Correspondence relating to control of visas and passports, Box 900, Office of the Director of Intelligence, RG 165, NA-CP.

24. "Report Concerning Visa Control under Present Regulations and Procedure," October 1942, Box 900, Office of the Director of Intelligence,

313

RG 165, NA-CP.

25. MID memo, "Visa Control," June 20, 1941, Box 900, Office of the Director of Intelligence, RG 165, NA-CP.

26. Visa Division memorandum, "Interdepartmental Committees," February 17, 1942, Visas Correspondence Folder, William Vallance papers, University of Rochester.

27. Theodor Köhler visa case, May 20, 1942, Vallance papers. 特奥多尔·克勒与奥古斯特·克勒于 1942 年 8 月被驱逐到奥斯维辛。

28. Andre Szucs visa case, April 20, 1942, Vallance papers.

29. Memorandum for General Miles, September 19, 1941, Box 900, Office of the Director of Intelligence, RG 165, NA-CP.

30. "Report Concerning Visa Control under Present Regulations and Procedure," October 1942.

31. Hugo Wachenheimer to Hedy Wachenheimer, March 3, 1942, USHMM.

32. Hugo Wachenheimer to Hedy Wachenheimer, January 30, 1942, USHMM.

33. Hugo Wachenheimer to Hedy Wachenheimer, June 2, 1942, USHMM.

34. Hugo Wachenheimer to Hedy Wachenheimer, June 2, 1942, USHMM.

35. Hugo Wachenheimer to Hedy Wachenheimer, March 3, 1942, USHMM.

36. HICEM Marseille to HIAS NY, August 1, 1941, Hugo Wachenheimer HICEM file, France Ⅲ-467, RG 245.5, YIVO.

37. Bella Wachenheimer to Hedy Wachenheimer, March 10, 1942, USHMM.

38. Bella Wachenheimer to Hedy Wachenheimer, March 10, 1942, USHMM.

39. Hugo Wachenheimer to Hedy Wachenheimer, April 27, 1942, USHMM.

40. Hugo Wachenheimer to Hedy Wachenheimer, July 9, 1942, USHMM.

41. Hugo Wachenheimer to Hedy Wachenheimer, March 3, 1942, USHMM.

42. Telephone message, March 27, 1942, Hugo Wachenheimer Les Milles file, 142 W 41, F-BdR.

43. HICEM to Hugo Wachenheimer, June 20, 1941, Wachenheimer HICEM file.

44. Bella Wachenheimer to Hedy Wachenheimer, June 10 and June 25, 1942, USHMM.

45. Hugo Wachenheimer to Hedy Wachenheimer, June 6 and July 2, 1942, USHMM.

46. "Visit to Rivesaltes," Quaker report, October 29, 1942, AFSC-Ph, reprinted in *Archives of the Holocaust*, Vol. 2, Part 2, pp. 356-59.

47. Bella Wachenheimer to Hedy Wachenheimer, July 16, 1942; Hugo Wachenheimer to Hedy Wachenheimer, July 18, 1942, USHMM.

48. HIAS NY to HICEM Marseille, June 10, 1942, Wachenheimer HICEM file.　314

49. HICEM documentation, February-March 1942, France Ⅱ-11, YIVO.

50. "Rapport annuel sur l'activité de la HICEM-France, 1942," France A-33, RG 245. 4. 12, YIVO.

51. *Serpa Pinto* passenger list, February 20, 1942, RG 85, NA-DC. 奥古斯特是埃尔泽·瓦尔弗·韦特海默的婆婆；罗莎是莫莫·奥尔巴赫尔的姑姑。

52. Fry to Daniel Bénédite, April 10, 1942, Varian Fry papers, Columbia University.

53. William Peck memo, "Immigration Policy at Marseille," April 11, 1941, Marseille Consulate General Records, 1941, CDF 855, Box 46, RG 84, NA-CP.

54. "2 of Her 100 Years in Dread Nazi Camp," *NYT*, April 11, 1943, p. 19.

55. Margaret Jones letters, January 30 and May 1, 1942, Casefile # 7561, AFSC Refugee Assistance Case Files, 2002. 296, USHMM.

56. Mathilde Wertheimer HICEM file, France Ⅲ-490, RG 245. 5, YIVO.

57. Mathilde Wertheimer index cards, CDF 811. 111 Wertheimer. 美国国务院记录显示，玛蒂尔德·韦特海默的签证最初在 1941 年 6 月获得批准，1941 年 11 月再次获得批准，最后在 1942 年 6 月签发。

58. Mathilde Wertheimer Gursfiche, 72 W 70, F-PA.

59. Medical certificate signed by George Rodocanachi, Mathilde Wertheimerfile A-3127328, U. S. Citizenship and Immigration Services.

60. *Nyassa* passenger list, Baltimore, July 30, 1942, RG 85, NA-DC.

61. HICEM Casablanca to HICEM Lisbon, July 14, 1942, France Ⅱ-15. 4, RG 245.5, YIVO.

62. HICEM Casablanca to HICEM Lisbon, July 14, 1942. See also France Ⅱ-153 folder, RG 245.5, YIVO, 以上文件包含几处与码头对峙有关的描述。

63. *NYT*, April 11, 1943.

64. Marjorie McClelland to AFSC, July 20, 1942, Friedlander and Milton, eds. *Archives of the Holocaust*, Vol. 2, Part 2, pp. 301-5. 还可参见罗纳德·科尔曼（Ronald Coleman）关于美国欧洲儿童关怀委员会的简短研究，USHMM。

65. "Lopez Family from Barcelona Arrives Here on Refugee Ship," *Baltimore Sun*, July 31, 1942, p. 24.

66. *NYT*, April 11, 1943.

67. Max Valfer to Else and Heinrich Wertheimer, February 29, 1942, and undated, probably May-June 1942, Leslie Wertheimer private collection.

68. Fanny Valfer to Else and Heinrich Wertheimer, undated but probably March 1942, Leslie Wertheimer private collection.

69. Max Valfer to Else and Heinrich Wertheimer, undated but probably June 1942, Leslie Wertheimer private collection.

70. Max Valfer to Else and Heinrich Wertheimer, undated but probably May-June 1942, Leslie Wertheimer private collection.

71. Sonja Geismar private collection.

72. Max Valfer to Else and Heinrich Wertheimer, probably June 1942, Leslie Wertheimer private collection.

73. Max Valfer to HICEM Marseille, July 15, 1942, Valfer HICEM file, France

Ⅲ-462，RG 245.5，YIVO；Hugo Valfer to Max and Fanny Valfer, June 21, 1942, Linda Kaplan private collection.

74. Karl Valfer to Max and Fanny Valfer, August 1942, Linda Kaplan private collection. See also U. S. Consulate Marseille to Fanny Valfer, August 1, 1942, Valfer HICEM file.

第十二章　"去东边" 315

1. Claudia Steur, *Theodor Dannecker*, p. 157.

2. Commissioner General for Jewish Questions Xavier Vallat at his trial, December 1947, cited by Louis Saurel, *La Gestapo*, p. 106.

3. Dannecker report, "Further Transports of Jews from France," June 26, 1942, reprinted in Serge Klarsfeld, *Vichy-Auschwitz*, Vol. 1, pp. 215-16.

4. Dannecker report, "Tour of Non-occupied Zone," July 20, 1942, reprinted in Klarsfeld, *Vichy-Auschwitz*, Vol. 1, pp. 274-77.

5. Dannecker report, "Tour of Non-occupied Zone," July 20, 1942.

6. Telegram from Police Nationale, 7th Bureau, to *zone libre* prefects, July 17, 1942, cited by Klarsfeld, *Vichy-Auschwitz*, Vol. 1, p. 264.

7. Dannecker report, "Tour of Non-occupied Zone," July 20, 1942.

8. American Red Cross report, August 7, 1942, CDF 851.4016/90.

9. Postcard from Max and Fanny Valfer to Else Wertheimer, postmarked Marseille, August 21, 1942, Leslie Wertheimer private collection. 明信片上没有日期，但可能写于 1942 年 7 月底。

10. Unpublished memoir of Roswell McClelland, August 1942, 2014.500.1, USHMM.

11. Lowrie memorandum to Tracy Strong, August 10, 1942, CDF 851.4016/83, reprinted in Friedlander and Milton, eds. *Archives of the Holocaust*, Vol. 2, Part 2, pp. 312-17.

12. Lowrie, *The Hunted Children*, p. 204.

13. McClelland memoir, USHMM.

14. Laval broadcast, June 22, 1942, *Les Nouveaux Temps*, June 24, 1942.

15. Lowrie to Strong, August 10, 1942.

16. McClelland memoir.

17. McClelland memoir.

18. Lowrie to Strong, August 10, 1942.

19. Salomon Auerbacher HICEM file, France Ⅲ-9, RG 245.5, YIVO.

20. Lowrie, *The Hunted Children*, pp. 208-9.

21. McClelland memoir. See also Hans Fraenkel eyewitness account, reprinted in Grandjone, *Zone d'ombres*, p. 385.

22. Raymond-Raoul Lambert, *Diary of a Witness*, p. 138.

23. McClelland memoir.

24. Serge Klarsfeld, *Les Transferts de juifs de la région de Marseille vers les camps de Drancy ou de Compiègne*, pp. 4-8.

25. Report of Chief Rabbi, Israël Salzer, reprinted in Grandjone, *Zone d'ombres*, p. 395.

26. Varian Fry, "The Massacre of the Jews," *The New Republic*, December 21, 1942.

27. Daniel Bénédite, ed., *Un chemin vers la liberté sous l'Occupation*, p. 268. 关于平克尼·塔克在抗议驱逐事件中作用的探讨，请见：Yehuda Bauer, *American Jewry and the Holocaust*, pp. 175-76。

28. Lambert, *Diary of a Witness*, p. 139; Grandjone, *Zone d'ombres*, p. 395.

29. McClelland memoir. McClelland refers to Freund as "Richard F."

30. McClelland memoir.

31. Testimony of Henri Manen, "Au fond de l'abîme," reprinted in Grandjone, *Zone d'ombres*, p. 362.

32. Klarsfeld, *Les Transferts de juifs de la région de Marseille vers les camps de Drancy ou de Compiègne*, p. 8.

33. Manen testimony; Lambert, *Diary of a Witness*, pp. 139-40.

34. McClelland memoir.

35. Klarsfeld, *Les Transferts de juifs de la région de Marseille vers les camps de Drancy ou de Compiègne*, p. 17.

36. Bella Wachenheimer to Hedy Wachenheimer, September 1, 1942, Epstein papers, USHMM.

37. Lowrie, *The Hunted Children*, p. 214. 毛拉维后来被解除职务。

38. Lowrie to Tracy Strong, August 22, 1942, reprinted in Friedlander and Milton, eds., *Archives of the Holocaust*, Vol. 2, Part 2, pp. 326-28.

39. Fontaine, *Le Camp d'étrangers des Milles*, p. 145.

40. McClelland memoir.

41. Lowrie memorandum to Tracy Strong, September 17, 1942, CDF 851. 4016/ 83, reprinted in Friedlander and Milton, eds. , *Archives of the Holocaust*, Vol. 2, Part 2, pp. 337-39.

42. Max Strauss entry, *Gedenkbuch für die Karlsruher Juden*, www. gedenkbuch. informedia. de.

43. McClelland memoir; Lowrie, *The Hunted Children*, p. 219.

44. Wladimir Schah to Édouard Oungre, August 1942, Ⅻ-France B-11, RG 245. 4, YIVO.

45. Schah to Oungre.

46. Fry to ER, August 27, 1942, ER papers, Correspondence with Varian Fry, Holocaust/Refugee collection, FDRL.

47. Welles to ER, September 22, 1942, CDF 851. 4016/105.

48. ER, "My Day," September 5, 1942.

49. Henry Morgenthau, *Ambassador Morgenthau's Story*, pp. 321-22.

50. Henry Morgenthau Sr. to Cordell Hull, September 4, 1942, CDF 851. 4016/91.

51. Breitman and Lichtman, *FDR and the Jews*, p. 200.

52. Bella Wachenheimer to Hedy Wachenheimer, September 1, 1942, Epstein

papers, USHMM.

53. "Visit to Rivesaltes," October 29, 1942, AFSC-Ph, reprinted in Friedlander and Milton, eds., *Archives of the Holocaust*, Vol. 2, Part 2, pp. 356-59.

54. Serge Klarsfeld, *French Children of the Holocaust*, pp. 58-61. See also Serge Klarsfeld, *Le Calendrier de la persécution des juifs de France*, Vol. 2, pp. 965-66, for August 30, 1942. 警方指令对儿童不予豁免。

55. Klarsfeld, *Le Calendrier de la persécution des juifs de France*, Vol. 2, pp. 990-92.

56. Vichy police order, August 30, 1942, cited by Klarsfeld, *Le Calendrier de la persécution des juifs de France*, Vol. 2, pp. 964-65.

57. Bella Wachenheimer to Hedy Wachenheimer, September 4, 1942, Epstein papers, USHMM. 有关其他由贵格会救助工作者传递的最后信息，请见 Folder 82, Box 66；与在法国进行的人道主义工作有关的美国贵格会记录是 RG-67.007M, USHMM。

58. Lowrie memorandum to Tracy Strong, October 7, 1942, CDF 851.4016/83.

59. Tuck/Vichy to SecState, September 11, 1942, CDF 851.4016/92 and September 12, 1942, CDF 851.4016/94; United Press International, "Laval Interns a Catholic Leader," *NYT*, September 18, 1942.

60. Tuck/Vichy to SecState, September 10, 1942, CDF 851.4016/114.

61. 有关巴勒斯坦接收犹太移民的记录，请见英国政府数据，引用于：*American Jewish Year Book*, Vols. 44-46。（1942 年仅有前 11 个月的数据可用。）有关美国接纳犹太移民的记录，请见 Tuck/Vichy to/from SecState, beginning September 24, 1942, CDF 851.4016/104。美国的数据包括身份认同为"希伯来人"的移民，以及在"水晶之夜"之后获准延长签证的非移民游客。这两组数据可以总结如下：

317

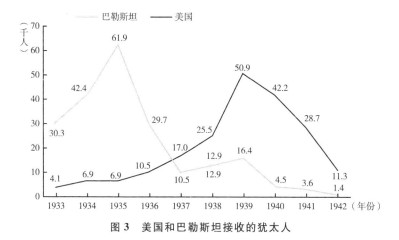

图3 美国和巴勒斯坦接收的犹太人

62. Tuck/Vichy to SecState, September 11, 1942, CDF 851. 4016/92.

63. Breitman and Lichtman, *FDR and the Jews*, p. 202.

64. Tuck/Vichy to SecState, October 3, 1942, CDF 851. 4017/108.

65. Lowrie, *The Hunted Children*, pp. 222-24.

66. List of Marseille visa notifications, November 4, 1942, CDF 811. 111 W. R. /1110 1/2.

67. Letter to J. W. Pehle, December 20, 1944, Records of War Refugee Board, General Correspondence, Issuance and Reissuance of U. S. Visas, FDRL.

后 记 记忆

1. Epstein IWM 1991.

2. Epstein IWM 1991.

3. Epstein, *Erinnern*, p. 137.

4. Epstein, *Erinnern*, pp. 139-41.

5. Epstein, *Erinnern*, p. 142.

6. Epstein, *Erinnern*, p. 144.

7. Epstein, *Erinnern*, p. 143.

8. Epstein, *Erinnern*, p. 144.

9. Letters from Ministère des Anciens Combattants et Victimes de la Guerre to Hedy Epstein, June 19, 1956, reprinted in Epstein, *Erinnern*, pp. 166-67.

10. Robert O. Paxton, *Vichy France*, p. 25.

11. French Deportation Lists Research Project, USHMM.

12. Klarsfeld, *Le Calendrier de la persécution des juifs de France*, Vol. 2, pp. 768-71.

13. Gerhard Teschner, *Die Deportation der badischen und saarpfälzischen Juden am 22. Oktober 1940*, p. 319.

14. Epstein Dobbs 2015; interviews with Edith Hausman and Margot Walton, July 2016.

15. Stude et al., *Schicksal und Geschichte*, p. 360. 有关在大屠杀中被杀害的基彭海姆与施米海姆犹太人姓名，请参见：Stude et al., *Schicksal und Geschichte*, pp. 23-30。

16. Camp Commander, Isle of Man, to U. S. Consulate General, London, November 29, 1940, Henry Wertheimer private collection. 有关英国难民政策请见：Louise London, *Whitehall and the Jews, 1933-1948*, pp. 97-141。

17. Heinrich Wertheimer to Ruth Valfer and Rudolf Bergman, July 20, 1939, Henry Wertheimer private collection. 根据美国国务院的数据，到 1938 年 10 月，对德国配额移民签证的"注册需求总数"已达到 22 万。See "Demand Against German Quota," November 8, 1938, CDF 811. 111 Quota 62/636.

18. Schellinger, ed., *Gedächtnis aus Stein*, p. 188.

19. "Hedwig Epstein gegen Deutsche Reich," F 166/3/2678, G-STAF.

20. Epstein, *Erinnern*, p. 168.

21. Schellinger, ed., *Gedächtnis aus Stein*, pp. 191-95.

22. Schellinger, ed., *Gedächtnis aus Stein*, pp. 209-15. 希伯来语铭文的照片

请见该书第 213 页。

23. Schellinger, ed. , *Gedächtnis aus Stein*, p. 217.

24. Schellinger, ed. , *Gedächtnis aus Stein*, pp. 223‒25.

25. Krais interview, July 2017.

26. Wertheimer, *The Habit of Labor*, p. 14.

27. Wertheimer, *The Habit of Labor*, p. 2.

28. Wertheimer, *The Habit of Labor*, p. 6.

29. Wertheimer, *The Habit of Labor*, p. 3.

30. Mathis interview, July 2017.

31. Schellinger, ed. , *Gedächtnis aus Stein*, p. 239.

32. Krais interview, October 2016.

33. Mathis and Krais interviews, July 2017.

34. Epstein IWM 1997.

35. Epstein IWM 1997; Epstein, *Erinnern*, pp. 278‒81.

36. David Wyman, *The Abandonment of the Jews*, p. 316.

37. Arthur Schlesinger Jr. , "Did FDR Betray the Jews?," *Newsweek*, April 17, 1994.

38. Charlie Rose, *America and the Holocaust*, PBS, April 4, 1994.

39. David S. Wyman, *Paper Walls*, p. 213.

40. Wertheimer-Valfer family questionnaire, 2005, Sonja Geismar collection

41. Sonja Geismar talk to B'nai Jeshurun, 2015. 有关"圣路易斯号"乘客命运的详尽研究，请见：Sarah A. Ogilvie and Scott Miller, *Refuge Denied*。

42. Pia Gilbert OH 1988.

43. Ceremony with survivors, September 7, 2003, Kippenheim village archive.

44. Exodus 1：8‒10.

45. Bar and Bamberger, *Der jüdische Friedhof in Schmieheim*, Vols. 1 ‒ 2; Schellinger, ed. , *Gedächtnis aus Stein*; Stude et al. , *Schicksal und Geschichte*.

46. Memorial tablet unveiling ceremony, Lessing-Realschule, Freiburg, Germany, October 28, 2004.

47. Visit to Anne-Frank-Gymnasium, Rheinau, October 23, 2016.

48. Maier Dobbs 2016.

部分参考文献

Alsop, Joseph, and Robert Kintner. *American White Paper: The Story of American Diplomacy and the Second World War*. New York: Simon & Schuster, 1940.

Bar-Giora Bamberger, Naftali. *Der jüdische Friedhof in Schmieheim: Memor-Buch*. Kippenheim, Germany: Gemeinde Kippenheim, 1999.

Bauer, Yehuda. *American Jewry and the Holocaust: The American Jewish Joint Distribution Committee, 1939–1945*. Detroit: Wayne State University Press, 2017.

Baumann, Ulrich. *Zerstörte Nachbarschaften: Christen und Juden in badischen Landgemeinden 1862–1940*. Hamburg: Dölling und Galitz, 2000.

Bénédite, Daniel. *Un chemin vers la liberté sous l'Occupation. Marseille-Provence, 1940–1944*. Paris: le Félin, 2017.

Berczeller, Richard. *Displaced Doctor*. New York: Avon, 1965.

Bingham, Robert Kim. *Courageous Dissent: How Harry Bingham Defied His Government to Save Lives*. Greenwich, Conn.: Triune Books, 2007.

Breitman, Richard. *U.S. Intelligence and the Nazis*. New York: Cambridge University Press, 2005.

Breitman, Richard, and Alan M. Kraut. *American Refugee Policy and European Jewry: 1933–1945*. Bloomington: Indiana University Press, 1987.

Breitman, Richard, and Allan J. Lichtman. *FDR and the Jews*. Cambridge, Mass.: Harvard University Press, 2013.

Breitman, Richard, Barbara McDonald Stewart, and Severin Hochberg, eds. *Refugees and Rescue: The Diaries and Papers of James G. McDonald, 1935–1945*. Bloomington: Indiana University Press, 2009.

Brinkley, David. *Washington Goes to War*. New York: Alfred A. Knopf, 1988.

Browning, Christopher R. *The Origins of the Final Solution: The Evolution of Nazi Jewish Policy*. Lincoln: University of Nebraska Press, 2004.

Buff, Fred, and Maryann McLoughlin, eds. *Riding the Storm Waves: The St. Louis Diary of Fred Buff*. Margate, N.J.: ComteQ Publishing, 2009.

Burns, James MacGregor. *Roosevelt: The Lion and the Fox*. New York: Harcourt, Brace, 1956.

Cook, Blanche Wiesen. *Eleanor Roosevelt: The War Years and After, 1939–1962.* New York: Viking, 2016.

Dalio, Marcel. *Mes années folles.* Paris: J.-C. Lattès, 1976.

Daniels, Roger. *Guarding the Golden Door: American Immigration Policy and Immigrants Since 1882.* New York: Hill & Wang, 2005.

Davis, Forrest, and Ernest K. Lindley. *How War Came: An American White Paper, from the Fall of France to Pearl Harbor.* New York: Simon & Schuster, 1942.

Davis, Kenneth S. *FDR, the War President, 1940–1943: A History.* New York: Random House, 2000.

Elon, Amos. *The Pity of It All: A Portrait of the Jews in Germany, 1743–1933.* New York: Picador, 2002.

Epstein, Hedy. *Erinnern ist nicht genug: Autobiographie.* Münster, Germany: Unrast, 1999.

Feingold, Henry L. *The Politics of Rescue.* New Brunswick, N.J.: Rutgers University Press, 1970.

Feuchtwanger, Lion. *The Devil in France: My Encounter with Him in the Summer of 1940.* New York: Viking, 1941.

Fittko, Lisa. *Escape Through the Pyrenees.* Evanston, Ill.: Northwestern University Press, 1991.

Fontaine, André. *Le Camp d'étrangers des Milles, 1939–1943.* Aix-en-Provence, France: Édisud, 1989.

Frank, Werner L. *The Curse of Gurs: Way Station to Auschwitz.* Lexington, Ky.: Werner L. Frank, 2012.

Friedlander, Henry, and Sybil Milton, eds. *Archives of the Holocaust: An International Collection of Selected Documents.* New York: Garland, 1990.

Fry, Varian. *Surrender on Demand.* Boulder, Colo.: Johnson Books, 1997.

Gardiner, Muriel, and Joseph Buttinger. *Damit wir nicht vergessen. Unsere Jahre 1934–1947 in Wien, Paris und New York.* Vienna: Wiener Volksbuchhandlung, 1978.

Gide, André, and Jacques Schiffrin. *Correspondance, 1922–1950.* Paris: Gallimard, 2005.

Gilbert, Martin. *Kristallnacht: Prelude to Destruction.* London: HarperCollins, 2006.

Gold, Mary Jayne. *Crossroads Marseille, 1940.* Garden City, N.Y.: Doubleday, 1980.

Goldstein, Alice. *Ordinary People, Turbulent Times.* Bloomington, Ind.: AuthorHouse, 2008.

Goodwin, Doris Kearns. *No Ordinary Time: Franklin & Eleanor Roosevelt; The Home Front in World War II.* New York: Touchstone, 1994.

Grandjonc, Jacques, ed. *Zone d'ombres: 1933–1944.* Aix-en-Provence, France: Alinéa, 1990.

Gunther, John. *Roosevelt in Retrospect: A Profile in History.* New York: Harper & Brothers, 1950.

Gutterman, Bella, and Naomi Morgenstern. *The Gurs Haggadah: Passover in Perdition.* Jerusalem: Devora, 2003.

Harris, Mark Jonathan, and Deborah Oppenheimer. *Into the Arms of Strangers.* London: Bloomsbury, 2000.

Ickes, Harold L. *The Secret Diary of Harold L. Ickes: 1939–1941,* Vol. 2, *The Inside Struggle;* Vol. 3, *The Lowering Clouds.* New York: Simon & Schuster, 1954.

Israel, Fred L., ed. *The War Diary of Breckinridge Long: Selections from the Years 1939–1944.* Lincoln: University of Nebraska Press, 1966.

Jennings, Eric T. *Escape from Vichy: The Refugee Exodus to the French Caribbean.* Cambridge, Mass.: Harvard University Press, 2018.

Kaplan, Marion A. *Between Dignity and Despair: Jewish Life in Nazi Germany.* New York: Oxford University Press, 1999.

Klarsfeld, Serge. *Le Calendrier de la persécution des juifs de France,* Vols. 2 and 3. Paris: Fayard, 2001.

———. *Les Transferts de juifs de la région de Marseille vers les camps de Drancy ou de Compiègne.* Paris: Association "Les fils et filles des déportés juifs de France," 1992.

———. *Vichy-Auschwitz: Le Rôle de Vichy dans la solution finale de la question juive en France.* Paris: Fayard, 1983.

Klarsfeld, Serge, Susan Cohen, and Howard M. Epstein, eds. *French Children of the Holocaust: A Memorial.* New York: New York University Press, 1996.

Klemperer, Victor. *I Will Bear Witness: A Diary of the Nazi Years, 1933–1941.* New York: Modern Library, 1999.

Kopp, Karl. *Das Kippenheimer Lied: Eine badische Volksschule und ihre israelitischen Kinder.* Ettlingen, Germany: Kraft Premium, 2017.

Lambert, Raymond-Raoul. *Diary of a Witness: 1940–1943.* Chicago: Ivan R. Dee, 2007.

Lash, Joseph P. *Eleanor and Franklin: The Story of Their Relationship.* New York: W. W. Norton, 1971.

Leuchtenburg, William E. *The FDR Years: On Roosevelt and His Legacy.* New York: Columbia University Press, 1995.

London, Louise. *Whitehall and the Jews, 1933–1948: British Immigration Policy, Jewish Refugees and the Holocaust.* Cambridge, U.K.: Cambridge University Press, 2000.

Lowrie, Donald A. *The Hunted Children.* New York: W. W. Norton, 1963.

MacDonnell, Francis. *Insidious Foes: The Axis Fifth Column and the American Home Front.* New York: Oxford University Press, 1995.

Maier, Kurt Salomon. *Unerwünscht: Kindheits- und Jugenderinnerungen eines jüdischen Kippenheimers.* Ubstadt-Weiher, Germany: Verlag regionalkultur, 2011.

Marino, Andy. *A Quiet American.* New York: St. Martin's Press, 1999.

McCarthy, Rachel, ed. *The Wertheimer/Valfer Family Reunion, August 2005.* Privately published, 2007.

Mehring, Walter. *No Road Back.* New York: S. Curl, 1944.

Morgan, Ted. *FDR: A Biography.* New York: Simon & Schuster, 1985.

Morgenthau, Henry. *Ambassador Morgenthau's Story.* Garden City, N.Y.: Doubleday, Page, 1918.

Ogilvie, Sarah A., and Scott Miller. *Refuge Denied: The St. Louis Passengers and the Holocaust.* Madison: University of Wisconsin Press, 2006.

Paxton, Robert O. *Vichy France: Old Guard and New Order.* New York: Alfred A. Knopf, 1972.

Pleasants, Julian M. *Buncombe Bob: The Life and Times of Robert Rice Reynolds.* Chapel Hill: University of North Carolina Press, 2000.

Roosevelt, Eleanor. *This I Remember.* New York: Harper, 1949.

Roosevelt, Franklin D., and Elliott Roosevelt. *F.D.R., His Personal Letters, 1928–1945.* 2 vols. New York: Duell, Sloan, & Pearce, 1947.

Rosenman, Samuel I. *Working with Roosevelt.* New York: Da Capo, 1972.

Sallé, R. M. *70.000 kilomètres d'aventures: notes de voyage: Indochine-France et retour.* Hanoi: Imprimerie d'Extrême-Orient, 1942.

Sandner, Harald. *Hitler—Das Itinerar.* Berlin: Berlin Story, 2016.

Sauer, Paul. *Dokumente über die Verfolgung der jüdischen Bürger in Baden-Württemberg durch das Nationalsozialistische Regime.* Stuttgart, Germany: Kohlhammer, 1966.

Saurel, Louis. *La Gestapo.* Paris: Rouff, 1967.

Schellinger, Uwe, ed. *Gedächtnis aus Stein: die Synagoge in Kippenheim, 1852–2002.* Heidelberg, Germany: Regionalkultur, 2002.

Schwertfeger, Ruth. *In Transit: Narratives of German Jews in Exile, Flight, and Internment During "the Dark Years" of France.* Berlin: Frank & Timme, 2012.

Schiffrin, André. *A Political Education: Coming of Age in Paris and New York.* London: Melville House, 2014.

Schramm, Hanna, and Barbara Vormeier. *Vivre à Gurs.* Paris: François Maspero, 1979.

Seghers, Anna. *Transit.* New York: New York Review Books, 2013.

Serge, Victor. *Memoirs of a Revolutionary.* New York: New York Review Books, 2012.

Sherwood, Robert E. *Roosevelt and Hopkins.* New York: Harper, 1950.

Shirer, William L. *Twentieth-Century Journey: The Nightmare Years, 1930–1940.* Boston: Little, Brown, 1984.

Smith, Jean Edward. *FDR.* New York: Random House, 2008.

Smith, Michael. *Foley: The Spy Who Saved 10,000 Jews.* London: Coronet, 2000.

Stember, Charles Herbert, et al. *Jews in the Mind of America.* New York: Basic Books, 1966.

Stern, Selma. *The Court Jew: A Contribution to the History of the Period of Absolutism in Europe.* New Brunswick, N.J.: Transaction Books, 1985.

Steur, Claudia. *Theodor Dannecker: ein Funktionär der "Endlösung."* Essen, Germany: Klartext, 1997.

Stude, Jürgen, et al. *Schicksal und Geschichte der jüdischen Gemeinden: Ettenheim, Altdorf, Kippenheim, Schmieheim, Rust, Orschweier.* Ettenheim, Germany: Historischer Verein für Mittelbaden, 1997.

Taylor, Melissa Jane. "'Experts in Misery'? American Consuls in Austria, Jewish Refugees and Restrictionist Immigration Policy." PhD diss., University of South Carolina, 2006.

Teschner, Gerhard J. *Die Deportation der badischen und saarpfälzischen Juden am 22. Oktober 1940.* Frankfurt: Lang, 2002.

Thayer, Charles W. *The Unquiet Germans.* New York: Harper, 1957.

Thomas, Gordon, and Max Morgan Witts. *Voyage of the Damned.* New York: Stein & Day, 1974.

The Trial of Adolf Eichmann: Record of Proceedings in the District Court of Jerusalem. Jerusalem: State of Israel, Ministry of Justice, 1992.

Trial of the Major War Criminals Before the International Military Tribunal. Nuremberg: International Military Tribunal, 1947.

Tuchel, Johannes. *Konzentrationslager: Organisationsgeschichte und Funktion der "Inspektion der Konzentrationslager."* Boppard am Rhein, Germany: Boldt, 1991.

Vining, Elizabeth Gray. *Friend of Life: The Biography of Rufus M. Jones.* Philadelphia: Lippincott, 1958.

Ward, Geoffrey C., ed. *Closest Companion: The Unknown Story of the Intimate Friendship Between Franklin Roosevelt and Margaret Suckley.* New York: Simon & Schuster, 2009.

Wertheimer, Stef. *The Habit of Labor: Lessons from a Life of Struggle and Success.* New York: Overlook Duckworth, 2015.

Wyman, David S. *The Abandonment of the Jews: America and the Holocaust.* New York: Pantheon, 1984.

———. *Paper Walls: America and the Refugee Crisis, 1939–1941.* Amherst: University of Massachusetts Press, 1968.

索　引

（索引中的页码为原书页码，即本书页边码）

Page numbers in *italics* refer to illustrations

图书在版编目（CIP）数据

弃民：美国与奥斯维辛之间的逃亡者／（美）迈克
尔·多布斯（Michael Dobbs）著；夏文钊译. --北京：
社会科学文献出版社，2022.7
书名原文：The Unwanted：America，Auschwitz，
and a Village Caught in Between
ISBN 978-7-5201-9454-9

Ⅰ.①弃… Ⅱ.①迈… ②夏… Ⅲ.①犹太人-难民
问题-美国对外政策-研究②犹太人-难民问题-研究-
德国 Ⅳ.①D871.20②D815.4

中国版本图书馆 CIP 数据核字（2021）第 259235 号

审图号：GS（2022）3079号。书中地图系原书插附地图。

弃民：美国与奥斯维辛之间的逃亡者

著　　者／〔美〕迈克尔·多布斯（Michael Dobbs）
译　　者／夏文钊

出 版 人／王利民
责任编辑／沈　艺
责任印制／王京美

出　　版／社会科学文献出版社·甲骨文工作室（分社）（010）59366527
　　　　　地址：北京市北三环中路甲 29 号院华龙大厦　邮编：100029
　　　　　网址：www.ssap.com.cn
发　　行／社会科学文献出版社（010）59367028
印　　装／南京爱德印刷有限公司

规　　格／开　本：889mm×1194mm　1/32
　　　　　印　张：14　插　页：1　字　数：312 千字
版　　次／2022 年 7 月第 1 版　2022 年 7 月第 1 次印刷
书　　号／ISBN 978-7-5201-9454-9
著作权合同
登 记 号／图字 01-2020-2322 号
定　　价／82.00 元

读者服务电话：4008918866

让 我 们 一 起 追 寻

U0573213

VILLAGE OF SECRETS

DEFYING THE NAZIS IN VICHY FRANCE

秘密

维希法国的抵抗运动

CAROLINE MOOREHEAD

村庄

〔英〕卡罗琳·穆尔黑德 —— 作品

黎英亮 冯茵 —— 译

社会科学文献出版社

SOCIAL SCIENCES ACADEMIC PRESS (CHINA)

致安娜和安妮，感谢你们与我同行。

我们对这个世界的记忆，并非一块闪亮璀璨的水晶，而是一堆支离破碎的残片，在一片漆黑中闪耀出点点微光。

——赫伯特·巴特菲尔德

当我们为"国际义人"的正义动机寻求解释的时候，难道我们不是在说：他们为什么这么傻呢？再深究下去，难道我们不是在暗示，他们的义举有违常理吗？……怀着仁爱之心与利人之心而做出的善举，难道就如此不合时宜、如此有违常理、如此违背人类自私自利的天性，以至于需要我们去抽丝剥茧地寻求解释吗？还是说，这些义举本身就符合我们的心理需要，符合我们自然而然的天性呢？

——莫迪凯·帕尔迪尔

目　录

主要人物

新教牧师

安德烈·特罗克梅与玛格达·特罗克梅及其孩子内莉、让－皮埃尔、雅克和丹尼尔，居住于勒尚邦村

爱德华·泰斯与米德丽·泰斯，居住于勒尚邦村

丹尼尔·屈尔泰，居住于利尼翁河畔费伊村

罗兰·莱纳特，居住于唐斯村

马塞尔·让内，居住于马泽村

营救者

米雷耶·菲利普，交通网络运营者，把孩子们送去瑞士

若尔热特·巴罗与加布丽埃勒·巴罗，丽日旅馆店主

勒福雷捷医生，勒尚邦村医生

马伯小姐，塞文诺新学堂英语老师

奥斯卡·罗索夫斯基，医学院学生与伪造证件高手

德莱亚热夫人，替儿童救援组织安置孩子的接待员

鲁塞尔夫人，在勒尚邦村藏匿犹太人的天主教徒

皮埃尔·皮东，护送犹太人去瑞士的童子军成员

埃米尔·塞什，苏莉阿姨之家的运营者

奥古斯特·博尼，拉盖斯皮、拉布里克和费多利等地的瑞士向导

丹尼尔·特罗克梅，罗什之家负责人

夏尔·吉永，勒尚邦村村长

罗歇·达尔西萨克，勒尚邦村教师

玛丽·埃克斯布拉亚，费伊村一家五金店的店主

露露·吕埃尔，马泽村一家咖啡馆的店主，及其女儿吕西安娜

多尔卡丝·罗贝尔，伊桑若一家咖啡店的店主

弗吉尼亚·霍尔，特别行动处和战略情报局特工

莱昂·埃罗，游击队领导人

让·梅、欧仁妮·梅、罗歇·梅与热尔曼·梅，梅氏旅馆的家族经营者

孩子

汉娜·希尔施与马克斯·利布曼

西蒙·利弗朗与雅克·利弗朗

雅克·斯图马舍与马塞尔·斯图马舍

热妮、利利亚纳、吕特与来自罗阿讷的女孩们

皮埃尔·布洛克

吉尔贝·尼扎尔与他的兄弟姐妹

苏莉阿姨之家的马德莱娜·塞什

义人

格拉斯贝格院长，韦尼雪营地的营救者

沙耶神父，基督教友爱会神父

马德莱娜·巴罗，西马德组织的秘书长

约瑟夫·巴斯，安德烈服务团团长

犹太裔营救者

马德莱娜·德雷福斯，儿童救援组织成员

乔治·加雷尔与莉莉·加雷尔，儿童救援组织环线 B 交通员

利利亚纳·克莱因－利贝尔，儿童救援组织合作伙伴

乔治·卢安热，把孩子们送到瑞士的交通员

安德蕾·萨洛蒙，儿童救援组织成员

德国人与通敌者

普拉利督察，勒尚邦村警官

施梅林少校，驻勒皮市德军守备部队司令

罗贝尔·巴克，上卢瓦尔省省长

勒内·布斯凯，维希政府警察总监

重大事件

1939 年

9 月 1 日　德国入侵波兰

9 月 3 日　英国、新西兰、澳大利亚和法国对德国宣战

9 月 26 日　法国政府宣布共产党为非法组织

1940 年

2 月 29 日　开始分发粮食配给卡

3 月 21 日　雷诺取代达拉第出任法国总理

5 月 13 日　德军横渡默兹河进入法国

5 月 18 日　雷诺任命时年 84 岁的贝当为法国副总理

5 月 24 日　英国远征军撤退至敦刻尔克

6 月 10 日　法国政府撤离巴黎，意大利对法国和英国宣战

6 月 14 日　德军进入巴黎

6 月 16 日　贝当取代雷诺出任法国总理

6 月 22 日　法德停战协定在雷通德签署

6 月 23 日　希特勒访问巴黎，赖伐尔出任法国副总理

7 月 1 日　贝当政府迁往维希

7 月 22 日　维希政府开始审核公民身份

8 月 13 日　禁止共济会员从事诸多行业

9 月 27 日　德国要求审查德军占领区内的犹太人

10 月 3 日　《第一犹太身份法》颁布，界定犹太人身份，禁止犹太人从事某些职业

10 月 22 日　居住在德国巴登和巴拉丁地区的犹太人被围捕，并被驱逐到法国以及其他地区

10 月 24 日　贝当与希特勒在蒙图瓦尔会晤

11 月 5 日　尼姆委员会成立

1941 年

3 月　维希政府成立犹太人问题总委员会，其领导人是扎维埃·瓦拉

5 月 14 日　巴黎地区第一次犹太人大搜捕

6 月 2 日　《第二犹太身份法》颁布

7 月 22 日　维希政府颁布法令，授权政府部门没收犹太人的财产和企业

11 月 29 日　维希政府成立法国以色列人总会，旨在让犹太人自行管理其内部事务

12 月 11 日　德国对美国宣战

1942 年

1 月 20 日　万湖会议，第三帝国决定实施"最终解决方案"

2 月 4 日　维持治安军团成立，维安团即法兰西民兵的前身

3 月 1 日　英美盟军开始轰炸法国

3 月 19 日　瓦拉被逐出犹太人问题总委员会，其领导职务被达基耶尔·德·佩莱波取代

3 月 27 日　第一列装载犹太人的火车从德朗西开往奥

斯维辛

5月29日　在德军占领区内，六岁以上的犹太人被勒令佩戴黄色六芒星

6月30日　艾希曼抵达巴黎，准备执行"最终解决方案"

7月16~17日　巴黎地区犹太人大搜捕，即"春风行动"，12884名犹太人被逮捕

8月5日　开始从法国南部非德军占领区驱逐犹太人

8月10日　拉米朗访问维瓦莱－利尼翁高原

8月13日　瑞士对犹太难民关闭边境

8月　法国高级神职人员们发出多封抗议信

9月　马克·博埃涅牧师呼吁新教徒拯救犹太人

11月8日　英美盟军在北非登陆

11月11日　德军入侵法国南部非德军占领区

1943 年

1月　"战斗"、"解放南方"和"自由射手"合并为"联合抵抗运动"

1月18日　列宁格勒围城解除

1月24日　德军摧毁马赛旧港

1月31日　法兰西民兵成立，达尔南为其头领

2月16日　义务劳动团成立

7月9日　英美盟军抵达西西里岛

7月25日　巴多里奥取代墨索里尼出任意大利总理

9月8日　德军接管意大利占领的法国南部省份

10月13日　意大利对德国宣战

1944 年

1 月 22 日　英美盟军登陆安齐奥

6 月 6 日　诺曼底登陆日

6 月 7 ~ 10 日　德军在蒂勒和格拉讷河畔奥拉杜尔村制造大屠杀

8 月 15 日　法国部队与英美盟军在普罗旺斯登陆，由英美盟军、法国陆军和抵抗运动共同进行的法国解放进程开始

8 月 17 日　最后一列从德朗西开往奥斯维辛的火车发车

8 月 24 ~ 25 日　法国部队进入巴黎，德军投降

9 月 1 日　法国部队抵达勒尚邦

10 月 23 日　英国、美国和加拿大正式承认戴高乐政府

地　图

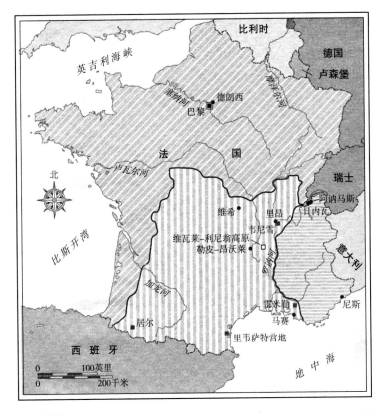

意大利占领的法国领土，1943年后被纳粹德国占领

维希法国

纳粹德国占领的法国领土

■ 拘留营

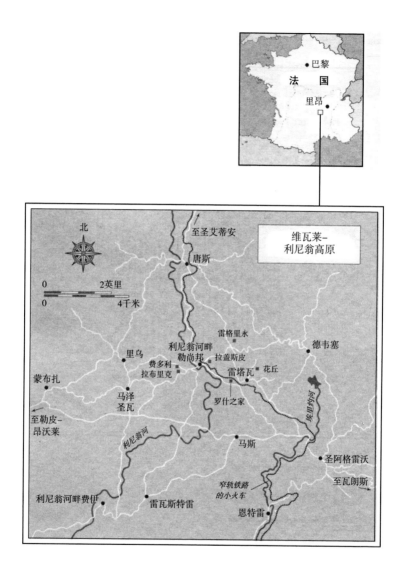

前　言

1953 年春季，在一本以美国和平主义者为受众的双周刊 　9
《和平新闻》（*Peace News*）上，刊登了一个非同寻常的故事。
故事的主人公是一位法德两国混血的新教牧师安德烈·特罗克
梅（André Trocmé），他在 1940 年 5 月德军进驻巴黎至 1944 年
夏天法国解放的几年间，帮助拯救了大约 5000 名被追捕的共产
党人、共济会员、抵抗战士以及犹太人，使他们免于被送往德
占波兰境内的灭绝营。

故事发生于偏僻边远的利尼翁河畔勒尚邦（Le Chambon-
sur-Lignon）教区，此地位于法国中央高原东部的崇山峻岭之
中，《和平新闻》告诉读者，特罗克梅牧师以其坚定不移的和
平主义信念，鼓舞其新教教区信徒，参与这场"善意的密谋"，
信徒们接纳、藏匿、供养继而转移这些不幸出现在纳粹处决名
单上的可怜人，帮助他们安全地转移到瑞士。其中，许多获救
者还是懵懂幼童。

随着冷战开始，人们对全球冲突的恐惧开始蔓延，甘地的非
暴力抗争似乎也有了用武之地。而且，通过贬抑通敌者、褒扬抵
抗者，这个故事也非常有助于为法国的维希岁月寻求意义。法国
游击队员曾经在韦科尔高原短暂建立自由政府，与之类似，勒尚
邦同样成为英勇抵抗的象征符号，以及无私奉献的道德典范。在
这个"鸦雀无声的国度"，在这个胡格诺派教徒因为拒绝信奉天
主教而身陷险境，因而世世代代缄默不言的地方，"针对希特

勒－贝当体制的非暴力抵抗诞生了"。再加上一名恭敬谄媚的本地省长、一位良心发现的德国军官，以及几个多嘴长舌、粗心大意的本地居民，所有出场人物也就凑齐了。不久以后，人们就会开始用"平庸之善"（banality of good）来形容勒尚邦居民的谦逊和低调，这与汉娜·阿伦特（Hannah Arendt）那个被过度使用的"平庸之恶"的术语形成对比。在《和平新闻》刊登这个故事之后，各种各样的颂歌赞词、新闻报道、回忆录、纪录片和故事片接连不断地出现。1988 年，以色列犹太大屠杀纪念馆（Yad Vashem）表彰"国际义人"（Righteous Among the Nations），勒尚邦成为全世界范围内唯一受到表彰的村庄。一个神话由此诞生。

但问题是，这并不完全符合事实。

确实，有许多犹太人和抵抗者得到拯救——但绝对没有5000 人那么多；他们也不是靠非暴力抗争而得救，而是靠想方设法、通力合作的艰难冒险而得救。他们不仅经历了普通意义上的冒险，而且借助偏僻边远的独特地理环境和沿路居民的默默支持而涉险过关。那里有一位相当正派体面的本地省长，以及一名没那么残忍嗜杀，但也绝对说不上良心发现的德国军官。那里也不仅有勒尚邦村，而且有维瓦莱－利尼翁高原上的五六个村庄，以及许多十分边远的村落。那里也不止有一位新教牧师，而且有 24 位新教牧师，除了新教徒，比如达比派和拉文派的信徒，还有普利茅斯兄弟会追随者的后裔，以及天主教徒和许多根本没有宗教信仰的世俗人士。此外还有医生、教师、大学教授、学生，以及童子军里的许多男孩女孩，他们都发挥了关键作用。反而是安德烈·特罗克梅，他要比故事里面描述得更加难以捉摸、爱添麻烦、疑神疑鬼。对某些人来说，特罗克梅是个英雄，但对其他人来说，特罗克梅只是个骗子。他死于1971 年，去世之后声誉日隆。

在事情过去 70 年后，探寻真相变得更加有趣。神话远远脱离了事实，由此引起了无休止的争执、妒忌、诽谤、中伤、传闻、控诉、反诉、偏见，引起天主教徒与新教徒之间、武装抵抗者和和平主义者之间、平民百姓与游击队员之间、信奉宗教者与无神论者之间，以及追求荣誉者和保持沉默者之间怒目而视。时至今日，这个题目依然炙手可热，一如多年以来那样，依然成为地方政治与历史叙事激烈对抗的热议话题。即使在2004 年，法国总统希拉克称颂勒尚邦为"我们国家的良心"，也依旧无补于事。

在德国占领与维希政府统治的灰暗又可怕的岁月里，在维瓦莱 - 利尼翁高原上，的确发生过一段关乎勇气、信念、道德的故事。但那也是一段记忆与事实渐行渐远的故事。

第一部　逃脱

第一章 吾之罪愆

1926 年夏天，当阿龙·利弗朗（Aaron Liwerant）将其未婚
妻萨拉（Sara）从准岳父母在华沙的家接到巴黎的时候，法国
还算是个理想的避难所。[1]因为法国在第一次世界大战中损失了
大量劳动力，所以法国政府欢迎许多波兰人、俄国人、加利西
亚人和罗马尼亚人入籍，以此填补工矿企业的职位空缺。巴黎
左岸的国际书店出售俄语和波兰语的图书和报纸。法国人也欢
迎德国人、奥地利人、意大利人和西班牙人，他们来法国是为
了逃脱希特勒、墨索里尼和佛朗哥的迫害，有些难民甚至去法
国南部务农。

阿龙是个皮革匠，而萨拉则帮忙把阿龙从作坊带回家的扣
子包上丝绸或者蒙上皮革。阿龙和萨拉的第一个孩子贝尔特
（Berthe）生于 1927 年 4 月；第二个孩子是男孩，叫西蒙
（Simon），生于 1928 年 11 月。尽管阿龙和萨拉偶尔会谈论，夫
妻俩终有一日会回到波兰，但他们还是让两个孩子入籍，成为
法国公民。

利弗朗一家在巴黎美丽城（Belleville）租了两个房间，房
间没有浴室，还要与邻居共用厕所。美丽城邻近玛莱区
（Marais）和 11、12、18 区，是绝大多数外国移民在巴黎落脚
的家园，尤其是从事皮革和纺织行业的犹太家庭的家园。阿龙
的姐妹也在法国落脚，而且也入了法国国籍，她与阿龙和萨拉
都不觉得自己是外来户。在 20 世纪 20 年代和 30 年代，法籍犹

太人还享受着法国大革命的遗产，革命赋予国内所有宗教少数
派以平等权利，当时这种宗教宽容政策只在法国和美国实行。[2]
利弗朗一家认为自己是忠诚的公民，与其他法国人享有平等的
权利，生活在这个强大且宽容的共和制国家。

16

阿龙和萨拉及孩子们

尽管一家人在家里说意第绪语，但贝尔特和西蒙都会说法
语。法国是他们的祖国；而且他们并不知道还有别的国家能被
称为祖国，只是饶有趣味地聆听爷爷奶奶和外公外婆在波兰的
故事，也知道那里屡屡发生的屠杀迫使自己的父母背井离乡。
每天放学后，西蒙会帮妈妈给阿龙从皮革作坊带回来的扣子包
上蒙皮，然后妈妈就会给西蒙一法郎，他会拿这一法郎去买邮

票，通常是航空题材的邮票。

1936 年的大选让"人民阵线"的莱昂·布卢姆（Leon Blum）上台执政，布卢姆是犹太人，也是社会主义者。"人民阵线"欢迎移民，致力于改善法国工人的待遇，但这也引发了更多的罢工和暴力冲突。及至此时，法国还拥有比其他国家更大比例的外国移民，甚至比美国的外国移民比例还要大。当姗姗来迟的世界经济危机终于波及法国的时候，法国工矿企业失业率猛涨，外国工人开始感到来自周围的敌意，而在不久之前，周围的人们还对他们表示热烈欢迎。

17

西蒙十岁那年，也就是 1938 年，莱昂·布卢姆的政府倒台，社会上充斥着关于世界犹太人联合会的谣言，以及对身为犹太人的布卢姆的人身攻击，布卢姆就像普鲁斯特笔下的人物，有着蓬松的黑色直发、整洁的胡须和鬓角，有人攻击他是寄生者、流浪者、伪证者，以及"健康男子气概"的破坏者。人们为国家的病症寻找病根，有些法国人开始把 300 万外国移民，尤其是犹太移民视为合适的替罪羊；反犹主义和排外主义的洪流充斥于小册子、图书和文章中，到处都是秘密社团、撒旦崇拜、第五纵队等谣言。在德雷福斯事件之后，许多人认为这些谣言已经销声匿迹，突然间却又死灰复燃。年事已高的前总理雷蒙·普恩加莱（Raymond Poincaré）曾说"在德雷福斯事件之后，反犹主义将不会在法国卷土重来"，此时此刻未免有点讽刺。

还有更引人入胜但也更耸人听闻的——人们要么听从保王党知识分子夏尔·莫拉斯（Charles Maurras）的训话，他的右翼民族主义言论发表于《法兰西行动报》（L'Action Française），他说"有一样东西已经死亡了，那就是针对犹太人的半宽容精神……一股令人畏惧的'打倒犹太人'呼声充斥于每个人的胸膛，而且必将变成发自每个人心底的呐喊"；要么信服莫拉斯的同伙、獐头鼠目的儿科医生塞利纳（Céline）的煽动。莫拉斯本人是个矮子，说话结结巴巴，蓄着整洁的山羊胡子；他麾下那些年轻的激进分子组成"国王的报贩"（Camelots du Roi），其成员都是些暴徒恶棍。

莫拉斯和塞利纳都认为，法国长期以来都被内部敌人剥削和背叛，有好几次，他们把接踵而至的内部敌人比喻为潮汐涨退。他们无疑是能言善辩的，其辩才甚至赋予其理念以某种合法性。1939 年 5 月，当爱德华·达拉第（Edouard Daladier）声称要"搜捕、甄别、驱逐"非法移民时，许多人为他欢呼喝彩。[3] 作为激进党的领导人，达拉第已经明显右倾。犹太移民人数已经到了"临界点"，上万犹太移民应该被送到"别处"。在巴黎美丽城，利弗朗及其犹太邻居只能尽量低调，希望这种敌意终将过去，他们过去就是如此渡过难关的。1939 年 9 月，法国对德国的宣战并未对他们的生活造成太大冲击，"奇怪的战争"，又被称为"假战"，也未对他们的生活造成冲击，就连天主教作家乔治·贝纳诺斯（Georges Bernanos）在移居南美洲之前也评论道，这场战争一点都不奇怪，却让人感到悲哀。大约 40000 名犹太人加入法国军队。1940 年 3 月，战争似乎陷入僵局，政府权力被交到一位身手敏捷、热衷运动的律师手上，他的名字叫保罗·雷诺（Paul Reynaud）。

1940 年 5 月，法国那道钢筋混凝土筑就的、坚不可摧的马其诺防线被德国装甲集群绕后包围，那年西蒙 12 岁。数日之内，德国军队向巴黎大举进军，驱使惊恐的民众和战败的士兵落荒而逃，而在巴黎，政府成员集中在巴黎圣母院，祈求上帝保佑。萨拉刚刚生下第三个孩子，是个男孩，取名雅克（Jacques）。逃亡不可能是萨拉的选项，但她说服阿龙加入南逃的队伍，当时有 800 万人离开家园，以逃避德军的进逼，萨拉希望阿龙亲眼看看在巴黎以外能否找到一家人的容身之地。阿龙很快就回来了，告诉萨拉，他走到奥尔良就折回来了，为了避开军人注意，他把行李放在一辆废弃的手推车上，假装里面有个婴儿。有一阵子，德国驻巴黎占领军在这个被征服国家似乎还算守规矩，利弗朗一家也感到惊魂甫定，同时他们也会感叹，那些作为随军秘书和办公室文员来到巴黎的德国妇女，衣着就像美国航空公司的空姐，但都有"运动员那样健硕的体格"。利弗朗一家还把姓氏中的"w"改为"v"，认为这样看上去更像法国人的姓氏。

就像其他法国人那样，萨拉和阿龙对法国的新任领导人感到放心，84 岁高龄的贝当（Pétain）元帅是第一次世界大战的沙场老将，他孤傲清高、洁身自好，是法国在凡尔登战役伟大胜利的化身。贝当蓄着整洁的小胡子，有着柔软的肚腩及灰蓝色的眼睛，他自比为古代武士，非常正直。萨拉和阿龙服膺于贝当元帅想要建立的新道德秩序，即通过一场民族革命，以多产而稳定的家庭来匡正布户姆执政期间放荡不羁、过分自由的倾向。当他说"深爱的法国"，当他说要为法国人民送上"我本人的赠礼"，贝当元帅的演说听上去能够安定人心；就像淘气的孩子那样，他们将不得不通过痛苦和集体受辱来重归正道。他告诉人们："你们已经承受过痛苦……你们还将承受更多痛苦……你们的生活将会变得非常艰难。"利弗朗一家喜欢贝当元帅关于人们回归土地的想法，人们曾经沉溺于城市生活，摆荒了乡村的土地，人们应该生育更多孩子；尽管听上去很奇怪，

19

导致法国耻辱失败的种种弊病，竟然包括有薪假期、茴香酒、白奴贸易、罢工、赌博、泳衣、民主制度，以及"作坊、办公室、工厂里不体面的男女关系"。

1940 年 5 月至 6 月，在弥漫整个法国的负罪感中，在关于"放荡轻佻、自暴自弃的放纵行为"的呓语中，最让萨拉和阿龙感到困惑的是，竟然没有人提出疑问，为何这个国家会受到睚眦必报的上帝的惩罚，为何上帝会选择奖赏希特勒，并满足纳粹党的野心。与德国人合作似乎并不意味着叛国，反而意味着促使法国人改变其学校教育、雇佣制度、治理方式的契机，意味着严守纪律和巩固民族纽带。严厉的新措施将会把国家从"女人和同性恋的共和政体"中拯救出来。在西蒙上课的教室墙上挂着贝当元帅的肖像，他肩负着治理国家的重任，而在这个年纪，他本该颐养天年；贝当元帅的肖像还出现在海报、明信片和硬币上。在邮票上，贝当元帅取代了过去的玛丽安娜。自从第二帝国覆灭以来，法国就再也没有把在世统治者的头像铭刻在硬币上。在对贝当元帅的个人崇拜中，拒绝服从者将会被人告发。圣女贞德同样成为爱国、虔敬、奉献的美好象征。至于莫拉斯和塞利纳等人的咆哮，利弗朗一家只能告诉自己，这些咆哮不是冲着自己来的。

6 月 22 日，贝当在一节停靠在贡比涅（Compiègne）森林的火车上签署停战协定，这份协定把法国一分为二，占领区由德国人统治，非占领区由法国人运营，政府设在温泉小镇维希（Vichy），这份协定的条款和当年强加给德国人的《凡尔赛和约》相差无几。这是希特勒首次造访巴黎，他很高兴踏足这个已被他踩在脚下的国家。然后，仅仅在约八个星期后，最早的不祥之兆就出现了：8 月 27 日，贝当废除了反犹诽谤罪的罚则。而在此时，德国人仍未打算让法国像德国那样清除犹太人，他们宁愿让非占领区成为接收那些他们不想要的犹太人的地方。占据法国三分之一领土的非占领区由维希政府统治，由一道长达 1200 千米的重兵把守的边界线与占领区划分开来。

德国人禁止已经逃往法国南部的犹太人返回法国北部的家园，并已开始接手犹太人逃亡期间抛弃的产业，还勒令银行打开犹太人在银行租用的保险箱，从而没收犹太人的黄金、外币和首饰。[4]霎时，4660 家开设在巴黎的企业被打上已没收的黄色标记。10 月 3 日，在对首都及其郊区的犹太人进行普查后，统计出 113462 名犹太人，其中有 57110 名法国公民和 55849 名外国移民，按照维希政府的《第一犹太身份法》（Statut des Juifs），这些人将会迅速地、集体地受到排斥并陷入赤贫。维希政府声称，事实非常清楚，犹太人的"个人主义倾向几乎导致了无政府主义"。[5]犹太人必须受到约束和惩罚。这些措施落实的速度快得惊人，而且这些措施夹杂着复仇的渴望和赎罪的意愿。维希政府也咨询过罗马教廷的意见，罗马教廷对此表示默许。对于德国人来说，这实在是再好不过了：他们不仅找到一个对战败逆来顺受的国家，而且这个国家准备把战败归咎于自己，这个国家渴望得到征服者的接纳，以免承受更加严厉的惩罚。

维希政府宣布：从今以后，犹太人将会被禁止从事某些工作，而其他工作也会有准入配额。在其他许多方面，维希政府总是赶在德国人提出要求之前就把事情做到位了。按照维希政府颁布的法令，如果一个人有三个祖辈是犹太人，那么他就是犹太人；又或者如果一个人有两个祖辈是犹太人，而且妻子是犹太人，那么他也是犹太人了。许多政府公务员，包括法官、办事员、教师，都失去了工作，还有许多律师、摄影师、考古队员、科学家、服装制造商、电影制作人、护士、图书管理员，也失去了工作。确定工作准入许可的权限被下放给各地省长，由他们来拘留"犹太种族的外国移民"。

21 为了帮助法国人更好地理解犹太瘟疫的致命特性，德国政府拍摄了一部臭名昭著的反犹电影《犹太人苏斯》（*Jew Süss*），这部电影吸引了成千上万的观众，这是一部关于罗斯柴尔德家族的纪录片，在幕间休息的时候，屏幕上投影出许多老鼠，仿佛要涌进电影院。[6] 声名狼藉的德国报纸《冲锋报》 （*Der Stürmer*）所描绘的犹太人形象也被引入法国，犹太人被刻画为矮小、肥胖、丑陋、蓄胡子、流口水、鹰钩鼻、死猪眼的男人。事到如今，在学校的操场上，西蒙以及其他几名犹太小学生，每天都要对其他小学生的霸凌行径奋起反击。尽管西蒙身材矮小，而且高度近视，视力差得就像个小鼹鼠，但他足够强壮，并未在多场打架中输掉。

  并非所有镇压措施都以犹太人为目标。在 8 月 13 日颁布的第一批法令中，就有一部法令是以共济会员为目标的，他们也被禁止从事许多专业工作。60000 名共济会成员被调查，15000 名共济会头目被解雇。1939 年 8 月，在里宾特洛甫（Ribbentrop）和莫洛托夫（Molotov）签署《苏德互不侵犯条约》之后，许多法国共产党员和前"人民阵线"成员被送往达拉第政府设立的拘留营。即使在德国入侵之后，这些人也仍未被释放，而是被视为麻烦制造者，继续关押在拘留营。犹太人和共济会员，以及信奉无神论的共产党员，无论他们追随马克思、托洛茨基还是罗莎·卢森堡（Rosa Luxemborg），都被视为"犹太 - 布尔什维克"阴谋和"反法"黑暗势力的组成部分，他们即将被恐惧和迫害的浪潮吞噬。此时此刻，身为外国人，或者带有外国口音，都足以成为被怀疑的对象。正如小说家亨利·德·蒙泰朗（Henri de Montherlant）所说，法国人展现了他们的本色：一种混合了慵懒和怯懦的道德本色。

在 1941 年 3 月底，德国人认为法国人仍然未能正确理解"全面清除犹太人之必要性"，在德国人的授意下，维希政府同意"解决犹太人问题"。贝当任命莫拉斯的老朋友、思想顽固的第一次世界大战负伤老兵扎维埃·瓦拉（Xavier Vallat）为犹太人问题总委员会（Commissariat Général aux Questions Juives，CGQJ）负责人，这个机构的总部就设在维希市内那个破旧的阿尔及利亚旅馆。瓦拉修剪了头发和浓密的黑色眉毛，然后戴上黑色眼罩。瓦拉是个律师，还是个恭敬虔诚的天主教徒和厚颜无耻的反犹主义者；他声称自己的反犹主义"来自维希法国"，是受到天主教信条启发的反犹主义。他曾经面对 27 岁的德国军官特奥·丹内克尔（Theo Dannecker）时说"我的反犹资历比你老得多"，毫不顾忌丹内克尔是盖世太保犹人事务主管艾希曼（Eichmann）派驻巴黎的代表。[7]更何况丹内克尔还是个残忍阴毒、丧心病狂的狠角色。瓦拉声称，除了极个别例外，犹太人"自始至终都是威胁"；而且，犹太人在文化上是不可能被同化的。

必须采取的措施是剥夺犹太人的财产，其实就是强取豪夺，并把犹太人彻底逐出法国的经济生活、社会生活、文化生活，与此同时，要手法巧妙地让他们的财富落入法国人而不是德国人手里。瓦拉审视自己，声称自己不是"屠夫和拷问者"，而是个外科医生，专门来治理这个"因为犹太头疼脑热症而一病不起"以至于奄奄一息的国家。他所设想的反犹体制将会迅速变成全欧洲最严厉的反犹体制，并由特种警察部队"犹太问题警察"（Police aux Questions Juives）予以实施。维希政府和德国人都相信，法籍犹太人非常富有。

自从阿龙回到巴黎，他便继续在原来的企业工作，并在晚上把扣子拿回家让萨拉加工。1941 年 5 月中旬的一天，阿龙在回家的路上听说了"邀请"犹太人去当地警察局报到的指令。阿龙以为所有人都要去报到，法国人和外国人都概莫能外，因此高高兴兴地去了，但萨拉有点担忧，她让阿龙骑自行车去，然后直接从报到的地方去上班。当天晚上，阿龙杳无音讯。反而是一名警察来敲门，来者让萨拉给丈夫收拾包袱，送到紫丁香门的营房。13 岁的西蒙替母亲去了，并打听到父亲已和另外4000 人一起被送到奥尔良附近的拘留营，这些营房本来是信心十足的法国军队准备用来关押德国战俘的。几周以后，萨拉被允许带上三个孩子，到那里陪阿龙度过周日。

不久之后，阿龙逃了出来。阿龙在某天深夜到家，然后藏身在某个法国朋友家里。阿龙和萨拉一致决定，要去找一个"摆渡人"（passeur），也就是收人钱财、替人消灾的人，这种人能够帮助阿龙穿越封锁线，逃到非占领区，起码在当时，生活在非占领区的犹太人还是相对安全的。到了非占领区之后，阿龙打算前往里昂，利弗朗一家在那里有亲戚可以投靠。又一次，是萨拉让阿龙下定决心采取行动，因为萨拉说男人的处境比女人和孩子危险得多。美丽城有一个货车司机，他使用卡车在占领区和非占领区之间运送肉类。货车司机愿意帮忙，让阿龙藏身于货车底盘两边其中一个狭窄的箱子里，这两个箱子通常用来接肉类流淌下来的鲜血。穿越戒备森严的封锁线时倒是平安无事，但在穿越封锁线后，在等待前往里昂的公共汽车时，阿龙却被警察截住了。他身上唯一的证件清晰地盖着"犹太男性"（Juif）的印戳。这一次，阿龙被送往一处新设立的劳动营，在那里，犹太人以及其他滞留在法国南部的拘留者会被训练成伐木工人。非常偶然地，阿龙被允许离开营地，回到巴黎看望萨拉和孩子们，一家人在巴黎度过了 1941 年，然后就是新一轮的大搜捕，这次所有犹太人都会被关押起来。

这是第一次有法籍犹太人被抓捕。在此之前，许多法籍犹太人还认为，自己与德国人眼中的外籍犹太人有所不同，而且自己从不招惹麻烦，厄运没有理由降临到自己头上。法籍犹太人世世代代作为备受尊敬的学者、律师、银行家和科学家，拥有纯正的法国口音，这样的厄运怎么会降临到他们头上呢？作家和记者菲利普·埃朗热（Philippe Erlanger）后来形容道，当时发生的事情就像一场意外，一种只可能发生在别人身上的无妄之灾。12 月 12 日，743 名地位显要、成就卓越的法籍犹太人被逮捕，当中有许多是医生和律师，其中就包括莱昂·布卢姆的兄弟勒内（René）。在一次刺杀德国军官未遂事件后，作为报复，100 名人质被枪决，1000 名犹太人被围捕，德军占领区内的犹太社群被罚款 10 亿法郎。这一可怕事实清楚地表明，这个世俗国家不再能保护任何人，而他们本能地认为自己是这个国家的一分子。

维希政府还是认为扎维埃·瓦拉太过软弱和仁慈，因此以达基耶尔·德·佩莱波（Darquier de Pellepoix）取而代之，此人曾经反复强调打破犹太财阀垄断之必要，他说没有任何犹太人值得他去握手。佩莱波不如瓦拉机警狡猾，但比瓦拉更加俯首帖耳，他是一个懒惰、残忍、贪婪的家伙，随时准备全心全意执行纳粹"经济雅利安化"的反犹政策，同时也尽可能为自

24

己捞取好处。佩莱波禁止犹太人使用自己的名字，因此阿龙成了"犹太人利弗朗"。佩莱波还把犹太人问题总委员会的人员扩充一倍，男女职员的人数达到 1000 名。这些人将会从事掠夺赃物、刺探情报、收买线人的工作。佩莱波认为，犹太人是宿敌，犹太人的种族特性让法国置身于险境之中。

对于西蒙来说，一颗黄星改变了一切。从 1939 年起，波兰犹太人就被迫佩戴识别身份的黄星，及至 1942 年 5 月底，类似的规定也波及法国德军占领区内的所有犹太人。那颗黄星大约有成年男子的拳头大小，所有六岁以上的犹太人都得把黄星佩戴在外衣的左胸位置，而且在配给制下，每颗黄星都要花费一张服装票来购买。血统成分可疑的人则不得不签署"本人不属于犹太种族"的声明。

西蒙发现那颗黄星让他很沮丧，尤其是当他走路上学的时候，别人都会冲着他喊"肮脏的犹太人"，所以他只在迫不得已的时候才佩戴那颗黄星，尽管他知道这样做相当危险。西蒙是班里成绩最好的学生，尽管开始上学时表现糟糕，但那只是因为当时老师并未意识到他有高度近视。萨拉设法多挣点钱来购买食物，尽管当时已有禁止雇用犹太工人的禁令，但好心的作坊主人继续雇用她，让她继续拿扣子回家蒙上皮革。种种限制让他们度日艰难。身为犹太人，萨拉只能在下午 3 点到 4 点上街购物，那个时间商店里已经没有什么东西可买了；而在地铁上，她也只能坐在最后一节车厢。音乐厅、剧院、电影院、露营地、公共电话亭，都是犹太人不得涉足之处。

在巴黎各个角落，犹太人饥寒交迫，只能靠自己的积蓄或者法国邻居的施舍度日，而法国邻居也缺乏食物、煤炭和衣物，因为德国人让许多法国企业转而为第三帝国的需求服务，装满各种战略物资的火车几乎每天都从巴黎东站发往柏林。到了晚上，在这黑灯瞎火的首都，你能看见自行车的灯光就像萤火虫那样闪现。不久之后，法国人就只能得到战争爆发前三分之一多一点的煤炭了。1939 年冬天是滑铁卢战役以来最冷的冬天，1940 年和 1941 年的冬天倒还好些。即使在维希，也照样缺乏燃料，贝当麾下的 30000 名民政服务人员只能整天生活在焚烧木柴所造成的浓厚烟雾之中，因为他们也只能用那种临时制成的炉子，再临时搭根管子伸出窗外当烟囱。咖啡，如果还算是咖啡的话，是用栗子、鹰嘴豆、干苹果和羽扇豆磨成粉冲泡的；糖则来自甘草、煮烂的南瓜和葡萄汁。[8] 由于父亲不在身边，13 岁的西蒙感到要为家里负起责任，尤其是因为萨拉说法语时夹杂着很重的外国口音，西蒙的责任就更重了。萨拉的身体本来就不好，生下雅克之后，萨拉的肾功能就更衰弱了。

　　1941 年 11 月，有感于利用犹太人可能有助于消灭犹太人，维希政府下令成立法国以色列人总会（Union Génèrale des Israélites de France，UGIF），以协调所有现存的福利组织。当时这些福利组织都在各行其是。有些人感到这可能是个陷阱，因为这样做会使犹太人更容易被辨认出来，而且犹太人的地址也将被集中登记，因此他们拒绝加入，并转入地下；其他人则坦然接受，认为如果不这样做，原有的福利组织将无法照料与日俱增的贫苦民众。在这些福利组织的名册上大约有 40000 人。及至此时，所有犹太人都要向法国以色列人总会缴纳税款。由于双方怀有敌意，犹太领袖们开始时提出激烈抗议，反对上述强制措施，但抗议无效。后来，纳粹的计划和维希的服从似乎对所有人来说都显而易见，许多犹太领袖就转而表达他们"衷心的愿望，即既能做个优秀的犹太人，又能做个优秀的法国人"，但他们继续忠诚于贝当的强烈意愿也让他们作茧自缚，陷入逆来顺受和谨小慎微的恶性循环。其他人则设法逃脱。及至此时，大约有 35000 名犹太人申请离开法国，主要打算前往美国、拉美和中国，但绝大多数人都因代价高昂和官方刁难而难以获得签证。

尽管佩莱波已在维希政府内部接手犹太人问题总委员会，但柏林方面已经提前制订了驱逐法籍犹太人的详细计划。及至此时，德朗西（Drancy），这个巴黎郊外已被废弃的地方，变成一个货运火车中转站，负责把犹太人运往东方的集中营，尽管最早的运送计划仍迷雾重重。1942 年 4 月，59 岁的皮埃尔·赖伐尔（Pierre Laval）重返权力中枢，他从不掩饰与德国建立更紧密合作关系的渴望，此时兼任内政部部长、外交部部长、情报部部长，以及部长会议副主席，实际上成为政府首脑。赖伐尔重新上台，预示着对维希政府的绝大多数幻想彻底破灭。赖伐尔皮肤黝黑、矮胖粗壮、精明狡猾，经常身穿燕尾礼服；他来自奥弗涅（Auvergne），父亲是个屠夫。局势很快趋于明朗：贝当已被架空，无法继续成为维护独立、保护国家、反抗德国予取予求的象征。

一名新任德国警察总监、党卫队将领卡尔·奥贝格（Karl Oberg）被派遣到法国，他手下有一个聪明狡黠的年轻纳粹军官——赫尔穆特·克诺亨（Helmut Knochen）。这两个人在"被诅咒种族"即犹太人问题上的立场完全一致。克诺亨、艾希曼的代表丹内克尔的办公室都在福煦大街，这条壮观的林荫大道从布洛涅森林延伸到凯旋门。法国警察越来越像德国警察的附庸了，但维希政府的警察头子、来自加斯科涅的工

约 1942 年，犹太人抵达德朗西

作狂和控制狂勒内·布斯凯（René Bousquet）暂时不愿交出法籍犹太人。他反而打算驱逐占领区和非占领区内的外籍犹太人，即在 1936 年 1 月 1 日以后进入法国的德国犹太人、奥地利犹太人、波兰犹太人、拉脱维亚犹太人、捷克犹太人、俄国犹太人以及爱沙尼亚犹太人。在这个问题上，维希政府似乎还无意对那些"惹人讨厌的家伙"赶尽杀绝，但的确希望赶走他们，至于维希政府是否清楚 1942 年 1 月的德国万湖（Wannsee）会议及其灭绝欧洲犹太人的"最终解决方案"（Final Solution），那就不得而知了。奥贝格和克诺亨监督并默许了维希政府的处理方式。

1942 年 6 月 11 日，柏林发来指令，要求把 10 万名犹太人逐出法国，包括 16 岁至 40 岁的男人和女人，但退役老兵、18 岁以下无人监护的孩子以及孕妇可以获得豁免。驱逐行动的开销，包括运费、毛毯、衣物、食物，由法国人负担。布斯凯和奥贝格在上述问题上各有主张：德国人需要法国人帮忙抓捕犹太人，因为德国派驻法国的警察只有三个营；而法国人希望与德国人达成协议，拯救法籍犹太人。由此达成协议：大约3000名法国警察负责在巴黎抓捕22000名外籍犹太人，而布斯凯将会从非占领区运来大致相当数量的无国籍和外籍犹太人。在当时，总体抓捕人数有所减少，因为根本没有足够的运力运送那么多人。

6月30日，即决定欧洲犹太人命运的德国万湖会议五个月后，艾希曼抵达巴黎以监督驱逐行动。7月4日，由于害怕凑不到足够人数，赖伐尔做出更多让步。赖伐尔将会向德国人交出一些无国籍的犹太儿童，即那些在20世纪20年代至30年代跟随父母来到法国的孩子。被纳入范围的妇女儿童将无法幸免。最初的统计是法国境内大约有86.5万名犹太人，这是被信口雌黄的新闻记者莫拉斯和塞利纳之流夸大的数字，这个数字被认为是严重注水的。新的统计数字大约是34万名犹太人。在理论上，出生于法国的西蒙和贝尔特暂时是安全的，但萨拉就危险了。

7月12日，凌晨1点，利弗朗家门铃响起。萨拉叫醒西蒙，让他看看谁在门外。门外站着一名身着便服的督察。来者轻声告诉西蒙："你们不能再待在这里了。告诉你妈妈，接下来将会出乱子。"第二天早上，萨拉请求门房同意，让他们从一楼的公寓搬到六楼的阁楼。雅克已经两岁了，西蒙的一个任务就是每天早晨上学之前替这个小宝宝取配额牛奶。7月16日早晨，西蒙走到楼下的时候，被一名身着便服的督察拦住，在他身后还有三名身着制服的警察。"看啊，这里有个犹太人。"那名督察说完，就问西蒙要到哪里去。

　　警察要求西蒙领着他们到家里，西蒙打开了一楼公寓的门口，假装听不懂警察的问题，不知道里面为什么没人。但有一名警察留意到西蒙手上还有其他钥匙。警察们让西蒙在前面带路，他们一层一层往上爬，逐个门口用钥匙比对，直到爬上阁楼。警察们在阁楼找到萨拉和雅克，但贝尔特不在，贝尔特去朋友家了。萨拉和雅克缩在毯子里瑟瑟发抖。尽管萨拉的法语很不流利，但她还是多留了个心眼，指出警察名单上的姓氏是不对的，名单上写着"w"而不是"v"，因此这肯定是另一个家庭的姓氏。犹豫再三之后，警察同意回总部再核对一次。当那三名身穿制服的警察走远之后，那位督察中途折返。他说："请容许我给你们个建议。此地不宜久留。你们不可能交两次好运的。"

　　1942 年 7 月 16 日凌晨 4 点，天刚蒙蒙亮，维希政府就发起了"春风行动"（Opération Vent Printanier）。9000 名法国警察，包括警察学校的学员和 400 名极右翼志愿者，呈扇形队形向巴黎 3、4、10、11、12、18 和 20 区进发，搜捕据信藏匿在那里的 28000 名犹太人。现场没有德国人，因为奥贝格和丹内克尔已经与布斯凯充分沟通过，尽可能动用法国宪兵、警卫队和市政警察，这些人看上去威风凛凛，但也腐败无能且头脑偏执。搜捕行动持续到 17 日午后 1 点，但只捕获 12884 名犹太人。这些犹太人被带到巴黎 15 区格勒内勒大道上的冬季环形体育场（Vélodrome d'Hiver）。那些行动不便的犹太人就被担架抬到现场。24 名拒捕的犹太人被当场射杀。尽管法国以色列人总会犹豫再三，决定隐瞒搜捕行动即将到来的信息，以免引起恐慌，但许多普通法国公民，以及少数同情犹太人和对抓捕行动感到不安的法国警察，决定联合起来，先是提醒进而藏匿犹太人，那位提醒萨拉及其孩子的督察就是这样的善心人。

随着日子一天天过去，冬季环形体育场的状况也越来越差，那里的黑色玻璃反射出让人不寒而栗的光线，人们在闷热、恶臭、恐慌的环境中备受煎熬。里面非常炎热。到了第五天，男人们被送往德朗西，不久之后，妇女们和孩子们就被送往皮蒂维耶（Pithiviers）和博讷拉罗朗德（Beaune-la-Rolande）的拘留营。火车载着第一批乘客向东开去，开往德占波兰地区，火车将持续发车到这个月的月底。

悲情的一幕还在上演，有些父亲由于是退役老兵，奇迹般地得以豁免，但当他们回到家中，却发现孩子们要么被接走了，要么下落不明，而孩子原本不在最初的抓捕范围内。7月20日，被关押在博讷拉罗朗德的犹太母亲被塞进卡车，送往德朗西。她们奋力抗争、惊声尖叫，但受到棍棒殴打的她们还是不得不把孩子们留在身后；孩子们随后也被送往德朗西，他们的处境相当凄凉，那些比较小的、丢失了姓名牌的孩子将会等待辨认，然后被送回父母身边。年纪稍大的孩子，即大于12岁的孩子，最初还可以留在原地，但随后也被塞进货运卡车，在7月31日至8月7日被送走；年纪更小的孩子，在8月17日至28日也被送走。在他们当中，没有人会再回来。不久之后，人们就会以为，那些被抓捕的人可能都会被当成工人，送到德占欧洲地区的工矿企业里。

尽管听上去有点离奇，但就在那套美丽城公寓里，萨拉以及孩子们却设法躲过了抓捕。萨拉仍然相信出生在法国的贝尔特和西蒙是安全的，因此萨拉找了个摆渡人，把自己和婴儿雅克运过封锁线，从占领区来到非占领区，并说等她到了里昂，就托人把贝尔特和西蒙接过去。但在沙隆（Châlons），萨拉的摆渡人把她交给了盖世太保，那个摆渡人是一个样貌猥琐、厚颜无耻的通敌者。尽管萨拉有足够的时间毁掉证件，以及证件上那个盖着"犹太女性"（Juive）的印戳，但她跌倒了，弄伤了自己。自从生下雅克以来，萨拉的健康状况就没好过。当萨拉醒过来的时候，她发现自己躺在德军士兵把守的医院里；萨拉蹩脚的法语和外国口音足以让德国人意识到她来自哪里。幸好一位友善的红十字会护士主动帮忙，答应把雅克送到萨拉在里昂的亲戚家。

在美丽城，贝尔特和西蒙胆战心惊，他们害怕每一个奇怪的声音、每一次敲门、每一次从远处传来的脚步声，他们几乎不敢出门。有一天，他们收到一封信；那封信是用意第绪语写的，他们能说这种语言，却读不懂，他们把信拿给姑母，请姑母替他们翻译。在信中，萨拉解释了她的遭遇，并叮嘱贝尔特和西蒙把公寓锁好，不要带任何东西，尽快去沙隆找她。西蒙小心翼翼地只坐了一程火车，因为德国人在火车站尤为警觉，因此他们在博讷转乘公共汽车。在路上的某个地方，党卫队军官登车检查。由于怀疑孩子们的证件有问题，军官把他们带到当地的德军司令部，并把他们分别关押在不同的房间里，每个房间都有一条阿尔萨斯狼狗把守。军官告诉孩子们，如果他们乱动，狼狗就会扑上来咬他们。15岁的贝尔特当场就被吓尿了。傍晚6点，一名直来直去的党卫队军官命令他们，如果不想被逮捕，就立即滚回巴黎。

天色昏暗的时候，两个孩子游荡在冷冷清清的沙隆街头。在镇上一家干净整洁的小旅馆，一个门房好心收留了他们，但同时告诉他们，天亮之前必须离开，因为那个房间属于一名夜间当值的德国军官，他在天亮之前就会回来。凌晨 4 点刚过，他们就被匆忙赶出旅馆。他们蜷缩在一处私人住宅的门廊下面，等待天亮，也等待医院开门。在母亲的病房里住着十几名犹太妇女，她们都是被贪婪的摆渡人交给德国人的。跌倒受伤的萨拉看上去就像个虚弱的残疾人，萨拉告诉孩子们，她已经与一名隶属于抵抗组织的护士约定，由那名护士安排他们穿越封锁线，封锁线大致与索恩河平行，只要穿过索恩河，就能进入非占领区。他们就像被追捕的动物。每天傍晚 6 点左右，他们就在一家咖啡馆里等待信号，一艘小艇将会带他们穿越河流。几天以后，一个戴着钢盔的男人对他们发出信号，示意他们跟他走。河岸上有很多犹太妇女，都是与母亲住在同一个病房的。但萨拉没有出现在人群中。

31　　贝尔特和西蒙乘坐小艇穿越河流，每组六个人，他们后半夜就睡在一处农舍里。第二天，西蒙说服一个不情愿的犹太逃亡者，让他们搭便车前往里昂，他们在那里找到了雅克及他们的表亲。但还是没有萨拉的消息。

到了 1942 年夏天，对于犹太人来说，里昂很快也变得不再安全，就算对于利弗朗家这些有着法国国籍的孩子们来说也是如此。早在巴黎的时候，贝尔特就已经在学习父亲的手艺，此时在一个好心的皮革匠手下当学徒。西蒙则被安排去儿童救援组织（Organisation de Secours aux Enfants，OSE），组织的秘书长叫马德莱娜·德雷福斯（Madeleine Dreyfus），她是一名来自阿尔萨斯的年轻妇女，她的犹太父母在 20 世纪 20 年代来到法国，她自己就有三个孩子，因此顺便就把西蒙照顾了。马德莱娜让西蒙去山区里的一个村庄，他在那里会很安全；西蒙会带着两岁的雅克同去。

同行的还有另一个小男孩雅克·斯图马舍（Jacques Stulmacher），他的经历与西蒙大致相同。[9]战争爆发的时候，斯图马舍还不到九岁，他的父亲是俄国人，母亲是波兰人，还有个弟弟叫马塞尔（Marcel），他们住在巴黎 11 区两个小房间里。他们的公寓后面就是亚历山德里娜巷，由于那里绝大多数居民都是来自东欧的犹太人，所以他们打开窗户就能隔着横街窄巷用意第绪语交谈。在雅克年满三岁就读幼儿园之前，他甚至不知道世界上还有其他语言。

雅克的父亲接受过工程师教育。父亲曾经帮助祖父经营一家生产皮革手套的工厂，后来苏联红军命令他们转产军靴，由于他提出抗议，指出厂里的皮革根本不适合用来制造军靴，就被解雇了。雅克的祖父认为自己年纪大了，跑不动了，但雅克的父亲可以跑，于是雅克的父亲就带着老婆孩子，取道土耳其逃到巴黎，并在雪铁龙工厂找到了工作。雅克的父亲曾经积极参与新工会运动，因此当经济不景气的时候，他被当成麻烦制造者，第一个被开除。雅克和马塞尔因此经常挨饿。

1940 年春天，当德军绕后包围马其诺防线的时候，斯图马舍一家也加入了恐慌南逃的队伍，他们坐在雅克叔叔的老旧敞篷旅行车里一路南下，七个人挤在车厢里，父亲就坐在旅行车的侧踏板上。一天晚上，当他们在一处收容所里栖身的时候，德军轰炸机扫射了那栋建筑，因为他们相信这里是法国政府部长们的必经之地，而且可能还在那栋建筑物里停留。第二天早上，遇难者的尸体在院子里被整齐地排成一列。雅克从未见过死人。幸好斯图马舍一家毫发无伤。

他们向南前行，希望前往波尔多；每当他们听到轰炸机的声响，就弃车躲进水沟里或者森林里。雅克的母亲说，她倒不太担心炸弹，因为炸弹可能炸中任何人；但她担心反犹主义，因为反犹主义就是冲着他们去的。在阿雷斯（Arès），他们的汽油用光了。正是在这里，雅克第一次尝到了牡蛎的味道，尽管他一度感到非常尴尬，因为当侍应生跟他们说"牡蛎"的时候，雅克的父亲听成了"18"。尽管父亲的法语比母亲流利很多，但父母都带着浓重的口音。

斯图马舍一家很快就返回巴黎了，这部分是因为停战协定签署后，战斗停止，人们又涌回他们在北方的家园。及至此时，雅克才发现身为犹太人意味着什么。只要犯有过错，无论是多么微不足道的过错，负责看管课间休息的督学老师就会惩罚犯错的学生，让他们面对墙壁站立，双手举过头顶。少数犹太孩子持续不断地被更年长、更强壮的孩子欺负，督学老师却熟视无睹，仿佛是个睁眼瞎。日复一日，每当课间休息临近的时候，雅克就得把自己想象为角斗士，面对的是古罗马的狮群。他也学会了关于正派体面的第一课。在佩戴黄星成为义务之后，校长勒弗隆（Leflond）先生在操场上召集全校学生。校长说道："我要求你们所有人对佩戴黄星的孩子特别友善。无论对于我，还是对于其他任何一位老师来说，你们之间都没有任何差别。"那位督学老师从此不再对霸凌现象熟视无睹，而学校里面再也没有发生过霸凌现象。

在与弟弟马塞尔从学校回家的路上，雅克会留意商店的橱窗，上面写着"犹太人与狗不得入内"。有时候，过路人会冲着

他们喊"小犹太佬"。这时候，他们已经没有多少地方可去了。　33
有一天，一群勇敢的犹太年轻男女佩戴着黄星，高唱着歌谣，
行进在香榭丽舍大道上，而这条大道也是禁止犹太人入内的。
每天早上，学生们唱着《元帅，我来啦!》，这是吹捧贝当无上
光荣的新赞美诗。在亚历山德里娜巷，雅克与朋友们从不玩游
戏，他们交谈。雅克不再觉得自己是个孩子，孩子们的游戏已
经失去吸引力了。这时候雅克才十岁。

当报到的命令传来的时候，雅克的父母从未想过不去报到；
结果当他们从警察局回来的时候，身份证上用红色粗体字印着
"犹太男性"或"犹太女性"。尽管如此，当雅克的姑母某天来
访，提醒他们 1942 年 7 月 15 日可能发生搜捕行动的时候，当
亚历山德里娜巷的邻居们隔着窗户人心惶惶、议论纷纷的时候，
斯图马舍一家决定躲藏起来。在圣旺（Saint-Ouen），有一对慷
慨的葡萄牙夫妇及其 13 岁的女儿愿意藏匿他们一家九口，包括
雅克家和雅克姑母家，藏身之处就是花园里的一间小木屋。当
邻居来访的时候，他们必须保持绝对安静，对于马塞尔来说，
要保持默不作声很难，毕竟他只有六岁，而且雅克和马塞尔还
有年纪更小的堂亲。

来自巴黎的消息越来越严峻。早在上一轮抓捕行动中，雅
克最好朋友的父亲就被抓走并送去德朗西了，据说后来仅仅是
因为从厨房里拿了一根胡萝卜，就被杀害了。7 月 16 日早上，
那位叔叔的遗孀为了拯救她的三个孩子而拼死抵抗，她与突然
来袭的法国警察扭打在一起。但她未能拯救三个孩子，只能眼
睁睁看着他们被抓走。在"春风行动"中，亚历山德里娜巷的
所有男孩都被抓走了。

斯图马舍一家暂时还是安全的。但蜗居小屋的日子越来越

难以忍受，雅克、马塞尔和他们更小的堂亲先被送去圣艾蒂安–迪鲁夫赖（Saint-Etienne de Rouvray）的一户人家，他们在那里待了六个月，然后又被送去埃纳省一对老夫妇家，那对老夫妇养了一只猪，名叫阿道夫（Adolphe）。在乡村学校里，雅克总是缺席每周的教会仪式，直到有一天，有个更年长、更聪明的孩子发现他离开队列，于是一把将他揪了回来。从那以后，雅克再也没有缺席过教会仪式；雅克并不想惹人注意，尽管只有那对老夫妇确切知道雅克是犹太人。雅克和马塞尔依然保留着斯图马舍的姓氏，但他们会跟别人说他们家来自阿尔萨斯。

34   七个月后，雅克和马塞尔的父亲设法来到里昂，他在那里找到一份补鞋匠的工作。雅克的母亲原本仍然躲藏在那对葡萄牙夫妇位于圣旺的家中，此时也来接孩子们。他们在维耶尔宗（Vierzon）坐火车穿越封锁线，他们的摆渡人假装是孩子们的母亲，而孩子们真正的母亲此时坐在别处。那天半夜真是让人提心吊胆，两名党卫队军官登上火车，声称他们要检查证件，但火车突然开动，危险就此过去。

没有人会认为孩子们留在里昂是安全的。这时候儿童救援组织挺身而出，正如向利弗朗家的男孩们提供救助那样，他们建议孩子们躲藏在山区。那位前来迎接孩子的先生叫安德烈·舒拉基（André Chouraqui），他近乎固执地坚持一条注意事项：父母与孩子之间不能有任何形式的联系，不能通信，不能探访。这让所有人都觉得非常不近人情。

第二章 屈辱营地

在法国西南部一处覆盖着蕨类植物和多刺胶树的高原上，坐落着一个叫作居尔（Gurs）的村落。夏天的时候，这里是个宜人的地方，可以远眺比利牛斯山脉，群山的顶峰几乎终年积雪。但到了秋天，雨水会让土地变得泥泞不堪；而到了冬天，裸露的牧场上寒风凛冽、冰冷刺骨。1939 年 4 月初到 5 月，25000 名西班牙共和派抵达此地，他们已沦为逃避佛朗哥军队追杀的难民。他们被收留在长方形的木制营房里，营房大小为 24 米长、6 米宽，匆匆忙忙地按照军队营房的布局建造起来，排列得整整齐齐。法国当局从未料想过他们会逗留到夏天结束，所以也懒得采取保暖和防风的措施。法国当局使用未经处理的厚木板，它们很快就收缩变形了，墙上留下许多缝隙，而且也没有安装正式的窗户，只安装了能够稍微打开的木制百叶窗。屋顶则覆盖着沥青。

及至 1940 年夏末，西班牙人实际上早已离开，他们要么打道回府，要么被派往劳动营，要么在马其诺防线服务。[1]有些木屋里住满了共产主义者，即"敌国流亡者"，在德军占领其祖国后失去国籍的人，还有"犹太裔外国人"，即维希政府在"假战"期间立法关押的人。但居尔营地还有空间收留更多的人，1940 年 10 月 22 日清晨，纳粹地方长官约瑟夫·比克尔（Joseph Bürckel）和罗伯特·旺格（Robert Wanger）在他们新近接管的地盘巴登和巴拉丁搜捕了 6508 名犹太人，他们并未征求法国当局的意见，就用穿越法国边境的密封火车把这些犹太人遣送到法国西南部。

在那些被遣送的犹太人当中，有一个名叫汉娜·希尔施（Hanne Hirsch）的 15 岁女孩，她高挑且漂亮，留着一头金色短发。[2] 汉娜的父亲马克斯（Max）曾经是一位肖像摄影师，父亲于 1925 年猝死后，曾经做过乐团钢琴师的母亲埃拉（Ella）继续在巴登的卡尔斯鲁厄（Karlsruhe）经营一个摄影工作室。工作室的生意很不错，即使在纳粹党上台后，埃拉还继续忙于为新版身份证制作证件照。在新版身份证上，犹太男女仍有权保留自己的第一名字，但他们都不加选择地采用了"萨拉"或者"以色列"这样的中间名字。卡尔斯鲁厄曾经有一个人数多达 3000 人的组织紧密的犹太社区，但在 20 世纪 30 年代，有能力离开的人都离开了；其中包括汉娜的一个兄长，他就设法去了美国。

1938 年 11 月 9 日晚上，即所谓的"水晶之夜"，隶属于冲锋队的准军事人员袭击了犹太人的商铺、会堂和建筑，摄影工作室也受到劫掠，玻璃橱窗的碎片撒满地面。当天晚上在卡尔斯鲁厄被捕的犹太男子都被送去达豪（Dachau）集中营和萨克森豪森（Sachsenhausen）集中营，当他们陆续返回的时候，带回了他们在集中营所见所闻的残忍故事。有些人回来时已经躺在棺材里了，有些受害者的家人足够勇敢，他们打开棺盖，看到受害者饱受折磨的累累伤痕。工作室楼上是汉娜家的公寓，从公寓阳台上，汉娜和朋友们看着德军士兵从街上走过，士兵们边走边唱着："当犹太人的血从刀口处喷涌而出，一切都变得更加美好。"埃拉感到很宽慰，最起码她的儿子在美国一切安好。

1940 年 10 月 2 日早晨，埃拉在出门购物的时候被一名警察截住，她知道那名警察负责她家那个片区。显而易见的是，双方见面的场面有点尴尬，那名警察告诉埃拉，犹太人即将被驱逐出境，他们只有一个小时收拾行李，随身只能携带一个不超过 30 千克的箱子，其他物品都只能抛诸身后。埃拉让汉娜把家中仅存的波希米亚玻璃器皿送去一个非犹太好友家暂存。至于其他银器、陶瓷和首饰，早就被纳粹党徒抢劫一空了。埃拉按照那名警察的建议，为自己和汉娜收拾包袱，带上御寒衣物、小刀、叉子、勺子、毛毯和每人的一点食物，而汉娜则为 91 岁高龄的祖母芭贝特（Babette）收拾包袱。

她们坐在一辆没有遮篷的卡车上前往火车站，里面有埃拉的三个姐妹；贝尔塔（Berta）是大姐，她有糖尿病，但身体还算硬朗。到处都有传言，说她们会被送去达豪集中营，因此当火车穿越法德边境进入法国的时候，大家都感到松了口气。她们又冷又饿，却没有食物，因为被勒令把行李留在站台上，由下一列火车运送。

当天有七列火车发往法国；在汉娜搭乘的火车上，有卡尔斯鲁厄仅剩的 950 名犹太人。座位就是木头长凳，火车上没有饮用水。有许多流放者年事已高，最老的一位已经 104 岁了。火车上还有新生婴儿，以及一家精神病院的病人，他们是从病房里被拖出来的。由于这次突如其来的驱逐行动违反了法德停战协定的条款，这几列火车不断绕行乡间铁路，以规避维希政府的抗议。纳粹制订过好几个计划，打算把来自巴登和巴拉丁的犹太人遣送到马达加斯加，把这个海岛变成巨大的犹太隔离区，但这几个计划最后都不了了之。汉娜的祖母身体还很健康，她对此感到很困惑，火车上一位医生给她服用了一片安眠药，好让她镇定下来。火车经过奥洛龙－圣玛丽（Oloron-Sainte-Marie）的时候，火车站长向上级报告，说火车里传来哭泣声和呻吟声。当火车厢门最终被打开的时候，已经是火车离开卡尔斯鲁厄60个小时之后了，车厢里有好几个人已经死了。芭贝特明显已经神志不清了。

她们离开德国的时候碰巧是好天气。当她们抵达法国的时候，却下起了瓢泼大雨，汉娜、汉娜的母亲以及汉娜的阿姨们还要从火车站出发，艰难跋涉15千米，前往居尔营地。她们被雨淋得浑身湿透，身体非常冰冷。她们被塞进小木屋里，屋里没有床铺，也没有床垫和毛毯。当芭贝特因为年老体弱而被安排到单独的木屋时，她们都感到很宽慰，因为祖母的木屋总算有个临时的床铺。

1941 年，居尔营地的被拘留者

38　　　第二天却没有什么好消息传来。那些小木屋被分割为许多个"小岛"（ilôts），每个小岛有25座营房，妇女和儿童又与男人和 14 岁以上的男孩分隔开来。他们都被带刺铁丝网包围着。汉娜、埃拉及其姐妹们被关押在 K 小岛 13 号木屋。瞭望塔和更多的带刺铁丝网包围着整个营地。从营地一端延伸到另一端的铁轨长达两千米。好几捆秸秆被分发到木屋里作为被褥，但数量有限的秸秆根本不够铺满整个床铺。汉娜及其家人在角落里扎了个小营帐。她们用纸堵住木板之间的缝隙，这样就没那么大的风了，即使如此，从比利牛斯山上吹来的寒风还是让衣衫单薄、饥肠辘辘的人们感到冰冷刺骨。尽管每间木屋里都有个炉子，但木屋里没有木柴，而且木屋里几乎一团漆黑，唯一的光源就是屋顶上两个瓦数很小的电灯泡，木屋两端的两扇门都紧闭着，以抵挡外面的寒风。她们的行李箱最终被运到营地，但里面的物品早已湿透，毕竟那些行李箱已经在大雨中搁了好几天。

居尔营地的沙质黏土地面排水不畅，而且周围也没有可供雨水排走的边坡。营地里到处都是又深又黏的烂泥，以至于如果没有靴子的话，根本不可能走出木屋，而且即使有靴子也永远都是湿漉漉的。每个小岛里只有五个水龙头，而且每天只有几个小时供水。对于病人、老人和小孩来说，要走路上厕所，就必须走过深达脚踝的烂泥，这是一趟痛苦的旅程，经常会让人摔倒。老人家甚至会摔骨折。

让汉娜永生难忘的是持续不断、永远得不到满足的饥饿感。营地里没有多少食物，只有人造咖啡、粗糠面包，还有用菜根熬成的寡水清汤。囚犯们手里拿着金属碗，就像真正的犯人那样排队取食。不久之后，随着来自巴登和巴拉丁的犹太人抵达此地，居尔营地的配给定量又减少了。囚犯们的体重持续下降，开始出现营养不良的症状：皮肤松弛、肌肉萎缩、全身颤抖。

寒冷还导致风湿。跳蚤让人们又抓又挠，人们的身上长满脓疮、湿疹和脓包。人们的牙齿开始脱落。这是软骨病的症状。一个从达豪集中营转来的囚犯甚至说，达豪集中营的伙食都比这里充足。营地里每周都有 50～60 人死去。

埃拉写信给她在美国的姐夫，在信中形容芭贝特"饱受折磨"，寒冷难熬，饥饿难耐。埃拉请求姐夫给她和汉娜寄来御寒的毛衣和长袜，她写道："我只能指望你的帮助，我相信你不会任由我们置身于这难以言说的不幸中……我们迫切需要在冻死饿死之前得到及时的帮助。纸张、牙膏、润肤露，什么东西都好，甚至鞋油都好。在这一生中，我从未想象过自己会身陷绝境，贫穷得如同乞丐。"埃拉请求姐夫把信转给她的兄长，因为她没有足够的钱购买两枚邮票。

居尔营地并非法国第一座拘留营，实际上有多达 20 座拘留营星罗棋布地设立于法国全境，绝大多数拘留营位于未被德军占领的法国南部，设置于闲置的兵营或废弃的厂房和牢房中。[3] 但居尔营地是所有拘留营中条件最恶劣的。随着时间的推移，每个月都有越来越多的人被押送到这里，失去国籍的德国人和奥地利人、共产党员、共济会员、吉卜赛人、犹太人，以及所有不受到维希政府"欢迎的人"，他们来自 59 个国家。德国艺术委员会做过一系列调查统计，寻访当年那些即将被送去监禁或处决的异见分子，估计当时大约有 32000 名未经审判的囚犯处于关押之中。还有人被陆续送来，因为新的搜捕行动和警察的突然袭击接踵而至，甚至由于更为严格的移民政策，还有越来越多的新移民失去法国公民身份的保护。在他们当中，许多人不会说法语。他们都感到惊恐和压抑；他们当中的年长者沉默寡言、木讷迟钝，深受不幸命运的伤害。像埃拉那样的人则是忙忙碌碌，打扫木屋，按照配给定量领取和分配面包，虽然这配给定量少得不近人情。汉娜的一个阿姨在卡尔斯鲁厄做过裁缝，她用衬裙和围裙给自己做了一身连衣裙。

贝尔塔病得更重了，她那缺乏治疗的糖尿病开始影响到她的视力；当室内有光的时候，埃拉就大声读书给她听。偶尔，姐妹们被允许去看她们的母亲，母亲还住在高龄老人的木屋里。有一天，汉娜在陪伴祖母的时候，老太太难得神志清醒，问汉娜这是在哪里。汉娜告诉她这是个营地，老太太就问为什么。汉娜说："因为……我们是犹太人。"让她感到震惊的是，每天早晨都有个男人推开木屋的大门，大声吼叫道："你们怎么样啦？"这个男人的到来意味着残酷的现实，他是来给夜晚死去的人收尸的，人们通常是在睡梦中冻死的。她无法忍受这种狠心无情的做法。整个晚上，她都会听到人们的呻吟和抽泣，还有雨点落在沥青屋顶上的声音。

每当有新的囚犯抵达，人们就会争先恐后地涌到带刺铁丝网旁边，去看看是否有亲人或朋友被送到此处。人们静静地伫立着，凝望着。一位女士在多年以后写道："我们已经失去了过往的一切。我们不再有家乡。我们走向未来的路上乌云密布。"

11月，拥有上校军衔、供职于日内瓦红十字国际委员会（ICRC）的瑞士医生亚历克斯·克莱默（Alex Cramer）终于被允许检查三处规模较大的营地，其中一处就是居尔营地。克莱默愤怒地向维希政府提交了一份报告。他在报告中写道，营房里没有桌椅板凳，营房里寒冷刺骨，老人们正在死去。老鼠到处乱窜，不仅偷吃粮食，而且咬伤孩童，伤口引发感染。营房里没有给婴儿准备的特殊食物，尽管营房里婴儿不多。简陋的医院里缺少药物、消毒剂、纱布和医疗设备。克莱默看见许多人衣不蔽体，而孩子们甚至没有鞋穿。用来分隔"小岛"的铁丝网占用了人们的活动空间，遇上晴天的日子，人们甚至要用铁丝网来晾晒衣服。克莱默总结道，居尔营地的恶劣状况"非常严重"；他建议营地应该被关闭，而关押在那里的人们要么应被转移到其他更合适的地方，要么干脆就地释放。克莱默写道："我们最近无能为力、目瞪口呆地见证了针对全部人口的野蛮驱逐行动，人们被迫向入侵者交出所有。"

尽管红十字国际委员会由于倡导《日内瓦公约》而声名鹊起，但其实际地位相当弱势。[4]由于在各国宣战时，新版公约中关于战时平民待遇的条款尚未得到表决通过，因此红十字国际委员会代表团的司法裁判权仅限于战俘营。对于平民百姓，他们无能为力。克莱默提议请求英国放行当时被暂扣在达喀尔和卡萨布兰卡的船只，并允许他们用这些船只运送犹太人到安全的地方，但问题是，谁会接收这些犹太人？维希政府会在多大程度上关注这份报告已经不得而知了，但就算维希政府关注这份报告又如何？贝当曾经多次视察营地，在其中一次视察中，贝当自己漫不经心地承认，囚犯的确"面黄肌瘦，面有菜色"，他也纳闷囚犯是怎么在"冬天和饥饿"中活下来的。

然而，的确有人注意到克莱默的言论。

通过乔装打扮，马德莱娜·巴罗（Madeleine Barot）假装成一位新教牧师的妻子，混进了居尔营地。[5]马德莱娜 31 岁，是西马德组织（Cimade）[①] 的秘书长，西马德组织绝大多数成员都是新教妇女，她们那一代人热衷于参与 20 世纪 30 年代的童子军活动和基督教青年活动，而西马德组织就是由苏珊·德·迪耶特里克（Suzanne de Dietrich）创办的，苏珊本人是神学家和卡尔·巴特（Karl Barth）著作的翻译家。西马德组织最初的使命是在阿尔萨斯－洛林被德国人占领之后帮助出逃的难民。马德莱娜当时是个留着褐色短发、丰满又年轻的女士；在她那看似平易近人的言行举止背后，隐藏着她坚忍不拔的真性情和坚定不移的正义感。她曾经在罗马的法国学校担任档案保管员，但随着 1940 年 5 月意大利对法国宣战，她不得不返回巴黎并加入西马德组织，又迅速接任西马德组织的秘书长，而维奥莱特·慕雄（Violette Mouchon）则晋升为西马德组织的主席。马德莱娜出生于阿尔萨斯，她的思想根源则在于母亲强烈的女性主义，而且她相当同情生活在边境省份的德国犹太人，他们被残酷无情地逐出家园。还在巴黎念书的时候，她就已经研究过"贫民窟"（bidonvilles），就是环绕在首都周围的贫民区，而且她深受卡尔·巴特神学思想的影响。卡尔·巴特认为，如果一个人完全服从耶稣基督，就应该用生命去验证，并与人分享这种体验。在居尔营地，她找到了可以投身的事业。

　　在出其不意地跟看守混熟并进入营地之后，马德莱娜得知营地里的值班军官刚刚接到通报，说营地里的一个新生婴儿夭折了。那名军官是个体面正派的人，他不无遗憾地向马德莱娜

---

① Cimade 的全称为"帮助离散者联合会"，是一个成立于 1939 年的非政府组织，成立主旨是帮助及支持因战争而流离失所的人。时至今日仍为法国的无证移民提供服务。——编注

表示，营地里既缺少婴儿服装，也缺少护士。马德莱娜表示，这两件事情她都可以设法帮忙。马德莱娜在营地附近的纳瓦勒村（Navarreux）有个潜伏据点，她招募到来自波城（Pau）的护士让娜·梅尔·多比涅（Jeanne Merle d'Aubigné），此前让娜一直在家照顾弥留的母亲。让娜长得又高又壮，她的朋友说她就像北欧神话的女武神瓦尔基里（Valkyrie）。数日之后，让娜向马德莱娜求救，而且是近乎绝望地求救：居尔营地里有超过16000人，而且许多人都生病了。马德莱娜意识到，只是去营地探访根本不够：你必须亲自潜伏到营地里，并在那里生活下去。有那么一两次，马德莱娜开始往营地里派遣其他年轻护士和社工。一间小木屋被她们改造成指挥部。尽管并非取得正式许可，但居尔营地实际上已被打开缺口。其他行动也就可以顺利跟进了。

　　其中一个行动就是让儿童救援组织的成员潜伏进去，这是马德莱娜·德雷福斯和安德烈·舒拉基所属的组织，这个组织曾经帮助西蒙·利弗朗和雅克·斯图马舍逃离巴黎。[6]儿童救援组织比西马德组织还要古老。儿童救援组织于第一次世界大战爆发前夕创立于俄国，以改善贫苦犹太人的健康状况为宗旨，后来组织转移到罗马尼亚、波兰和拉脱维亚。1932 年，儿童救援组织把总部迁到巴黎；组织的主席是阿尔贝特·施魏策尔（Albert Schweitzer），而其中一位赞助人是罗贝尔·德·罗斯柴尔德男爵（Baron Robert de Rothschild）。希特勒上台后，逃离纳粹统治的德国和奥地利家庭遍布法国，儿童救援组织就建立了儿童之家。儿童救援组织从来不敢确信马其诺防线坚不可摧，因此早就开始南下，把所有孩子转移到蒙彼利埃和里昂。而在法国南部，儿童救援组织雇用了许多因为犹太身份法而失去工作的犹太医生，并在难民当中建立了医疗项目和社会工作项目。

马德莱娜·德雷福斯

正是在里昂，马德莱娜·德雷福斯设立了自己的办公室。43
她是个不知疲倦、认真勤奋的妇女和天生的组织者。她原本名叫马德莱娜·卡恩（Madeleine Kahn），生于 1909 年，曾经在一家进出口公司担任双语秘书，直到她认识并结交超现实主义者让·谷克多（Jean Cocteau）和安德烈·布勒东（André Brcton）。通过他们，马德莱娜了解到阿尔弗雷德·阿德勒的作品，并开始钻研心理学。1933 年，马德莱娜嫁给雷蒙·德雷福斯（Raymond Dreyfus），并先后生下两个儿子——生于 1934 年的米歇尔（Michel）和生于 1937 年的雅克（Jacques），此后一家人迁居里昂，而马德莱娜进入儿童救援组织担任心理学家。两个马德莱娜，即新教徒马德莱娜·巴罗和犹太人马德莱娜·

德雷福斯，当时都住在里昂，都在这个故事里扮演着关键角色。

居尔营地已被福利组织打开缺口，马德莱娜·巴罗派遣年轻的法国社工吕特·朗贝尔（Ruth Lambert）加入团队。她们慢慢向前推进，年轻女士们开始被组织起来了。出乎意料的是，由于营地的管理相当随意、毫无章法，甚至连谁在营地当值都混乱不堪，这让她们难以向营地内部渗透。最早被派来运作营地的是陆军军官，而营地看守则通常是法国沦陷后的退役警察和退役士兵；只要查过他们没有酗酒、没有犯罪记录、没有敌视维希政府，他们就会被授予无法无天的权力。有些看守残忍粗暴，许多看守相当反犹。

营地里的囚犯需要各种各样的物资和服务：食物、药物、毛毯、热水、书籍、宗教服务和消遣娱乐。唐纳德·劳里（Donald Lowrie）是为基督教青年会（YMCA）工作的美国人，他逐渐得知拘留营里的状况。[7]他曾经在20世纪30年代于法国参与创建俄国学生基督教运动，能够说流利的法语；他与维希政府也多有接触。由于美国尚未参战，美国人仍然能够自由往来于各国之间，而劳里也取得了携带书籍和乐器进入居尔营地的许可。显而易见的是，马德莱娜·巴罗和马德莱娜·德雷福斯都意识到，需要建立某种委员会以协调营地里的救济事宜。劳里则把这个想法转呈给维希政府的内政部部长。

1940年11月5日，25个福利组织，包括犹太人的、新教徒的、贵格会的以及世俗人士的，在图卢兹开会以决定救济策略。这将会是一次"广泛包容、齐心协力的基督徒和犹太人的合作"。然而，从一开始，人们对营地状况的看法就不尽相同，有些组织比其他组织更加犹豫不决，他们所顾虑的是与维希政府交涉时应该采取何种态度。当来自美国福利委员会的丹尼尔·贝内迪克特（Daniel Bénédite）提出集中营里的状况简直可以被称为维希政府的政治丑闻时，现场却惴惴不安、鸦雀无声。尽管与维希政府合作仍然被绝大多数组织视为推进救济工作的唯一途径，但合作的共同动机未必能够引出共同行动。外国人社会服务团（Service Social des Etrangers）是由贝当创立的，这个机构的负责人吉尔贝·勒沙热（Gilbert Lesage）也出席了第一次会议；但好几个组织的代表并不信任他，这种不信任在所难免，人们怀疑他往营地里安插奸细。

在一个基本问题上，代表们终于达成一致：营地里迫切需要大家提供物资援助，必须建立一个委员会来组织援助。由于法国人自己也在挨饿，而且配给定量还在不断减少，而盟国的封锁也让所有可能被敌人用于战争的物资无法进入法国，因此问题就是去哪里寻找补给品。一份最近披露的、由这个委员会起草的报告显示，当马赛居民的配给定量降低到平均每天1700卡路里热量时，囚犯只能得到832卡路里热量的食物。基督教青年会接受了组织协调的任务，而劳里出任协调总负责人。位于尼姆城内的、旧名字被赋予新内涵的统帅旅馆（Hôtel Imperator）被选定为最为便利的举行每月例会的地点。美国犹太人联合分配委员会（American Jewish Joint Distribution Committee，JDC，简称犹太人联合会）主要由身处美国的自由犹太人组成，他们好几年来都在支持法国的犹太福利组织，其中就包括儿童救援组织。犹太人联合会着手筹措资金，向拘留营集中输送，部分资金来自法籍犹太人的法郎借款，并承诺在战争结束后债券将可赎回。其他资金来自瑞士，属于偷运过境的秘密资金。

当时外国组织希望进入营地的请求被维希政府拒绝，因为维希政府可不希望营地的肮脏内幕被公之于世，因此当马德莱娜·巴罗成功潜入拘留营的消息传到日内瓦时，来自瑞士各慈善团体的代表干脆就地转换身份，变成西马德组织的普通员工。在日内瓦，一个负责筹集资金和收集信息的委员会在世界基督教会联合会（World Council of Churches）内成立，在一个被称为弗罗伊登贝格博士（Dr Freudenberg）的德国流亡者的领导下开展工作。一位"列文小姐"（Miss Lieven）来到营地，用西姆卡汽车运来了贵格会捐赠的补给品；这位"列文小姐"实际上是瑞典王国的贝纳多特公主（Princess Bernadotte）。

45　　　一个"儿童与老人委员会"也得以成立，负责分发水果、橄榄、果酱、谷物、大米、奶制品，甚至偶尔还会分发巧克力。委员会制定了一份轮值表，在特定的周次为严重营养不良的人们提供额外的食物。由于分发食物的地点到孩子们的木屋还有段距离，你会看见小家伙们在烂泥地里艰难跋涉，他们把毛毯披在肩膀上，手上拿着空罐头，这些空罐头就是他们的餐盘了。瑞士救援组织还在营地里开垦了一个菜园子，但由于老鼠总是窜进菜园子，因此什么收成都没有。周围乡村的人们纷纷"认养"那些最需要救助的囚犯，给他们提供食物和衣物。贵格会收集到一些毛线，可以让女囚犯编织衣物。儿童救援组织设法在营地里安装了一些淋浴设备。人们还在营地里挖掘土地来设置一个排水系统，营房也被消毒和粉刷过。人们筹款购买了一些自行车和一台钢琴。基督教青年会寄来了足球、国际象棋和乒乓球。西马德组织还开办了"文化营房"，音乐家能够在此表演，人们能够在此借书。不久之后，每天早上，"文化营房"前面就站满了前来排队借书的人。克莱默博士后来回访居尔营地，评论道："许多囚犯在这里找到了继续活着并怀抱希望的理由。"

人们或多或少能够发现，来自西马德组织和儿童救援组织的年轻女士总是意志坚定、乐观向上，她们成为蔑视当局权威的反抗者，敢于反抗，而且经常与看守发生争执；她们自视为"平民抵抗运动"的成员。[8]她们讽刺维希政府派到营地来的寥寥可数的护士，"就像洋娃娃，总是精心打扮，涂着红得发亮的指甲油"。反过来，当局也总是抱怨年轻女士们对当局不够尊重。

对于年轻人来说，居尔营地的生活了无生气、让人迷惘。许多为人父母者似乎已经失去照顾孩子的兴趣，成年人要么愤世嫉俗，要么意志消沉，整天窝在肮脏不堪的秸秆堆里，关在不见天日的小黑屋里。年轻人看到父母如此消沉、如此害怕、如此无助，都感到不知所措。汉娜身体强健，正值 16 岁，她希望能够找些寄托。早在 14 岁那年，她就因纳粹制定的法律而被赶出卡尔斯鲁厄的学校，所以渴望能接受教育。她总是出现在儿童救援组织的文化小木屋里，还自愿到营地办公室帮忙。她在办公室打杂和送信，当然只送合法信件；那些秘密信件是由让娜和马德莱娜收发的，她们身穿宽松的衣服，衣服里面有宽大的口袋。

正是在办公室里，汉娜遇到了马克斯·利布曼（Max Liebmann），马克斯是个用功好学的小伙子，19 岁，来自曼海姆（Mannheim），他也是从巴登被押送犹太人的火车运到居尔营地的，与他同行的还有母亲和阿姨让娜（Jeanne）。火车途经里昂的时候，一头雾水的法国警察还试图搞清楚，这批人数众多、不请自来的德国犹太人到底是怎么回事，马克斯当时就充当翻译：马克斯的祖母是法国公民，因此马克斯的法语和德语

46

都说得很流利。马克斯的父亲曾经是个纺织品印花工人，他早就逃到了尼斯，并逃脱了抓捕。

马克斯曾经是个音乐家，就像母亲和祖母那样，她们都是乐团钢琴师。在被驱逐之前，他一直拉大提琴，师从于一个勇敢的非犹太人，尽管当时的法令已严厉禁止这种师承关系。马克斯也在营地办公室找到了工作，他发现这份工作能方便他去看望母亲，因为母亲被关在一座妇女木屋里。马克斯的职责之一是记录死者名单。每当出现空缺的配额，汉娜和马克斯就能相互配合，冒领死者的糕点、牛奶和奶酪。通过汉娜和马克斯，双方的母亲也成了朋友。由于唐纳德·劳里运来了乐器，人们甚至能够进行四重奏，在 1940 年冬天，人们就在演奏贝多芬的小提琴奏鸣曲中度过。营地里的一个囚犯是钢琴家汉斯·艾贝克（Hans Ebbecke），他曾经是斯特拉斯堡大教堂的管风琴演奏者。汉斯是基督徒，但当他的犹太妻子身陷囹圄时，他坚决拒绝与妻子分开。

1 月 6 日，埃拉再次写信给她在美国的兄长。这封信被审查官画了很多道黑线。埃拉写道："汉娜总是很饿……如果可能的话，能寄些外衣、内衣、围裙、长袜子过来吗？我需要一件紧身衣，还有肥皂和洗衣粉……我为我们目前的处境感到非常沮丧，尤其当我意识到我们现在一贫如洗、凄惨悲痛。"当时人们有机会取得移民签证，但是埃拉担心谁能支付船票的费用。"现在，我要写这封信最伤感的部分。我们最亲爱的老母亲身体虚弱、躯体蜷缩，已经非常衰弱。我们也不知道她到底得了什么病，只是眼睁睁地看着她的身体每况愈下，承受着巨大的痛苦，却完全没有缓解病痛的可能。"埃拉提到，她每天都能去看望芭贝特，只能凭借身边所剩无几的财物，去交换一些酒水和鸡蛋。"一切都是难以言说的伤痛，我已经无法用言语来形容了。"

1940 年至 1941 年那个漫长而寒冷的冬季可谓绝无仅有。冬天的雨下个不停。营地里的空气中永远弥漫着湿漉漉的烂泥和尿液的气味。新年伊始，芭贝特就去世了。当时她得了肺炎，无法进食，慢慢饿死。附近一块土地被划拨为墓地，她就葬在那里，埃拉及其姐妹们和汉娜在坟墓边看着她下葬。葬礼之前的那个晚上，雨下得特别大，以至于棺木被放进墓穴之后，汉娜惊恐地看着棺木又缓缓地浮了起来。不久之后，由于无法得到治疗，贝尔塔的糖尿病愈发严重，终于致命。她就葬在母亲身旁。墓地位于营地旁边一处平缓的山坡上，能够看到白雪覆盖的比利牛斯山，墓地很快就被挤满了。从汉娜抵达此地五个月以来，营地里已经死了 645 个人。

埃拉仍然希望自己和汉娜能够得到签证，她迫切地恳求兄长"不要抛弃我们，而要帮助我们脱离惨境"。

1952 年，居尔营地的墓地

***

48　　整个冬季，强劲的东风整日不息地吹过营地，从比利牛斯山上带来雪花。在营房的屋顶上，沥青被大风吹裂，更多雨水因此漏进营房内。由于不能离开营房，而营房里又总是很潮湿，囚犯们只能紧紧地倚靠在一起；她们的脸被冻得通红，只能不停用手摩擦，她们的手脚被冻得发紫，手脚上都覆盖着冻疮。许多人只有棉花毯子。一位来访者记录道："早上也冷，晚上也冷，除非春天到来，天气放晴，否则根本没有取暖的希望。"坏血病、眼疾、腹泻、伤寒和肺结核在营地里蔓延。医生估计囚犯只能得到身体所需热量的三分之二，以及非常少却性命攸关的维生素。当晚上8点关灯以后，让娜·梅尔·多比涅晚上巡视小木屋的时候，能够看见蹲在墙边的人们眼睛里散发出寒光，就像猫的眼睛那样。

对于那些有钱的人来说，营地里有个贩卖食物的黑市，绝大多数黑市贩子都是滞留在法国的西班牙共和派。营地居民的确愿意也确实会吃任何东西，包括猫、狗、老鼠，以及通常用来喂猪的烂菜叶。当配给定量进一步削减的时候，让娜发疯似的到营地周围的农场寻找食物。当地一位本堂神父告诉让娜，他已经没有任何东西可以给她了。让娜说："最起码你还有名望。"之后那个星期天，那位本堂神父告诉自己的教区居民，居尔营地里的人们正在挨饿。教堂里的会众为营地收集了一些食物。儿童救援组织的女孩则被派遣到戛纳和尼斯，向下榻在各个大酒店的富裕游客请求捐款。

尽管严重营养不良的人们能够得到特别配额，包括热巧克力、土豆、甜菜根，甚至有时候会有贵格会送来的少量肉类、儿童救援组织送来的大枣、新教徒送来的鸡蛋、瑞士人送来的麦片和果酱，但这似乎都不足以阻止人们的体重每天下降，虽然有些孩子看上去已经没那么面黄肌瘦、可怜兮兮了。在成年人中间，女性比男性活得更久，但让所有人感到意外的是，一个看上去还算健康的男性或者女性也会突然倒地身亡。由于害怕外国报纸会进行负面报道，维希政府任命前省长安德烈·让－富尔（André Jean-Faure）为营地巡视官，负责巡视法国北部德军占领区内的 26 处营地，以及法国南部维希政权统治区内的 15 处营地。巡视官来查访居尔营地，大受震撼后离开。他在报告中写道，营地的状况令人震惊、骇人听闻。这恶劣的状况"严重损害了法国的荣誉"。（但是他也不无自满地评论道，尽管营地里的确非常寒冷，但在法国其他地方也同样非常寒冷。他自己就在家里得了流行感冒，家里的温度可以低到零度。）当务之急是，为了拯救生命，人们有必要离开居尔营地。

　　移民国外是显而易见的解决办法。外籍犹太人已对法国丧失信心，他们早就渴望离开法国，想要前往美国或者巴勒斯坦，但只要能够离开德军占领的欧洲就足够了。在原则上，维希政府也乐于看见他们离开，但一方面其他国家都非常不愿意接纳犹太难民，另一方面，过于复杂的行政程序让法兰西第三共和国遗留的官僚机构就像个笑话，这也意味着移民国外变得越来越不可能。

　　英国人唯恐疏远阿拉伯人，干脆禁止人们入境巴勒斯坦。犹太人的移民组织 HICEM① 尝试通过各种漏洞，拟定候选目的

①　HICEM 由三个犹太移民组织合并而成：HIAS（希伯来移民救助协会，总部位于纽约）、ICA（犹太定居协会，总部位于巴黎，在伦敦注册为慈善协会）和 Emigdirect（总部位于柏林的移民组织）。——编注

49

地名单，帮助人们向马赛的外国领事馆递交申请，向人们提供体面的衣服，让人们在签证面试的时候不至于穿得像个乞丐。每个希望离开法国的人都必须获得一张某个国家的入境签证、一张途经西班牙或葡萄牙的过境签证、一张离开法国的出境签证、一张由警察部门签发的道德良好证明、一张以美元支付的票据。如果要坐船离开法国，你需要向罗讷河口省（Bouches-du-Rhône）政府申请指定的船舱座位；如果要前往上海，你需要向位于克莱蒙-费朗（Clermont-Ferrand）的殖民部申请旅行许可证。在每一个步骤都会遇到官僚推诿拖延。罗讷河口省省长尽了最大努力，让尽可能多的移民从马赛离境，但与此同时，各处营地却都在拖后腿，他们把人们运到雷米勒，因为那里是唯一被允许办理离境手续的营地。由于这许许多多的宣誓书、签证、通行证、文件都只有很短的有效期，当最后一份文件出具的时候，第一份文件往往已经失效。而且，规章制度每天都在变。

尽管如此，至少在很长一段时间里，HICEM 还是满怀希望。该组织的领导人访问居尔营地，提到"移民国外的无限可能"。当这种可能性日渐减少之后，汉娜的两位阿姨设法进入古巴签证轮候名单，希望不久之后能够获得古巴签证。

1940 年夏天，"紧急救援委员会"（Emergency Rescue Committee）在纽约成立，以帮助身陷法国沦陷区的知名政治人物。在埃莉诺·罗斯福（Eleanor Roosevelt）的亲自过问下，2000 份"避险签证"得以发放。筹款拍卖活动"谁能为拯救马克·夏加尔（Marc Chagall）资助 500 美元？"同时举行。在筹集到数额相当可观的款项之后，《外交事务》（Foreign Affairs）杂志的年轻记者瓦里安·费里（Varian Fry）就被派往马赛，他看上去有点书生气，但天生大胆，又富于想象力，他此行还带着 200 人的名单。名单上绝大多数是德国人，包括马克斯·恩斯特（Max Ernst）、海因里希·曼（Heinrich Mann）和戈洛·曼（Golo Mann）。名单上没有共产党员，他们不受美国人欢迎，正如他们不受法国人欢迎那样。在马赛，费里被潮水般涌来的避难请求淹没。尽管他成功鼓舞了那些毫无疑问会被维希政府或者盖世太保逮捕的人，但并非每个人都能顺利脱身。在法国与西班牙边境的波特博（Portbou），哲学家瓦尔特·本雅明（Walter Benjamin）随身携带新近写就的手稿，好不容易翻过了比利牛斯山脉，却被警察截住，因为没有法国出境签证，他将被遣返法国。他干脆愤而自杀。不久之前，他还写道："通往外部世界的冒险，就像狼群偶尔出现。"

埃莉诺·罗斯福还运用其影响力，为有亲戚在美国，而且亲戚有能力支付水涨船高的旅费的孩子发放签证。1939 年，从欧洲乘船到纽约的费用是 80 美元，此时已经上涨到 500 美元。HICEM、犹太人联合会及儿童救援组织能够额外承担 311 个儿童签证，以帮助那些在美国没有亲戚的儿童。但无论是儿童救助还是成人救助，计划的进展都缓慢得让人苦恼。及至 1941 年 5 月底，儿童救援组织在与官僚机构打了无数次交道之后，第一批 60 名儿童终于能够在马赛集合。营地给孩子的母亲放假三天，让母亲可以目送孩子离去，条件是三天后她们必须返回营地。后来，第二批儿童就从西班牙加的斯（Cadiz）出发了。让离别过程更加令人心碎的是，对于年纪更小的孩子来说，由于在出发前要在营地以外生活一段时间，当孩子们与母亲正式告别时，可能已经不再认得母亲的模样了。孩子们最熟悉的语言已变成法语，而孩提时代使用过的意第绪语早已被遗忘。孩子

51

们甚至无法跟父母对话。在孩子们离开之后，母亲们只能信守承诺。她们都回到营地，最终无人幸存。

被关押在营地里的5000个孩子中的三个

此时拘留营已经关押了大约47000人，其中有40000名犹太人。要不是维希政府决定把15岁至60岁的男人编入义务劳动营，即外国人劳动营（Groupements de Travailleurs Etrangers），拘留营里可能还会更加拥挤，但他们在外国人劳动营里饱受虐待，条件并不比居尔营地好多少，无非是少了铁丝网环绕而已。外国人劳动营也有几个由慈善组织运营的计划，所有囚犯都被纳入计划，囚犯们"可以休假，但不能被释放"，享有自由，但只能居住于"指定居留地"，不能离开居留地五千米范围之外。这些计划很可能会变成死亡陷阱，但在当时无人察觉。其中一个计划是在尼姆委员会（Nîmes Committee）的赞助下运营的，这个计划面向20岁至45岁的男性和女性，他们能够"重归正常生活"并找到工作。他们的薪资将由亲戚支付，而那些

52

更为富有的人也将支持一无所有的人。按照新的"接待中心指引"（Direction des Centres d'Accueil），50 岁至 60 岁的人将会入住接待中心；其他人将会进入外国人社会服务团，以及参加犹太童子军运动。本来还可能会设立更多的计划，但毕竟预算有限。犹太人联合会为此支付了许多钱，他们估计有 1000 名犹太人将会从营地里被释放出来，而这将会花费掉他们四成的年度预算。

当然，也有逃离营地的可能。离开居尔营地并非不可能，某些看守越来越反感他们被迫服从的体制，因此能够对逃亡者视而不见。可是问题在于，一旦挣脱牢笼，如何生存下来？如果你没有证件、没有钱，还不会说法语，那你接下来该怎么办？

及至 1941 年初，营地里有大约 5000 名年龄小于 15 岁的孩子，其中有三分之一都是来自德国、奥地利、波兰以及波罗的海国家的犹太人。而在成年人当中，还有少数吉卜赛人，以及少数西班牙共和派。绝大多数人都饱受极端寒冷的折磨，大雪已经连续下了好几周；即使在马赛，2 月的气温也停留在零度以下。要让人们摆脱痛苦的日常生活、到处弥漫的粪尿恶臭、对未来的强烈恐惧，似乎只能寄希望于课堂。汉娜·茨威格（Hannah Zweig）是作家斯蒂分·茨威格（Stefan Zweig）的亲戚，她为此做出不懈努力，甚至开办了一个剧社。据说维希政府会向营地指派 80 位老师，但最终来报到的只有四位老师。

由于害怕泥泞、跳蚤、绝望对孩子们的影响，尼姆委员会向维希政府提出建议，政府如果不愿意释放所有人并关闭居尔营地，那么至少应该考虑释放孩子们，并在福利组织的赞助下把孩子们安置到能够接受适当照顾的地方，同时继续在警察部门登记。当时还没有谈及隐藏那些孩子，因为至少在当时，那些孩子似乎还是安全的，不至于落入纳粹手中。在尼姆委员会内部，并非所有委员对此表示同意，有委员认为还不如把资金和时间用于改善营地里的状况；在居尔营地，仅仅在 1941 年，就有超过 1000 人死去。

53　　儿童救援组织成为计划的主要合作方，计划的设计者是阿尔萨斯医生约瑟夫·韦尔（Joseph Weill）和安德蕾·萨洛蒙（Andrée Salomon）。31 岁的安德蕾女士曾经协助组织法国的犹太童子军运动，建立了法国以色列人少年团（Eclaireurs Israélites de France）。安德蕾看上去有点像吉卜赛人，留着凌乱的黑色长发，眼眶很深，眼睛里闪着桀骜不驯的光芒。与她打过交道的绝大多数人都会喜欢她。她其实是阿尔萨斯一个犹太屠夫的女儿，会说三种语言，即法语、德语以及意第绪语。她沉着冷静，总是面带微笑，个性坚强，意志坚定。她永不放弃，言出必行，从不哭泣。儿童救援组织已经照顾了 752 名犹太儿童，其中许多是孤儿，他们的父母在驱逐行动中被逐出家园，至今不知所踪。此时安德蕾挺身而出，走遍非占领区的各个省份，说服各位省长接纳更多的孩子，这些孩子由儿童救援组织进行监督，可以被安置在任何学校、女修道院，或者愿意收养孩子的家庭。儿童救援组织的年轻女士们组成团队，追随她的步伐，骑着自行车到处为孩子们寻找庇护所。犹太人联合会承诺提供资金。

在营地，即在全法国尽人皆知的"屈辱营地"内部，父母被迫与孩子分离。营地里的西班牙共和派家庭坚决拒绝让孩子们离开；但正如安德蕾所说，犹太人"怀着伟大的尊严和悲悯"接受了这一安排。

　　1941 年夏天，埃拉仍然希望自己和汉娜能够前往美国，至少能够前往瑞士，她在瑞士还有另一个姐妹和一个表亲。一个叔父曾经逃出达豪集中营，并于 1939 年移居瑞士，他已通过亲戚朋友筹集到足够的资金，可以为她们办理各种许可证以及出境文件；日子每天都在流逝，她们却没能等来允许成行的消息。埃拉始终很担心汉娜，尤其害怕营地里到处流行的结核病，毕竟埃拉的丈夫就是死于结核病，她马上同意儿童救援组织的建议，让汉娜成为第一批离开居尔营地的孩子之一。汉娜对此表示抗议，她害怕母亲孤身一人，毕竟阿姨们可能会去古巴。但埃拉已经下定决心。当一个卑鄙无耻、搬弄是非的邻居说汉娜可能怀孕的时候，埃拉怒不可遏，因为她深知，女儿的腹部之 54 所以肿胀起来，完全是由于营养不良。马克斯与汉娜早已变得密不可分，汉娜发现自己不可能把马克斯留在居尔营地。但他们都认定，战争不可能持续太久，他们很快就能够重逢。

战前的汉娜·希尔施和马克斯·利布曼

　　1941 年 9 月 1 日，汉娜与其他六个十几岁的年轻人离开居尔营地。就像三个巴黎男孩——西蒙·利弗朗、雅克·利弗朗和雅克·斯图马舍那样，这七个年轻人只知道躲藏在山区里面可以确保安全。在图卢兹，一行人在老犹太区一家犹太餐厅停下吃午饭，这是汉娜将近一年以来吃过的第一顿正餐。日后回想，她可能会感到失望，因为那顿饭只有胡萝卜，但比起居尔营地的食物，那顿饭已经好太多了。七个年轻人都告别了留在营地的母亲。汉娜离开埃拉同样是痛不欲生。

里韦萨特（Rivesaltes）营地大约在居尔营地以东 400 千米处，是个舒适的地方，最起码起初还算舒适。里韦萨特营地原本建在一处废弃的葡萄园里，那是一片位于纳博讷与佩皮尼昂之间的平原，曾经作为西班牙共和派难民的拘留中心，直到 1939 年向法国的"不受欢迎者"打开大门。那里原本没有带刺铁丝网，也没有瞭望塔；远处的卡尼古峰就像日本富士山。这里的小屋是用水泥建造的，带有砖砌屋顶，两端各有一扇门；屋子里有几扇小窗，能够透进一点光线。在天气晴朗的日子里，你还能看见大海在西边泛起蓝蓝的波光。

55　　等到另一个犹太男孩吕迪·阿佩尔（Rudy Appel）于 1941 年冬天抵达里韦萨特的时候，这里已经发生很大变化了。[9]小屋已经延伸到举目可见的地方，覆盖了这片遍布沙砾、砍光树木的平原，地面上则是夹杂着碎石的红土，营地里吹着强劲的风。夏天很热，到处弥漫着尘土的味道；冬天很冷，寒风刺骨。里韦萨特有 20000 名囚犯，其中有 5000 人年龄小于 15 岁。仿照其他营地的模式，此时的里韦萨特也被划分为许多"小岛"，小屋被带刺铁丝网分隔开来，带刺铁丝网两边都聚集着面黄肌瘦的男人和女人，他们的肌肉已经严重萎缩，以至于瘦骨嶙峋。到了夜晚，探照灯那鬼魅般的黄色强光扫遍营地。让人窒息的恶臭从公共厕所散发开来，营地里最近一次肠胃炎大流行已经夺去了 24 名新生婴儿的性命。当作被褥使用的秸秆已经六个月没有更换过了；秸秆堆早已被压平，而且上面布满跳蚤。毛毯挂在天花板上，让家庭之间还能有一点隐私。据营地的探访者亲眼所见，小孩子没有鞋穿，他们在小屋之间游来荡去，脚上只包了一层破棉布。这让探访者想起过去的贫民窟。

吕迪是曼海姆一位杰出法官的幼子。在 1938 年 11 月的"水晶之夜"，他的家被捣毁，父亲被抓走，当时他才 13 岁，与西蒙同岁。纳粹党徒砸毁了所有家具，偷走了他母亲的首饰，并把他家的藏书扔到大街上，与其他犹太书籍一起焚毁；身为法官的父亲被送进达豪集中营。然而，有那么一段日子，这一家人还感到庆幸。由于好友的帮助，再加上运气和金钱的作用，身为法官的父亲被营救出来，并与吕迪的兄长去了美国费城。在吕迪由于犹太人身份而被迫离开学校之后，母亲找了一个摆渡人，让对方把吕迪带到荷兰。在离开曼海姆之前，母亲教吕迪如何缝扣子，并告诉吕迪，在接下来的日子里，他要学会照顾自己。母亲自己留在了曼海姆。

吕迪最初在德里贝亨（Driebergen）上学，学业成绩很好，毕竟他在曼海姆就总是名列前茅，后来被送去鹿特丹的高级中学，晚上就跟其他荷兰孩子生活在孤儿院里。他并未感到伤心，而且觉得很安全，但他对无法控制自己的生活感到不安，其他人似乎总是在为他做决定。母亲设法离开德国去了比利时，却无法找到安全的途径前往荷兰。母亲每两周写信给他，在信中给他安慰，给他行为举止上的建议，她还会寄来回邮信封，上面贴好了邮票，这样他就能给母亲回信了。

盟军轰炸鹿特丹港时，吕迪正好就在鹿特丹。他躲在学校的地下室里，听到外面的爆炸声，闻到机器燃烧的刺鼻味道。

56

不久之后，他就收到母亲的消息，让他到比利时去找她。他已经有两年没有见到母亲了。父亲也传来消息，母子俩应该取道马赛，尽可能乘船前往美国，另一名摆渡人首先带他们前往法国。第一段旅程没有遇到麻烦。但在利摩日（Limoges）附近，当他们要穿越封锁线、前往法国非占领区的时候，被一名同行的比利时老妇人拖了后腿，然后被维希政府的警察拦截下来。吕迪和母亲被送到里韦萨特。母子俩住在不同的"小岛"，只能隔着带刺铁丝网说话。

1940 年，吕迪·阿佩尔

里韦萨特营地刚好进入环境最恶劣的阶段：老鼠、跳蚤、瘟疫、饥饿，以及所有由饥荒造成的症状。他们抵达之后不久，在一个寒冷的冬日，上级下令进行彻底消毒。弗里德尔·赖特尔（Friedel Reiter）是年轻的瑞士护士，他在战争结束后写道：

"人们瘦骨嶙峋，就像被松弛和皱褶的皮肤覆盖着的骷髅，他们跌跌撞撞地走在冰冷的阳光下，颤颤巍巍，几乎无法行走。"

后来人们说道，在里韦萨特，最糟糕的事情莫过于很小的孩子与父母分离。当他们来到这个肮脏野蛮的地方，倾向于撕咬任何靠近他们的人。他们似乎失去了欢笑或玩耍的能力，只会整天涕泗横流。他们挺着气球一样肿胀的肚子，而且承受着眼部感染的折磨。那些足够强壮的孩子组成愤怒的、叛逆的团体。有一个波兰小女孩，她的父亲不知所踪，她的母亲据信已经发疯，一位贵格会访问者形容她长得非常讨人喜欢，因为她有蓝色的眼睛和棕色的卷发。但她的情绪总是摇摆在"风平浪静"和"狂风暴雨"之间，她总是毫无理由地到处搞破坏。瑞士救援组织得到当局许可，可以把最小的孩子转移到佩皮尼昂附近一座废弃城堡里的托儿所。营地工作人员玛丽·埃尔姆斯（Mary Elms）突破禁令，把稍大一些的孩子也藏在她的汽车里偷运出去。每天都有德国母亲来跟她说："带走我的孩子。"[10]

HICEM 和儿童救援组织继续尽其所能为人们办理移民手续，当吕迪及其母亲收到消息，说身为法官的父亲为母子俩办理的占巴签证有所进展时，吕迪就被转移到雷米勒，那是位于马赛附近的拘留营，当时作为移民候选人的转运中心。雷米勒在战争爆发前是个制砖工厂。当吕迪抵达雷米勒的时候，当地却下达了招募工人前往德国的命令。在庭院里宣读移民候选名单时，吕迪意识到尽管他的姓氏首字母是"A"，他的名字却被漏掉了。然后他还发现，一个上次世界大战的失明老兵也被漏掉了。许多年后，吕迪说："仿佛有人在我的肩膀上拍了一下。"他灵光一闪，马上溜过庭院，混进那些被念到名字的人中间。这是正确的做法。尽管他当时对此一无所知，但这一念之间的举动救了他的命。

不久之后，吕迪回到里韦萨特营地：签证没有发放下来，而且很有可能不会发放下来了。吕迪的母亲已经离开营地，被一位来自曼海姆的医生送到佩皮尼昂附近一家监狱医院，那位医生也是囚犯，医生告诉当局，吕迪的母亲病得很重。儿童救援组织和瑞士救援组织尽可能让孩子们离开营地。吕迪已经年满 17 岁，但看上去更年幼，他是个严肃木讷的男孩，身高不太突出，外表引人注目，留着浓密的深色头发。弗里德尔·赖特尔设法把他证件上的年龄改为 15 岁。吕迪因此成为青少年，就跟汉娜一样，能够离开拘留营，前往安全的山区。780 个孩子就此被救出营地。

然而，他们能够去哪里，他们摆脱了什么，当时仍然未知。

第三章　驱逐狂潮

1942 年夏天，法国发生了某些翻天覆地的变化。对于法国境内非占领区的外籍犹太人来说，他们将会像动物那样被抓捕，成为欧洲范围内绝无仅有的、被转交到德国人手中的外籍犹太人，毕竟在法国，德国人才是太上皇，类似的例子只有保加利亚。对于犹太孩子来说，面对艾希曼那帮穷凶极恶的手下，他们就连名义上的安全保护都没有了。对于法籍犹太人来说，在经历过长达两年的自欺欺人之后，他们终于开始察觉到，原本针对外籍犹太人的种种限制措施将会施加到他们身上了，尽管还未开始以搜捕外籍犹太人的凶狠力度来搜捕他们。最终，对于人数众多的普通法国男人和女人来说，他们将会从昏昏欲睡、扬扬得意的状况中被惊醒，他们将会震惊于自己国家内部发生的事情，然后宁愿自己没有置身其中。

6 月 27 日，一封由地方官员发出的邮件抵达维希的犹太人问题总委员会；邮件提到，在冬季来临之前，有必要采取某些措施，改善拘留营的状况。总委员会的回复相当简短，而且隐含着不祥之兆："请允许我提醒你，一场行动正在进行中，这场行动将让目前你提出的（任何建议）变得毫无必要。"在维希，人们无意中打听到，负责犹太人事务的德国官员问过赖伐尔，针对维希法国境内的犹太人，是否打算采取"我们在法国德军占领区内采取的措施"。赖伐尔对此露骨地回应道："我们手头上的犹太人，实际上都是你们的犹太人。无论什么时候，只要你们开口，我们就把他们送给你们。"

事情推进得相当快。6 月 29 日，德国安全部门党卫队保安处（SD）的"犹太事务"负责人特奥·丹内克尔从巴黎出发，准备对法国南部的拘留营进行巡回视察，他此行是为了亲自弄清楚，到底有多少人"可以被驱逐"。此前在德军占领区，已经有开往奥斯维辛的固定火车班次：是时候把火车行进路线往南延伸，深入维希法国境内了。丹内克尔失望地发现，犹太人的数量明显少于他之前估计的 40000 人，他主张把入籍日期往前推，任何在 1936 年 1 月 1 日之后进入法国的人都应该被视为"外籍人士"。按照希姆莱的指示，16 岁至 40 岁、身体健康的犹太男性和女性，90% 都符合驱逐条件；而剩下的 10% 都是些老弱病残，将被视为"可容忍者"。人们听说赖伐尔把他们称为"残渣余孽"（déchêts）。[1]

7 月 4 日，维希政府正式同意，把超过 10000 名外籍犹太人移交给德国人，以供其驱逐。布斯凯告诉各省省长，取消营地所有外出许可，因为计划是"彻底从你的地区清除所有外籍犹太人"。亨利·卡多（Henri Cado）是一名高级警官，他发出指令，囚犯不能保留任何属于国家的物品，甚至连毛毯都不可以。指令发出后，报纸上鸦雀无声，没有人胆敢违反指令。但在维希政府里面，并非所有人都那么小心谨慎。很快就有风声传出，警察部门的实际负责人福尔卡德（Fourcade）提到，8 月 6 日、8 日、10 日、12 日都已安排了火车，把外籍犹太人送往奥斯维辛。驱逐"狂潮"即将开始。

流言正在居尔营地和里韦萨特营地四处流传。人们纷纷谈论囚犯被送到位于加利西亚的犹太人定居点，被运到德国境内的工厂去工作，甚至有人提到波兰境内的灭绝计划，尽管大家都认为灭绝计划简直是不着边际。囚犯们相互提醒："这就是德国，这就是开始。"[2]

尼姆委员会仍然怀揣希望，指望维希政府统治下的法国南部仍然是安全的，能够抵制德国人的要求。同样，美国驻维希法国外交代办平克尼·塔奇（Pinkney Tuch）拜访并警告赖伐尔，美国以及整个文明世界对于明显即将发生的事情感到"震惊"。基督教青年会秘书长特雷西·斯特朗（Tracy Strong）把上述流言告诉了贝当的军事副官甘皮（Gampet）将军。甘皮将军却告诉斯特朗，他什么流言都没听到。同一天，斯特朗拜访贝当，却产生了不太美妙的印象，"这件事情根本无法引起元帅的关注"。及至 1942 年夏天，贵格会已经为法国境内的 84000 名儿童提供了人均三盎司的额外食物，他们觉得自己所做的贡献能够让他们的呼吁被人听到，但当贵格会的代表林赛·诺布尔（Lindsey Noble）向赖伐尔提及流言时，却只换来赖伐尔关于外籍犹太人给法国制造了多少麻烦的说教，赖伐尔还告诉诺布尔，德国人的新提议至少能让法国"有机会清除掉这些麻烦"。

8 月 3 日，身为尼姆委员会主席的唐纳德·劳里抵达维希，[3]但受到了维希政府的冷落。他足足等了三天，才被告知可能会见到贝当。后来，劳里描述了会面的某些细节。劳里说，他被带到公园旅馆（Hôtel du Parc）里面一间挤满人的办公室，那里是贝当的司令部，其他桌子上摆满了各种华而不实的玩意，尽管贝当自己的办公桌看上去"还算整洁"。元帅并不像照片上显示的那么高大，但他腰板笔直，身体状况尚好，尽管他的皮肤看上去"并无血色，甚至有点蜡黄"。劳里迅速明白过来，那些围绕在贝当身边的人，尤其是赖伐尔以及贝当的秘书贾德勒（Jardelle）将军，那个"四十几岁、神情警惕、大腹便便、满脸油腻"的守门人，正在煞费苦心地让贝当蒙在鼓里，不让贝当知晓他们的计划。贾德勒将军出席了会议，而且主导了这次会谈。

劳里在开场白中提到，外国福利组织无法确信，元帅是否知晓即将进行的驱逐 10000 名外籍犹太人的计划，还是元帅对此予以默许。贝当摆出"一个无助的手势"，然后说道："你知道我们的处境，我们得考虑德国人的看法。"当劳里请求元帅宽限一段时间，让外国组织尽可能推进移民进度，并说服美国接受儿童难民时，元帅说他会征询赖伐尔的意见，并在"一周或十天"内给予答复。劳里告知元帅，此事十万火急，元帅同意当天就讨论此事。当劳里发出警告，说驱逐行动可能会影响外国食品进入法国时，贝当只是摆了摆手，"仿佛他认为不至于此……然后他站起身，终止了这次会见"。劳里的结论是明摆着的。他认为，贝当"根本没有真正意识到"将会发生什么事情，而赖伐尔完全能够自行其是。

62　　无论如何，一切为时已晚。一张巨大无边的天罗地网已经覆盖在维希政府拘留营的上方。对于福利组织来说，这是一个进退两难的时刻，他们最担心的情形终于变成现实。他们竭尽所能，就是为了让营地里的人们能够支撑下去，却最终落入别人布下的陷阱：营地变成了驱逐行动的"蓄水池"。

拂晓之前，周围仍然是一片漆黑，来自机动部队的警察就已包围了营地。早在行动之前几天，外来探访已被禁止，包括牧师也不能进入营地，就连原本被允许住在附近的妇女和老人都被带回营地。营地已被封锁了。所有乡村、女修道院、寄宿学校、长老会堂、小旅馆都受到搜查，巡逻队甚至在森林里搜捕犹太人，那些被发现的犹太人会被当场逮捕。就连医院也受到突然袭击，年老和患病的男人和女人还穿着睡衣就被驱赶出来。

当潮水般的信息涌向各处住宅和定居点的时候，大约10000名犹太人得以合法地及时转移，此举起码救下了部分人的性命，他们散布在乡村并躲藏起来。警察还包围了其他地方，抓走里面所有人。在尼斯，犹太人在海滩上就被带走。在马赛，犹太人被拽下巴士和有轨电车。离开法国的出境签证也被取消，即使是那些办完了全部手续、正准备登船前往安全地方的人，此时也无法成行了。

在长达两年半的德军占领期间，HICEM竭尽全力，也只救出了6449名犹太人。

当居尔营地晨光初现的时候，名字首字母为字母表上前13个字母的犹太人，即名字首字母从"A"到"M"的犹太人被告知马上收拾行李。当身体虚弱、衣衫褴褛的囚犯拖着用绳子绑在一起的袋子和箱子走向指定的木屋时，其他人只是默默地在旁边看着。当局通知，名单可能会有某种豁免，包括儿童、孕妇、退役老兵、犹太人配偶、战争遗孀、战俘妻子，于是儿童救援组织和西马德组织的年轻女士们通过交易和恳求，利用各种漏洞，争取让某些人得到释放，但其他人还是无法被释放。她们逐渐意识到，每当有名字从名单里被划掉，就得有别人的名字来递补。就像等待处决的犯人那样，那些将要被驱逐的人会得到一顿更好的饭菜。让娜·梅尔·多比涅注意到，被选中的人早已吓得面无人色，完全沉浸在痛苦和忧虑中。巴赫拉赫博士（Dr Bachrach）曾经是营地里的医生，他在最后时刻被拽了回来，但"仿佛在那一瞬间，他变成了一个老人"。没有哪位年轻的社工会忘记那些被分发给他们张贴的告别名单。由于营地里没有信封，他们被迫亲口念出那些人的名字和地址。

更让人感到痛苦的场景是有人试图自杀，他们吞下能够找到的任何东西，但求一死。其他人则在痛苦挣扎。当让娜走过一间又一间木屋，去帮助那些年老体弱的人时，她听到很多割腕和服毒的故事。让娜写道："我们生活在超现实的世界，生活在死亡的浴缸里。"最终，当第一批人准备妥当时，他们就开始向火车站进发，身体虚弱的人拄着拐杖，卧床不起的人则躺在担架上。

在里韦萨特营地，包围圈里面是强烈阳光下金灿灿的向日葵，来自维也纳的年轻新教徒护士弗里德尔·赖特尔亲眼看着被驱逐者离开。[4]"我只看到排成长长队伍的人们，仿佛望不到头，他们被驱赶、追捕、清除。他们会去哪里？难道就没有人能够制止这缓慢的屠杀吗？"在离开之前，每名囚犯都能得到面包、熏肉、三罐沙丁鱼、两千克水果和一点果酱。安德蕾·萨洛蒙有能力带走10个"心智未成熟"的孩子，甚至20个孩子，但她不得不面对一些困难的问题：带走哪20个孩子？如何挑选这20个孩子？挑选年纪最小的孩子吗？那些父母最坚决的孩子吗？那些她最喜爱的孩子吗？

在整个维希法国，从诺埃（Noé）营地到雷赛比杜（Récébédou）营地，从韦尔内（Vernet）营地到雷米勒营地，从阿热莱斯（Argelès）营地到里厄克罗（Rieucros）营地，类似的情景反复上演。那种混乱简直难以形容。在雷赛比杜营地，出发时间被安排在夜间的几个小时，因此当地村民根本意识不到正在发生什么事情。在满月映照下，被驱逐者穿过田野，跌跌撞撞地走向火车站。在马赛的拉韦迪耶尔（La Verdière）营地，年轻的儿童救援组织工作者爱丽丝（Alice）拒绝交出任何一个孩子，于是她也跟孩子们一起被带走和驱逐。[5]

在这极端混乱的时刻，维希政府与德国人仍然就针对儿童的政策犹豫不决、争吵不断；在绝大多数情况下，父母仍然可以选择让孩子留在原地，只要营地里有人托付就可以了。儿童救援组织和西马德组织的女士们立即行动起来，她们迅速走遍各处营房，低声告诉父母，把孩子留下来，她们将会替父母照顾孩子。

当犹太人被带出营地的时候，母亲都舍不得孩子，她们把各种小物品交给孩子：照片、饰物、信件。在雷米勒营地，就在卡车开往火车站之前几个小时，儿童救援组织的一个团队把78个孩子带出营地，她们答应孩子的父母，将会竭尽所能让孩子们前往美国。有些孩子还是小婴儿。孩子哭闹，舍不得母亲；妇女们哭泣着，追赶着带走孩子的卡车。在里韦萨特营地，安德蕾·萨洛蒙尽了最后努力，把孩子们带出营地，把他们藏在汽车底下，或者藏在助手们的宽松斗篷下。一个很小的孩子就是放在商店购物篮里被带出来的。当她尝试拯救那个孩子的母亲时，就让那位母亲服用一颗强力安眠药，然后坚称那位母亲病得非常严重，于是警察就用担架把那位母亲抬出来了。

在火车站，人们被塞进货运车厢，而且车厢里挤得很满，当老人们无法踏上车厢扶梯时，他们会被挤到后面去。在里韦萨特营地，弗里德尔·赖特尔看见一名新教徒妇女前来寻找她的犹太丈夫，结果被拉上车厢凑数，尽管她极力挣扎，高声呼喊抓错人了，但也无补于事。当火车开出站台时，她的哭喊声还能从窗户里传出来，"在安静的夜晚听得让人脊背发凉"。

64

第一趟驶离里韦萨特营地的火车带走了 900 人，其中有 82 个是 2 ~ 18 岁的孩子。儿童救援组织尽了最大努力，也只救下 20 个孩子。当火车驶离火车站的时候，那些高个子男人的头部高过最上层的木板，远远看去就像运送动物的车厢。火车经过了里昂－佩拉什。犹太拉比雅各布·卡普兰（Jacob Kaplan）当时就在火车站里。他后来写道："那是一个令人心碎的场景。各个年纪的人，甚至非常老迈的人，已经衰弱不堪。他们看上去几乎赤身裸体⋯⋯精疲力竭。我们被禁止与他们说话。"

在居尔营地，在姓名首字母为字母表前 13 个字母的 1500 人当中，就包含了汉娜的母亲埃拉。她的签证始终未能送来，后来她觉得钱可能在中途被偷走了。不久之前，她曾经写信给汉娜，告诉汉娜自己的状况很不好，当时汉娜仍然在营地以外，处于儿童救援组织的保护之下。汉娜决定返回居尔营地去看望母亲。她得到组织的建议，取道奥洛龙（Oloron），去寻找为儿童救援组织或者西马德组织工作的年轻女性助理，这两个组织在那里都有基地。在奥洛龙，汉娜了解到这些年轻女性助理都不会在白天出来活动。当时是 8 月 6 日，驱逐行动已经开始了。当汉娜徒步抵达居尔营地的时候，看见营地已被全副武装的警察包围了。汉娜设法找到某人，对方愿意向营地里传话，因此她能够隔着营地外围的栅栏与母亲说话。埃拉已经收拾好了箱子。汉娜晚上在附近的田地里度过，早上又返回居尔营地。汉娜再次见到埃拉，她们隔着带刺铁丝网说话。

第二天，犹太囚犯将会被转移到奥洛龙火车站，那里已经有一列运牛火车等着他们。人们被推进车厢。汉娜从营地出发，走了 15 千米，她在火车里跑上跑下，焦急地呼唤着母亲的名字。一名法国警察拦住她，让她喝了一口水，然后对她说："这里正在发生的事情让我心碎。"那名法国警察帮汉娜找到了埃拉，母女俩有一个半小时的时间可以说说话，汉娜站在铁路旁边，母亲斜靠在运牛车厢边上。埃拉很平静。就在车厢大门锁上之前，埃拉告诉女儿："这是我的最后一趟旅程，我再也不会回来了。"多年以后，回想起那天，汉娜都会记得："我再也见不到她了。"

汉娜呆立在原地，眼睁睁地看着火车开走。

在整个8月，驱逐火车都在向北纵贯整个法国，从几乎所有法国南部省份运送外籍犹太人向北。当驱逐火车驶过火车站的时候，警察和军人都在阻止人们靠近车厢。天气极度炎热，而火车上从来没有供应足够的饮用水。一份新的统计记录告诉布斯凯，在法国南部有12686名"符合驱逐资格"的外籍犹太人，但即使在拘留营里所有符合资格的人被清空以后，从8月6日到8月13日，也只有3472人被押上火车。为了讨好德国人，布斯凯决定在极短时间内提升指标。当缺额变得太过明显时，他主动提出他很快就能找到2000人。办法总比困难多，他的办法就是不断把入籍时间向前推，干脆提前到1931年。那些认为自己已加入法国国籍11年的人，此时突然发现自己还是波兰人或者俄国人。至于孩子们，那就更简单了。艾希曼说过，把孩子们跟成年人放在一起，当法国公众看见他们一家团聚，就会认为孩子们自己选择不与家人分离。有那么一段时间，就连德国人都不想祸及小孩子；但由于维希政府施加压力，德国人也就同意把部分孩子也带走了。

所有火车都要开往德朗西，四层高的呈马蹄形布局的公寓早在战争爆发前就已建成，原本是作为机动部队的营房。随着这里成为平民和战俘被押往德国之前的收容所，从3月底开始，德朗西就变成驱逐行动的枢纽站，所有火车都将开往波兰境内的灭绝营。这是一个残忍又邪恶的地方，周围被两层带刺铁丝网和许多瞭望塔环绕。庭院是土渣地面，夏天灰尘满天，雨季烂泥遍地。内部还有更多带刺铁丝网。等到埃拉的火车抵达德朗西时，原本容纳 30 个人的集体宿舍已经塞进了 120 个人；比较幸运的人们每三个人睡一个铺位，其他人就只能睡在地面的草垛上了。那里什么东西都缺，食物、药物、水、毛巾、衣物、碗、勺子，什么都不够。而且那里恶臭熏天。

在新近抵达的人当中有许多孩子，其中有些是孤儿，还有一些孩子的父母已提前被驱逐，如今孩子们似乎是被送去与父母团聚。许多孩子衣衫褴褛，跟穿着破布差不多；有几个孩子无鞋可穿，打着赤脚。他们抵达的时候满身污秽，恶臭刺鼻，身上满是脓疮和跳蚤。最小的孩子还没学会说话，衣服上别着姓名牌。但这些姓名牌很快就会丢失，或者被撕扯下来，父母疼爱地留给他们的私人物品也会被取走，他们就此变成单纯的数字——带着问号的数字。脓疮非常流行。那些原本没有痢疾的人很快也会患上痢疾。非常小的孩子没法走路到远处的公共厕所，只能在楼梯上的桶里方便，桶早已满溢，秽物一层一层往下流。营地医务室没有足够的病房容纳所有病人，寥寥无几的红十字会护士和社工被允许清洗和喂养病人。那里毛巾很少，而且肥皂很小。整个晚上，你都能听到此起彼伏的哭声。

等到埃拉被带离德朗西、登上开往奥斯维辛的火车时，那时每周会发出三列押运火车。没有人能够确定火车会开往哪里，但越来越多人谈及种族灭绝。有几个人选择从四楼的窗户跳楼自杀。第一列押运火车带走的都是孩子，没有父母随行，于 8月 17 日驶离德朗西。火车上有 530 名年纪在 13 岁以下的孩子。在离开之前，他们的随身物品都受到盖世太保军官的搜查，任何有价值的物品都会被抢走。许多孩子已被剃掉头发。有一个小男孩，他有浓密的金色卷发，反复恳求不要剃下他的头发。他的母亲很为他的头发自豪，当母子重逢的时候，母亲会想看到他的头发的。有些人大喊大叫、拼命挣扎，拒绝登上前往火车站的巴士，这些人会被警察揪出来强行带走。8月17日至31日，总共有七列火车开往奥斯维辛。在这七列火车上装载了3500个孩子。一位贵格会代表严肃地评论道，其中的绝大多数孩子"很可能早已成了孤儿"。

在这恐怖的大背景中，在维希政府主导的押运行动中，在韦尼雪（Vénissieux）营地发生了一个可歌可泣的故事。在里昂郊外这个小营地里发生的事情告诉我们，只要我们意志坚定、开动脑筋、英勇顽强，就能有所作为。韦尼雪事件也预示着法国战场的下一个阶段，彼时一个人心怀善念、不屈不挠比什么都更重要，在安全的、隐蔽的地方，总会有勇敢的人们自发地尽到本分。韦尼雪事件发生在生死攸关的最后时刻，此后不太可能有如此公开、如此大胆、如此规模的行动了。

及至1942年夏天，里昂，这座法国第二大城市、罗马高卢行省的旧都，已经挤满了犹太人，既包括那些早已定居于此的制造商和实业家，也包括成千上万逃离德军占领区以求保住性命的人。当布斯凯宣布维希政府计划驱逐10000名外籍犹太人后，罗讷省（Rhône）的省长皮埃尔·安热利（Pierre Angeli），以及他的两名更为狂热的下属，已准备着手逮捕省内所有于1936年1月1日以后进入法国的犹太人。他们在韦尼雪一处废弃的军营开设了一处营地，军营原本围绕兵工厂建造，周围高墙环绕。韦尼雪位于里昂西面的郊外，当时已成为许多印度支那劳工的 68

家园。8月中旬，原本正在照顾那些印度支那劳工的年轻医学院学生让·亚当博士（Dr Jean Adam）被指派到韦尼雪营地。

8月26日一大早，天色还未发亮，警察和机动部队每三人为一组，开始按照名单抓人。⁶马路上到处都是路障。他们从一个街区到另一个街区挨家挨户地敲门，从阁楼搜到地下室，从橱柜搜到储物室。总共有1016名犹太人被逮捕，并被卡车运送到韦尼雪营地。本来会有更多人被逮捕，但有部分警察明显出工不出力，还有部分警察向福利组织透露搜捕行动即将到来的警报，这就意味着相当数量的犹太人有时间逃离。布斯凯对此大发雷霆，下令开展更多搜捕行动。警察还接到指令，射杀任何试图逃跑的人。

儿童救援组织、西马德组织和其他团体也收到了同样的警报，他们齐心协力帮助犹太移民，让他们有时间制订逃跑计划。接下来最关键的是两位天主教神父的参与，他们是沙耶神父（Père Chaillet）和格拉斯贝格修道院长（Abbé Glasberg）。

沙耶是个粗壮结实、体魄强健的耶稣会士，40多岁，嘴唇很薄，戴着粗黑框眼镜，眼睛炯炯有神；他是个神学家，除了耶稣会内部的学生和同事，外面几乎没几个人认识他。格拉斯贝格要年轻一些，他出生于乌克兰，父母是犹太人，但他在18岁那年皈依了天主教，阴差阳错地成了特拉普派的修道僧，并于1930年移居法国。他是一个衣衫破旧、不修边幅的家伙，却富有魅力、精力充沛，总是穿着一件老旧的破道袍，踏着一双啪啪响的鞋子。他经常忘记刮胡子，而他过早灰白的头发，还有厚厚的眼镜，让他看上去足足老了十岁。有些更加保守的同事怀疑他是共产党员；他的朋友说他的外表兼具西方和东方的特色，而且他把东西方两种信仰、两种文化融为一体。

沙耶神父（左）和格拉斯贝格修道院长（右）

格拉斯贝格对里昂周围很熟，他总是从所在的圣阿尔邦 69
（Saint-Alban）教区骑车到市中心闲逛，而且很懂得与行政官员
打交道，跟他们混得很熟。他一直对尼姆委员会持批评态度，
尽管他自己就是委员会成员，但坦言委员会那"普世亲善和心
存宽恕的陈词滥调"让他受不了，他认为委员会应该把更多时
间用来考虑营地面临的现实威胁，而不是只顾埋头改善营地里
的状况。沙耶和格拉斯贝格曾经是一个新教徒、天主教徒和犹
太人联合会的创始人，这个联合会叫基督教友爱会（L'Amitié
Chrétienne），他们从 1941 年起就已经帮助难民了。里昂的热利
耶红衣主教（Cardinal Gerlier）尽管曾经是贝当的支持者，但也
欣然接受邀请，成为基督教友爱会的名誉主席。

当时有一个"甄别委员会"（commission de criblage），负责
监督和甄别那些已被逮捕的、适合被驱逐到北方的犹太人。这
个甄别委员会制定了 11 项可能的豁免条款，涉及老人、与非犹
太人结婚的人、带着小于两岁孩子的人。在这一点上，维希政

府与德国人还在扯皮，未能决定是否所有孩子都必须跟父母一起被驱逐。

70　　　格拉斯贝格和沙耶迅速混进了韦尼雪营地。由于他们二人的提醒，大家陆续赶来，外国人社会服务团的吉尔贝·勒沙热来了，儿童救援组织的安德蕾·萨洛蒙和马德莱娜·德雷福斯来了，西马德组织的马德莱娜·巴罗来了，还有一位来自维尔纽斯的波兰工程师乔治·加雷尔（Georges Garel），他跟上述众人都不认识，但事后证明，他这种名不见经传的身份是很有用的。在只有两天三夜的时间内，大家组成团队，竭尽所能，通力合作；在营地外面也有人帮忙，负责收集文件和出生证明，寻找零星的证据，翻查记录以寻求豁免。其中一位外围人士是伊丽莎白·希尔施（Elisabeth Hirsch），大家都叫她波西（Böszi），她是一位非常漂亮的年轻女士，拥有清澈明亮的蓝眼睛，曾经在居尔营地里工作；另一位年轻志愿者是来自儿童救援组织办公室的莉莉·塔格尔（Lily Tager），拥有一头蓬松卷曲的黑发。有时候，格拉斯贝格能够救出那些被判缓期死刑的人；他那辆小型黑色雪铁龙汽车带有四个醒目的黄色轮子，很容易被人们误认为是省长驾驶的那辆车。

在韦尼雪营地里，管理相当混乱。命令抵达，被取消，又被恢复。11 项豁免条款突然被砍到只剩下五项。格拉斯贝格、沙耶、德雷福斯和巴罗到处为人辩护和求情，甚至不得不说谎。营地里囚犯太多而床铺太少，此时绝大多数人都只能睡在地面的草垛上。营地里只留下少数几个印度支那劳工负责煮饭。安热利派来的看守、警察以及爱管闲事的办事员散布各处。亚当医生乐意与格拉斯贝格合作，他负责主管一间条件简陋的医务室，忙于宣告那些没有病的囚犯患上了危险的疾病。有些得了所谓急性阑尾炎的病人被送去医院，有几个人就在医院里设法逃脱了。有些正值青春期的女孩穿上童子军制服，然后被带出营地。所有在自己的祖国见识过德国人有多么残暴的囚犯都感到非常恐慌。有一天晚上，足足有26个人尝试自杀。惨叫声此起彼伏。大家都知道，安热利已经颁布命令，要在8月19日清空整个营地。大批卡车已经抵达，准备把人们送去火车站。此时此刻，格拉斯贝格及其同事只能更加拼命地工作，因为他们都意识到，自己是在跟时钟赛跑。

正是格拉斯贝格借助极其偶然的机会，才截获了省长发给警察局长的电报，电报上提到，不会有任何适用于孩子的豁免条款。格拉斯贝格和加雷尔意识到，必须采取某种大胆且激进 71 的行动，而且剩下的时间已经不多了。夜幕已经降临，第二天就是最终驱逐行动。

一场暴风雨让营地停电了。格拉斯贝格和其他人趁着夜色穿越营房，举着火把在一个个家庭间走动，恳求父母们把孩子交给他们。他们迅速打印和复印了一批表格，表格上写着"我放弃我的父权和监护权"，这在法国法律中是一条必要的宣示，然后在表格上预留了誊写和签署姓名的位置。父母们被告知，他们将会把孩子交给基督教友爱会以及热利耶红衣主教。格拉斯贝格会说德语和意第绪语。有些父母在签名的时候，顺便给马德莱娜·巴罗留下了亲戚的地址；还有些父母把首饰或者其他小件的贵重物品交给她。她就把这些物品分别装在写有每个孩子名字的信封里。那些家庭被告知，孩子们都会过上更好的生活，直到父母回来接他们。马德莱娜及其同事感受到难以承受的痛苦和压抑，因为大家都很清楚，这实际上意味着什么。莉莉·塔格尔始终记得妇女们的绝望表情，这已经成为她终生挥之不去的梦魇。与孩子们告别的时刻终于到了，妇女们拥抱自己的孩子，并用意第绪语告诉孩子们，要对得起自己作为犹太人的身份，永远都不要忘记自己是犹太人。有几位妇女当场就昏厥过去了。随着夜色渐退，情势愈发紧急，格拉斯贝格和其他人被迫当机立断。有几个孩子不得不直接被抱走。有一位父亲割开自己的手腕，倒毙在孩子身上，伏尸于血泊之中。

等到清晨 5 点，已经有 89 个孩子被转移到食堂里，而营地里到处都是哭泣的人。警察局长问格拉斯贝格，为什么人们如此悲伤？格拉斯贝格回答道："如果他们带走你的孩子，难道你不会感到悲伤吗？"孩子们的年纪参差不齐，他们来自维也纳、布鲁塞尔、罗兹、格拉茨、柏林、卢森堡、华沙、布雷斯劳、马格德堡和列日。其中有几对兄弟和姐妹。没几个孩子会说流利的法语。

其中一个孩子是六岁的拉谢尔·卡明卡尔（Rachel Kamienkar），她长着一张圆脸，是个阳光开朗的女孩，留着棕色偏分短发。拉谢尔的父亲于 1926 年逃离波兰，然后在比利时的安特卫普经营一家杂货店。拉谢尔有两个同父异母的兄长和一个亲弟弟，弟弟路易（Louis）才三岁，有着卷曲的金发和湛蓝的眼睛，路易是拉谢尔最眷恋的亲人了。拉谢尔的父母先后被逮捕，路易也在公园里与邻居的女儿玩耍时被德国人抓走。家里的三个亲人，即父母和弟弟都被驱逐出境。拉谢尔自己跟随一位阿姨及其丈夫逃到法国，他们打算取道法国前往瑞士。经历过那么多可怕的事情之后，作为一种自我保护，拉谢尔几乎忘掉了所有发生过的事情。但她还能记得那天，她跟着阿姨和姨丈在雪地里走了许多路，终于抵达瑞士边境，却被赶了回来。这时候姨丈消失了，完全不知所踪。她和阿姨改道前往里昂，在大搜捕期间，她们躲在一套小公寓里。在韦尼雪营地，阿姨在格拉斯贝格准备的表格上签字，把拉谢尔交给了基督教友爱会。

在营地里，天色开始亮起来。很偶然地，当父母被带出营地、塞进前往火车站的巴士时，孩子们碰巧就在平时用作食堂的敞亮房间里。马德莱娜·巴罗和其他人永远都记得父母们脸上的表情，父母们的鼻子贴着窗户，绝望地回望，只想看孩子们最后一眼。

即使开往德朗西的火车正在驶离站台，格拉斯贝格也还是在尽力救人。他设法救下了一位俄国老妇人，他说那位老妇人是希腊东正教徒；但他未能救下两个小女孩，那两个小女孩的母亲已经尽力把孩子递给他，极力把手伸出车厢外，他却没能接住，而且他和马德莱娜都未能救下一位怀孕八个月的孕妇。当火车开始加速的时候，一个男人试图跳出车窗逃跑，但火车停了下来，那个男人又被抓了回去。

那天是1942年8月29日星期六，总共有545名犹太人从圣普列斯特（Saint-Priest）的地方车站被运往德朗西。9月2日，又有475名犹人人被押上开往奥斯维辛的火车；9月9日，又有58人走上绝路。据人们所知，在那批犹太人当中，只有一名幸存者。拉谢尔的阿姨也死了。在当时，拉谢尔还是安全的；但在失去母亲、父亲和她深爱的弟弟之后，她又失去了姨丈，如今就连身边最后一个亲人都离她而去。她那年六岁，已经孤身一人了。

对于韦尼雪营地的孩子们来说，一段新的故事即将展开。三辆由志愿者驾驶的巴士开到营地，把孩子们接走。那些超过

18 岁的孩子在法律上会被德国人视为成年人，只能藏身在座位底下。关于那段日子，拉谢尔仅存的另一段记忆就涉及这些躲藏起来的孩子。孩子们被带到法国犹太童子军（EIF）总部，那是一处废弃的加尔默罗会修道院，孩子们将会由马德莱娜·德雷福斯和儿童救援组织接手照顾。

当省长安热利得知自己的电报被格拉斯贝格截获时，他马上下令孩子们必须返回营地；一列从雷米勒开来的火车将会把孩子们接回去，而且孩子们搭乘的车厢将会被加挂在父母们搭乘的车厢后面。然而，有一个供职于安热利办公室的社工偶然得知了省长的计划，匆匆忙忙地赶到儿童救援组织的办公室发出警报。时间紧急，只能把孩子们疏散到里昂周边地区了，包括修道院、学校、医院、私人住宅。年纪较大的孩子穿上童子军制服，被安排到一个游学团，在法国境内旅行。当警察抵达儿童救援组织办公室的时候，孩子们已经疏散完毕了。马德莱娜·德雷福斯请求警察不要过问孩子们的去处，她把警官们领去见热利耶红衣主教。

当安热利怒不可遏地打来电话，要求把孩子们抓回去的时候，沙耶、格拉斯贝格和加雷尔碰巧就在红衣主教身边。有那么一阵子，红衣主教似乎有所犹豫。但片刻之后，随着访客们对他施加压力，他干脆告诉安热利："这些孩子，你们永远都抓不到他们。"当红衣主教问三位访客孩子们目前所在的地方时，气氛一度让人感到焦虑。红衣主教随后说道，贝当曾经向他保证，当局不会把孩子交给德国人。加雷尔和沙耶随口编了几个假地址，但在此之前沙耶就宣称，凭良心讲，基督教友爱会永远都不会把孩子交出去，因为这些孩子都是父母托付给他们照顾的。这段对话后来传了出去。一张传单很快传遍了里昂，传单上印着"你们永远都抓不到这些孩子"（Vous n'aurez pas les enfants）。

及至此时，89 个孩子已经消失了，他们藏身于学校和私人住宅、乡村和偏远社区里。其中有三个孩子：拉谢尔、一个满脸严肃的 12 岁大男孩曼菲尔德·福斯特［Manfred Furst，他的弟弟奥斯卡（Oscar）跟他一起获救］，以及莉亚·瓦格费尔纳（Lea Wajsfelner），她的生日刚好就在韦尼雪驱逐行动两天后。他们三人正在进入山区，将会在那里遇到西蒙、两个雅克、吕迪和汉娜。至于基督教友爱会，安热利怒气冲冲地向上级打报告，说该会"违抗了政府意志"。

作为惩戒，沙耶先是被软禁在家，然后被下放到普里瓦一所精神病医院，在那里待了两个月，但他偶尔会秘密返回里昂。格拉斯贝格保持低调，直到几个月后德国人进驻里昂，当时他听说自己上了盖世太保的通缉名单，便马上转移到塔恩省（Tarn）的泰阿斯（Théas），在那里化名为埃里·科尔万（Elie Corvin），成为蒙托邦（Montauban）的教区神父，他把自己的教区办公室变成抵抗运动的开会地点，同时骑着自行车走遍教区，到处散发抗德传单。至于其他人，马德莱娜·巴罗，还有同　天生日、开玩笑说他们是双胞胎的马德莱娜·德雷福斯和乔治·加雷尔，马上开始计划下一步行动。形势越来越严峻，新教徒或天主教徒帮助犹太人变得越来越危险，而犹太人帮助犹太人更是死罪。大家此时都意识到，按照维希政府的规定从事合法活动的日子已经过去，摆在他们面前的是与日俱增的从事秘密活动的危险。在这种形势下，一直以来持观望态度并置身事外的某些教会组织将会发挥关键作用。

第四章　国家耻辱

　　从 1940 年 10 月 8 日至 1941 年 9 月 16 日，针对犹太人问题，维希政权的《政府公报》（*Journal Officiel*）公布了 26 部法律、24 项法令、6 项规章和 1 项规则。然而，及至 1942 年春天，在法国还没有任何宗教组织，无论是天主教会还是新教教会，敢于公开谴责反犹法规，或者敢于为受到非人道待遇的犹太人发声。他们就眼睁睁地看着男人、女人、孩子被围捕，被带到拘留营，在那里受病痛和饥饿的折磨，但他们就是不置一词。法国战败的速度快得出乎意料，许多高级教士对此感到震惊不已，他们或多或少都认为这是上帝对法兰西第三共和国不敬神明和腐化堕落的惩罚。新教教会和天主教会保持一致，起码在最初，他们都支持贝当。

　　天主教会调门最高，他们赞美元帅开创的新秩序，希望看到这种道德十字军行动能够创造一个更为虔诚的法国，上帝将会回到课堂，而母亲将会回到家中养育儿女。超过 150 年以来，甚至在政教分离以来，天主教会一直梦想能够让法国重新基督教化。按照一份广泛流传的小册子的说法，人工流产"杀死婴儿，杀死母亲，杀死法国"。在德军占领法国的头两年，贝当被视为政治上的共和主义者、战场上的人道主义者，因此几乎受到万民景仰。许多法国高级教士已经上了年纪，他们希望能够再次发挥重要作用，从而影响法国社会生活的方方面面。[1]81 岁的红衣主教博德里亚（Cardinal Baudrillart）问道："我应该拒绝支持这一高贵事业吗？尽管这事业是由德国领导的。"

随着被德国征服，沉渣泛起的宗教狂热席卷法国，教会再 76
次整装待发，带有耶稣受难像的十字架再次被挂在学校的墙壁
上。第三共和国种种无能和不堪的记忆已成为维希政权生根发
芽的沃土。维希政权提倡道德，崇尚权威，镇压乱党，奉行拿
破仑式的中央集权，拒绝自由放任的资本主义，这都让它收获
了心悦诚服的听众。

然而，这一切即将改变。法国人曾经想看到不说法语的外
国人将会受到拘留，这些外国人甚至会被责怪消耗掉太多稀缺
的食物。但当法国人亲眼看见小孩子从母亲怀里被夺走，然后
在痛哭流涕中被塞进运牛车厢，就连他们也看不下去了。在呈
递给维希政府的月度报告中，省长们强烈抗议这一"国家耻
辱"。[2]批评犹太人是可以的，但这种程度的欺凌和残酷是不可以
的。对于这些抗议声音，维希政府满不在乎，但某些教会组织
留意到了。

马克·博埃涅（Marc Boegner）是一个身材高大、略有谢
顶、外表出众的男人，60 岁出头，戴着一副夹鼻眼镜，蓄着蓬
松的全白胡子。博埃涅是一位牧帅，以及新教改革派教会的主
席，在法国人努力拯救犹太人的历史中，他是一个既生动有趣
又出类拔萃的人物，而且他的事迹直到最近才得到恰当的承认。
后来人们才发现，正是博埃涅本人向沙耶神父提出了拯救韦尼
雪营地孩子的计划。早在 7 月，博埃涅就到过维希，他提醒赖
伐尔，就连德国人都没有提出要求，说要驱逐年龄小于 16 岁的
犹太孩子。赖伐尔却告诉他，维希政府已经接到德国人提出的
定额，这个定额很高，除非把孩子们都囊括进去，否则根本无

法完成任务。博埃涅追问道，能够救下一些孩子吗？赖伐尔却说，没有人"必须留在法国"。博埃涅马上召见马德莱娜·巴罗，命令她立即动身前往里昂，此行还要带上她在西马德组织的社工团队。博埃涅从贝当的崇拜者变成维希政权坦率的批评者，这说明在战时的法国，新教教会的气氛已经发生转变。

在整个旧制度时期，新教徒在法国都是孤立的少数派。在1572 年 8 月的圣巴托罗缪大屠杀过后，新教徒不屈不挠地抗争了数十年，直到 1598 年颁布的《南特敕令》赋予了"改革派教会"有限的自由，同时确认了天主教作为法国官方宗教的地位。但这有限的自由于 1685 年被国王路易十四收回，"这位最笃信基督教的国王"开启了新一轮宗教迫害，新教徒举行宗教仪式的教堂被捣毁，成千上万的新教徒逃亡荷兰和英格兰。直到一个世纪后，根据"宽容"敕令，新教徒才被允许返回法国，此时留在法国境内的新教徒已经不足 50 万人了。新教徒多年的流放生涯也被称为"荒漠之旅"（le Désert），以此类比以色列人逃出埃及的故事。

法国大革命期间的非基督教化政策也并未饶过新教徒，新教徒跟天主教徒一样，眼睁睁地看着新教牧师像天主教神父那样被抓走，新教教堂像天主教堂那样被捣毁。但随着 1801 年拿破仑与教会达成《教务专约》（Concordat），天主教会失去作为国家宗教的地位，而"改革派和路德派教会"得到承认，并被赋予合法地位。从 19 世纪 20 年代起，新教教堂陆续兴建，巨大开阔，庄严肃穆，使用黑木长凳，不加任何雕饰或塑像；随着新教的传播，圣经协会、慈善机构、新教学校陆续建立起来，新教教会还投身于反对嗜酒酗酒、卖淫嫖娼、色情表演的斗争中。新教教会信奉艰苦朴素的精神和言行一致的举止：没有屈膝礼拜，没有圣像崇拜，没有忏悔告解；每天早晚祈祷和读经；
没有通奸行为，没有剧院，没有舞蹈，没有奢侈生活。在新教
教堂里，男女分开做礼拜，布道词相当冗长，诗篇也得到吟唱。
新教徒基本缺席 1830 年革命，他们不信任信奉保守主义和教权
主义、秉持反革命立场的国王查理十世（Charles X）；新教徒
欢迎路易·菲利普（Louis Philippe）国王，他曾经与新教徒并
肩作战许多年，他有三个孩子与路德派教徒通婚，这让新教徒
感到宽慰。

　　然而，就政治倾向而言，绝大多数新教徒是共和派。[3]新教
徒还是德雷福斯派，既是因为他们懂得受到迫害的滋味，也是
因为他们的宗教传统类似于犹太教。及至此时，他们自视为
"世俗宗教"，早就废除了圣徒崇拜，废除了七圣礼中的五个，
只保留洗礼和圣餐礼。为了让所有人都能理解教义，礼拜仪式
不是用拉丁语进行，而是用法语进行。上帝的话语通过福音书
直接传递给信徒，在上帝与普通信徒之间不需要中间环节。

　　在 20 世纪初，人们见证了"基督教复兴运动"，这是一场
起源于英格兰和瑞士的运动，这场运动关注人的腐化堕落，以
及上帝通过《圣经》表达的话语。这些基督教复兴者既是精力
充沛的福音传道者，又是慈善事业的热心推动者。"正统派"
基督教信徒或多或少都有弥赛亚情结，相信救世主必将降临，
他们很快便与"自由派"信徒划清界限，而"自由派"信徒自
身也陷入分裂，裂解出许多个千奇百怪的小宗派，其中有些人
甚至声称，他们并不相信耶稣基督复活。

　　1827 年，基督徒有过一次和解的尝试，当年举行了第一次
全国范围内的大公会议，会议采纳了一份"信仰声明"，而且
接纳了一系列"基督徒主要信条"，即所有基督徒都能接受的

78

信条。来自所有宗派的新教徒仍然投身于慈善事业，仍然积极开办学校、建立慈善组织。天主教徒抱怨新教徒都是些"悲天悯人的家伙"，违背法国人固有的乐观开朗的"法国精神"。尼姆是新教教会的大本营，有时被称为"永远暮气沉沉的城市"。天主教徒会说，每当新教徒走进房间，就像带了块冰进来；谁能知道他们隐藏了什么坏心，包藏了什么祸心呢。

有人认为社会主义类似于福音信仰，19 世纪 80 年代的基督教社会主义运动促使人们更加关注社会公平。[4]圣经协会、青年运动、合作运动和互助银行纷纷建立，人们从摩西"登山宝训"、圣保罗的教诲，甚至马克思的《资本论》那里汲取灵感。尽管在数量上从未形成规模，但基督教社会主义者产生了远远超过其人数比例的强大影响。及至 20 世纪 30 年代，绝大多数基督教社会主义者都是和平主义者，但在他们当中也发生了分裂，一部分人自视为反对一切战争的社会良心，而另一部分人则认为可以通过有限的暴力来实现社会正义。在最为杰出的基督教社会主义者中就包括安德烈·菲利普（André Philip），他在"人民阵线"运动中当选为社会主义阵营的议员。菲利普也是国民议会和参议院 80 位投票反对贝当执政的众议员和参议员之一。

及至 1938 年，当博埃涅被提名为法国改革派教会主席，千奇百怪的改革派教会整合起来，包括卫理公会和自由思想者时，大家都同意，应该共同维护圣经信仰的最高权威，应该共同投身慈善事业。对于所有人来说，关键在于强调个人体验，强调个人对于《圣经》的阅读和理解，以及个人与上帝的直接关联。后来的事实证明，在德军占领法国的最后两年，这种共识至关重要。

以法国各地的讲道坛为媒介，牧师们在讲道中传递救赎的信息，并鼓励他们的教区居民身体力行，以自己的善举践行道德，而不必拘泥于等级森严的教会形式。有些牧师是极端自由派，有些牧师是顽固正统派，带有"新教徒资产阶级的高傲"，在政治上有右翼倾向。安德烈·菲利普就属于这个自视甚高、善于思考、生活富裕的群体。西马德组织原本为阿尔萨斯－洛林的难民服务，后来在拘留营工作，属于新教徒的自由派分支，他们从一开始就意识到，有必要保留基督徒对义务和责任的忠诚。正如马德莱娜·巴罗和其他年轻新教徒亲眼所见，当时对犹太人的迫害与 17 世纪取消《南特敕令》不无相似之处，而种族主义同样是对法国精神信仰的否定，值得用非暴力手段进行抗争。

这种非暴力抗争精神的理论基础大多体现在后来的"波美侯论纲"（les thèses de Pomeyrol）中。1941 年 9 月，一群新教知识分子在罗讷河口省的格雷河畔圣艾蒂安（Saint-Etienne-du-Gres）举行集会，之后就有了"波美侯论纲"的说法。出席这次集会的有来自西马德组织的马德莱娜·巴罗和苏珊·德·迪耶特里克，以及菲瑟特·霍夫特（Visser't Hooft）牧师，最后一位是荷兰人，也是设在日内瓦的世界基督教会联合会的秘书长，他与德军占领下的其他国家的新教教会保持密切接触。在德国本土，已经有 24 位认信教会的领导人被关进集中营。认信教会是一场由牧师们领导的运动，他们追随神学家卡尔·巴特的思想，而卡尔·巴特本人由于拒绝向希特勒宣誓效忠，已经失去他在波恩大学的教席。"波美侯论纲"论述教会与国家的关系、尊重公民自由的问题，还有反犹主义与通敌行为的问题。与会者的结论是，基督徒应该服从国家，但这种服从应该服从于和从属于"对上帝本体的绝对服从"。

对于前来参加波美侯会议的新教徒和神学家来说，约翰·马尔滕（Johan Maarten）的著作《山上的乡村》（*The Village on the Hill*）从 1940 年出版以来就已成为人们膜拜的佳作。这部作品讲述了一位年轻牧师斯蒂芬·格恩德（Stefan Grund）的故事，格恩德是认信教会的成员，他拒绝承认希特勒是永恒不朽的帝国体制的缔造者。在一名纳粹党徒当选为他所在乡村的村长后，新任村长终于把他赶出教堂。格恩德只能在教堂外面举行集会，在空旷的野外，他告诉教区居民，纳粹学说违反基督教义，真正的基督教已经在德国消失。一天早上，格恩德被秘密警察逮捕，将要被带走；村庄居民唱着赞美诗，试图营救他，却未能成功。参加波美侯会议的新教徒把这个故事铭记于心。

在波美侯会议结束前，代表们通过了一份决议：确实有"精神上的必要性"，去抵抗"所有形式的偶像崇拜和极权主义的影响力"。[5]这份决议被提交给 5 月举行的改革派教会大公会议，距离 7 月当局在巴黎大举围捕犹太人并不遥远。尽管人们越来越明显地意识到，实行"等等看"政策的时机已经过去，但在维希法国和法国德军占领区，人们还是很难区分拒绝和忍耐，很难区分不说和说不。人们只是凭借事后聪明，才能看清楚当时的道德困境。

作为一个始终尊重国家及其机关的人，民族革命的道德规训仍然有其吸引力，尽管博埃涅有过犹豫，让他难以看清楚自己应该何去何从，但近年出版的博埃涅日记表明，他很早就关注到犹太人的命运，早在德国人到来的时候，他就已经有所顾虑了。在他于 1940 年写下的日记中，10 月 28 日和 30 日，11

月 5 日和 8 日，12 月 9 日、21 日和 22 日，多次提到与维希政府权势人物的私人接触。到了这个阶段，那些犹太领袖自己还被蒙在鼓里，他们要么保持沉默，要么不敢相信。他们当中绝大多数人以为，只要表现得比法国人更像法国人，他们就能避免引起德国人的注意。他们要么认为反犹主义只是政府官僚所犯的错误，要么认为维希政府只是受到德国人的压力才会反犹，这种认识偏差最终混淆了自欺欺人的幻想与正在发生的现实。

1941 年 3 月，博埃涅给首席拉比艾萨伊·施瓦茨（Isaïe Schwartz）写了一封信，向对方陈述了新教徒与犹太人之间的团结，这种团结建基于双方都阅读"《圣经·旧约》，里面留下了拿撒勒人耶稣的心灵和思想"。博埃涅给海军元帅达尔朗（Admiral Darlan）写了第二封信，达尔朗是维希政府委员会的副主席。在这两封信中，博埃涅都解释道，让那么多外国人进入法国是个问题，迅速允许他们入籍也是个问题，但这并不意味着政府可以收回"对个人权利的尊重"，收回对公平正义的执着，因为在个人权利和公平正义这两方面，法国"从未停下臻于至善的脚步"。在致达尔朗的信件中，博埃涅写得更深入。博埃涅写道，犹太人正面临着"惨绝人寰的挑战和令人心碎的不公"。拘留营是"一个耻辱"。后来，博埃涅的同事把他的抗议比拟为左拉在德雷福斯事件时期所写的"我控诉"（J'accuse）。[6] 这当然是溢美之词，但这次抗议同样难能可贵，即使它并不为世人所知晓。

就在韦尼雪事件之前不久，博埃涅写信给贝当，信中说法国人把外籍犹太人移交给德国人的做法让"最铁石心肠的人"都感到作呕，让亲眼所见的人都不禁落泪。在日记中，他心情郁闷地记下他近日与赖伐尔关于犹太人问题的一次交谈。博埃

81

涅问道："你真的要着手抓人了吗？"赖伐尔回答道："我们会搜遍他们藏身的每个地方。"

与此同时，天主教徒选择了不同的路径。与新教徒不同，天主教徒所属的教会结构复杂、等级森严、崇尚权威。天主教被视为道德秩序和自然秩序，而教会掌握着秩序大门的钥匙；安分守己的法国天主教徒认为，身为基督徒的首要美德就是服从，而合法权威寄托于罗马教皇和罗马教廷。对许多天主教徒来说，犹太人被视为杀死耶稣基督的凶手，因此反犹主义经常是心照不宣的事实；教皇对于驱逐行动的态度也相当矛盾，他只是轻描淡写地把犹太身份法称为"不幸"，这无疑更是雪上加霜。天主教徒经常受到教导：国家统一，而非政治活动，才是面对战争的正确途径；任何独立思考、提出批评的建议，都是新教徒才会有的行为。1941 年 7 月，红衣主教和大主教会议以一份严肃郑重的宣言作为结尾，宣言声称法国应该展现出"对现政权衷心的、彻底的忠诚"。[7]艾克斯大主教迪布瓦·德·拉·维勒拉维尔（DuBois de la Villeravel）更加让人不齿，他竟然批评梵蒂冈电台，认为电台不应该提醒听众，罗马教皇谈论过法西斯主义的"残暴行径"。从 1940 年到 1941 年，甚至到 1942 年春天，天主教的高级教士们心安理得地坐享贝当民族革命的成果，他们是这场革命的领导核心，而且赢得万民拥戴，因此他们保持沉默。他们的沉默也等于认可了贝当政权行动的合法性。

然而，并非所有天主教徒都保持沉默。个别神父所在的教区散布于这个国家的各个角落，他们随时准备施以援手。其中敢为人先的是沙耶神父，正是这位耶稣会士拯救了韦尼雪营地

82

的孩子们。1941 年底，灰色封面的小册子开始在里昂秘密流传，目的是让基督徒"在战败后团结起来"。在"基督徒证言笔记"（Cahiers du Témoignage Chrétien）的标题下，小册子提醒读者，要注意纳粹主义造成的道德险境。这是第一次触动心灵的抵抗号召。沙耶在第一本笔记的简短序言"法国，不要弄丢你的灵魂"（France，prends garde de perdre ton âme）里写道，最重要的是，不要让"我们的良心慢慢窒息"。他继续写道，基督徒要挺身而出，反对种族主义、雅利安超人崇拜，以及针对"劣等民族"的暴力。5000 份小册子迅速印刷并分发出去。在后来印发的笔记里，沙耶谈论反犹主义，谈论人权，谈论通敌行为，谈论信仰，这些笔记视野开阔、知识渊博、见解深刻，不乏对敌人进行深入分析的真知灼见，在 1942 年陆续流传开来。由于印刷这些小册子相当危险，印刷所用的纸张只能藏在里昂的一座钟楼里。这些小册子的观点如此激进，因为小册子里提到，对于真正的基督徒来说，归根到底，良心比服从重要得多。

这可以说是 20 年后梵蒂冈第二次大公会议的先声，笔记的作者早就提出，至关重要的是，应该以灵性思考关切世俗事务，而不是沉迷于虚无缥缈的抽象神学，而且应该回归先知的言论，重新发现基督教的犹太根源。对于沙耶来说，纳粹主义是一种"违背常理"的意识形态，而希特勒更是否定了"人类文明的精神核心"。笔记被人争相传诵。从那时起直到战争结束，沙耶自觉担当起唤醒法国人的角色，他要让法国人知道和理解，在他们所生活的这个国家到底发生了什么事情。

此时，由于发生在巴黎的围捕行动，以及发生在居尔、里韦萨特和雷赛比杜等拘留营的驱逐行动，天主教的教阶制度受

83　到动摇。有一两位教士勇敢地发声。没有多少高级教士参与其中，但个别人发出的声音同样振聋发聩。

图卢兹大主教茹尔－热罗·萨利埃热（Jules-Géraud Saliège）年事已高，他已患上失语症，身体也已经部分瘫痪，但思维仍然清晰，他此时决定，是时候挺身而出了。他声称："沉默也能发声。沉默面对死亡。沉默不失尊严。……沉默本身也是行动。"他书写有困难，因此以沙哑的、颤抖的声音向秘书口授了一封主教信，这封主教信有 23 行。他的话语平和又简单，但他的教区居民已经习惯了他排比句式的主教发言。他在主教信里说道："犹太人也是男人。犹太人也是女人。"不应该把他们区别对待，仿佛他们与我们有什么不同。"他们也是人类种族的成员。他们是我们的兄弟姐妹，跟其他人没有什么不同。基督徒不应该忘记这个事实。"萨利埃热让手下的神父和秘书骑上自行车，四处传递那封主教信，并指示神父们，在接下来那个星期天，要在讲道坛上大声宣读他在主教信里所说的话。

当地的省长对这封主教信有所耳闻——明显是一位对萨利埃热的激昂腔调感到不满的神父走漏了风声——他对此提出强烈抗议，并告知省内各位市镇长，务必阻止人们宣读这封主教信。[8] 萨利埃热对此极不情愿，被迫同意弱化某些更具批判性的言辞。有几位神父听说了省长的禁令，他们匆匆忙忙地赶到大主教这里，询问大主教应该怎么办。萨利埃热在病床上大声呼喊："把它读出来！"8 月 23 日星期天，绝大多数神父都遵循了大主教的训令。那些没有遵循大主教训令的神父都受到了严厉的指责。萨利埃热告诉那些没有遵守训令的神父，他们之所以被任命为神父，不是为了让他们临阵退缩的。萨利埃热命令他们在接下来的星期天把那封主教信读出来。这封信同样被印刷为小册子，结果维希政府指责其语言"不够节制"。当时，维希政府的一位政府官员指示《南部快讯》（*Dépêche du Midi*）的主编莫里斯·萨罗（Maurice Sarrault）写一份反驳书，萨罗予以拒绝。萨罗说道："我希望我有面目去见图卢兹大主教。"

在图卢兹附近的蒙托邦，皮埃尔-马里·泰阿斯（Pierre-Marie Théas）也投入战斗。他形容当局"拆散"家庭，把男人和女人当成"洪水猛兽"，把他们遣送到未知且"可能极端危险"的目的地。他说道，对于基督徒来说，"所有人，无论是雅利安人还是非雅利安人，都是兄弟姐妹，因为他们都是由同样的神创造的"。他继续说道，最近颁布的反犹法规是"对人类尊严的侮辱，侵害了个人和家庭最为神圣的权利"。这封主教信同样于早间弥撒期间在讲道坛上得以宣读。在蒙托邦，社工玛丽·罗斯·吉内斯特（Marie Rose Gineste）打印了许多份副本，由于觉得邮局信不过，她决定亲自派送，为此不惜每天骑自行车往返上百千米。在巡回派送期间，她还招揽了其他送信人，他们骑上自行车，把这个消息传递出去。

接下来是马赛主教德莱（Delay）；然后是热利耶，在寻找到自己的志向之前，他攻读的是法律专业，他声称，除非去掉仇恨和偏狭的缺点，否则贝当的民族革命根本不可能成功；接着是阿尔比大主教穆萨龙（Moussaron）。及至 1942 年夏末，35 位天主教的主教和大主教已先后发声。尽管并非每一位高级教士和神父都参与其间，甚至在德军占领区根本就没有高级教士参与，但这些主教信之所以如此重要，正是因为发出这些主教信的人曾经是贝当以及维希政府的强力支持者。犹太人曾经长期被视为大麻烦，如今却被视为受害者。沙耶在笔记里全文收录了热利耶、萨利埃热、德莱和泰阿斯的主教信，以及博埃涅的好几份呼吁书。沙耶写道："我们必须对这个无知愚昧、漠不关心的世界大声疾呼，喊出我们的反感和愤怒。"

当法国天主教会出现如此引人注目的突变之时，博埃涅再次公开发表自己的声明。1942 年 9 月第一个星期天，4000 名新教徒聚集在尼姆城外不远处一间农舍外面，他们向早期的新教烈士致敬，就像往年的荒漠集会那样。正是在这里，就在不久前，著名的新教随笔作家和档案保管员安德烈·尚松（André Chansom）提到，必须坚持抵抗，必须"忠诚于自己的信念，即使遭遇失败，即使身负镣铐"。此时人们站在栗子树下，用心聆听博埃涅布道词的主旨："必须至死不渝，我会给你们生命的王冠"，要遵循上帝的启示。他在布道词中多次提到基督徒的义务，以及好心的撒玛利亚人救人于危难之中的美德。博埃涅声称，继续敦促维希政府改弦更张已无多大意义，那个时刻已经过去了。此时的问题非常简单：怎样才能拯救犹太人？在此之后，他召集了 67 位前来听他发言的新教牧师。博埃涅向他们描述了驱逐外籍犹太人的详细情况，负责押运的警察都是荷枪实弹，孩子们与父母分离，老人们拖着各种行李。博埃涅催促他们竭尽所能，去拯救仍然滞留在法国境内的犹太人。后来，牧师们会说，这是他们把《圣经》的教诲用于现实生活的时刻。

博埃涅的下一步行动是再去找赖伐尔和布斯凯，就驱逐行动向对方提出强烈抗议；然后他又去了日内瓦和伯尔尼。在这里，他试图说服瑞士政府，务必接纳被儿童救援组织和西马德组织等慈善组织送来的犹太人。他与瑞士政府达成了大致的协议。

对于天主教徒和新教徒来说，1942 年夏天都是一个关键的转折点。9 月 17 日，唐纳德·劳里在致纽约上司的信件中写道："公众的不满正在加剧。在市场里，在排队的人群里，人们窃窃私语，讲述着驱逐行动的恐怖故事，谈论着驱逐行动给法国带来的耻辱……自法德停战以来，第一次形成如此深入的共识，能够团结法国所有正派人士，让他们在一个道德问题而非政治问题上达成一致。"此时的挑战是如何利用这种情势。

约瑟夫·韦尔医生是儿童救援组织巡回医生团队的创始人和社工，他始终清醒地知道，总有一天，他们无法公开拯救身陷驱逐行动的犹太人，唯一的办法是转入地下。尽管他和他在尼姆委员会的同事始终在跟维希政府谈判，力求改善拘留营里的待遇，但他早就为即将到来的大灾难做好准备了。

无论是在"韦尼雪之夜"期间，当局企图以家庭团聚的名义把犹太孩子甚至婴儿运往德朗西，运送他们的火车车厢上挂着用粉笔写的"里书萨特度假营"的木板；无论是在惊恐的犹太人疏散到乡村以逃避抓捕期间，还是在布斯凯要求省长们"着手执行并加强行动……不惜动用所有能够动用的警察和宪兵"期间，韦尔始终都在积极应对。[9]他出身于沙皇俄国一个著名的犹太拉比家族，他知道所有关于反犹主义和反犹屠杀的往事；而在过去十年间，他还目睹了纳粹势力日益坐大。

韦尔采取的第一个行动是联系乔治·加雷尔，这位电气工程师曾经在韦尼雪营地帮助儿童救援组织。加雷尔的真实姓名其实是格里高利·加芬克尔（Grigori Garfinkel），他于 1909 年出生在波兰。两人在里昂的佩拉什（Perrache）火车站附近一家旅馆见面。韦尔告诉加雷尔，他正在寻找一张新面孔，这个

86

人必须没有政治包袱，不为维希政府或者德国人所熟悉，能够建立一个地下网络以拯救和藏匿犹太孩子，无论是父母已被驱逐的孤儿，还是那些其父母可以被儿童救援组织争取过来的孩子，只有孩子安全了，父母才愿意跟儿童救援组织合作。韦尔说道："让我们通过疏散孩子来拯救孩子。"韦尔补充道，为了达成目的，加雷尔需要一个掩人耳目的假身份、助手、钱、家庭、假文件，还需要安全屋。加雷尔早就想加入抵抗运动，因此爽快地同意了。加雷尔提出两个建议：他的新组织将会尽可能独立行动，所有加入这个新组织的人都要伪装成雅利安人。

为了掩人耳目，加雷尔乔装打扮成一个陶瓷器皿行商，他把假文件和钱藏在杯子和调味罐的底部，又把这些东西放在样品袋夹层的底部。[10]他拜访萨利埃热，同时说明他需要愿意接纳犹太孩子的天主教家庭。萨利埃热给他开了一封介绍信，让他去找最值得信任的几位神父，并在介绍信中特别提到加雷尔"行为良好、信仰虔诚"。这封介绍信为加雷尔打开诸多方便之门。在此之后，加雷尔又去了蒙托邦，拜访泰阿斯，对方也答应帮忙。营救行动所需的资金来自犹太人联合会，途经瑞士和葡萄牙带入法国。助手就在人数众多的犹太学生当中物色，那些年轻社工也是物色对象，他们都参加过贝当的民族革命，帮忙宣讲过所谓"稳定、虔诚、多产、团结、好学"的家庭价值。在这些年轻妇女当中，有些人不过19岁或20岁，她们都有正式工作，利用业余时间帮助加雷尔。这也是德军占领时期诸多奇怪现象之一，一些犹太人正在受到围捕和驱逐，另一些犹太人还在继续工作，而且并非所有人都被迫改名换姓。

"加雷尔环线"由此诞生。它将在非占领区开始运作，仿照抵抗运动的模式，化整为零，各自为战；作为儿童救援组织

下属的儿童之家的总监督人，安德蕾·萨洛蒙将会负责人员招　87
募和计划制订。萨洛蒙马上着手对助手们进行筛选，排除掉那
些从外表和口音就能被认出是犹太人的助手。在儿童救援组织
内部，雅利安同事被编入"纯粹梯队"，那些身为犹太人却长
得像雅利安人的同事被编入"综合梯队"。莉莉·塔格尔说，
加雷尔是个天生的组织者。莉莉曾经与加雷尔在韦尼雪营地并
肩作战，不久之后就嫁给了加雷尔。

　　至少在一段时间内，在形势变得太过危险之前，儿童救援
组织的"环线A"仍然是公开的，而且独立于加雷尔的"环线
B"。"环线A"由正式隶属于维希政府第三理事会即健康理事
会的法国以色列人总会进行运作，这让"环线A"有了合法形
式。儿童救援组织在里昂的加尔默罗斜街10号有一间办公室，
还有多达280名员工，绝大多数都是医生或者社工，散布在全
国各地。马德莱娜·德雷福斯越来越投身于她的犹太人事业，
她的正式身份是儿童救援组织的心理学家；而她的非正式身份
是加雷尔及其环线的联络人。尽管她的丈夫雷蒙为了替美国公
司采购皮革制品而不得不改名换姓，以掩盖他的犹太人身份，
但她宁愿继续使用德雷福斯这个姓氏。雷蒙总是害怕她会因此
而被逮捕。毕竟，他们的大儿子米歇尔八岁，而小儿子雅克才
五岁。

　　马德莱娜此时过着一种双重生活：在表面上，她帮助运营
儿童救援组织的儿童之家，这在当时还是合法的，儿童之家里
面也有很多犹太孩子。让人感到匪夷所思的是，德国人允许他
们继续运营，但她把越来越多的时间投入地下活动中，与女修
道院、学校和孤儿院建立联系，询问对方是否愿意在情况危急
之时收留几个假"杜邦"。

但在 1942 年夏天，儿童救援组织并非绝无仅有的受到激励开展行动的组织。抵抗运动的小规模行动以各种形式纷纷启动。之前人们无所作为，因为人们不确定维希政权的合法性，因为人们害怕共产主义，害怕法国道德秩序的瓦解，但此时人们越来越不信任维希政府。佩吉（Péguy）的名言——"如果正义和真相要求我不服从，那我就决不服从"——在越来越多的场合被人反复引用。此时正义和真相都越来越清晰了，天主教徒和新教徒都把他们的教堂变成庇护所，修道僧变成摆渡人，帮助人们穿越封锁线，女修道院提供休息站，让前往安全地点的人们中途歇脚。唐纳德·劳里恰如其分地评论道，这种新近出现的道德义愤，"让每个人都能有所作为"。[11]

西马德组织是曾经在营地里工作的新教团体，此时也转入地下工作，而且设立了自己的安全屋。马德莱娜·巴罗已经与格拉斯贝格院长接触过，商定了安置孩子的地点。"犹太人–基督徒团结运动"让那些被维希政府和德国人激怒的人团结起来了，天主教徒和新教徒并肩作战，这在以前是不可想象的。某些最积极的成员是犹太童子军，即法国以色列人少年团，他们在鼓励孩子离开韦尼雪营地的行动中发挥了很大作用。当犹太福利组织被迫关闭，或者被迫合并到法国以色列人总会的时候，犹太童子军也转而隶属于维希政府第六理事会。他们把自己称为"第六人"，将会成为加雷尔团队的左膀右臂。犹太童子军积极好动、利他无私、精力充沛，他们身体力行，而非埋首书斋，将会成为技巧娴熟的青少年拯救者和假文件制造者。

然而，在法国的犹太领袖中，不乏对正在发生的事情视而不见的顽固之辈，服从维希政府似乎仍然是他们的神圣义务。9月，在韦尼雪事件和南方地区的大搜捕行动过去很久之后，在他们对贝当提出正式抗议，说"被驱逐者面临的命运"早已确定无疑好几个星期后，位于巴黎的犹太教中央教务会议（Central Consistoire）竟然还发出一份正式指示，催促犹太人"不要隐瞒你们的犹太人身份……遵守法律，服从法律……你们就会成为更好的犹太人和更好的法国人"。[12]

他们正在制造一个恐怖的错误。及至1942年9月底，从3月以来，被41列火车运送到奥斯维辛的38206名犹太人，绝大多数已经死于非命，死难者当中还包括孩子，因为孩子不能被选为奴工，他们一下火车就被送进毒气室。此时没有多少人还能坚称火车的"未知目的地"是矿山、石场、工厂了。因为在7月初，英国广播公司伦敦电台已经告诉人们，犹太人正在波兰境内惨遭屠杀。用意第绪语印制的传单催促犹太人："不要消极等待……躲起来，首先让你们的孩子躲起来。"人们在巴黎的街道上散发传单，告知人们老弱病残者将会被毒杀。

与此同时，奥贝格正在与赖伐尔谈判，要求在9月15日至30日再开出15列火车，从德朗西开往奥斯维辛，每列火车装载1000名犹太人。德国人要求移交50000名犹太人，等于说他们要求50列火车随时待命；但赖伐尔正面临着各个教会突如其来的高调抗议，他请求宽限一些时日。赖伐尔说道，运送犹太人"可不像从一家商店里运送指定的货物"。[13]但他承诺尽其所能尽快"解决犹太人问题"。

海因茨·罗特克（Heinz Röthke）是新官上任的盖世太保犹太事务总管，他对艾希曼的雷霆之怒记忆犹新，当时只不过是一列从法国开出的火车被取消而已。罗特克可不敢再激怒艾希曼，如果上司发现他所要求的50列火车无法准备好，后果可想而知。罗特克提议，维希政府立即移交1933年以后入籍的所有

89

犹太人，如果连这都做不到，那就围捕在德军占领区内佩戴黄色六芒星的所有人，无论他们是法籍还是外籍。罗特克估计，仅仅是抓捕居住在巴黎的法籍犹太家庭，至少就能抓到15000人。然而罗特克的上司另有打算。驱逐法籍犹太人的计划被搁置，虽然只是暂时搁置。继续攫取经济利益、让法国保持低调和合作、让法国警察对抵抗运动保持警惕，似乎是更加稳妥的选项，尤其考虑到法国各地的省长都在月度汇报中提到，法国人对犹太人的境遇表达"遗憾"，对维希政府的"敌意"正在上升。搜捕犹太人的行动终将继续，但应该更有章法。这为试图拯救犹太人的人们提供了稍纵即逝的窗口期。但不应该再浪费时间去误导他们了。

9月5日，博埃涅在尼姆会见夏尔·吉永（Charles Guillon），吉永是一位新教牧师，他与位于日内瓦的世界基督教会联合会紧密合作。吉永刚刚在法国中部山区一处地势很高的小村庄出任村长。这个村庄的名字是利尼翁河畔勒尚邦。吉永告诉博埃涅，日内瓦方面达成的共识是，尽管在法国的驱逐行动中拯救成年犹太人已不再可能，但他们仍然可以为孩子们做点什么，据信还有5000~8000个孩子留在非占领区。孩子们散布各地，从儿童救援组织的儿童之家到特别收容中心的营地；有些孩子甚至躲藏在森林里。但拯救孩子们的时间已经所剩无几。儿童救援组织部分收容中心已被清空，来自奥地利、捷克、德国和波兰的犹太年轻人已被逮捕。

抢救孩子、抢救仍然滞留的成年人、在同情犹太人的人们那里拼命寻找藏身之所，就在充满不确定性的情况下匆忙开始了。

第二部　抵达

第五章　走近上帝

　　到底是新教徒马德莱娜·巴罗，还是犹太人马德莱娜·德雷福斯，最早想到把从韦尼雪、居尔和里韦萨特拘留营救出来的孩子转移到利尼翁河畔勒尚邦和维瓦莱－利尼翁高原，现在已经说不清楚了。但能够确定的是，当这场拯救被捕犹太人的竞赛开始时，这些昔日作为被迫害的胡格诺派教徒藏身之处、古老而坚固的据点，此时已经变成来自法国各地之人的家园，他们都是为了逃避维希政府和盖世太保的追捕而来到这里的。这里有许多难民是犹太人，尽管还有非犹太人。高原的位置非常偏僻，难以进入，遗世独立；高原仿佛就是个孤岛，被群山环绕，被河流保护，被悬崖隔断。高原上即将上演一场英勇卓绝、惊心动魄、非同寻常的冒险。

　　勒尚邦其实只是这里好几个村庄之一，高原上还散布着很多村落，高原海拔 1000 米，方圆 500 平方千米，坐落在塞文山脉（Cévennes）北段的群山之间。村庄的名字据说来自高户诺"坎波"（cambo），意思是河流的源头。勒尚邦位于三座城市之间，西边是勒皮－昂沃莱（Le Puy-en-Velay），北面是圣艾蒂安（Saint-Etienne），东面是瓦朗斯（Valence）。高原上有茂密的森林和开阔的牧场，周围是火山活动形成的山峰，山下就是罗讷河谷。这里是法国人熟知的几个严寒地区之一；远近闻名的漫长冬天可以从 10 月持续到第二年 4 月底，每当天降大雪的时候，道路被积雪堵塞，会让这里与外界隔绝好几个星期。这里太冷了，而且气温大起大落，除了偶尔有几株樱桃树，几乎所有果树都无法生长。这里长满了浓密的樟子松和冷杉树，还有一些橡树、落叶松、桦树和栗子树，可是很多树都被砍倒，并被送到工厂，取而代之的是金雀花、荆棘和杜松，这些植物能够很好地适应砾石遍布的土壤。据说，如果一只松鼠不停地从一棵树上跳到另一棵树上，那么这只松鼠最终可以从勒皮市一直跳到费伊村。

在这贫瘠的沙质土壤上，人们种植了卷心菜、土豆、大头菜、黑麦、燕麦和瑞典芜菁，其他的农作物就不多了。但到了秋天，当山谷和田野上覆盖着沉寂的白雾时，高大的树木在雨中会泛起红色，牧场上会铺满黄叶，各种各样的蘑菇，包括牛肝菌、鸡油菌，会在森林里大量生长出来，村民会用独轮手推车收集蘑菇，顺便采集野生的树莓和蓝莓。

1942 年夏末，阿尔贝·加缪（Albert Camus）从阿尔及利亚来到高原，因为山区的空气对他同时感染了肺结核的两侧肺叶大有裨益，加缪把这片高原称为 "一个壮美的地区，带有一点小小的忧郁"。[1] 夜幕降临，加缪坐在勒帕内利埃旅馆［Le Panelier，那是一间家庭旅馆，加缪的妻子弗朗辛（Francine）小时候就在这里度过夏天］前面的石凳上，聆听蟾蜍那 "长笛吹奏" 般的叫声。他想象矗立在山顶的冷杉树是 "一支蛮族的军队"，等待着天色微明之时冲下山谷，"在展开一场短促而无望的战斗之后，代表着白天的蛮族军队击溃了代表着黑夜的孱弱军队"。[2]

高原上的房子都用玄武岩和花岗岩建成，以此抵挡寒风和冰冻的低温，村庄都是灰蒙蒙的，冷峻得令人生畏，三层、四层、五层的房子又窄又小，彼此紧靠，屋顶都覆盖着板岩。只有一条沥青碎石路，即 103 国道，穿过勒尚邦，连接唐斯和圣阿格雷沃。在 20 世纪 30 年代，道路上很少会有汽车出现。那里没有拖拉机，只有几台收割机。所有农活都只能靠双手、长柄大镰刀、畜力和马车来完成，其实只有较为富裕的农民才会有马。家产较为寒酸的农民最多养山羊、奶牛和猪，而且只能拿栗子当饲料。

在彼此孤立的农舍之间，就连用森林里的原木铺砌的道路都没有，农舍里都没有供暖设备，只有极少数农舍有电灯，其实也只有索利耶尔（Saulières）附近有一台涡轮发电机，能够给勒尚邦以及外围几间房子供电。厨房里烧的是柴火，要么就只能靠母牛的体温来取暖了，母牛就拴在旁边的牛棚里。在短暂的夏季期间，人们下地劳作；等到深秋降临，人们就闭门不出了，男人雕刻木鞋和木头工具，女人编织花边。尽管从来不宽裕，但高原上的农民吃得不错，他们自己收集牛奶，自己制作黄油和奶酪，他们还有足够的农产品馈赠访客，也把部分农产品卖给从山谷来寻找补给品的人。 95

1902 年，一条窄轨铁路铺到此处，以便把高原上砍伐的樟子松运到圣艾蒂安的采矿盆地，用来构筑矿坑里的支架。这列玩具般的小火车（Le Tortillard）缓慢地曲折前进，直到攀上陡坡，火车头发出喷气声，嘎吱作响，还总是在中途停下来。1903 年，窄轨铁路通到勒尚邦和圣阿格雷沃，高原从此向游客开放。

火车的另一个作用是把生病和孱弱的孩子带到此地。有一年夏天，新教牧师路易·孔德（Louis Comte）把身体孱弱的两岁儿子带到此处，他发现儿子奇迹般地康复了，这都得益于高原上清新的空气和营养丰富的食物。孔德决定成立一个组织，就叫"造 96

向高原攀爬的小火车

就山区孩子"（L'Œuvre des Enfants de la Montagne），他把贫穷的孩子和被父母抛弃的孩子带到这里，寄养在高原上的乡村和农场里，让他们在这里度过夏天。这些年轻的访客在 1910 年就达到 2398 人，他们来到儿童之家、医院和寄宿家庭，在这里养成讲究卫生的良好习惯，培养良好的言行举止，学习基督教的知识，同时享用健康的食物，做健康的运动。

孔德是个雷厉风行的人物，他长着一个大鼻子，长长的胡须一直下垂到衣领上，这让他看上去有点像托尔斯泰，但他没有时间多愁善感，迅速地开始建设图书馆和公共面包房。农民每照顾一个孩子，每天就能挣到两个苏（Sou），而且孩子们每天还要抽出部分时间下地干农活。其他慈善组织也闻风而动，及至 20 世纪 30 年代，孩子们从法国南部各个地区来到这里，甚至有人从北非过来，他们在清新的空气、茂密的森林里度过夏天。更有甚者，竟然还有"少年犯"被送来这里，人们认为这里道德纯正，对于改造少年犯是有益的。随着这里兴旺繁荣，农民们也大受启发，纷纷把谷仓和柴房改建成客房。

伴随这些小访客到来的，不仅有前来观察他们康复进度、整天骑着自行车在乡间到处闲逛的医生、医学院学生和社工，还有游客。[3]早在莱昂·布卢姆领导的"人民阵线"政府赋予法国工人有薪假期，让法国工人第一次得以探索这个国家广阔而空旷的大地之前，来自圣艾蒂安、里昂和勒皮的家庭就已对这个人迹罕至的地区钟爱有加，人们喜欢这里干燥的夏天和凉爽的山风。人们搭乘小火车来到这里，在勒尚邦、圣阿格雷沃和费伊租房居住；人们都知道凉爽的费伊，因为费伊村所在的位置特别开阔和凉爽。

及至1939年，仅仅在勒尚邦村，就有9家旅馆、38家民宿和9个儿童之家。到了夏天，不足1000名本地人可能要接待5000~6000名外地游客。本地的新教报纸《山区回响》(*L'Echo de la Montagne*) 总是谈论宗教与山区之间特殊的心灵纽带，把山区形容为纯净的、道德上未受污染的世外桃源，而且总是引用《路加福音》第6章第12节："基督出去，上山祷告"，但安德烈·纪德 (André Gide) 路过此地时，却感到不以为然，他说"那些松树似乎也把某种忧郁气质和加尔文教徒的严肃冷峻带入自然当中"。游客在利尼翁河（穿过勒尚邦）的堤岸上野餐，在风景宜人的高原河滩上骑车。很多游客来自瑞士，认为这里的景色就像瑞士的牧场和森林。1938年5月，基督教社会主义者在勒尚邦村的一个车库举行国际研讨会，在会议上，村长夏尔·吉永及罗讷省第四选区的众议员安德烈·菲利 97

普都提醒人们，要警惕极权主义的危害，这个地区因此被视为"小瑞士"。

在捡过蓝莓、采过蘑菇之后，无论是夏季到此的游客，还是在山区里养得白白胖胖的孩子们，都及时返回山下的平原，去迎接秋季学期了。这让高原上空出了许多房间，对于从1937年起陆续来这里逃避佛朗哥统治的西班牙人来说，这里是避难的理想地点，但他们并不总是受欢迎，因为农民们深深地怀疑他们的"红色"背景，尤其是在三个西班牙男孩试图让火车出轨的笨拙尝试之后，农民们就更不信任他们了。农民们声称，西班牙人不仅不健康，还带来包括性病的各种传染病，而且他们不道德，不守规矩，很可能是莫斯科派来的间谍。吉永费了很大口舌，才让农民们至少接纳妇女、孩子和老人，毕竟拒绝接待寻求庇护的人，这是无论如何都说不过去的。

在关于高原的故事中，夏尔·吉永是个经常被忽略的人物。吉永是一个巴黎守门人的儿子，在寻找到自己的志向之前，他攻读的是建筑专业，在第一次世界大战期间做过随军牧师。作为德雷福斯派成员，他投票给左翼党派。他后来成为基督教社会主义运动的重要推动力量，并于1921年被任命为勒尚邦村的牧师，那年他38岁，迅速地把一个年轻人外流到城市的、让人昏昏欲睡的社区变成新教研究的重镇。在他看来，偏远社区的教会应该成为"人力资源、理性思考、精神生活的蓄水池"，而这取决于牧师能否成为"他们所在教区里最好的基督徒"。

吉永经常外出参加普世基督教研讨会，总是鼓励他所遇到的每一个人来参观高原，尽管他从1927年起不再担任牧师，但并未长期缺席；他于1931年成为村长。及至战争爆发时，他已经访问过74个国家，并在几个大洲建立起基督教联合会。他极具奉献精神，因此当选为上卢瓦尔省新组建的"道德行动"联合会的副主席，这个联合会反对嗜酒酗酒，反对卖淫嫖娼，反对色情电影，更多地为被疏于照顾的孩子们发声。在高原上，他被人们称为"夏尔叔叔"。他在慕尼黑的时候正值英国首相张伯伦访问德国；从慕尼黑回来之后，他提醒村民要做好准备。他说道："最糟糕的情形很可能会变成现实。"他补充道，所谓国际承诺的有效期很少超过"一根火柴燃烧的时间"。与儿童救援组织的韦尔医生一样，他对维希政府和德国人不抱任何幻想。

夏尔·吉永

同样地，安德烈·菲利普对维希政府和德国人也不抱任何幻想，他也是高原的常客。菲利普受过政治经济学的专业训练，曾经是"人民阵线"的成员，说过法德停战协定是法国的"耻辱"。他有和平主义倾向，但并不认为武装反抗维希政府和纳粹暴政有什么不对，只是觉得斗争应该要谋定而后动。菲利普出身于塞文诺（Cévenole）的一个古老家族，他经常带着妻子米雷耶（Mireille）和五个孩子在勒尚邦度过夏天，在那里融入当地生活，并举办福音书研讨会。菲利普夫妇都是热情的新教徒。安德烈说过，自己的信仰是"加尔文式的（因为加尔文被地中海的阳光所温暖）"。他蓄着整洁的胡须，下巴剃得很干净，只蓄着小胡子，眉毛又浓又黑。他爱抽烟斗。

随着热情洋溢的瑞士福音派牧师玛格丽特·德·费里斯（Marguerite de Felice）的到来，高原上本已高涨的新教热情变得更加浓厚。费里斯小时候就在路易·孔德的影响下来过高原，此时她带着独生子来到勒尚邦，希望能够治愈儿子的肺结核，这种疾病已经夺去了她丈夫的生命。费里斯夫人，这位30岁的寡妇，曾经在凡尔赛的年轻女性基督徒联合会（Union Chrétienne des Jeunes Filles）开启了独特的篇章，也是热情的酗酒危害宣讲者。在高原上，费里斯开设了一个农场，她种植的葡萄从未成熟，种植的西红柿也从未变红，但她悉心种植的苹果长势喜人，然后她又开设了苗圃旅馆（La Pouponnière），收留了五个西班牙母亲和她们的13个孩子。为了养活她们，费里斯买了许多大桶装的橄榄油，因为她留意到，她的客人喜欢用面包蘸橄榄油。

在1939年战争爆发前夕，绝大多数西班牙人已经回家了；村民们如释重负，因为如果房间总是被西班牙人占用，他们就失去接待夏季游客的收益了。村民们明显更欢迎德奥合并之后来这里逃避纳粹统治的奥地利人和德国人，尤其是因为这第一批难民是在战争即将爆发时逃出来的，他们随身携带着足以过上体面生活的积蓄。在战争爆发前的最后一个夏天，据说勒尚邦及其邻近村庄接待了大约 12000 名游客。

当马德莱娜·巴罗和马德莱娜·德雷福斯焦头烂额地到处寻找地方，以藏匿这些受到追捕的孩子时，她们来高原求助可以说是顺理成章的。她们曾经在"指定居留地"的警察眼皮底下把人成功送出拘留营，这让她们意识到，只要让初来乍到的新人混迹在其他人当中，就有可能神不知鬼不觉地通过封锁线。在距离勒尚邦四千米的地方，有一个叫作雷塔瓦（Les Tavas）的村落，那里有一座叫作花丘（Coteau Fleuri）的建筑物，以前是一座有 100 个床位的旅馆，此时已被西马德组织租用，部分资金由瑞典人提供，从居尔营地、里韦萨特营地和雷赛比杜营地拯救出来的孩子先是被送到这里，然后再被送去学校，而成年人则要做些家庭杂务，同时帮助村庄伐木。那些在泥泞不堪、简陋不堪的拘留营里度过好几个月的人，会为田野里长得像地毯一样的龙胆草发出由衷的赞叹。

在丽日旅馆（Beau Soleil），若尔热特·巴罗（Georgette Barraud）和她 19 岁的女儿加布丽埃勒（Gabrielle）接待西马德组织送来的家庭，并把这些初来乍到的新人与经常来高原的法国普通夏季游客安排在同一家旅馆里。[4] 早在战争爆发前，若尔热特就已认识夏尔·吉永，她曾经在赞比亚传教。她与丈夫都会说流利的英语，她的丈夫既是木工也是被派往非洲的传教士。让他们的邻居有些不安的是，巴罗夫妇一直收听被禁的英国广播公司法语广播，他们总是把窗户打开，并把音量调到最大，因为巴罗先生患有严重的耳聋。

在勒尚邦村里面，在距离主广场不远处有一座苏莉阿姨之

若尔热特·巴罗及寄宿儿童

家，那是一座朝向主街、正面高大巍峨的建筑物，但在朝向小街的背面有一个低矮的露台，可以让人们在必要时突然消失。[5]苏莉阿姨之家原本由埃米尔·塞什（Emile Sèches）开设，他是犹太人，而他的妻子索朗热（Solange）是天主教徒，苏莉阿姨之家就是用索朗热的昵称来命名的。在战争爆发前，埃米尔一直在圣艾蒂安的一家保险公司工作，但在 1940 年，他被解雇了，最新实施的犹太身份法让他无法再从事原来的工作。埃米尔和索朗热有一个儿子和两个女儿。小女儿叫马德莱娜，是个病弱的婴儿，在战争爆发前夕，小马德莱娜在勒尚邦的一家儿童健康之家疗养了几个月，因此当埃米尔打算亲自开设一个儿童之家的时候，他首先想到的是回到高原。在一场暴风雪期间，埃米尔被困在勒尚邦，村长给他推荐了一栋正在招租的房屋，在当时，把房子租给犹太人本身就是勇敢的义举了。

跟巴罗先生一样，索朗热患有严重的耳聋，她负责煮饭。埃米尔为人严谨、慈爱、勤奋，他是一个优秀的组织者，运营这个儿童之家，同时为邻近地区所有儿童寄宿家庭提供后勤保障。他开着他的小型厢式货车，在高原上到处收集食物，然后小心翼翼地按照数量进行分配。至少在早期，绝大多数儿童之家都是由未婚的老姑娘运营的，因此她们都非常需要借助埃米尔的铁腕手段来管管那些年轻男孩。埃米尔一家来到勒尚邦的时候，女儿马德莱娜才三岁，她还记得男孩们在宿舍里打架，实际上许多孩子根本就不知道自己的父母在哪里。

1941 年春天，瑞士救援组织在高原上的拉盖斯皮（La Guespy）找到了第一个据点，房子是从费里斯夫人那里租来的。负责管理这个据点的是脾气有点古怪、肤色非常黝黑的加泰罗尼亚医生朱丽叶·乌萨奇（Juliette Usach），她本身就是个难民。朱丽叶的一条腿比另一条腿短一些，因此走起路来一瘸一拐的。她戴着一副小圆框眼镜，总是梳着中间分缝的发型，然后在后脑勺收束成紧紧的圆形发髻。拉盖斯皮收留 14 岁至 18 岁的青少年，绝大多数都是马德莱娜·德雷福斯和儿童救援组织从居尔营地拯救出来的青少年。

在这些青少年中间就包括汉娜和吕迪，他们是乘坐小火车来到高原的。汉娜已经 17 岁了，要上学的话年纪已经偏大，尤其是她还不太会说法语。在掌握足够多的知识以完成学业之前，她为附近的防痨疗养院工作，作为预防措施，那些有可能患上肺结核的孩子会被送到这里。汉娜非常想念母亲，她感到乌萨奇小姐总是对她吹毛求疵；女孩子全都同意，乌萨奇小姐严厉得毫无必要，而且明显偏心男孩子。及至 1942 年春天，22 名青少年住在拉盖斯皮，他们来自八个国家，信仰四种宗教。不

102

久之后，第二个儿童之家在拉布里克（L'Abric）开放，收留了 30 名 6 岁至 16 岁的孩子。奥古斯特·博尼（Auguste Bohny）是一位瑞士教师，曾经在里韦萨特营地为瑞士救援组织工作，他来到勒尚邦运营第二个儿童之家。博尼是一位钢琴家，既会弹古典乐，也会弹爵士乐，他迅速接手了勒尚邦的管风琴。孩子们都喜爱他。

在勒尚邦，从农场收集牛奶

汉娜并非不快乐。战争造成的巨大痛苦让孩子们陷入孤独自闭。那里没有收音机，没有电话，也很少会有报纸。汉娜会说，这给她一种平静的感觉，但每到夜晚，她就会焦虑地听着其他孩子因为想念母亲而发出的哭声。与其他孩子一样，她也经常挨饿，因此会用很多时间想食物。就算埃米尔在乡村里到处寻找食物，也只能勉强喂饱这些正在成长发育阶段的十几岁的孩子。放学之后，孩子们就要去搜寻食物：栗子、野果、蘑菇。孩子们两眼发直地看着费里斯夫人的苹果树。在丽日旅馆，加布丽埃勒有时会被派去找远处的农夫，询问对方有没有一头猪或者一头羊可供购买。汉娜早在母亲被驱逐之前就尝试过储存和烘烤面包，并把面包送给身在居尔营地的妈妈，同时送去的还有她从别人家中的食品橱柜里偷来的土豆。她听说阿姨们已经能够取道北非前往古巴。马克斯此时在犹太童子军运营的农场里工作，他与汉娜相互写信。

　　到了晚上，住在拉盖斯皮的孩子都会围坐在一张长桌旁边吃晚饭。他们小心翼翼地不去询问彼此的人生，知道真相很可能既危险又痛苦。即使是那些非犹太孩子，他们近来的经历也太过痛苦，因此不愿意与其他人分享，比如16岁的孤儿让·纳莱（Jean Nallet）。让的父亲在他三岁那年就死了，母亲最近因为急性肺结核也死了，在那之后，他被送到国家病房，然后被费里斯夫人送到拉盖斯皮。他会说，他的人生是"灾难性的"，已经被丧母之痛压碎了，身边有其他同样痛苦和迷茫的孩子反而会让他感到宽慰。

　　直到1942年夏天，维瓦莱－利尼翁高原上这些难民之家和儿童之家才获得了完全合法的地位，虽然这合法地位是不稳定的，但最起码获得了维希政府的承认，因为维希政府发现这些难民之家和儿童之家能够缓解拘留营里过分拥挤的压力。当营地巡视官让－马里·富尔（Jean-Marie Faure）访问高原，并前往视察花丘、拉布里克和拉盖斯皮时，他所撰写的报告是充满赞赏的。富尔记录道：这个"平静的休养地"舒适宜人，如果类似的房屋也能接纳老人和病人就好了，因为让他们住在营地里实在是太不合适了。富尔赞赏年轻人和成年外国人一起从事

103

104

勒尚邦孩子们的晨练

的锻炼和手工劳动，认为这"缓解"了他们的痛苦，不仅让他们恢复了对生活的感知，而且从整体上改善了人们对法国的观感。富尔在报告中写道："健康且努力劳动的生活，是为这些年轻人而设的。"这种安排是"优秀"的设计。实际上，那里很多孩子和成年人都是犹太人，让人感到意外的是，富尔对此只字不提。

然而，还有其他因素让维瓦莱－利尼翁高原在法国成为例外，而且在接下来的几个月里，这个特殊因素将会成为拯救犹太人的关键要素。

在高原居民里，不仅有很高比例的新教徒，他们坚守当年受到围攻的胡格诺派教徒的信念，而且还有相当数量的达比派信徒，他们是 19 世纪一个英国传道人约翰·达比（John Darby）

的追随者，冷静、朴素，非常注重隐私，有时会被别人比喻为贵格会教徒和阿米什人。[6]及至战争爆发时，高原上设有 12 个新教教区，在 24000 名高原居民里面就有 9000 名新教徒，在一个新教徒只占全国总人口 10% 的国家，高原上的这个人口比例是相当惊人的。达比派和另一个更加小型、更加隐秘的宗派——拉文派（大约有 2000 人），构成了在欧洲最大的社群。

生活在阿尔代什和塞文山区的新教徒向来具有光荣的反抗传统。1685 年，《南特敕令》被取消，国王路易十四宣告新教徒将被视为异教徒、分裂者和国家公敌，此举导致数以万计的新教徒进入法国中部的山区，并加入此前受到天主教镇压的早期难民的社区。许多人都来到上维瓦莱，并在利尼翁河沿岸定居。他们也带来了反抗精神、严谨道德，以及一定数量的地下教会，他们称之为山区教会（Les Eglises de la Montagne）。如果遭到逮捕，他们将会被送进监狱，而他们的孩子则会被带走。因此他们举行秘密集会，进行秘密崇拜；他们躲在坚固的大门和紧闭的窗户背后，在密室里阅读《圣经》，彼此勉励对方，要面对被迫害的生活，答案只能在《旧约》里面找。他们熟读《圣经》，也熟知犹太人的历史；他们自比为受到迫害的以色列人，漫游于荒漠之中，自认为是被上帝选中的民族。他们愿意为信仰而死。

在这些富有独立精神的胡格诺派教徒中分化出卡米撒派（Camisards），这个词可能来自欧西坦语的"突然袭击"（camisada），或者来自他们所穿的袍服（camisa）。尽管他们最初严格遵循胡格诺派教徒的戒律，比如使用本地方言进行崇拜，严格按照《圣经》来规范每一处生活细节，他们所经历的迫害却让他们发展出一套更加狂热、更加具有末世情结的崇拜形式，并在混乱的世道中陷入狂喜的幻觉，依赖预言来改变自己的生活。在洞穴、"地底的石洞和兽穴"里，他们的孩子，有些甚至是只有三岁的孩子，照样念念有词。卡米撒派的象征是鸽子，鸽子的巢穴搭在裂开的石缝里，以象征受到迫害的教会被迫在荒漠里进行崇拜；他们的女英雄是玛丽·迪朗（Marie Durand），她是被处决的卡米撒派领袖皮埃尔·迪朗（Pierre Durand）的姐妹。玛丽被关押在艾格莫尔特（Aigues-Mortes）的康斯坦茨塔楼（Tour de Constance）长达38年，她在地牢的一面石墙上刻下"抵抗"（résister）。"抵抗"这个词将会在后来的时代里回响。

在17世纪末和18世纪初，经常有大批信徒聚集到这里聆听预言，他们相互安慰和劝勉，这种秘密的夜间集会可以持续长达12个小时。在这种集会上，天主教徒被视为敌基督者，"是魔鬼及其追随者"，被打上了迫害者的烙印，将会成为神圣战争的交锋对手。因为许多卡米撒派成员都是文盲，因此他们的说教往往借助形象比喻，也喜欢使用煽动性的语言。受到先知传说感召的领袖们，率领着衣衫褴褛、武器简陋的乌合之众，唱着《圣经》中的诗篇，投入与国王军队的战斗当中。由于缺乏金钱，而且与逃到英格兰和瑞士的胡格诺派教徒缺乏联系，卡米撒派成员只能在乡村地区四处游荡，他们用皮绳把《圣经》绑在背上，以便解放双手来持握武器。塞文山区变成了"神圣剧场"，地下宗教能够在这里幸存。

在无数卡米撒派成员被屠杀之后，他们的农场也被纵火焚烧，而那些拒绝忏悔的人则受到夏依拉神父（Abbé du Chayla）及其麾下那些四处骚扰的龙骑兵（以武力强迫别人改宗的龙骑兵被称为"军靴传教士"）的折磨，只有少数幸存者屈膝投降。

一旦和平得以恢复，胡格诺派牧师就会重建改革派教堂，他们听命于加尔文而非路德，仿照日内瓦模式，于 1715 年举行第一次"荒漠"大公会议。在缺少神职人员的岁月里，当地产生了独特的祈祷模式以及许多广为传颂的诗篇，就像清教徒后来在新大陆的大发展一样。胡格诺派教徒采纳了加尔文的许多学说，每周举行多达四次集会，并在他们的集会中排除所有他们认为在精神上尚未做好准备的人。赌博、妄言、淫秽都将受到惩罚。面向本宗派信徒的社会福利和慈善事业则受到鼓励。自从新教徒不得入葬基督教墓地的禁令颁布以来，他们形成了新的传统，在每个人出生之时种一棵树，在其死亡之时再种一棵树。

正是在这些粗野强健、深受迫害的人群当中，在这些从《圣经》中寻找权威和灵感的胡格诺派教徒和卡米撒派成员中，约翰·纳尔逊·达比的学说找到了生根发芽的肥沃土壤。达比是一名士兵[①]的侄儿，那名士兵曾经在尼罗河战役中跟随纳尔逊[②]作战；纳尔逊还是达比的教父。正如人们后来所知，达比派将会在帮助犹太人对抗维希政府的斗争中扮演关键角色。

在 19 世纪早期的英国，一些英国国教会的牧师不满于当时的教会拘泥形式和谨守礼节，他们向往更早期、更简单的教会，于是离开体制化的教会，发起基督教福音主义运动。按照神学家托马斯·爱德华兹（Thomas Edwards）的说法，当时有多达

---

① 即亨利·达比（Henry Darby，1749~1823），在尼罗河战役中指挥"柏勒洛丰"号舰船。——编注
② 即霍雷肖·纳尔逊（Horatio Nelson，1758~1805），率领英国皇家海军在此战中大获全胜。——编注

"176 种截然不同的异端邪说"。公理会、浸信会、长老会和卫理公会的牧师骑在马背上走遍全国，他们四处宣扬认真研读《圣经》，认为这是更加直接的崇拜上帝的方式，完全不需要神父或者牧师来领导教会。他们认为，当上帝答应给基督徒以救赎的时候，这种救赎也包括犹太人；巴勒斯坦被他们视为第二故乡。

107

其中一位传道人就是约翰·达比，一个相貌堂堂、眼神深邃、方口广颐的男人，他出身于一个英格兰－爱尔兰贵族家庭，在爱尔兰教会接受圣职培养，由于教义争端而与爱尔兰教会决裂。达比认为，被授予圣职的神职人员和已成建制的、与王权紧密连带的教会都违反《圣经》的教诲。达比生性冲动易怒、爱好争辩，加入了在普利茅斯新近集结的会众，他们拒绝承认一切超越于教会会众之外的组织架构。早在这些会众由于太过分裂而形成小宗派之前，达比挺身而出，担任其中一个组织严密的宗派的领袖。他是一位出色的演说家，能够流利地说拉丁语、希伯来语、希腊语、法语、德语和意大利语；他也是一位多产的作家，他写诗，写圣诗，写《圣经》解释，还负责监督重新翻译《圣经》为英语、德语和法语的工作。

1837 年，达比前往瑞士，那里正在发生基督教复兴运动，停滞的、考虑不周的信仰正被唤醒为更加个人化的虔诚信仰，建基于救赎和悔悟，赢得了众多信徒的支持。[7]他继续前往法国，游历阿尔代什省和上卢瓦尔省，在那里对热情洋溢地前来参加集会的人们讲道。他告诉人们，上帝是信守约定的上帝，他的荣誉和正直都与以色列有关，犹太人应该回归他们自己的土地。在《启示录》中，有四位骑士、巨大的蝗虫和血雨降临大地，这都揭示了隐藏的真相。他发现他的听众都"无私奉献而且满腔热情"，评论道，他所遇到的会众成员"都很好，正在走近上帝的正道"。

达比的学说本质上是神秘主义而非神学研究，他的布道词经常模糊晦涩、含混不清、包含预言，强调人类种族的彻底堕落，只有通过上帝的话语和救世主再临才能重获新生。他告诉人们，真正的信徒将会从地面上"被提"，在去往天堂的半路上遇见基督，在进入天堂之前将会经受"磨难"，即敌基督者长达七年的统治。在世界末日的善恶大决战之后，在基督选定的时间，基督将会再临，人们将会在幸福和繁荣中度过 1000 年。达比说的许多话并无新意，但他把早期的千禧年传说和预言编织成一个自成一格的体系，以《圣经》的文本为支撑，然后通过永无休止的写作和充满激情的巡回演说，把这种学说传递给他的追随者。1849 年，当他来到维瓦莱－利尼翁高原的时候，群众从这个地区的各个角落前来听他讲道。他们专心致志地做笔记，后来还说他的话语能够在接下来的几个月里滋养会众的心灵。当地省长也留意到这位外国来的弥赛亚似的传道人，告诉上司，由于达比的布道词充满"人畜无害的梦想"，他看不出这些言论会造成什么威胁。

然而，会众总是倾向于内部分裂和相互妒忌，在英国更是如此。人们在洗礼问题上争吵，在是否需要"神圣、古老的教会"问题上争吵，在先知事件问题上争吵，在各种集会彼此关系的问题上争吵。达比反对他所谓的宗派主义和教权主义，因此内部再次决裂。他仍然是一个错综复杂、难以理解、雷厉风行的人物，喜欢无休止地与人论战，而他也似乎相信自己被上帝赋予了参透《圣经》的独特能力，并被上帝任命为战胜邪恶

108

力量的使者。他的追随者被称为"独特的"，而非"公开的"，他告诉会众，他们将会得到特殊的祝福。

在随后围绕戒律而展开的、在英国和法国高原上同时出现的内讧和分裂中，最为重要的分裂发生在上卢瓦尔省和阿尔代什省，一名来自埃塞克斯（Essex）的初级律师助理的儿子领导了这场分裂。这个人有着兼具甜美和雄浑的歌喉、能够看透人心的双眼、白色的大胡子和平滑的小髭须。1865 年，28 岁的弗里德里克·爱德华·拉文（Frederick Edward Raven）离开英国国教会，并在脱离英国国教前后遇到达比。在格林尼治（Greenwich），拉文接受了一份皇家海军学院的秘书工作，以养活他那有着九个孩子的家庭。他对孩子们的要求极为严格，非常强调呼吸新鲜空气和做运动，而且禁止他们说脏话。拉文在当时受到妄言和异端的指控。他在讲道时说过，祈祷和冥想，还有圣灵的直接启示，是与研读《圣经》同等重要甚至更加重要的事情，并非所有信徒都能同样得享永生。在整个高原上，拉文的追随者反过来指控达比派，说他们"贬低了我主耶稣基督的荣耀"。拉文的追随者自称为"拉文派"，他们组织了自己的集会。

这些拉文派和达比派的小社群保存并秉持着自己对上帝话语的解释，他们宁愿被视为"会众的聚集"，过着平静的、虔诚的、大致未被即将到来的战争改变的平行生活。长达几个世纪的暴力和迫害让他们形成了谨小慎微、自尊自傲、自怨自艾的复杂性格，还形成了强大的口述传统，作为讲述者述说着他们的英雄往事。他们每逢星期天早上集会，在给奶牛挤完牛奶之后并不听布道词，也不进行祈祷，只是让他们的灵魂直面上帝。他们不需要牧师，而是在下午研读《圣经》或者上周日学校。他们的家庭规模很大，通常养育八个甚至十个孩子。

勒尚邦郊外森林里的达比派妇女

　　礼拜就在谷仓里举行，或者在人们的饭厅里举行，礼拜现场没有任何装饰，很少会有宗教符号，也没有圣餐台或者十字架。男人和女人分开就座，妇女们戴着帽子，穿着整洁的、相当严肃的黑白衣物，圣餐面包以人手传递的方式传遍每行座位。在这里，是男人而不是女人领唱圣诗或者领读赞词，妇女们甚至都不说话。从其他集会赶来的新人将会经过细心审查，然后才会被邀请加入，如果新人不符合资格，他们将会被驱逐，这是为了让集会远离原罪。在晚上，寂静只有在绝大多数达比派和拉文派家庭阅读《圣经》的时候才会被打破，《圣经》是"上帝的话语"，永远被放置在最显眼的位置。达比派的孩子会

110

记得，他们的成长历程是寂静的，缺少欢声笑语。正如他们当中某人所说，这些是严守"道德自律"的人。

由于只有过着一种信仰生活才有可能成为一名真正的基督徒，解决方法就是尽可能不要过世俗生活，世俗生活被视为完全邪恶的。20 世纪 30 年代热烈的政治争端很少波及高原。人们制定了自身的行为规范，这种规范并非来自人间的法律，而是来自《圣经》的教诲。他们可能会欢迎贝当提出的回归更讲道德的法国，但仍然不希望自己与贝当的复杂想法有什么瓜葛。真正的达比派或拉文派信仰意味着没有咖啡，没有电影院，没有酒吧，没有酒精，没有舞会，没有旅馆，没有派对，甚至没有宗教节日。这也意味着关注犹太人的命运，救赎这些被上帝选中的犹太人也就是自身的救赎。

对于高原上的天主教徒和新教徒来说，他们的慷慨精神和勇气也将受到完全相同的考验。对于他们来说，事情更加简单，他们更多是凭良心做事，服从基督教的权威，而不是内在的信仰。然而，对于他们所有人来说，即天主教徒和新教徒（无论是达比派还是拉文派），他们地处偏远、教养良好的社区，其经济活动都是围绕周围的田野和森林而展开。森林里长满了松树和橡树，这让这些社区成为孤岛，虽然地处边缘，但与世隔绝的环境保护了它。有时候，人们甚至会觉得，它根本不像是法国的组成部分。在如此偏远的环境中，几乎没有服从别人的需要。很大程度上，它没有被启蒙运动触动，没有受 1848 年革命的冲击，没有被世界大战波及，人们继续以父传子的方式传承宗教惯例，而在守夜期间，他们保留着卡米撒派的口述传统。他们都阅读《旧约》，因为《旧约》提及许多拯救被压迫者、分享面包给饥饿者、收留无家可归者的故事。当战争此刻横扫法国的时候，高原上每一个人应该都反复听过好心的撒玛利亚人的寓言，也反复听过《申命记》里面的话语："我命令你们（保护逃难者），免得让无辜的人流血牺牲。"

如果新教徒只是自认为比天主教徒更富有，他们的孩子更有教养，他们的农场更加干净，那么他们之间倒是没有多少敌意。据说天主教徒更喜欢投票给右翼，新教徒更喜欢投票给左翼，达比派则几乎不投票。他们都不愿意在贝当、维希政府或者德国人身上浪费时间。两位当地牧师让·佩雷（Jean Perret）和罗歇·卡萨利（Roger Casalis）于20世纪20年代末说过的话适用于他们所有人。两位牧师说过，如果他们当中任何人经受过真正的考验，那么他们肯定会"再次以其他方式找回他们父辈的英雄主义"。

第六章　纯洁心灵

　　并不让人意外的是，考虑到高原居民的反抗传统，当在任的勒尚邦村新教牧师罗歇·卡萨利决定于 1934 年隐退时，他的职位将被移交给一位极具争议的和平主义者，一个决不妥协、坦陈己见的男人——安德烈·特罗克梅。对于新教教会来说，和平主义和拒服兵役都是不可接受的观点。但勒尚邦教区委员会接受了这位热情的传道人及其意大利妻子玛格达，而且给予他为期只有一年的合同（条件是他不改变当地的宗教信仰），顺利绕过了当局的限制。战争期间在维瓦莱－利尼翁高原参与过救援行动的所有人物中，特罗克梅最为引人注目。那些人物后来成为传奇，很大程度上要归功于特罗克梅自己的回忆录，因此有些人物或许失去其极为鲜明的个性，但我们不要忘记，他们都是些个性复杂、难以相处、作风强势的人。他们或多或少都比人们以为的更为重要，但他们不是圣人。

　　安德烈·特罗克梅来自圣康坦（Saint-Quentin），此地靠近法国和比利时的边境。他的父亲是法国胡格诺派教徒，经营着一家成功的蕾丝花边和纺织品企业；安德烈出生那年，父亲已经 56 岁了，但精力充沛，尽管头发灰白，依然不怒自威，掌控着家中众人和十个孩子，这十个孩子是父亲在两段婚姻中先后得到的。父亲生性顽固，恪守传统。[1]家庭聚会就像行业大会，根本就不像家庭派对。父亲告诉孩子们："如果你们总是恪守职责，那么你们就永远不会犯错。"安德烈的母亲是个冷淡矜持的德国妇女，戴着一副夹鼻眼镜，头发梳成紧密的发髻，在安德烈十岁那年死于一场车祸。安德烈的父亲是个易怒的驾驶者，当时正在追逐一辆小汽车；当他们家的汽车左前轮撞上一堆碎石时，母亲被抛到路面上。终其一生，安德烈都会记得母亲满身尘土地躺在路面上，鲜血不停地从嘴里冒出来。安德烈许多年后写道："从那时起，我就懂得，总有些残忍无情的事物是个人无法抵抗的，在那生离死别的时刻，没有人能够扭转生死，就连上帝都无能为力。"

父亲的生活一如往常，仿佛意外从未发生。安德烈的姐姐接手撑起这个家，手法严厉而冷酷。强调虔诚和责任的气氛无处不在，以至于没有为爱与温柔留下一席之地。作为一个男孩，安德烈认为自己的性格是胆小、敏感、自负的。他与哥哥住在同一个房间，哥哥是个专心学习、不苟言笑的男孩，"我似乎从未真正了解过他"。特罗克梅一家阅读《圣经》，从不喝酒、抽烟、跳舞。正如安德烈所说，这并不是一个"让人快乐的家"。

圣康坦距离索姆河战役的战场只有 20 千米，在第一次世界大战期间，13 岁的安德烈目睹了缠满绷带的伤兵步履蹒跚地走过城镇的街道。他也看见了运载尸体的火车开往南边的火葬场。他的父亲曾被短暂用作单人盾牌，以防备法国狙击手从屋顶打出的冷枪。安德烈这才强烈地意识到身份和忠诚的概念，母亲的德国亲戚忠诚于一方，而他同父异母的兄弟们忠诚于法国一方。当一个寄住在他家的年轻士兵对他讲起非暴力反抗的时候，他的和平主义信念由此萌生；当那个士兵随后阵亡的时候，他决心继承那个士兵的遗志。

安德烈第一次与"单调、刻板、驯服、窒息"的家庭生活决裂，是在出席一次基督教社会主义青年会议时，他听到人们热情洋溢地谈论福音主义和贫困问题。更深刻的认识来自圣康坦大撤退时，他亲身经历了作为难民的生活。这段经历教会他贫穷意味着什么，他发现最贫穷的人有时反而最慷慨，这让他深受触动。他为自己过去的愚蠢蒙昧和"无比幼稚"而深深自责，在他看来，愚蠢是比恶毒更严重的罪过。

114 经历过基督教青年运动的安德烈来到巴黎，成为一名神学院学生，尽管他是完全公开的和平主义者，但坚持服兵役，声称他需要经历其他人经历过的事情。他差点因为拒绝持枪巡逻而被送上军事法庭，但幸好后来什么都没有发生。他并不是一个特别出色的学者，没能毕业，也找不到最好的工作，但他接受了一份为期一年的奖学金，这份奖学金是由位于纽约的协和神学院（Union Theological Seminary）提供给法国青年神学者的。他是一个高大、严肃，甚至有点沉重的年轻人，有湛蓝的眼睛，戴着一副夹鼻眼镜。他已经考虑过自己在教会的前程，他将会成为教友们的朋友和兄弟，而他的教堂将会是一个公共的、平等的地方。

为了支付往返纽约的路费，安德烈受雇于小约翰·D. 洛克菲勒（John D. Rockefeller Jr），作为家庭教师为他的孩子们辅导功课。在国际学生公寓，安德烈邂逅了玛格达·格里利（Magda Grilli）。玛格达出生于一个俄国十二月党人与意大利贵族通婚的家庭；她的祖父和外祖父都由于政治观点而蹲过监狱。玛格达出生三周后，她的亲生母亲就去世了，她是跟着继母长大的，但与继母相处得并不好。在接受完师范教育后，玛格达来到纽约，参与一个社会工作课程，并逃离了那个不自由的家庭的禁锢。与安德烈一样，玛格达能够流利地说好几种语言，尽管她的法语带有浓重的意大利口音。这让她说起话来语气很重，断断续续的声音听上去有点粗声粗气。1926年，他们结婚了。

尽管在某种程度上，他们脾气相投，同样急躁，同样易怒，同样坦率，同样受过教育，同样充满自信，但他们的宗教倾向有着天渊之别。安德烈怀有深厚的宗教情感，执着于正统观念、新教信仰和现实关怀，深陷于和平问题、贫困问题和社会服务，玛格达却在女修道院学校学会了各种各样杂糅在一起的新教仪式和天主教仪式，同时变成一个深刻的怀疑论者。对于玛格达，安德烈会说他总算找到那么一个人，能够把他从"带点枯燥乏味和自我本位的沉思冥想"中摇醒。两个人都自视为叛逆者。两个人都经历过早年丧母。两个人都过着忙忙碌碌的日常生活，在日程中塞满让他们觉得有意义的活动。两个人都不完全像对方所描述的那样，但两个人都确实找到了自己所需要的对象。

安德烈得到的第一个牧师职位是在法国北部的莫伯日（Maubeuge），那是一个被第一次世界大战摧毁的钢铁工业城镇。在安德烈的教区里，有许多教区居民整天都喝得醉醺醺的。尽管拒服兵役仍然是禁止牧师宣讲的观点，但由于基督徒既不应提倡暴力，也不应在抵抗邪恶时退缩，因此如有必要以武力抗争，他将会勇敢地站出来，支持那些拒服兵役的教区居民。 115

夫妻两在法国北部生活了七年，玛格达生下了四个孩子——内莉、让－皮埃尔、雅克和丹尼尔，但在1932年，烟雾弥漫、充满尘埃的空气让他们很不舒服，因此他们开始寻找更为健康的教区。安德烈看中的前两个教区都拒绝了他的申请。第三个教区就是勒尚邦，勒尚邦对和平主义者的态度更为粗鲁，但在听完他讲道以后，人们钦佩他"热情洋溢的信仰"，给了他一份为期一年的合同。一位同事在写给朋友的信中提到特罗克梅，认为特罗克梅心胸开阔，而且具备"非同寻常、悲天悯人、在我们的教会中难能可贵的"勇气，他很少能遇到一位这样的基督徒，"毫不畏惧直言不讳的后果"。

抵达勒尚邦的特罗克梅一家

1934 年 9 月底，特罗克梅一家，还有一位女研习生，一起来到高原。当时正下着雨，而且已经下过好几场雪。在旅途中，雅克觉得耳朵刺痛，因此他跟母亲停留在圣艾蒂安，在那里看医生。夫妻俩一来到这座 15 世纪的长老会堂，这座历代地方贵族费伊伯爵的冬季宅邸，就感到非常压抑。那是一栋三层小楼，却像一座三层的塔，用三平方英尺的暗灰色花岗岩砌成，有一扇可以让马车通过的大门。19 世纪 90 年代，路易·孔德带着他生病的儿子，就是骑着马，赶着马车，通过了这扇大门。大门已经污秽不堪，门前堆满了邻居堆放于此的杂物。厨房其中一面墙壁上刻画了周围的群山。房子潮湿阴冷，狭窄的窗户几乎透不进多少光线。特罗克梅请人来修复腐烂的地板，同时安装卫浴设备和中央供暖，在修复工作进行期间，特罗克梅一家只能借住在一家乡村民宿里。他们曾经设想，这会是一座繁忙的城镇，但那种孤独和寂静的感觉让人心烦意乱。特罗克梅留意到，他的新教区居民跟那里的花岗岩农舍一样灰暗，他们持续不断地谈论死亡。

玛格达决心尽可能改善这栋了无生气的房子，为木镶板装饰的饭厅缝制了白色的绢纱窗帘，那里也是安德烈教区居民的等候室，她在好几个箱子里种上天竺葵，还弄来了一台钢琴、一个座钟和一个新梳妆台，梳妆台是用颜色鲜艳的板材制作的。安德烈的书房阴郁而昏暗，但他挂上了一幅米开朗琪罗《创世纪》的复制品。尽管老鼠会在护壁板后面蹦蹦跳跳，但玛格达惊喜地发现，当太阳出来的时候，冷冰冰的灰色花岗岩也会闪闪发光。房子下方是四层的露台花园，一直延伸到下面的利尼翁河，秋雨过后，河水非常湍急。在这个偏远朴素的村庄，城镇传讯者仍然会在街角上敲着鼓，大声说出外面传来的消息。

特罗克梅一家是个体面的家庭。玛格达费尽心思，让孩子们穿着得体，甚至亲自给孩子们的衣服绣花。七岁的内莉把美丽的卷发扎成整洁的辫子，她已经学会骑着自行车围着广场上的喷泉转圈圈；男孩们穿着围裙，脖子和肩膀上钉着扣子，这让他们看上去很像俄国孩子。内莉后来会记得，勒尚邦是个单调乏味、寂静无声的地方，毕竟她经历过法国北部的热闹和喧嚣。当大雪落下，积雪堵住长老会堂，孩子们就只能从窗户爬出来，他们踏着木鞋，穿着厚厚的羊毛呢子大衣，一旦大衣被打湿，就能闻到一股浓烈的狗身上的味道。木鞋底部带有钉子，

117

以防打滑。让－皮埃尔长着蓝眼睛，他很聪明，是个有天赋的钢琴手和可爱的诗人；雅克纤细柔弱，容易受到惊吓，但同样活泼好动；丹尼尔的头发乱成一窝稻草，是个天不怕地不怕的孩子。特罗克梅一家还收养了一条西班牙猎犬，他们叫它斐多（Fido）。

尽管一开始为这新环境的肮脏和文化落后震惊，但一家人还是慢慢适应了。安德烈和玛格达都投入教区生活中，他们拜访所有的村民，开办读经班，举办圣经集会。内莉在乡村学校上学，学会制作蕾丝花边和用钩针编织衣服。玛格达收集松球，在客厅里设计制造了壁炉，又从附近的磨坊找来锯木屑做燃料，环绕房间的金属管道能够为冰冷的卧室输送一点热量。他们并不感到沮丧；实际上，玛格达后来会说，这里开启了他们一生中最开心的一段时光。

特罗克梅买了一辆小型的雪铁龙 C4 轿车，这样就可以带孩子们去野餐了；他在花园里一棵悬铃木下方挖了两个池塘，把小池塘叫作地中海，把大池塘叫作大西洋，然后在池塘里和孩子们玩纸船。他会拉手风琴，还很会讲故事，在写给孩子们的信件和便条当中画上可爱的小插画。他会用木头雕刻玩具。尽管他经常摆出一副严肃认真、全神贯注的表情，写着"那些只顾寻开心的人，最终必将陷入失望、沮丧、不幸"之类的话，但他也会寻开心和搞恶作剧。玛格达会用做鬼脸和表演滑稽戏来逗孩子们发笑。他们在饭厅还有一张额外的大桌子，用来招待前来长老会堂拜访的众人。等到下大雪的时候，孩子们就会玩平底雪橇，他们从村里的最高点出发，滑过铁路线，滑到大街上，并极力避免从屠夫的窗户前飞驰而过，然后他们滑过街角，滑过教堂，滑过桥梁，最终抵达利尼翁河对岸。正在把奶牛赶过村庄的农民总是抱怨，说平底雪橇让结冰的路面更加湿滑了。

特罗克梅的教堂

安德烈的教区居民最初只是"不冷不热"地来教堂参加礼　118
拜，来了之后却越来越钦佩他那极具说服力的布道，以及他那
天马行空的神秘主义和神秘预言。从高高的讲道坛上，他那强
有力的声音传遍巨大庄严的、木镶板装饰的教堂，尽管有人会
敬畏他那偶尔爆发的坏脾气。作为传道人，他精心组织语言，
然后大段大段地吟诵。对他而言，他是以热情来凝视他的会众，
在他们严肃的表情和白色的镶边衣领后面发掘他们的智慧。勒
尚邦人倒是更加习惯玛格达兴高采烈和不拘传统的表达方式，
尽管人们也要习惯她拒绝在教堂里戴帽，而且在温暖的日子里，
她还要在利尼翁河里游泳，而且只穿着宽松的毛巾浴衣。以前
没有哪位牧师的妻子会这样干。人们都说，她很容易陷入争议，
但又很快与人和好。

就算玛格达自己编织，就算玛格达精打细算，特罗克梅一家也总是过得很拮据。他们接待房客，房客挤进小饭厅用餐，也融入这个吵吵闹闹、忙忙碌碌的家庭。有一天，一个非常英俊的年轻人出现在长老会堂门前，他说自己是医生，最近刚刚在喀麦隆完成传教士的医疗工作，正在高原上寻找可以求职的诊所。那位上了年纪、多嘴饶舌的本地医生里乌（Dr Riou）正苦于夏季有时病人太多，因此欣然同意分享工作，而前来求职的勒福雷捷医生（Dr Le Forestier）就带着行李住进特罗克梅家里了。

从一开始，勒福雷捷医生就乐意探访他的病人，无论病人居住的农舍有多远，无论是什么天气，他都愿意出诊，因此他深受人们爱戴。[2]他兴致盎然，有时离经叛道，会写作歌曲和圣诗，总是开怀大笑，总是以他在实际生活中接触到的笑话和故事来吸引孩子。他毕业于诺曼底久负盛名的奥诗国际学校（Ecole des Roches），在贝登堡（Baden-Powell）访问法国期间成为热心的童子军成员；他读过医学院，然后在部队里提供医疗服务，最后与阿尔贝特·施魏策尔一起在喀麦隆工作。有一次，一个病人因为偷了一只鸡而受到惩罚，身为麻风病医生的施魏策尔竟然把这个病人关在用竹子编成的小屋子里，勒福雷捷因此与施魏策尔分道扬镳，开始单干。勒福雷捷的梦想是治愈麻风病、梅毒和疟疾，他写道："痛苦和爱一样，无法用大脑来理解。它是一种感受。"他是作为血吸虫病人返回法国的，然后在格勒诺布尔（Grenoble）开设了诊所。但他是个闲不住的人，到处寻找适宜的地方践行他的新教信仰，他一路游历，最终来到高原，觉得高原上的空气能够让他恢复健康。

到了晚上，勒福雷捷总是用他滑稽可笑的举动逗特罗克梅的孩子们笑，他会扮成猴子，爬上餐厅的桌子，然后大声学猴子叫。他会从实验室带兔子回来，在用兔子完成交配实验之后，就把兔子养在公用的盆盆罐罐里。为了让长老会堂阴郁的房间明亮起来，他用黄色和奶油色粉刷主房，又用铁锈色描边。他的兴高采烈也感染了村民；他成为喜剧节的总监，组织起充满想象力的化装舞会和业余戏剧。特罗克梅夫妇把他视为另一个儿子。

　　勒福雷捷来到这里不久后，夏季游客蜂拥而至，一位美丽得惊为天人的年轻女子也来到此地。达妮埃尔（Danielle）那年17岁，她是一个达比派信徒的孙女，那个达比派信徒在戛纳经营着一家杂货店，达妮埃尔此行是陪伴一个紧身胸衣制造商的两个女儿来高原度假的。她与勒福雷捷一见钟情。玛格达成为他们在戛纳那场婚礼的证婚人，婚礼之后是派对，一队荷兰歌者在沙滩上唱着小夜曲，而大家就在篝火旁野餐。喜庆的场合也有遗憾。勒福雷捷有三个姐姐，她们都是医生，但就在婚礼前不久，其中两个姐姐在一场车祸中丧生；车祸发生时，他的母亲正是司机，最终却得以幸存。正因如此，达妮埃尔并没有在婚礼期间穿上婚纱。

120

　　勒福雷捷夫妇在喀麦隆度完蜜月回来时，还带来了年轻助手塔尼（Tagny），塔尼正准备前往阿姆斯特丹出席一个基督徒会议。勒福雷捷还带来一只名叫费费（Fifi）的猴子。费费在特罗克梅家里跳来跳去，在窗帘与窗帘之间晃来晃去，孩子们都很妒忌费费。当寒冷的天气来临的时候，玛格达还用旧袜子给费费织了件衣服。但在勒福雷捷和达妮埃尔搬到主广场附近药剂师楼上的公寓不久后，费费就死了。勒福雷捷坚信是药剂师的妻子毒死了费费，因为费费行为轻佻，而且总是偷东西。后

婚礼时的勒福雷捷和达妮埃尔

来他们搬到另一处叫作莫勒海岸（Côte de Molle）的出租房，还在那里开设了诊所。勒福雷捷交游广泛，很快就和绝大多数村民交上朋友。但他总是在搬家，而且总是四处周游。他会对达妮埃尔说"收拾行李"，然后回家。"收拾行李，我们出发。"一个朋友评价道，勒福雷捷"心里总有一团火"在燃烧。

121　　圣诞节期间，人们在长老会堂举办了一场大聚会。所有孩子都在演奏乐器。所有孩子都在唱歌。教堂里树立起一棵巨大的圣诞树，上面挂着各种装饰，人们点起烛台，每个孩子都分到一个袋子，里面有一个橙子、一些枣子、一些坚果、一些葡萄干和一件小礼物。安德烈走来走去，讲述着一个专门为这个场合而写的故事。教区委员会主席和男声合唱团的领唱罗歇·达尔西萨克（Roger Darcissac）用一个魔术灯笼表演滑行。

这已经是特罗克梅一家在勒尚邦度过的第三个冬天了，对于见多识广的特罗克梅一家来说，这个地方真是穷极无聊。在安德烈所在的教区，教区居民的新教信仰仿佛陷入四季变换中，他们总是阴郁地听天由命、等待死亡。寥寥可数的年轻人整天在大街上游荡，无所事事，饮酒度日。这时候，村长夏尔·吉永酝酿了很久的想法开始成形。吉永的计划是开办一所初中，"精神是世俗主义的，但实践是新教和国际主义的"，他与特罗克梅夫妇讨论过，又与费里斯和勒福雷捷讨论过，甚至在安德烈·菲利普及其妻子米雷耶定期到访高原的时候与对方讨论过。尽管高原上已有一所由达尔西萨克夫妇悉心运营的出色小学——孩子们穿着小号的灰色工装裤，使用带有墨水瓶的木头桌子，围坐在壁炉旁边——但勒尚邦没有初中，这就意味着当孩子们小学毕业后，他们没有多少选择，要么到勒皮或者圣艾蒂安去读书，要么只能待在家里。玛格达回想起，自己当年在意大利的沃多瓦（Vaudois）也有过开办学校的尝试。

特罗克梅一直梦想开办新的和平主义学校，他与国际基督教圈子的朋友和同事有过接触。安德烈·菲利普联系了当时的教育部部长让·扎伊（Jean Zay）。如果该学校是私立机构，开办学校就不需要法国政府授权。至于校长，他们找到了特罗克梅在神学院的老相识爱德华·泰斯（Edouard Theis），他也在洛克菲勒家中做过家庭教师。泰斯曾经前往非洲传教，也是一位坚定的和平主义者；他身材高大、肩膀宽阔、沉默寡言、神秘莫测、有点呆板沉闷。他的妻子来自美国的俄亥俄州，夫妻育有七个女儿。筹款出乎意料地顺利。改革派教会同意任命泰斯为勒尚邦的兼职牧师。泰斯的朋友说，泰斯"固执得如同一头大象"，但如果没有他的固执，没有他的朴实无华，没有他的不惜工本，这所学校就不可能诞生。

1937年9月，塞文诺新学堂正式成立，首批招收了40名学生，这个数字随后迅速增长。有些学生是本地孩子；其他学生是夏天过来疗养身体的，现在继续留校。泰斯教希腊语、拉丁语和法语，玛格达教意大利语。学生们发现玛格达英姿飒爽、落落大方，甚至有点神色凛然，但她偶尔会大发雷霆，偶尔会开怀大笑，这让学生们无所适从。[3]由于这所学校是男女同校的，因此蓬小姐（Mlle Pont）被任命为联合校长。从一开始，这所学校就包容各种观点，但所有人都信奉基督教。泰斯强调，所有班级不受民族主义的束缚。

塞文诺新学堂的教职员工

学校招募到的另一位同等重要而且出乎意料的老师是格拉迪丝·马伯（Gladys Maber）。她是一位英姿飒爽、脸庞圆润的英国上层妇女，注重实际，独立自强，带有古老的学院作风。[4]她来自朴次茅斯，相信自己以及其他所有人无所不能。她也是一位坚定的基督教社会主义者，曾经在法国和瑞士读大学，后在曼彻斯特大学取得硕士学位，然后在里昂大学取得博士学位，此后在上萨瓦省从事社会工作。她在 21 岁那年继承了一大笔财产，然后又把绝大多数财产捐出。1939 年夏天，马伯小姐参加了勒尚邦的一个儿童派对。她决定留在这里，成为教职员工，开始教授英语，当时她是一位双语者。她很快迎来了一个朋友——让娜·卡里亚（Jeanne Carillat），让娜是一位寡妇，自己带着两个小男孩，两位妇女决定为上学的男孩们开办一处民宿。她们在勒尚邦外围接手了一栋高大狭长的房子，并把那栋房子命名为山梨园（Les Sorbières）。

马伯小姐（前）和让娜·卡里亚（后）在高原上

马伯小姐富有幽默感和想象力，而且有深厚的道德感，她很快就与勒福雷捷成为朋友，并在勒福雷捷做手术的时候兼职担当护士。她也是个胆大包天的司机，胆敢在山路转弯处开着她的小汽车穿梭于大卡车之间，但她经常以悠扬的歌声和有趣的故事逗乘客发笑。她与一个贵族出身的法国人有过一段罗曼史，那个法国人以前是新喀里多尼亚的企业家，但对方感染了麻风病，估计命不久矣。

1939 年，随着战争迫在眉睫，特罗克梅向教会委员会提交辞呈，声称如果受到征召，他将会拒绝拿起武器；为了不让教会在争论中受到连累，他决定辞职。（多少让人感到意外的是，他愿意前往德国刺杀希特勒。）博埃涅考虑过特罗克梅潜在的"困难和危险"，肯定了他的辞职行为。然而，又一次，勒尚邦的新教徒另有打算。他们拒绝了特罗克梅的辞呈。就个人而言，特罗克梅始终为其家族的德国母系血统感到担忧，他的六位阿姨全部嫁给了认信教会的牧师。在战争期间的第一个冬天，特罗克梅、泰斯、达尔西萨克，这三位和平主义者都焦虑地坚持自己的信仰。当在村里开办童子军营地的贝特朗小姐（Mme Bertrand）指责他们不够"爱国"时，他们都感到很伤心。有一天，特罗克梅发现自己家的墙上被人写着"带着你的意大利老婆滚回意大利，德国佬滚出这里"。

泰斯是八个孩子的父亲，第八个孩子是女孩，刚刚出生，他被免除兵役。当时特罗克梅也接到通知，由于他是四个孩子的父亲，因此不会受到征召。这让两人感到轻松又迷惘。他们自愿为美国红十字会（American Red Cross）提供服务，但是对方告诉他们，美国红十字会只对中立国志愿者开放。特罗克梅说，他很乐意作为"司机"提供服务，以帮助"身陷战区和危险地带的"平民，他愿意"无偿提供服务"。

1940 年 5 月，随着德国人开始向法国推进，特罗克梅写信给美国公谊服务委员会（American Friends Service Committee）的伯纳斯·查尔姆（Burners Chalmer），后者也是尼姆委员会的成员。特罗克梅询问对方，自己是否能为拘留营做点什么力所能及的事情。早在 20 世纪 30 年代，贵格会就已经在欧洲各地提供救济，因此与德国人建立了良好关系。两人在马赛会面。伯纳斯·查尔姆惊叹于特罗克梅"充满想象、灵光闪耀"的谈吐，但还是认为这位牧师更适合从事"非正式、非体制化的工作"。在这次访问后写就的一份报告中提到，特罗克梅"有着钢铁意志，坚如磐石……是个刚柔并济的人物"，具有活力而不知变通，但又"处事果决，行事武断"；简而言之，有着"纯洁的心灵"。在两人的对话中，他们萌生了一个想法：勒尚邦可能很适合收留那些从拘留营里逃出来的孩子，对于那些孩子来说，这场战斗已经开始。伯纳斯·查尔姆告诉特罗克梅，资金不是问题，贵格会将会资助他们。[5]

　　就在特罗克梅回到高原之后不久，德国人占领了法国，贝当签署了停战协定。特罗克梅和泰斯立即决定，两人一起就战争起草一份布道词。1940 年 6 月 23 日，就在贝当宣告彻底投降的第二天，他们告诉聚集起来的会众，基督徒的义务，"是以精神武器抵抗即将到来的暴力……无论敌人在任何时候要求我们违反福音书的教诲，我们都必须抵抗，决不服从。我们英勇抵抗，毫不畏惧，毫不自夸，毫不憎恨"。他们告诉听众，谦卑不等于怯懦，自由则绝不可放弃。特岁克梅曾经在一封信中提及时局，这封信被朋友小心保存，多年以后才在勒尚邦一处阁楼上被发现，特罗克梅在心中为自己的和平主义信仰写下一段证言。特罗克梅谈道，耶稣基督是"非暴力的典范，耶稣基督允许人们将其钉在十字架上"，他谈到自己的使命是"紧急且重要的"。特罗克梅写道："我并不是狂热盲信的人。我从未见证过奇迹。我并不认为自己比其他人更优越。"他说他没有政治立场，只忠诚于"上帝"。正是上帝在指引他，正是因为信仰上帝，他才不相信暴力。

在高原上，1940 年至 1941 年的那个冬天又是一个分外难熬的严冬。在与伯纳斯·查尔姆会面后，备受鼓舞的特罗克梅全身心投入工作，每隔两周把教区居民聚集起来研读《圣经》，有时候就让抵达山区的难民领读。他把他的教区划分为 13 个片区，在每个片区指派专人组织讨论，并向教区居民介绍庇护和避难的概念。高原上的宗教生活从未如此生动，从未如此强烈，在讨论资本主义、苏联和世界事务的研讨会上，安德烈·菲利普和勒福雷捷分享他们的学说。特罗克梅后来写道，正是在这个时候，他反复思考"非暴力抵抗"的意义，如何"日复一日地在公共祈祷中探讨这个问题，并遵从心灵的指引"。[6]许多教区居民有儿子在军队里服役，面对这些教区居民，他继续勇敢地宣扬为何需要爱你的敌人。

有两位新房客抵达并入住长老会堂。他们都是难民，都是犹太人。一位新房客是贝尔特·格伦赫特（Berthe Grunhut），她是一位来自卡尔斯鲁厄的 50 岁的妇女，不知道自己的孩子和丈夫在哪里。人们叫她贝尔特夫人，她主动包下煮饭的工作，但她的厨艺实在糟糕，以至于长老会堂很快就飘出煮糊土豆或者煮糊大头菜的味道。另一位新房客是科恩（Cohen）先生，但他叫自己科林（Colin），他是一个来自柏林的皮革匠，在纳粹统治下的遭遇让他迅速衰老，几乎已经完全秃顶，皮肤蜡黄而干裂。为了让他"感到有尊严和有事情可做"，特罗克梅让他在阁楼上制作家具。特罗克梅对自己或他人的缺点从来不会视而不见，他后来记录道，科恩阴晴不定、喜怒无常，这让他既自负又气人。

在一个严寒又下大雪的日子里，长老会堂门外传来了敲门声。接下来就是一个众说纷纭的故事。玛格达打开大门，发现了一位狼狈不堪、深陷绝望、请求帮助的犹太妇女。玛格达把那位妇女迎进门来，让她坐在火炉旁边，给她拿来食物，然后准备去见村长。接下来就是故事出现分岔点的地方了。当时的村长是邦雅曼·格朗（Benjamin Grand），此人是来取代夏尔·吉永的，由于吉永公然敌视维希政府，他已被解除职务；然而，格朗和吉永都受到本地人爱戴，尤其是吉永，一直以来都告诫高原居民要善待难民。玛格达后来声称，"那位村长"，有时候借用吉永的名义，有时候却不，让人无所适从。格朗明确告诉她："总之，不要犹太人。"玛格达只好把那位妇女送走，以免让已经居住在勒尚邦的法籍犹太人身陷险境。玛格达的故事继续发展：她返回长老会堂，发现那位妇女的鞋在火炉上烧着了，于是她给那位妇女找来一双新鞋，然后帮助对方上路，给对方指引前往瑞士的方向。安德烈·特罗克梅在战后撰写的自传中写道，"第一次地下工作"由此展开。正是在这里，出现了第一个历史上的分歧点。

　　这个故事有多少真实性，村长不肯通融的细节有多少正确性，当时谁是村长，这些问题长期以来都陷入历史观点的冲突中。可以确定的是，在德军占领法国的头两年，勒尚邦以及整个高原总体而言还是相对安定的。的确有过小规模的反抗行动——比如阿梅莉（Amélie），这位活跃的、年轻的教会委员拒绝在贝当生日当天敲钟；比如一群身着黑衣的男孩，念着哀悼经，把一个钉着赖伐尔名字的棺材扔进利尼翁河——但维希当局对这些小打小闹通常视而不见。抬棺材的男孩们被逮捕，在唐斯村的警察局关了几天，然后就被释放了，此事一笔勾销。个别犹太家庭为了逃避平原上的围捕而来到山区，他们在出租的农舍里安顿下来，或者住在马泽村、唐斯村或圣阿格雷沃。像汉娜和吕迪这样的犹太孩子，则在好心收留他们的村民家里落脚。在学校里，没有人向维希旗帜敬礼，也没有人唱《元帅，我来啦!》。

高原上的气氛是令人振奋的，安德烈·菲利普和勒福雷捷医生组织的研讨班鼓舞着人们，他们讨论一切话题，从资本主义到 19 世纪法国作家的作品，也有许多次研讨班讨论战争、德国人和维希政府，所有敏感话题都隐藏在隐喻和经典的暗语当中。塞文诺新学堂招收的学生越来越多，而在学堂的老师当中有许多杰出的犹太教授，他们在巴黎和法国其他地区的大学里失去了原本的工作。特罗克梅从未如此忙碌，他不停地开会，不停地在家中开导他的教区居民，居民们总能在他家中找到某个能够提供建议的人。正如马伯小姐所说，那里盛行守望相助的精神。新教教堂就在主广场引出的道路旁边，此时变成乡村生活的焦点；穿着黑色衣服、戴着白色帽子的教区居民，从未以如此规模、如此热情来出席礼拜仪式，他们用心聆听特罗克梅讲道，特罗克梅前仰后合，或控诉，或警告，或谴责，"就像《旧约》里的先知那样令人敬畏"。有些在高原上走了 15 千米的听众，本来很少聆听讲道，此时听得如痴如醉。在《山区回响》中，特罗克梅复述了他经常在布道词中使用的话语："你们应该爱异乡人，因为你们在埃及就是异乡人。"泰斯稍微有点口吃，因此他就没有特罗克梅那么雄辩滔滔了。

在路边的农舍里，全情投入的费里斯夫人正在忙碌地打印传单。"不要绝望！至关重要的是，不要向元帅的政治屈服……我们还没有输。"在维希，已经有维瓦莱 - 利尼翁高原上出现"反对派巢穴"的流言，特罗克梅、达尔西萨克、安德烈·菲利普和米雷耶·菲利普以及勒福雷捷等人的名字已经上了黑名单。菲利普夫妇已经把五个孩子送去美国，安德烈意识到自己已被监视，准备逃往伦敦，加入戴高乐的阵营。

　　等到1942年夏天，高原和法国其他地方一样，一切都改变了。问题是高原居民的个性（他们顽强、勇敢、鄙视维希政府），与高原居民所生活的粗犷山区，是否及其如何能够拯救被每一列火车运来的犹太人。

第七章　维希版图

正如维希政府所见，他们的政策是既制造恐惧，又要人服从；但他们也希望能得到人们的爱戴。[1]从一开始，维希政府就投入大量财力和精力举行集体活动、爱国仪式和爱国庆典，让人回想起雅各宾派在 1792 年的夸张表演，他们还特别注重在年轻人当中进行灌输。孩子们回归到古典教育，回归到法兰西帝国扩张的历史，回归到宗教指引，孩子们由抛弃了软弱无力的世俗共和主义的男教师和女教师进行教育，如果老师们并不鄙弃世俗共和主义，或者表现得像个共产党员、共济会员或者犹太人，那么他们就很可能会被视为"扰乱秩序的因素，政治上有问题或者教学上不称职"，然后被迅速解雇。[2]为了塑造年轻法国人的心灵，让他们认同民族革命，只能用枯燥的事实和差劲的理论对他们进行填鸭式教育。在巴黎的教室里，雅克·利弗朗像法国各地千千万万个学童那样，在每周的"多彩仪式"上高唱《元帅，我来啦!》，同时向维希旗帜敬礼。

这千千万万法国学童也会加入各种形式、各种特色的童子军组织和幼年童子军组织：宗教的和世俗的、新教的和天主教的，甚至还有犹太教的，只不过后来被查禁了。在维瓦莱－利尼翁高原，孩子们也像在法国每个社区那样加入各种团队、购买制服、打篮球和排球、外出露营和庆祝各种大型户外活动。马伯小姐，以及塞文诺新学堂第二位说英语的老师威廉森小姐（Miss Williamson）都被叫来帮忙。威廉森小姐长着短扁上翘的鼻子、高挺饱满的前额和狭长瘦削的脸颊，她的头发被梳到后面，卷成一个圆形发髻，这种发型被称为"海狸髻"。团队以鸟类和兽类来命名，那里有狼队、企鹅队、鹳队。

莱昂·布卢姆曾经大力鼓励运动和健身，但维希政府在这方面做得更多。维希政府希望年轻男子和女子走路、游泳、跑步、跳跃、爬行、攀登、练平衡、投掷、举重，还要学习自卫术，每周运动至少六个小时，为的是强健体魄、磨炼意志。为了达到这个目的，十几岁的法国年轻人会被编入各种青年运动，这些青年运动各有领袖，年轻人要学习纪律和服从，以重新获得男子气概，排斥曾经导致法国崩溃的娘娘腔。[3]第一个由维希政府组织领导的青年运动是"法兰西同伴"（Compagnons de France），这个组织的口号是"战斗造就男子汉"，青年们被编入中世纪形式的作战单位，身穿军装风格的蓝色制服。他们将会成为"法国伟大复兴"的骑士，准备在德国主导的欧洲内部领导新法国。这个组织强调所有成员必须是男性。

第二个由维希政府组织领导的青年运动是"青年工作队"（Chantiers de la Jeunesse），招募将会入伍服役的男性；在开展培养男子气概的训练活动之后，比如在森林野营、激烈的运动和庄重的仪式，他们会举行营火晚会，还会在晚会上唱许多歌。这些活动也是为了让年轻男子摆脱娼妓的影响。由于无法完全取缔卖淫活动，维希政府决定，允许娼妓在不妨碍观瞻的地方开设"密室"。然后还有"领袖学校"，未来的教士、教师和青年工人能够在那里学会"如何对塑造明天的法国人施加影响"。

在尤里亚日（Uriage），有一位毕业于圣西尔军校的骑兵军官皮埃尔·迪努瓦耶·德·塞贡扎克（Pierre Dunoyer de Segonzac），他接手了一座曾经属于巴亚尔（Bayard）的城堡，巴亚尔被称为"无所畏惧、无懈可击的骑士"。塞贡扎克在城堡里推广斯巴达式的粗粝饮食和身体训练，以及高强度的政治学和经济学课程。塞贡扎克让他的学生以班级为单位，组成军事方队列队行进。作家让·盖埃诺（Jean Guéhenno）曾经于1942 年初进行环法旅行，正如他所写的，法国变成了一个陌生的国家，到处都是身穿制服、编成团队的人。[4]

维希政府和德国占领者有多在意法国学生及其老师的言行，以及当局的行为会引发多么有创意的反抗形式，只要看看官方报告里的犯罪清单就明白了：向德国人吐口水，身披英国国旗或者美国国旗，阅读《西线无战事》（*All Quiet on the Western Front*），在没有合适理由的情况下按响德军宪兵的门铃，顶撞德国军官，同时拿着两根钓鱼竿（deux gaules，在法语里，两根钓鱼竿跟戴高乐谐音），画漫画讽刺德军士兵，唱革命歌曲。这个犯罪清单无穷无尽、没完没了，但惩罚有时候非常严厉。[5]

为了监督上述所有青年项目，贝当任命了一名"青年事务秘书长"，此人名叫乔治·拉米朗（Georges Lamirand），曾经在位于比扬库尔（Billancourt）的雷诺汽车工厂担任工程师和总经理。他是个狂热的天主教徒，以及社会父权主义的狂热信徒，曾经梦想让法国孩子都集结于"青年宪章"之下，这个想法迅速沦为笑话。

尽管从 1942 年夏天起，人们对贝当的支持便开始消退，但为了争取人们的爱戴，贝当开始频繁地在非占领区旅行，沿途营造出帝王驾临、万民拥戴的景象。1942 年春天，他正式访问上卢瓦尔省，行程中包括维瓦莱－利尼翁高原，但计划临时有变，他到勒皮便不再前进了，在勒皮还专程到黑色圣母像去朝圣。为了安抚当地人，省长罗贝尔·巴克（Robert Bach）安排了一场访问，由拉米朗代替贝当前往高原，他们希望此举或许能为"法兰西同伴"招募到更多成员。泰斯和特罗克梅对此大为紧张。他们那些年轻团队，如企鹅队、狼队、鹳队，与身穿蓝色制服的"法兰西同伴"相去甚远，他们也不吹军号，不列队行进，不崇拜贝当。他们本想拒绝访问，但有人提醒他们拒绝访问是不明智的。[6]于是，联合童子军运动的领导人让·贝格伯德（Jean Beigbeder）从巴黎赶来指导接待程序。

1942 年，拉米朗访问高原

计划中的访问可谓惊心动魄。在官方宴会上，谁坐在拉米朗旁边？要知道泰斯夫人是美国人，特罗克梅夫人是意大利人，而绝大多数当地显要人物都对元帅缺乏热情。谁会在教堂里讲道？要知道两位牧师都曾经公开反对维希政府对待犹太人的政策。如何让不听话的幼年童子军和杂乱的童子军，以及个性独立的塞文诺新学堂学生，乖乖地参加欢迎派对？最终决定一切从简。现场不会有旗帜，不会有沿路列队欢迎的群众，不会有巡游，不会有豪华宴会，不会有宴会花束，只有从田野里采摘

132

的花束，插在果酱瓶子里。午宴将会是简朴而适度的，设宴地点在基督教青年会的茹韦（Jouvet）露营地。礼拜仪式将不会由泰斯或者特罗克梅主持，而是由马塞尔·让内（Marcel Jeannet）主持，他是一位沉着冷静、毫无争议的瑞士牧师，他的教区在马泽圣瓦（Mazet-Saint-Voy）；他还是山区教务会议（Consistoire de la Montagne）的主席，这是高原上新教教区的联合会议。

那天的访问并不成功。8月10日，拉米朗的车队如期抵达，当天被围捕的外籍犹太人正在集中穿越非占领区。拉米朗身穿挺括闪亮的蓝色制服，理着军人的发型，穿着长筒皮靴。巴克身穿帅气的省长制服。即使拉米朗对现场的冷冷清清感到意外，他倒也轻描淡写，称赞那顿简单的午餐不错，因为他也知道食物短缺。当内莉·特罗克梅端汤盘上桌、不小心弄脏拉米朗的新制服的时候，拉米朗的表现也算体面而克制。在教堂里，让内提醒会众，人们对国家负有责任，但又说了句教会不能违背上帝的律法。拉米朗在演说结束时高呼"元帅万岁"，期待人们大声欢呼。人们的回应却是一片沉默。

然后，就在拉米朗正要离开时，意外发生了。在塞文诺新学堂一位未来神学家的带领下，一群学生向他呈递了一份文件，并要求他当面打开阅读。文件是一封书信，学生们声称，他们完整地听说了发生在巴黎冬季环形体育场的围捕行动，孩子们从母亲的怀里被抢走。信中继续写道，在这群学生中间也有一些犹太学生，但在学校里面，没有人会区分犹太人与非犹太人，因为这样做会违反福音书的教诲。如果有任何犹太年轻人受到驱逐威胁，"他们不会遵守这样的命令，而我们将会竭尽所能，让他们隐藏在我们中间"。这封信是否出自特罗克梅的手笔，已经不得而知了。

面对这猝不及防的一幕，拉米朗回应道，犹太事务与他毫无关系，学生们应该把这封信交给省长。巴克对此很恼怒。巴克说道，众所周知，希特勒已经在波兰为犹太人找到了新家园，就像英国人在巴勒斯坦为犹太人找到新家园那样。他继续说道，他将会在极短时间内对高原上的居民和游客进行一次调查，包括他从"七名告密者"那里得知的、躲藏在村庄里的犹太人。然后，按照马伯小姐后来的记录，巴克对特罗克梅说道："如果你不谨言慎行，我只能把你也驱逐出境。"

在这个故事中，罗贝尔·巴克是一个神秘莫测的人物。[7]巴克出生于 1889 年，当过军人，在第一次世界大战中立过战功。巴克是天主教徒，也是一名称职的省长，他出身于阿尔萨斯一个银行世家。巴克尊重法律、严谨缜密、喜好安静，被一些人视为独断专行、傲慢自大的人，被另一些人视为亲切友好、公正无私的人。20 世纪 30 年代，巴克曾经在日内瓦的国际联盟任职，之后于 1941 年 6 月被任命为上卢瓦尔省省长，他的指挥部就设在勒皮。在维希政府统治下，随着共和国宪法被废除，国会议员被永久遣散，法国的省长再次取得拿破仑时代有过的特权，在各自主管的省份成为土皇帝。有些省长，比如安杰洛·夏普（Angelo Chiappe），就在居尔设立了拘留营，全心全意投靠德国人。有人听他说过："只要一有机会，我就反复强调：让我们合作，合作，再合作。"其他省长，比如巴克，似乎严守维希政府的纪律，享受省长的权力，但在自己治理的省份越来越谨慎行事。

自从被任命为省长以来，巴克在 80 位被维希政府勒令辞职的市镇长当中挽留了 51 位，维希政府因为这些市镇长的社会主义倾向和激进政治观点而猜忌他们，但巴克说他们很有能力，不应被解职。在上任的头几个月，他都在听取汇报和收集报告。尽管巴克主要关注食物短缺、粮食收成、黑市交易，关注本省居民的健康状况，但他有好几次提及新教徒的诚实正直和聪明睿智，提及他们在山区建立的"胡格诺要塞"，他认为他们是"注重知识和道德的精英"，倾向自由主义和国际主义观念，而且旗帜鲜明地秉持"无比高尚的理想"。巴克曾经多次到访高原，并于 1941 年春天在高原上度假，而且，根据档案记录，巴克明显知道安德烈·菲利普及其"社会主义者－戴高乐派的不同政见者的巢穴"。然而，巴克不仅允许瑞士救援组织在勒尚邦开办儿童之家，还提供资金以应付额外的开支。

巴克走遍他所治理的省份，致力于提振花边编织产业，提高产业工人薪资，尽可能提高食品配额，提供额外燃料。巴克走马上任之后不久，马塞尔·让内牧师对他说："如果就连在法国，犹太人都遭到迫害的话，新教徒会说：不！"据说巴克的回答是："牧师先生，尽管我是天主教徒，我也会说：不！"[8]尽管巴克在 1940 年还是贝当的追随者，但他不是右翼政治的狂热信徒，而是选择了一条谨小慎微、审时度势的道路。

接下来发生的事情，就像在高原上发生的许多事情那样，充满了矛盾和抵牾。维希政府要求省长们就本地区状况提交定期报告。正因如此，巴克要就拉米朗的勒尚邦之行提交报告。但巴克没有提及拉米朗受到冷遇的情形，也没有提及访问结束时那宗尴尬的意外事件，他只是在报告中写道，勒尚邦和马泽圣瓦的新教社区特别热情，事实证明，之前关于高原居民对维希政府忠诚度的担忧是多余的。巴克为什么要这样做呢？他是在保护高原居民吗？

　　但在 15 天后，事情出现反转。8 月 26 日星期天，50～60 名警察和宪兵从唐斯、莫福松（Maufaucon）、费伊和圣阿格雷沃蜂拥而至，他们封锁了周围陡峭的道路，分别乘坐警用卡车和摩托车，突然停在勒尚邦村公所前面。特罗克梅和村长都受到传召，并被勒令交出当地所有犹太居民的名单，"以供监控"。根据记录，特罗克梅说道："我是他们的牧师。也就是说，我是他们的牧羊人。"他说不知道在他的教区里有犹太人，而且就算知道，他也不会告诉警察。负责传唤特罗克梅的警察很没礼貌，而且"粗暴地"要求特罗克梅在 24 小时之内交出名单，如果他未能遵从警察的要求，他本人将会遭到逮捕。

135

　　那名警察继续说道，说那些人归属于你的教区，简直就是胡扯，他们是外国人、嫌疑人、黑市投机分子。如果特罗克梅拒绝提供名单，那么最起码他必须建议当地所有他认识的犹太人出来自首。多年以后，特罗克梅在他未出版的自传里写道，那名警察告诉他："所有反抗都是徒劳的。你也不是不知道我们的手段，我们有摩托车、汽车、电台，而且我们知道你包庇的那些人藏在哪里。"

　　当特罗克梅派出童子军去提醒那些躲藏起来的犹太人的时候，茫然无助的村长格朗，那个在玛格达的叙述中出现过的反派角色，此时总算出现了。格朗"颤抖地"乞求特罗克梅赶紧投降，他说自己已受到威胁，如不服从就要被警察逮捕。据特罗克梅的回忆录，他当时回答道："我也同样受到威胁，但我生而为人，有时总要大声说不。"第二天早上，教堂挤满了人。泰斯和特罗克梅公开宣读一份事先起草的声明，请求教区居民"遵从上帝而不是俗人"。与此同时，匆忙召集的市政委员会举行了一场紧急会议，荷枪实弹的警察也在现场，会后发布了一份"呼吁"，"坚决"要求犹太难民前往村公所接受清点。多年以后，特罗克梅严厉批评道："这简直就是猎巫行动。"但这是否只是一重烟幕？

再一次，当时确切的情形已经成谜。在勒皮的省政府记录中，存有两份由唐斯和费伊勒弗鲁瓦（Fay-le-Froid）宪兵呈递的报告。尽管在 8 月 26 日当天，位于勒皮的省政府向当地警察下发了出发前往高原并围捕犹太人的命令，但早在 24 日夜间，也就是说，在警察前往高原之前 48 小时，藏匿犹太人的行动便已开始。那么到底是谁在通风报信，还是正如人们后来所说，巴克曾经打电话给特罗克梅，只不过没人发现这个事实而已。

之后发生的事情就没有异议了。由于没有人提交犹太人名单，警察就拿出一份自行准备的 72 人名单，然后开始进村搜查。警察们检查证件，打开橱柜，搜查地下室和阁楼，敲打墙壁以检查墙后是否有暗格。他们一无所获。第二天早上，他们出发前往周围的村庄和荒郊野地，当一名警官掉进暗渠的时候，大家哄堂大笑。

第一轮查访包括花丘，这栋房子距离勒尚邦不远，马德莱娜·巴罗和西马德组织曾经把从拘留营里拯救出来的犹太人安置在这里。马克·多纳迪耶（Marc Donadille）是到任不久的牧师，他帮助经理于贝尔·梅耶尔（Hubert Meyer）接应犹太人。当外面传来命令人们开门的叫喊声时，天色仍然漆黑。多纳迪耶下楼去，冷静地应对集结在此地的警察，警察们似乎被这个任务搞得很狼狈，他们核对自己带来的名单，并逐间卧室去搜查。卧室里都是空的。多纳迪耶假装感到震惊。他告诉警察："他们昨天还在这里。我不知道他们去了哪里。但我们这里又不是集中营。或许，他们听说要进行围捕，然后决定逃跑？"

在前一天，多纳迪耶和梅耶尔已经护送那些住在花丘的犹太人进入森林。在此之前，马德莱娜·巴罗已经制订了一个计划，这个计划准确地提醒人们，如果遇到突如其来的危险，可以通过地下室离开那栋房子，地下室有一扇隐藏的后门，直通房子后面的树林。巴罗听闻了突然袭击的威胁，通知了博埃涅，而据人们后来所说，是由博埃涅反过来告知了巴克。

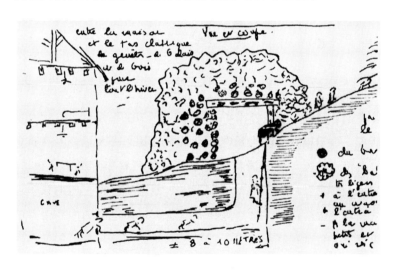

马德莱娜·巴罗制订的逃跑计划

围捕期间有两个糟糕的时刻。第一个糟糕时刻事关波尔曼 137 （Bormann）夫人，她曾经坚称，由于她是一名出类拔萃的纳粹党员的亲戚，她的犹太人身份将会被人忽视，因此拒绝与其他人一起逃入森林。结果她被人勒令从床上起来，穿戴整齐跟警察走一趟。波尔曼夫人在地上撒泼打滚，眼睛四处张望，身体不停颤抖，明显是癫痫发作了。一名医生被叫来检查，医生声称她病情太危险，不能被移动，那位医生就是多纳迪耶，他留意到波尔曼夫人在对他使眼色。

第二个近乎灾难性的时刻有关一名非犹太居民，对方在多纳迪耶身边耳语道，顶楼有个房间能够听到有节奏的滴答声，声音来自阁楼的地板，那里有三位犹太老妇人，她们因为恐惧而动弹不得，因而拒绝离开花丘，只能藏身于屋梁之上。她们被吓尿了。一张床被赶紧推到滴水的位置下方，以掩盖滴水的声响。

警察在花丘停留到第二天早上，然后两手空空地离开。他们恰巧没遇到一个犹太居民，那个年老糊涂的教授在树林里迷路了，他误打误撞地回到村庄，遇见一名本地警察，对方友善地为他指明回家的路。警察们继续搜查瑞士救援组织运营的儿童之家。乌萨奇小姐外出了，只留下 17 岁的汉娜负责管理拉盖斯皮。由于提前一晚收到警报，汉娜与其他犹太年轻人转移到拉布里克过夜，奥古斯特·博尼在那里照料年纪更小的孩子。博尼给警察开门，但拒绝警察进入。他告诉警察，他的孩子们受到瑞士政府保护，除非宪兵能够从上司那里拿到内容清楚的搜查令，否则这将会成为一桩引起麻烦的国际事件。等警察们从勒皮拿到署名文件时，孩子们已经消失了。在年龄更大的青少年的帮助下，汉娜把他们领到森林里，当天他们就用蓝莓和野生树莓充饥。

随着夜幕降临，孩子们由幼年童子军召集到一起，然后转移到更偏远的农舍，他们躲在阁楼上，或者躲在堆积如山的木头后面，只要警察还在高原上，他们就只能在夜间出来活动。尽管农场的狗习惯对陌生人吠叫以示警，但有一天，当警察突然上门，汉娜和另一名女孩不得不躲在橱柜里。她们尽管躲在衣服后面，但也害怕橱柜门被打开的时候，警察会看见她们的脚。她们听到宪兵询问农夫，他是否能够确定没有犹太人藏匿在他的庄园里。那位农夫回答道："犹太人？犹太人长什么样子？我听说他们长着大鼻子。"在喝了几杯红酒之后，警察起身离去。

日复一日，长达三周，村民总是听到警察一大早发动汽车和摩托车，然后走遍荒郊野地去搜捕藏匿的犹太人。[9]多纳迪耶和其他牧师意识到自己正在被监视，因此保持低调。任何人胆敢窝藏犹太人，都会被判处两年到五年监禁。迄今为止，总有人偷偷地在勒尚邦一面墙壁上钉上一张姓名和地址的清单，清单上标明警察准备查访的地方。村民们听说，还有 51～52 名犹太人要被抓捕。警察们在咖啡馆里打发大量时间，而且高声谈论他们接下来打算搜查哪个地方。有一天，警察们遇到一个坐在大树下的小男孩，大声说："你就坐在那里，我们没有看见你。"那个小男孩不知所措，吓得逃跑了；他并不是犹太人，也不知道当时发生了什么事情。

只有当警察们在高原上漫无目的地闲逛了一段时间之后，马伯小姐才意识到，警察们根本就不愿意参加这样的围捕行动。有一天，一位年轻警官登门拜访。警官问马伯小姐，是否知道高原上哪里还有犹太人。她问警官为什么想知道。警官回答道，如果她愿意签一份文件，声明那里没有犹太人，他认为警察们就可以被调回勒皮了。于是她签了那份文件。在离开之前，那位年轻警官坐在马伯小姐的钢琴旁边，弹奏了一首《天佑国王》（God Save the King）。警官告诉马伯小姐，等到英国赢得战争的时候，他还会回来的，会带一瓶香槟回来。

三周之后，只有一名奥地利犹太人保罗·施特克勒（Paul Steckler）被发现。施特克勒坐在卡车后面，将要被押往勒皮，他泪流满面，现场没有多少村民。让-皮埃尔·特罗克梅来送行，给他带来一块珍贵的配给巧克力。然而，施特克勒很快就被放回来了，他的犹太血统成分太少，不值得被驱逐出境。在巴克的犹太人名单上面，在花丘就有 26 名成年人（21 名德国人、3 名波兰人、1 名捷克人和 1 名俄国人），按照上卢瓦尔省的档案记录，他们全部"消失"了，名单上还有 16 名 17~23 岁的青少年男性（10 名德国人、2 名奥地利人、2 名波兰人、1 名俄国人、1 名立陶宛人）。这些年轻男子应该藏匿在罗什之家（La Maison des Roches），这是由另一个有新教背景的学生组织"欧洲学生救援基金"（Fonds Européen de Secours aux Etudiants）运营的青少年之家。但当警察抵达的时候，那栋房子人去楼空，尽管有充分的证据表明，那些房间最近还有人用过。在离开之前，那些男生还列了一份清单，详细列出房间里的各种物品：衬衣、鞋子、配给卡、护照、短裤。

在来自伊桑若（Yssingeaux）的警察大队搜寻到失踪犹太人的踪迹，从花丘一路追查到雷塔瓦一处谷仓之后，一名农夫承认了他给陌生人提供过食物，而一些犹太难民决定另外寻找安全的落脚点。虽然那些犹太人的最终命运不得而知，但还是有一些记录留存下来。

尽管卡尔曼·塞泽尔（Kalman Scheizer）不太可能出现在任何警察名单上，但他在高原上被抓获，并被转送到里韦萨特营地。他从里韦萨特被转送到德朗西，并于 9 月 12 日被押上开往奥斯维辛的第 33 列火车。他奇迹般地活下来了。另一个在山区被抓获的犹太人就没那么幸运了。24 岁的艾达·贝萨克（Ida Besag）躲藏在长老会堂，打开大门的时候被抓获。站在门外的警察明显想给她一个逃跑的机会，警察让艾达收拾行李，等会儿再过来接她。警察回来的时候，她竟然还在原地。艾达来自居尔营地，那里有她的母亲和双胞胎姐妹。她设法从前往里韦萨特营地的卡车里爬出来，顺利逃脱，又被抓回，后来被押送到德朗西。她也被押上第 33 列火车，但没有活下来。

最让人伤心的是 32 岁的塞尔玛·施耐德（Selma Schneider）及其俄国丈夫的故事。1933 年，他们从莱茵兰逃到布鲁塞尔，在那里经营一家杂货店。[10] 战争爆发的时候，他们再次逃亡，这次逃到了巴黎。1939 年 11 月，他们可能由于敌国侨民的身份而被逮捕，塞尔玛在不同的拘留营待了两年半，直到在西马德组织与维希政府的谈判中被释放，然后被送到花丘，她在那里为难民们煮饭。在 8 月的大搜捕之后，由于害怕有生命危险，她与丈夫最终设法穿越边境抵达瑞士，她相信自己在那里是安全的。尽管她的名字在西马德组织的保护名单上，她却在日内瓦被警察抓捕，被遣返回法国，然后于 1944 年 5 月被押上开往奥斯维辛的第 75 列火车，这是开往死亡营的最后几列火车之一。1946 年，人们无法查找到她和丈夫赫尔曼（Hermann）的下落，或者她的母亲的下落，她的母亲最后留下的踪迹是在诺埃营地。

在警察查访之后，还有六名犹太人失去理智，试图逃跑。他们被法国边防部队抓获，因为试图偷越国境前往瑞士。由于他们的名字并不在任何驱逐名单上，人们无法得知他们的最终下落。

在 1942 年 8 月的大搜捕行动中，在整个上卢瓦尔省，总共有 160 名犹太人上了巴克的抓捕名单，其中有 73 人最终被抓获，并在驱逐行动展开之前被移交给德国人。然而，正如记录所显示，在高原上没有人被抓获。在此之后，巴克再次做出令人惊讶、难以理解的举动。巴克通知奥古斯特·博尼，博尼所照顾的"八名外籍犹太孩子"，包括汉娜，"都可以回家，不用担心再次受到骚扰"。然后，巴克写信给维希政府的内政部部长，声称自己麾下的警察未能抓住任何失踪犹太人，整个高原地区，包括孤立的农舍，都已被搜查过了，那些犹太人很可能早就逃跑了，因为那里太冷了，他们不可能在森林里存活下来。来自唐斯村的让·迪布吕埃尔（Jean Dubrueil）警官报告说，他和他手下的警员已经查访了高原上 625 处住宅，检查了 1350 人的证件。迪布吕埃尔与他的搭档、上卢瓦尔省宪兵队长塞巴斯蒂安·西尔瓦尼（Sébastien Silvani）都认为继续花汽油钱去搜寻犹太人是荒唐透顶的。巴克对此表示同意。迪布吕埃尔围捕犹太人的热情被形容为"毫无效果"。西尔瓦尼的名字更是出现在犹太人问题总委员会的记录中，他被形容为"勒皮犹太人的官方保护人"。似乎所有人都在玩双面游戏。

141　　然而，在维瓦莱－利尼翁高原，战争的脚步越来越近了。由于巴克及其下属的通风报信，由于高原地区居民的勇敢行动，高原此时已成为维希版图上的避难所。这是一幅谁都不希望置身其中的版图。

随着警察们陆续离去，高原上仿佛又恢复了平静。犹太孩子们离开森林和单独的农场建筑，回到儿童之家和寄宿家庭；牧师们继续进行教区访问，开设读经班；农民们再次回归慢节奏的农业生活。人们有可能相信，维希警察的突然袭击可能只是一次孤立事件，他们应该不会卷土重来了。

更多的犹太人，无论是法籍犹太人还是外籍犹太人，开始陆续抵达，他们设法逃脱围捕，惊恐地逃离他们使用过、已被追踪到、不再安全的躲藏地点。在最早到来的犹太人中就有一个小群体，他们在博埃涅于"荒漠博物馆"（Musée du Désert）发表演说的当天混迹在新教徒当中，没有如期登上返回城镇的巴士，而是在当天傍晚抵达高原。他们的护送者是一队犹太童子军，童子军有言在先，他们会使用救援组织采用的其中一种暗语。"我们准备发出的暗语是'罐子'。你们准备好接收这个暗语了吗？"

一个救援系统此时建立起来了，尤其适用于拯救儿童。每个月总有好几次，马德莱娜·德雷福斯或者马德莱娜·巴罗都要在非占领区某个中心地点收留一批年龄各异的孩子，带他们坐火车到圣艾蒂安，然后乘坐小火车到勒尚邦。孩子们会从山坡上走下来，来到主广场，进入主广场边上的梅氏旅馆（Hôtel May），在咖啡厅里坐下来。梅氏旅馆由让·梅（Jean May）和欧仁妮·梅（Eugenie May）拥有；让是来自圣艾蒂安的著名厨师，欧仁妮经营旅馆和咖啡厅，由家中已成年的孩子帮忙打理。信息会传递到能够收容新难民的儿童之家。几分钟之内，咖啡厅大门就会打开，一个农夫就会出现。农夫会说，"我能够收留两个女孩"，或者一个小男孩，或者一对兄妹。孩子们会带齐行李，集合在一起，跟随农夫来到广场上的马和马车那里，然后消失在人海之中。许多人抵达的时候骨瘦如柴，头发几乎掉光，皮肤"干裂得如同蛇皮"。142

有时候很难给12岁以上的男孩寻找住家，农民们告诉马德莱娜·德雷福斯，大男孩"爱顶嘴"。有一天，她试图安置两名十几岁的男孩。从一个农场到另一个农场，她都向人们重复如下的故事：这里有两个来自采矿社区的病弱孩子，需要有人喂养。组织认为，人们最好不要知道自己正在收留犹太人，这一直以来都是儿童救援组织心照不宣的政策。没有人愿意收留这两个男孩。马德莱娜到处碰壁，最后决心亮出自己的底牌。她低声下气地请求一位老人及其妻子大发善心，她承认这两个男孩实际上是犹太人，他们是兄弟，父母已被驱逐，而且他们自己还被维希警察追捕。之前还不情不愿的农夫生气地说："我们当然愿意收留他们，你为什么不早说？"很多人都提到另一个类似的故事。一位绝望的妇女来到一处偏僻的农舍，请求帮助。她解释道，她是犹太人。那位农夫马上叫唤道："家里的众人！老爸！老妈！赶紧过来，我们迎来了一位上帝选民的代表。"

1942 年夏末，有两个孩子跟随马德莱娜·德雷福斯来到高原，他们是西蒙·利弗朗及其弟弟雅克。雅克此时是两岁四个月，西蒙是 13 岁半。他发现马德莱娜总是镇定自若，她有一种镇静沉着的气度，能够给人极强的安全感。这两个男孩首先由雷塔瓦村的莱奥妮·德莱亚热（Léonie Déléage）夫人收养，雷塔瓦距离勒尚邦四千米。德莱亚热是马德莱娜在当地的主要联络人，是一位慈爱、体胖、爱笑的妇女，总是穿着长至脚踝的黑色连衣裙。第一天晚上，德莱亚热夫人让两个男孩吃得很好，还给他们披被子，确保他们睡得暖和。之后他们又转移到八千米外的迪贡（Digon）村，由一位农夫收养，只要西蒙给他照看山羊，他就愿意给这两个男孩提供食宿。那位农夫及其妻子沉默寡言，习惯古怪，有点刻板，但还算友善。雅克总是哭闹和尿床。当那位农夫的妻子生气的时候，西蒙就只能在天亮之前起床洗床单。西蒙请求雅克停止哭闹。

有一天，当两个男孩在高山牧场照看山羊的时候，西蒙发现有两名宪兵正朝着他们所在的方向攀爬。西蒙意识到，他们很可能已被看见，因此他并未躲闪。其中一名宪兵问他是谁，他和他的弟弟在高原上干什么。西蒙按照别人安排好的说辞来应对，他告诉那名宪兵，他们来自圣艾蒂安，身体都不好，因此被送到这里，希望清新的空气和健康的食物有利于他们的病情。两名宪兵将信将疑地离开后，西蒙马上赶去见德莱亚热夫人，夫人决定把两个男孩分开，把雅克送到她的外甥女吉尔贝（Gilbert）女士家中，并把西蒙送到丽日旅馆的巴罗夫人那里。这个安排让西蒙非常高兴。西蒙一直很想回到学校，此时被安排到达尔西萨克负责的班级。西蒙是旅馆里最小的孩子，因此要与另一个犹太男孩住同一间房。旅馆里还有巴罗家的三个女儿，大女儿加布丽埃勒负责照顾西蒙，她带西蒙去玩平底雪橇，还帮他缝补破损的裤子。西蒙再也没有听到母亲的消息，只知道她被押上开往德朗西的火车。他倒是有父亲的消息，父亲还在外籍犹太人工厂里工作，而他的姐姐在里昂暂时安全。

但这个安排并未持续多久。巴罗夫人的丈夫开始抱怨房子里孩子太多，而且孩子们带来的、由儿童救援组织提供的小笔资助根本不足以覆盖他们的开销。西蒙被迫再次搬家，这次搬到一个达比派家庭，由巴尔（Bard）夫妇照顾，他们的独生女刚刚去世。为了让这对夫妇收留他，西蒙要在农场帮忙照看奶牛和山羊。一位年事已高的老奶奶与他们住在一起，每逢星期天，西蒙就跟随这个家庭出席达比派的集会。他睡在马厩旁边一个凹室里。早上5点，天还没亮，他就被农夫叫醒，跟农夫

143

一起干活，直到 7 点半；吃过早餐后，他就走路到四千米外的位于勒尚邦的学校。晚饭过后，三个成年人跪着祈祷。他们很友善，总是很公平，但西蒙从未见过他们彼此之间有过亲密和慈爱的举动，更不用说对他了。他们从不提及战争，也不提及犹太人。

与此同时，雅克的表现却不太好。他总是整晚哭闹和尿床。吉尔贝女士开始还表示同情和理解，久而久之也被激怒了，尤其是雅克每天晚上都尿床。每天放学后，西蒙都走路去吉尔贝的农场看弟弟。西蒙对雅克讲道理，求他，反复告诉他，他必须适可而止。小男孩只是听着、哭着、点点头，然后继续尿床。终于有一天，吉尔贝女士告诉西蒙，她不打算继续照顾雅克了。雅克不得不离开。接下来发生的事情让西蒙永生难忘。西蒙告诉雅克，作为惩罚，他将会狠揍雅克，直到雅克不再尿床。西蒙说到做到，而雅克终于不再尿床。但从此之后，每当西蒙来看雅克，雅克都躲着他。无论西蒙多么努力都无济于事，雅克拒绝和他说话。

秋季学期开始的时候，躲在高原上的犹太孩子混在村民的孩子之中一起去上学。拉谢尔·卡明卡尔是从韦尼雪营地逃出来的波兰女孩，她被寄养于西拉克（Silhac）附近的一个家庭；她决心忘掉过去，开始在当地学校交朋友。

汉娜与一个奥地利女孩一起，跟随塞文诺新学堂一位老师学习法语。汉娜与吕迪继续在拉盖斯皮居住和工作，越来越多初来乍到的人挤满了拉盖斯皮，许多人是两手空空地来到此地的。有个始终难以解决的问题是缺少鞋子，因为皮革不仅稀缺，而且受到配给限制，绝大多数孩子只能穿木鞋。

其中两个刚来到拉盖斯皮的人是来自居尔营地的约瑟夫·

阿特拉斯（Joseph Atlas）及其双胞胎兄弟。[11] 两个男孩 16 岁；约瑟夫爱读书，而他的双胞胎兄弟爱运动。他们是波兰人，而他们所出身的家庭原本拥有艺术品销售的生意，由于反犹主义盛行，他们家在 20 世纪 30 年代后期被赶出华沙，而在枫丹白露的寄宿学校，兄弟二人再次被驱逐，在那所寄宿学校，犹太裔师生经常被人用鹰钩鼻手势嘲笑。在居尔营地，约瑟夫亲眼看着高挑、金发、健康的母亲变得虚弱而可怜，他总是在挨饿，也总是很难受；在勒尚邦，他感到"能吃饱、受保护、很安全"。在拉盖斯皮，孩子们会在吃晚饭的时候说话。吕迪感到，并非所有孩子都是犹太人，这似乎让这个地方变得更加安全，尤其是在这里，没有人知道或者在乎你是犹太人还是非犹太人。

每个人心里都想着食物，尤其是那些正在成长发育的男孩。 145 及至 1942 年秋天，法国许多地区的每人每日配给量已经下跌到 1100 卡路里，城市里情况更严重。英国的封锁变得如此严密，以至于贝当向教皇发出请求，以梵蒂冈的旗号为掩饰，把食物运进法国。陆路运输几乎已经停滞；由于缺少化肥和饲料，农作物收成很差，许多奶牛已被宰杀，这又意味着牛奶减产。糖、咖啡、大米、肥皂、肉、牛奶和土豆都实行配给制。尽管在某种程度上，高原居民与普遍存在的饥饿现象绝缘，但他们的食谱依然是单调又短缺，尤其是因为农民们被迫交出惩罚性的产品定额，以满足德国人的需要。

周末"买菜游客"（touristes alimentaires）的出现让食品供应更为短缺。所谓"买菜游客"，是指来自周围采矿地区的家庭，他们骑着自行车，或者乘坐小火车来高原进行以物易物的交易，购买鸡蛋、鸡和黄油，或者农夫准备销售的其他任何农产品。黑市交易日益繁荣，本地人都在抱怨，那些设法带钱逃跑的富裕难民推高了物价。特罗克梅在给兄弟罗贝尔（Robert）的信中提到，尽管他们的处境肯定比城市居民好得多，但他的薪水已经不足以购买食物和全家取暖用的木材。特罗克梅写道："我们的农民因为汹涌而至的金钱而欣喜若狂，这就意味着我们也不得不对我们有限的资金精打细算。"马伯小姐希望能让食谱更丰富一些，她把毛皮大衣交给一位农夫的妻子，换回了一些黄油。

在长老会堂，玛格达把蘑菇串在绳子上，再把绳子悬挂在厨房里，她用这种方法烘干蘑菇，还把蓝莓制成馅饼和果酱。在上完意大利语课的午间休息期间，她骑自行车到荒郊野地，看看还能找到什么食材。尽管特罗克梅仍然拒绝让她拿红酒配给卡去跟农民交换食物，认为这只会助长农民酗酒，但她带上他们的烟草配给卡，偶尔还能换回黄油和奶酪。在苏莉阿姨之家，埃米尔·塞什尽力寻找足够的食物来养活越来越多的孩子，而在拉布里克，奥古斯特·博尼时常为 75 个小孩的饥饿状况而担忧。饲料已成为日常食物的一部分。在田地里抓获的青蛙已成为必不可少的美味食物。

短缺的不仅仅是食物。来到高原的孩子几乎都没有可更换的衣物。随着他们逐渐长高，他们穿过的衣服就只能转手给更小的孩子。随着时间推移，裤子、衬衣和毛衣越洗越白，越磨越薄。汉娜会编织，她用许多时间来缝缝补补。在费多利（Faïdoli），瑞士救援组织开设了第三座儿童之家，博尼把孩子们编为四个队伍——狮子队、老虎队、老鹰队、松鼠队，每个队伍轮流煮饭、洗衣，或者拿手推车到几千米外的村庄去收集补给品。为了保暖，孩子们穿着好几层衣不称身的衣服，这让他们看上去衣衫褴褛、不修边幅。他们发明了一个信号：当大家都安全时，瑞士旗帜就会在费多利、拉布里克和拉盖斯皮高高飘扬。如果旗帜降下来，这就意味着孩子们得赶紧躲起来了。

每逢星期天，许多犹太孩子会去听泰斯和特罗克梅讲道，孩子们都知道，假装自己是新教徒，会让自己得到某种程度的保护。对于汉娜来说，由于她独自居住在拉盖斯皮，星期天就成为她看见其他人、听见高原新闻和战争新闻的一天。特罗克梅的兄弟弗朗西斯（Francis）有一天来听特罗克梅讲道，弗朗西斯后来对另一个兄弟罗贝尔说，他这辈子从未听过如此原创、如此深刻的演讲。弗朗西斯写道："他以亲切、简单的语调开始演讲，然后他的声音变得更加有力，他对自己所讲的内容条分缕析，他以近乎告解的语气，饱含真情地、清楚透明地讲述……他的声调开始升高，变得更为庄严肃穆，大段大段的句子喷涌而出，滔滔不绝，在螺旋式上升的用词中，他似乎越来越激昂，越来越高亢，同时伴以秋风扫落叶的手势、舍我其谁的自信，继续向上升华，引导你进入宗教思想的绝妙之处，进入不可言喻的境界，最后达到顶峰，他会让你保持在名副其实的狂喜状态；然后，慢慢地，他的嗓音变得和缓，他的语调变得平缓，他让你慢慢回到地面，进入半和的状态。"

弗朗西斯说，听特罗克梅讲道，自己仿佛沉浸于一个梦，会热泪盈眶、欲罢不能。弗朗西斯认为，最让人印象深刻的是，特罗克梅总是无懈可击、饱含真情，他不需要任何技巧来修饰，也不需要丰富华丽的语言和表达，他只需要自然而然地真情流露。弗朗西斯不是唯一对其兄弟的布道佩服得五体投地的人。只要是个成年人，在听过特罗克梅讲道之后，几乎没有不留下深刻印象的。在难民孩子中间，他有时候会让人敬畏，而当他

147

脾气不好的时候，他也确实会让人害怕。泰斯温和得多，也更受人爱戴。玛格达由于声音沙哑，再加上有时候表情夸张，以至于她总是要环顾四周，确保没有人离场。[12]

在勒尚邦的日常生活中，居于核心地位的无疑是塞文诺新学堂。战争结束多年以后，那些在高原上度过童年、躲避德国人的人会怀念这所学校，惊叹于它的温暖和睿智。作为一次教育实验，这所学校是新颖的、原创的；对于那些因为痛失亲人而伤心欲绝的孩子、那些时常为未来感到恐惧的孩子、那些头脑中充斥着暴力和迷失记忆的孩子来说，这所学校既让人内心安稳，也让人忘却悲痛。这所学校出自吉永、特罗克梅、泰斯和蓬小姐的构思，他们认为这所学校应该作为彰显国际主义与和平主义的新教信仰的坚实堡垒，同时提倡自由包容和不拘格式。这所学校超越时代、引领潮流，它鼓励师生之间建立亲切友好、亦师亦友的关系，它鼓励建立学生社团，鼓励一定程度的学生自治，同时聚焦于个人权利。那里没有死记硬背、生搬硬套。没有一个学生会忘记在那里的学习生涯。

在很大程度上，这所学校之所以如此优秀，是由于它非凡的师资：像马伯小姐这样的外籍教师，那些在巴黎失去大学教职的杰出教授，那些逃离奥地利、波兰和德国并在高原寻求庇护的犹太人。在他们中间，他们营造了一种知识使人愉悦的氛围，以至于那些从未阅读过龙沙或拉辛，甚至几乎不会说法语的孩子，很快就会去拜访村庄里的书商巴伯扎（Barbezat）先生，主动寻找法国经典作家的著作。

这所学校的图书馆馆长是施密特（Schmidt）先生，他曾经在巴黎的法国国家图书馆工作。学校里还有霍费尔（Hoefert）小姐，一位身材娇小却开朗健谈的奥地利女士，她很爱笑，以

米德丽·泰斯和爱德华·泰斯

至于眼睛总像两道弯弯的弧线，而且她"跑来跑去，就像一只忙碌的小老鼠"；她教学生们说德语，而且教他们用"轻柔悠扬"的声音读里尔克的作品。学校里还有非常高挑、非常瘦削的德雷耶（Dreyer）小姐，她有一个"高挺庄严的鼻子"和一张苍白庄重的脸。她教数学，有两个跟她一样又高又瘦的儿子。她总能让学生联想到希腊悲剧中的女英雄。学校里还有拉万德（Lavandes）小姐，她是法语和拉丁语教授，看上去就像一只黑色的蚂蚁，因为她长着黑头发、黑眼睛，身穿从头顶到脚尖的黑色衣服。但在严厉苛刻的外表之下，她有一颗宽宏大量的心。马伯小姐决心让学校里每个学生都能说最纯正的英语，她让学生反反复复背诵绕口令："蒂莫西·蒂姆有十个粉红色的脚趾头，有十个粉红色脚趾头的蒂莫西·蒂姆。"她禁止学生对她使用其他称呼，只能称她为马伯小姐，因为"小姐"（miss）

这个称谓最为通用。每逢周末，师生们都会在高原上进行一次长路漫漫、欢声笑语的远足，一直走到梅藏克（Mézenc）。

老师们不仅教书，还走进学生的生活。他们敏锐地意识到，有必要填补学生的心灵，因此为学生安排了课后活动，安排了外出与化装舞会、辩论和体育运动。霍费尔小姐打扮成美国的新闻播报员，穿着灯笼裤，戴着绿色的遮光眼罩。每逢星期天，在做完礼拜之后，老师会让孩子们骑上自行车，到附近的农场去收集"皮卡东"（picaudons），即一种小小的、圆圆的本地奶酪，孩子们还会比赛，看谁能收集到最多的皮卡东奶酪。

学生们有着多样的国籍和非常奇特的文化背景。汉娜和吕迪的一个伙伴叫亚历山大·格罗滕迪克（Alexander Grothendieck），未来的天才数学家，他从拘留营里逃出来，跟随马德莱娜·巴罗来到此地。当他尚未以其横溢的才华让教授们目眩神迷之前，他就通过自学学会了弹钢琴。对于许多这样有才华的孩子来说，特罗克梅的长老会堂提供了舒适的家庭生活；会堂里有自信而美丽的内莉，她也会弹钢琴；带点神秘感的让－皮埃尔似乎总是在写着什么东西；雅克长着天使般的卷发，小丹尼尔看上去有点像演员让·迦本（Jean Gabin）。

无论是老师们还是孩子们，所有人都要面对学校那严峻到脱离现实的地理环境，这就意味着随着学生人数的增长，只能在外围建筑、旅馆房间、空置民宿、临时营房里上课。老师们也得奔波于各个教学点，到了大雪降临、积雪阻塞道路的日子里，年轻且健康的老师就得使用平底雪橇甚至滑雪去上课。在大雪封山的四个月里，平底雪橇成为勒尚邦日常生活中必不可少的部分，孩子们从地势最高的山村里滑下来，每个孩子都勾住前面那个孩子的脚踝，然后一列由平底雪橇组成的火车就在危机四伏的冰封轨道上飞驰。孩子们有时是悲伤的，经常是饥饿的，但从来不是沉闷的。在这兵荒马乱、变化不定的年代，当整个法国在与德国的麻烦关系中苦苦挣扎、走向毁灭的时候，最起码还有勒尚邦在践行道德理念，传递出一抹感同身受和慈善宽容的亮色。绝大多数人终生都记得这首献给深受爱戴的泰斯和特罗克梅的赞歌："致敬您的光荣，群山传来回响，我主与我们同在。"

然而，人所共知却又被人们忽略的是，在这些看似愉悦的面孔、好学求知的心灵背后，掩藏着巨大的痛楚和忧伤。许多犹太孩子与父母、兄弟、姐妹失去联络，亲人们在踏上开往德朗西的火车时留下了最后一张匆匆写下的便条，自此再无音讯。每当有邮件送来，孩子们就在大厅里徘徊等待。一个名叫彼得·费格尔（Peter Feigl）的孩子开始记日记，开篇就是"致我亲爱的爸爸妈妈"。[13]他父母的照片就夹在黑色小本子里面，他在照片的周围用彩色墨水描边。日复一日，他都写着："我很焦虑……我很担忧……我为你们担忧，我亲爱的爸爸妈妈……依然没有你们的消息……"9月13日，他听说父母被押送到德朗西。在那以后就杳无音讯了。那时，每一天他都写道："没有你们的消息……没有你们的消息"，反反复复，反反复复。他也尝试写信联系红十字会和贵格会，以让他前往马赛或美国。

然后他就不再写日记了。当他再写日记的时候，已是1944年，他已不再提及父母。

150

第八章　瓮中之鼠

　　1942 年 11 月 8 日，英美盟军在北非登陆。三天后，早上 7 点，德国国防军穿过封锁线，占领法国南部，此举是为了防止英美盟军在地中海沿岸登陆。在维希，布斯凯命令维希警察和军队不要抵抗德军的占领。跟随德国国防军士兵到来的还有盖世太保（国家秘密警察）和阿勃维尔（Abwehr，军事情报局）的特务，他们随即在里昂、马赛、蒙彼利埃、维希、图卢兹和利摩日设立了自己的办公室，带来自己的随从部队，同时招募合作者和告密者。某些场地早已准备妥当：因为早在 9 月底，他们就采取了代号为"多纳尔"（Donar，雷神）的特别行动，即"雷神行动"，身穿便服的盖世太保军官使用伪造的法国证件，在法国南部采取行动，成功渗透了儿童救援组织建立的盟军秘密机关，而这个机关原本是用来搜集情报，并为法国抵抗运动提供补给的。

　　而在法国东南部，意大利人越过他们早在 1940 年便已占领的法国省份，进一步控制了土伦，进抵罗讷河东岸的普罗旺斯地区，而这些地区原本都是由维希政府统治的；意大利收复失地主义者甚至主张占领科西嘉岛。

　　及至 11 月底，维希政府已不再拥有自由地区，也不再有军队、舰队。仅存的维希法国海军战舰也在土伦被凿沉。突尼斯落入轴心国集团手中，印度支那落入日本手中。为了给贝当和赖伐尔留点颜面，又或者是为了嘲讽他们二人，"非占领区"

并未被改称为"占领区",而是被改称为"行动区",尽管法国作为主权国家的最后一点权力已经荡然无存,但德国人仍然保留了法国的民政官员和警察队伍,以便管理这个国家。纳粹万字符已被高高挂起,时钟也改为德国时间。[1] 德国军队包抄前进,同时建立法国南方司令部,罗尔夫·穆勒(Rolf Muller)将军坐镇里昂。佩拉什火车站旁边华丽庄严的终点旅馆(Hôtel Terminus)成为盖世太保司令部,克劳斯·巴比(Klaus Barbie)抵达此地,成为这个司令部的高级军官,他曾经在荷兰和乌克兰杀害了无数犹太人、共产党员和吉卜赛人。严格的审查制度开始实行;书信和电话都受到监视和监听;任何未经授权的物资交流,都将受到野蛮的惩罚。在勒尚邦,在这个越冬之地,加缪正在伏案写作《鼠疫》,这个故事恰好呼应了法国当时的处境。加缪在日记中写道:"就像瓮中之鼠!"在这部小说中,奥兰这座城市暴发了腹股沟腺鼠疫,整座城市随即被封锁,在城市大门关闭后,记者雷蒙·朗贝尔(Raymond Rambert)说道,此前自己就像个局外人,但此时"这个故事让我们所有人卷入其中"。

152

在整个维希法国境内,德国人开始到处安插自己人,他们征用旅馆和办公室,预留电影院和餐厅,挂起他们的巨幅旗帜,清点维希宪兵和警察的人数,以供自己使用。尤利乌斯·施梅林(Julius Schmähling)是个身宽体胖的小个子男人,戴着一副眼镜,长着一张鹅蛋脸,开始秃顶,走起路来也是圆滚滚的,看上去就像一只无害的仓鼠被任命为上卢瓦尔省的司令。他的司令部设在勒皮,在法约勒元帅(Maréchal Fayolle)大街,这条大街是以在索姆河与马恩河立下累累战功的战争英雄来命名的。施梅林带来了大约 200 人的随从作为守备部队,都是些不太情愿的克罗地亚人、俄国人、格鲁吉亚人和鞑靼人，还有几个老资格但不太可靠的德国军官，他们只求不要被突然调往东线战场就好。那些鞑靼人由一名野心勃勃的军官柯伊勒（Coelle）调遣，这些人残忍有余而勇武不足，是不能指望他们上战场的。至于这帮又愚蠢又粗暴的家伙，会如何与巴克手下那帮不情愿的警察和第 36 宪兵大队相处，会如何与明显具有反德倾向的宪兵队长塞巴斯蒂安·西尔瓦尼相处，那就只能走着瞧了。宪兵实际上在乡村承担着警察职能，而普通警察通常只在城镇里执勤。所有人受命密切关注高原上的"新教环线"，新教徒的"宗教战争记忆"让新教徒忠诚于"自由主义和国际主义"观念。[2]

153

位于勒皮的司令部

施梅林是高原上另一个神秘莫测的人物。[3] 作为 1939 年被征召归队的预备役军官，他抵达勒皮的时候已经 50 岁了。他有点懒散、和蔼，只想无惊无险地在战争中存活下来。他曾经是纽伦堡大学的历史学教授，宁愿好吃好喝地讨论德国历史上的三十年战争,而不是在上卢瓦尔省抓捕违法者。在于战后所写的回忆录中,他提到希望自己管辖的地区保持中立、维持和平。在他们举行的两周例会上,施梅林表明了保境安民的态度,而这正是省长巴克所需要的。巴克后来受到指控,人们认为他与德国人维持了"客气甚至诚恳的"关系,巴克还允许他的妻子接受施梅林赠送的一盒巧克力。在这个故事里,这两个男人,无论是模棱两可的巴克,还是精于算计的施梅林,都不是表面看上去那样简单。两人都在等待、观望、试探。

然而,两人都得面对越来越狂热的维持治安军团(Service d'Ordre Légionnaire,简称维安团)的竞争,这帮家伙是"民族革命的突击部队",由一帮狂热爱国、谋财害命的年轻爱国者组成,他们身穿蓝色制服,头戴贝雷帽,宣誓效忠贝当,发誓反对"布尔什维主义、戴高乐主义、犹太社区、不信教的共济会、无政府主义、平等主义、虚伪的自由、无动于衷、不可知论",反正把能反对的都反对个遍。维安团被禁止在德军占领区采取行动,但他们在整个法国南部被授予了无法无天的权力。

154

施梅林的冷静理性,据他自己所说,起源于他在巴伐利亚担任年轻教师时的一次意外事件。有一天,他要讲狮子,为此搜寻了所有关于百兽之王的戏剧性的故事,他留意到教室后排有一个从未发过言的男孩正在自顾自地招手。施梅林没理他,径自继续讲。突然之间,那个男孩跳起来大声说话,而在巴伐利亚的教室里,未经允许大声说话是不可原谅的。那个男孩说:"昨天,教授先生,我看见了一只兔子!是的,我看见了一只兔子!"施梅林被激怒了:"赶紧闭嘴,你这个白痴!你给我坐下!"那个男孩坐下了。接下来,在那一年,那个男孩没有再说过话。施梅林把这件事情记下来了。他的火暴脾气是不对的:

既毁掉了那个男孩生命中"充满阳光的时刻"，也毁掉了自己内心的某些东西。他立下誓言，他会告诉听众，永远不要如此不近人情，永远都要允许别人说话；在后来的日子里，他遵守了自己的誓言。

身为国防军军官，施梅林无权指挥盖世太保，盖世太保负责追捕政治流亡者和犹太人，而德军宪兵（Feldgendarmerie）则负责追捕德军逃兵。但在勒皮没有盖世太保办公室，最近的办公室在圣艾蒂安，在75千米外，而且，关于抵抗运动、黑市交易、征用物资、告发犹太人（无论是否藏匿），都得经过他的办公室。这个胖乎乎的中年男人施梅林，此时拥有处理维瓦莱－利尼翁高原上犹太人问题的全权。关键是他会如何运用这种全权。

在犹太人问题上，贝当一直以来的立场是，无论是法籍犹太人还是外籍犹太人，都应该被一致对待。这次倒是贝当赢了，犹太人发现自己身陷新设立的"行动区"，在这里他们不必佩戴黄色六芒星了。但在实际上，无论在法国什么地方，犹太人都不再安全了。及至1942年11月中旬，维希政府已经允许17列参与驱逐行动的火车从仍然独立的法国领土运送11012名外籍犹太人前往德军占领下的法国领土，然后再前往波兰境内的死亡营。[4]至于在拘留营、藏匿地、城市、意占区还剩下多少犹太人，那就只有天知道了。这些犹太人绝望而恐慌，他们四散在荒郊野地，寻找更加安全的庇护所、保护人、假文件，只希望能够离开法国。

被送往波兰的犹太人将会遇到什么，当时还只能靠猜测，许多人根本不相信那里会有集体屠杀。但人们都清楚，随着德国人占领整个法国，接下来肯定会抓捕然后驱逐犹太人。在维希政府统治下，犹太人仅存的一点乐观主义也幻灭了。维希政府向市镇长官和警察发出许多命令，要求他们上报所有突发事件，甚至是夜间和假日发生的突发事件，"然而这只是为了安定人心"。海报、宣传、可疑人士、飞机噪声、反对派的迹象，所有突发事件都必须被记录在案，然后上报。当然，接下来就是上报每个犹太人的姓名和身份。按照最新发布的 979 号法令，如果没有特别通行证，犹太人将不准再离开居住地。他们将会被清点人数，很可能被视为与德国人谈交易的筹码；或许这只是为了记录在案，方便维希政府在下一步行动中协助希特勒完成他的"最终解决方案"。

　　德国人来到原本的非占领区，还带来了更为深远严重的后果。在过去两年多的时间里，各个犹太人组织极力为孩子和移民争取签证。有好几百份签证，在经过漫长得让人恼怒的激烈争吵之后，甚至经常是在前途未卜、惊心动魄的冒险之后，终于办成了。有一个一直藏匿在勒尚邦的奥地利年轻女孩，在 1942 年春季融雪之前，终于听说她前往美国的签证被通过了。在最后一场暴风雪中，小火车被积雪挡住了，她只能徒步 15 千米走下山谷，自行前往马赛，与当局交涉，赶上最后一班前往美国的轮船。她那年才 16 岁。

　　在维希统治区被德军占领之前，对于那些仍然极度渴望移民的人来说，马赛曾经是外交生活的中心，外国领事馆仍然能够为文件齐全的人办理签证。[5] 捷克领事弗拉迪米尔·沃绍克（Vladmir Vochoc）是坚定的反纳粹人士，在他的护照库存用完时，他印制并签发了一批假护照，结果被软禁在家。在 1941 年一整年的时间里，瓦里安·费里，那个为纽约的紧急救援委员会工作的年轻美国人，继续组织人们以合法或非法的方式离开，从他在城市里的办公室出发，绝大多数人通常是穿越边境进入西班牙，然后前往里斯本，接着从里斯本乘船前往中国上海、比属刚果或者墨西哥。他的一个摆渡人是迪娜·维耶尼（Dina Vierny），她是托洛茨基派，曾经为雕塑家马约尔（Maillol）担任模特。在前来向费里求助的20000人当中，他已设法安排大约2000人离开。对于部分已经记录在美国名单上的人，他却无能为力。捷克作家恩斯特·魏斯（Ernst Weiss）在巴黎被抓进监狱；艺术批评家卡尔·爱因斯坦（Karl Einstein）在西班牙边境附近上吊自杀。汉娜·阿伦特、安德烈·布勒东、马克斯·恩斯特、戈洛·曼、海因里希·曼和马克斯·奥菲尔斯则成功出境。

1942年9月28日，德国人抵达法国南部六周前，迫于贵格会、儿童救援组织、基督教青年会和犹太人联合会的联合施压，美国国务院终于来自法国的犹太儿童发放了1000份签证，这些孩子将会由75名监护人从马赛护送到里斯本。10月15日，签证增加到5000份。赖伐尔自食其言。16日，赖伐尔和布斯凯之前声称他们只对"真正的孤儿"感兴趣，此时却说维希政府永远不会允许孩子们穿越大西洋，因为"他们的父母还在波兰"。经过激烈争取，维希政府最终允许第一艘船上的500个孩子离开，对外声称这是演习，其交换条件是，救援者不得对外宣传法国人对犹太人的恶劣对待。孩子们从营地和儿童中心被儿童救援组织和贵格会接走，然后在马赛集合等待。

与此同时，另一场救援行动也在进行，这场单独的救援行动由波西领导，波西即伊丽莎白·希尔施的化名，她来自在居尔营地工作的儿童救援组织团队，带领12个8~14岁的孩子穿越比利牛斯山，首先进入西班牙，然后抵达葡萄牙，在葡萄牙整装待发的"几内亚"号（Guinea）轮船将会把他们送到巴勒斯坦。起锚日期是 10 月 26 日。

最终，化整为零的犹太孩子似乎逃离了纳粹魔掌。但那只是幻觉而已。

11 月初，在马赛的孩子们已经获得从葡萄牙到美国纽约的签证和船票。孩子们的监护人也已经遴选完毕。一艘在里斯本租用的船正在等待出发。但还会有更多的延误，更多的最后一分钟。孩子们被告知，在他们当中，只有 100 人可以离开，因此他们必须接受审查。然后，维希政府宣布，只有妇女能够充当监护人。之后就是对定义的分歧：谁是"孤儿"？谁是"被遗弃的"孩子？

11 月 4 日，维希政府开始审查第一批的 37 人，出人意料地否决了其中的八个人。孩子们只能继续等待。然后，有五个监护人作为"可驱逐者"而被扣押。更多孩子因为患有脓疱而被否决。接着，孩子们继续等待；8 日，英美盟军在北非登陆，维希政府与美国关系破裂，孩子们只能继续等待。11 月 11 日，德国人抵达马赛，实际上扑灭了所有人继续移民的希望。

混乱和迷茫传遍了所有志愿者组织，他们当中许多人只能被迫离开法国了。11 月 16 日，各个志愿者组织收拾好他们在马赛的办公室，然后把他们的工作移交给瑞士救援组织（毕竟瑞士与德国仍然有外交关系），同时，美国公谊服务委员会通知美国国务院，他们"把所有代表法国南部申请人的美国签证申请放入等待文件夹"。

此时此刻，每一个身陷法国的犹太人都需要一个假身份。

157

根据德军全面占领法国之后马上颁布的新法律，只要是犹太人，无论是法籍还是外籍，都必须随身携带打上"J"钢印的身份证，如果没有这样的身份证，他们将既不能旅行，也不能领取配给卡。对于法籍犹太人来说，他们非常容易受到贪婪的邻居和怀恨的雇员的告发，但他们还有时间搬家，改变地区甚至改变省份，同时声称自己并非犹太人。对于外籍犹太人来说，许多人都带有浓重的口音，而且几乎不会说法语，隐藏自己的身份几乎变成不可能的任务。他们需要全新的身份、全新的故事、全新的过去。

158 孩子们更加困惑、更加健忘，他们不得不接受训练，以记住自己的假身份。[6] 在儿童救援组织，年轻的社工负责与孩子们反复预演，以让他们记住假身份，直到孩子们对答如流：

"你叫什么名字？"

"菲利普·克罗谢。"

"重复一遍。"

"菲利普·克罗谢。"

"你的父亲在哪里？"

"他死了。"

"怎么死的？"

"他在轰炸时被炸死了。"

"在哪里被炸死的？"

"在里尔。"

"现在再来一遍。你叫什么名字？"

及至1942年底，法国遍地都是假文件了。要获得假文件，最简单的办法是使用真许可。比如说，一张学校文凭，给它换张照片，这张学校文凭可以从准备挂失的人那里获得。这张文凭可以拿去市镇公所，作为办理其他所有遗失证件的基础凭证。然后，出生地可以从已知当地政府办公室被摧毁、政府档案也全部被摧毁的地区中选择。最重要的不仅是获得足够的、各种各样的佐证文件，例如学生证、结婚证、配给本，而且是足够自信，当你被警察截住的时候，你得满不在乎地把假文件亮出来。

友善的市镇长、印刷工、民政官员将会乐于发放文件和伪造证件，或者对其视而不见，他们是伪造证件的关键环节。但在此时，随着战争进入对犹太人最为致命的阶段，从最不可能的背景下浮现的造假大师就至关重要了，他们将为犹太地下组织服务，为初创抵抗网络服务，为教会服务，也为他们自己和亲朋好友服务。其中一个造假大师是 18 岁的医学院学生奥斯卡·罗索夫斯基（Oscar Rosowsky），他是一个卷发的俄国犹太人，会说俄语、德语和法语。[7]

奥斯卡的祖父曾经是里加（Riga）一位成功的橡木出口商，然后在 20 世纪 20 年代，祖父带着三个儿子以及其他家人迁往柏林。1923 年，正是在柏林，奥斯卡出生了；他是家中独子，一家人过着相当奢侈的生活，他们最初住在一套德国军官腾退出来的公寓里，然后住在夏洛滕堡（Charlottenburg）一套有六个豪华房间的住宅里。但奥斯卡的父亲是个赌徒而不是个商人，一家人很快流落到尼斯，父亲在尼斯的赌场里输了个精光，祖父留给父亲的财产也输得所剩无几。

偶尔，父亲时来运转的时候，奥斯卡会尝到桃子曼巴（Pêche Melba，这是一种桃子混合冰激凌的甜品）。与此同时，奥斯卡的母亲米拉（Mirra）学会经营时尚生意，在他们缩小到只有一两个小房间的家里开设女帽工作室，她找到客户来购买

159

她制作的优雅小帽子，款式来自《时尚》（Vogue）杂志的内页，客户来自蓝色海岸地区富有的俄国流亡者。奥斯卡的父亲坐在咖啡馆里，读着报纸，构思着各种发财大计；奥斯卡则在旁边下着国际象棋。在夏天那几个月，定做帽子的需求减少，一家人就得饿肚子。奥斯卡那支昂贵的自来水笔也被典当了。他被送往久负盛名的帝国公园高中，加入犹太男子童子军。那是在 1940 年。意大利控制下的尼斯一片平和。那年夏天，奥斯卡通过了第一次中学毕业会考；第二年，他又通过了第二次中学毕业会考。罗索夫斯基一家看上去不像犹太人，他们从不讨论战争，家里也没有收音机。只有在反犹的贝当主义者和犹太男孩在操场上打群架的时候，奥斯卡才会意识到犹太身份法的存在。

麻烦到来的第一个迹象是，奥斯卡被拒绝升入医学院的更高年级，因为犹太人已被排除在外。为了找出路，他只能去一位维修打字机的机械师那里当学徒，那位机械师拥有维修省长办公室各种机器的服务合同。机械师外出维修的时候，奥斯卡就跟在师父旁边帮忙。奥斯卡的业余时间就在童子军队伍里打发；他喜欢童子军队伍的兄弟感情，他们一起生活，一起聊天，一起做各种事情。

9 月底的某一天，当他从营地回来的时候，母亲告诉他，父亲被抓走了，而且彻底消失了；家里还有一封信等着奥斯卡，命令他前往一处专门为外籍犹太男子建立的劳动营报到。奥斯卡穿上童子军制服就去报到了。报到处的负责人同情他，就把他派到一家意大利企业，那里还给他煮茄汁蜗牛。

三周后，奥斯卡回到尼斯，第一次意识到他的犹太母亲置身于危险之中。母子俩决定一起前往瑞士，但由于母亲的假证件要通过俄国社区获得，当时还未准备好，奥斯卡只好先行出发。他抵达并穿越边境，但被瑞士警察抓获，并被遣返法国。当他回到尼斯的时候，发现母亲已被逮捕；因为在母亲前往瑞士边境的火车上，一名火眼金睛的检查员发现她的证件是假的。母亲随即被送往里韦萨特营地。

奥斯卡完全明白，他只剩下非常少的时间采取行动。他回到工作场所去清洗打字机，知道自己能够在省政府拿到空白的身份证表格。他偷到所需要的东西，在表格上填上母亲的姓名和背景等虚假细节，然后把证件寄往里韦萨特营地。奇迹般地，此举竟然奏效了。此后不久，他走在尼斯的大街上，竟然碰见母亲，她刚刚从营地里被释放出来。母亲足足瘦了 25 千克。当

奥斯卡·罗索夫斯基

时是 11 月，德国人已经占领了整个法国。尽管理论上犹太人在尼斯还是安全的，因为此时尼斯是由意大利人占领和保护的，但奥斯卡知道，母子俩必须找到其他地方躲藏。太多人知道母子俩是犹太人了。

通过朋友，奥斯卡听说过维瓦莱－利尼翁高原。他决定去一探究竟。他倒了几趟火车，遇到一个住在勒尚邦一处民宿的熟人，对方送他到费伊勒弗鲁瓦，那里的新任牧师丹尼尔·屈尔泰（Daniel Curtet）同意帮忙。奥斯卡的母亲抵达费伊村，她化名为格拉博夫斯基（Grabowsky）小姐，假装是一个俄国流亡者的遗孀。她在阿贝尔旅馆（Hôtel Abel）住了几个晚上，然后搬到一处小公寓，在那里炖动物内脏和土豆。奥斯卡化名为让－克劳德·普卢默（Jean-Claude Plumme），住在巴罗一家的民宿，即勒尚邦的丽日旅馆。他仿佛回到了童子军生活，大约 20 名来自欧洲各国的年轻人住在一起，有一些是犹太人，有一些不是，大家无话不谈。奥斯卡能够给他们带来围捕行动的消息，向他们描述那个把被驱逐的犹太人彻底吞噬的黑洞。每隔十天左右，他会以学习俄语为借口，去费伊村看望母亲。只有屈尔泰牧师知道他们是母子俩。

在丽日旅馆，通过介绍，奥斯卡认识了年轻的路易·德·茹热（Louis de Jouge），路易是塞文诺新学堂的学生，但他把更多时间花在抵抗德国人的计划中。通过路易，奥斯卡又认识了另一名犹太童子军罗歇·利莫维茨基（Roger Klimoviski），罗歇化名为罗歇·克里蒙（Roger Climaud），帮助高原上的犹太人寻找藏身之所。通过路易和罗歇，奥斯卡了解到，学校里的老师们正在使用原始的影印法制作假文件，还要通过唐斯村的文书局购买纸张和墨水。其中一位是学校秘书，名叫雅克利娜·德古德曼彻（Jacqueline Decourdemanche），她的前夫叫丹尼尔（Daniel）[①]，刚刚在巴黎作为抵抗分子被逮捕，并被德国人枪决。雅克利娜拥有雕刻铜版的漂亮手艺，还非常擅长花体签名，而这正是法国官僚机构最欣赏的。奥斯卡反正也无事可做，自愿来帮忙。他很快发现自己有这方面的天赋。他灵巧机敏、敏捷熟练、勤奋认真、头脑灵活。法国南方有大搜捕，北方也在追踪犹太人，边境被关闭，移民之路也被堵死，越来越多的人被逼上山区，被赶入高原。这些人都需要假文件。

　　使用绘图笔、墨水、印章、模板、绘图纸和一种特殊的胶水，奥斯卡能够迅速制作配给本、复员证、出生证、学校文凭、结婚证、狩猎执照和大学文凭。一张错综复杂的表格，他用一个小时就能伪造；如果是更简单的表格，他用 15 分钟就能做好。加热胶水的时候，如果你加热得太多，它就会滴出来；如果你加热得太少，它又会粘不上。20 岁的加布丽埃勒·巴罗也来帮忙制作模板和印刷。她非常警惕，或者如她后来所说，非常机警，但她并不认为会有人会抓住他们的破绽。配给木形状和颜色各异，需要花费最多时间。让工作变得容易的是官僚主义造成的混乱，战争打乱了法国的民政服务系统，这就意味着警察不可能通过正常途径核查文件；实际上，除了少数几份表格在全法国有统一标准，其他表格都是形状、颜色、尺寸各异，取决于发放这些表格的省份。当需要花体签名的时候，奥斯卡就求助于雅克利娜。奥斯卡和加布丽埃勒经常要彻夜工作。

1942 年 11 月 11 日，在第 45 列火车离开德朗西开往奥斯维

————————

[①]　丹尼尔是马伊·波利策（Maï Politzer）的情人，后者是《冬日列车》中 230 个女性之一，最终死在奥斯维辛。——原注

辛、罗斯柴尔德基金救济院（Rothschild Foundation Hospice）的33名老年居民被拉去凑数之后，驱逐行动暂时停下了，这让人难以理解。但在高原上，几乎每周都有小火车带来更多的犹太家庭，也有更多孩子在马德莱娜·巴罗和马德莱娜·德雷福斯的安排下来到高原，孩子们将会见到德莱亚热夫人，入住梅氏旅馆，然后被农民们带走。[8]

在西马德组织和瑞士救援组织运营的儿童之家，以及在埃米尔·塞什运营的苏莉阿姨之家，犹太孩子和法国孩子继续混杂在一起，以便更好地隐藏犹太孩子，此时从平原和城市来到高原的法国孩子比战争爆发前更加吃不饱、更加不健康，孩子们又高又瘦，出现了佝偻病的早期症状，在学校里也很难集中注意力。犹太孩子能够在大街上行走，因为他们与其他孩子混杂在一起。犹太成年人就只能待在屋里，以免引起人们的注意，而且他们也感到，他们的胡格诺派或者达比派房东早已习惯沉默不语，而这正好能够保护自己。所有人都意识到，没有必要知道太多：谁是犹太人，他们躲在哪里。格拉迪丝·马伯后来说道，在塞文诺新学堂，她会尽可能避免了解学生们的宗教信仰和文化背景，直到战争结束后，她才知道一位亲密的教师同事曾经是犹太拉比。

高原上的孤独感和安全感来自其偏僻的位置和不便的交通，毕竟只有勒福雷捷医生和埃米尔·塞什拥有小汽车，前者是为了闲逛，后者是为了收集食物，但更重要的事实是，当地人都未曾走远，而且他们都没有交谈的传统。当游历多国、经历复杂的特罗克梅和泰斯讲道的时候，当他们在境界开阔的布道词里提及国际事务的时候，他们其实是对很少离开出生地的人们讲话。罗贝尔·厄巴尔（Robert Ebart）一家拥有一处距离勒尚邦六千米远的农场，据他后来所说，在整场战争期间，他都很少出门，最远就是来到勒尚邦，而且他从未见过德国人。[9]作为一个小男孩，他见到过来自平原的"买菜游客"，游客们每逢周末就来寻找黄油和鸡蛋；他知道树林里有个山洞，山洞里藏着人；他也知道班上有些孩子有点奇怪，但他不知道那些孩子为什么有点奇怪。他没有问，也没人答。他会说，他的父母也并不健谈。

　　抵达高原的难民会惊叹于把居民团结在一起的"叛逆精神"，医生、教师、牧师、农民，即使他们一言不发，即使许多人只知道彼此的名字，他们仍然团结一致。达比派家庭从一开始就乐意把犹太人隐藏在他们孤立的农场里，把他们隐藏在许多亲戚和孩子中间，然后继续过着他们有序、独立、沉默的生活。在校长达尔西萨克鼓励下举行的幼年童子军和童子军会议上，孩子们重演卡米撒派的英雄传说，他们唱着叙事诗歌，赞美坚守要塞的胡格诺派对抗国王的龙骑兵。当特罗克梅发出消息，告知《圣经》研讨班的人们下周要讨论的内容时，这些消息是写在明信片上的，而明信片的图案就是康斯坦茨塔楼里的玛丽·迪朗。[10]为了让自己的观点更加浅显直白，特罗克梅经常在明信片底部注明"抵抗者"。每当大雪降临，让人们觉得更加孤独和安全的时候，难民们甚至会觉得自己抵达了一座小岛，而非已被德国人占领的法国的组成部分。

　　《山区回响》是一份人人在家阅读的新教报纸，在维希政府统治的头两年，这份报纸也曾经虔诚地歌颂贝当的宣告，哀叹法国的道德崩溃，通篇都是反对酗酒、呼吁牺牲和责任的腔调。对于迫害犹太人等时事则不置一词。但在此时，随着这份报纸的新主编、唐斯村的牧师罗兰·莱纳特（Roland Leenhardt）到任，欢欣鼓舞的"元帅主义"被收留陌生人的劝诫取代。1942 年 12 月，报纸上首次出现"抵抗运动"这个词：耶路撒冷的 500 圣经圆环被比喻为以勒尚邦为"核心"的圣经 12 支派，勒尚邦成为抵抗运动的核心。

然而，准确地说，抵抗运动可能采取的形式会形成一股让人尴尬的潜流，让人们在和平主义问题上出现分歧。当泰斯和特罗克梅继续倡导绝对非暴力的时候，在更加武断的年轻人中间开始出现讽刺的声音，他们怨恨特罗克梅把自己的观点强加给整个教区，而并不在意自己的观点是否会伤害人们的感情。他们讨厌特罗克梅不仅自视为牧师，而且自视为整个社区的领导者。因此无可避免地，当需要有所作为的时候，总会有人问："让我们听听特罗克梅牧师怎么说？"然而，这个总是自我怀疑的人，这个渴望做点好事的人，他的记事本里写满了焦虑和不确定，他的态度也摇摆于坚定与动摇之间，同时发现很难找到折中的方法。整个村庄的人们都记得，当特罗克梅准备讲道的时候，会众当中有一位妇女，她把幼子独自留在家中，因此想要从教堂里偷偷溜走，而特罗克梅却恼羞成怒。而且，特罗克梅与前任村长吉永之间的关系也并不总是融洽。吉永继续往返奔走于高原与日内瓦之间，带来假文件、书信以及供养儿童之家的资金。在表面的和谐之下，紧张和分歧正在酝酿。

战后公开的犹太人问题总委员会的档案清楚地表明每个人都知道吉永就是"夏尔叔叔"，他被注明是犹太人的帮助者和假文件的制造者。为了把来自犹太人联合会的资金从瑞士带入法国，他不得不起用一位秘书和老友，即一位打扮成老太太的妇女，假装到边境去走亲戚。那位妇女很快就与阿讷马斯

（Annemasse）的边防警察混成熟人。有一天，当她的袋子装满钱的时候，一名爱开玩笑的边境守卫问她："小姐，你今天带了多少钱呀？"她答道："几百万呢。"然后双方都开怀大笑。

勒福雷捷医生很少掩饰他对德国人的感觉，也意识到自己在嫌疑人名单上，但他并不在乎。他在日记中写道："医生的使命就如同不发言的政府部门，一个沉默的举动足以表明一个人的信仰。"勒福雷捷的第一个儿子让-菲利普（Jean-Philippe）生于1940年；第二个儿子贝尔纳（Bernard）生于1942年11月，正好是德国人横扫法国南部的时候。

秋天到来的时候，马克斯·利布曼也来到高原与汉娜会合。11月，马克斯得知母亲已被逐出居尔营地。马克斯曾经住在一座由正统犹太男性童子军运营的农场，但他越来越觉得孤独，因为他缺乏宗教虔诚，而且他知道汉娜就躲在高原，所以决定去找汉娜。马克斯不确定汉娜在哪里，也不知道如何去找汉娜，因此他站在勒尚邦附近的路边，刚好有六个少女欢快地跑过。马克斯吹了一声口哨，她们就停下来了，其中一个少女就是汉娜。

他们没有多少时间相聚。马克斯此时正处于极度危险之中，他可能会被抓捕，可能会被驱逐。汉娜带马克斯去见米雷耶·菲利普，此时米雷耶的丈夫、前社会主义众议员安德烈去了伦敦，通过英国广播公司的暗语，人们知道安德烈已经安全抵达，他已经越来越卷入藏匿犹太人的行动中。[11]米雷耶问汉娜："我们能够信任他吗？"夜幕降临，马克斯被安置在一处达比派农场的干草棚里，那里距离勒尚邦有一个小时的路程。据说警察在森林里寻找他。农夫在马厩上方的地板中间凿了个洞用作厕所。马克斯只有在天黑之后才能从他藏匿的地方出来活动，屋

166

子里的书籍就只有《圣经》。四周之后，当他觉得自已已被人彻底遗忘的时候，收到了汉娜传来的消息。计划已为他制订好了，他将会跟另外三个十几岁的男孩一起前往瑞士。马克斯在米雷耶·菲利普家里待了一个晚上，然后他只带着化名为夏尔·朗（Charles Lang）的证件，没有带其他东西就上路了。离开之前，他与汉娜可以独处几分钟。两人都同意，汉娜应该尽快追随马克斯的脚步；两人彼此约定，无论发生什么事情，他们都会活下来，不会变成死难者。马克斯知道他的父亲刚刚在尼斯被逮捕。两人的母亲都已被送往奥斯维辛。两人拥有彼此，已经是他们仅存的生存意义了。

1942 年冬天，德国人首次前来。在此之前，都是法国警察和宪兵独自巡逻这个地区。有一天，法德关系法国服务团（Service Français des Relations Franco-Allemands）来到勒尚邦，这是许多个通敌组织之一，来者宣布，要为德国军官准备 80 个床位，为名单上的人准备 90 个床位，名单上都是在东线战场上挂了彩的伤兵，这实际上是强制征用。为了恐吓勒尚邦人，给村民一个下马威，这帮人征用了主街上的利尼翁旅馆（Hôtel du Lignon），此地距离广场不到 100 码，就在埃米尔·塞什的苏莉阿姨之家旁边，此时苏莉阿姨之家住了十几个犹太孩子，他们跟同样数目的法国孩子混住在一起。从卧室的窗户里，五岁的马德莱娜·塞什可以直接看见露台，德国人在那里做运动。马德莱娜能够听见他们讲话。

不久之后，进出勒尚邦的道路就充斥着行军和唱军歌的声响。当勒尚邦人躲着他们，在他们出现的时候赶紧躲开，德国人却认为，法国人明显不懂欣赏音乐。勒福雷捷医生是其中一

在苏莉阿姨之家的埃米尔·塞什与索朗热·塞什，
马德莱娜是前排左手边的那个小女孩

个拒绝谨言慎行的人，每当看见德军士兵在广场上开音乐会，　167
他就大声按车喇叭。有那么一段时间，拥有收音机的村民害怕
德军士兵无意中听到英国广播公司的法语广播，然后向上报告。
但那些德国人似乎想要表现得友善一些，他们言行举止良好，
极力避免被送回东线战场；当他们表现出对外国人和难民问题
没有丝毫兴趣的时候，勒尚邦人才开始觉得放心。村民们继续
听收音机，蜷缩着抱着机器，等待着熟悉的、贝多芬作曲的开
场音乐。有一天，一名德军士兵无意中听到一个男孩小声抱怨
"该死的德国鬼子"，他猛地拽着那个男孩的手臂，大声说不，
不是"该死的德国鬼子"，而是"很好的德国人"，他命令那个
男孩不断地重复"很好的德国人"。

这场高原战争的最奇怪之处，莫过于所有德军士兵都住在村庄的最中心地带，但他们明显没有意识到他们受到犹太孩子的四面包围。

168　　巴克与其在勒皮的省政府那帮手下的关系仍然模糊不清。12月，巴克问费伊村的警察安德烈·奥萨尔（André Haussard），是否能在高原上那些私人住宅找到十名成年犹太人。当时的巴克到底在想什么呢？巴克所指的这些人是谁，为什么他们没有被拘留，已经不得而知了，人们也不知道巴克这样问的动机是什么。唯一清楚的是奥萨尔的回答。奥萨尔告诉巴克，据他所知，高原上没有犹太人，由于当地旅馆没有取暖设备，而且食物短缺，把任何人送到那里都不是什么好主意。从档案里得知，奥萨尔这样说真的很正常，他在战后被授予勋章，以奖励他替犹太人所做的工作，其实他早就知道藏匿行动正在进行。那么奥萨尔与巴克是心照不宣的盟友吗？

在临近圣诞节的日子里，高原上下了很大的雪。孩子们坐上平底雪橇，以惊人的速度滑过冰封的轨道。马德莱娜·塞什害怕这些下雪的时候，因为她要背着15升牛奶回家，会深深陷进雪堆里，她的双脚冻僵了，脚上穿着的木鞋根本就不保暖。每天早上，当她醒来的时候，在她卧室窗户内侧的玻璃上总会结上一层厚厚的冰碴。

在长老会堂，绰号叫"吉斯帕"（Jispa，源自"在仁爱的和平中全身心地服务"这个法语句子）的爱丽丝·雷尼耶（Alice Reynier）前来帮忙，她是一名护士学校教师，参加过新教妇女的波美侯会议，在会议因为缺少食物和供暖设施而结束之后，她来帮助玛格达，当时玛格达几乎已被每天干不完的任务压垮了。[12]吉斯帕非常矮小，温和而又干练；她长着一张线条并不分明的圆脸、一双炯炯有神的眼睛、一头像男孩子那样的短发。玛格达最初还为她感到担心，因为她太过虔诚了，但玛格达也渐渐喜欢她了。对于这个家庭来说，吉斯帕迅速成为"小妈妈"（petite maman），就像特罗克梅和玛格达的妈妈，两人自小都失去了母亲；吉斯帕还像内莉及其兄弟们的祖母。吉斯帕帮忙记账，帮忙做家务，帮忙照顾教区居民和难民，她有时会带很多人来餐厅看望特罗克梅。内莉后来会说，吉斯帕为这个"脾气火暴"的家庭注入了安定感和秩序感。村民们把吉斯帕比喻为"长老会堂的马大"。

特罗克梅从未如此忙碌。塞文诺新学堂已经容纳了 300 名　　169
学生和 30 位老师，已被迫拒绝部分人的入学申请；在这 300 名学生中，有 20 人将来会成为牧师，他们此时担任班长，带领大家读《圣经》。安德烈·特罗克梅在给兄弟罗贝尔的信中写道："我们办学太成功了。"学校安排了《圣经》集会、唱诗班、布道词写作、探访患病教区居民等活动。教区的规模大得惊人。特罗克梅和玛格达都累坏了；特罗克梅还要承受剧烈背痛的折磨，每当工作过多的时候就背痛发作，而玛格达则日渐消瘦、脸色苍白。但孩子们都很开心，他们"在非常年轻的时候就学到了受益终身的课程"，既是因为似乎每天都在上演的戏剧化生活，也是因为居住在高原上的这些了不起的男男女女。

特罗克梅告诉罗贝尔，内莉这时候还不算漂亮，但女孩子长大了可能会越来越漂亮，她已成为幼年童子军的热心领导者了。她既"坚毅顽强"又勤奋认真。让－皮埃尔长得很快，是个哲学家、音乐家、阅读者和富有魅力的人。雅克是个梦想家，用安德烈自己的话来形容（尽管有点尖刻），这个男孩"有点俄国贵族的气质"；丹尼尔已经五岁了，但在家里还是个婴儿，他讲求实际、个性沉稳，就像家里的"仓库管理员"，知道所有的东西放在哪儿。他们刚刚避免了另一种"严重危险"。一个精力旺盛的新来者提议开设一个电影院。特罗克梅设法破坏这个计划，他害怕腐化堕落的娱乐，于是说服教区委员会，自行购买放映机，并把放映机安装在教堂的附属建筑里，放映积极向上的电影。新来者的许可证申请则被驳回。

1942 年圣诞节，玛格达用蜡烛把家里装点一番，她把土豆切成两半，用红纸覆盖，在里面放上蜡烛。孩子们每人表演一样乐器，就像往年一样，同时演唱歌曲和圣诗；特罗克梅弹奏手风琴。在教堂里，巨大的圣诞树下悬挂着给孩子们准备的小礼物，他讲述一个寓言，把《圣经》故事融入现代时事。在前来参加聚会的会众当中包括许多躲藏起来的犹太人，其中有些人试图把特罗克梅传递的信息，即正在发生的事情是上帝对人类的考验，与犹太人所受的迫害联系起来。但对他们来说，这种联想毫无意义。

* * *

170   加缪正在勒帕内利埃旅馆伏案写作《鼠疫》，他感到孤独，通过笔下受困在奥兰的房客的视角，可以感知到在高原上被放逐和孤独的感觉，他渴望春天到来。他感到好奇，有可能"既安享快乐又遗世独立"吗?[13]他在日记中写道："在这个国家，冬天抹去了所有颜色，因为所有物体都被洁白宁静的大雪覆盖，所有芳香都被寒冷掩盖，那第一株春草的萌发，肯定就像对欢乐的期盼，就像各种感觉猛然复苏。"

第九章 未掩鸡笼

几乎就在圣诞节过后，高原上犹太人的运气就开始转变了。
省长巴克派遣一名督察来到勒尚邦，监视花丘和罗什之家，刺
探"犹太难民的活动"。利奥波德·普拉利（Léopold Praly）是
个新教徒，他的外表像个农民，渴求出人头地，是个看上去和
蔼可亲的 23 岁年轻人。他在主广场旁边设立了一个办公室，并
在主广场附近的小旅馆阿卡西亚客栈（Pension des Acacias）包
下了几个房间，但他耗费大量时间闲坐在咖啡馆里，与那里的
女孩们打情骂俏。在这温和友好的表象背后隐藏着别样的心机。
在咖啡馆里，普拉利打听到了许多有用的信息。

不久之后，普拉利就向巴克汇报，说达尔西萨克是个坚定
的社会主义者和"非常可疑"的人物，实际上山区里很多新教
徒都很可疑。有一天，普拉利在大街上遇见特罗克梅，他评价
道，此人完全知道罗什之家是"犹太人和叛国者的危险巢穴"。[1]
当特罗克梅训斥普拉利，说他是个间谍的时候，普拉利回应道：
"你和我都只是各展所长讨生活而已。"普拉利迅速命令所有犹
太人出来登记，不久之后，他打听到，有一个年轻的犹太人塞
尔日·沃维勒（Serge Vollweiler）藏匿在瑞士救援组织在费多
利的房屋里，普拉利迅速赶到并将其逮捕。房屋里有个机灵的
厨师，他在塞尔日收拾行李的时候给普拉利泡了一杯咖啡，塞
尔日趁此机会跳窗逃跑，消失在树林里面。

普拉利在勒尚邦才待了几个星期，就交了一个女朋友；他

在高原上明显存在交友焦虑。在这个故事里，这个非常年轻的督察同样是个神秘莫测的人物。尽管他被人们视为恶棍，但后来有人声称，他也参与过风起云涌的抵抗运动。马伯小姐是个精明的观察者，通过普拉利的女朋友认识了普拉利，她始终相信普拉利没有什么坏心眼。

172

普拉利（最左）和一群朋友在勒尚邦郊外的田野

在普拉利有机会展现其本色之前，德国人在新占领区对犹太人发动了突然袭击，让犹太人的处境更加危险。

马赛长期以来都是维希政府和德国人心头的大问题。法国沦陷以来，成千上万的难民逃离巴黎和法国北部，安顿在富有吸引力的马赛旧港及其周边地区，因为那里有许多古老的、隐秘的地下通道，还有很多横街窄巷，人们洗完衣服就晾晒在房屋之间。这让游客想起意大利的那不勒斯。犹太人的逃难之旅让战前生活在维也纳、慕尼黑和柏林的奥地利和德国知识分子来到这里，与为数众多的意大利人、西班牙人、亚美尼亚人和北非人混杂在一起，后者在这里生活多年，早就把这座城市当成自己的家。及至 1942 年，大约有 35000 名犹太人生活和躲藏在马赛的教区里，让马赛像里昂那样成为拥有大量犹太人口的南方城市；其中略微超过半数是法籍的塞法迪犹太人，他们是15 世纪被逐出西班牙和葡萄牙的犹太家庭的后裔，或者是被北非与法国本土之间的贸易吸引而来的犹太家庭的后裔。

173

1942 年 11 月 12 日，德国人进入这座城市，德军驾驶着涂有纳粹万字符的坦克，在宽阔壮丽的拉卡讷比耶尔大街（La Canebière）飞驰而过，沿途经过交易所和大酒店。在此之前，马赛是一个活跃的文化中心，一个遍布戏院、音乐厅和学会的地方，戈洛·曼、瓦尔特·本雅明和马克斯·恩斯特都曾经在这里停留，希望能够获得签证和船票，从而离开法国。这座城市也曾经是许多福利组织的中心，这些组织的办公室占满了酒店房间和长租公寓。长期以来，尽管距离维希政府其中一处最大的拘留营雷米勒并不遥远，但由于开设在旧制砖工厂里的雷米勒营地还是等待出国许可和签证的中转站，因此马赛犹太人一度感觉自己是安全的。他们并未被要求佩戴黄色六芒星，法国是他们的家，绝大多数人自视为法国人而非犹太人。某种程度上，这种不受伤害的安全感还传递给了许多新来者，尽管并非每个人都觉得安全。唐纳德·劳里还在法国努力工作，以帮助流散各地的犹太人，正如他所观察到的，马赛"就像个未掩鸡笼，一只老鹰正在天上盘旋，越飞越低"。

劳里的担忧是对的。从 1941 年夏天开始，德国人已经在这个城市里建立秘密情报机关，他们知道在这座城市里充斥着德国所鄙弃的人群，"黑人……尤其是犹太人"，在这座城市的横街窄巷里正好躲藏着他们想要消灭的人群。据他们所说，马赛是"反法活动之都"，"公开敌视"维希政府和第三帝国。许多右翼媒体对此附和。1942 年 10 月，一名法兰西学院院士路易·吉莱（Louis Gillet）公开发表文章，提及"这个罪恶和死亡的帝国"，并问道："从这些区域里除掉这些遍地流脓的渣滓，让这座城市重获新生，将会意味着什么呢？"

他的答案很快就会揭晓。1943 年 1 月 3 日，一枚炸弹在一所妓院里爆炸，炸伤了几名德军士兵，紧接着，另一枚炸弹在辉煌旅馆（Hôtel Splendide）爆炸，这座旅馆当时被德军征用，炸弹炸死了一名旅馆经理，炸伤了一名德国领事官员的妻子。城市马上进入宵禁状态。城市里贴满了宣布报复行动的海报。德国人接管了好几所小学作为营房。

1 月 22 日早上，大约 12000 名从各个部队调来的法国警察，以及大约 5000 名德军士兵，全部被置于党卫队指挥官卡尔·奥贝格（从巴黎赶来指挥行动）的号令之下，准备彻底搜查整座城市。他们在大街上、酒吧里、餐厅里、电车上、巴士上截住路人，同时挨家挨户敲门搜查。40000 份身份证受到检查，5956 名没有证件的"不守规矩者"被逮捕，800 家酒吧被关闭。"老虎行动"抓捕了 786 名犹太人——其中有 570 名法籍犹太人，许多人对种种迹象茫然无知，仍然相信自己是安全的——所有犹太人都被塞进涂抹着黄色大卫之星的火车，直达巴黎，以备驱逐。在大搜捕期间，又有 1642 名犹太人被押送到弗雷瑞斯（Fréjus），在冰冷刺骨的户外等待最终的命运。至于那些被第 52 列和第 53 列火车押送到索比堡（Sobibor）的人，全部有去无回。

但这只是开始。由于害怕英美盟军在地中海沿岸登陆，德国人决心让抵抗分子没有潜在的藏身之地。2 月 1 日，在逐间房屋、逐条街道清理完马赛旧港之后，德国人带着坦克和爆破队层层推进。在接下来的 17 天里，德国人爆破了整个区域，摧毁了大约 2000 栋建筑物，留下了 14 公顷的断壁残垣。

其中一个目睹马赛旧城被毁的犹太人是 13 岁的男孩吉尔贝·尼扎尔（Gilbert Nizard），他每天爬上马赛圣母院的穹顶，看着建筑物被摧毁。[2]

吉尔贝及其父母不仅自认为是法国人，而且自认为是贝当主义者。他们喜欢那位英雄元帅的演讲，并未因为犹太人遭受的灾难而指责他，宁愿相信德国人以及贝当身边的人（比如赖伐尔）应该为此负责。作为好法国人，他们在每一方面完全融入法式生活，因此他们感觉自己是安全的，发生在无助的外籍犹太人身上的事情绝对不会发生在他们身上。吉尔贝的父亲叫阿尔芒（Armand），他于 1907 年从突尼斯来到马赛，还带来了两个兄弟阿尔贝（Albert）和西蒙（Simon），以及他们的母亲；而他们的父亲之前已经去世。这三个年轻人既有胆量，又肯苦干，很快就经营了一家获利丰厚的进口公司，从法国殖民地进口蔗糖、咖啡、可可和辣椒。

在马赛，阿尔芒邂逅了贝拉·韦伊（Bella Veill），她从斯特拉斯堡来到法国。两人于 1913 年结婚，生育了九个孩子，所有孩子都出生在圣母院大街 46 号的家族大宅里。吉尔贝排行第七，在他之后还有两个弟弟。安德烈（André）是长兄，协助父亲工作，马松娜（Marthonne）和苏珊（Suzanne）同样协助父亲工作，直到苏珊于 1939 年结婚并移居阿维尼翁（Avignon）。除了布朗谢特（Blanchette）结婚后移居葡萄牙，整个家族都生活在马赛的家中，过着相当舒适的生活。家里

175

有四名侍女。即使 20 世纪 30 年代早期的经济危机让尼扎尔家族财富缩水，他们仍过着吃喝玩乐的日子，当逃离第三帝国的德国犹太人来到马赛的时候，他们也照样向同胞敞开大门。

阿尔芒·尼扎尔和贝拉·尼扎尔，以及他们九个孩子中的七个

维希政府统治的头两年还算太平无事。尼扎尔这个姓氏听上去也不像犹太姓氏。年幼的孩子们都在不同的地方上高中，他们在学校里唱《元帅，我来啦!》。阿尔芒继续给贝拉购买价值连城的珠宝。作为九个法国孩子的母亲，贝拉获得了家庭勋章（Médaille de la Famille）。安德烈在战争爆发时参军，在复员之前获颁带有棕榈树配饰的战争十字勋章（Croix de Guerre）。从父母到孩子，他们都觉得身为法国人很安全；正如吉尔贝后来所说，他们当时觉得没什么好害怕的，他们受到贝当的保护，即使阿尔芒的生意不得不挂靠在一个雅利安人的名下（阿尔芒

有一个信得过的同事，愿意作为代持人），即使 20 岁的莫里斯（Maurice）被禁止参加医学期末考试。他们当中没有任何人想到要离开法国。难道他们不是法国人吗？难道安德烈不是获得勋章的战争英雄吗？配给制的确妨碍了他们过奢侈的生活，但在商店里买不到的东西，通常可以在黑市里买到。

发生在马赛老城的围捕和清理行动，在距离圣母院大街只有几百码的地方停下来了。但在摧毁港口之后，德国人仍未罢休。他们设立了更多的检查点，逮捕了更多犹太人。马赛突然流传着使人害怕的传言。日复一日，人们越来越难以相信入籍的幻象、法国大革命遗产的幻象，以及自由和博爱的幻象。

阿尔芒的弟弟西蒙娶了玛尔特（Marthe），玛尔特是一位古文物研究者的侄女，她没有生孩子，正在攻读博士学位。有一天，在毫无预警的情况下，这对夫妇因为其犹太人身份而被逮捕，并被带到圣皮埃尔监狱，然后又被押上开往德朗西的火车，最终被运送到奥斯维辛。一切事发突然，毫无预兆，全家人的反应只是感到震惊。当他们惊魂甫定，开始考虑自己的处境时，他们意识到都得离开马赛。苏珊及其两个幼儿在阿维尼翁被短暂扣押，但随后被释放，他们决定前往维瓦莱 - 利尼翁高原，之前已经讨论过这个声名在外的安全地带。16 岁的米雷耶（Mireille）想去看望她的哲学老师，老师已经听说人们在谈论接下来的逮捕行动，极力劝阻米雷耶不要来学校。当天晚上，米雷耶在离开高中的时候被警察截住，并被检查身份证；米雷耶被允许离开，但与她同时被截住的朋友雅克利娜（Jacqueline）却不被允许离开。雅克利娜受到了驱逐。

不久之后的一个晚上，大概 7 点钟，德军翻译官穆勒（Muller）按响了尼扎尔家的门铃。他说他是"带着善意"过来

的，为的是提醒这家人此时正处于危险之中。穆勒带着一把左
轮手枪，离开的时候，他带走了贝拉藏在亚麻布橱柜里的 11 万
法郎。两天后他又来了，带着两名德军士兵，这次明显就没有
那么友善了。这次他带走了贝拉璀璨夺目的珠宝珍藏，这些珠
宝原本是保存在她卧室的梳妆台里的。尼扎尔一家都认为，他
们不能再等了。吉尔贝还记得，他们收拾了堆积如山的行李，
并把贵重的绘画藏在堆放煤炭的地下室里，但他们在匆忙之中
抛弃了重要的撒克森蓝陶瓷珍藏。阿尔芒、贝拉和安德烈去尼
斯，去看看能否取回一部分钱。四个更年幼的孩子由莫里斯照
顾，他们直接前往高原与苏珊及其家人会合。

　　当尼扎尔一家抵达高原的时候，穿越松树和扁柏森林的小
火车铁路已被大雪覆盖了，这大雪让加缪想起开花的扁桃树，
一家人在费伊勒弗鲁瓦与苏珊团聚。这个村庄位于山顶，很聪
明地自行改名为利尼翁河畔费伊村，这是为了掩盖原本那个非
常准确的地名。这个地方异常寒冷，冰冷的山风从梅藏克峰直
吹而下，在长达好几个星期的时间里，积雪能够达到八米厚。
在接下来的两年里，费伊及其外围的农场和村落将会成为避难
者的天堂。

　　费伊村是高原上的商业中心。如果说勒尚邦占据了客栈民
宿和儿童之家的市场，那么，费伊，这个盖满了灰色花岗岩房
子、贴满板岩外墙砖、阴沉沉的建筑偶尔才有铁艺装饰阳台的
地方，却是人们购物和聚会的地方。费伊村有 6 间肉店、3 间
面包店、11 间杂货店，以及惊人的 33 间咖啡馆；而在农村日
历上记得密密麻麻的赶集的日子里，从上卢瓦尔省和阿尔代什
省各地赶来的人们来这里购买工具、农产品和家畜。在复活节

的时候，在村庄正中央巨大的斜坡广场上挤满了羔羊和绵羊；10 月，在远近驰名的马匹市场上，农民们买卖这些体形优美、吃苦耐劳的棕色动物，这些马匹长着独具特色的白色鬃毛，农民们使用这些马匹来犁地。就连德国人都对费伊村的马匹梦寐以求，他们来到此地寻觅良马。

在周围的农场里，人们饲养奶牛、猪、鸭子和鸡；人们自行制作黄油和奶酪，还用烟熏、盐腌等工艺制作火腿，以便在漫长的冬季熬汤和夹面包。费伊村的房子很少配备室内浴室，而且几乎没有电。费伊，就像勒尚邦、唐斯和马泽那样，拥有庞大的新教徒社区，而且在村民当中有许多达比派信徒。只要孩子们成年后与新教徒婚配，不同派别之间的结婚就是可以被接受的。当地的方言是古代欧西坦语和意大利语的混合物，被当地人广泛使用。尽管在费伊村的三所学校里孩子们都在学习法语，但绝大多数小孩子在六岁之前连一个法语单词都不会说。

20 世纪 30 年代，费伊村成为大受欢迎的旅游胜地，游客从周围的平原来到高原，在阿贝尔的旅馆里住一个月；游客们在田野里徒步和攀登梅藏克峰，并在出色的餐厅里用餐，那里的名菜是鳟鱼，就在当地的河流里捕捞。战争爆发之后，游客们就少了，而且停留的时间也短了，但旅馆继续开门迎客，由阿贝尔夫人运营。阿贝尔夫人已经 70 多岁了，她的女儿莉迪（Lydie）也来帮忙。当城市出现食物短缺、配给制让许多人饿肚子的时候，人们便每周看见"买菜游客"，他们逐个农场寻找鸡蛋、黄油和肉。农民们如果有未在黑市卖掉的东西，或者有未被强制征用的东西，都可以用来以物易物。有一个头脑灵活的男人，他家没有鞋子穿，就把一长串香肠缠绕在身上，在外面穿上大衣，在大衣口袋里塞满包装好的肉，然后就乘坐小火车去圣艾蒂安了。他在圣艾蒂安与当地的鞋匠达成交易，用肉换几双鞋，他每次只取一双鞋，这样就能逃避检查了。

当吉尔贝和兄弟姐妹们来到费伊村的时候，他们发现苏珊及其家人与阿尔贝·埃克斯布拉亚（Albert Exbrayat）在一起，阿尔贝在村口拥有一家汽车修理厂。阿尔贝的母亲玛丽（Marie）在主广场经营一家五金店，她在那里销售农民妻子熬汤时使用的大锅，还卖各种工具、盒子、器具和犁头，在天气暖和的日子里，她就把货物摆到店门外的大街上。玛丽是个令人敬畏的妇女，身体硬朗，头脑精明，矮小粗胖，讲话不多，而且只说方言。她曾经给村里引进一台玻璃切割机，她的客户可以根据家里的窗户丈量和定制玻璃。费伊村大小事务都少不了她的参与。在她的店面楼上有一套大公寓，她和家人就住在那里。埃克斯布拉亚一家是新教徒，信仰虔诚，而且确信藏匿被维希政府和德国人追捕的犹太人是正义之举。

尼扎尔一家在村长沙佐（Chazot）经营的小旅馆里住了一段日子，沙佐对村里的大小事务也很热心。在玛丽·埃克斯布拉亚的帮助下，他们又从旅馆搬到广场上吉朗（Girand）家的两层房子里，那里更加安全，因为那栋房子的二楼后面直通一条小街。他们很快等来了贝拉、安德烈和阿尔芒，他们有惊无险地在瓦朗斯躲过追捕。莫里斯开始运用他的医学技能帮助左邻右舍；贝拉、马松娜和米雷耶收拾房子，男孩子们都去上学。米雷耶继续通过书信学习，而莫里斯教她体育和化学。

尽管生活清贫，但尼扎尔一家还是忙碌且快活的，除了阿尔芒，他发觉自己赋闲在家无所事事，显得愚不可及，于是他写信给他的副手，副手目前正在马赛运营他的生意。尽管犹太人藏匿在费伊村里里外外的房子里，而且大家都谨小慎微地避免与人交往，但大家都知道不断有逃难的人流通过阿尔贝的旅馆涌入费伊村，而埃克斯布拉亚家的亲戚埃斯特·菲雷（Esther Furet）也收留了一个陌生的家庭，那个家庭的部分成员住在村外的农舍里，在马槽上方有一扇活门，可以通向房梁上面的隐秘空间。干草堆隐藏着另一个别人看不到的安全空间。面包师罗贝尔（Robert）先生的儿子刚刚从德军设立的战俘营里逃出来，他也是安全屋的积极组织者。

　　抵达费伊村的犹太人可能并不知道，当地新上任的年轻牧师非常崇拜博埃涅，而且早已下定决心尽可能多救人。[3]丹尼尔·屈尔泰才 25 岁，是一位来自沃多瓦的牧师的儿子。当他听说高原上正在发生的事情，再加上他讨厌瑞士的孤立政策和中立政策，他就主动申请到费伊村担任牧师，他小时候曾经在此度假，因此知道这个地方。丹尼尔是个瘦弱而俊俏的男子，戴着一副非常圆甚至可以说非常大的眼镜，留着波浪卷的黑棕色头发，后脑勺却剪短并梳成直发。他为人温和且幽默，丝毫没有他某些古板同事那种严肃劲儿。他说话语速很慢，同时认真聆听别人讲话。屈尔泰并不是那种性格自相矛盾的人。

　　1942 年 10 月底，屈尔泰抵达高原，他立即写信给父母，形容长老会堂里有多么寒冷，他的教区有 400 名新教徒，分布在 16 平方千米的范围内，信徒们给他的第一印象，似乎是吃够了"没有文化"的苦头，他们的生计完全指望他们饲养的奶牛，还得指望天气、收成、食物、配给、战争。屈尔泰天生好学，而且受过很好的教育，他担心如何向信徒们念足够简单又直接的布道词。但他也说过，这反过来或许有助于他思维清晰地思考问题。在接下来的 13 个月里，他给父母写了 45 份信件和明信片；其中 15 份信件和明信片上面有书信审查官的蓝色笔迹。

安顿下来之后，屈尔泰出席了高原上新教牧师的每月例会，牧师当中有六个瑞士人、五个法国人和一个意大利人。除了勒尚邦村的特罗克梅和泰斯，还有唐斯村的莱纳特、蒙布扎村（Montbuzat）的贝松（Besson）、德韦塞村（Devesset）的莫雷尔（Morel）、里乌村的贝泰（Bettex），屈尔泰跟所有牧师都迅速成为朋友。再加上逃难而来的牧师，此时高原上已有 24 位牧师。屈尔泰发现，这些牧师已经形成一个活跃的系统，他们随时就位，帮助藏匿难民；他们留有暗号，每月定期更换，此外还有电话和书信中使用的暗语。屈尔泰很快就成为暗语大师，他从《圣经》里寻找合适的段落，而且在他写给父母的书信里面就有很多既得体又幽默的暗喻。屈尔泰的父亲也是牧师，因此他知道父亲能够毫不费劲地读懂这些暗喻。

屈尔泰最早遇到的是奥斯卡·罗索夫斯基及其母亲，奥斯卡的母亲仍然为失去丈夫而感到非常悲痛；母子俩把自己的真实身份和母子关系告知屈尔泰。屈尔泰意识到，阿贝尔夫人及其女儿莉迪，以及面包师罗贝尔先生都是知情者，而且他可以在教区居民中得到可靠的帮助，尤其是那些达比派信徒，他们有谨言慎行、保持沉默的习惯，屈尔泰很快就变得钦佩和依赖他们。屈尔泰说过，达比派信徒是最虔诚又最可靠的。罗贝尔先生还是教区委员会的副主席，是屈尔泰唯一决定对其开诚布公、推心置腹的人，因此如果罗贝尔先生突然被逮捕，就必须有人来顶替他的角色。

然而，暗语也是需要好几次试错才能完善的，屈尔泰的第一次尝试就很糊里糊涂。他有一次前往雷瓦斯特雷（Les Vastres），那是他的教区里的一处村落，当时他是去接电话的，因为他的长老会堂里没有电话。电话是贝松牧师打来的，当时屈尔泰与贝松仍未认识，贝松在电话里大声喊道："你能听清楚我说话吗？"屈尔泰回答道："能听到，很清楚！"那时候屈尔泰还不知道，贝松这句话其实是指这通电话很重要。贝松说："我要寄一本书给你。"这句话让屈尔泰一头雾水。屈尔泰问："什么书？"贝松懊恼地叹了口气说："一本《旧约》，你这个傻瓜！"书，需要运送的书，需要放进图书馆的书，其实是指新近抵达的犹太人，他们需要被安排到落脚的地方。

不久之后，屈尔泰在给父母的信中写道："我继续研究基督徒的名字（《马可福音》13：14），我找不到汉斯这个名字；另外，我的藏书就像大家长的12个孩子那样日渐增加，我愉快地发现，我的教区居民和达比派信徒相亲相爱。我还找到一些'雪地里的埃涅阿斯'，甚至一些'犬只分类目录'。"《马可福音》13：14指"读这经的人须要会意"；"汉斯"指德国人；大家长的12个孩子指犹太人，他们是业伯拉罕的后裔；"雪地里的埃涅阿斯"是指巴黎难民，"犬只分类目录"是指奥地利人，只不过是把单词倒过来写。在接下来的信件里，"以色列家迷失的羊"（《马太福音》15：24）指躲起来的犹太人；"瓦斯特雷的代表"指雷瓦斯特雷那位友善的村长让·布伊（Jean Bouix），"他很喜欢这类书"和非常"擅长照顾羊群"；"魏斯峰的人们"，魏斯峰是瑞士一座山峰的名字，那座山峰的绰号是"宪兵"，暗指法国地方警察。屈尔泰的父亲是一位登山家，他当然知道其含义。

1943年1月，屈尔泰留意到尼扎尔一家抵达此地，他写道："今天我必须尽快找到一个地方，存放我那些《旧约》的

复本，有五本明天就得送出去，我尤其为我的教区居民感到自

豪，他们展现出对这些文学作品的痴迷。这个特殊版本是在马赛一家出版社印制的。他们似乎印了好多。"

屈尔泰精心编造的暗语有多大的必要性，恐怕连他自己也未必知道；但这给了他巨大的愉悦，而且让他觉得有必要向父母复述在高原上发生的事情。屈尔泰个性温和、不论人非，他是个敬业且勤恳的牧师，下雪的时候，他从长老会堂滑雪到遥远的教区居民家里，全然不顾突如其来的阵风沾湿他的眼镜、冻住他的睫毛；雪融了的时候，他步行或骑车穿越泥泞。他热爱徒步和运动，热爱崎岖不平的高原。为了养活人数不断增加的、躲起来的犹太人，屈尔泰与雷瓦斯特雷的村长布伊紧密合作，屈尔泰用从罗索夫斯基那里拿来的假配给本来换村长手里的真配给本，村长对此毫无怨言，而且村长说，自己的上司也跟自己站在同一阵线。布伊既是老师，也是农民，更是高原上的名人，他供养着所有凭借假证件来到其辖区内的犹太人，把这视为自己的使命。一个 13 岁的牧羊男孩是布伊的信使，在夜里为布伊和罗索夫斯基传递假文件，而且不论刮风下雨。这个牧羊男孩名叫保罗·马约拉（Paul Majola）。

每当屈尔泰把人们隐藏在长老会堂的时候，阿贝尔夫人总会送来大桶的汤。后来，当人们谈起战争期间的种种往事时，阿贝尔夫人和莉迪被形容为"矜持、谨慎、和善的"。不久之后，屈尔泰就建立起一个帮助者的网络，人们负责接收、转移、隐藏、供养犹太人。另一个让人意想不到的同盟者是费伊村的天主教本堂神父贝尔纳（Bernard），与高原上许多天主教徒一样，他们对犹太人施以援手的义举后来都被人无视了。屈尔泰最初拜访贝尔纳时，只是非常宽泛地谈论难民问题。但随着屈

尔泰感受到那位本堂神父是个热心人，他便更进一步，与对方
讨论在其辖区内隐藏犹太人。那位本堂神父会有何表示呢？贝
尔纳回应道，这是个好主意，由于他预计屈尔泰在犹太人身上
的花销相当不菲，他能否给屈尔泰 100 法郎，帮助承担他们的
花销？

屈尔泰的教区居民很快就留意到，而且是以赞许的眼光留
意到，他们的年轻牧师从来不会破坏当地的规矩，他很少会以
"我认为"来开始讲话，他主动融入他们保持沉默、谨言慎行
的文化，仿佛这就是他内心的本能。屈尔泰的儿子阿林（Alin）
后来说，父亲从来不把自己视为"历史人物"。对于特罗克梅
夫妇那种高调宣扬、大声说话、感情强烈、充满说教的方式，
屈尔泰持谨慎且保留的态度。

到了积雪极深的时候，屈尔泰也依然坚持拜访他最遥远的
教区居民，但他也抱怨，每次外出都得花费他至少两个小时，
等到想要前往大约 15 千米外的勒尚邦的时候，由于积雪太厚，
他根本无法使用滑雪板。每天晚上，他坐在冰冷的长老会堂里
面，靠近火堆旁边，与"我的邻居丹尼尔"读哲学书籍。屈尔泰
告诉父亲，他决定在费伊村多待几年，因为当地的新教徒见过太
多来来往往的牧师，那些牧师都未能对人们"缓缓地打开心扉"。
他开心地提到，在经常来听他讲道的会众当中，达比派与普通新
教徒的人数已经大致相当。尽管他开始时有点孤独，但当他遇到
一个来自图尔的年轻女子时，他的人生发生了变化。这个年轻女
子名叫苏珊（Suzanne），她的父亲在图尔尼（Tournus）拥有一家
鞋店，她是来费伊村度假的。两人在早祷之后交谈，在图书馆里
见面。不久之后，两人订婚了；屈尔泰告诉父母，她是"像珍珠
那样难能可贵的未婚妻"。

183

丹尼尔·屈尔泰与苏珊·屈尔泰

有一天，两头"东方品种的山羊"（暗指来自奥地利）穿过大雪来到这里。正如屈尔泰对父亲所说，两头山羊似乎都很高兴找到了新的主人，屈尔泰则把自己房屋里的一个角落变成了羊圈。这其实是说，两名奥地利犹太人来找他，一位是画家施密特（Schmidt），另一位是历史学教授利普舒茨（Lipschutz），后者见证了他的父母和未婚妻在德奥合并后被处决。这次写信给父亲的时候，屈尔泰形容这两位是"密客"（tchekas），他这次使用了小时候在瑞士农村用过的方言，意指偷偷藏在家里的人。这两个男人在长老会堂的阁楼里待了三个星期，他们在屈尔泰的图书馆里看书，每天晚上，等到百叶窗被合上时，他们才从阁楼里下来，坐在屈尔泰的书房里。一天夜里，门铃响起。当屈尔泰起身去开门的时候，他才意识到，那个前来送信的年轻女孩很可能已经无意中看到他的两位访客。当天晚上，屈尔泰领着他们走了两个小时的山路，把他们带到农民博内（Bonnet）家门前，博内问都没问就把人领进门。第二天早上，博内驾着马车来到费伊村，出现在长老会堂前，来取两位访客的被褥。

由于保持沉默、谨言慎行是高原居民的本性，有时候真的不容易弄清楚高原上有多少躲起来的犹太人，也不容易弄清楚他们躲藏的确切位置。然而，不久之后，屈尔泰的事迹，以及他所建立的帮助者网络，逐渐为世人所知晓；一旦有一个家庭找到了通往费伊村的路，其他家庭就会接踵而至。1943年初，在大雪封山的几个月里，在厚厚的积雪让村庄与外界隔绝了好几天之后，当屈尔泰奋力突破雪堆，以便进行教区家访的时候，有几个来自罗阿讷（Roanne）的毛纺织工家庭开始踏上进山之路。

在第一次世界大战结束的时候，有三个法籍犹太人家庭生活在纺织业小镇罗阿讷，此地距离维希不远。[4]在整个20世纪20年代和30年代，都有毛纺织工和棉纺织工为了逃避贫困和屠杀，从波兰和德国来到法国，进而被更好的就业前景吸引到罗阿讷这个忙碌而繁荣的地方。绝大多数人都是沾亲带故的，有些则是故交好友。作为一个社群，他们并不特别严守犹太教规，但他们的确受到锡安主义的吸引，热情地信奉犹太教的传统和文化。他们在工作中结成合作社，说意第绪语，庆祝犹太假期，并在庆祝期间纵情歌唱。"水晶之夜"过后，有更多的犹太家庭来到罗阿讷，他们更能意识到危险将至，但在战争爆发后，长达几个月的"假战"让人们觉得太平无事，尽管他们知道，在波兰，他们的亲戚已被关进犹太人隔离区。

定居在罗阿讷的92个毛纺织工家庭养育了许多孩子，孩子们白天在当地的学校里说法语，回到家里就说意第绪语，参加

185

父母安排的童子军活动和文化活动的时候也说意第绪语。这些家庭都很重视孩子们的教育，学校教育被视为决定孩子们前途的关键，不论孩子们将来去往何处。许多孩子后来会说，1940年至1941年的那个冬天是他们一生中最后一个快乐的冬天。

热妮·施洛斯（Genie Schloss）和利利亚纳·施洛斯（Liliane Schloss）是一对姐妹。她们的父亲马克斯（Max）在罗兹长大，19岁那年因为逃避波兰兵役而来到法国，他设法前往以色列，但在雅法（Jaffa）被英国人遣返，然后他定居维也纳，在那里成为毛纺织工，学会使用最早的毛纺织机器。很偶然的一天，他遇到一名法籍犹太人，对方在罗阿讷纺织公司工作。听说那里前景不错，他就带上妻子和年幼的女儿热妮，以及夫妻双方的所有家人，举家移民到了法国。那是在1930年，法国人需要波兰劳动力。利利亚纳生于1933年。马克斯及其妻子都在毛纺织机器上工作，编织套头毛衣。两个小女孩很开心，觉得自己是大家庭的成员；她们加入犹太童子军，外出露营，学会使用乐器和唱歌。她们后来都还记得小时候的音乐。1942年初，贝当视察罗阿讷，她们还以高涨的热情演唱《元帅，我来啦!》。

186　　　但在德国人突破封锁线、占领罗阿讷的大酒店之后，没有人还会觉得安全。有传言说大围捕和个别逮捕将会迅速在逐个小社区展开。在学校里，法国孩子会在操场上对"该死的犹太人"发出嘘声。有一个毛纺织工人从他的新教徒牙医那里听说，在塞文山区的高原上有犹太人可以藏匿的地方。在拿到致特罗克梅的介绍信之后，马克斯决定让他的几个女儿坐小火车进入山区，住在其中一处儿童之家，那个地方叫月光旅馆（Clair de Lune），由一对无儿无女的西班牙共和派夫妇运营，

利利亚纳·施洛斯和热妮·施洛斯

位于一处距离勒尚邦不远的村落。热妮14岁了，她必须照顾九岁的利利亚纳，这是一个严肃的责任。她们保留了施洛斯这个姓氏，毕竟听上去像德国人而不是犹太人，还假装自己是曾经住在蒂勒（Tulle）的阿尔萨斯难民。

　　月光旅馆有十名房客，其中半数是犹太人。善良的西班牙经理教两个女孩如何滑雪，如何唱高原上流行的圣歌；但经理的妻子把姐妹俩视为贪得无厌的、不值得同情的寄生虫，因为她们消耗了夫妻俩已经少得可怜的食物，并在丈夫为姐妹俩生火取暖的时候对丈夫大吵大闹。她们吃过许多乏味的胡萝卜；走进勒尚邦的时候，她们会在蛋糕店前面停下来，盯着里面排成行的蓝莓挞。从房间的窗户里看出去，她们能看见那些德军伤兵在每天做运动的时候跑过旅馆。

　　热妮被送到泰斯那里，入读塞文诺新学堂，利利亚纳被送到达尔西萨克那里，入读小学。她们得到好心提醒，最好自称为新教徒，于是她们决定，在第一个周日去勒尚邦听特罗克梅讲道。这给了她们全新的体验。她们对特罗克梅的讲道印象深刻，而且为礼拜的仪式、漫长的静默、牧师强有力的发言深深着迷。非常偶然地，马克斯找到门路前往高原看望两个女儿。有一天，一队法德两国混编的警察联合执勤，他们来到民宿寻找难民。姐妹俩被吓坏了。热妮躲在房间的衣柜里，里面刚好挂着父亲的旧大衣，她知道大衣的口袋里有一份犹太日历。警察没有搜查那个房间就离开了，但在当天晚上，热妮和利利亚纳都被吓哭了。

1943 年初，马克斯认为自己和妻子继续待在罗阿讷已不再安全。绝大多数犹太邻居已经离开，并躲藏在高原上的各个地方。夫妻俩带着一大包毛衣就上路了，希望一路上靠卖毛衣来凑旅费。夫妻俩到了格勒诺布尔，又从那里传递消息给两个女儿，让女儿帮忙在高原上寻找藏身之所。热妮虽然只有 14 岁，但她骑上自行车，四处探访费伊村周围的农场，挨家挨户敲门，想为父母寻找一个落脚的房间。在热妮冷得发抖、全身湿透、疲惫不堪的时候，一个农民的妻子吕埃尔（Ruel）夫人把她请进家门，让她坐在火堆旁边取暖，给她端来一碗热汤，并答应与埃克斯布拉亚夫人一起为马克斯及其妻子安排一个房间，房间将会在另一个毛纺织工人家庭楼下，那一家人是埃莱娜·格伦德曼（Hélène Grundman）及其丈夫，以及长女米雷耶（Mireille）。格伦德曼家还有两个男孩，一个六岁，一个七岁，被送去埃斯特·菲雷家的农场，而他们家五岁的女儿被放在德拉吉尼昂（Draguignan）的孤儿院。

直到战争结束，吕埃尔夫人都在照顾施洛斯一家，为他们提供火腿、鸡蛋和黄油，并在他们需要彼此联系时为他们传递

信息。通过奥斯卡·罗索夫斯基，他们取得了假冒为阿尔萨斯
人的假身份证；他们认识了罗索夫斯基夫人和尼扎尔一家，并
与他们成为朋友。由于德军士兵偶尔会把汽车开到阿尔贝·埃
克斯布拉亚的汽车维修厂，而且会在修车期间在村里到处闲
逛，因此他们很少在白天离开房子，但每逢星期天，他们都会
上教堂。由于马克斯有副大嗓门，因此屈尔泰教他唱圣歌。在
犹太赎罪日（Yom Kippur）当天，屈尔泰会为犹太人举行特别
礼拜。施洛斯一家过得很节俭，他们靠卖毛衣补贴生活。利利
亚纳和热妮还住在月光旅馆，只要她们有空，就会骑车过来看
望父母。

　　高原上此时住满了从罗阿讷逃出来的毛纺织工人。吕特·
戈朗（Ruth Golan）的父亲和丽塔·戈德梅耶（Rita Goldmayer）
的父亲都是德国人，两人的父亲在柏林的时候已经是朋友了，
两家人一起住在森林深处的一栋小房子里，房主是一位妇人，
她已经搬出去与她的儿媳妇住在一起了。两个男人在农场里工
作，照看奶牛，挖掘土豆；农民宰猪的时候，他们也能分到猪
肉。鸡蛋和奶酪通常直接送到他们家门口。当这两家人太过紧
张，不敢送两个女儿去学校的时候，塞文诺新学堂的老师每隔
几天就来一次，给两个女孩上课。因为吕特和丽塔爱唱歌，她
们就学唱圣歌，每逢星期天在教堂里演唱。人们告诉她们，如
果在大街上看见陌生人，她们就大声唱"云雀，好云雀"
（Alouette，gentille Alouette），这样人们就会以为她们是法国小
女孩。

　　房子里面有电，但路上没有亮灯，尽管她们知道森林里住
满了其他来自罗阿讷的家庭，而且他们躲在类似的农舍里，但
黑暗把人们分隔开来，让人们感到压抑和危险。有一天，吕特

188

从村里骑着自行车取面包，被两名德军士兵截住，对方要求她出示证件。尽管后来德军士兵抬手让她离开，但过了很久，她都忍不住全身颤抖。正如马伯小姐所说，尽管在表面上生活似乎还算安全，但每个人总是感到害怕。

罗阿讷的那些孩子都是孤独的，为了他们的安全，他们只能与父母和兄弟姐妹分开，与充满颜色、充满爱、充满喧闹的社区生活分开，他们深受新环境的孤独和艰苦的折磨。他们受到严厉的房东的训斥。战争结束多年以后，回想起那段经历时，他们想到的不是寒冷或饥饿，尽管他们当时每天都感到寒冷和饥饿，也不是停水或停电，而是他们长期难以适应的寂静，以及即使有人对他们说话，也只是在指示他们应该怎么做。没有感动，没有温暖。有一个女孩，当她独自寄居在森林里一户达比派信徒家里时才 12 岁，她记得她被迫学会独自生活，不依赖其他人，一旦她学会离群索居，就再也不可能对父母感到亲密了。她已经变了，变成另一个人；她不再是一个孩子了。战后多年，在一篇学校布置的作文里，她再次写到那段日子，她失去了母亲，失去了家园，失去了生命中爱的核心，以及当她发觉自己再也没有什么可以失去的时候，那种巨大的悲伤。

许多躲藏在高原上的犹太人都很害怕，尤其是男人，他们无所事事，总是留心传到法国来的、关于犹太人在波兰悲惨命运的消息。他们知道许多亲人都已经消失了，尽管他们不知道亲人们去了哪里。马克斯总是为将来感到担忧，当他知道 19 岁的小姨子去里昂与未婚夫见面，结果却被警察抓走并被送到德朗西之后，他就更担忧了。

189　　不久之后，一名在勒尚邦疗伤的德军士兵在利尼翁河游泳时溺水，他被一个来自塞文诺新学堂的西班牙男孩救起。脱困之后，那个德国人问道，作为回报，他可以为当地人做点什么吗？那天晚上，热妮和利利亚纳躺在民宿的床上，热妮问利利亚纳："你认为他可以救我们的阿姨吗？"一切都已经太迟了。阿姨已被押上第57列火车，送往奥斯维辛了。

第十章 致命之年

1943 年是高原上的致命之年。

及至 1 月底,位于克莱蒙－费朗的犹太人问题总委员会办公室已明确表示,他们决定揭露山区新教徒村庄里的"犹太人逃跑网络"。[1]在普拉利督察的协助下,他们开始汇总参与者名单,人们发现,普拉利督察每天晚上都在邮局处理大信封,向他在勒皮的上司寄送名单。名单上出现得最频繁的名字是夏尔·吉永,但大家都知道他住在瑞士。然而,名单上也频繁出现特罗克梅、达尔西萨克和泰斯的名字。普拉利声称,达尔西萨克是"犹太－戴高乐派环线"背后的活跃力量,这一环线在高原上从事"支持犹太人的宣传"。每周有好几次,普拉利都观察到达尔西萨克这位学校教师与其他人秘密会见,比如勒福雷捷和书店老板巴伯扎等人,他们收听英国广播公司的广播,密谋如何藏匿犹太人,帮助伪造假身份证。

2 月 13 日晚上 7 点,玛格达正在长老会堂的厨房织毛衣,两名身穿制服的宪兵敲响大门,要求牧师出来见他们。[2]特罗克梅正在参加村庄集会,因此玛格达把他们请进书房。自从拉米朗那次不幸的、让人感到威胁的夏季访问以来,玛格达就一直等着这一刻的到来。特罗克梅回到家里,两名宪兵告知特罗克梅,他已被逮捕。特罗克梅建议他们吃完晚饭再走。玛格达和吉斯帕重新收拾好行李箱,很久以前,他们就已料到会有这么一刻,因此早就收拾好行李箱,但最近牧师的干净衬衣不够穿

了，所以行李箱又被打开了。科恩和贝尔特夫人，一个躲在阁
楼，一个躲在地下室，玛格达告诉他们，保持安静，不要露面。 191
两名宪兵似乎也很想放松一下，倾向于吃完晚饭再走。因为担
心打扰四邻，他们坚持在逮捕特罗克梅的时候不要告知任何人。
但事有凑巧，一名教会委员的年轻女儿不期而至，她来提醒特
罗克梅，她父亲的生日宴会快到了。当她意识到什么事情正在
发生的时候，特罗克梅被逮捕的消息也就不胫而走了。

　　1943 年 2 月出奇地冷，高原上就更冷了。当特罗克梅在两
名宪兵的陪同下从长老会堂出来的时候，外面只有零下十摄氏
度，他们发现村民们在外面排成两列，沿着道路两旁一直排到
广场，穿着木鞋跺脚，试图保持温暖。他们带来了小礼物，都
是他们为特殊场合而储存的物品：一罐沙丁鱼、一块肥皂、一
根香肠、一些古龙水，甚至还有一卷卫生纸。特罗克梅后来发
现，他的教区居民们甚至在卫生纸上抄录了《圣经》的段落。
村民们还带来几根蜡烛，当人们发现忘了带火柴的时候，两名
宪兵自觉地把自己的火柴拿了出来。两名宪兵似乎对群众的和
平集会松了口气，群众开始唱起路德的圣歌："上帝是安全的
堡垒，是可信的盾牌和武器。"特罗克梅后来写道，他当时甚
至还觉得"扬扬得意"。"这是我一直以来等待的时刻，这是证
明我的坚定信仰的时刻。"特罗克梅总是相信世界上存在善恶
二元对立，双方为争夺地面王国而战斗；此时他相信"还有第
三种力量，即愚昧无知的力量"。

　　从长老会堂出发，警察继续前进，首先逮捕了泰斯，他的
反应很平静；然后逮捕了达尔西萨克，他从地下室逃到树林里，
直到被警察说服的达尔西萨克夫人来劝达尔西萨克现身，因为
如果换成德国人来抓他，那就对大家都没有好处了。特罗克梅

有点沾沾自喜地注意到，达尔西萨克"害怕到冻僵了"，因为害怕丢掉工作和"斯文扫地"而"完全被吓倒了"。警察预计可能会出现麻烦，所以早就切断了村里的电话和电报线路。

他们被押送到唐斯村的警察局，然后被六辆警车组成的车队带走，车队下山后开往勒皮市的拘留所。他们被关进牢房里，但每个人的床铺都有被褥，受到的待遇还算文明。

192　　第二天早上，所有彬彬有礼的迹象都消失得无影无踪，他们被押上开往里昂的火车，然后转乘另一趟火车前往利摩日，接着被关押在圣保罗德约（Saint-Paul-d'Eyjeaux）营地，在那里受到宪兵上尉极其"粗暴"的对待。营地由好几排低矮的灰色木制营房构成，周围环绕着带刺铁丝网，关押着 500 个男人，绝大多数都是来自法国东南部的杰出共产党员，他们从《苏德互不侵犯条约》签署的时候起就被关押了。营地里还关押着一些天主教徒和社会党员，他们都是维希政权的反对者。被关押在一起的囚犯们面黄肌瘦，他们几个月来都吃得很少，只有耶路撒冷洋蓟、婆罗门参和大头菜，品种极为单调。圣保罗德约曾经被设计为"再教育"营，而非劳动营，但由于当局早就放弃了说服这些人，放弃了让他们对维希政府高看几眼的尝试，因此他们只能无所事事地虚度日子。他们秘密地收听电台节目（收音机是用灯具和藏在罐头里的电线组装的），最近还庆祝了德军在斯大林格勒战役中的失败。他们对新来的囚犯并无恶意，开玩笑说营地里已经住满了天主教徒，而且已经有一位犹太拉比，"但新教牧师！正是我们所需要的"。

当泰斯提议在营地里举行新教礼拜的时候，营地指挥官似乎半信半疑，他说自己无法想象会有人希望出席什么新教礼拜，但他没有考虑到特罗克梅演讲术的威力，也没有考虑到囚犯们有多么穷极无聊。[3]第一次礼拜吸引了九名会众。特罗克梅讲道，泰斯带领人们祈祷，作为唱诗班指挥的达尔西萨克的声音和技巧出神入化，因此由他领唱圣歌。九个人变成 20 个人，20 个人变成 40 个人。很快，营房就显得太小了，不足以举行集会，人们很快就挤满场地，只能在营房外面、倚靠在打开的窗户旁边聆听。特罗克梅和泰斯能够灵巧熟练地使用暗语，例如把贝当的名字换成马克思，囚犯当中掀起了热烈的讨论；牧师们和马克思主义者都同意，在斯大林格勒战役之后，一切皆有可能，甚至推翻资本主义和以非暴力手段粉碎恶魔也是有可能的。牧师们在营地里闲逛的时候，还能够听到囚犯们在哼圣歌。

营地指挥官总是坐在前排，确保不会出现煽动性的言论，他很高兴地看到囚犯们如此渴望接受再教育，也乐于对新来的囚犯展现其宽宏大量，还允许他们不受限制地接受探访和接收包裹。达尔西萨克的儿子马可（Marco）偷偷带来一台摄影机，还拍了几张照片；特罗克梅很有绘画天赋，给囚犯们和周围的景物画素描。他们床铺上方的架子开始变得像个杂货店。一天晚上，有一名囚犯设法从地道逃出营地，营地里一片欢欣鼓舞，三个人分享了这份喜悦。他们开始喜欢和钦佩他们的狱友，后来说狱友们关于共产主义的交谈让他们大开眼界；他们开始很惊讶，后来很愉悦地发现，他们竟然如此受欢迎。

在勒尚邦，从唐斯村过来的警长前来拜访玛格达，他为她的丈夫被逮捕而感到抱歉，还说特罗克梅是个多么好的人。屈尔泰在写给父亲的信中提到，村庄里很平静，"就像刚刚经历过一场风暴"。在尼姆，作为新教教会领导人，博埃涅也受到了逮捕警告。位于莫雷（Mollé）的圣经学会表达了他们的深切同情，那位天主教本堂神父送来了温暖的问候。在塞文诺新学

从左至右为泰斯、达尔西萨克、特罗克梅

堂，学生们从未如此用功；而在勒尚邦周围的乡村地区，农民们从未如此慷慨；诺埃尔·普瓦夫尔（Noël Poivre）是高原上一位满怀热情的牧师，他以一篇论希律王和施洗者约翰的布道词，尖刻地影射了赖伐尔、贝当与犹太人的关系。这将会成为一个开端，人们将采取更加直接、更加坦率的态度，表达对"不幸者、被囚禁者和被迫害者"的同情，人们以《圣经》的经文和注解来含蓄地指代抵抗运动。

194 　　勒福雷捷写信安慰特罗克梅："勒尚邦的教堂也许不是圣灵的鸽子，但它就像一只鸭子：即使你砍断它的头，它仍然继续前行。"勒福雷捷生性乐观，还继续打趣道，他建议牧师留在营地里，那里有成年男子，可以让他们皈依上帝；而在勒尚邦，"只有已被拯救的妇女，还有许多孩子，我们会以温柔和坚韧来照料他们"。

　　勒福雷捷医生还把牧师的侄子丹尼尔·特罗克梅（Daniel Trocmé）带在身边，丹尼尔最近才抵达高原，勒福雷捷去了维希，他在那里面见身为内阁部长的警察总监。勒福雷捷提醒对方，被逮捕的牧师和教师，分别是八个、五个、三个孩子的父亲，他们不是间谍，也不是叛国者。正好相反，他们是为上帝服务的人，为人们讲解福音书，如果维希政府把他们变成烈士，那么就会犯下严重错误。维希政府错误地想象出"资敌行为、政治阴谋和戴高乐主义"；实际上应该看看这是关于"爱、信仰上帝、耶稣基督的教会"。勒福雷捷的建议是展开正常的调查，而不是基于"匿名告密者"的通风报信而捕风捉影。人们很快便知道，巴克已自行展开调查，他提醒维希政府，这些逮捕行动也许会彻底毁掉他之前在高原上苦心营造的善意。

当特罗克梅、泰斯和达尔西萨克在圣保罗德约身陷囹圄的时候，在高原上发生了激烈而持久的变化，农民和牧师、犹太人和共产党员、学生和达比派信徒全部卷入其中。这一变化代表着这三个秉持和平主义、讲求理性、信仰虔诚的男人错判了形势。

1942 年，在德国人的压力下，赖伐尔同意设立招工办公室，在整个非占领区招募前往德国工作的劳工。[4] 弗里茨·绍克尔（Fritz Sauckel）是负责协调外籍劳工事务的德国军官，他抵达维希，指示法国人，必须提供 25 万名工人，而且超过半数必须是熟练的冶金工人。招工计划代号为"轮班"（Relève）。招工主要面向仍然被德军关押在战俘营的大约 100 万名法军战俘及其家庭：每释放一名法军战俘，就交换三名"轮班"志愿者。为了维持对法国人的控制权，维希政府打算满足绍克尔的要求，但明显未能成功。6 月，只有 12000 名志愿者被说服前往德国；7 月，只有 23000 人前往德国；8 月，18000 人。这远远未能满足绍克尔的要求，而且绍克尔的要求还水涨船高。

为避免丧失主动权，维希政府试图采取强制措施。9月，维希政府通过一部法律，强制规定了18~50岁的男子、21~35岁的单身女子都必须以为国家服务的形式为德国人工作。1943年2月16日，义务劳动团（Service du Travail Obligatoire，STO）成立。第一批被征召的是出生于1920~1922年的年轻男子。

如果说及至1942年冬天，残忍围捕和驱逐外籍犹太人的行动，以及法国警察的粗暴行为，不仅让教会感到寒心，而且让很大一部分法国人对维希政权和贝当感到寒心，那么义务劳动团就导致人们与维希政权和贝当的关系严重破裂。不仅是外国人和陌生人处境危险，而且连法国人自己都处境危险了。愤慨和怒火四处蔓延。人们总能找到很多原因来逃避征召：妇女们赶紧结婚，年轻男子加入警察部队、铁路公司或矿业公司，这些都可以作为延期征召的申请理由。雇主们因为失去熟练工人而感到愤怒。妇女们卧轨抗议。当火车带着第一批男子开往德国的时候，他们唱着《国际歌》，人们高喊"烧死赖伐尔"。在伦敦，安德烈·菲利普与"自由法国"的许多战友一道，呼吁年轻的法国人到乡下去，"成为游击队员"，而不是任由自己被送去德国。

新教教会挺身而出，立场清晰、态度激烈地反对义务劳动团，声称在福音书和强迫劳动之间存在着"不可逾越"的界限。蒙彼利埃的布瓦塞（Boisset）牧师声称，必须坚持信仰"上帝，立场鲜明地反对独裁主义……全面战争和驱逐行动"。在天主教徒中间，许多低级教士也公开批评义务劳动团。教士们的上级再次保持沉默。但里尔的红衣主教利埃纳尔（Liénart）勇敢发声，直指占领者的要求远远超过他们被授予的权力。在

春季会议之后，主教们和大主教们公开发表声明，称逃避义务
劳动团征召并不是犯罪。人们都在谈论，拒绝遵守不正义的命
令才是真正的正义。在高原上，人们把义务劳动团比喻为拿破
仑时代不得人心的"全民皆兵"，那些拒绝离开高原的年轻男
子被称为卡米撒派的英雄后裔。

　　村民当中有一个传统：每当年轻人外出参军，都要把他们
聚集起来，给他们提供建议。在牧师们和达尔西萨克不在的情
况下，勒福雷捷医生亲自代劳，他在教堂的附属建筑里举行了
一次集会，把所有接到命令、要去当局报到的年轻人聚集起来。
第二天就得出发的 30 名年轻人都来了。这次集会标志着高原战
争的另一个关键时刻。

　　勒福雷捷要传递的信息毫不含糊。没有人应该为德国人服
务。而且，如果某人不得不接受命令，他最好随身携带一小袋
泥土，当他被杀害的时候（这种可能性很大），至少还能确保
自己葬身于家乡的泥土之下。这位富有魅力的年轻医生极具说
服力。他说，他会帮助任何决心拒绝征召的人。在满怀热情地
讲了一个小时之后，只有四名志愿者出列，准备向当局报到。
不久之后，就有 41 名拒服劳役者被报称失踪，他们躲藏在孤立
的农舍里，那里的农民准备对外人说，没有看到任何异常，没
有听到任何动静。

　　传闻开始流传开来，说维瓦莱 – 利尼翁高原是个躲藏的好
地方，那里的勒福雷捷医生随时准备帮忙。年轻人维克托·梅
（Victor May）是梅氏旅馆业主夫妇的儿子，他后来说道："那
一天是整个地区抵抗运动的转折点。勒福雷捷就像马刺，而他
的言语就像火花。"从伊桑若过来的警察提到，居民普遍不配
合，甚至"当地名流"也对征召令装聋作哑。巴克或许是为了

掩饰自己的真正意图，他向上司请求增援。及至此时，在全法国接到征召令的年轻人当中，只有十分之一的人登上了开往德国的火车。其他人要么极力争取延期征召，要么干脆人间蒸发。

在消失于高原的年轻人当中，有一个名叫皮埃尔·皮东（Pierre Piton）的童子军。[5]他 17 岁，是一个机智、有谋略、生气勃勃的男孩，长着一张圆脸和一双湛蓝的眼睛，曾经在诺曼底海岸的船坞里工作，同时向英美盟军传递德军部队的动向。他的父亲是海军军官，母亲是教师。皮东的个性冷峻严肃，有那么一段时间，他真的考虑过成为传教士。在高原上，他发现了另一种使命。

皮东在金雀花旅馆（Pension des Genêts）得到一个房间，作为回报，他同意监督塞文诺新学堂年轻神学者们的夜间功课。皮东很快就遇到米雷耶·菲利普，米雷耶招募皮东为犹太人以及义务劳动团的逃役者寻找更多可供藏匿的地方。皮东对童子军活动充满热情，企鹅队、狼队、鹳队都欢迎他，他很快就成为仅次于联队长皮埃尔·布雷斯（Pierre Brès）的副手，布雷斯更喜欢以卡米撒派英雄的名字来命名他的队伍。

布雷斯是当地另一位重要人物，他是虔诚的新教徒、运动爱好者和平面设计师；从坦克部队复员以后，他带着妻子和儿子来到高原。[6]作为童子军领导人，他把本地孩子、游客、天主教徒和新教徒团结在一起，训练他们全身心地打篮球，带他们去露营，在露营地唱圣歌，重演卡米撒派的英勇事迹。他的妻子成为学院里的体育教授，夫妻俩很快与勒福雷捷及其家人成为朋友。但布雷斯考虑的不只是童子军活动，他想到的是逃避义务劳动团劳役的年轻人是绝佳的兵源。法国早期的抵抗运动本质上是城市运动，专注于撰写和散发敌视德国人的文学作品，组织一些针对占领军的特种袭击行动；抵抗组织很少考虑在农村地区开展游击战。现在有了义务劳动团，也就有了组建游击队的基础。

并非只有布雷斯在进一步考虑法国的解放。在伊桑若，有一位名叫让·邦尼索（Jean Bonnissol）的老师，他的妹夫瓦德纳（Valdener）先生经营着一家咖啡馆，那家咖啡馆还是人们在逃亡路上的投信点，他已经与活跃于里昂和罗讷河沿岸的抵抗组织"自由射手"（Franc-Tireur）建立了联系。还有皮埃尔·法约尔（Pierre Fayol），一位工程师和前陆军军官，刚刚与家人抵达勒尚邦，他曾经在德国人发动袭击之前在马赛帮助犹太人。还有莱昂·埃罗（Léon Eyraud），他以前是矿工，此时在经营树荫旅馆（Pension Les Ombrages），那里能够俯瞰勒尚邦火车站，他从那里一看见火车把新的犹太家庭带到此地，就会马上赶到山上，把犹太人集合起来带到他的民宿。埃罗热爱音乐，是个幽默、机智、精明的男人，他很有权威；他的妻子把14名访客视为自己的孩子。这五个男人，皮东、布雷斯、邦尼索、法约尔和埃罗，他们是同一阵线的战友，与泰斯和特罗克梅的和平之梦相去甚远。

逃役者需要的东西，正好就是高原上已经提供给犹太人的东西：安全的藏身之所、食物、人们的同情和假身份证。在勒福雷捷的激励下，埃米尔·塞什很快就把逃避义务劳动团劳役的年轻人加入他的名单，他需要为名单上的人到处搜寻食物，而巴罗夫人及其女儿加布丽埃勒则在丽日旅馆为这些年轻人安排床位。

3月初，当被囚禁的牧师还未能返回高原时，罗索夫斯基决定为他不断扩大的造假事业寻找更为隐蔽的场地。埃罗已经

198

请求他增加产量，以便涵盖新的义务劳动团逃役者。为了帮助这些逃役者，他现在得制造一大批身份证，把那些逃役者的年纪改小，这样他们就不会成为适龄征召对象了。罗索夫斯基借了一辆自行车，往返于通往马泽村的路上。在四千米外一处叫作拉法约勒（La Fayolle）的村落，他看见一个在房子外面织毛衣的年轻女子。那个女子把他带到农场的住客那里，那座农场是由亨利·埃里捷（Henri Héritier）和艾玛·埃里捷（Emma Héritier）夫妇拥有的，夫妻俩有五个孩子和四头奶牛，牛棚设在外屋。罗索夫斯基告诉那对夫妇，自己是个学生。那对夫妇没有问任何问题，在谷仓里给他安排了一个房间，并为他提供膳食。埃里捷先生把他登记为必不可少的农场工人，以保护他免受义务劳动团的征召。

由于额外造假的需求量实在是太大了，罗索夫斯基招募了一个本地男孩萨米·夏尔（Samy Charles），这个男孩在阿尔代什省和上卢瓦尔省人际关系很广。一个本地农民帮忙提供假文件，顺便为偏远的农舍运送面包。罗索夫斯基从未如此努力工作过。有一天，有一批由安德烈·菲利普寄送的空白配给本从英美盟军飞机上用降落伞空投下来。安德烈·菲利普此时与戴高乐一起，都在阿尔及尔。皮东到米雷耶那里取那些空白配给本，他被浓郁且鲜美的果酱味道吸引，以至于这股味道永远与他在高原上的日子联结在一起。米雷耶告诉皮东，她用了好几个星期的全部砂糖配给，才做好了果酱。

每当罗索夫斯基前往费伊村看望母亲，他都会随身携带刚刚造好的假身份证，这些假证件都是为屈尔泰那里越来越多的隐藏犹太人制作的。他很乐意证明自己作为造假者的手艺，有一天晚上，他运送假文件去费伊村，在回家的路上被一名警察截住，因为他晚上骑自行车却没有开车灯。他把自己的假身份证亮出来，警察对此相当满意。

在写信给父亲的时候，屈尔泰提到他新近保护的人，即那些义务劳动团逃役者。屈尔泰告诉父亲，他忙于收集一些"特殊的书本"，尤其是关于冶金学的书本，他对此感到很亲切，因为绝大多数书本都是在附近的城镇圣艾蒂安和菲尔米尼（Firminy）编辑的，"这类作品在那里非常流行"。"《民数记》15：24"（犹太人）耗费了他很多时间，而他"继续以更快的节奏阅读《但以理书》1：3~4"。（在《但以理书》1：3~4，国王命令亚施毗拿"带进几个人来……就是年少没有残疾的"。）至于屈尔泰的父亲是否能够全部读懂，我们就不得而知了。

高原上的气氛正在发生变化，变得更加愤怒、更加尚武。随着平原上年轻人的到来，以及矿工社群的到来，随着高原居民自己的儿子也受到被捕的威胁，更多本地家庭主动站出来提供庇护。一些最为活跃的营救者是妇女，其中最重要的两位妇女都开咖啡馆。

与唐斯和勒尚邦类似，马泽是新教徒和达比派村落的中心地带；尽管村庄本身很小，无非就是一些在当地很常见的、用灰色石头建造的房子，有一座新教教堂、一座天主教堂，还有一座村公所，整个社区却散布在50平方千米的地面上，有大约2000人，几乎都是农民。[7]星期四是赶集的日子，人们骑马、步行、赶车来到此地，交换消息，买卖产品；每逢星期天，人们就回到此地，在教堂里参加新教礼拜。正好在中央广场，即村庄的十字路口，从教堂往下走，村公所对面有一家咖啡馆，由邦雅曼·阿尔戈（Benjamin Argaud）建造于19世纪末，如今由

200

他的外甥女露西·吕埃尔（Lucie Ruel）经营，人们叫她露露（Lulu），她 20 岁的女儿吕西安娜（Lucienne）也来帮忙。露露的丈夫保罗在战争爆发前不久就去世了；吕西安娜已婚，育有一个小婴儿。

1945 年，露西·吕埃尔（正中）

阿尔戈咖啡馆实际上还是餐厅和葡萄酒行，在马泽村的日常生活中占据中心位置。这个家族的好几名成员是黄油商贩，露露与村长皮埃尔·萨尔克（Pierre Salque）是好友。此外，咖啡馆在以前的马车房和马厩楼上，以楼梯相通，楼下存放着许多大桶装的葡萄酒，建筑物还有谷仓和外围建筑，有一扇后门，原本用于草料进出，有一扇小窗，可以看见广场上的一举一动。每逢周四和周日，拥挤的人群、喧闹的市集，正是实施伪装的理想环境。

在西班牙内战结束时，西班牙共和派被迫流亡，露露收留了一位母亲和她的两个年幼的孩子。当她们被转移到伊桑若一所监狱时，露露还每周去看望她们，并带去食物。1942 年夏天的大搜捕过后，露露收留了好几个犹太家庭，有些犹太人是由特罗克梅通过年轻的新教徒寡妇西蒙娜·迈雷斯（Simone Mairesse）送过来的，西蒙娜与她年幼的女儿妮科尔（Nicole）住在马泽村。西蒙娜曾经通过《巴黎之夜》（Paris-Soir）刊登的战俘死亡名单得知丈夫的死讯；她没有过分悲伤，反而全身心投入拯救犹太人的事业当中。她从附近的农民那里寻找可供藏匿的地方，以安置露露那边安置不下的犹太人，每到饭点，他们都到露露的饭厅来吃饭，并尽可能支付伙食费。如果他们没有钱，那也可以免费吃饭。吃饭方面的开销越来越大，露露也只能用大锅大盆来煮饭了。一个达比派农夫的妻子送来额外的黄油和蔬菜；露露的女婿为当地的合作社工作，他负责提供牛奶和奶酪。

露露的一个秘密犹太房客是安德烈·韦尔（André Weil），他的化名是科隆博（Colombo），是来自巴黎的化学家。有一天，他在野外行走，遇见一个年轻的犹太女孩，对方跌跌撞撞地走在融化的雪地上，脚上只穿了非常薄的鞋。韦尔把那个女孩带回露露的咖啡馆，还爱上了那个女孩。露露为那个女孩及其父母安排了房间。每天晚上，他们收听英国广播公司的广播，个名叫勒内·诺德曼（René Nordmann）的访客也在这里，他在距离巴黎不远处拥有庞大的纺织品生意，听广播的时候会在地图上以小旗子标注英美盟军的进展，尽管拥有这样一幅地图本身就很危险。在天气不好的时候，露露会在门外留一盏彻夜点亮的油灯，给走在路上的人们指引方向。

当义务劳动团开始把受到惊吓、拒绝服从的年轻人带到她的咖啡馆时，她也同样接纳他们，最开始是来自圣艾蒂安的一

201

个工人，看上去像个男孩而不像个男人，但他是带着妻子和两个年幼的孩子来的。越来越庞大的隐匿人口开始挤满谷仓和外围建筑。无论什么时候，只要存在受到袭击的威胁，他们就会躲在教堂的阁楼，或者露露在花园挖掘的地洞里。地洞挖得很巧妙，有用石头和泥土砌成的屋顶，里面足以容纳六个成年男子。

学校教师邦尼索最早找到了另一间咖啡馆的店主多尔卡丝·罗贝尔（Dorcas Robert），请求她帮忙藏匿义务劳动团逃役者。多尔卡丝跟露露一样都是寡妇，她是一个矮小、健壮、活力十足的妇女，长着一双灰绿色的眼睛；她有一个八岁的女儿，还有两个年幼的儿子，在伊桑若村经营着一间杂货店兼咖啡馆，位于高原的西北处。多尔卡丝的母亲是一位达比派信徒。邦尼索问多尔卡丝，是否可以借用她的起居室作为会议室，多尔卡丝同意了，邦尼索便去安排巴士，巴士从勒皮开来，停在多尔卡丝家门前，运来了平原上的抵抗运动领袖送来的公告和命令。多尔卡丝把这些物品藏在柜台下面，直到邦尼索能够取走。

正如马泽村的情况，星期四是伊桑若的赶集日，农民和"买菜游客"造成的混乱场景为来来去去的邦尼索和义务劳动团男孩们提供了绝佳的掩护。有些人晚上就在咖啡厅里打发，跟躲避盖世太保追捕的牧师和逃脱的战俘坐在一起。年轻妇女罗丝·贝拉尔（Rose Bérard）在杂货店里帮忙，她是农民的女儿，来这里是因为"知道美好事业的价值"，而且她的兄弟在敦刻尔克沦为战俘。有时候，本地警察戈捷（Gauthier）会来看望他们，他完全知道内情，但支持他们。

戈捷及其同事们不再是贝当的坚定支持者，尽管他们曾经如此。1942 年发生的事件，以及德国人来到法国南部，极大地动摇了人们对于维希政权的忠诚与服从，在高原上更是如此。至于本地警察，他们都在这个地区长大，与本地居民极为亲密，越来越倾向于对出现在高原上的隐藏犹太人和义务劳动团逃役者视而不见。然而，那里出现了一支新兴力量，那是一帮支持德国、支持维希政权的走狗；那帮人将会比警察危险得多。

1943 年 1 月，维持治安军团脱离了原本的"法国战斗军团"（Légion Française des Combattants，由维希政府把所有之前的老兵联合会整合而成）而自立门户，形成了一支"法兰西民兵"（milice française），他们号称"现代骑士"，摇着军团旗，戴着贝雷帽，是贝当的道德价值以及"永恒的法兰西"的营救者。约瑟夫·达尔南（Joseph Darnant）是个粗暴、野蛮的人，他在 20 世纪 30 年代是极右运动和秘密恐怖组织卡古拉（Cagoulards）的铁杆支持者，后来甚至成为卡古拉组织的秘书长；赖伐尔则是卡古拉组织的主席。维安团的使命是维持秩序，如有必要，保卫法国；维安团的象征物是战神之锤，表示力量和重生。

这个新兴的民兵组织极端反共，极端反犹，民族至上，组织严密，等级森严。其成员佩戴徽章，平时为民，战时为兵。但他们很快就有了军事部门，即由职业军人组成的"法国卫兵"（Franc-Garde），以及青年部门"前进卫兵"（l'Avant-Garde）。前进卫兵由健康、强壮、活跃的持枪青年组成，通常不超过 16 岁或 17 岁，还有部分成员是女孩。贝当要求他们所有人严守纪律、头脑冷静、态度温和、言行端正。但由于招募进度缓慢，因此法国社会的边缘人纷至沓来，包括街头流氓、出狱罪犯、狂热分子，他们蜂拥而至并迅速成军，被冒险的刺激和抢劫的机会诱惑，被征用物资和操纵黑市的利益诱惑。在高原上，有那么一两个年轻人，开始为他们的理念深深着迷。

2 月 24 日晚上，在勒皮，上卢瓦尔省宪兵司令西尔瓦尼拿出一份写着 82 个名字的外籍犹太人名单，以及他们的逮捕令。第二天早上 7 点，"收集"（ramassage）行动开展，要把那些犹太人关进拘留所。之所以突然搜捕犹太人，是因为在巴黎发生了针对两名德国军官的刺杀事件，为此需要抓捕 2000 名 16 ~ 65 岁的犹太男子作为报复。行动没有任何预警。即使施梅林和巴克有心保护犹太人，在这种情况下，也是有心无力了。

在高原上，花丘的年轻经理于贝尔·梅耶尔没有时间疏散或者藏匿犹太人。一支特混警察分队，包括几名宪兵，在破晓之时破门而入，抓走了年轻人沃尔夫拉德（Wolfradt）；当天有八名犹太人被抓走，包括在贵格会儿童之家被抓走的施尼贝尔（Schniebel）、从罗什之家被抓走的格里永一家（Les Grillons）和温尼策（Winitzer）。西尔瓦尼在报告中轻描淡写地说，"围观的人群当中有点不满的情绪"。[8]西尔瓦尼的报告其实带点恼怒和抗议，但这并不妨碍被抓捕的人被押送到勒皮。存放于勒皮的报告显示，巴克列出的名单上有 82 个人，其中 58 个人被发现和逮捕，这中间又有 24 个人被送去居尔营地。[9]

汉娜的朋友雅各布·勒文（Jakob Lewin）自从与她一起逃出居尔营地之后，就一起住在拉盖斯皮，他惊险逃脱。[10]他最近刚刚与兄长马丁（Martin）团聚，2 月 25 日早上，他们正在西马德组织新开设的木匠工厂里工作。普拉利督察出现在门口，说："终于，我抓到你了。"两个男孩被带到村公所，然后被押上警车，送往勒皮。一群村民在此聚集，他们横躺在警车前面，

试图阻止警车离开；然后，就像有人被逮捕时的惯例，村民们 204
开始唱歌。在他们等待遣送的时候，塞文诺新学堂有个低年级
的小学生克里斯蒂安·德·蒙布里松（Christian de Montbrison）
刚好赶到，他手里拿着一块巧克力，并把巧克力塞到雅各布手
里。警车离开时，勒福雷捷开车紧随警车下山。他设法争取到
雅各布被释放，毕竟雅各布只有 17 岁，还不是成年人；但他没
法为年纪稍长的马丁争取到什么，马丁与其他人一起都被押送
到居尔营地。①

　　三天之后，在没有得到任何说明的情况下，马伯小姐和威
廉森小姐接到命令，要求她们自行前往位于勒皮的警察局报到，
还要随身带上被褥和保暖衣物。她们离开的时候，村民们给她
们带来了很多小礼物。后来，马伯小姐对此保持沉默，而且很
少谈到她自己，她后来说，她们很可能是被普拉利作为"人民
公敌"告发了。经过很不舒服、很不轻松的四天后，她们被释
放了，明显是巴克下令释放的。巴克似乎发现，就在战争爆发
前不久，马伯小姐还收养了两个被妓女母亲抛弃的法国孤儿，
而且亲自养育这两个孤儿。释放两位妇女的命令抵达时，她们
已被塞进北上的火车，正在前往德朗西，下一步就是被驱逐。
火车停了下来，马伯小姐和威廉森小姐被释放。在那列特殊火
车上，再也没有别人能够活下来了。

　　3 月 15 日迎来了其他人的释放。在被逮捕五个星期后，特
罗克梅、泰斯和达尔西萨克被叫到圣保罗德约的指挥官办公室，
他们被告知，赖伐尔已经下令释放他们；他们赶紧去收拾行李，
以便赶上 10 点回家的火车。然而，他们首先需要签署某些文

---

① 马丁也抓住了合适的时机，他东躲西藏，逃避驱逐，未被送上火车，顺利
　回到勒尚邦村。——原注

件，包括保证支持贝当。泰斯和特罗克梅毫不犹豫地拒绝签字。正如特罗克梅后来在未出版的自传里复述的，指挥官大发雷霆，说他们"疯了"，说他们是"危险的无政府主义者"。达尔西萨克签了；作为一名教师，他只能签字，否则将失去工作。特罗克梅不无讽刺地写道，达尔西萨克曾经"如此害怕"，现在"既胆怯又开心"。当身为教师的达尔西萨克离开监狱前往车站时，两位牧师在狱友们难以置信的目光之下回到自己的牢房。

205　　第二天早上，他们又被叫到指挥官办公室。赖伐尔又下了命令，还是得把他们放了，条件是他们至少得同意"尊重法国元帅本人"；这对于他们来说倒是可以做到。他们回到勒尚邦的时候，感受到人们低调而温暖的欢迎，让内牧师提醒过，不要在公开场合大肆庆祝。普拉利向上司汇报，这五个星期的拘留似乎对他们也有好处：他们对政府的态度明显恭敬多了。他还补充道，他会继续严密监视这三个人。接下来的星期天，聚集到教堂里的人们将会听到他们的冒险故事。

　　到底是什么因素或者是什么人促成了他们的释放，人们已经无从得知了。可能是因为赖伐尔也要考虑退路，在斯大林格勒战役之后，战争的天平已经向盟军倾斜了；也可能是因为，正如特罗克梅所认为的，指挥官害怕他们在营地里越来越受到狱友们欢迎。更加简单的原因可能是巴克和博尼等人的干预。毫无疑问，博埃涅也运用了他与维希政府的关系，向警察总监勒内·布斯凯争取释放他们。无论原因是什么，没有人会嫌释放得太早。几天之后，营地被关闭，500 名囚犯都被运往波兰和西里西亚。在他们当中，据说没有几个人能够活着回来。[11]

　　第一缕春光也出现在高原上了。在那些日子里，淡淡的阳光撒落在地上，妇女们走出家门，坐在门前的台阶上编织蕾丝花边。利尼翁河上的冰块也开始融化，奔放的河水冲刷着河床。犹太男孩勒孔特（Lecomte）徒手抓住了鳟鱼。积雪之下能够听到雪融的声响，在冰块下长期蛰伏的青蛙也开始鸣叫。3 月 9 日，加缪留意到，最早绽放的长春花已经穿透了最后消融的积雪。

　　牧师们很高兴能回到家里。但村庄早已不是他们离开时的样子了。这里变得更加动荡、更不安宁，和平主义将会受到新出现的思想逆流的冲击，让事态的发展变得更快更残忍。高原也不像看上去那么非暴力，犹太人、抵抗者、义务劳动团的年轻逃役者都感到很焦虑。救人的义举已经进入灰色地带，而灰色地带并非特罗克梅喜欢的。

　　罗什之家是许多年轻犹太人的家，罗索夫斯基震惊于这个地方尤其容易受到袭击，他催促罗什之家的经理丹尼尔·特罗克梅赶紧疏散学生。不久之后，屈尔泰在维也纳的老房客利普舒茨前来拜访，他回到罗什之家住了几天。利普舒茨告诉屈尔泰，他对民宿里"无所顾忌"的盲目乐观感到震惊。利普舒茨说："他们看不到危险。他们对一切事情毫不在乎。他们确信凡事总有出路。"[12]

第十一章　湮没无闻

　　不仅在高原上，实际上在整个法国，气氛都在改变。1943年春天相对温和。尽管如此，人们还是又冷又饿。患肺结核的人数一直在增加，与此同时，糖尿病、斑疹伤寒、坏血病也在攀升。维生素 B 和糖的缺乏导致营养不良诱发的突然死亡。医院和药店都没有可待因、奎宁、胰岛素、纱布、碘酒和消毒剂。福利组织无法应对越来越大的需求，报告里提到"饥荒将至"。据贵格会教徒所说，城市里至少有 200 万人"严重营养不良"，不是因为粮食短缺，而是因为粮食被德国人征用，或者流向黑市。[1]在整个国家，法国人不仅痛恨维希政权损公肥私，而且痛恨无所不在的镇压措施，包括在大庭广众之下虐待犹太人，围捕法国自己的年轻人。还有敲诈勒索、谋财害命的民兵，他们带着新近获得的武器到处招摇。这种局面让那些决心拯救别人的人更有力量。

　　尽管会受到野蛮报复，但由抵抗组织发起的针对占领军的袭击正变得越来越大胆，也越来越成熟。1943 年 1 月，法国南部的三个主要抵抗组织——"战斗"（Combat）、"自由射手"、"解放南方"（Libération-Sud），合并为"联合抵抗运动"（Les Mouvements Unis de la Résistance，MUR）。亨利·弗勒奈（Henri Frenay）是"战斗"组织的领导人，他经常出现在勒尚邦，并到树荫旅馆来看望他的妹妹埃罗夫人。他就在德国伤兵眼皮底下穿过大街小巷，穿过凛然不可侵犯的高原。

由于处决人质似乎只会导致离心离德，所以艾希曼下令重 208
新开始让载满人的火车开往集中营和灭绝营，这是有效得多的
控制措施。把犹太人驱逐出法国的行动停止了五个月，因为德
国需要那些火车运送人员和补给前往东线战场，而此时驱逐行
动再次开始了。[2]

2月是杀人之月。在巴黎，第一轮犹太人大围捕主要针对
儿童、病人和老人，法国以色列人总会掌握了所有被捕儿童的
名单。有四名90岁以上的老人、54名80岁以上的老人从巴黎
的罗斯柴尔德医院被抓走，还有七名三岁大的儿童也被抓走，
他们被押上战争期间第49列从德朗西开往奥斯维辛的火车。在
抵达奥斯维辛当天，就有一个名叫西尔维娅·蒙克（Sylvia
Menkes）的小女孩被毒气杀害，那天正好是她第一个生日。在
这些新近被驱逐的人当中只有很少的外籍犹太人，针对法籍犹
太人的大网越收越紧了。及至3月中旬，49000人已被送进死
亡营，几乎无人生还。正在执行的遣送计划把新近驱逐人数增
加到每周8000~10000人。电台广播宣布，驱逐行动关乎"公
共卫生"问题。这就意味着许多法籍犹太人无疑将受到驱逐：
就像外籍犹太人那样，他们的身份证上被迫印上"犹太男性"
或"犹太女性"。为了让逮捕行动更加方便，那些受到围捕的
人都会被小心翼翼地标注为"罪犯"。德国人以技巧娴熟、玩
世不恭的态度与赖伐尔打交道，法国却正在不折不扣地赶走所
有犹太人。

已经很少有人还留在居尔、里韦萨特以及其他拘留营了，
许多人已被驱逐出境，但留在营地里的人还得继续过极端困苦
的生活，还得整天担惊受怕。有一个访问者注意到，里韦萨特
营地已经变成一个"编组站，让人们前往未知目的地，然后湮

没无闻"。

　　然而，这种湮没无闻的状况不会持续多久，很快就会被世人知晓。[3]格哈特·里格纳（Gerhart Riegner）是位于日内瓦的世界犹太人大会的秘书长，他是个敢言且冷静的年轻人，开始向全世界传递关于"最终解决方案"的确切信息。他从欧洲各地十几个不同的信息来源获得信息，然后向英美盟军、梵蒂冈教廷、红十字国际委员会、全世界所有犹太领袖通报真相。他寄出目睹毒气室、集体枪决、大围捕、驱逐火车的人们所留下的证据。里格纳甚至已经指出德国人使用毒气齐克隆 B 的准确细节，以及德国人计划在何时何地以何种方式杀害犹太人的数量。红十字国际委员会的卡尔·布尔克哈特（Carl Burckhardt）收到了一份报告，其中提及希特勒发布的一道命令，他考虑在 1942 年底之前"灭绝"全部犹太人。这份报告后来被转交给美国国务院。上述所有努力都奏效了，1942 年 12 月 17 日，盟国发表联合声明，谴责德国人正在推行的"主要针对犹太人的残忍冷血的灭绝政策"。

　　这份声明，在伦敦下议院由安东尼·艾登（Anthony Eden）宣读，在华盛顿由罗斯福宣读，声明中没有隐瞒任何事实："身体虚弱的人……随意被冻死或饿死"，或者"在集体处决中被故意屠杀"，数以十万计的受害者"都是无辜的男人、女人和孩子"。但外部世界似乎对此无动于衷。在日内瓦的红十字国际委员会于 1942 年 10 月 14 日举行的特别全体会议上，与会代表们需要决定是否公布上述信息，结果却是一致反对，表面上的理由是不要干扰正在进行的战俘工作。至于犹太领袖们提出的零散且缺乏协调的要求，比如为正在逃亡的犹太人设立安全庇护所，从保加利亚和罗马尼亚疏散犹太人，轰炸奥斯维辛的毒气室，都被忽略、否决、搁置了。没有一个西方盟国希望把拯救犹太人列在战争目标之上，解放犹太人将只不过是军事胜利的副产品。

1943 年 1 月 18 日，法国驻梵蒂冈教廷大使受到教皇庇护七世召见，教皇热烈庆祝贝当 "在法国重建宗教生活" 的出色工作。至于犹太人，教皇不置一词。

在里昂，基督教友爱会尽管知道自身受到维希政府和德国人的严密监视，但他们继续坚守虔诚和高尚的战线，为犹太人提供新证件和藏身之所，继续出版小册子，并已拥有更为广泛的读者群。[4]1943 年初，他们出版了一份关于义务劳动团的小册子，向外界传递了清楚的信息，即义务劳动团必将被坚决抵制。广受尊敬的天主教和君主派作家乔治·贝纳诺斯写了一份小册子，标题为 "我们去哪儿?"，这里提到的 "我们" 多达85000 人。

210

但盖世太保早就设立了关于 "大密谋" 的档案，在档案里面，格拉斯贝格院长和沙耶神父已被列为首要嫌疑人。1943 年1 月 27 日大清早，盖世太保按响了位于君士坦丁街的基督教友爱会办公室的门铃。不幸的是，沙耶正好就在办公室里，而且正好是他来应门。与小册子的编辑让－马里·苏图（Jean-Marie Soutou）一起，两个人都被抓到了位于终点旅馆的盖世太保司令部。他面壁站立，这位又矮又壮、戴着眼镜的耶稣会士从大衣的宽松袖子里抽出某些足以让他被定罪的文件。他咀嚼并吞掉了那些文件。当文件被彻底毁掉以后，他便开始大喊大叫，抱怨自己被逮捕。

不久之后，在红衣主教热利耶的干预下，沙耶被释放，但热利耶无法为苏图做任何事情，苏图在盖世太保监狱里又待了三个星期。与此同时，在办公室里，与格拉斯贝格和沙耶一起工作的热尔梅娜·里维埃（Germaine Rivière）作为没有嫌疑之人顺利脱身，她设法在办公室前门外守候，在那里提醒和劝返所有前来求助的犹太人。沙耶被释放以后，更加下定决心，要让更多读者接收到他关于精神责任与抵抗运动的信息。他开始写作新的系列，这个系列更加普及，更易阅读，更少依赖神学论证，题目将会是"法国基督徒证言书信集"（Le Courrier Français du Témoignage Chrétien）。出于安全考虑，他有段时间迁移到法国东南部的意大利占领区。出于更加谨慎的考虑，苏图去了瑞士。

尽管没有正式的官方命令公开宣布法籍犹太人的命运，但实际上，无论是法籍犹太人还是外籍犹太人，只要身在法国，都已不再安全，也没有任何组织可以代表他们了。2月9日，在明显没有获得来自柏林或者巴黎德军司令部授权的情况下，里昂的党卫队军官克劳斯·巴比决定袭击法国以色列人总会位于圣凯瑟琳街的办公室。巴比在这里抓了86个人，有些是法国以色列人总会的员工和社工，有些是当天正好在那里办事的客户。只有两个人逃脱。其他人都被送去德朗西，在那里有78个人被押上下一列开往奥斯维辛的火车。[5] 在1943年春天，法国南部出现了盖世太保突击队，为了弥补在法国人手不足的劣势，他们在尼姆、阿维尼翁、卡庞特拉（Carpentras）和艾克斯发动突然袭击。火车受到检查，人们会被带走。4月，布斯凯更新了他与奥贝格签署的警察谅解备忘录，声称他的部下"将会与恐怖分子、共产党员、犹太人、戴高乐派和外国代理人进行斗争"。命令陆续下达，从今以后，任何犹太孩子都不能迁出他所指定的居留地。

这些逮捕行动只会让犹太童子军运动及其地下分支第六委员会，以及儿童救援组织更加警觉，他们意识到必须尽快找到更多假证件，尤其是要为他们照顾的孩子找到更好的藏身之所。[6]第六委员会在各地区和各省份重新得到改编，他们与儿童救援组织密切合作，而年轻社工本身也能得到假证件。利利亚纳·克莱因－利贝尔（Liliane Klein-Liebert）曾经在韦尼雪参与营救犹太儿童，她已成为新教童子军领导人。再也没有联合会了，也没有战争初期那种童子军大聚会了；童子军、新教徒以及犹太人都太忙了。在巴黎，人们组织了一场特别逃亡行动，要把住在拉马克街一处儿童之家的 63 名 3～18 岁的孩子转移出来。一队妇女，既有犹太人，又有非犹太人，声称自己是孩子们的亲戚朋友，在约定的星期一来接他们，每次一两个人，带出去短途旅行。一旦离开人们的视线，妇女们就会告诉孩子们前往卢浮堂（L'Oratoire du Louvre），保罗·维加拉（Paul Vergara）牧师会在那里等他们，安排寄宿家庭带他们走。等到夜幕降临，所有人都不知所踪；在花园里，埋着他们的名单、新身份以及居住地址。

但这种大胆的逃脱行动很难持续下去。此时人家都知道，盖世太保在法国以色列人总会办公室查获了孩子们的名单，甚至知道如何控制这些孩子，因此问题变成逃脱计划是否秘密且稳妥，必须在表面上不动声色，以免引起当局警觉。正如韦尔医生一直以来所坚持的，已经没有多少时间了，必须尽快关闭所有在 1942 年成立于非占领区的儿童之家；孩子们必须尽快被转移，最好转移到雅利安人寄宿家庭，以新的雅利安人身份作为掩护。

212　　　　及至 1943 年初，儿童救援组织已经照顾了 1025 名儿童，其中有 50 名是不足三岁的婴儿，绝大多数都是孤儿或者父母已经失踪的孩子。还有更多孩子从拘留营里被救出来。这些孩子大多正在生病，严重营养不良，身上长满脓疮。一名社工留意到，他们深受"焦虑甚至恐惧的精神痛苦"，总是东张西望，等待某事发生，想念母亲想到痛哭，无法接受发生在他们身上的现实。对于所有这些孩子，儿童救援组织也需要找到寄宿家庭。为了确保他们的真实身份不被遗忘，以便他们在战争结束后能够找回自己的身份、回到自己的家庭，儿童救援组织在瑞士建立了一份中央注册档案，记录着孩子们的真实姓名和指纹，而副本就保存在红十字国际委员会。

　　自从把孩子们救出韦尼雪营地，乔治·加雷尔就开始致力于为儿童救援组织建立秘密环线 B。他的指挥部设在里昂，但他很少去那里，而是日夜不停地在火车上奔波，或者骑着自行车辗转各地，寻找新的庇护所，同时与年轻社工会面，他们的工作是寻找藏身之所，然后照顾他们藏匿在那里的孩子，以及为寄宿家庭送去钱和食物配给卡。加雷尔宁愿在火车上开会，认为火车上更加安全。他假扮成陶瓷器皿销售员，在假样品箱的底部存放钱和假证件。加雷尔的一个帮手是莉莉·塔格尔，她是参与过韦尼雪逃脱行动的年轻妇女之一；加雷尔和塔格尔此时已经订婚了。加雷尔的环线横跨 30 个法国省份。就像屈尔泰牧师在费伊村所做的那样，加雷尔用暗语指代所有东西，他把他所保护的犹太人称为"书本"或"文具"，他们会在特定的日期被运送出去。24 个来自韦尼雪营地、已被假装成"雅利安人"的孩子，已经入住一个天主教组织为贫穷孩子设立的圣日耳曼贫民院。及至 1943 年，大约还有 350 个孩子藏在法国中部和南部的各个地区。维瓦莱－利尼翁高原并非唯一的藏身处，但人们认为高原上是最安全的。

　　对于许多孩子来说，自从他们与父母分离，而且不再知道父母的下落，这种突如其来的变故往往会造成极大的痛苦。据儿童救援组织于战争结束后收集的档案，孩子们被混乱、孤独、迷茫压倒，经历过匆忙上路、漫长且痛苦、有时候不得不徒步前进的旅程之后，他们住进了孤立的农舍。他们的记忆里充满了伤心和害怕。战争结束很久后，许多孩子都还记得，他们在学校里不再说意第绪语，不再提及自己的真实姓名；整天留意外面卡车开过的声音，因为那就像盖世太保来袭的响动；他们总是表现得很"正常"，这意味着，他们不再是犹太人了。他们仍然害怕穿制服的人。许多人提到过，自己仿佛在一夜之间长大；许多人还会说，再也不觉得自己是孩子了。在高原的故事中，这是不可被忽略的重要方面，尽管如此之多被儿童救援组织藏匿在高原上的孩子确实也感到安全和受到保护。

　　受到他们保护的孩子越来越多，绝大多数孩子抵达高原时身无他物，只有身上的衣物，而且无论如何，这些孩子正处于快速长高的年纪。为了给孩子们准备衣服，加雷尔在格勒诺布尔和利摩日雇用了一些纺织工人和缝补女工，还在利摩日建立了服装仓库。[7]加雷尔颇具领袖气质；他是有条不紊、心中有数的组织者，很少发脾气，也很少犯错误。他天生性情温和，但有一位朋友说："他的个性也有另一面。"

　　加雷尔在高原上的联络人是马德莱娜·德雷福斯，马德莱娜此时正怀着第三个孩子。马德莱娜每个月至少两次会乘坐小火车上山到勒尚邦，她在那里见到了德莱亚热夫人及其女儿伊娃（Eva），探访了广场边上的梅氏旅馆及其业主一家，还到周

213

围查看了孩子们藏身的农场。在一本红色的小笔记本里，她记下了孩子们的名字，还记下了孩子们所需的东西，以便下次带来。有时候，她会带新近抵达的孩子上山，一次十几个人；就像以前一样，她会提前发出消息，然后农民们就会骑着马、赶着马车来接新近抵达的孩子。尽管每个月 500 法郎只够勉强覆盖每个孩子的开销，但农民们从未要求更多的钱。有时候，当可供住宿的农家已经住满了，马德莱娜就会在当地报纸上刊登广告："社工寻找乡村住家，以安置离婚家庭的儿童，有酬谢。"广告中不会提及孩子是犹太人。如果孩子有在世的父母，马德莱娜也会尽可能确保孩子的父母不知道藏匿地点，儿童救援组织就像是运送信件和包裹的中间人，尽可能回避孩子父母未经通报的探访，而孩子的父母通常不太会说法语。

214

马德莱娜·德雷福斯记下藏身孩子姓名的笔记本

非常偶然地，他们发现如果自己照顾的孩子行过割礼，寄宿家庭将会让孩子离开。但这种情况很少发生。在绝大多数情况下，胡格诺派教徒和达比派信徒天生沉默寡言、谨言慎行，这确保了他们既不提起，也不重提任何事情。有一天，马德莱娜从里昂坐火车回勒尚邦，她发现身边坐着两名警察。他们正在谈论他们的村庄之行。一名警察对另一名警察说："嗯，我们是没找到任何犹太人，但我们在村里吃得不错。"

　　此时故事里出现了一个新的人物。[8]他的名字叫作约瑟夫·巴斯（Joseph Bass），朋友们叫他"河马"，因为他腰围很粗、嗓门很大，他的性格很好，在与别人接头时会使用加尔、乔治、布尔茹瓦、劳尔或者罗卡等化名。他于1908年出生在白俄罗斯，在圣彼得堡生活到八岁，然后被送到巴黎的阿姨家中，阿姨就让他住在阁楼的仆人房间里。他是个机智敏捷、雄心勃勃的男孩。在准备中学毕业会考期间，为了补贴开销，他在工厂里当过工人，又在巴黎中央市场做过搬运工。后来他拿了两个学位——一个工程学位，一个法律学位，然后开始经营自己的生意，代理工业专利。作为敌国侨民，他被关在专门关押"不受欢迎人士"的韦尔内营地。他侥幸逃脱，前往马赛，遇到两个塑造了他接下来的战争形态的男人。一个是俄国犹太历史学家莱昂·波利亚科夫（Léon Poliakov），已经积极参加地下活动，他的朋友巴多纳（Bardones）在圣艾蒂安经营着一家叫作音乐家客栈（L'Auberge des Musiciens）的咖啡餐厅；另一个是莫里斯·布雷纳（Maurice Brener），是犹太人联合会的副主任，掌握着来自美国的资金。当德国人摧毁马赛旧港，并把他们围捕的犹太人送往德朗西的时候，巴斯建立了一个与加雷尔的环线B类似的网络。这个网络被称为"安德烈服务团"（le Service André）。

　　巴斯的第一个行动是招募一定人数的年轻助手，其中许多

215

约瑟夫·巴斯（正中），周围是安德烈服务团成员

人是第六委员会的成员，这是犹太童子军的秘密组织，助手们将会成为送信人、假证件制作人和安全屋寻找人。巴斯有两个亲密的合伙人，视她们为自己的两个女助手，一个是身材高挑、满头黑发、爽朗健谈的40多岁科西嘉护士安妮－玛丽·基利茨（Anne-Marie Quilici），另一个是19岁的法国犹太童子军领导人丹妮丝·卡拉科（Denise Caraco），她曾经为儿童救援组织设在马赛的办公室工作。安娜－玛丽化名为博内（Bonnet），丹妮丝化名为柯莉布里（Colibri）。这两位女士制作假证件，先使用含氧漂白水，然后用熨斗熨干，她们会小心对待用来制作配给本的易碎的硬纸板，后来的配给本就改用吸墨纸了。她们也使用暗语，"音乐家"指代犹太人，"钢琴家"指代共产党员，"萨克斯管演奏家"指代抵抗运动成员，"萨克斯管"指代武器，"实验室"指代安全屋。

216

有巴斯提供支持，他们沿着海岸确认了30处可能的安全屋，部分安全屋位于天主教女修道院。资金来自犹太人联合会，途经里斯本和日内瓦汇入，也来自巴斯本人的慷慨解囊，即他早年成功的经营收入。外出的时候，他们总是坐一等车厢，并在餐车用餐，巴斯坚持这样出行安全得多，避免与盖世太保军官和维希政府官员混杂在一起。他可不是那种在人群中容易被忽略的人。他块头比较大，性情讨喜，却也脾气暴躁；他吃饭狼吞虎咽，读书如饥似渴。他似乎从来不需要睡觉。与丹妮丝同行的时候，他就像个举止亲密、满怀慈爱、煞费苦心的叔叔。

特罗克梅和泰斯从拘留营回到高原之后不久，巴斯也被波利亚科夫带上高原。他们首先来到露露在马泽村开设的咖啡馆，这两个看上去就像盖世太保便衣的男人，穿着黑衣服和皮夹克，打听玛格达·特罗克梅的所在。露露大吃一惊，赶紧传话到勒尚邦，提醒即将发生突袭。当误会解开后，特罗克梅同意帮助巴斯与当地家庭建立联系，那些家庭可能会愿意收容情况最紧急的孩子。巴斯马上就被山区的精神感染了，他说最能打动他的就是那种明显的社区共同体的感觉、那种道德比遵守不正义的法律更重要的感觉。不久之后，巴斯就被马赛的盖世太保通缉了；时间紧迫，他只能赶紧躲藏起来。丹妮丝马上前往格勒诺布尔，但他的朋友和同事勒迈尔（Lemaire）牧师却拒绝离开城市，结果被抓获、折磨、送往毛特豪森（Mauthausen）集中营。安德烈服务团则继续运营如故。

巴斯在高原上的联络人是西蒙娜·迈雷斯，那位来自马泽村的年轻漂亮的寡妇。他们在圣艾蒂安的音乐家客栈会面，那里的老板娘莉亚（Lea）是位出色的厨师。他们在那里饮酒跳舞，度过许多个愉快的晚上。在温和的外表之下，巴斯其实是个精明又机警的人。他非常注意保守秘密和谨慎行事，他告诉助理们，对于他们正在从事的工作，他知道得越少越好，当然包括被他们拯救的人们的姓名和下落。证件被藏在黄油袋里，造假身份证用的印章被藏在鞋底。巴斯后来说，在 1943 年，他把 1000 人送上高原，从婴儿到正统犹太拉比，没有一个人被出卖。他的话或许略有夸张，但他的确拯救了许多人。

然而，越来越明显的状况是，在维希政府和德国人眼皮底下藏匿并非长久之计。需要藏匿的人太多，而可供藏匿的地方太少，尤其是那些看上去就像外国人，而且几乎不会说法语的人就更麻烦了。高原上每间农舍似乎都有人躲藏，而且大家都不太敢相信巴克那模棱两可的态度。他们需要更安全的地方，一个他们能够置身于战火之外、坐等盟军胜利的地方。问题是这个地方在哪里。

一个可能的选择是西班牙，那里或多或少还算是个中立国，而且明显正在接收难民。但在 1942 年 11 月德军占领法国南部之后，德军也直接控制了 435 千米长的法西边界，建立了边界警备区，法国警察的权力被架空，德国军事警察即德军宪兵进驻，同时到来的还有盖世太保。而且，穿越比利牛斯山同样费时费力，需要徒步行走两天到五天，包括攀登海拔 3000 米的高山，部分道路几乎终年积雪。在 1942 年 11 月过后，尽管有越来越多的人尝试穿越，实际上绝大多数成功穿越者都是强壮的青年童子军，以及希望前往巴勒斯坦的锡安主义者。对于那些来自维瓦莱－利尼翁高原的人来说，穿越法西边境是太过遥远、太过艰难的旅程：目的地在 500 千米之外，没有好走的道路，也没有联络站。

有一段时间，意大利占领区似乎是另一个可能的选择。意大利于 1861 年完成国家统一后，当地为数不多的犹太人已经融入意大利人的日常生活；反犹主义没有市场。尽管墨索里尼个人对待犹太人的态度既猜疑又偏狭，但种族主义法律终究只是法西斯党政策当中不太重要的组成部分。意大利控制罗讷河东岸八个法国省份之后，德国人曾经以为，意大利人也会像法国人那样实行类似的反犹措施，并与维希政府一道把犹太人送去德朗西。但意大利人并没有那么做。

无论柏林方面多么愤怒，意大利人只是忽略逮捕犹太人的命令。派往罗马的德国外交使团与墨索里尼达成同意，他将"全心全意与德国人一路走到底"，但当德国外交使团返回柏林后，什么都没有发生。意大利外交部部长齐亚诺（Ciano）并未信守承诺。"犹太议题"也被束之高阁。面对专线电报、备忘录，以及这样那样的施压，意大利人只是像鸵鸟那样把头埋进沙子里。理论上，政策是由罗马方面决定的。实际上，政策很大程度上是在尼斯形成的，那里有一位身家丰厚、出身名门的反法西斯商人和银行家，他来自摩德纳（Modena），名叫安杰洛·多纳蒂（Angelo Donati），与他合作的还有意大利总领事阿尔贝托·卡利塞（Alberto Calisse），他也与好几位神父以及好几个迁入意大利占领区的福利组织合作，以挫败德国占领者的计划，同时保护、庇护甚至协助犹太人移民国外。在卡利塞的命令下，11 月 11 日法令中犹太人的所有证件上必须盖章的规定被搁置；卡利塞宣布，意大利占领区内的犹太人会与意大利境内的犹太人获得同等待遇，也就是说"人道"的待遇。罗特克是法国境内的德国警察总监，他声称意大利人的态度"尤其反叛"。

尽管大约 3000 名犹太人已被转移到远离海岸的内陆或拘留营，比如默热沃（Mégève）营地，但他们既未被逮捕，也未被驱逐。然而，在 1943 年 1 月，德国人在萨瓦省（Savoie）和德龙省（Drôme）发动袭击，抓走了一些犹太人，意大利省长不仅下令停止逮捕，还安排释放那些已被逮捕的人。格勒诺布尔成为伪造证件的制作中心。面对这种顽固不化、得过且过、阳奉阴违的做法，德国人越来越恼羞成怒。意大利的庇护没有持续多久。但从 1942 年 11 月到 1943 年 9 月，在意大利人仍然控制局面的十个月里，抵达意大利占领区的犹太人找到了尼斯在文化上和政治上的庇护所，在那里，意大利宪兵站在犹太会堂前面充当护卫。

然后就是瑞士了，作为中立国，瑞士历来是避难之地，长达 200 千米的法瑞边界是可以接近的，而且有许多容易穿越的山口。[9]但瑞士并未决心拯救犹太人。

219　第一次世界大战结束后不久，瑞士的天主教徒、农民和白领工人结成同盟，共同反对共产主义，以及社会民主主义的诸多方面。及至 1938 年，一种"外国人泛滥成灾"的恐惧，尤其是对那些注定"无法同化的"外国人即东欧犹太人的恐惧，弥漫于瑞士人的日常生活当中。德奥合并带来了 6000 名难民，强化了瑞士人的反移民态度，尤其是绝大多数难民身无分文，他们的地产和现金都被纳粹剥夺殆尽了。1938 年 10 月 4 日，一种针对德国"非雅利安人"的强制签证开始签发；在瑞士而非德国的压力下，犹太人的护照上必须打上"J"的印记。

当移民到其他大陆或国家（比如美国、南美、中国）尚有可能时，瑞士准备扮演中转国的角色，但来者必须签署保证书，保证尽快离开瑞士。但随着移民的大门逐渐关闭，特别是在美国参战之后，于 1939 年 10 月获得紧急行政权力的瑞士联邦政府命令各州驱逐所有非法进入瑞士的难民，并拘留那些无法被遣返的难民。那些没有证件、没有保证书的人就只能另找去处了，或者尽快回家，此时已经不存在非法入境瑞士的可能：要想进入瑞士，他们就要申请签证；如果向瑞士联邦政府承认他们是难民，人们实际上就失去了获得瑞士签证的所有机会。瑞士人的确会收留逃跑的法军士兵，因为瑞士人知道这些人要么最终回家，要么就地被拘留。瑞士人也同意从法国接收少量"需要帮助"的孩子，条件是其中不包括"不受欢迎"的犹太孩子，因为瑞士人认为他们"极不安分"，而且无法保证他们离开瑞士。

瑞士联邦政府决心保卫国家免受失业、布尔什维主义、过度"犹太化"和秩序大混乱的侵袭，而且瑞士与德国有着强大且坚固的金融和经济联系，因此瑞士联邦政府把法瑞两国的全部铁路交通限制在一条线路上，即贝勒加德（Bellegarde）至日内瓦的线路。瑞士军队被派去加强各州的警察力量以及边境地区的边防力量，带刺铁丝网、探照灯、地雷阵以及军犬巡逻队也有所增加。瑞士联邦政府在边境建立了一个 600 米宽的"军事区"，如果未能出示有效文件，任何人都不得通过"军事区"并进入瑞士。

然而，直到 1942 年夏天，还是有漏洞可以利用，而针对帮助难民者的罚则也仍然模糊。但在 8 月 4 日，当在法国全境对犹太人展开大围捕的消息传来，当犹太人在奥斯维辛的命运已被无可辩驳的证据证实时，瑞士开始严密封锁边境。没有多少反对声音，没有多少人指出瑞士曾经是个庇护难民的国家；没有多少争论，实际上，电台广播和报纸媒体都没有多少争论。海因里希·罗特蒙德（Heinrich Rothmund）是瑞士联邦司法部警察部队的负责人，他起草了新的指令：全体非法移民，无论经历过什么，都将被拒绝和驱逐，"即使这会对有嫌疑的外国人造成严重后果（生命危险）"。

成千上万陷入混乱的人，无论是犹太人、抵抗战士，还是义务劳动团逃役者，都有一次自愿返回法国的机会，在这种情况下，他们将不会被移交给德国人；但他们不会再有第二次机会。罗特蒙德在他的著名讲话中声称，瑞士这艘船"已经满了"。瑞士不准备允许任何人入境。8月13日，一项法规颁布，其中第二条规定，"那些由于其种族身份而逃亡的人，例如犹太人，不能被视为政治难民"。[10]"遣返"，可以是"野蛮的"、就地执行的、没有备案的；可以是直接移交给占领者的；可以是"惩戒的"，作为惩罚，所有逃跑者都将被关进拘留营。对于那些留在法国必死无疑的人来说，此时的问题在于是否还有其他活路。

新教教会与瑞士教会之间的联系始终是畅通无阻的，而且有33位瑞士牧师在法国服务。随着边境封锁，博埃涅牧师先后前往伯尔尼和日内瓦；在日内瓦，夏尔·吉永已经用尽所有可能的漏洞，继续扮演把钱送进法国的渠道。经过多轮谈判，博埃涅终于与瑞士联邦政府达成协议，一定数量的"犹太基督徒"可以安全进入瑞士，实际上几乎所有犹太人都在表面上以某种方式皈依基督教。在格拉斯贝格院长、在拘留营里热心工作的天主教神父格罗斯院长（Abbé Gross），以及在西马德组织和其他组织驻日内瓦办公室工作的马德莱娜·巴罗的密切配合下，博埃涅开始拟定轮候者名单，他必须为他们提供"道德担保"。这是一个缓慢而煎熬的过程，中间还要经历多次谈判，以取得将会被瑞士接纳的"不可拒绝者"的姓名，还要把这些姓名移交给边防警察。尽管经历了许多痛苦和困惑的时刻，这个计划大体上还是奏效了。然而，无可避免地，名单非常短。还有大约 20 万名犹太人仍然滞留在法国。

只剩下非法出境一条路了。各组织团结起来，齐心协力，设计出勇敢无畏、富于想象、高度危险的"逃亡路线"，人们化整为零，要么零星出发，要么小股行动。在各组织的指引之下，处于巨大危险之中的犹太人开始翻山越岭，进入相对安全的瑞士。一条主要的逃亡路线是从勒尚邦以及维瓦莱－利尼翁高原途经里昂前往边境，全程大约 250 千米。从那时起直到战争结束，处于极度危险中的大人和小孩，为了到达安全的目的地，必须投入这场让人望而生畏的猫鼠游戏。既然瑞士决心不让任何人登上这艘船，那么就只有最聪明、最勇敢、最坚决的营救者才能加入这个游戏。

第十二章　穿越边境

　　第一批离开高原前往瑞士的人之中就有汉娜的伙伴马克斯·利布曼。马克斯与汉娜都认为，为了生存下来（这是他们下定决心必须做到的事情），他们必须逃离法国。尽管他们都没有收到各自母亲的消息，但他们确信两位母亲都已经不在人世了。马克斯仍然希望父亲尚在人世，也许在意大利占领区的某个地方，但他也没有父亲的消息。他们现在拥有的就只有彼此了。

　　1942年圣诞节前夕的某个深夜，马克斯离开勒尚邦，他带上假证件，化名夏尔·朗，证件是米雷耶·菲利普为他准备的。他走过田野，来到马泽村附近一处村落，在那里的一个谷仓里躲了18天，等待进一步的指示，然后与另外三个德国犹太男孩会合，接着乘坐几趟跨国列车抵达沙蒙尼（Chamonix）。马克斯的姑母曾经在曼海姆担任时装设计师，他还记得米雷耶·菲利普是位丰满的女士，胸部很饱满，却穿着紧身的安哥拉羊绒毛衣，他知道他那位时尚的姑母肯定不会认可这种穿搭的。

　　四个年轻人在沙蒙尼遇到一个小男孩，最多10~11岁的样子，小男孩把他们带到父母的房子，那里有一位牧师，准备与他们一起上路，以便了解日后的穿越路线。当天晚上，还是由小男孩带路，他们与另外40人会合，都是想要进入瑞士的人。雨下得很大，他们就在一块悬空的大石头下面躲了一晚。食物吃完了，他们都很饿；马克斯那双单薄的鞋还裂开了。第二天，他们继续爬山。当他们爬上山顶时，那个小男孩给他们指出一条通向山谷的路，告诉他们那里就是瑞士了，他们这时候已经安全了。然而，瑞士边防警卫早已恭候多时。四个年轻人被抓进拘留所，瑞士人告诉他们，他们将被遣返法国，最好选择自愿遣返。

四个年轻人闷闷不乐，开始爬山回法国，但一旦他们脱离士兵们的视线，马克斯就决定回头了，说他已经没什么可以失去的了，倒不如另觅路线进入瑞士。有一个男孩与他同行，另外两个男孩心灰意冷，乖乖地回到法国。马克斯与他的伙伴顺利穿越边境。一个好心的农夫给了他们一点食物，一位天主教神父给了他们买火车票的钱，神父提醒他们，不要坐特快列车去日内瓦，因为车上有例行检查。他们顺利抵达日内瓦，没有受到拦截，马克斯去找一个犹太社区组织，组织建议他主动自首，并保证他不会被驱逐。他遵从建议，当局把他送到圣加仑（St Gallen）一所空置的学校，但允许他在圣诞节当天外出探访表亲。新年期间，他被分配去铲雪。由于天生能干又勤劳，他很快就在一个处理难民事务组织的办公室找到工作。严格来说，他还是处于被拘留的状态，但他还是每天想念汉娜，想着汉娜会如何踏上旅程。后来他记得，当时自己觉得非常轻松：周围没有带刺铁丝网，总有足够的食物。

汉娜已经19岁了。她一直没有出发，直到1943年2月底，在博尼的帮助下拿到了假证件。她在瑞士有一位姑母，在逃离法国这件事情上，姑母能为她做的不多，只能安排和雇请一个摆渡人，作为穿越边境的向导。但只要汉娜能穿越边境，姑母就能让许多事情变得更容易。她带了一些面包和奶酪上路，因为没有写有她假名字的配给卡，所以她穿了两条裙子、两件衬衣、一件套头毛衣、一件开领毛衣以及一件大衣，开始步行八千米，从拉盖斯皮走到唐斯村，在莱纳特牧师的长老会堂过了一个晚上。博尼在开往里昂的火车上等她，火车上挤满了德军士兵；她怀疑博尼是故意的，是为了监视她。在接下来开往阿讷西（Annecy）的火车上，她选了一个角落里的座位，然后假装睡觉。没有人打扰她。她拿到一座女修道院的地址，但非常紧张，因为有一个陌生男人一直跟随她到女修道院门前。她反复敲门都没人来应门，于是机智地在附近的旅馆找了个房间住下，后来才发现那间旅馆其实是妓院。第二天，她回到女修道院，修女们帮她安排前往阿讷马斯的路线。走在大路上时，一个德国巡警拦住了她。"你是犹太人吗？"他问道。"当然不是，"她回答，"我和那个肮脏的种族毫无关系。"他就此放过了汉娜。

有一位牧师在图尔农（Tournon）等她，把她带到姑母为她雇请的摆渡人那里。与她一起上路的还有五个人，他们打桥牌来打发时间。等到夜幕降临，他们就开始上路；当他们来到溪流旁边的时候，摆渡人好心地背着汉娜过河。尽管黑灯瞎火、难辨东西、危机四伏，但他们还是顺利抵达瑞士，并按照指示赶上有轨电车。在日内瓦，汉娜按响了姑母家的门铃。她总算安全了。尽管实际上她与盛气凌人的姑母相处得并不愉快，而且姑母拒绝相信汉娜的母亲已经去世，但对马克斯和汉娜来说，战争实际上已经过去了。两人在合适的时间见面了，而且计划着他们的未来。后来，当两人结婚、汉娜怀孕的时候，有人问马克斯，他会如何在婴儿的出生证上填写自己的国籍。马克斯说，既然德国人让他成为"没有祖国的人"，那么他就继续选择无国籍吧。

约瑟夫·韦尔始终担心维希政府和德国人接下来的动向，因此被迫于 1943 年初离开法国前往瑞士。他找来一群人讨论如何建立逃离法国的网络、营救简单的藏身之所已不够为其庇护的那些犹太人以及博埃涅能够为其安排瑞士入境签证的那些人。这群人里面包括特罗克梅、泰斯和米雷耶·菲利普，后面两位都有复杂的人脉，包括西马德组织和马德莱娜·巴罗、童子军和第六委员会、儿童救援组织和马德莱娜·德雷福斯、多拉·里维埃（Dora Rivière，在圣艾蒂安执业的医生和基督教社会主义者）、日内瓦的夏尔·吉永，还包括几位勇敢的牧师、神父和修女。在接下来的 18 个月里，他们齐心协力，拯救了许多人，确切的数字已经不得而知。这是一场冒险行动，而且比以前更加危险。1943 年 2 月，法国人把边防警卫从 8 个旅扩充到 12 个旅，瑞士也加派 800 名士兵，以加强边防警卫的兵力。

在高原上，人们正在设计细致的步骤。[1]如果说直到当时营救行动大致上还是沉默行动，人们各自为战、不对人言，那么前往瑞士的旅程就需要精确的时间和协调了。米雷耶和泰斯已经忙于藏匿犹太人，在达尔西萨克和罗索夫斯基的帮助下，他们要确保每个人都有能够以假乱真的假证件，人们的真实姓名会被缝在衣服里面，通常是缝在腋下的内衬那里（在抵达瑞士后将有用处）。他们也与博埃涅和日内瓦方面保持密切接触，以确保出发者的名字已经在瑞士的准入名单上，据米雷耶的儿子奥利维耶（Olivier）后来说，整个流程因母亲与瑞士军队总司令吉桑（Guisan）将军的友谊而变得容易很多。吉桑因为要求瑞士军队达到标准的严苛态度而知名，这样做是为了让瑞士军队有能力抵抗德军入侵。尽管人们后来批评他公开对难民表示不信任，但他的确为米雷耶大开方便之门。

225

当时，在勒尚邦、马泽、费伊、唐斯及其周围，已经没有多少空置的农舍了，都住满了犹太人或者义务劳动团逃役者，农民们夜里会亮着灯，表明一切安全。在德军占领法国南部、博埃涅再也不能自由往返于尼姆和日内瓦以后，吉永还能以世界基督教青年会秘书长的名义到处旅行，因此他负责绝大多数资金运输；他此时也有被逮捕的危险，因为他已被维希政府认定为"外籍犹太人秘密移民"活动的首要人物。米雷耶把这个网络称为"长老会堂网络"，吉永则被称为"日内瓦来访者"。

在高原的故事中，米雷耶·菲利普是其中一位最安静、最温和、最能干的参与者。战争结束后，她没有说什么，也没有写什么。当因其义举而被以色列犹太大屠杀纪念馆授予"国际义人"（Righteous）勋章时，她婉拒了，说她之所以这样做不是为了获取勋章的。当她的丈夫安德烈升任法国政府部长后，她就退居家庭生活和慈善事业了。

1942 年，米雷耶 41 岁。她的五个儿子都在美国，长子奥利维耶于 20 世纪 20 年代生于美国，当时安德烈正在撰写关于生产方式与劳工阶级的博士论文。与安德烈一样，米雷耶也是一位身体力行的基督徒，她相信社会平等，并在"新教资产阶级上层"中人脉极广。战争爆发前，她已经在西马德组织与马德莱娜·巴罗一起工作。1942 年春天，在丈夫前往伦敦加入戴高乐阵营后，她留在拉贝日里（La Bergerie）的三层公寓，住在泰斯牧师及其八个女儿楼上。

直到 1942 年底，皮埃尔·加朗（Pierre Gallant）仍然是米雷耶前往边境地区的主要向导，但在身份暴露以后，他的位置就只能由 17 岁的童子军皮埃尔·皮东接替了。皮东长着圆胖脸和蓝眼睛，身穿童子军制服，看上去比实际年龄小很多。当皮东督促住在金雀花旅馆的神学生上床睡觉后，他会坐上雪橇，按照名单接到藏匿的人，出发把人们送到米雷耶面前，听取最后简报，然后准备带领人们踏上 250 千米的旅程，直到边境。有时候，当时间紧迫且旅行者身体虚弱时，他就会借一辆卡车，假装帮忙搬运家具，在光天化日之下开车经过勒尚邦，而犹太人就藏在车尾的货厢里。

有必要的时候，他们还会带上一个会说波兰语或者德语的人作为翻译，米雷耶和皮东会向旅行者解释，他们将会跟随皮东走上一段距离，在火车上或者在火车站候车室里要装睡，不要说话，不要与任何人有眼神接触，不要提及任何名字。皮东头戴贝雷帽，身穿短裤，坐在附近，但不与他们坐在一起，他会在火车上走动，以留意盖世太保的检查。

旅程的第一站是把人们带到圣艾蒂安，要么坐小火车，要么躲在里维埃的卡车里，那辆卡车属于家族经营的铁路货运公司，定期上山。他们在多拉的房子里过夜，然后赶上开往里昂的火车，之后前往阿讷西。在阿讷西车站附近有一间新教教堂，里面的牧师叫保罗·沙帕尔（Paul Chapal），他会把人们领进去吃饭。米雷耶已经与"青年基督教工人"（Jeunesse Ouvrière Chrétienne，JOC）的牧师卡米耶·富利埃（Camille Folliet）院长建立联系，他的教区就在阿讷西；还有罗赛（Rosay）院长，他的教区在杜韦讷（Douvaine）。两位牧师都与附近的修道院和女修道院关系熟络，等候过境的男士会与塔尔尼（Tarnié）修道院的特拉比派修道士住在一起，女士会与夏瓦诺（Chavanod）女修道院的修女们住在一起。

其中一条过境路线是乘船穿越莱芒湖（Lake Leman，即日内瓦湖），但米雷耶和泰斯更倾向于另外两条过境路线：一条

227

路线穿越平原，在科隆日苏萨莱沃（Collonges - sous - Salève）和杜韦讷之间进入瑞士，那里的国界线沿着道路，经过人们的花园，跨越溪流；另一条路线跨越高山，穿过巴尔莫（Balme）、布埃（Buet）和巴贝里纳（Barberine），这条路线更加安全，因为很少遇到巡逻队，但艰难得多，也陡峭得多，对于小孩或老人并不适宜。如果走科隆日苏萨莱沃路线，会有另一位牧师——若利韦（Jolivet）院长在他的长老会堂接待旅行者，并把他们藏在阁楼里，从阁楼里可以看见瑞士的田野和山峰，但这都在带刺铁丝网围起来的禁区后面，只能在安全的时刻穿越。所有东西都必须抛诸脑后，在长老会堂里，被人们抛弃的袋子和箱子堆积如山，人们互相鼓励，战争结束后再来领取。巡逻队每20分钟经过一次，巡逻队所穿的铁头军靴响彻道路，未见其人，先闻其声。

在一支巡逻队过去后，皮东会带领人们立即通过，每次不超过三个人，穿过道路之后躲在带刺铁丝网旁边的壕沟里。他们会在那里等待第二支巡逻队，当第二支巡逻队也过去后，他们就会穿过铁丝网。皮东告诉人们，在穿越的时候，务必尽快跑过无人区，跑向瑞士警卫所在的位置。通常他会蹲伏在壕沟里等待，确认瑞士人已经接到旅行者，并在名单上查对他们的名字。事成之后，他会返回长老会堂，睡上一觉，然后返回勒尚邦。里昂满大街都是盖世太保和民兵，那个地方特别危险。

228　　在成功穿越20次之后，皮东更加自信了。有一天，他带着一对夫妇离开高原，那对夫妇都是治安法官，同行的还有一个护士，三个人都是德国犹太人。他们一路顺利走到带刺铁丝网前面。当他们向前行进时，探照灯突然亮起，然后枪声大作。皮东向两名治安法官大喊，他们已经穿过边境线，继续向前奔跑，而皮东和护士却被逮捕，并被带到警察局。让他感到如释重负的是，他没有被交给盖世太保，而是被送到位于格勒诺布尔的意大利占领当局。两人都有假证件，显示他们来自法国北部某个档案已被炸毁的地方。皮东受到拷问，但并未严重受伤。三个星期后，两人都被释放。

皮东决定再次尝试，想要帮助那位护士尽快穿越，唯恐她的姓名已经落入德国人手中。在他们前往阿讷西的火车上，皮东被法国警察逮捕、铐上手铐，并被关进拘留所。那位护士倒是没被抓住。沙帕尔在阿讷西火车站等他们，知道皮东被捕之后马上告知富利埃。富利埃院长与当地法国警长关系很好，警长同意让皮东离开。这位年轻的童子军离开时，警长对他说："我不知道你在干什么，但我祝贺你。不过，不要让我再看见你。"在富利埃的帮助下，那位德国护士顺利抵达瑞士。当皮东向米雷耶复述自己的冒险经历时，米雷耶决定必须由另一个人接替皮东的角色。他已带领60个人安全抵达。此时他转而帮助义务劳动团逃役者。皮东后来写道，米雷耶是"我们唯一的首领，我们独一无二的指挥官……为了她，我愿意做任何事情"。

米雷耶自己也经常参与行动，勘察路线，筹集经费，与人接头，获取名单，新人名单通常由博埃涅影印，准备交给瑞士人。原本双方达成的协议是80个人，但名单一直在延长。后来人们才知道，米雷耶的伪装是一件宽松的、沾满油渍的锅炉工作服，以及一顶工作帽，她就穿着这身衣服，坐在火车驾驶室穿越边境，火车驾驶员是抵抗运动的同情者。由于不能在高原上找到足够的安全地点，她还把人们安置在上萨瓦省的偏远农舍，那里距离边境近得多，穿越边境的路程也短得多。当她的

229

身份最终也暴露之后，她去了韦科尔（Vercors），去帮助发展壮大中的游击队。回到高原时她带着资金和信息，并与伦敦和位于阿尔及尔的法国临时政府保持联系。她的位置由西马德组织的年轻律师苏珊·卢瓦索-舍瓦利埃（Suzanne Loiseau - Chevalier）接替。[2]米雷耶告诉苏珊："要知道害怕，但勇敢前行。"苏珊曾经在塔恩省的布朗斯（Brens）拘留营工作，但她因为帮助人们逃跑而被维希政府解雇。

当韦尔需要与人探讨瑞士边境的危险情况时，他能够找到的另一个对象是运动健将乔治·卢安热（Georges Loinger）。卢安热于1910年出生在阿尔萨斯，父亲是犹太人，第一次世界大战期间在军队里服役，后来变成古文物研究者。卢安热是个高大、英俊、好动的男孩，喜欢与他的锡安主义童子军组织一起在山区里跋涉，还能游过水流湍急的莱茵河。卢安热一家严守教规、热爱祖国、衷心赞美俾斯麦。在斯特拉斯堡攻读工程学的时候，卢安热遇到韦尔，韦尔当时是消化紊乱专家，在莱茵河两岸行医，他对希特勒的崛起感到非常担忧。韦尔给年轻的卢安热一本《我的奋斗》（*Mein Kampf*），并让他仔细阅读。韦尔告诉卢安热，作为犹太人，他必须为自己做好准备，可怕的事情将会到来。此时，当乔治·卢安热从广播里听到希特勒歇斯底里的演讲，他开始为家人的未来感到担忧了。

在韦尔的建议下，再加上与父亲相处得并不愉快（父亲希望长子成为工程师），卢安热迁居巴黎，并成为体育老师。韦尔告诉他，这样就能在年轻人当中传播自己的理念了。为了学习，卢安热住在一所希伯来语学院；为了健身，他在巴黎来回奔跑。战争爆发时，他在莱茵河边上的法军步兵团里服役，被抓了俘虏，并被送到巴伐利亚的战俘营。他逃脱了，设法回到巴黎，他的妻子正在罗斯柴尔德家族开设的犹太儿童之家工作。有一段时间，他在儿童之家帮忙，并与一群抵抗战士一起营救盟军士兵和特工，把他们送出法国。

230

　　有一天，在蒙彼利埃，卢安热与韦尔不期而遇，卢安热了解到儿童救援组织有 12 间儿童之家，而且那里有很多孩子沉浸在失去父母的悲痛和未知将来的迷茫之中，需要有人去开导那些孩子。卢安热因此成为儿童救援组织的体育指导，他教孩子们跋涉、游泳和玩游戏；他为孩子们安排竞赛和比赛，还训练其他老师做同样的事情。当韦尔判断，最危险的时刻已经到来，儿童之家已不再安全，孩子们必须转移的时候，他让卢安热去默热沃考取健身文凭，那里有贝当设立的"法兰西同伴"训练中心。

　　卢安热外表棱角分明，颇具贵族气质，看上去不像犹太人，他的阿尔萨斯姓氏更是不成问题。作为受过训练的"法兰西同伴"，作为身家清白的贝当主义者，还拥有让人印象深刻的维希政府官员证件，他得到充分授权，能够为元帅的事业前往任何地方：在法国南部和中部，他到处访问学校、工厂、学院和学生团体。这提供了极好的伪装。他的妻子刚刚生下他们的第二个儿子。儿童救援组织派出一位护士，与卢安热的妻子住在一起，而卢安热则成为摆渡人，与加雷尔共同在环线 B 工作。他们特别擅长把孩子们送到瑞士，从那些受变故伤害最深、最为严守教规、最难隐藏伪装的孩子开始。在儿童救援组织的儿童之家，安德蕾·萨洛蒙及另一位拘留营老职员热尼·马苏尔（Jenny Masour）为孩子们准备旅程，教孩子们适应自己的新身份。在这一阶段，加雷尔估计他们需要帮助 200～300 个孩子穿越边境，有些孩子是从韦尼雪营地被拯救出来的，有些孩子来自居尔营地和里韦萨特营地，还有一些孩子来自米雷耶和泰斯所在的勒尚邦。

卢安热取得的第一个也是最幸运的一个突破，是结识了阿讷马斯的市长，早在战争爆发前，阿讷马斯已是遍布儿童之家的中心城市。让·德福（Jean Deffaugt）原本是个裁缝，经营着一家男装商店。由于不确定德福是否可靠，卢安热谨慎小心地接近他。但那位市长早就听说过环线 B。市长德福站在精美的巨幅贝当画像下面，告诉卢安热：“我不赞成这些搜捕行动。我肯定会帮助你。”边境上到处都是走私犯，他们交易香烟、丝袜以及其他奢侈品，走私犯也充当摆渡人，他们帮人们走完
231 最后这段旅程，穿过铁丝网、穿越无人区。他们的服务并不便宜，每运送一个孩子，他们收 1500 ~ 3000 法郎，但德福能给卢安热介绍几个最可靠的走私犯。那些最贪婪的走私犯已经因为带人去瑞士而发了一笔小财，他们会在最后一刻坐地起价，然后照样把人交给盖世太保。

阿讷马斯总是住满孩子，就连德国人也已经习惯看见大批孩子来度假，并参加各种度假营。那些跟卢安热来到此地的是犹太孤儿。一列火车驶入，表面上是来接送主车站里过分拥挤的人群，实际上已经安排了同情抵抗者的司机；作为维希政府的体育教授，卢安热来接孩子们，并把他们带到一处体育中心过夜。许多孩子到达时疲倦、焦虑、激动；他们需要冷静下来、变得强壮，才能完成穿越。

德福给卢安热展示了一处紧靠边境线的运动场地。当他们准备好穿越，卢安热就会叫来一大帮孩子，犹太孩子和当地孩子混在一起，他们在那里踢足球，在比赛期间，就会有一两个

孩子穿过铁丝网消失。比赛日结束的时候，回家孩子的人数很少能与原本的队伍对得上。球场附近还有片墓地。前来哀悼的人群穿着层层叠叠的哀悼服，在坟墓周围下跪和哭泣。当摆渡人确定道路清理完毕，他们就会把哀悼服脱掉，穿越铁丝网，进入无人区，然后进入瑞士。在不远处的维尔拉格朗（Ville - la - Grande）有一个慈幼会僧侣的修道会，还有一所学院，学院的花园就在边境线上。修道会其中一位兄弟雷蒙·波卡尔（Raymond Boccard）会站在高处的窗户旁边，当巡逻队走过时，他就会挥动帽子；逃亡者已在壕沟里等候多时，他们用小心藏好的梯子爬过铁丝网。

1943 年 2 ~ 5 月，在各个摆渡人的帮助下，卢安热设法让 81 个 4 ~ 17 岁的孩子分九批进入瑞士。[3] 那几个月的总人数，包括卢安热与别人一起帮助孩子穿越的总人数，是 123 人。他们告诉孩子们，一旦进入无人区，马上哭，马上装可怜，但不要交出任何东西，直到他们抵达日内瓦，韦尔会在那里等待他们。

在从高原出发开始旅程的成年人当中，有 20 人是由皮东、米雷耶和苏珊充当向导，于 1942 年冬至 1943 年春离开的，他们是盖世太保突袭花丘的幸存者，从那时起就躲在树林和山区里。他们是波兰人、德国人和奥地利人。对于他们来说，甚至对于他们的摆渡人来说，这段旅程都是惊心动魄的。在接替米雷耶的工作不久后，苏珊就被称为"戴头巾的小女孩"（la jeune fille au turban），因为她总是戴着一顶有趣的圆帽。她在勒尚邦坐上小火车，此行带着四位年轻妇女，每个人都带着伪造的阿尔萨斯证件。在火车开到阿讷马斯的时候，她们把火车票弄丢了，谢天谢地，最终还是顺利出站。当罗赛院长在杜韦讷迎接她们的时候，他似乎极为焦虑，因为那里没有可用的摆渡人。苏珊决定自行充当摆渡人。她们出发了，院长把她们为数不多的行李装在自行车上，但她们被边防警卫截住，并被逮捕。在警察局，苏珊发誓她们都不是犹太人，但那四位年轻妇女都吓破胆了，尽管苏珊早就告诉她们保持沉默，她们却开始辩解和哀求。那里只有一位警察当值。他都听到了，但他没说什么。然后，那位警察静静地让她们离开。快到晚上 11 点的时候，她们穿越边境，进入瑞士，来到谢弗朗（Chevrens）。她们真是太幸运了。及至 1943 年春天，越来越多的警察不再忠诚于维希政权。

苏珊很快发现，运气发挥了很大的作用。她永远忘不了那天晚上，她带着四个孩子穿越边境，最大的孩子是个意志坚定、从不抱怨的波兰小男孩，他只有八岁，父母已被驱逐。另外三个孩子是姐妹，一个四岁，一个三岁，还有一个是婴儿。她们都是波兰人，父母也失踪了。从阿讷西到杜韦讷的旅程没有出问题，但那个小婴儿发烧了，她一直在哭。在杜韦讷，苏珊找到一件衣服，做成一块干净的尿布。到那时候，就连那两个小女孩都黏着她了，不愿意与她分离。

临近黄昏，苏珊开始上路，先是抱着那个婴儿；很快，三岁小女孩也走不动了，苏珊被迫把她也抱起来。四岁小女孩在后面拽着苏珊的裙子。一名法国边防警卫突然出现，但他没有逮捕他们，而是把其中一个小女孩放在自行车的车把手上，帮助他们抵达边境。苏珊曾被告知在教堂旁边等待，直到摆渡人出现为止。夜幕降临，婴儿一直在哭。没有人出现。最终，一位法国警察来到并照顾他们，那位警察告诉苏珊："我们知道你是谁，你是戴头巾的小女孩。"然后他指引她从哪里穿越边境。历经波折，一个年轻的摆渡人终于出现，他们跨过溪流，穿过田野。到那时候，所有孩子都在流泪，包括最勇敢、最坚强的八岁孩子都哭了。他们抵达并穿越边境线。在边境线的另一边，苏珊把孩子们放在一块大石头上，还把婴儿放在四岁小女孩的膝盖上。然后，苏珊离开他们，返回法国这边，躲在一棵大树后面观察。她后来写道："之后，在黑暗中，我看见瑞士边防警卫靠近，他们的手电筒亮着光。我知道孩子们得救了。"

　　所有向导都有近乎灾难的故事。有一天，在带领一群小孩穿越边境线的时候，马德莱娜·巴罗听到巡逻队靠近的声音。她赶紧推孩子们过去，但在匆忙之中，她推倒了一根缠绕着带刺铁丝网的木棍，既弄伤了自己，又弄伤了对面的瑞士警卫。由于在法律上她已经置身于瑞士境内，所以站在法国那边的德国人没有采取行动。马德莱娜被带到一处设在学校里的临时监狱，并被告知不得离开。她拿了一些纸，写了一张便条给世界基督教会联合会的菲瑟特·霍夫特，她用那张便条包住一块石头，扔出窗外。奇迹般地，便条被送到了；她被营救出来，伤口得到克莱默医生的处理，克莱默医生正是 1941 年巡视居尔营地和里韦萨特营地的红十字国际委员会代表。马德莱娜康复了，并得以返回法国。

　　并非所有摆渡人都如此幸运。在战争结束前，许多摆渡人都被逮捕了，有些摆渡人被驱逐和处决，尽管他们当中也有极少数人在被捕之后得到营救。所有摆渡人在余生中都会记得穿越边境的恐怖、背包中哭泣的婴儿、累到走不动的小孩、因为恐惧而动弹不得的男人和女人。幸存者也会被这些旅程的记忆困扰：在黑暗中跌跌撞撞，被树根和石头绊倒，仔细聆听军靴的声响，坚信每处灌木丛后面都躲着警卫，每次声响都预示着盖世太保赶到现场。

234

第十三章　火山危坐

　　　在高原上，1943 年的春天来得有点晚。直到 4 月初，积雪还没有融化；1942 年 12 月、1943 年 1~3 月，藏匿中的人们都感到很安全，就像被紧紧包裹起来似的，通往高原的道路被雪堆和冰块堵塞了好多天。即使山下的平原早已长出春草和嫩芽，勒尚邦、唐斯、马泽和费伊周围的森林和牧场却仍然阴沉而暗淡。加缪留意到，在这里，"眼睛总是被春天和冬天迷惑"。但当春天终于来临时，大地上长满了水仙花，土地被点染成明黄色，空气中弥漫着水仙花特有的香甜气息。

　　春天也给勒尚邦带来了一个新的家庭，和许多法国犹太家庭一样，他们终于意识到陷阱所在，赖伐尔曾经以其承诺为诱饵，声称他们作为法国人不会受到盖世太保的袭击，从而把无数法国犹太家庭引入这个陷阱。布洛克（Bloch）一家的故事是天主教徒的故事，而非新教徒的故事，这在高原上很罕见，却并非绝无仅有。[1]高原上的 24 位新教牧师尽管赞赏来自天主教徒的帮助，却总是对天主教徒的意图心怀疑虑。正如莱尔梅（Lhermet）牧师对马德莱娜·巴罗表达过的疑虑，当他在勒皮受到一位天主教神父的帮助时，很多人对犹太人满怀善意，但天主教徒"不会奋不顾身地贯彻始终"。莱尔梅牧师的说法很难说是公允的。

　　皮埃尔（Pierre）和罗贝尔（Robert）分别是 12 岁和 13 岁，他们是一个推销员的儿子，他们的父母都是自由派，并不按照犹太教的方式生活，当时父亲判断，里昂这座城市已不再安全。他们在战争爆发前曾经到高原去度假，因此对高原颇为熟悉，父亲在德韦塞租用了一处偏僻农舍的顶楼，德韦塞就在阿尔代什省内，老农夫就住在楼下。50米外住着另一个农民家庭，姓布吕耶尔（Bruyère），那家人有两个女儿。四个孩子一起在当地的学校上学，学校就在一千米路程之外。在漫长而昏暗的冬日，布洛克夫人与另一位邻居杜尼（Duny）夫人一起织毛衣打发日子，而布洛克先生每周继续在里昂工作几天。有一天，当两个男孩在布吕耶尔家的农场时，两名警察骑车赶来。布吕耶尔夫人赶紧把皮埃尔和罗贝尔藏起来，但两名警察似乎已经洞悉秘密，布吕耶尔夫人只好把两个男孩从他们躲藏的地方叫出来。两名警察问他们是否行过割礼，两个男孩告诉警察他们已经割过。

236

1942 年，布洛克一家

无论是这次意外，还是布洛克先生还住在里昂的老父亲突然被捕、被塞进开往德朗西的火车并驱逐到奥斯维辛，还是他的妹妹波莱特（Paulette）看见丈夫外出买烟时被盖世太保逮捕，都让布洛克先生决心把两个儿子送到更安全的、不为人知的地方。但在 1943 年初，他已在勒尚邦村找到一座四居室的房子，房子很冷，并不舒适，但胜在混杂于众多到访高原的游客中间，他把家人安置在那里。房子属于鲁塞尔（Roussel）夫妇，他们的煤炭店和木材店就在对面，而他们就住在店铺上面。鲁塞尔一家是天主教徒，在勒尚邦，每 100 个人里才有两个天主教徒。布洛克先生不再前往里昂，他在厨房墙壁上钉了一幅欧洲地图，开始标注盟军的军事进展；每天晚上，他们与绝大多数邻居一起收听英国广播公司的广播。布洛克夫人是一位爱焦虑的妇女，在公公和妹夫被逮捕之后，她更加害怕了。每起不幸事件都让她分外警觉，她总是警惕住在利尼翁旅馆的德军伤兵，毕竟利尼翁旅馆就在不到 100 码以外。

237

对于两个男孩来说，这只不过是一场冒险。他们喜欢深深的积雪，也喜欢坐在平底雪橇上，沿着结冰的道路，从村庄最高处滑下来。皮埃尔与让－皮埃尔·特罗克梅变得非常亲密，而且被长老会堂稍显混乱又充满深情的生活深深吸引。春天到来的时候，他们钓青蛙，找蝴蝶和草蛇。让－皮埃尔年纪稍大，是个富有想象力的伙伴。他们加入联合童子军组织（Eclaireurs Unionistes），这是达尔西萨克的新教徒童子军组织，他们还分别加入企鹅队和狼队。

皮埃尔其实并不害怕，但他总是意识到危险存在。布洛克先生坚持关上面向铁路线的百叶窗，这样就能显得房子里面没有人。有一天，两个男孩走过利尼翁旅馆，一名德军士兵向他们呼喊："我们知道这里有很多犹太人！你们是犹太人吗？""不，不，"两个男孩回答道，"我们是新教徒，就跟其他人一样。"

如果有人问鲁塞尔夫人，身为天主教徒，为何选择藏匿犹太人，她会说："是的，我们是天主教徒，但希特勒难道不是新教徒吗？"当玛格达·特罗克梅的俄国姑母奥尔加（Olga）前来探访侄女，并决定前往卢尔德（Lourdes）朝圣时，鲁塞尔夫人的祖母同意陪她去朝圣。鲁塞尔夫人说，在勒尚邦，天主教徒与新教徒亲密友好。作为店主，她了解每个人经营的生意，甚至对塞文诺新学堂也有所了解，她还与马伯小姐共用一位家政妇女。她知道犹太人躲藏在高原上的各个地方，甚至就住在村庄的许多房子里；也知道义务劳动团逃役者正准备加入游击队；也知道一位抵抗运动领导人亨利·弗勒奈的姑母就住在德国人居住的利尼翁旅馆对面；还知道埃米尔·塞什正在喂养躲在乡村学校里的所有犹太人。但她从来不对任何人提起任何事。 238
著名的达比派沉默原则同样适用于他们，天主教徒和新教徒都是如此；正如她所说，他们都不是多嘴的人。

但春天也带来了危险。盖世太保和民兵接到希姆莱和艾希曼的命令，必须继续抓捕额定数量的犹太人，他们很可能会再次来到高原，而普拉利的报告也不再被束之高阁。反常的是，由于与犹太人有关的信息仍然主观又模糊，高原上竟然还有一定数量的"在册犹太人"，即在当局那里做过登记，当局也知道他们的行踪，但并未对他们采取行动的犹太人。1943 年 2月，犹太人事务处报告，在上卢瓦尔省有 244 名在册法籍犹太人；还有超过 100 名外籍犹太人，其中 23 人在唐斯，35 人在勒尚邦，绝大多数是波兰人、德国人、俄国人和罗马尼亚人。然而，只有很少人知道，省政府还掌握了其他秘密名单，名单上有更多犹太人的姓名和地址，包括那些可能是犹太人的藏匿者。无论是秘密名单上的犹太人，还是在册犹太人，他们的安全已经很成问题。对于他们来说，高原已经进入其最危险的时期。

6月11日星期五，丹尼尔·屈尔泰坐在他位于费伊村的长老会堂，正在完成写给父亲的暗语信，这封信他已经写了好几天。[2] 他写道："星期二，两座身穿便服的魏斯峰来访《马太福音》15：24 的一个家庭。总共有两只羔羊被征用，一只老的，一只小的，都是公羊。当然无能为力……真是让人难过！"

那两只公羊是吉尔贝·尼扎尔的父亲阿尔芒，以及吉尔贝的长兄、28 岁的安德烈。6月8日星期二是一个天朗气清、晴朗无云、炎热的日子。上午 11 点，一辆烧煤气的老款雪铁龙 C4 出租车停在费伊村主广场的沙佐旅馆门前。来人自称德卡蓬蒂埃（Decarpentier），出示了一张带有纳粹万字符和德语签名的证件，他说自己为盖世太保工作，需要知道尼扎尔一家的下落。他还带了另一个人过来，那人明显是个德国人；两个人都穿着皮夹克，盖世太保不穿制服的时候都爱穿皮夹克。宪兵队长路易·格莱松（Louis Glaizon）也被叫来，格莱松查看了他们的证件，声称自己绝不妨碍盖世太保执行命令。

239   当贝拉吓得目瞪口呆的时候，那两个男人已经洗劫了埃克斯布拉亚家顶楼尼扎尔家的公寓，到处翻箱倒柜找钱。15 岁的吉尔贝被长管鲁格枪的反光晃得眼花缭乱，这让他联想到犯罪电影，两个最小的男孩罗贝尔和亨利被邻居带走并藏在阁楼里。阿尔芒交出所有的钱，大约有十万法郎。之后那两个穿皮衣的男人逼迫阿尔芒和安德烈坐进那辆雪铁龙汽车，然后扬长而去，只剩下震惊和噤声的围观者。他们还想带走 22 岁的莫里斯，但车里已经坐不下了。

第二天上午，贝拉和莫里斯去了勒皮。在省政府，身为抵抗运动成员的罗莫夫（Romeuf）秘书安抚贝拉和莫里斯，然后带他们去见共和国检察官贝尔纳（Bernard）先生。贝尔纳对此感到唐突，拒绝施以援手。①

贝拉和莫里斯返回费伊村，玛丽·埃克斯布拉亚已成为这家人的知心朋友，她催促他们赶紧躲起来。玛丽找到一座空置的农舍，那座孤立的农舍远离道路。第二天，村里的男人们过来帮助贝拉和孩子们，帮忙把那座农舍修整到适宜居住。贝拉和孩子们仍然手足无措，无法相信已经发生的事实。那座农舍没有水也没有电。每当有危险逼近，埃克斯布拉亚夫人就会派人来到农舍，这样他们就能躲到森林里。许多年以后，吉尔贝会说："我们不断问自己，为什么她要为我们这么做，什么神秘力量在推动她？"埃克斯布拉亚一家是新教徒，总是虔诚地到屈尔泰的教堂做礼拜。³他们家的五金店生意很好，埃克斯布拉亚夫人还同时经营着成功的食品生意，为来自圣艾蒂安的人们提供黄油和奶酪。尼扎尔一家什么都不缺。吉尔贝后来还记得那道丰盛的肉汤，汤里满是肥猪肉、土豆和各种蔬菜。吉尔贝说，天主教徒也来帮助他们，但天主教徒的好意有时有点像施舍。"新教徒只是张开双臂。"

与此同时，屈尔泰发现那个开出租车的男人也很怀疑那两个持枪的男人，他去了勒皮，在那里很快查明那两个男人很可能是冒名顶替的骗子，因为巴克与德国人有过协议，任何发生在上卢瓦尔省的逮捕行动必须有法国警察在场。屈尔泰被人带

240

---

①　法国解放后，贝尔纳作为通敌者被枪毙。——原注

去见巴克，有趣的是，巴克开始大声质问屈尔泰，为何不早点向省政府通报此事，那样他也许能够救下尼扎尔一家。后来查明，那辆雪铁龙在开往里昂的路上停了好几次，甚至在拉马斯特尔（Lemastre）停留了一个晚上，本来有许多机会拯救他们。后来，尼扎尔一家对这位牧师难免心存芥蒂。

等到巴克收到消息的时候，安德烈和阿尔芒已经在德朗西了。那两个男人的确是冒名顶替的骗子。在拿到钱以后，他们就把两个人质卖给了盖世太保。原来尼扎尔一家早就被盯上了，通过截获阿尔芒写给马赛的生意伙伴的信件，一家人的行踪早就暴露了。

在德朗西，阿尔芒很快找到一些纸并写信给贝拉，他把信件交托给那些可以离开德朗西几个小时的不幸的人，他们被放出德朗西是为了回家接上还在藏匿中的家人。他们肯定会回来，因为他们的孩子被迫留在营地里作为人质。阿尔芒在信中的语气很平静，没有自怨自艾。他写道，他感到很宽慰，其他家人没有跟他们在一起，尤其是贝拉和女儿们，因为他目睹了妇女们在德朗西遭受的非人待遇。他说他睡在安德烈的床铺下面，幸运地拿到一张没有跳蚤的毯子；每周可以洗三次冷水澡和一次热水澡；他还遇到了好几个来自马赛的老朋友，其中就有米雷耶的朋友、被盖世太保抓获的雅克利娜，当天两个女孩子在放学路上被人截住。他劝告孩子们要保持"尊严和勇敢，最重要的是行为举止要符合规范"。莫里斯将要承担起一家之主的责任。

由于这两名囚犯缺少所有物资，他们的每日配给只有两碗稀得像水的青菜汤，阿尔芒请求家人给他们寄点包裹，包括肥皂和干净的衣物，最重要的是食物：煮老的鸡蛋、砂糖、面包、香肠、果酱和饼干。甚至罐头都可以，他们可以用来当餐具和炊具。6 月 23 日，安德烈写道："我们终于知道流浪汉是怎样的，但我们跟朋友们一样脏，这倒是挺安慰的。"阿尔芒提到，除了厕所很肮脏，他们倒是睡得"很香"，由于无事可做，他们终日躺在床铺上面。他说，这种人人都要遭受的不幸让他们人人平等，在德朗西，没有阶级差别。两位好心的妇女帮他们洗净了仅有的衣物，只以砂糖和面包作为报酬，"在这里食物比钱有用得多"。作为汽车修理厂的业主，阿尔贝·埃克斯布拉亚拥有一辆小汽车，他与弟弟驱车 500 千米，从费伊村开到德朗西，去给他们送钱和食物；兄弟俩无法见到囚犯，但他们交出了包裹，后来得知阿尔芒和安德烈收到了包裹。

　　7 月 3 日，德国人遣散了一直运营德朗西的法国人，狂热的反犹主义者阿洛伊斯·布伦纳（Aloïs Brunner）接管了营地，布伦纳是盖世太保驻法国司令长官海因茨·罗特克的副手，他刚刚完成了把 43000 名希腊犹太人从萨洛尼卡运往奥斯维辛的驱逐行动。营地的状况急剧恶化。有两个试图偷运信件出营地的男人被抓获，当着 2000 名囚犯的面受到鞭打；阿尔芒写道，那个情景"令人痛苦而又恶心"。他在猜想，火车通常会开往瑟堡（Cherbourg），那里需要人手帮助修建大西洋壁垒；还有可能开往东方，开往"上西里西亚，开往盐矿，在那里，死亡会慢慢降临"。他发现这些旅程都"令人心碎"。

　　7 月 4 日，尼扎尔父子俩已经在德朗西关押了 15 天，阿尔芒写信告诉贝拉，他们被分在第六组，也就是暂时不被驱逐，直到家人被追踪，被抓来与他们会合为止。阿尔芒写道："无论如何，你必须转移和躲藏，这样你才不会被发现。"也许只有这样他们才会保持安全，直到战争结束。他知道他的弟弟西

241

蒙和弟媳玛尔特已被送往梅斯（Metz），夫妻俩可能在一座大型食品工厂里工作。7 月 21 日，阿尔芒写信提到，新的驱逐行动不断进行，他已被告知，必须写信给贝拉，让贝拉和孩子们来德朗西会合。他让贝拉"不要理会"那封信，他在"不要理会"几个词下面画了横线。

7 月 25 日，墨索里尼倒台，这让营地里洋溢着兴奋和乐观的气氛，阿尔芒写道，因犯们的脸上"闪耀着希望……这可能预示着战争结束"。26 日，他在一张撕破的纸片上写道，他已经用完所有物品了，只剩下卫生纸。"我被告知，10 天内，最多 15 天内，我们就能重获自由……"但在三天后，突然传来了命令，要求阿尔芒和安德烈登上下一列火车，"让我们不要再自欺欺人了，很可能是要去东方，去未知的终点站"。无论发生什么事情，他们都会"接受我们的命运，仿佛那是天意；不管怎样，我们仍然士气高昂"。有一阵子，作为战功卓著的战争英雄，安德烈似乎会被赦免，但未被赦免。由于他们可能会在梅斯停留，他们希望能找到西蒙和玛尔特。30 日，阿尔芒写道："每天晚上，我都会默念每个孩子的名字，祈求上帝保佑……我为你们感到担忧，如果我能确保你们安全，我就能心情轻松地离开了……不要指望很快会收到我的信。我紧紧地拥抱你们。"

这是最后一封送达贝拉手中的信件。7 月 31 日，541 个男人、486 个女人和 95 个孩子被送去奥斯维辛，包括阿尔芒和安德烈。阿尔芒于 8 月 5 日被毒气杀害。安德烈被送去劳动营。西蒙和玛尔特已经死了，他们在索比堡灭绝营被毒气杀害。

贝拉和孩子们对此一无所知。夏天结束的时候，吉尔贝、罗贝尔和亨利搬到勒尚邦，去塞文诺新学堂上学，与若尔热

特·巴罗和加布丽埃勒·巴罗住在一起，与其他所有藏匿在此
的犹太人分享一栋房子，以屈尔泰和西蒙娜·迈雷斯提供给他
们的假名字生活，并于周末回家。贝拉、米雷耶和马松娜继续
躲在费伊村，等待阿尔芒和安德烈的消息，但杳无音讯。埃克
斯布拉亚一家、屈尔泰、面包师罗贝尔先生和沙佐一家尽力帮
助他们。上司要求警察格莱松报告尼扎尔一家的状况，格莱松
提交了一份好话说尽的证言，说他们的"道德品质"无懈可
击，他们的言行举止"堪称优异"，他们对法国和维希政府的
态度无可置疑。

　　为何德国人决定在 1943 年 6 月 29 日早上突袭罗什之家，
原因已经成谜。[4]可能是因为新任的年轻经理丹尼尔·特罗克梅，
他对学生施加的影响引起了维希政府的反感；或者是因为监视
旅馆的职责从劳动部转到内政部，因此受到了盖世太保更为密
切的关注；或者是因为住在勒尚邦的德军伤兵抱怨某些村民对
他们的态度不够恭敬；或者是因为两个在墙上画洛林十字的年
轻人被抓获；或者非常简单，是因为在高原上总是抓不到犹太
人或反对派，无论是维希政府还是占领者都一无所获，反而引
起了怀疑。无论原因是什么，这次突然袭击成了高原战争中的
一次关键事件。

　　那栋房子本身是位于村庄外围的古老农舍，房子后面是茂
密的森林，前面是能够俯瞰利尼翁河谷的露台，在 19 世纪末
20 世纪初，开始以其 30 个房间迎接夏季访客。1941 年，一位
退休的本地牧师诺埃尔·普瓦夫尔与"欧洲学生拯救基金"开
会，并向对方提出，租用这个地方，作为容纳反纳粹人士、西
班牙共和派、拘留营里的犹太学生的民宿。第一任经理是庞泰

尔（Pantel）夫妇，他们都是难民，已经上了年纪，发现照顾30个麻烦不断、一贫如洗、冲动易怒的年轻人真是太难了。1943年3月，他们被丹尼尔·特罗克梅取代，丹尼尔是安德烈的堂亲，一个深思熟虑、博爱慈善的31岁年轻人，他长着浓密光滑的棕色头发，方口广颐，戴着一副小圆眼镜。丹尼尔变得充满自信、意志坚定，为了保护朋友不惜两肋插刀。他是那种带着使命感的男人。

244

丹尼尔·特罗克梅

　　丹尼尔的父亲是亨利·特罗克梅，即特罗克梅牧师的堂兄弟，也是罗什学校（L'Ecole des Roches）的校长，那是一所设施完善、注重知性、入学极难的住宿学校，按照英国模式管理，设在诺曼底，与奥诗国际学校几乎同名，但那只是巧合。亨利·特罗克梅是八个孩子的父亲；第九个孩子是收养的，是他在第一次世界大战中生还后收养的，以庆祝自己在战争中大难不死。丹尼尔很聪明、爱冒险，是个出色的语言学家，他在贝鲁特和罗马的高中教数学、化学和物理。1940年春末，丹尼尔从罗马给父母寄了一封信，信中写道他确信父母参与了地下抵抗运动，因此为父母感到自豪。他写道："我相信，你们照顾的孩子长大后将不会辜负你们的期望。"与丹尼尔一样，亨利及其妻子夏娃（Eve）非常忠诚于自己的内心。

在法国溃败期间，奥诗国际学校迁往法国南部，丹尼尔曾经短暂地在奥诗国际学校任教，但他很快就厌倦了学校里贪图安逸和党同伐异的气氛。丹尼尔得知在勒尚邦有事可干，他就写信给安德烈·特罗克梅，问叔父自己能否为那里做点什么力所能及的事情。丹尼尔的信件送达的时候，高原上刚好又涌入了一批孩子，于是特罗克梅邀请丹尼尔来担任贵格会支持的格里永儿童之家的负责人，那里收留了25个10～18岁的孩子，绝大多数孩子的父母还在营地里。丹尼尔是一位慈爱而又体贴的大家长，他总是熬好几锅汤，然后把汤拉到村庄里，这样在达尔西萨克的学校上学的孩子们就能吃上热乎的午餐了。他晚上总是忙活到很晚，尽力用橡胶修补孩子们的鞋子。他总是为去哪里找手套和橡胶套鞋而头疼，而且每当温度降到零度以下，他就得到处寻找额外的衣物。他还记录过一个灾难性的夜晚，由于在烘干衣物时太过靠近火堆，他不得不眼睁睁地看着两件崭新的斗篷、一件大衣、一条裤子、两顶贝雷帽、两条围巾和一把椅子在火堆里焚毁。

丹尼尔在给父母的信中写道，他把自己的工作视为"为重建我们的世界而做出的贡献……或许也是一种近乎宗教性的验证、使命、确信……我选择这一事业，并不因为这是一场冒险，而是因为这样做能让我不感到愧疚"。圣诞节来临的时候，他

245　决定与孩子们在一起，而不是回家与父母团聚。他说他感到非常快乐，不仅自视为孩子们的父亲，而且自视为孩子们的"代理人和保护人"，尽管后来他会说他与"孩子们是平等的"。他告诉母亲，他的健康状况"非常好"。让－皮埃尔是安德烈和玛格达的儿子，当时 13 岁，他前来陪伴丹尼尔，儿童之家里充满了欢声笑语。

　　然后，1943 年 3 月，庞泰尔夫妇离开了，特罗克梅请求丹尼尔接手罗什之家的领导工作；丹尼尔接受邀请，他说他会同时兼顾罗什之家和格里永之家的工作，并在晚上照顾更年幼的孩子们。他非常乐意与小孤儿们待在一起。

　　罗什之家是个非常不同的项目。[5]罗什之家的 30 名居民年纪在 20～30 岁，还有一些十几岁的年轻人，以及一对年纪稍长的情侣，所有人都未婚，来自欧洲各地的德军占领区。至少半数是犹太人，其中三名是正统派犹太人，但也有天主教西班牙共和派，以及几名新教徒。绝大多数人已经在流浪和逃亡中度过了好几年，几乎所有人都在法国的拘留营里待过。尽管他们没有正式的班级——普瓦夫尔当时只想着先把他们从营地里救出来——但他们当中许多人是攻读法学、医学和工程学的大学生，或者是很有天赋的音乐家或画家，这意味着他们对知识如饥似渴。

246　　　班级很快便组建起来了，在远离战火的勒尚邦，由杰出的难民教授执教。马伯小姐教英语，雅克利娜·德古德曼彻教打字和速记，一位索邦大学教授教哲学，一位战前就已成名的维也纳艺术家教艺术史。每天晚上，学生们聚集在露台上聊天和弹奏乐器。人们在那里热烈地讨论。欧洲学生拯救基金寄来国际象棋、各种语言的图书馆藏、拳击手套以及自行车内胎。

罗什之家

就算普拉利督察没有收到巴克关于严密监视那帮年轻人的命令，他们的身份和来源也早已不是秘密：丹尼尔是极为仔细的记录保存者，他的住客名单上记录着他们所有的细节，包括宗教信仰。更为小心谨慎的普瓦夫尔牧师把他们的配给本藏在图书馆的藏书后面，而罗什之家的账本就藏在加尔文全集的书页里。

许多年轻人在抵达农舍的时候已经严重营养不良，马德莱娜·巴罗和西马德组织前来帮忙，西马德组织到处搜寻，乞求，借用毛毯、大衣和鞋子，确保他们过得更加舒适，尽管吃的东西永远不太够。

或许丹尼尔应该更加注意安全。1943年5月，两名德军宪兵突然到访，逮捕了45岁的德国人马丁·费贝尔（Martin Ferber）。费贝尔被视为"行为拘谨，看起来有点像普鲁士人"，没有人与他特别亲近；他并非犹太人，但早在战争爆发前就是知名的反纳粹人士。他没有反抗，顺从地跟着德军宪兵走了，人们没有再见过他。丹尼尔明显对此不以为意，但不久之后，马伯小姐和德古德曼彻女士都留意到，罗什之家"已被当局盯上了，变得非常危险"，尽管马伯小姐说这一警告是由普拉利发出的。毫无疑问，有些年轻住户害怕被抓捕，选择在森林里过夜。但丹尼尔还是有点顽固。他不仅向省长道歉，因为那些年轻人似乎在随意走动，而且他禁止人们离开，除非得到他的书面允许。

丹尼尔明显觉得很安全。那些纷至沓来的警告则全部被他忽略。

247　　6月29日早上6点40分，门外响起呼喊声，德国人正在外面拍门。14名身穿便服的德国人，携带左轮手枪和机关枪，包围了整栋建筑物。任何人都没有时间躲藏。学生们还穿着睡衣，肩膀上披着毛毯，被推到起居室集合，然后就被带走，逐个受到审讯，他们都在"通缉恐怖分子"名单上。每次审讯完毕，许多人脸上都被揍得鼻青脸肿。

7点30分，有人发现丹尼尔·特罗克梅住在格里永之家，便派出一辆小汽车去抓他。这时候，他仍然能够逃脱，藏在树林里；但他坚持拥抱每一个孩子，直到被带走为止。普瓦夫尔和勒福雷捷接到村民的警报，马上赶来，但被拒绝入内；玛格达当时穿着围裙，躲进厨房里，假装自己是其中一名厨师。当男孩们接受完审问回来，他们路过玛格达所在的地方，低声请求玛格达与他们的父母联系，并告诉玛格达如何处理他们的行李。

丹尼尔设法提醒玛格达，女学生路易丝·戈萨赫（Luis Gausachs）救过一名落水德军伤兵的性命，那名女学生立即赶往利尼翁旅馆，希望能够找人提供证词。她好说歹说、软硬兼施，终于让门岗卫兵放她进去。她找到几位更老的伤兵，还说服了两位军官陪她返回罗什之家。在半路上，她请求两个路过的女孩子把自行车借给两位军官，好让他们更快到达罗什之家。路易丝·戈萨赫很聪明地离开队伍，跑到楼上，与一名身染重病、无法行动的男孩待在一起，那里还有一对夫妇，明显不像犹太人。一名19岁的荷兰正统派犹太人因为随身携带经文护符匣而受到毒打，护符匣是个皮质小箱子，里面装着希伯来语《圣经》，犹太人经常携带护符匣。德国人对他大喊："犹太猪！犹太猪！"

等到中午，三辆卡车和两辆黑色小汽车驶出村庄，他们带走了18名学生以及丹尼尔。来自罗阿讷的14岁女孩热妮·施洛斯躲在罗什之家对面的门廊里，她惊恐地看着男孩子们被带走，一个接一个，一言不发地带着行李箱上车。让-皮埃尔·特罗克梅与母亲也在现场，丹尼尔对他们说："告诉我的父母，我在这里非常开心。这是我一生中最开心的时期。告诉他们。我和我的朋友们一起走。"在一楼的窗户里，那些被释放的男孩子只能沉默地旁观。

因犯们被关押在穆兰（Moulins）城堡，那座城堡原本是属于波旁公爵的。他们只得到很少的食物，由于在那里无事可做，丹尼尔拿到一张德文报纸后就大声读出来，还一边翻译。其中有五个年轻人最终被释放；其他人都被送去德朗西，在那里还有两三个人设法被释放。7月18日，五个年轻人被押上开往奥斯维辛的第58列火车，他们在那里被毒气杀害。其中最年轻的是16岁的比利时学生亚历山大·斯特恩（Alexandre Stern）。另一人是利普舒茨，他是前往费伊村面见屈尔泰的年轻人之一，

248

说他觉得丹尼尔太粗心大意了，但他还是回到罗什之家去过夜。还有六个人消失在记录当中，他们很有可能也被杀害了。

至于丹尼尔，他在穆兰被扣押到 8 月底。他的父母到处托人，包括前往维希政府，请求从轻发落。尽管不被允许探望儿子，但两位老人站在城堡外面，希望能够听见儿子的声音。丹尼尔能收到父母写给他的信，他回信说自己精神状态还好，希望能够尽快见到父母。他祝愿母亲和妹妹苏茜（Suzie）生日快乐。他被转移到贡比涅，那里是火车开往波兰的主要车站，他在那里遇到了父亲学校的几位老毕业生。他也给格里永之家的孩子们写了感人且温柔的信，答应他们永远不会离弃他们；他还告诉家人，当他听说哥哥的新生婴儿被命名为达妮埃尔（Danielle）时，他觉得非常感动。由于他既非犹太人，也非被通缉的抵抗战士，他设法避免了长达好几个月的驱逐。然后家人们收到了一张正式打印的卡片。卡片上面写着："我将要被转移到另一处营地。不要再给我寄包裹。等我给你们新地址。"在那以后，一切归于沉寂。

在勒皮，巴克声称他完全不知道那场计划中的袭击，他给维希政府发了一封正式的抗议电报，却没收到任何回复，也没收到任何解释。让整件事情显得非常特殊的是，那场袭击的目的并不是围捕犹太人，而是针对罗什之家的"反德"倾向，以及里面那些"心怀不满的居民"。这个说法后来得到印证，因为人们并不是被坐镇里昂负责反犹行动的巴比抓走的，而是被德国国防军抓走的，后者在理论上主要针对逃役者和反纳粹人士。抓捕犹太人只不过是意外收获。

人们此时非常害怕。安德烈·特罗克梅写道："我们住在火山上，能够听到低沉的轰鸣声，有些远，有些近。"

8月初的一天晚上，有三个男人来到勒尚邦的阿卡西亚客栈吃晚饭。吃完饭后，他们结账并走到露台闲坐。9点，普拉利督察走出餐厅。其中一个男人站起来向他射击。站在普拉利身旁的小女孩差点被子弹击中。那三个男人骑自行车逃跑，但其中一个人的自行车掉链子了，于是他们跑进森林。

勒福雷捷医生赶来急救，但他也无能为力，因为那颗达姆弹已经在普拉利的肚子里炸开。这名年轻督察承受着巨大的痛苦，他被搬入一辆小汽车，然后被送去勒皮一家医院，不久之后就死了。后来，人们会说普拉利其实经常拯救犹太人，但在高原上，他已成为通敌者的代名词。

一开始，人们以为普拉利遇刺案与罗什之家遇袭案有所关联。但人们很快就知道，刺杀行动是游击队下的命令，此时游击队云集高原，他们害怕普拉利会发现自己的行踪。杀手被确认为19岁的屠夫助手让·布吕吉埃（Jean Brugière）。四支警察大队抵达高原，在村庄和森林里展开搜索，可是一无所获。

8月9日，普拉利在勒尚邦下葬。特罗克梅主持葬礼，这让某些会众感到不满。但他说，普拉利毕竟是他的教区居民，而主持葬礼也是他身为牧师的职责。巴克的立场仍未明确，他在葬礼上致辞。他声称，刺杀行动是恐怖主义行为。

有一段时间，本地居民普遍感到愤怒，不仅是因为可能会受到报复，而且是因为可能会有更多警察从平原被派到高原。然而，什么事情都没有发生，也没有人来接替普拉利。

但过去三年来村庄里的非暴力原则及高原作为庇护所的安全感，都已一去不复返了。随着夏天延续，田野上开出猩红色

250

的繁笺花、毛茛花和蓝色的风铃草，安德烈·特罗克梅和玛格达·特罗克梅带着孩子们在森林里野餐；当七岁的马德莱娜·塞什每天透过卧室的窗户，看着德国人在窗外的露台上晒太阳、在利尼翁河里游泳，一种陌生的隐秘感和一种需要更加警觉的感觉弥漫于高原居民的心中。为了毫发无损地等待战争结束，人们必须尽可能保持沉默，甚至要尽可能保持友善。

第十四章　救救孩子

这已经是战争爆发以来的第五个秋天、德军占领法国南部
和维瓦莱 - 利尼翁高原以来的第二个秋天了。法国人精疲力竭、
愤恨不已、士气低落。7月，盟军登陆西西里岛，准备解放科
西嘉岛；苏联红军在赢得斯大林格勒战役之后，也在步步进逼。
英美盟军在法国南部海岸登陆已是迫在眉睫了。一方面，在维
希政府那些色彩柔和却略显破旧的新巴洛克风格宫殿里，贝当
麾下主要提供治安服务的伪军继续执行他的命令，但德国人对
法国警察越来越不放心，许多法国警察公然对德国人采取敌视
态度，而盖世太保也建立了特殊部门，确保法国警察在其监控
之下。另一方面，达尔南的民兵明显更加服从，他们不遗余力
地追捕"所有犹太人，无论他们是否躲起来"，无论他们是法
籍还是外籍，无论他们是成人还是孩子。而且，他们毫不介意
擅自发起抓捕行动，尼扎尔一家被抓捕就充分说明了问题。

在一个丧失所有权力的国家，所有事情都变得疑神疑鬼。
到处张贴的海报列出了悬赏事项，包括告发"藏匿或伪装的"
犹太人、持有武器者、戴高乐派、抵抗战士。就算没有上述选
项，还有许多可供告发的内容，而绝大多数海报的落款通常是
"一个好法国人"。如果告发犹太人，告密者可以当场获得赏
金，而赏金通常就是从受害者身上搜掠而来。

及至1943年夏末，还有大约10000名犹太人被关押在拘留
营。居尔营地和里韦萨特营地成为等待驱逐的犹太家庭的集合

地。由于绝大多数医生早就被驱逐，后来只有很少的药品抵达

252　营地，因此营地里的死亡人数直线上升。当驻法德国警察总监
赫尔穆特·克诺亨意识到许多犹太人设法从开往德朗西的火车
上逃脱时，他便下令把犹太人用长绳捆绑在一起，就像对待真
正的囚犯那样。此时在开往奥斯维辛的火车上，法籍犹太人和
外籍犹太人数目大致相当。原本每月固定发两班车，但现在发
车之间没有休止，而且再无豁免。一个由许多"雅利安化"组
织构成的协会已建立起来，以确保在战争结束后，没有人需要
依法返还他们从犹太业主那里偷盗而来的企业。

　　法国人也在挨饿。法国已成为一个遍地黑市贩子和创意厨
师的国家，日常饮食往往是瑞典甘蓝煮通心粉，配菜是稻草、
杂草、草根，人们为黑色婆罗门参、桔梗和大头菜的最佳烹饪
方法争论不休，而这些食物是否真的可以食用也可以争论一番。
对于城市居民来说，肉类、鸡蛋、黄油和奶酪已经全部消失。

　　然而，在高原上，人们仍然可以获取食物，尽管埃米尔·
塞什不得不更加深入田间地头，去为藏匿的孩子们寻找补给。
由于肉类受到严格的配给限制，人们便偷偷屠宰动物，并在黑
夜的掩护之下分配给各个家庭。当玛格达分到一份猪肉的时候，
她不会知道猪肉是从哪里来的；猪肉会在月圆之夜由一个年轻
人送来，总共有十个年轻人充当搬运猪肉的志愿者，为每家每
户送去十千克猪肉。让内牧师的两个儿子负责运送猪肉给藏匿
的犹太人，对方已经同意打破饮食禁忌了。

　　在经历过夏天的事情之后，安德烈·特罗克梅发现高原上
涌现了新的宗教热情，他的教区居民仿佛因永无休止的战争、
交出隐藏难民的要求、让儿子接受强制征召的威胁而心烦意乱，
他们不得不转向教会寻求帮助。勒尚邦兴起了一场出版业冒险

行动，福音使团（Les Messageries Evangeliques）是发行宗教书籍、参与《圣经》销售的组织，其人数一直在增长，新教报纸《山区回响》的读者人数也一直在增加。当丹尼尔·屈尔泰决定在费伊教堂举行研讨会时，讨论主题是耶稣对法利赛人所说的话："恺撒的物当归给恺撒，上帝的物当归给上帝"，竟然有超过 100 名年轻人出席并参与讨论，他们讨论的内容是，在当时的环境下，是否应该拒绝服从偶像崇拜和残酷暴虐的国家。

加缪当时还在写作《鼠疫》的第一稿，他借助笔下的主人公和讲述者里厄医生（Dr Rieux）之口说道："我们共同努力，为值得让我们共同奋斗的事业而团结起来，超越了信教者和不信教者的藩篱。这才是最重要的。"但加缪已经厌倦了独居生活，他写道："意志，能让头脑有所获益。但内心呢？"加缪与安德烈·舒拉基早已相识，舒拉基是阿尔及利亚圣经学者，也是马德莱娜·德雷福斯在高原上的联络人，他为加缪烹饪北非食物，并建议加缪留意瘟疫在《圣经》中的意义，因为瘟疫在《圣经》的不同章节中出现多达 49 次。最后，在反复提到"唯一的胆怯是屈膝下跪"之后，为了避免再次受困于雪地中孤寂漫长的冬天，加缪去了巴黎，在巴黎与抵抗运动团体接触，并开始为对方撰写和编辑秘密材料，而在白天继续为加利马尔（Gallimard）出版社提供审读稿件的服务。

马德莱娜·塞什后来记得的不是饥饿，而是父亲所能找到的单调食物，实际上，她唯一见过的水果就是苹果。[1]然后，她还记得严寒。苏莉阿姨之家只有底层和一楼有取暖设备，而在阁楼的宿舍，孩子们冻得瑟瑟发抖。及至 1943 年秋天，绝大多数住客都是犹太人，奇怪的是当局却仍然没有来打扰这个地方。

德军伤兵就住在隔壁，他们当然知道这里是怎么回事，但显然选择不把这里当回事。尽管孩子们的姓名都未经伪装，但埃米尔·塞什小心翼翼地不在整洁、简短的记录中提及孩子们的宗教信仰，甚至对自己的孩子也小心翼翼地一字不提，因为据他判断，自己的孩子知道得越少越安全。因此直到战争结束后，马德莱娜才发现自己家里住满了犹太孤儿。

家里有一岁的让 - 皮埃尔·不伦瑞克（Jean - Pierre Brunswick），一个神经质却又很聪明的男孩，"很早熟却被父母宠坏了"，他的弟弟米歇尔（Michel）每天晚上都尿床；有 15 岁的雅克·戈尔德施密特（Jacques Goldschmidt），来自里昂，"娇生惯养到有点娘娘腔，很毒舌，太敏感，玩游戏的时候很容易害怕"；有 14 岁的妮科尔·梅耶尔（Nicole Meyer），来自圣艾蒂安，"敏感又粗鲁，可能是因为远离父母"。亨利·费塞尔（Henri Fesser）爱说谎，爱偷东西，"完全没有道德感"；于盖特·施皮茨（Huguette Spitz）很安静，很会洗衣服，很温顺，以至于没有鲜明的个性。这些孩子都不是省油的灯。孩子们几乎都不知道父母在哪里，绝大多数人都见证了、经历了可怕的场景和痛苦的分离。埃米尔以严厉手段运营这个儿童之家，他试图借助秩序和纪律来消除孩子们心中的恐惧。但在孩子们看来，他未免简单粗暴。勒福雷捷医生举止随意、爱开玩笑，有时候会无心伤人，他有一次嘲笑一名年轻住客行过割礼，那名年轻住客因此变得非常沮丧，埃米尔还专门跑到医生的诊所去抗议。

马德莱娜的父亲还有其他事情要忙。马德莱娜的母亲耳聋越来越严重，已经很少参与苏莉阿姨之家的运营。父亲 15 岁的侄女达妮埃尔（Danielle）在勒尚邦与他们住过一段时间，然后就与她的母亲一起躲在旺代省（Vendée），据说她们已被逮捕，并被送往德朗西。父亲把她的照片放在卧室里，希望能够等来她们的消息。照片上有所有的孩子，是在达妮埃尔离开前不久拍的，她留着短发，全部梳到脑后，看上去很大胆，似乎无忧无虑。还有一名住客是17岁的约瑟夫·埃米尔（Joseph Emir），他以为自己有土耳其护照会很安全，突然前去里昂看望家人，然后有消息说他被盖世太保抓获，并被枪决。

在整个高原上，在偏僻的农舍，在村庄的阁楼，在学校和民宿，犹太孩子们正在经历煎熬，他们想念家人，努力为周围的隐秘和寂静寻找意义；又或者，就只是等待。

尽管绝大多数人后来想起这几个月的时候都是满怀感激和感恩，但的确有部分人非常不开心。其中一个不开心的男孩叫雅克·斯图马舍，他来自巴黎第11区的亚历山德里娜巷。

雅克已经13岁了。雅克与七岁的弟弟马塞尔曾经躲藏在里昂，与他们的立陶宛父亲和波兰母亲住在一起。在儿童救援组织和马德莱娜·德雷福斯的帮助下，两个男孩于1943年初秋乘坐小火车抵达高原。他们被安排与另外五名难民孩子住在肖莱桥（Pont du Cholet）旁的几个邻近的农场，距离勒尚邦三千米，那几个农场都属于弗朗（Franc）一家。雅克对这个新家的第一印象是烟熏火燎、肮脏不堪的农舍，围绕着泥泞不堪的院子建成，院子一边住着山羊、鸡、猪和五头奶牛，另一边住着弗朗一家。那里没有取暖设备。雅克和马塞尔，以及10岁的皮埃尔·科恩（Pierre Cohn）、11岁的勒内（René）住在一起，勒内不是犹太人，但他失去了母亲。他们的被褥就是干树叶，铺在面积狭小、没有窗户的房间里，那个房间本来是用来存放土豆的。房间很潮湿，极度寒冷。在附近的农舍，也就是弗朗一家住的那一侧，还有三个犹太孩子，他们是妮科尔（Nicole）、拉法（Rapha）和马克斯（Max）。

弗朗一家，站在弗朗太太前面的是皮埃尔·科恩

尽管弗朗先生已经得到儿童救援组织的全额资助，以供养几个孩子，但他还是不愿意让雅克去上学，总是说雅克已经到了在农场全职工作的年纪。雅克是个聪明的男孩，他一直是班上成绩最拔尖的孩子，渴望继续接受教育。他软磨硬泡，终于得到允许，可以跟其他孩子一样走路到两千米外位于雷塔瓦的地方学校去上学。在上学前和放学后，他都要在农场里干活。他的学业大受干扰，以至于被迫留级一年，但他很努力，也喜欢他的老师，很快就跟上同学的节奏。

七个孩子都很饿。这不是因为他们被迫眼睁睁地看着鸡蛋、奶酪、黄油、鸡和肉被卖到黑市，或者直接被卖给从平原来高原寻找食物的人，以至于没有任何东西留给他们；而是因为每

256

到晚饭的时候，任何成块的肉或者肥猪肉，都是在他们碗里过一下，然后就变成弗朗先生碗里的菜肴。如果孩子们在农田里与男人们一起劳动，人家也不会邀请他们分享香肠和火腿做的午前茶点。不久之后，他们脑子里就只想着食物。当雅克愚蠢地告诉弗朗太太，在学校里，其他孩子都为弗朗太太只给他们这么点食物作为午饭而震惊，他们希望能够得到更多分量的午餐时，弗朗太太却停止给他们任何食物作为午饭，还告诉他们，如果想吃午饭，他们必须每天走路两千米回到肖莱桥。雅克试图鼓动其他孩子跟他一起逃跑，但弗朗太太听到了逃跑计划的风声，威胁他们说如果逃跑就报告警察。雅克只好留下来。不久之后，弗朗太太就再也不能责骂雅克了，因为她收容的犹太人并不比自生自灭的犹太人更安全。雅克被迫偷取他能得手的所有东西：生鸡蛋、洋葱、面包皮。

尽管雅克聪明又坚定，他却是个胆小的男孩。有一天，妮科尔因为偷另一个孩子的午饭而被抓住，老师让她站在全班面前，揪住她的头发严厉责骂她。在妮科尔哭泣的时候，雅克跳起来，大声说她只是饿坏了，她从未得到过足够的食物，而且偷取食物又不等于偷钱或偷首饰。老师听说之后大为惊骇。老师让妮科尔回到座位，告诉全班，他们都有一个轮值任务，每人轮流为妮科尔多带一份午饭。可惜的是，同样的好运气却未能降临到雅克以及其他住在弗朗家的孩子身上，但他第一次懂得了如何为人辩护。他后来说，这件事情启发了他，引领他从事法律工作。

出于每个人的安全考虑，这些犹太孩子与他们的父母断绝了所有联系。对于这一点，儿童救援组织严格坚持。在这一整年里，雅克和马塞尔都住在弗朗家，在此期间，他们的母亲只来看望过一次。他们告诉母亲自己有多饿，母亲对弗朗太太提出抗议，并同意额外付钱，让每个男孩每天都能多吃一个鸡蛋。

257　这额外的鸡蛋只吃到过几天，后来就停了。一周又一周过去了，天气寒冷，想念食物，缺少关爱。弗朗一家对于他们照顾的七个孩子没有表现出半点慈爱和温柔，甚至没有任何人与人之间应有的接触。雅克觉得自己和弟弟就像奶牛，因为每当警察要来巡视农场，他们就会和未登记的牲口一起被送到森林里，"我们所有人都是秘密的牲口"。弗朗夫妇会因为各种鸡毛蒜皮的小事而惩罚他们，有时候扇他们耳光，但更多的时候是剥夺他们的食物。

　　为了得到更多食物，雅克放学后会留在学校里，帮助其他孩子做功课，换取他们带来的面包和果酱或香肠。无论换来的食物有多少，都比他晚回家吃饭因此失去的那口汤要多得多。弗朗一家的严苛对待甚至损害了孩子们的健康。孩子们只有木鞋，没有袜子可穿，他们长了冻疮和水疱。当马塞尔头顶的溃疡愈发严重而且毫无好转时，弗朗夫妇却拒绝让他去看勒福雷捷医生，直到雅克发现马塞尔严重到不能不看医生，但那时已经太晚了，马塞尔留下了秃顶的疤痕，那里再也长不出头发。农场的狗被奶牛踢了一脚，发展到眼睛感染；那只狗后来慢慢地、痛苦地死了，也没有被带去看过兽医。

　　后来，当雅克再说起在高原的那年，他完全同意自己真是太不走运了。在其他农场，孩子们都受到关爱和善待，尽管后来有些人说他们就像生活在"虚幻的气泡"里，仿佛在自己的生活里扮演某种角色。卡罗勒·扎尔贝格（Carole Zalberg）也是来自罗阿讷的女孩，她由一名农夫的妻子收养，后来写道："不，养母并非不友善。她只是太过严厉了。"在她的原生家庭里，卡罗勒受到关爱，甚至是宠溺；她越是迷惑不解，越是孤立无助，就越是想起自己的犹太人身份。她写道："我们变得不一样，我们学会离群索居。"

　　雅克后来坚持他所说的句句属实，因为他所说的反驳了种种自以为是的说法，人们总是以为战争年代处处充满善意。雅克说，这提醒了他，并非一切都是温和友善、无忧无虑的，就算是那些在生活上得到良好对待的孩子，绝大多数人也经常会陷入孤独和害怕，会因为发生在他们身上的事情而备受困扰，会因为未知的前景而感到害怕。更不要说他们兄弟俩为何不快乐了，他们受到虐待、忍饥挨饿，这让他们濒临崩溃边缘。雅克会说，他们兄弟俩终究是活下来了，如果没有弗朗一家，他可能早就死了；但创伤从此留下，疤痕永未治愈。

258

　　西蒙·利弗朗的弟弟雅克仍然与吉尔贝一家住在一起，此时几乎完全不理西蒙，而且也有自己的麻烦。[2]西蒙仍然与达比派夫妇巴尔先生和太太住在一起，夫妻俩尽管经常一言不发，有时太过严厉，却对他很好，也让他吃得很好。有一天，一个马戏团来到勒尚邦，西蒙拿到票，带上雅克一起去看马戏。一名德军士兵也来看马戏，就坐在兄弟俩旁边，那名德军士兵年纪有点大，头发灰白。他让雅克坐在他膝盖上，但西蒙站起来走开了。那名士兵跟着兄弟俩，再次试图把雅克抱在怀里。后来，西蒙才意识到，那名士兵很可能身为人父，家里也有个小男孩，渴望孩子的温暖。但在当时，西蒙只感觉到憎恨。西蒙抱起雅克，离开了马戏帐篷。

　　两个男孩终于等到了父亲阿龙的探望，阿龙得到允许，可以离开他所在的劳动营，暂时放几天假。巴尔夫妇主动为阿龙找工作，这样他就能轻而易举地留在高原了，只不过需要使用假证件，还需要躲起来。但阿龙告诉西蒙，他知道自己很快就要被送去德国了，而这正是他想要的，他想去寻找妻子萨拉，他很确定，萨拉还活着，还在某个营地。西蒙和巴尔夫妇都未能说服他。离开勒尚邦之后不久，阿龙写信给女儿贝尔特，贝尔特此时已经 16 岁了，还在里昂当学徒，贝尔特把父亲的信转寄给西蒙。阿龙告诉孩子们，他在卢尔德附近一列火车上写信，那列火车会把他和其他 30 个犹太男人送去法国北部。"我们当然不知道我们会去哪里……我敢肯定我们会在某个地方工作，但在哪里呢？……当我上路的时候，我的心中满怀希望，我会继续心怀希望，直到我找到你们的母亲，我的萨拉。当我知道我能见到她时，我的心都变得温暖了……我正在鼓起全部勇气，而我的精神状态也非常棒。"阿龙说，他给孩子们寄了钱和他的配给本，他想要贝尔特买些东西给"我可爱的雅克，你必须告诉他，这是爸爸妈妈从里昂寄来的"。

259

阿龙再次来信，这次是在另一列火车上写的，那列长达 23 节的火车正在把他和 700 名犹太人运往巴黎。"如果可以的话，你就把这些信件留下来，藏起来，作为纪念……永远不要忘记你是犹太人，永远不要忘记你也是自由的人类。你也必须把这些告诉西蒙，保持自由之身，睁大眼睛看清楚周围的一切。"阿龙写道，人是变幻无常的，不容易读懂，无论他们的脸多么真诚，他们的内心却总是充满了肮脏的想法。"永远不要忘记这项忠告，永远都要记得这项忠告。"阿龙告诉贝尔特，当她游泳的时候，永远不要喝凉水；她应该告诉西蒙要努力工作，因为他已经能够做重要的事情了。"我吻你，再吻你。我离开的时候确信，你会成长为漂亮又聪明的好孩子。"阿龙写在信末的落款是"你的爸爸，希望很快就能再见你"。

在此之后，贝尔特和西蒙再也没有收到过任何消息。

一天早上，西蒙醒得非常早，因为他听到了奇怪的声音。天色依然漆黑，走到外面的时候，他看见有灯光从山谷底部向农场靠近。从发动机的声音来判断，他知道那是汽油发动机，而不是煤气发动机，这就意味着来者只可能是民兵或者德国人。他叫醒巴尔夫妇，巴尔夫妇赶紧把他藏在奶牛食槽的干草堆下面。一队人马杀到，来者告诉巴尔先生，他们收到情报，说巴尔正在窝藏犹太人。他们搜查农舍、奶牛场、外围建筑，但因为粪肥的恶臭而对牛棚望而却步。他们离开的时候带走了巴尔夫妇储存的所有猪肉、奶酪和黄油。

西蒙在此地已不再安全。西蒙去见安德烈·舒拉基，舒拉基把他安排到多尔多涅省（Dordogne）菲雅克（Figeac）的一所学校，那里的一位老师已经藏匿了11名犹太年轻人。在半路上，西蒙在里昂略做停留，去见贝尔特。雅克留在吉尔贝家，此时他已不再尿床了，吉尔贝夫妇把雅克当成亲生儿子。西蒙推断，一段短暂的分离或许会让小男孩忘记西蒙打过他，他或许会重新爱上西蒙。

阿尔芒·尼扎尔被关押在德朗西，如果他知道这对藏匿在法国意占区的犹太人来说意味着什么，就不会像其他人那样热情庆祝墨索里尼倒台了。当这名独裁者被法西斯大委员会废黜，当巴多里奥（Badoglio）将军开始他45天的统治，德国人就把部队开进萨伏依了，德国人声称他们只是把萨伏依当作通往法国南部的通道。3000多名住在默热沃、圣热尔韦（Saint - Gervais）和巴斯洛内特（Barcelonnette）等"指定居留地"的犹太人被带到海边，许多人是乘坐意大利的军用卡车，在意大利国家宪兵的护卫下被转移的，他们与30000名已经涌进尼斯及其周边30千米海岸线的犹太人会合。在很短的时间内，他们似乎是安全的。来自摩德纳的热情商人安杰洛·多纳蒂领导过为犹太人寻找庇护所的行动，大家都只能指望他了。他仍然坚称，他与巴多里奥和英美盟军谈判肯定会有结果，要么让他们跨海前往已经解放的北非，要么让他们跨过边境进入意大利本土。

不会有转移行动。9月3日，巴多里奥与英美盟军签订秘密停战协定。9月12日，英美盟军登陆意大利。然而，8日，在毫无预警的情况下，艾森豪威尔（Eisenhower）让他的部队在那不勒斯南面的萨莱诺（Salerno）登陆。剩下的几天能否改变受困犹太人的命运已经不得而知了：多纳蒂的乐观估计完全是不着边际，但意大利本土陷入混乱，这意味着有秩序地疏散犹太难民已经基本不可能。德国人早就为这个时刻等候和准备多时，此时进展神速。在24小时内，由于早已有人员就位，德国国防军占领了尼斯，并把放弃抵抗的意大利部队全部缴械。尼斯此时已变成老鼠笼，30000名犹太人已经踩中了这个老鼠笼的机关。

第二天，即9月10日，德朗西营地的前任指挥官阿洛伊斯·布伦纳抵达尼斯，开始清洗这座城市的犹太人。他还带来与他同样残酷反犹的布吕克勒（Brückler）——一名25岁的审讯分队军官，审讯分队由民兵和雅克·多里奥（Jacques Doriot）领导的法兰西人民党（Parti Populaire Français）的志愿者组成，而这个党派则由转向法西斯主义的原共产党员创建，同行的还有一队"生理学家"，他们受过识别训练，能够从外貌辨认犹太人，他们被派到每条街道，就像寻找松露的猎犬。不久之后，怡东酒店（Hôtel Excelsior）的豪华客房就被征用为布伦纳的司令部，到处回响着人们被严刑拷打的惨叫声。对于尼索瓦（Niçois）来说，怡东酒店变成了恐怖的代名词。这名犹太人问题总委员会的代表沾沾自喜、心满意足地向上司汇报道："尼斯这座城市已经不再是犹太人隔离区……此时的英国人步行大道上到处都是留给雅利安步行者的座位，这些座位之前还被犹太人占据。"

261

　　通过告密者提供的信息，布伦纳知道尼斯城内外至少有25000名犹太人，他计划把这些犹太人一网打尽。他的部下截住进出城市的火车，开始对街道进行爬梳式搜索，逐间房屋，逐条街巷，清空旅馆和医院，大声咆哮，围殴毒打，威逼恐吓，迫使男人当街脱裤子，以检查他们是否行过割礼。法国警察得不到布伦纳的信任，只被分配到设置路障的任务。布伦纳碰到的第一个钉子是新当选的省长让·谢尼奥（Jean Chaigneau），当他命令谢尼奥交出所有犹太人的档案时，谢尼奥却回答道，作为预防措施，所有档案已被付之一炬。布伦纳碰到的第二个钉子是当地市民，许多当地人不仅没有告发犹太人，反而把犹太人藏匿起来。尽管每告发一个犹太人就能得到5000法郎赏金，相当于两个月的平均工资，但被告发的人数远远少于他的预计。就算告密者不乏其人，他们搜集到的情报也乏善可陈。

　　然而，不久之后，就有火车开始从尼斯火车站开往德朗西。在接下来的三个月里，有1819名犹太人将被驱逐，虽远远少于布伦纳的预计，但也足以塞满好几列开往法国北部的火车了。这个低迷的数字说明，如果当地居民不配合，如果法国警察不帮忙，会是怎样的结果。但这让德国人下了更大的决心，那些逃脱尼斯大围捕的人此时处于极度危险之中。各种救援组织，无论是儿童救援组织、西马德组织、犹太童子军，还是加雷尔的环线 B，都已付出极大努力，但结果是自身付出了极大代价。又一波犹太人开始前往高原，既有孤儿，也有家庭。

1942 年 11 月，德国人接管法国南部，各种救援组织不得不隐藏得更深，或者把他们的办公室搬到格勒诺布尔、尚贝里（Chambery）和尼斯，至少在当时，意占区还相对安全。他们在这里继续伪造文件，寻找藏身之所，组织犹太人分批穿越边境进入瑞士。在里昂，莉莉·加雷尔仍在坚守，她始终担心她的丈夫，不停地往来于法国南部各地，去检查丈夫的助手团队。及至 1943 年初秋，加雷尔的环线已经有 1600 名在册儿童，分布于法国中部和南部，有好几十人在高原上，29 名社工分为四个支部组织工作。当尼斯陷落时，加雷尔便派出他最得力的两位助手——于盖特·瓦尔（Huguette Wahl）和妮科尔·韦尔（Nicole Weil）前往海边。"河马"约瑟夫·巴斯及其助手"柯莉布里"丹妮丝也在尼斯，年轻的意大利无政府主义者厄尔米娜·奥尔西（Ermine Orsi）也加入进来，她曾经在勒尚邦的格里永之家担任厨师，直到丹尼尔·特罗克梅被逮捕为止。之后她把 45 个孩子转移到邻近的农场，然后动身前往尼斯。厄尔米娜成为巴斯的主要交通员，把孩子们从海边送上高原。

随着尼斯被德国人占领，法国就再也没有什么安全区了，寻找藏匿地点和寻求穿越国境的需求急剧增加。犹太童子军组织迅速关闭他们的儿童之家，并疏散那里的 400 个孩子，让他们每十个人编成一组，前往卢安热所在的阿讷马斯，尽管这位前运动教师已经发现，此时完成过境谈判比过去更危险了。一位妇女后来写道："整个犹太社群逐渐深入地下。"营救者彼此鼓励说，拯救行动已变成与时间赛跑，因为战争的形势终将对盟军有利；但有多少人，尤其是有多少孩子，能够在法国被解放之前确保安全呢？狂暴的形势裹挟着他们。他们几乎不眠不休，日夜不停地设计各种大胆的计划，伪造更多文件，走遍荒郊野地，寻找还愿意提供帮助的人。他们不断对彼此说："无论我们做什么，我们必须救救孩子。"

从韦尼雪营地勇救孩子的夜间拯救行动塑造了英雄乔治·加雷尔；尼斯事件塑造了另一位英雄，一个同样足智多谋、剑走偏锋的男人。他的名字叫穆萨·阿巴迪（Moussa Abadi），是一位叙利亚犹太学者，原本来到尼斯是为了撰写关于中世纪文学的博士论文；他也是一位成功的演员，曾经在巴黎与路易·茹韦（Louis Jouvet）同场飙戏。有一天，阿巴迪走在英国人步行大道，看见一个民兵正在劈头盖脸地殴打一位犹太妇女。那位妇女还带着一个小孩子。他问一名路人到底发生了什么。旁观的妇女告诉他："没什么，他们就是在教训犹太人。"1943 年夏天，阿巴迪29 岁的巴黎女友奥黛特·罗森斯托克（Odette Rosenstock）被迫放弃博士学业，因为犹太身份法让她无法继续读书。这对恋人遇到一位意大利随军神父唐朱利奥·彭尼邓迪（Don Giulio Penitenti），这位神父刚刚从东线战场返回。彭尼邓迪向这对恋人描述了党卫队特别行动队（Einsatzgruppen）对犹太人施加的暴行。彭尼邓迪告诉他们："当德国人来到这里时，你们的孩子们将会遭殃。这是我对你们的诚心忠告。"

阿巴迪心领神会。当德国人来到尼斯时，他马上采取了行动。就像加雷尔寻求萨利埃热主教的庇护那样，阿巴迪也寻求尼斯主教保罗·雷德蒙（Paul Rédmont）的庇护。后来，阿巴迪与雷德蒙的对话出现了好几个版本，但到最后，当阿巴迪出

263

现在主教宫的时候，他被分配了一间办公室，可以在那里伪造文件、学校检查员证书、任何人为主教区工作的推荐信、一大堆空白的出生证，以及一件用于伪装的神父法衣，以备不时之需。奥黛特成为"社工，负责照顾教会慈善组织庇护下的孩子"。她化名为西尔维·德拉特（Sylvie Delatre）。

阿巴迪和奥黛特独立工作，但与加雷尔、犹太童子军组织和巴斯保持密切合作，同样接受犹太人联合会的资助，他们自行建立起一个网络，雷索·马塞尔（Réseau Marcel）负责照顾沿海的犹太孩子，为孩子们提供假文件，把孩子们带到女修道院、医院、孤儿院、儿童之家和长老会堂。他们还在格拉斯（Grasse）、昂蒂布（Antibes）、戛纳和朱昂雷宾（Juan-les-Pins）设立附属办公室。阿巴迪后来说，最艰难的部分是让孩子们"隐姓埋名"。"我们不得不偷取他们的身份。我们变成了身份小偷。"正如所有营救者所遇到的难题那样，他们很快发现，最难隐藏的正是最小的孩子，小孩子不明白为什么要这么做，又或者像雅克·利弗朗那样尿床的孩子，又或者那些因为样貌长相而容易暴露身份的孩子。阿巴迪花了很多时间去训练孩子们，让孩子们习惯新的名字和新的过往。他保存了一份文件，里面记载着孩子们的真实姓名；就像加雷尔那样，阿巴迪把这份文件保存到战争结束之后。阿巴迪和奥黛特不停地带着孩子们转移，永远比德国人先走一步，他们请求一位当地神父埃德蒙·埃拉（Edmond Errar）去勒尚邦和高原探路，不久之后，一些尼斯犹太孩子就坐上小火车进入山区。

对于孩子们和营救者同样危险的是，把孩子们转移到马赛附近拉韦迪埃（La Verdière）的一栋房子，然后再把那40个孩子转移出去，因为德国人已经从法国以色列人总会那里拿到犹太人名单，并声称未经当局批准，任何孩子都不能离开儿童之家。[3]孩子们的父母基本上已从德朗西被驱逐到奥斯维辛，但第77列火车让目睹它开走的人们终生难忘。那列火车带走了299个孩子，其中两个孩子仅有一岁，还有一个孩子还是婴儿。超过半数的孩子年纪在4～12岁。一名见证者后来写道："小孩子先走。他们一路小跑，一路哭泣，手里还拿着小玩具。他们不断有人掉队，走走停停，然后归队……"

在德国人占领尼斯期间，还有840名儿童救援组织的儿童分散居住于法国南部的各处儿童之家。儿童救援组织与其他犹太福利组织一样，形式上仍然处于法国以色列人总会的监管之下。由于害怕孩子们的姓名被盖世太保掌握，儿童救援组织决定关闭所有儿童之家，并把孩子们转移到别处。犹太童子军为了防止再次被盖世太保突袭，采取了几次大胆的诱拐行动，把孩子们从法国以色列人总会直属的儿童之家里拐骗出来。有趣的是，儿童救援组织并未关闭拉盖斯皮、拉布里克或者费多利的儿童之家，明显是因为他们相信高原是最后一个真正安全的地方。马德莱娜·德雷福斯继续每周上山一到两回，检查孩子们藏匿期间的福利状况，并把新来的孩子交给德莱亚热夫人，让她为孩子安排寄宿家庭。马德莱娜卜火车的时候会说："我不得不带来四本《旧约》。"孩子们的样貌长相可能会暴露身份，马德莱娜只好在旅途中给孩子们戴上帽子和围巾。

值得注意的是，及至此时，绝大多数营救者都逃脱了追捕。但这种局面不会持续下去。不久之后，犹太童子军组织的克劳德·古特曼（Claude Guttmann）、卢安热网络的雅各布·韦特洛（Jacob Weintrob）、加雷尔在尼斯的助手于盖特·瓦尔先后遭到逮捕、拷问和驱逐。上萨瓦省变得尤其危险，因为省长爱德

265

华·达利亚克（Edouard Darliac）命令宪兵检查每列火车、每座车站、每个可疑的旅行者。当被捕犹太人数达到 500 人，达利亚克说这是个"差强人意的结果"。妮科尔·韦尔与她的新婚丈夫雅克·萨隆（Jacques Salon）迅速关闭儿童救援组织的儿童之家，然后每次带走 15~30 个孩子，交给阿讷马斯的卢安热，但她于 10 月 24 日在尼斯被逮捕。妮科尔是不眠不休、不屈不挠的，她总是奔忙于一个又一个任务，奔波于一个又一个地方。她是一个身材苗条、娇小玲珑的年轻女子，就像个刚刚长大的小女孩。

从德朗西，妮科尔给丈夫写了一封暗语信，提醒丈夫，在他们中间可能有一个告密者。她告诉丈夫，她在营地里遇到了于盖特·瓦尔和好几位年轻的营救者。她写道："我们士气高昂。告诉所有人，不要为我们担心，我们会挺住的。"在德朗西，妮科尔负责照顾三名孤儿。11 月 23 日，她们所有人都被送往奥斯维辛。人们后来才知道，尽管她被选为劳工，这样至少可以暂时逃过灭绝，但她拒绝与孩子们分开，并与孩子们一起走进毒气室。

在高原上，藏匿的犹太人似乎被关在一座奇怪的监狱里，德军伤兵继续对他们视而不见，掠夺成性的民兵和巴克派出的督察同样无动于衷，但营救者们心知肚明。[4]10 月 5 日夜间，多拉·里维埃被盖世太保逮捕，她是来自圣艾蒂安的基督教社会主义改革派医生，也是把犹太人安置在高原的网络核心人物，长期使用家族铁路货运公司提供的卡车和运货马车运送难民。当时她正在与家人吃晚饭，一群法国警察，以及三个身穿便衣、头戴软帽、外披雨衣的男人破门而入，要求查看每个人的证件。

多拉被带到蒙吕克（Montluc），那里已变成臭名昭著的巴比的司令部。多拉年事已高的母亲被短暂扣为人质，然后被释放。几天之后，多拉被押上开往巴黎的火车。由于多拉不是犹太人，她被暂时关押在位于弗雷讷（Fresnes）的抵抗者监狱，然后被送往拉文斯布吕克（Ravensbrück）集中营，在那里的医务室做医生。人们很快知道，多拉及其家人是被一个心怀不满的年轻人告发的，此人太不可靠，被拒绝加入多拉的网络，因而怀恨在心。

接下来是多尔卡丝·罗贝尔，那位言语直率、一本正经的伊桑若咖啡馆和杂货店业主。她的化名是塔比塔（Tabitta），受到了她所藏匿的年轻人的爱戴，她会为长途跋涉归来的年轻人按脚。其中一名年轻人后来写道："多尔卡丝就像我们所有人的母亲。"多尔卡丝在一个星期天早上被逮捕，一起被逮捕的还有她的妹妹和妹妹的孩子，以及她的助手罗丝·贝拉尔，那个已经长大成人、懂得"美好事业之价值"的年轻女孩。这几位女士当时正在杂货店里剥豌豆荚，突然就有三个全副武装的男人要来查看她们的证件。

一个受到多尔卡丝庇护、人称"巴黎人"的犹太人设法从阁楼逃出，曾经帮助多尔卡丝的本地警察戈捷秘密地取出藏在一袋干豆子里的枪，而多尔卡丝十岁的女儿贝尔特则把一些证件藏在橱柜里。但几位女士以及八个年轻人都被抓走。他们离开时闹出很大动静，为的是提醒其他人逃走。当天晚上，在警察局的牢房里，几个年轻人闹着要水喝。警卫拿个大水缸子过来，结果被几个年轻人砸晕，大家趁着夜色逃了出去，却无法把多尔卡丝营救出来。第二天，多尔卡丝的妹妹及其孩子被释放，多尔卡丝和罗丝却受到审讯和拷打。跟随着多拉·里维埃

266

的脚步，多尔卡丝和罗丝也被送到蒙吕克，落入巴比的手中。传单贴满伊桑若的墙上："伊桑若的乡亲们！我们抗议罗贝尔女士被捕！我们要求他们把这位母亲还给她的三个孩子！"在监狱里，多尔卡丝唱着圣歌，安慰其他被拘留的难友。贝尔特和她两个弟弟都由亲戚暂时照顾。

最让人感到苦恼的是，在高原上拯救犹太人的关键人物——马德莱娜·德雷福斯也被逮捕了。[5]她的儿子米歇尔和雅克才九岁和六岁，而在 8 月底，她刚生下了女儿安妮特（Annette）。在 9 月和 10 月，一名又一名营救者落入盖世太保手中，雷蒙请求妻子把工作交给别人。但马德莱娜似乎难以自拔，声称没有人会比她更小心，没有人知道所有孩子的下落，没有人在高原上拥有如此广泛的人脉。她的小小笔记本里面记录着她所照顾的孩子的真名和假名，还有几十个收留了孩子的家庭和农舍的地址。她会问，谁有可能取代她的位置？

最终，在雷蒙的再三恳求下，以及考虑到她还在给安妮特喂母乳，她同意找人来代替她。当雷蒙的妹妹及其 11 岁和两岁的孩子突然被逮捕和驱逐，危险就已经逼近他们了。11 月 27 日，马德莱娜接到一个孩子的父亲打来的电话，她把那个孩子藏在里昂郊外维勒讷沃（Villeneuve）一所聋哑儿童学校。马德莱娜经常使用那所学校作为孩子们前往瑞士的出发地。那个惊恐万状的父亲告诉她，听说盖世太保将要突袭那个地方。

马德莱娜打电话到勒内·佩莱（René Pellet）先生及其妻子运营的学校，对方以困惑而凝重的语气告诉她，她正在受到通缉，应该尽快来学校。尽管有所怀疑，但马德莱娜决心把事情搞清楚。作为预防措施，她首先把能够让自己被定罪的证件锁进衣箱，放在储物室里，然后乘坐巴士前往维勒讷沃。打开学校大门的却是盖世太保。勒内·佩莱和玛格丽特·佩莱（Marguerite Pellet）夫妇原来是当地马可·波罗抵抗网络的负责人，他们搜集德国人和民兵的情报并发往伦敦。这曾经是最大、最有效的情报网络之一，遍布整个法国南部，勒内以学校作为掩护，在这里频繁出没，玛格丽特负责加密和发送。盖世太保已经监视他们几个月了。盖世太保逮捕了建筑物里的所有人，还在这里密切监视了17天，陆续逮捕前来找佩莱夫妇接头的助手，吃光了为孩子们供应的浓缩牛奶、果酱和巧克力。

马德莱娜找到一个办法，可以隐藏她那本记载着孩子名字的小小记事本。她请求回家给婴儿喂母乳。当这个请求被拒绝时，她就请求让她打个电话，这样别人就能给安妮特一瓶牛奶。马德莱娜真正担心的是别人发现她是犹太人，而不是她所参与的地下活动，因为她一口咬定自己是无辜的。她担心盖世太保会突袭她的家，搜捕她的犹太亲属。当被允许打电话的时候，她没有打给家里，而是打给法国以色列人总会的办公室。当电话被接通的时候，她只来得及说自己被盖世太保逮捕了，她知道对方会提醒所有人的。盖世太保抢过她手中的电话，并打了她一耳光。勒内·佩莱设法逃脱，但玛格丽特被送去拉文斯布吕克。

当天雷蒙回家很晚，他发现马德莱娜不见了，婴儿还未得到喂养。他赴到加雷尔家去打探消息，在那里找到莉莉和儿童救援组织的另一个帮助者拉亚（Raia），以及两位年轻妇女，她们知道马德莱娜与佩莱夫妇那所学校的关联，自愿前往学校，看看佩莱夫妇是否知道马德莱娜的去向。她们同样落入盖世太保手中，莉莉看见马德莱娜夹杂着莫名恐惧和难以置信的眼神，不敢相信大家竟然如此愚蠢，以至于重蹈覆辙。莉莉被抓进拘

268

留所，并受到审问，她当时怀孕了，对审问者说自己是天主教徒，而她那个胆小如鼠的犹太丈夫已经把她抛弃了，她也不知道丈夫的下落。在拉亚身上，审问者找到了一张犹太人名单。拉亚否认自己知道任何内情。妇女们都没有受到肉体折磨，但盖世太保乐于从她们口中套取大量细节，肉体折磨是针对犹太妇女的，在邻近的牢房里，她们能够听见尖叫和枪声。两个月后，尽管有点莫名其妙和不明就里，但拉亚和莉莉被释放了。

马德莱娜在被逮捕当天就被释放了，但只是短期释放，以便回家给安妮特喂母乳。让她感到极大安慰的是，她发现家里人去楼空，雷蒙、婴儿和两个男孩都已离开，显然法国以色列人总会已经收到了警告。当她在家里的时候，电话铃声响起。电话是马德莱娜的母亲打来的，正在焦急地等待她的消息。马德莱娜告诉母亲："马上走……马上离开……你们都得尽快离开。"

雷蒙带着雅克和米歇尔来到勒尚邦，德莱亚热夫人化名为德勒韦（Drevet），为他们找到了一个安全的藏身之所，让他们住在勒布拉（Lebrat）家中。马德莱娜的母亲和姐妹负责照顾安妮特，她们找了一位奶妈，还在安河（Ain）找到四个人的藏身之所。

269　　马德莱娜被转移到蒙吕克监狱，在那里受到审问，还被问及她是不是犹太人。当她说自己是犹太人时，她的德国审问者表现得极为厌恶，向她扔了一个玻璃水瓶。马德莱娜后来回想，她判断那个德国人就是巴比，她感到庆幸，对方并没有折磨她，因为巴比向来习惯折磨犯人。马德莱娜在蒙吕克被关押了两个月；从牢房的窗户里，她能看见人们被带到楼下的院子里枪决。她没有家里的消息，始终担心孩子们的安全。当她最终被转移到德朗西的时候，幸运地遇到了老朋友，对方是负责登记囚犯姓名的。对方同意把她登记为一名战俘的妻子，这就意味着，至少在当时，她不会被驱逐。当她收到两个儿子在勒尚邦的消息、担心高原可能会成为袭击的目标时，她给雷蒙写了一封暗语信。"你必须让两个男孩停止吃太多火腿（jambon，法语中的火腿与尚邦谐音），这是我们的阿尔萨斯朋友说的。"通过儿童救援组织的安排，米歇尔和雅克被转移到瑞士。

从 8 月底到 10 月底，大约有 413 名犹太儿童安全地穿越瑞士边境。但后来有一群孩子被截住和逮捕，越境行动也被迫停止。此后直到 1944 年 3 月，再也没有安排越境行动。

在战争年代历经波折的勒尚邦和高原，关于安德烈·特罗克梅为何决定于 1943 年深秋退隐，有好几个不同版本的说法。

在普拉利督察遇刺身亡后，人们的确担心随之而来的报复行动。特罗克梅作为最出风头的牧师，人们已经知道他对犹太人的观点，他明显是最合适的报复目标；如果被逮捕和拷问，他或许会被迫开口，那么人们的真实姓名和藏身地点岂不会被曝光吗？

更为重要的是，他从未放弃他对非暴力原则的绝对信仰。而且他的这种信仰越发坚定，与遍布整个高原的年轻游击队员的想法发生了冲突。他很有可能会继续重复他关于德国人的说法，坚信对方绝大多数都是通情达理的体面人；在迫害之下保持信仰、服从、耐心，并作为旁观者，才能见证战争胜利结束。他坚持说，如果你是基督徒，你别无选择。勒尚邦为何不能成为非暴力抵抗的堡垒呢？有一天，一个隐藏在山区、年轻的义务劳动团反抗者的姑母问特罗克梅，是否能为那个男孩送去一点支持和安慰，特罗克梅回答道，不，永不，他不为战斗者送

270

祝福。在游击队员中，越来越多的人担心这种不妥协的非暴力原则将会通向何方。奥斯卡·罗索夫斯基为隐藏起来的抵抗战士制作了许多假文件，就像他为犹太人所做的那样，他感觉特罗克梅已成为一门"打不准的加农炮。他对我们所有人都造成了危险"。

人们后来说，特罗克梅最终被说服，同意与抵抗运动同行，他加入了莱昂·埃罗在勒尚邦的组织，或者加入了丹尼尔·特罗克梅父亲的表亲莫里斯·罗尔（Maurice Rohr）的组织，罗尔恰好是改革派教会的副主席。正是罗尔指出，烈士已经够多了，如果特罗克梅留在勒尚邦，不仅他的家人会遇到危险，而且如果他被杀害，那么整个村庄都会陷入武力报复的循环。人们可以确定的是，特罗克梅本人很讨厌做决定，他告诉玛格达，他觉得自己胆怯了，而这会传递错误的信息，他唯一能做的就是传递和平主义的信条，直到痛苦结束。然而，在一名年轻的游击队员到访之后，特罗克梅终于同意离开。对方告诉特罗克梅，自己无意中听到盖世太保下达刺杀特罗克梅的命令。那人后来被发现是个双面间谍。泰斯的和平主义同样是衷心诚挚的，他也被说服，同意离开。泰斯去了瑞士，在接下来的几个月里，他充当人们穿越山区的向导，以及受到日内瓦资助的交通员。

有人认为，勒福雷捷医生也应该离开，因为他对德国人的态度始终具有挑衅性，而且他总是在德国人于村庄广场演奏音乐时大声吹响他的号角。但勒福雷捷在高原上太有用了。屈尔泰在写给父亲的信中提到了"两个不得不被雇请的牧羊人"，暗语引自《约翰福音》10：2，那两个牧羊人看见狼来了，自己就逃跑了。屈尔泰引用的典故有点晦涩难懂，因为后来狼把羊抓走了。

　　凭借从邻居那里借来的几辆自行车，特罗克梅全家陪着牧师走完了旅程的第一段，他们穿过平坦的高原中部，走向圣阿格雷沃。作为预防措施，特罗克梅剃掉小胡子，戴上贝雷帽和黑眼镜，带上化名为贝盖（Béguet）的假证件。就在城镇外面，他遇到了来自拉马斯特尔的五金商人雷佩（Lespet），对方开车把他送到圣阿格雷沃长老会堂，那里有一位老朋友正在担任临时牧师。几个星期后，正式的教区牧师回到长老会堂，似乎对不速之客的到来颇感不快，特罗克梅只好搬到高山上的偏僻农舍。这样其实更好，因为盖世太保很快就来找他了。

　　特罗克梅的新家是一处谷仓顶上的阁楼。农夫是被抓去德国的战俘，特罗克梅每到晚上就帮助农夫的年轻妻子和儿子剥栗子，这是当地在战争期间的主要食物。到了白天，他就在松树林里漫步，思考其信仰的本质。在流亡的几个月里，他变得更加温和、更少偏见、更加怀疑自己的天性。他判断直接与玛格达通信太危险了，因此只能委托前往勒尚邦的旅行者带信。特罗克梅很孤独。他在 11 月 26 日的信头上随手涂着"彻底离群索居"。他在收到玛格达回信之后写道："我最亲爱的，终于收到了你的消息！让我再次觉得自己还活着！我还活着！我不再是一个混吃等死的糟老头子！"没有信寄来的时候，他会变得很焦躁。

　　但农场很快也变得很危险，特罗克梅不得不再次搬家，这次搬到一处孤立的庄园中，庄园的主人是个商人，此人押上全部本钱，向德国人出售水泥，帮助德国人修建大西洋壁垒，与此同时又在家里窝藏抵抗战士，并为他们保存武器。特罗克梅记录道："气氛好奇怪！"他认为自己已经远离了勒尚邦逐步升级的意识形态论争。"我已经在道德上感到窒息。"他同样为女

271

主人的行为感到窒息，女主人是那名商人的女儿，40 岁，整天板着臭脸，把他当成仆人，让他去看山羊。但山羊总是走散，足以让他发疯，当他终于用绳子把山羊聚拢在一起的时候，山羊们却不肯吃草了，这同样令他抓狂。女主人把他安排在没有暖气的房间。玛格达收到他抱怨的信件，便安排他再次搬家，这次要舒适得多，他搬到了德龙河谷一座城堡里。这里的食物很好，还有一个躲在这里的犹太人做伴，他能与对方讨论最近发生的时事，尽管他发现对方总是唱反调。

272　　圣诞节来临的时候，玛格达把让－皮埃尔送来了，特罗克梅与他打雪仗，然后雅克也来了，他 12 岁了，在学校里的表现很糟糕，特罗克梅打算亲自指导他，同时把他暂时送到当地的学校。他们在里昂火车站的见面几乎以灾难收场。特罗克梅让雅克看着行李箱，自己去取玛格达放在行李寄存处的袋子，却发现盖世太保正在展开围捕。特罗克梅被抓住、推搡，然后被扔进卡车。由于特罗克梅会说流利的德语，他先说服了看守，然后说服了看守的上司，让他带上雅克，并告诉雅克到底发生了什么事情。

后来，特罗克梅带着雅克，在嫌疑人的长长队列里排队等待盘问，他的内心很矛盾。他最好不要说实话，但这是否亵渎神灵？如果真的说谎，他会不会从此走上"上帝没有召唤我"的下坡路？反之，如果他说实话，那么雅克怎么办？在那一天，父亲的责任感胜过了其他顾虑。趁着德军士兵背过身去的时候，特罗克梅和雅克马上躲在柱子后面，然后消失在等待火车的旅客人潮之中。特罗克梅告诉自己，上帝不希望他在那个时候死去。战争结束许多年以后，他才了解到，盖世太保其实已经发现他是谁，但那时他和雅克已经逃跑了。负责看守他的军官被降职，并被派到东线战场。

在城堡里面，在那个有着大穹顶和木横梁的房间里，特罗克梅和雅克可以安心做事，他们编故事、说笑话，在一根金属管子里养了一窝被遗弃的田鼠。特罗克梅开始写书，他想把这本书命名为《勇于相信》（Oser Croire），设想这将会是写给世俗教师的神学著作，帮助他们探讨合理性和实证论的问题，探讨马克思主义和福音教育的问题。他的和平主义毫不动摇，他写道："我相信正义终将战胜邪恶。"他反思自己的天性，判断自己的思想体系是杂乱无序的，自己的记忆是贫乏的。但是，无论他在哪里，无论他做什么，他总是在思考，难得清静，总是沉迷于臆测和问题。他记录道，如果他有时候显得以势压人、刚愎自用，那是因为他总是在说积极的一面，从来不说怀疑和 273 害怕失败的一面。大雪陪伴他们过了一周又一周。

但在高原上，事情正在起变化。那里既没有牧师们及其和平主义，也没有达比派信徒及其沉默的道德感，在上卢瓦尔省，能够决定战争最后几个月的面貌的是更加尚武的因素。特罗克梅后来有点自鸣得意地形容自己的隐居时期，认为在高原上存在一个信仰虔诚的伟大时期，"非暴力的信仰传遍整个地区，充分表达了几乎所有人的希望与渴望"。他在自欺欺人。

第十五章　游击地区

　　维瓦莱－利尼翁高原是完美的游击地区。与世隔绝的农场，里面带有谷仓和棚屋，还有茂密的松林和崎岖的山坡，都为那些逃避盖世太保追捕的人提供了绝佳的藏身之所，也是成群结队的年轻人加入抵抗组织的理想场所。1943年的整个12月都下着大雪，一直持续到1944年1月和2月，厚达一米的积雪堆积在道路和轨道两旁。这个白色世界是安全的，人们在这里等待春天的到来。

　　在整个法国，镇压活动都在加强。维希政府显然希望与德国占领期间种种惹人不满的事情保持距离，正忙于为战争期间的通敌行为赋予合法意义。12月，德国人认为警察总监布斯凯不够激进，于是临阵换将，布斯凯出局，民兵首领约瑟夫·达尔南成为维持治安秘书长。达尔南此时一手掌控警察和25000～30000名年轻的民兵，他们自认为凌驾于法律之上，奸淫掳掠，无恶不作。德国人原本不愿意武装民兵，但民兵逐渐获得武器，经常是从盟军的空投补给中偷取武器。有些民兵进入行政系统，其他民兵负责看守监狱并进入司法系统。达尔南建立起军事法庭，负责审讯那些参与抵抗活动的人，军事法庭经常就设在监狱里面，每次由三个民兵充当法官。军事法庭没有诉讼代理人。身份不明的法官们秘密出没于法庭内外，下达死刑判决，而且没有上诉程序。

　　民兵经常得到命令要清洗各种"嫌疑人"，无论其身处何

地。他们会招募线人以搜集情报，围捕共产党员并组织追捕。　275
赖伐尔最终决定把各省的法籍犹太人名单交给盖世太保，这更
让民兵的抓捕行动如虎添翼。维希政府曾经假装庇护法籍犹太
人，这种做法如同笑话，此时就不再遮遮掩掩了。几乎难以想
象的残暴行径，如迫害、暴力、谋杀，此时成为法国人对付法
国人的手段。无论何时何地，抵抗组织都力求反击。一份流通
全国的秘密传单上写道："你的职责很简单。杀死民兵……就
像杀死疯狗那样杀死他们。"对于他们来说，民兵成了更加可
恶的迫害者。

　　西蒙·利弗朗就几乎落入民兵手中。自从抵达菲雅克以来，
西蒙一直与其他十名犹太男孩住在一家古老的修道院，其中几
个男孩是犹太童子军，他们都用飞禽走兽作为代号。西蒙特别
要好的两个朋友就叫"老鼠"和"长颈鹿"。一天清晨，天还
没亮，一队民兵和纳粹党卫队抵达修道院，他们破门而入，强
迫所有人到庭院里集合。现场一片混乱，其他人乖乖照做，而
西蒙、"老鼠"和"长颈鹿"偷偷溜走并躲起来。其他人都被
卡车带走。当犹太童子军听说这件事情后，童子军组织让西蒙
与其他 30 名犹太年轻人准备穿越边境前往瑞士。20 岁的玛丽
安娜·科恩（Marianne Cohn）自称为科林（Colin），她自愿充
当摆渡人。玛丽安娜是一个合群又爱笑的年轻女子，微胖，留
着蓬松的黑色卷发，长着圆脸。她的父母是德国犹太学者；在
父母被逮捕并关押在居尔营地之后，玛丽安娜被吸纳到犹太童
子军，并成为童子军组织最早的信使之一。她曾于 1942 年被逮
捕，并在尼斯一所监狱被关押了三个月，后来出人意料地被释
放，然后就回归本行，继续做摆渡人。

　　这支队伍穿着童子军制服，唱着新教圣歌，大胆地向着边

境行进，就像真正的童子军探险一样。正是在这里，西蒙差点走丢了。在攀登草木茂盛的斜坡时，这群年轻人遇到两排带刺铁丝网，他们想爬过去，每两个人都要为后面的人撑起铁丝网。最后两个人是西蒙和一个长发女孩。当她爬过去的时候，头发被铁丝网缠住了。西蒙留在那里帮她脱困。一开始，他以为大喊大叫跑上山的警卫是德国人，后来才发现是瑞士人，他被允许过境。就像马克斯和汉娜那样，西蒙已经安全了。西蒙的弟弟雅克还与吉尔贝一家留在勒尚邦，也是安全的。后来，西蒙听说"老鼠"和"长颈鹿"都加入了游击队，但在战斗中被射杀。再后来，西蒙娶了那个留着长发的年轻女孩。

特罗克梅和泰斯已经离开高原，可谓恰逢其时。气氛已经改变了。人们已对温和说服的力量不太感兴趣，也不再相信说服的力量足以让人们的行为变得更好。勒福雷捷医生、马伯小姐、丹尼尔·屈尔泰和奥斯卡·罗索夫斯基都已走上各自的道路，他们曾经接受牧师们的和平主义，此时全部转向武装斗争，以及能更好地推动最终解放的方式。解放只可能通过暴力，没有人对此有所怀疑。在这个故事里，隐藏的犹太人及其神职保护者只能退居幕后。此时此刻，他们是安全的。

12月，盟军联合参谋部着手研究"霸王行动"（Overlord），计划跨过英吉利海峡进攻法国。艾森豪威尔将军被任命为盟国远征军最高司令。1944年3月，戴高乐在阿尔及尔就任法兰西民族解放委员会主席，宣布建立法国内地军（Forces Françaises de l'Intérieur）。进攻和解放法国的计划已经制订完成，在这些计划中，抵抗运动及游击队将会扮演主要角色。

及至1944年春天，在上卢瓦尔省东部大约有14支游击队，

350 ~ 400 人要么加入了戴高乐派的秘密军（Armée Secrète），要么加入了联合抵抗运动，要么加入了共产党领导的法国自由射手游击队（Francs – Tireurs et Partisans Francais，FTPF）等武装组织。[1]有些游击队成员就是当地的男孩，从义务劳动团中逃了出来。其他游击队成员来自更偏僻的荒野，被这一地区因难以接近而闻名的荒山野岭，以及对维希法国统治的反抗吸引而来。皮东此时已成长为尼姆附近的破袭者，在诺曼底的博尔贝克（Bolbéc）有一位认识皮东的牧师，那位牧师给皮东送来了 20 个逃避征召的年轻人，他们本来是要给德国人修建大西洋壁垒的。这些年轻人化整为零，每次一两个人陆续抵达，被皮东带到茹韦夫人的农场，或者路易·马农（Louis Manon）的丁香旅馆（Hôtel des Lilas），在那里休息和吃饭，然后就带着接头的暗语进入山区。

皮埃尔·布雷斯是当地的童子军首领，他辞去了塞文诺新学堂体育老师的职位，加入游击队，化名为拿奥（Naho），还带领一些学生加入游击队。布雷斯与旅馆业主莱昂·埃罗以及皮埃尔·法约尔相互配合，而法约尔正是全面领导高原抵抗运动的那位工程师。他们共同负责训练和调遣新招募的游击队员，那些年轻人发现大雪封山的几个月无所事事，叫嚣着尽快采取行动。为了让年轻人在新建的"游击队员速成学校"有事可做，他们被分成不同的班级，比如导航、地图阅读、武器、破袭行动班，所有人都要进行大量体育锻炼。埃罗收集了许多老旧的武器，可以借给年轻人练手，因为装备、武器、弹药都严重不足。布雷斯是个有理想、爱运动的人，他让游击队员穿短裤和童子军制服，唱圣歌和读《圣经》。实在无事可做的时候，他就会催促那些男孩去给当地农民干农活。

成年人担心，如果年轻人长期无所事事，就会愚不可及地捉弄住在勒尚邦的德军伤兵，那些德军伤兵每天早上都在村庄周围毫无戒备地慢跑，所以成年人只能反复强调有必要保持耐心和警醒。埃罗是个虽然矮小但格外强壮的男人，说话语气平静，而且对新招募的年轻人很和善；他天生具有某种权威，这种权威来自高原上胡格诺派教徒的严格道德感。他极力克制年轻人的骚动和焦躁，但还是有那么几次，无穷无尽的等待几乎变成突然爆发的暴力行为。当听说年轻人计划伏击在利尼翁河里游泳的德军士兵时，他只好在河岸上巡逻以确保年轻人的安全。

同样强调纪律的是在塞文诺新学堂备受尊敬的老师奥利维耶·哈茨菲尔德（Olivier Hatzfeld）。他的代号是"企鹅"，率领他那支化名为各种鸟类的巡逻队，奉命确认合适的伏击地点，敌军的运输队会把食物运送给驻守勒皮的德军卫戍部队，这将会成为伏击的目标。

丹尼尔·屈尔泰与费伊村周围的游击队建立了紧密的联系。278 他在给父亲的信中写道："我们的丹尼尔们有点太过兴奋了，我们的马修斯们愉悦而冷静。"屈尔泰已经同意在山区里为游击队员举行圣餐礼。他也给一个将要迎娶当地女孩的年轻人提建议，由于女孩来自虔诚的新教家庭，因此那个白天在山区的年轻人晚上应该下山到长老会堂来学习。

法约尔建立了一支医疗队，由好几位当地医生组成，包括犹太药剂师韦尔，勒福雷捷担任外科医生；莫里斯·尼扎尔充当护士，由于他是犹太人，所以未能取得医生执业资格。由于特罗克梅已经离开，勒福雷捷医生似乎已成为教区的精神导师，越来越多的教区居民转而向他寻求指引。法约尔夫人和救世军的吉拉尔（Girard）先生帮助提供食物，而许多年长的、已婚的男性村民充当"预备队员"，他们白天从事自己的日常工作，晚上参与抵抗运动，还同意负责分发配给本和补给品。

在德军占领法国南部的 18 个月里，曾经有效拯救犹太人的所有策略此时在高原上完美地发挥了新作用。奥斯卡·罗索夫斯基和萨米·夏尔在附近的农舍里，白天照常工作，晚上制作假证件。邮差阿尔南（Arnand）先生在电话总线上监听德军部队的任何调动；在肖马热（Chaumargeais）开杂货店的鲁（Roux）女士监视唐斯村的警察，马农先生监视勒尚邦的警察。伊桑若的朱尔·瓦德纳（Jules Valdener）保管了一张所有游击队营地地址的清单。在马泽村，露露及其女儿吕西安娜继续作为藏匿犹太人和游击队员的中心人物，每当收到袭击警报的时候，露露就会让所有被她保护的人躲藏在让内牧师的教堂楼上，村民会把毛毯、热水瓶、茶和咖啡送到教堂。秘密军受法约尔领导，他们每天为每位游击队员提供 25 法郎的费用，尽管如此，食物似乎还是不太够。

1943 年 10 月初，有 79 名因犯逃出了勒皮市的拘留所，绝大多数人都去了山区，其中许多是共产党员，还有 25 名年轻的义务劳动团逃役者。尽管受到警察和民兵的围追堵截，但只有七个人未能设法逃到森林，其他人在森林里重新集结，并建立起一个基地，即沃德利（Wodli）营地，位于希耶兹（Chièze）村落附近一间农舍里。这次逃脱让态度模糊的省长巴克丢掉了工作；取代巴克出任省长的安德烈·布斯凯（André Bousquet）据说是个冥顽不灵的死硬派。即使是如此负隅顽抗的家伙，也无法遏制法国警察日益增长的不满，警察们对于追捕年轻的抵抗者表现得不情不愿。警察们此时越来越倾向于把追捕嫌疑人

279

的工作交给更加心甘情愿、更加不遗余力的民兵。警察们不太渴望去追捕游击队员，甚至与游击队有所往来，尽管他们将游击队称为"恐怖分子"，也总是说要消除"不稳定因素"。

警察和宪兵的不满似乎蔓延于整个上卢瓦尔省，以至于伊桑若的教师让·邦尼索〔化名为苏米（Soumy）或者杜布瓦（Dubois），领导着一支代号为"辛尼亚"（Zinnia）的抵抗者队伍〕甚至毫不犹豫地试图招募他的老朋友、资深地方警察阿尔弗雷德·莫雷尔（Alfred Morel）参加抵抗运动。莫雷尔对此予以拒绝，但答应对所有由盖世太保发动的袭击行动发出预警。警察一方日益明显、逐渐增多的默许，极大地增强了游击队的道德合理性和合法性，也让躲藏在高原上的人们感到欢欣鼓舞。即使在那些最信奉思想独立和道德独立的人当中，对强制命令和权威的普遍反感也在滋长。

然而，年轻的游击队员并不总是受到人们欢迎。无法无天和盗匪行为在法国农村非常普遍，尽管针对商店和商号的许多袭击其实是伪装成抵抗者的"假游击队"、小股犯罪团伙甚至是民兵干的，但真正的游击队员也并非毫无责任。屈尔泰就严厉批评过一名小偷的偷盗行为，此人竟然来自屈尔泰以前称赞过的"我们的好游击队员"或者"来自森林的战士"，实际上入室盗窃和破坏公物几乎是他们的惯例。春天临近，冰雪消融，通往外部世界的道路再次开通，布雷斯和埃罗需要用尽机智和决心来维持和平。邦尼索决定在高原上建立游击警察部队，声称会把任何趁火打劫或者"征用物资"的游击队员交给当局。

当地的局面变得极度紧张，越来越多的年轻人来到高原，想在游击队里混个角色，这也对当地造成了巨大压力。有一天，这巨大压力终于爆发，演变为针对布雷斯的突如其来的人身攻击。布雷斯始终坚持继续等待，等到英美盟军登陆之后再展开破袭行动。布雷斯的小心谨慎逼疯了年轻人，他们渴望袭击平原上的德国人，他领导下的年轻人指责他的独裁主义和"等待主义"，他还无休止地拖延进攻。布雷斯不情愿地辞去职务，沮丧地告诉法约尔，一旦"关系破裂，再也无法修补"，他已经很难再与他亲手训练的年轻人共事了。布雷斯的位置被更加激进的领导人取代，此人被称为鲍勃（Bob），他迅速下令从烟草商人那里"征收"烟草，然后袭击了一处据说由通敌者拥有的奶牛场。

游击队与民兵之间的小规模冲突越来越多。一名为盖世太保工作的民兵朗贝尔（Lambert）被枪杀于伊桑若的一间咖啡馆，有几个年轻人被逮捕。其中一个年轻人就是让·邦尼索，莫雷尔未能及时对他及其 14 名同伴发出警报。邦尼索似乎是被九名当地人告发的，这说明就算在高原上，在这个似乎和谐且团结的地方，照样会有活跃的通敌者；实际上，高原上从来未形成过真正的和谐与团结。有些逃脱抓捕的年轻游击队员决定离开这个地区，去阿尔代什省和卢瓦尔省加入装备更好的法国自由射手游击队，他们在那里可以得到结实的鞋子、近在眼前的游击战和更多的食物。

在马泽村，露露的杂货店和咖啡馆变成武器库，武器就藏在干草堆下面，或者她家花园的深坑里。一天晚上，一个仓库里能够装满一整辆卡车的衣服被偷走后，就藏在她的谷仓里。4 月 22 日，民兵和法德两国警察展开联合行动，横扫整个高原，包围许多孤立的农场。他们烧掉农场，杀掉农民和法国自由射手游击队的战士，包括农民夏尔·瓦拉（Charles Valla）的两个儿子——19 岁的马克（Marc）和 21 岁的安德烈（André）。第二天，又有 11 个人被逮捕。24 日是星期一，让内牧师、贝松牧师和一位达比派牧师齐聚马泽教堂并主持葬礼，会众挤满了教堂外面的广场。

281   第二天，德国人杀了个回马枪，对马泽村逐间房屋进行搜查。他们一无所获。德国人逼问露露，她遮遮掩掩的那些袋子和箱子是干什么用的，她解释说那些是普通的邮政服务中的一部分，是她与当地的巴士公司一起经营的。

在接下来的日子里，有传言说游击队员和瓦拉兄弟是被一个补锅匠出卖的，那个人住在唐斯村与马泽村之间一个不爱交际的吉卜赛人家庭里。19 岁的马塞尔·巴雄（Marcel Bachon）口袋里似乎总是有钱。谣言传到唐斯村警察局，塔韦尼耶（Tavernier）警长从未掩饰自己对隐藏的犹太人和年轻的游击队员的同情，逮捕了巴雄。警长还通知了秘密军。秘密军赶到唐斯村，带走那个男孩，让他反复招供，然后让他自掘坟墓。2012 年，年届 100 岁的塔韦尼耶夫人还记得，那个吓坏了的年轻人请求回家换上鞋子，他不想穿着木鞋被枪毙。他的请求遭到拒绝。

在整个 5 月，游击队与民兵的小规模冲突持续不断。伊桑若地段是最为军事化的，此时建立了三个营——Y1 营、Y2 营和 Y3 营，每个营的人数都在增长。在勒尚邦，就在奥斯卡·罗索夫斯基制造假文件和假证件的那个农场，农场主要求房客埃里捷让罗索夫斯基离开农场，免得在农场里发生袭击或反袭击事件。埃里捷只是让罗索夫斯基把他的设备搬到花园底下那些空置的蜂房里。

与法国其他地方一样，高原上的人们翘首期盼法国解放，但解放所需的时间太过漫长，付出的代价也太过高昂。

在马赛和尼斯执行营救行动期间，约瑟夫·巴斯，这个巧取豪夺、急性子、专横的白俄罗斯商人，变得越来越关注犹太年轻人参加反维希政权战斗的必要性。他会问，当新教徒和天主教徒牺牲性命来拯救我们的时候，为何我们不能有所贡献呢？实际上早在1941年底，就已经有地下犹太军团（Armée Juive），他们试图保护受到威胁的法籍犹太人，后来还计划把他们的战斗技能带到以色列，去保卫新近成立的犹太国家。及至1943年底，据说犹太军团已经有1500名成员，散布于法国各个角落。

但巴斯想要组建自己的游击队，一支犹太游击队，当他被迫离开海边，回到他在圣艾蒂安巴多纳餐厅的安全屋时，回想起了他与特罗克梅的交往，还想到在孤立的农舍里安置过被他营救的孩子。巴斯来到高原，在勒尚邦火车站旁边租了几个房间，从黑市上买来几支左轮手枪，还联系了莱昂·埃罗，商量自己能干点什么。然后他就开始招兵买马。巴斯开着他那辆显眼的带着侧斗的摩托车，仿佛只有这样的摩托车才能装得下他那魁梧的身躯，他在荒郊野外到处寻找犹太家庭，希望对方能够捐钱供养他的年轻战士；当对方不愿意时，他甚至不惜敲诈勒索。每天晚上，他坐在厨房的桌子前，开始用德语和俄语撰写传单和小册子，这也是战斗的一部分，他要以此争取驻扎勒皮的德国国防军士兵，因为在那支驻军里面，有很多心怀不满的鞑靼人、格鲁吉亚人和亚美尼亚人。正如罗索夫斯基后来所说，巴斯有着扑克牌玩家的脾气。

招兵买马倒也不难，有不少犹太年轻人隐居在孤立的农舍里不安地等待解放，但他们需要训练的场所。通过儿童救援组织，巴斯见到了安德烈·舒拉基及其妻子科莱特（Colette），他们住在肖马热一套带庭院的房子里。肖马热是唐斯村外围的村

282

落，同时也作为儿童救援组织藏匿犹太儿童的指挥部，因为此时马德莱娜·德雷福斯正身陷囹圄。与马泽、费伊和勒尚邦一样，唐斯村从一开始就接纳和隐藏犹太人，包括来自罗阿讷的毛纺织工人、从居尔营地和里韦萨特营地救出来的囚犯、来自巴登和符腾堡的难民，但最多的还是法籍犹太家庭。唐斯村没有儿童之家；绝大多数被村民营救的都是成年人，及至1943年冬天，大约有163名犹太人躲藏在农村房屋和周围散布的农场里，足以构成一个社区。

然而，与其他三个村庄不同，唐斯村主要是个天主教村庄，犹太人在这里主要是受到天主教徒的庇护。但与其他三个村庄相同的是，在背后策划营救行动的依然是新教牧师罗兰·莱纳特，他坚持保护犹太人既是政治义务也是精神义务，很愿意把长老会堂借给犹太人使用。莱纳特把来找他求助的人们藏在房梁下面的密室里，通过手扶梯和暗门进入，人们可以通过屋顶从密室逃脱。莱纳特拉了一根很长的绳子，绳子末端有个铃铛，一拉绳子就能听到警报声。村长弗朗谢（Franchet）被普遍视为顽固的贝当主义者，但当地警察明显同情难民，而唐斯村的犹太人也享受着远离战火纷扰的日子。在舒拉基的庭院里，巴斯的小部队开始学习射击和使用武器，年轻人接受西班牙共和派战士何塞·贝拉·马丁内斯（José Vera Martinez）的训练。每天晚上，还有更年轻的男孩女孩加入，他们来学希伯来语和唱犹太歌曲。

然后，毫不意外的是，在肖马热出现了一所小规模的犹太学校，学校由立陶宛哲学家和希伯来学者雅各布·戈金（Jacob Gordin）创办，而在战争爆发前，戈金曾在巴黎参与编纂犹太百科全书。戈金年近30岁。前来向他求学的六七个年轻人都比他年轻，个别甚至还是大男孩。绝大多数年轻人都失去了家人。他们想要的只是生存、学习、远离战争。当地人把那所犹太学校称为"先知学校"（l'Ecole des Prophètes）。在戈金离开肖马热前往巴黎之前，加缪也偶尔来拜访他。

先知学校的一个最年轻的先知是伊扎克·米哈伊利（Itzhak Mikhaëli）。[2]他的祖父曾经在罗兹拥有一家纽扣工厂，在米哈伊利的母亲病倒后，祖父接手抚养他，并把他送到巴黎读书。在巴黎，米哈伊利被左派锡安主义者吸引，准备前往巴勒斯坦。战争爆发后，他在瓦朗斯附近的果园里工作，而他的战时冒险也包括教犹太童子军的孩子们做运动，帮助卢安热安排穿越瑞士边境的旅程，并在里韦萨特营地里工作。他在营地里结识了一些朋友，但只有他自己被免于驱逐。有一次，他与一群8～12岁的孩子搭乘火车前往边境，发现车厢里没有座位，便去敲一等车厢的门，里面都是德军士兵，他就问对方能否为"正在转学的天主教学童"腾出一些空间。德国人只好让座。米哈伊利真是个人胆的年轻人。

通过层层关系，米哈伊利最终打听到，只要前往唐斯村，就能在那里找到藏身之所。他刚坐小火车来到山上，就发觉积雪深达腰间。他沿着道路艰难跋涉，沿着别人告诉他的方向前进，却被一队游击队员截住，他被当成民兵，游击队员威胁要就地枪毙他，幸好一个成年人阻止了他们。

在先知学校，米哈伊利每天学习、分析课文、讨论，并把他读到的、学到的犹太文化知识分享给其他年轻学员。先知学校里没有《塔木德》，但戈金早已把其中的许多内容熟记于心。米哈伊利住在牛棚楼上的房间里；农民为犹太学校提供鸡蛋、牛奶、奶酪和黄油。有一天，轮到米哈伊利去唐斯村取补给品，他在咖啡馆被两名警察截住，对方要查看他的证件。他把假文件递给对方。其中一名警察问道："在你母亲出嫁之前，她原本的娘家姓氏是什么？"米哈伊利已经不记得文件上的细节了，他说出来的姓氏是错的。警察说道："下一次，记好你母亲的姓氏。"多年以后，当米哈伊利在一次研讨会上复述这个故事的时候，他听到一位年轻的女士高声喊道："那位警察就是我爷爷。"

自从德国人占领法国全境以后，米哈伊利想象过，自己的命运可能跟其他犹太人一样，就是最终被送进死亡营。随着一个又一个星期过去，他在这里感到很安全，而且忙于进行知识上的探讨。随着春天到来，解放似乎也近在眼前，年轻的先知们开始讨论未来，憧憬着一旦战斗结束，他们如何帮助重建犹太人的智识生活。随着逾越节临近，以及连续七天庆祝出埃及——纪念古代的以色列人逃脱埃及人的奴役——米哈伊利拿着蜡烛来到高原的野外。他坐在野外，借着烛光，阅读《路得记》。

高原上的游击队员缺少所有物资，但最缺的还是武器和弹药。随着故事中最匪夷所思、最不可思议的人物登场，这种短缺问题突然迎刃而解。

她的名字叫弗吉尼亚·霍尔（Virginia Hall）。[3] 弗吉尼亚是一个巴尔的摩银行家的女儿，那个银行家迎娶了自己的秘书，并通过开设电影院发家致富。弗吉尼亚曾经在雷德克里夫和巴纳德读书。她热爱运动，是篮球和曲棍球爱好者；她还相当任性，说服父亲让她在巴黎政治学院（Ecoles Libre des Sciences Politiques）学习一年，并在维也纳、斯特拉斯堡、格勒诺布尔

285

和图卢兹修读课程。回到美国的时候，她已经能够熟练运用西班牙语、德语和俄语，并在乔治·华盛顿大学继续研习法语。她的外表与能力同样突出：身材高挑，长着红金色头发，颧骨很高，下颌分明，还长着灰绿色的眼睛，而且眼距很宽。她脾气火暴，甚至专横跋扈；她说自己难以相处、喜怒无常。但她是天生的组织者。

1931 年，在过完 25 岁生日后，弗吉尼亚加入美国外交使团，成为驻华沙大使馆的秘书。及至 1933 年，她被调到土耳其的伊兹密尔。有一天外出打猎时，她滑倒了；猎枪走火了，一颗子弹打进她的左脚。伤口后来发生感染和坏疽，一个从伊斯坦布尔赶来的外科医生决定，她左腿自膝盖以下必须截肢。她换上木头做的假腿，以及黄铜做的假脚，她把那只假脚叫作"小铝狗"。她坚持承担新职务，这次是被派往威尼斯。但向国务院申请全职外交官的职位时，她被拒绝了：她是女性，而且是只剩一条腿的女性，不被认为是合适的人选。即使请位高权重的人物出面干预也无济于事。

弗吉尼亚并不是一个畏缩不前的女人。在爱沙尼亚的塔林短暂担任秘书之后，她辞职了。1940 年 1 月，在"假战"期间，她抵达巴黎，加入法国救护服务队，成为一名二等医护兵，被派往马其诺防线，为驻扎在梅斯附近的炮兵团服务。她在法国沦陷后不久复员，取道西班牙去了伦敦，在那里很快就找到一份译电员的工作，为美国军事武官服务。

敦刻尔克撤退之后，英国人建立了特别行动处（Special Operations Executive，SOE），协调针对德国人的颠覆和破坏活动，如有必要，直接策划行动。莫里斯·布克马斯特（Maurice Buckmaster）少校曾经是福特汽车公司驻法国的经理，此时负责

286　特别行动处法国分部。他们与戴高乐以及"自由法国"（经常发生内讧）的关系很微妙，特别行动处更像一个俱乐部，其成员是受到邀请才能加入的。1941 年，他们正在招募身体强健、头脑冷静、能说法语的人，还要有即兴演说和组织的才能。尽管妇女并非他们合意的选择，但当时没有多少人像弗吉尼亚那样了解法国，也没有人能够像她那样迅速完成武器训练和电台操作训练。更重要的是，由于美国并未对法国宣战，她可以公开进入法国，只要伪装成维希政府接受的、为《纽约邮报》（New York Post）撰写文章的记者就可以了。特别行动处决定在里昂建立一个法国分部的前进基地，想让她担任第一位"常驻特工"，以便协调和照顾特别行动处派往当地的特工。

　　弗吉尼亚自称为热尔梅娜·勒孔特（Germaine Le Contre）小姐，1941 年 8 月，她取道马德里抵达里昂，成为特别行动处派驻法国的第一位女性战地指挥官。她开始撰写文章，关于食品短缺，关于维希政府，关于犹太身份法。她写道："我很久没见到黄油了，牛奶的供应量也很少。妇女们不再能买到香烟，男人们的配给量降到每周两包。"[4] 在平淡无奇的文章伪装下，弗吉尼亚会与空投到当地的特别行动处特工接头，为他们提供住宿、配给本，以及发报机。必要时，她会把特工们藏匿在女修道院，然后把他们转移到西班牙。程序上，弗吉尼亚与特别行动处招募的特工赫克勒（Heckler）合作，同时充当其他特工的联络人，但她有独立的任务，并与当地医生让·鲁塞（Jean Rousset）合作。弗吉尼亚仍然伪装为美国记者，因此她在咖啡馆和餐厅公开与人会面，并与维希政府官员保持良好关系，能够从维希政府官员那里得知许多有趣的信息。面对同事，弗吉尼亚总是笑称自己的木头假腿叫卡思伯特（Cuthbert），但绝大多数同事后来说他们并不知道弗吉尼亚遭遇的意外；同事们称她为"跛足小姐"（the limping lady），毕竟她的步态有点奇怪。有时候，她会用"小铝狗"储存秘密文件。

德国人与赖伐尔达成了秘密协议，在德军占领法国全境之前，先派盖世太保军官南下，因此德国人很快就发现特别行动处的蛛丝马迹。一个接一个地，弗吉尼亚负责区域内的 24 名特工中有三分之一被抓获；许多人受到严刑拷打，个别人甚至被执行枪决。弗吉尼亚在给布克马斯特的信中写道："我们的总年龄正在快速减少。我和我所有同事加起来大约才 100 岁。我们再也不能这样下去了。"[5] 不久以后，一名告密者，即一名伪装为法国牧师、自称为阿莱什（Alesch）院长的双面间谍接到风声，知道一位女性组织者的存在，这位女性组织者化名为菲洛梅纳、伊莎贝尔或者戴安娜。盖世太保发出命令，抓住"跛足小姐"，"她是法国境内最危险的盟军特工之一。我们必须找到她，除掉她"。

鲁塞医生已被抓获，并被严刑拷打，但他没有透露任何情况。弗吉尼亚剩下的时间已经不多了，她设法逃到比利牛斯山区。她给伦敦的上司发电报："卡思伯特有点麻烦，但我还能应付。"收到电报的人不知道卡思伯特指什么。他在回电中回复："如果卡思伯特遇到麻烦，就除掉他。"弗吉尼亚穿过边境，但被逮捕；由于身上没有证件，她在费卡洛斯（Figueras）监狱被关了六个星期，直到一个与她关在同一个牢房的妓女偷偷替她把信送到美国驻巴塞罗那领事馆。

抵达伦敦后，弗吉尼亚要求把她空投回法国。特别行动处意识到盖世太保已经相当准确地了解她的外貌特征，而且是由那个假院长告的密，因此特别行动处拒绝了她的要求，转而把

287

她改派到西班牙，她在那里再次伪装为报纸记者，这次假装是为《芝加哥时报》（*Chicago Times*）撰写文章，实际上还是为特工准备安全屋，运作以马德里为起点的网络。她对此感到厌倦。她给伦敦方面写道："我根本就不是在从事什么工作。我在这里住得很开心，但这完全是浪费时间……毕竟，我的脖子是我自己的。如果我愿意脖子痛，那也是我自己的事情。"及至1943年，她返回伦敦。

1942年6月，美国人建立了战略情报局（Office of Strategic Services，OSS），在欧洲"计划和运作"情报搜集和破坏活动，美国战略情报局与英国特别行动处建立了松散的伙伴关系，他们正在物色能够被空投到法国的特工，以便与抵抗运动建立联系，并为英美盟军登陆做好准备。如果说特别行动处是个俱乐部，充斥着各种鸡鸣狗盗之辈，那么战略情报局也同样吸引了许多天生不适合在战斗部队中服役的男男女女：华尔街的银行家、学者、传教士、教授、赛马骑师、慈善家、赏金猎人，以及冷酷无情、野心勃勃的年轻女子。[6]供职于英国军情六处的马尔科姆·马格里奇（Malcolm Muggeridge）写道："战略情报局第一批工作人员抵达伦敦的时候，我还清楚地记得，他们就像'花枝招展的年轻女孩'……个个很傻很天真，就在我们这个冷冷清清、老旧不堪的情报妓院里开始工作。"[7]

通过曾经在纽约瑞吉酒店（St Regis Hotel）担任经理的朋友威廉·格雷尔（William Grell），弗吉尼亚进入了战略情报局；他们给弗吉尼亚授予陆军少尉军衔，让她继续接受无线电译电培训，并在彼得伯勒附近的米尔顿堂学习降落伞操作。有时候，她会把她的"小铝狗"藏在包里。新招募的特工被告知，不要对法国的食物存有偏见或挑剔，有什么就吃什么，甚至在必要时，要吃田鼠、老鼠、狗和猫。他们被告知，对付刺猬的最好办法是让它四脚朝天，挠它的肚子，当它探出头来的时候，你手起刀落，它身首异处。

由于无法靠双脚在法国跳伞，弗吉尼亚只好乘坐鱼雷艇在布列塔尼海岸附近登陆。她与另外一名化名为阿泰米斯（Artemis）的男性特工同行，两人从布雷斯特（Brest）一起乘坐火车前往巴黎。她很不愿意扮老，但也不得不把头发染成脏兮兮的灰黑色，还要用木头卡子把头发别在脑后。她穿上长裙，遮挡她的木头假腿。她伪装成一名供职于维希政府社会福利组织的巴黎社工，化名玛塞勒·蒙泰涅（Marcelle Montagne）小姐，住在巴比伦街的老朋友朗（Long）小姐家里，阿泰米斯也与她同行。两位女士很快就针对起他来，朗小姐说他行事轻率，弗吉尼亚说他狂妄自大却身体虚弱，总是抱怨自己身体不好，总是拒绝干任何重活。

弗吉尼亚把阿泰米斯留在巴黎，独自前往克勒兹省（Creuse），她在那里住得很不舒服，因为要与一位农夫及其老母亲同住，她在露天的柴堆上给他们做饭，还要替他们放牧奶牛，并沿路检查可能的伞降地点。她说她已变成"挤奶女工"。但上司让她继续前进，她很快到了涅夫勒省（Nièvre），住在另一户农民家中的阁楼里，沿路照顾山羊，便于观察德军的行进。她戴着褪色的头巾，穿着带有饰边的伞形长裙、宽松的羊毛衬衣、带口袋的毛衣，还带着一根手杖。她给附近抵抗组织的同事运送羊奶和传递消息，把自己居住的阁楼变成译电室。每当接到伞降行动的通知，她就赶着驴车前往伞降地点。有一次，伞降包裹里有一双医用长袜，可以套在卡思伯特外面。

然后，在1944年春末，弗吉尼亚被派遣到上卢瓦尔省。特

289

别行动处从扁豆商人让·朱利安（Jean Joulians）那里收到当地游击队员发来的情报。战争爆发前，弗吉尼亚碰巧在波士顿见过朱利安。她伪装成研究儿童问题的比利时记者，并结识了瑞士救援组织的奥古斯特·博尼。然后她去了勒尚邦。

皮埃尔·法约尔以及他麾下的游击队员最早是通过博尼得知弗吉尼亚抵达高原的。博尼告诉他们，有一位陌生的美国女士请求与游击队建立联系。[8]法约尔甚至没有机会对她表示怀疑。他们见面的时候，弗吉尼亚开门见山，完全没有浪费时间说客套话。弗吉尼亚问，他有多少人？他们有多少武器？哪里是最好的伞降地点？由于极度缺乏武器、资金和补给，法约尔愿意与她合作。他的确提前与阿尔及尔方面取得了联系，阿尔及尔方面告知法约尔，弗吉尼亚是个颇有权威的"陆军中校"。法约尔后来提到，他对弗吉尼亚的第一印象就是她那"独断专行的语气"。

战略情报局和特别行动处的考虑是，他们派驻法国的特工应该是辅导者和指导者。但弗吉尼亚对自己的定位是领导者。第二天，尽管腿脚不灵便，她还是骑上自行车外出，去确认适合空投的开阔地点。她自己骑行了许多英里，反复走遍了高山牧场。弗吉尼亚最初不知道法约尔是否值得信任，于是安排了一次小测验，给法约尔一笔钱，看他是否能够明智地使用这笔钱。法约尔通过了这次小测验，弗吉尼亚便给伦敦发电报，表示勒尚邦条件"很好"。弗吉尼亚发现了两个合适的空投区域：一个地点在维尔朗格（Villelonge），另一个地点靠近唐斯村。在维尔朗格，面包师阿方斯·瓦拉（Alphonse Valla）负责为路灯的电池充电，以便在必要时为飞行员点亮地面。当一切准备妥当，瓦拉就会在通往勒尚邦的道路旁边的一棵树下面留下信息。弗吉尼亚自行编制暗语。维尔朗格是"鲤鱼"，伊桑若是"鲨鱼"，需要发送的段落被称为"软鼻鲨鱼"。

有一天，两个年轻男孩来拜访马伯小姐，问是否可以借她的小汽车一用。由于缺少汽油，那辆小汽车已经停在车库很久了，来人说是"戴安娜"要用车。"戴安娜"在当地方言里也指圣母，说是圣母要去远方侦察。几天之后，对方来还车，车里还放着一包英国茶叶，以及一张感谢便条。 290

高原上没有配备武器的女游击队员，因此20个年轻男人被叫来协助空投行动，由英国广播公司通过暗语句子预告空投指令。⁹其中一个前来帮忙的年轻人是让·纳莱，他是博尼收养的孤儿，在达尔西萨克的学校准备中学毕业会考，同时为游击队服务。纳莱始终记得，弗吉尼亚穿着美军夹克和军服裤子的样子很"诱人"。纳莱告诉弗吉尼亚，他打算成为医生，弗吉尼亚便把他招来做自己的医务助手，让他负责保管医疗补给品，并把他称为自己的护士。伞降开始。代号"热汤"的空投带来了300千克枪械、弹药、衣物、巧克力、维生素、收音机、现金和烟草；代号"他因为害怕狂犬病而淹死了自己的狗"的空投又带来了十个大罐子的补给品。教师奥利维耶·哈茨菲尔德后来记得，一次空投之后，一切分发妥当，当年轻的法国人收到并查验防毒面具以后，他们觉得自己的地位终于得到承认了，他们与千里之外的陌生人变成了彼此拥抱的亲兄弟；他们不再是恐怖分子了，也不是义务劳动团的逃役者了，他们是解放部队的组成部分，并已得到承认。

在防毒面具里面，总有一包写着弗吉尼亚名字的英国茶叶，寄件人是薇拉·阿特金斯（Vera Atkins），此人是布克马斯特的助手，负责招募和部署女特工。雅克利娜·德古德曼彻和法约尔夫人帮忙收拢降落伞，这被勒尚邦的妇女们视为巨大的奖赏，她们把降落伞做成衬衣，染色卡其布很快就挂满村庄各处。有一次空投的代号为"大个子印度人吸烟斗"，带来了一位穿短裙的苏格兰上校，他自行挣脱降落伞，从着陆的冷杉树上爬下来，庄严地与每个人握手，然后拧开一瓶威士忌，在人群当中传递，接着消失在夜色之中。另一次空投引来了一群德军士兵，他们截获了信息；但他们迅速被消灭，尸体就埋在利尼翁河的河岸上。

291

只要弗吉尼亚认为根据地已成气候，她就决定继续推进，这次的方向是勃艮第。法约尔及其部下迫不及待地想要得到盟军的更多支持，害怕如果没有更好的武器，他们终究无法与驻扎在勒皮的德军相抗衡，他们派出雅克利娜和书商埃里克·巴伯扎去寻找弗吉尼亚。两人终于找到弗吉尼亚，她也答应跟随两人回到高原。当火车因为盟军轰炸而临时停车时，弗吉尼亚告诉其他人保持冷静；飞行员知道她在火车上，因此不会轰炸火车本身。他们坐救护车走完最后一程。弗吉尼亚与法约尔夫妇住在一起，每天坐在厨房桌子前面编制暗语。德国人派遣了侦察机，因此她被迫不停更换发报地点。她曾经搬进加缪住过的勒帕内利埃旅馆，然后搬至维尔朗格附近的谷仓，此地靠近瓦拉的面包房，面包房已成为当地游击队的司令部。她找来一个帮手——22岁的阿尔萨斯教师德德·苏斯巴赫（Dédé Zusbach）。弗吉尼亚为她的团队买来自行车，视自己为他们的大姐姐。让·纳莱在静止的自行车上不停蹬踏，以此为她的发报机发电。

有些法国年轻人发现弗吉尼亚总是神神秘秘，与人保持距离。[10]好几个星期过去了，她没有等来任何关于空投的消息，脾气变得很暴躁；她变得冷酷无情、不可理喻，武断地认为肯定是她身边某些人出了差错。为了让自己能够撑下去，她找来少量苯丙胺和安非他命。后来，人们说自己无法埋怨她的武断，毕竟她仍然是负责人；他们不太在意一位妇女发布的命令，而且人们心中藏有怒火，因为空投来的都是轻武器，而不是他们想要的迫击炮和反坦克火箭筒。后来，人们对她的口音、外国语调、法语掌握程度看法不一。站在弗吉尼亚的角度，她会说年轻的游击队员尽管非常坚定，却目无纪律、缺乏训练、太过贪心、太过好胜。理论上，绝大多数抵抗运动部队现在都团结在联合抵抗运动的旗帜之下，但激烈的嫉妒之心延续了下去。

此时此刻，游击队员与隐藏的犹太人一样，等待着迟迟未能到来的解放。

292

第十六章　今日无言

　　1944 年初夏，当特罗克梅牧师回家的时候，勒尚邦已经不是他记忆中的村庄了。他这次离开了十个月。对于一个用心照顾孩子、认真对待责任的人来说，他的漂泊经历实在是漫长又难熬。他在临近傍晚的时候回到村庄，受到家人和教区居民的欢迎。在星期天，他对挤满教堂的信徒们讲道。他觉得，玛格达看上去消瘦又疲惫，但内莉、让－皮埃尔、丹尼尔和雅克活泼又可爱。他的教区居民发现他更沉静了，没有那么武断了。

　　在他离开期间，勒尚邦变成了一个隐居、沉默、等待的地方，人们如非必要，几乎从不开口。此时，年轻的游击队员大胆地在村庄周围闲逛，他们手持各种各样的武器，身穿参差不齐的军装。特罗克梅别无选择，只能接受现实，他的许多朋友和同事曾经默默接受他的和平主义，此时公开支持武装斗争。

　　特罗克梅后来说，他能够毫无困难地接受莱昂·埃罗的好战讲话，不管怎样，埃罗早就放弃基督教信仰了；他甚至不担心当地男孩过分夸张的行为举止，包括自己的儿子们也是如此，他们挥舞着新近获得的武器，在主街上招摇过市。特罗克梅介意的是有一群神学院学生来访，他们告诉特罗克梅，他们正在组建基督徒游击队，想借教堂里的圣餐盘和圣餐杯，这样他们就能每天在山区里举行圣餐礼了。特罗克梅予以拒绝。特罗克梅问他们，如何能够一边举行圣餐礼，一边渴望杀死德国人呢？年轻人回答道，他们确信"上帝命令我们这样做"。后来，特罗克梅有些自视甚高地形容，这群神学院学生偷走了唐斯村本堂神父的自行车，还说他们需要这辆自行车去"捍卫民族"；他安抚了愤怒的本堂神父，然后把孩子们叫回来，命令孩子们归还自行车。孩子们照做了。即使在这个时候，他的权威也依然奏效。

特罗克梅意识到他仍然热情信奉的和平主义不再能够为他赢得任何追随者，他似乎更喜欢扮演和平缔造者的新角色。脾气暴躁的勒福雷捷医生拒绝向游击队员交出救护车钥匙，因为游击队要开车"上前线"，从道理上说，作为红十字会的车辆是受《日内瓦公约》保护的，不能被随意征用。弗吉尼亚·霍尔手下一名特工威胁要把勒福雷捷当成叛国贼就地枪决，特罗克梅及时介入。特罗克梅问，如果医生答应不妨碍他们，是否允许自己把医生关在长老会堂？游击队员同意了，勒福雷捷医生也答应了。后来，特罗克梅发现医生没有信守承诺，竟然溜出长老会堂回家去了，他大发雷霆。但在医生家里，他发现医生被妻子和两个男孩簇拥着，医生说如果这就是游击队对待他的态度，那么他也总算看透游击队的本质了。

尽管经历过这么多纷纷扰扰，但隐藏的犹太人仍然未受打扰。在特罗克梅离开的十个月里，没有人被逮捕；任何一处儿童之家都没有受到袭击，也没有盖世太保前来骚扰。住在勒尚邦的德军伤兵似乎忧心忡忡、惴惴不安；许多德军伤兵只不过是 16 岁或 17 岁的孩子，来自罗阿讷的女孩子们经常从偏远的农舍来到村里，嘲笑他们笨拙的举止和幼稚的样貌。一个女孩说："我们在他们面前大摇大摆地走过。他们就像害怕的孩子。"尽管有些犹太家庭非常害怕最坏的事情发生，把自己隐藏得更深，但长达几个月的太平无事还是让他们有了一点信心。

他们觉得自己已经逃过一劫。此时此刻，他们彼此勉励，要继续坚持下去。每次收到盟军向前推进的消息，他们都会更加振奋。

* * *

295　　犹太人这种显而易见的安全感是非同寻常的，因为在法国其他地区，逮捕和驱逐犹太人的行动并未放松。1943 年 11 月，犹太人问题总委员会改组，达基耶尔·德·佩莱波被去职，取而代之的是来自殖民地的职业军官夏尔·杜帕蒂·德克朗（Charles du Paty de Clam）；当德克朗显得太过消极时，他的职位又被更加坚决反犹的约瑟夫·安蒂尼亚克（Joseph Antignac）取代。安蒂尼亚克后来会说，他接手这个职务，只是为了"防止最糟糕的情况"发生在犹太人身上。然而，无论这几个人选择以何种方式迫害犹太人，都已经无关紧要了。德国人决定全面接管，并仔细且高效地寻找和驱逐法国仅剩的犹太人，这也是一场与时钟赛跑的比赛，他们要赶在盟军抵达之前完成任务，而盟军登陆已近在眼前。最近几个月，他们已经能够熟练地辨别真假文件。在民兵的帮助下，盖世太保加倍努力地搜查学校、女修道院和寄宿家庭，核实其收留的孩子的确切身份，同时搜查监狱、劳动营和农场，寻找犹太成年人。他们甚至给告密者开出更加慷慨的奖赏。告密信汹涌而至。

　　4 月 6 日，巴比派出一队盖世太保军官，搜查儿童救援组织设在伊齐厄（Izieu）的儿童之家，这是该组织仅存几处儿童之家的其中一处，坐落于距离里昂不远的小村庄。45 个孩子以及老师们正在吃早餐。绝大多数孩子已经沦为孤儿，他们身为外籍犹太人的父母已被逮捕和驱逐；有些孩子曾经在居尔营地和里韦萨特营地度过了好几个月。这处儿童之家本来应该是安全的：农舍很偏僻，坐落在山上，能够远眺上山的道路和开来的车辆，而且曾经受到同情他们的维希政府官员的保护。这里本来应该配备预警系统；但那是一个美丽、平静的早晨，预警系统尚未被激活。

有一个孩子不是犹太人，被当场释放。其他人都被抓去蒙吕克。第二天，他们都被送去德朗西，一周后，34 个人被押上开往奥斯维辛的火车，剩下的人很快也步其后尘。只有儿童之家的负责人侥幸逃脱，他当天碰巧离开了，想为孩子们寻找更安全的藏身之所；一位老师在驱逐行动中幸存下来。在伊齐厄，有几个孩子还是马德莱娜·德雷福斯送过去的。

营救组织本身也陷入迄今为止最大的危险之中。在突袭伊齐厄两天后，设在尚贝里的儿童救援组织的最后一个办公室也受到盖世太保的搜查。儿童救援组织的七名员工，以及为难民救助委员会（Comité d'Aide aux Réfugiés）工作的另外三名员工，都被抓获。他们被迫走到大街上，这样盖世太保就能抓走那些与他们说话的人；然后，他们会受到布伦纳的审问，而布伦纳在德朗西和尼斯围捕中已经驾轻就熟。在格勒诺布尔监狱，儿童救援组织的负责人、天主教徒阿兰·摩西（Alain Mosse）设法送出暗语信，他指示关闭剩下的每一处儿童之家，并把剩下的孩子们全部隐藏起来。

其中两名被捕的工作人员有儿童救援组织在马赛的前负责人朱利安·萨米埃尔（Julien Samuel），还有妮科尔·韦尔的丈夫雅克·萨隆。[1]朱利安设法给妻子发了一封电报："克劳德病得很重，小心预防，避免感染。"朱利安的妻子及时带着刚出生的婴儿隐藏起来。朱利安和雅克都被带到蒙吕克，并受到严刑拷打。他们被押上开往德朗西的火车。然而，他们身上还带着一把锉刀，是一个朋友偷偷塞给他们的，因此他们能够锉开铁条，在火车慢下来的时候跳车逃脱。他们得以幸存，直到战争结束都毫发无伤。

伊齐厄遇袭的消息也传到正在利摩日的加雷尔那里，同时传来的可靠消息显示，德国人知道儿童救援组织藏匿的所有孩子的全部细节。48小时内，所有孩子都消失了，全部孩子都被转移到更隐蔽的地方。与此同时，玛丽安娜·科恩和卢安热正在把一批又一批孩子送到瑞士边境。此时人们有种感觉，除非盟军尽快抵达，否则没有人能够活下来。

值得注意的是，加雷尔此时仍然来去自由，他带着自行车、坐着火车环游整个国家，仍然伪装成陶器推销员的模样，去检查新的安排。安德蕾·萨洛蒙是儿童救援组织的女性工作人员，曾经为拯救居尔营地和里韦萨特营地的孩子做出巨大贡献，此时决定带一批孩子取道西班牙前往巴勒斯坦。经过犹太军团的甄选和准备，12名8~14岁的孩子，以及五名成年人，在大雾弥漫的一天从佩皮尼昂踏上旅途。他们安全抵达安道尔，尽管花了好几个月准备证件，最终还是在加的斯登上"几内亚"号轮船。

约瑟夫·巴斯在马赛一家餐厅吃午饭时被逮捕。按照他惯常的强人做派，他设法击倒警卫，从警卫身上摸到手铐的钥匙，然后顺利脱身；他安全抵达勒皮。

卢安热也仍然自由。有一天，卢安热的朋友、阿讷马斯市市长德福请他过去，市长继续庇护犹太人，与此同时和盖世太保维持友好关系，他从市长那里了解到很多有趣的情况。德福告诉卢安热，尽管他的名字还未被掌握，但他已经上了盖世太保的抓捕名单，是时候躲起来了。

卢安热赶紧回家，提醒妻子带上两个孩子，包括一个六个月大的小婴儿。他把小心藏起来的黄金找出来，那些黄金就是用来应对不测的，然后他们动身前往边境。在那里，他们与其他人一起等待穿越边境线。卢安热后来形容他的妻子非常害怕，他只能不断催促妻子向前走。抵达穿越点的时候，他们听到了军犬的动静。摆渡人因为害怕而溜走了。人们开始四散奔逃，但很快被德军巡逻队包围。一名德国军官用枪指着卢安热怀中婴儿的头，警告他不要乱动，还让军犬盯着他。但军犬跑开了。卢安热抓起行李箱，抱起婴儿，拽着妻子和大儿子，跑向附近一栋房子，那栋房子仍然在边境线法国一侧。房主夫妇试图阻止他们进入，说房子会被德国人烧掉。卢安热挥舞匕首，递上金币，最终强行进入那栋房子。

第二天早上，天色微明，他们走向边境线的铁丝网，卢安热向另一侧的瑞士警卫喊话。他解释道，他需要让妻子和孩子过境，但自己会返回法国。他举起铁丝网，让家人过去。作为两个幼小孩子的父亲，他很可能会被瑞士人接纳，但他还有更多工作要做。卢安热赶紧下山以躲过下一支巡逻队，回到阿讷马斯去见德福。他从德福那里得知，盖世太保已经放出话来，务必马上抓他。卢安热离开了，但他只是为了接走更多需要过境的孩子。他后来说道："我因幸运而闻名。"从 1943 年秋天到 1944 年夏天，卢安热及其同事让 1069 个孩子安全抵达瑞士。

玛丽安娜·科恩曾经帮助西蒙·利弗朗，但她就没有那么幸运了。当她带着 28 个孩子穿越边境的时候，在距离边境线只剩 200 米的地方，一支带着军犬的德军巡逻队把她当场抓获。

德国人追踪那些孩子，发现他们的真实姓名和地址就藏在衣服的内衬里面。玛丽安娜被带走，一起被带走的还有 11 个年纪稍大的男孩和女孩，他们都被关押在阿讷马斯监狱。德福设法说服盖世太保释放年纪较小的孩子，让他们住在镇上指定的地方。卢安热托人向玛丽安娜传话，说营救她的计划正在制订中，但她拒绝了，害怕德国人会报复孩子们。玛丽安娜受到严刑折磨。一个月后，盖世太保把她和另外五名抵抗组织成员带到距离监狱不远处的孤立地点，用铲子把他们活活打死。德福了解到那 28 个孩子都会被送去里昂，最终落入巴比的手中。他找到一名盖世太保军官，对他软硬兼施，既提到他战后将会遭到报复，又答应战后可以保护他，终于说服这名军官把所有孩子都交给自己。孩子们都活下来了。如果玛丽安娜当时逃跑了，这些孩子很可能就活不下来了。

被关押在监狱期间，玛丽安娜写了一首诗，这首诗将会成为维希政府统治时代最典型的几首诗歌之一。她把这首诗留给了孩子们。

> 明天，我可能会叛变，但不会是今天。
> 今天，拔掉我的指甲，我也不会叛变。
> 你不知道我有多少勇气，
> 但我，我知道……
> 明天，我可能会叛变，但不会是今天。
> 明天。
> 我需要黑夜帮我下定决心。
> 我至少需要一个晚上。
> 去诀别，去放弃，去背叛。

去诀别朋友，

去放弃面包和红酒，

去背叛生活，

去死。

299

明天，我可能会叛变，但不会是今天。

锉刀在窗玻璃下面。

锉刀不是用来对付铁窗条的，

锉刀不是用来对付行刑者的，

锉刀是用来割开我的手腕的。

今天，我无话可说，

叛变，明天再说吧。

　　6月6日，星期二，16万英国、美国、加拿大和"自由法国"的士兵，沿着80千米长的诺曼底海岸，以抢滩或者空降的方式登陆。解放欧洲的战斗正式开始。在特别行动处的帮助下，法国抵抗组织开始袭击铁路线，沿道路发起伏击，摧毁电话交换机和发电站。四天后，经过几个小时的战斗，伊桑若就被解放了。至少在理论上，高原自由了；之后游击队接管了这个地区，民兵却仍然负隅顽抗，整个地区陷入无政府状态。天主教徒、新教徒和达比派信徒都在等待盟军抵达，希望美国人来到这里。

　　德军节节败退，向北和向东突围，想要回到德国。6月9日，武装党卫队帝国师因其40名士兵被杀而大肆报复，在民兵配合下，他们闯入科雷兹省（Corrèze）的蒂勒，围捕了600个男人和男孩（有些男孩甚至未满16岁），把其中99人吊死在电灯柱上、树上和阳台下方。随风摇摆的尸体沿街排成行，党卫队军官看着，喝着酒，笑着，拍着照片。10 日，党卫队把格拉讷河畔奥拉杜尔村（Oradour – sur – Glane）的妇女和儿童赶进乡村教堂，然后纵火烧毁教堂；党卫队把男人赶进谷仓，开枪打伤他们的腿，让他们无法逃脱，然后纵火烧毁谷仓。当天结束的时候，有 642 人惨遭杀害。

在高原上，弗吉尼亚·霍尔向布克马斯特发电报，请求更多补给，计划切断里昂至圣艾蒂安的铁路线，并准备迎接盟军特工。总共有三个特工跳伞，他们是特别行动处 – 战略情报局联合突击队［被称为杰德堡（Jedburgh）突击队］的组成部分，弗吉尼亚送给他们从德国人那里偷来的杜松子酒。

终于传来了丹尼尔·特罗克梅的消息，他在圣诞节前传出的最后消息提及他被转移到另一处营地。他的兄弟弗朗索瓦（François）为了保住自己的工厂而在大火中失去了双手，游击队在他的工厂里放火，以免补给品落入德国人手中。几名德国军官到医院看望弗朗索瓦，对他保护工厂的努力表示感谢，还问他是否需要帮助。弗朗索瓦告诉军官们："找到我的兄弟丹尼尔。"军官们说他们会尽力寻找。等到 5 月底，终于有消息传来：丹尼尔已经死于波兰的马伊达内克（Maidanek）集中营，终年 31 岁。

后来，从幸存者那里听说，他整个春天都感觉心脏不舒服，在集中营里面还要照顾多拉，他在劳动营里越来越瘦削，越来越虚弱，然后与另外 500 名生病和垂死的男人一起被转送到马伊达内克集中营。考虑到这段旅途长达 900 千米以及他的健康状况，他基本不可能在旅途中存活下来。据他的朋友说，同样来自高原的狱友收到一个包裹，狱友一边分享收到的物品，一边听丹尼尔讲述高原居民保护隐藏犹太人的故事，丹尼尔当时非常高兴。他的死亡并不意味着至亲遭遇的悲剧到此结束。他的母亲夏娃在美军攻打罗什学校的时候被榴霰弹打成重伤，很快就不治身亡；他的父亲在一次交通事故中被美军吉普车撞死。

然后悲剧就波及高原，发生了三件毫不相关、毫无意义的事情。[2]特罗克梅后来写道，仿佛神明对他们的保护突然消失，他第一次理解为何罗马人要乞灵以寻求关于未来的线索。

诸神的第一次作恶发生在 17 岁的马努·巴罗（Manou Barraud）身上，马努是加布丽埃勒的妹妹，是一个快乐的女孩。她认为一位年轻妇女对德军伤兵太过友好，每次在勒尚邦遇见那位妇女，人们就听见她骂人家"肮脏！真肮脏"。在丽日旅馆，巴罗夫人总是接收来自塞文诺新学堂的学生，以及马德莱娜·巴罗和西马德组织送来的犹太男孩和女孩。那是一个洋溢着爱与喧闹的家。直到诺曼底登陆为止，加布丽埃勒一直在帮助奥斯卡·罗索夫斯基伪造文件，巴罗先生则跟随抵抗组织进入山区。

马努有个男朋友，是一个不比马努大多少的年轻人，他找到一把枪，并加入了游击队。7 月 5 日下午，他来看马努，并让马努看他的枪，还安慰她说，他已经关上保险。但那支枪突然走火。一颗子弹射中了马努的腹部，她死在加布丽埃勒怀里。勒福雷捷医生被叫来，但已无力回天。医生悲伤地说："最好的人，却死得最早。"爱笑的、大胆的马努被葬在墓地里。全村都来出席她的葬礼。之后几天，巴罗夫人坚持让女儿的男朋友陪在身旁，怕他因为内疚而自寻短见。巴罗夫人对他说："这不是你的错，是这个世界疯了。"

第二天，游击队和德军部队在不远处的勒谢拉尔（Le Cheylard）发生交火，德国国防军杀了大约 50 个人，人们害怕

一群孩子在群山里

德军可能会杀到勒尚邦。[3] 埃米尔·塞什把他保护的犹太孩子从
苏莉阿姨之家转移到森林里面。他曾经在树林里给孩子们建造
一处庇护所，他在土里挖出一个深坑，用树干加固四壁，在上
面覆盖苔藓和树叶。孩子们可以挤在深坑里，直到他吹响刺耳
的哨声，一声长，三声短，代表莫尔斯电码的 T 和 S，意味着
他们安全了。马伯小姐把她保护的男孩们带出村庄，前往高原
更高处。

尽管对高原上的游击队员颇有微词，勒福雷捷医生还是与
抵抗战士非常亲近，他为他们处理伤口，提醒他们危险将至。
童子军领导人布雷斯是医生三岁儿子贝尔纳的教父，勒福雷捷
的妹夫在法国南部领导着一支抵抗运动队伍。勒福雷捷的个性
总是有点草率，急于采取行动，对使人迷惑的局面感到不耐烦。
他是否鲁莽地把年轻战士的病历与普通病人的病历夹杂在一起，

游击队领导人是否在晚上偷偷拿走了病历，早已消散在历史的迷雾中了。但他肯定站在游击队那边，而且他在高原上广受爱戴。当唐斯村的警察告诉他民兵正在找他之后，他不得不暂时逃离勒尚邦。他也收留和藏匿犹太人，以及其他被盖世太保追捕的人；他坚持在晚上打开自家的门，以便任何人前来向他求助。人们不知道，他在多大程度上是加缪笔下《鼠疫》中的主人公里厄医生的原型，但这两个人肯定有相似之处：人道、乐观、宽容、自由，对待不公正和不人道行为的态度十分鲜明。

8月4日下午1点，勒福雷捷医生告诉妻子达妮埃尔，他要去勒皮为两名被德国人扣押的游击队员求情。妻子试图说服他不要去，特罗克梅后来说，自己也曾告诉勒福雷捷此行愚不可及，但他铁了心要去。那两个男孩面临生命危险，总得为孩子们做点什么。他的助手和助产士露西·沙佐（Lucie Chazot）在他的汽车顶上盖上大幅的红十字会旗帜，然后他就出发了，还带上维尔朗格杂货店主的女儿丹妮丝·德波（Denise Debaud），丹妮丝是其中一名在押犯的未婚妻。在半路上，他们又接上秘密军的游击队员鲍勃，以及木讷的男孩让·朗博（Jean Rambaud），此人可能就是告密者。勒福雷捷被告知，把车停到一处废弃的石矿场附近，那里还有另外两名游击队员在等待。让被带走；枪声响起；勒福雷捷医生被要求查验那个男孩的尸体。

一行人继续上路，前往勒皮，大约下午3点到达。鲍勃进入一家书店，丹妮丝带上一些食物前往监狱，勒福雷捷进入一家咖啡厅，与两个男人谈话，他希望能够救下两名囚犯的性命。他留下另一名游击队员勒鲁瓦（Leroi）看守汽车，但那个年轻人走开了，去跟两个朋友聊天。这时候，一队德军宪兵赶来包围了三名年轻人。当勒福雷捷和接头人听到吵闹、走出咖啡厅的时候，他们都被逮捕了。鲍勃和丹妮丝侥幸逃脱，他们徒步回到勒尚邦去传递消息。

与此同时，德国人在汽车里找到游击队员遗留的两把左轮手枪，尽管勒福雷捷曾经反复提醒红十字会的汽车奉行中立原则，但游击队员置若罔闻。勒福雷捷在勒皮监狱度过了一个晚上，第二天被带到德军司令部。那里组建了一个军事法庭，由施梅林少校担任庭长，施梅林还在勒皮，但他在上卢瓦尔省的指挥权已经移交给更为强硬的奥伯斯特·梅特格（Oberst Metger）。勒福雷捷被判死刑。达妮埃尔赶到勒皮，同行的还有特罗克梅和瑞士救援组织的奥古斯特·博尼。博尼后来说，施梅林坦率而又礼貌，他并不觉得施梅林就像人们印象中的"如同一堵无法突破的墙"。当达妮埃尔看见勒福雷捷鼻青脸肿的面容和原本"漂亮"、如今肿胀的双手，整个人都被吓坏了。达妮埃尔被告知，死刑判决已获得减免，勒福雷捷将要到德国去提供医疗服务。

透过牢房的气孔，勒福雷捷能够对隔壁的囚犯描述自己的家庭；他总是自言自语，反复祈祷，然后唱圣歌，但在受到酷刑折磨之后，更多的时候他一言不发。

304 　 9 日，当达妮埃尔再来看勒福雷捷的时候，她被错误地告知他已经离开了。但他给达妮埃尔留了一封信。信中的语言奇怪而生硬，不像是他会说的话。他写道，他有"好几个小时、好几个晚上和好几天承受肉体和精神上的折磨，但我的灵魂是平静的，因为在最痛苦的时候，我的基督教信仰从未离弃我"。他告诉达妮埃尔，他故意提出请求，愿意被派到任何需要他的地方去当医生，因为医学是能跨越民族界限的。他最后写道："每天早上替我吻吻孩子，把你的头发梳成辫子来纪念我吧，因为我喜欢你把头发梳成辫子的模样。"在信的结尾有个小小的清单，清单的标题是"行李"；清单里包括一件套衫、一张旅游毛毯、内衣裤、肥皂、一部七星诗社选集、一本《圣经》和一张"漂亮的照片"。但已经太迟了，来不及把这些物品带给他。

8月10日，勒福雷捷被押上开往蒙吕克的卡车。人们不知道他当时的想法，他把自己的腕表摘下来，递给与他同行的游击队员勒鲁瓦，请求对方把腕表交给达妮埃尔。11日，带着腕表的勒鲁瓦被押上最后一列从里昂开往德国的火车，被迫在一间兵工厂里工作。

8月20日，星期天，巴比命令25名德军士兵和10名民兵把120名犯人押送到位于圣热尼拉瓦勒（Saint‑Genis‑Laval）的科特洛雷特要塞（Fort Côte Lorette），那里是一处废弃的房屋，曾经住满警卫。勒福雷捷医生也在囚犯当中。其中12名囚犯是妇女，还有几名囚犯是牧师，绝大多数囚犯隶属于当地其中一支游击队。他们被押送到此地，双手戴着镣铐，沿着楼梯走上一楼，排成行列被枪毙；当一楼堆满尸体，其余囚犯就在底层被枪毙。房屋内外，洒满磷粉，淋满汽油，然后整栋建筑物被付之一炬。三名囚犯设法爬出窗外；其中两人被抓住，重新被扔进火堆。爆炸随后陆续发生，持续到天亮为止，圣热尼拉瓦勒的居民爬出来看到底发生了什么事情。在烧焦的人体残骸中，只有三分之一的人能被勉强辨认出来。

勒福雷捷被杀四天后，蒙吕克被解放。

达妮埃尔对此一无所知。直到六个星期后，达妮埃尔一路寻找失踪的丈夫，在那24袋从废墟里扒拉出来的衣服残片中看见勒福雷捷那个特别的皮带扣。达妮埃尔成了寡妇，她那年才23岁。她的儿子，一个五岁，一个三岁。

或许，在所有不幸事件中，第三件是最后一场惨剧，也是最没意义的。

特罗克梅爱他所有的孩子。特罗克梅喜欢务实的、可靠的、17岁的内莉，但他不知道内莉违反他的命令去跟朋友跳舞，对于塞文诺新学堂的新教学生来说，跳舞是被禁止的，因为那是"下流的、放荡的、容易引发怀孕的"。特罗克梅心情好的时候叫她"特罗克梅特"；当她骑上大马的时候，叫她"波利娜阿姨"。特罗克梅喜欢瘦小的、修长的雅克，喜欢他充满理想，喜欢他善变无常。特罗克梅喜欢小丹尼尔，野性、狡猾，总是调皮捣蛋。但特罗克梅最喜欢的是让－皮埃尔。特罗克梅觉得他最像自己，就像"另一个我"，他是一个整天爱思考、爱担忧的男孩。当村民生病的时候，他会去看望病人。他钢琴弹得很好，比那些年纪大得多的人弹得更有感情。他曾经对父亲说："我心里总有些事情，让我无法快乐起来。"让－皮埃尔在犹太难民当中有许多朋友；他放学后经常与皮埃尔·布洛克一起玩，布洛克是来自里昂的男孩，住在鲁塞尔夫人家，就在长老会堂附近的路边。

8月13日，特罗克梅与玛格达为一对夫妇调解矛盾，刚刚回到家里，特罗克梅就听到雅克在大喊："爸爸！爸爸！快来。让－皮埃尔死了！"他们在长老会堂里发现让－皮埃尔吊在浴室水箱那根绳子上。里乌医生赶来，宣布孩子已经死亡。他们一开始以为孩子是自杀，但后来记起，前几天晚上，著名演员让·德尚（Jean Deschamps）在教堂里吟诵了寓言和诗歌，其中就有维庸（Villon）的著名作品《缢死者叙事诗》（Ballade des Pendus）。德尚的表演如此逼真，当念到窗外悬挂摇晃的尸体排成行时，他竟然真的在如痴如醉的观众面前做出悬挂摇晃的动作。让－皮埃尔的朋友告诉特罗克梅夫妇，让－皮埃尔被那首诗深深打动了，同学们听见他在利尼翁河畔旁若无人地反复吟诵。里乌医生说，让－皮埃尔在勒紧绞索之前，曾经小心翼翼地把裤子缠在脖子上，这纯属是一场可怕又愚蠢的意外，他从未想过弄死自己。马伯小姐那天还见过他，他还是满脸开心快活、无忧无虑的样子。

306

　　让－皮埃尔的棺木由同学们抬去墓地，年纪稍大的男孩穿着混搭的游击队制服。他被葬在马努·巴罗旁边，两座坟墓都摆满了从田地里采的野花，村里的孩子们把野花串成花环，缠上缎带。在坟墓后面，皮埃尔·布洛克呆呆地看着墓穴，他太过震惊，甚至哭不出来；让－皮埃尔去世的当天下午，两个男孩明明还在一起的。皮埃尔后来深受困扰，他总觉得这是自己的错，他们太过亲密，太过心灵相通，让－皮埃尔害怕父亲不悦，因此才寻了短见。

　　玛格达一边哭泣一边说："我本该陪在你身边的。"但她后来忍住悲痛，振作起来，全身心去照顾那些仍然需要她帮助的躲藏者。对于特罗克梅来说，他无法接受这个现实。看着儿子的尸体，特罗克梅想起了自己的母亲，她遭遇车祸去世时自己才十岁。特罗克梅后来写道："心里空空落落的。无能为力，面对变故我无能为力。"特罗克梅告诉自己，上帝会告诉他怎么做的，但直到他走出森林，上帝依然保持沉默。他感觉自己就像高高的松树，一旦被砍掉树顶，就再也不会长高了。当再次在教堂里讲道时，他讲到了耶稣基督复活。特罗克梅和玛格达决定，为了其他几个孩子着想，他们只能继续把日子过下去，学会适应让－皮埃尔不在的日子，尽可能一如往常。他们决定不理会村庄里"可恨又可怜"的流言蜚语，有些凉薄的人说让－皮埃尔是个"坏男孩"。

8 月 15 日，从墓地走上山的半路上，达尔西萨克遇见特罗克梅。达尔西萨克说道："我知道这对你来说是很艰难的日子，但我还是要告诉你，英国广播公司刚刚宣布，盟军在法国南部登陆了。"

当结局终于到来的时候，它发生得很迅速。8 月 19 日，驻扎在勒皮的德军守备部队奉命北移，撤退到圣艾蒂安。大约 6000 名民兵及其家属随行；那些自愿继续战斗的人会被送去波美拉尼亚防线，基本上是有去无回。由于受到上卢瓦尔省各路游击队（包括约瑟夫·巴斯的年轻犹太战士）的围追堵截，德军和民兵在圣热内（Saint - Geneys）陷入绝境，17 名德军和七名抵抗战士在交火中阵亡。巴斯此时被称为"安德烈上尉"，他用自己的大嗓门向那些鞑靼、格鲁吉亚、克罗地亚和亚美尼亚士兵喊话，让他们放下武器，弃暗投明。由于寡不敌众，施梅林下令他手下的 120 名士兵投降。

在撤退之前，德军在他们占领之下的勒皮市区各处建筑物淋满汽油，但尚未来得及点火。德军留下了 300 名患有结核病的辅助部队士兵。莫里斯·尼扎尔抵达勒皮，在医院里帮忙。奥斯卡·罗索夫斯基的母亲从费伊村过来担任翻译。俄国人尽管一度受到游击队的保护，但最终还是被交还给苏联红军；至于他们的下场会怎样，苏联红军会如何对待这些变节者，那就谁也没有心思去想了。罗索夫斯基与萨米·夏尔一起抵达勒皮，

307

他们征用了当地一家印刷公司，开始发行报纸。8 月 25 日，露露的女儿吕西安娜·吕埃尔从马泽村过来，她是少数在主街上参与解放游行的高原年轻人。[4] 他们装饰了一驾马车，在上面放了许多虞美人、雏菊和矢车菊花束。

德军俘虏被押送到战神桥的村公所，位于勒尚邦的边缘位置，由原本听命于他们的警察进行看守。俘虏们感到人们对他们敌意很深，都在议论报复的事情。由于俘虏们被关押在特罗克梅的教区，也就只能是他去做俘虏们的随军牧师了。特罗克梅一如既往地一丝不苟，他不在乎这份工作有多么不得人心，还去监狱看望俘虏。特罗克梅发现那几个德国军官既傲慢无礼又冥顽不灵，仍然坚信希特勒会赢得战争。到了星期天，当他们出席特罗克梅为他们举行的宗教仪式时，他们还是穿着正式军装，踏着正步，列队行进，仿佛就在自己的军营里面。特罗克梅借助这个机会见到了施梅林，希望能够了解到更多关于勒福雷捷的消息。施梅林少校告诉特罗克梅，勒福雷捷已经在德国了。至于施梅林是否知道这并非实情，那就不得而知了。

尽管特罗克梅能说流利的德语，但他的布道词还是用法语写的，他邀请在塞文诺新学堂教德语的奥地利难民霍费尔小姐为他翻译布道词。他决定以摩西十诫、上帝的宽恕和非暴力为主题进行一次讲道。他表明自己绝对谴责刚刚结束的这场战争。他提到了奥拉杜尔村和毒气室。那天早上，特罗克梅也对勒尚邦教堂里的会众宣读了同一份布道词，坚持让游击队员把武器放在门外，并不在乎这会引起游击队员的不快。德军俘虏和法国教区居民都不喜欢特罗克梅所说的话。德国人拒绝相信特罗克梅所说的关于杀戮的故事，认为那只不过是谎言和宣传，还说如果没有人保护法国人免受布尔什维克和鼠疫的感染，法国人将会感到遗憾；法国人则认为德国人的野蛮暴行永远不可能靠非暴力手段来抵消。教区居民也不喜欢听特罗克梅说俘虏们正在抱怨吃不饱，他给俘虏们带了一些从法国南部运到高原的葡萄。人们都有怨言，说那个牧师自己就是个"德国佬"。

人们还经历了一个诡异的时刻。当盟军登陆法国南部、德军撤退时，50 名犹太幸存者乘坐"幽灵火车"突然抵达勒尚邦，那其实是最后几趟开往德朗西的驱逐火车之一。火车司机偷偷变更了路线，把火车开进了抵抗组织控制的区域，即那些已被游击队解放的地方。历经痛苦折磨的幸存者形容枯槁，村民们纷纷收留和照顾幸存者。

各村都建立了解放委员会，同时任命法官开始"清算"，即清除那些人们公认的通敌者。考虑到被认为帮助德国人的法国警察数量庞大，本地警察却没有一人受到指控，这是非常惊人的。三位来自勒尚邦的年轻妇女及其近亲好友被剃光头发，但没人能够确定她们与德军伤兵有多少交往。在勒尚邦、马泽村和费伊村没有出现集中处决，但在阿尔代什省内确实存在可怕的报复行为。

在随后的战争罪行审判中，负责指挥鞑靼军团的梅特格上校被判死刑，施梅林无罪释放。好几位当地人出庭作证，证明施梅林并不愿意服从命令，还为部分犹太人提供了保护。据说施梅林把许多告密信扔进了废纸篓。省长巴克也受到审判，同样无罪释放。玛格达·特罗克梅和威廉森小姐都为巴克提供了证词，证明他是一个"好法国人"，"一个网开一面的人"，曾经帮助特罗克梅、泰斯和达尔西萨克获得释放，曾经提醒高原居民即将来临的袭击行动。当法庭做出裁决时，人们欢呼雀跃。但巴克的省长职务被解除，他的职业生涯也宣告结束。

9月2日，里昂解放，三个营迅速被组建起来，接受训练，配备武器，弗吉尼亚·霍尔请求前往阿尔萨斯继续战斗。[5]她带上了手下自称为"戴安娜自由军团"的18名年轻人。[6]在解散建制、接受改编，并加入法国正规军之前，他们在一处废弃城堡举行了散伙聚会。人们喝了很多酒，说了很多话，弗吉尼亚还唱了一首古老的海军小调。照片上的她穿着军装，被一群男孩簇拥着，许多男孩才十来岁。其中一人是矮小粗壮的法美联军少尉，他由战略情报局空投到此地，加入了弗吉尼亚的队伍。他的名字叫保罗·瓜约（Paul Goillot）。另一人是让·纳莱，他会永远记得他们穿越法国的旅程，准备沿路清剿负隅顽抗的德军残部，所幸他们并没有遇到敌人。纳莱说，弗吉尼亚突如其来地走，正如她当初突如其来地来，她跟大家逐一握手，拿了一包烟就走。然后她就离开了，纳莱再也没有见过她。

弗吉尼亚·霍尔及其"戴安娜自由军团"

在北进的路上，弗吉尼亚和瓜约解放了一座城堡，短暂地在城堡让人叹为观止的酒窖里享受。在离开巴黎之前，弗吉尼亚帮忙抓住了假院长阿莱什，这个神棍已经害死了许多特工。阿莱什最终被抓获、审判、枪决。

310

工程师皮埃尔·法约尔曾经负责领导高原上的抵抗运动，此时也北上加入戴高乐的军队。他号召游击队员团结在他的领导下，同时请求那些与他理念不同、不愿意与他同行的人保持克制。代号为"企鹅"的老师奥利维耶·哈茨菲尔德曾经在通往勒皮的路上成功伏击德军运输车，己方无人阵亡，他就是其中一名决定引退的抵抗者。哈茨菲尔德后来说，这是他一生中最艰难的决定。

9月1日，拉特·德·塔西尼（Lattre de Tassigny）将军率领一队坦克和装甲车开过勒尚邦的主街。每个阳台上都挂着蓝白红三色旗。店主们拿着红酒和桃子出来迎接。这支法军部队包括来自法国殖民地的非洲部队，许多勒尚邦孩子从未见过黑人。马德莱娜的丈夫德雷福斯先生焦急地等待着妻子的消息，他也在欢迎的人群中，看着法军士兵向村民抛撒巧克力和口香糖，双方都喜极而泣。起初，村民以为他们是美军士兵，此时村民惊喜地发现他们是法国人，是自己人，是来解放村民的子弟兵。

311

1945 年，勒尚邦解放

特罗克梅看着列队通过的士兵，不禁问自己，"我生命中最艰难但也最有用的年代"是否已经过去了？他后来写道："作为一名基督徒，我知道政治解放并不属于天国的事务。"但他并未灰心丧气。尽管非暴力的实验未完全成功，但在高原上发生的事情说明，他"能够畅想一个完全非暴力、奋起抵抗希特勒的欧洲……一个独裁者及其警察未能征服的欧洲"。这种想法未免一厢情愿，但他就是这样想的。

战争结束了。与达比派信徒住在农舍里的犹太家庭安全了，住在丽日旅馆、苏莉阿姨之家、拉盖斯皮和拉布里克的犹太男孩和女孩安全了（尽管其中许多孩子都成了孤儿），义务劳动团逃役者安全了，塞文诺新学堂的难民老师安全了，大家都安全了。在战争的最后九个月里，没有人被抓走，此时就更不会有人被抓走了。高原居民拯救了多少人？肯定有数百人，可能有数千人。人们陆陆续续从阁楼和谷仓里出来，从儿童之家出来，从牧师们的教堂即长老会堂出来，尽力畅想和平的前景。在德国人占领法国的四年里，在上卢瓦尔省有 234 人被驱逐，其中有 171 个男人、42 个女人、21 个孩子，他们被送到位于波兰的灭绝营。其中有 176 人未能生还。对于法国来说，这是一个少得出奇的数字。在高原上被抓走的人更少，只有数十人。

312

特罗克梅写道："解放就像巨浪，带走了战争带给我们的所有东西。"解放带走了年轻的游击队员，他们加入了戴高乐的军队，要去解放欧洲其他地方；解放带走了奥斯卡·罗索夫斯基，他患上斑疹伤寒和黄疸，还要完成医学学业，他的母亲在一家女装店找到了工作，与此同时还在徒劳地等待她的丈夫回家；解放带走了雅克·斯图马舍和他的弟弟马塞尔，他们在弗朗夫妇家熬过了痛苦和饥饿的一年，终于与父母团聚；解放把吕迪·阿佩尔带去格勒诺布尔，他在那里发现父母还活着；解放把西蒙·利弗朗带去巴黎，他把弟弟雅克留在高原上，然后自己在巴黎做起了皮具生意，两个男孩再也无法亲近了。埃罗夫人看着她的"小孩子们"离开树荫旅馆，说道："有些孩子来的时候还是个孩子，但走的时候已经是个男子汉了。"

在日内瓦，马克斯与汉娜喜结连理。

埃米尔·塞什看着他照料的年轻人离开，决定在和平时期继续运营他的儿童之家。马德莱娜后来说，总是有许多陌生孩子来到这里，剥夺了她和兄弟姐妹在家里的童年。

正如一位教区居民所说，特罗克梅就像"没有工厂的厂长"，他把注意力转向更大的事业，反对核竞赛，呼吁国际和解。玛格达的兴趣让她追随马丁·路德·金和甘地走过的路。特罗克梅写道："像他这样信奉和平抗争的人仿佛受到诅咒。他应该停止无动于衷和懦弱胆怯，也不再空谈人性解放。"他的和平主义从未衰减或妥协。但随着年纪渐长，他变得和颜悦色，也变得和蔼亲切。玛格达始终改不掉她的意大利口音。塞文诺新学堂继续桃李芬芳，并已改名为塞文诺学院（Collège Cévenole）。

阿尔弗雷德·莫雷尔曾经向高原居民发出德国人即将发动突袭的警报，因此被授予抵抗勋章（Médaille de la Résistance）。

来自罗阿讷的女孩们与父母一起走出零星散布在高原各处的农舍，从农民家里借来汽车，把她们的行李堆得高高的，然后回家。热妮和利利亚纳的父母用帆布袋带来了鸡蛋、奶酪和黄油，看着她们适应新生活。

从韦尼雪营地获救的小女孩拉谢尔·卡明卡尔知道自己已 [313]
经失去了所有亲人。她继续思念着被盖世太保抓走、长着一头
卷发的弟弟，在很长一段时间里，她想成为军人，只是为了去
杀德国人。后来她成为护士。她父母的一个邻居从他们家里抢
救下来一些东西，并给她一张好不容易找到的照片。那张照片
是在阿姨的婚礼上拍的，婚礼上所有服装都是母亲缝制的。拉
谢尔是三个穿着长裙的小女孩之一。每当看到这张照片，她就
能想起母亲的模样。她后来结婚了，生了六个孩子，她在晚上
工作，而她的丈夫白天工作；她决定她哪里都不去，永不离开
他们，永不外出旅游。

马伯小姐去了德国，参加一个和解计划，然后去了瓦朗
斯，与工厂女工一起工作。多年以后，她回到英格兰，她的英
语变得生硬，而且说话带着她小时候爱德华时代的口音和表达
方式。每当别人问起战争期间她在勒尚邦的记忆，她只会说：
害怕。

莉莉·加雷尔看见一个男人在路上奋力前行，皮肤上都是
蓝色染料的颜色，因为他穿着一件掉色的外套。那是她的丈夫
乔治，他从波城骑自行车回来，行程 450 千米。他们带着婴儿
去了瑞士，莉莉在菜市场上买了一根黄瓜，惊叹于那根黄瓜如
此新鲜，她已经好多个月没见过这种东西了。然后他们重新过
上自己的小日子。 [314]

吉尔贝·尼扎尔和姐姐米雷耶穿上童子军制服，坐小火车
下山，跨过罗讷河，在普罗旺斯地区艾克斯搭军用卡车去马赛。
他们在哪里都能看到战斗的痕迹。圣母街上的房子屹立不倒，
但里面已被洗劫一空。在动物园附近的仓库，他们找到了家里
的几件家具，标签上写着"犹太人尼扎尔"。米雷耶的一个同

加雷尔夫妇在瑞士

学与一名美国军官订婚，那个同学让他们进入曾经被德军占领的建筑物，他们在那里找到了家里的更多物品。吉尔贝写信给母亲，告诉母亲可以安全地回家了。朋友们借给他们亚麻布和木板。他们渐渐地找回了过去的生活。吉尔贝回到学校，去参加他的第二次中学毕业会考。有时候，到了晚上，他们就跳舞。他们每天都在等待阿尔芒和安德烈的消息。

当盟军向北和向西推进、逐个城镇解放欧洲的时候，人们仍然有理由相信，在被德国人逐出法国的 15 万犹太人当中，即使不是全部，也依然有很多人仍未返回法国。1944 年是一个等待的年份。

当人们陆续离开高原时，村民们感到有点失落。那里曾经有一场他们亲身参与的冒险和挑战，他们觉得，自己只是以足智多谋和慷慨无私做了应该做的事情。他们勇敢地做好事。正如马伯小姐后来所写的，回想起营救与隐藏、沉默与谨慎的那些年，回想起警惕危险逼近、接纳陌生难民（尽管村民们对陌生人一无所知，也不太懂陌生人的语言，不知道他们何时才会离开）的那些年，"那似乎是个美好年代，一个我们按照理想生活的年代"。此时让她感到担心的是，过了那么久与谎言和非法行为共存的日子，"我们可能会有点分不清是非对错了"。

第十七章 铭记战争

在加缪的《鼠疫》中，朗贝尔在市镇重新开放后与妻子重逢，他想要"像他周围的人们那样，人们似乎认为瘟疫来了又走了，人们的内心没有发生任何改变"。[1]德国人走了，维希政府垮台了，但法国人未能忘记。发生了太多的事情，太多的合谋、太多的背叛、太多的敌意；人们的内心已经不复从前了。为了让法国重回正轨，戴高乐强调速度和独断，这就意味着将会有连场审判，有些审判将会非常草率。甚至早在法庭对通敌者做出各种判决之前——罪名从维希政权"主要责任人"到"损害民族尊严"，刑罚从终身监禁到死刑判决，那些犯有轻罪的人则要承受各种禁令，如禁止佩戴勋章，禁止成为律师、法官、公证人或公立学校教师——抵抗组织就已执行了 9000 次集中处决。

在高原上，法约尔和邦尼索参加了裁决，结果导致上卢瓦尔省 144 人被处决。正如蓬皮杜（Pompidou）后来所说，法国人在被占领的年代彼此之间就没有多少好感，此时更是相互怨恨。弗雷讷和德朗西一旦被犹太人和抵抗运动成员掌握，就塞满了曾经为德国人服务的市长、省长和官员。但由于审判和执行都进行得太快，有时候连他们的罪名是什么都被忘记了。之后只好进行大赦。

法国本身已经千疮百孔，铁路受到爆破，桥梁受到轰炸，工厂人去楼空。美国记者珍妮特·弗兰纳（Janet Flanner）在

日记中写道，在长达五年的时间里，欧洲成为"同类相食行为 316
的受害者，一个国家企图吞噬其他国家，企图吞噬其他国家的
谷物、肉类、石油、钢铁、自由、政府、人民"。法国人感觉
自己被剥夺、被洗劫、被毁灭。1944 年冬天，先是连降大雨，
然后普降大雪，巴黎人说他们感觉那个冬天比战争期间任何时
候都冷；他们只能靠胡萝卜和大头菜充饥，而且房屋里没有煤
炭可以用来取暖。

然而，直到 1945 年春天，随着火车把德国灭绝营和劳动营
的幸存者带回家，人们才清楚地知道维希政权的罪恶多么罄竹
难书。大约有 15 万人被运出法国，其中有 75721 名犹太人。与
此同时，只有不到一半的政治流放者活着回家——86827 人流
放，40760 人生还，而犹太政治流放者中只有 2564 人生还。超
过 10000 名年龄小于 18 岁的犹太儿童被押上火车送往死亡营，
只有 300 人生还。这个统计数字反映了赖伐尔试图以外籍犹太
人为代价，为法籍犹太人争取时间；法籍犹太人的死亡比例是
13.5%，而外籍犹太人的死亡比例是 42%。

尽管如此，在 1964 年法国修订法律、允许追溯审判反人类
罪之前，驱逐和谋杀犹太人甚至都不算是犯罪。直到 1964 年，
人们都认为只有德国人，而不包括维希政权，需要为此承担罪
责。人们更关注法国遭受的抢掠，50 万本图书、超过 400 节火
车车厢的家具和绘画被运走，而不太关注作家们犯下的通敌卖
国的罪行。没有人逼着他们出版著作。许多人是自愿选择粉饰
太平。巴黎沦陷期间有超过 400 部戏剧上演，其中包括萨特
（Sartre）、谷克多（Cocteau）、吉特里（Guitry）、克洛岱尔
（Claudel）和吉罗杜（Giradoux）的作品。萨特坚持说自己是用
暗语为抵抗运动传递信息，但他那些所谓暗语从来就没有破解

的线索。

多年以后，人们终于承认，从维希政权建立伊始，他们实行的人口普查、国籍修改、犹太身份法、地产没收、商号充公、职业和职务限制，实际上已经为希特勒在法国实行"最终解决方案"铺平道路。[2]通过把犹太人贬低为下等人，通过把犹太人关押进营地，让他们在营地里饿死病死，通过纵容狂热的反犹主义者，通过辨别、集中、标记、准备，维希政权让德国人非常容易地实现自己的意图。纳粹党很难靠自己完成上述任务。德国人从未对维希政权下过军事最后通牒，即使维希政权偶尔对德国人说不，比如德国人要求法国南部的犹太人佩戴黄色星星，德国人也并未对维希政权实施报复。假如维希政权及维希警察未曾如此积极地帮助德国人，许多犹太人本来是可以活下来的。法国人也没有像波兰或者德国的营救者那样拯救危险中的犹太人；在法国，对于营救和隐藏犹太人的惩罚通常是相当轻微的。即便只是略施善举，结果也会大为不同。

没有其他欧洲国家像法国这样采取清晰的反犹立场：丹麦的犹太人口为数不多，政府把93%的犹太人安全转移到瑞典；法西斯意大利一直在给纳粹德国拖后腿；就连匈牙利独裁者在战争末期都停止了驱逐行动。正如党卫队军官赫尔穆特·克诺亨在1947年受审时所声明的："我们发现与维希政府合作推行犹太人政策毫无困难。"犹太人本身也并非完全无可指责：造成最恶劣后果的就是广受指责的法国以色列人总会，这本来应该是犹太人的保护伞，但他们试图尽可能与德国人保持良好关系，实际上把他们主管的儿童之家变成了陷阱，因此就成了逮捕行动和驱逐行动的帮凶。

在法国境内，许多犹太人的确幸存下来了：人们估计1940

年的法国有 33 万犹太人，其中四分之三都幸存下来了。这要归功于许多因素：迟至 1942 年仍然存在的非占领区，以及派驻法国境内如此之少的占领部队。但主要还是因为大量普通法国人的善举；就此而言，维瓦莱－利尼翁高原就是生动的例证。

瑞士在战争期间的表现并不理想。在瑞士从法国接纳的 28000 名犹太人当中，有 12635 人是偷越国境而来的。至少有 1467 人被遣返，实际遣返人数肯定还要更多，而被遣返的犹太人几乎无一例外地落到德国人手中。只是在 1944 年 7 月 12 日，诺曼底登陆五个星期之后，当在法国境内仍然自由或者仍然隐藏的犹太人不再需要前往瑞士的时候，瑞士联邦政府才通过了一项法律，允许遇到危险的外国人自由通过边境。瑞士人的确接纳了比人们想象中更多的犹太人，但他们做得不够。如果他们更慷慨一点，如果他们少排外一点，他们本来能够拯救许多生命的。

对于高原来说，博埃涅、吉永和米雷耶·菲利普在日内瓦建立的联系相当关键，马德莱娜·德雷福斯、乔治·卢安热、西马德组织和儿童救援组织在边境的接应也很重要。瑞士也的确为马克斯、汉娜和西蒙·利弗朗提供了庇护，为来自花丘旅馆的至少 70 人、来自罗什之家的 15 人提供了庇护，还为加雷尔、穆萨·阿巴迪和约瑟夫·巴斯拯救的数十名年幼孩子提供了庇护。

有 311 人拿到了移民签证，大约有 100 人前往西班牙，估计有 1350 人前往瑞士，还有人隐藏在雅利安人家庭，法国境内共计有 8000 ~ 10000 名犹太儿童在战争中幸存。但到 1944 年，其中有许多孩子已经失去了父母。

按照比例来说，孩子们的营救者就没有那么幸运了。在第六委员会的 88 名全职员工中，有 30 人死于非命，尽管利利亚纳·克莱因－利贝尔仍然安全。约瑟夫·巴斯在战争中幸存，他的搭档丹妮丝·卡拉科即柯莉布里也得以幸存。米雷耶·菲利普、皮东、卢安热都能看到和平降临。格拉斯贝格院长历尽艰难曲折，利用抵抗组织发起行动的时机，最终得以逃脱。沙耶神父也顺利逃脱，但他为伊齐厄的孩子们被抓走而感到难过，他至死都把孩子们的名单放在法衣的口袋里。另外两位在高原故事中出现的神父就没有那么幸运了。慈幼会学校的路易－阿德里安·法夫尔（Louis－Adrien Farve）神父，以及杜韦讷的本堂神父、让·罗赛院长，他们都为马德莱娜·德雷福斯带来的孩子们帮过大忙，但两位神父都死于战争最后几个星期。法夫尔被德国人枪杀，而罗赛则在贝尔根－贝尔森（Bergen－Belsen）集中营被杀害。

马德莱娜就是在玛格丽特·佩莱的聋哑儿童学校里被抓获的，佩莱被送到拉文斯布吕克集中营，后死于盟军对阿姆施泰滕（Amstetten）的轰炸中；[①] 佩莱的丈夫勒内被盖世太保抓获，他的尸体在里昂被洗净，身上满是遭受酷刑的伤痕。马可·波罗环线失去了 115 名特工。人们花了很长时间才得以核实这个死亡数字。西蒙·利弗朗跟其他数以千计焦虑地寻找亲人的人一样，日复一日地来到巴黎的吕岱西亚旅馆（Hôtel Lutétia），那里张贴着回国者的名单，他希望能够找到父亲的名字。可是阿龙再也没能回来。

但马德莱娜·德雷福斯回来了。1944 年 5 月底，她被送到

---

① 《冬季列车》中出现的三位妇女——夏洛特·德科克（Charlotte Decock）、奥尔加·梅伦（Olga Melun）和伊冯娜·诺泰里（Yvonne Noutari），与佩莱一起罹难。——原注

贝尔森集中营，与 600 名妇女住在一处营房里，她痛苦地渴求食物，感觉备受屈辱。1945 年 4 月 15 日，她被盟军解放，经历了 85 千米的步行和 15 天的铁路旅行，在旅途中无法取得食物补给，只能亲眼看着许多同伴死去。5 月 18 日，当她抵达巴黎的时候已经形销骨立了。第二天，她抵达在里昂的家，雷蒙和孩子们在家中等她。21 个月大的安妮特并不知道她是谁。爸爸叫安妮特亲亲妈妈，安妮特很听话地走到马德莱娜的照片前面，亲了亲照片上的妈妈。

马德莱娜几乎马上回到她作为儿童心理学家的岗位上，并以最大的决心和专注投入工作，她就是靠决心和专注熬过了集中营岁月；雷蒙说，马德莱娜选择有所作为，仿佛"那段噩梦般的经历根本就未发生过"。这让她的孩子们都不开心。安妮特后来说，自己变得怨恨母亲所照顾的孩子们，觉得母亲对那些孩子更感兴趣。"我很嫉妒。我又能怎么样？"安妮特很害怕幸存者聚会，因为在聚会上，每个人都羡慕和赞美她那杰出的母亲。安妮特的阿姨说，她是"一个非常可怜的小女孩"。

来自伊桑若、争强好胜的咖啡馆店主多尔卡丝·罗贝尔也从集中营里生还。多尔卡丝与助手罗丝一起返回高原，同时返回的还有来自圣艾蒂安的医生多拉·里维埃，她与其他妇女一起回国，德国以这 299 名法国妇女换回 600 名德军战俘。多尔卡丝是少数能够从拉文斯布吕克臭名昭著的青年营里生还的妇女之一，被送进青年营的囚犯只有死路一条，多尔卡丝就曾两次被带到毒气室前面，然后又被暂缓执行。多拉曾经在拉文斯布吕克的医务室里工作。尽管伊桑若的村民们以彩旗和游行热烈欢迎多尔卡丝归来，而且她发现自己的孩子被照顾得很好，但她发现战后的法国并非如她所愿那般美好。她把咖啡馆重新命名为"爱国者餐厅"（Le Restaurant du Patriote），她还被授予抵抗勋章，但糟糕的健康状况和本地的竞争让她远离自己所梦想的政治生活。她以满腹愤懑的笔调向当局写信："我为这种种不公正而感到心碎。我们战斗，我们牺牲，但我们的胜利被偷走，我们发现这个民主政体比战前那个民主政体更加腐败。"不到五年后她就死了，她的长女贝尔特才15岁。

但对于一位营救者来说，战争的结局还算令人满意。弗吉尼亚·霍尔跟随英美盟军一路北上，然后进入自由欧洲电台工作，采访从"铁幕"背后逃出来的难民。回到美国后，她加入中情局。她被授予杰出服务勋章，这是第一位平民妇女获此殊荣，但她拒绝了公开授勋仪式，并告诉杜鲁门总统，她"仍然可以执行任务，渴望让自己忙起来"。她把长发盘到头顶，扎成发髻，然后用一支铅笔固定。她嫁给了保罗·瓜约。保罗明显比弗吉尼亚矮，而且受教育程度也不高，但夫妻俩总是欢声笑语不断。60岁那年，弗吉尼亚退休回到马里兰的一座农场，那座农场能让访客想起带有尖塔的法国城堡。她在花园里种满球茎植物，养了五只法国贵宾犬和几只猫，自己制作山羊奶酪，成了一名填字游戏迷。她的书架上放满了间谍故事，但她拒绝提及自己的故事。

安妮特·德雷福斯并非唯一发现战后法国凄惨而动荡的女孩，西蒙·利弗朗也并非唯一始终等不到父母的男孩。1945年的法国有太多闷闷不乐的孩子。

随着战争结束，儿童救援组织以及其他福利组织开始进行评估：有5000~6000名犹太儿童已成为孤儿，他们要么躲藏在法国境内的非犹太家庭，要么越过边境抵达了西班牙或者瑞士。

福利组织需要找到这些孩子，帮助他们恢复原本的姓名和身份，帮助他们安排以后的道路。儿童救援组织有一份卡片名录，上面记载着 4401 名"被遗弃犹太儿童"的姓名。有些孩子已经忘记自己的真实姓名了，有些孩子甚至不知道自己是犹太人。绝大多数孩子甚至根本就不是法国人，而是波兰人、德国人、俄国人、奥地利人或者罗马尼亚人，他们是裁缝、皮革匠、推销员、修补工、医生、商人和矿工的孩子，他们在最欢迎外国人的"人民阵线"执政期间来到法国。在短暂的人生里，他们经历了驱逐、拘押、失去双亲、地下生活。有些孩子对于家人已无记忆。他们不得不学会与过去和解，学会回忆和找回他们的童年，学会与屈辱、怨恨、报复的情绪妥协。他们不得不对人生有所感悟，他们不得不学会信任他人。

321

不久之后，儿童救援组织的社工们，包括马德莱娜·德雷福斯和利利亚纳·克莱因－利贝尔，再次骑上自行车，寻找和接回他们之前成功地隐藏在村庄和农舍里的孩子们。在高原上，苏莉阿姨之家、费多利和塞文诺新学堂的犹太学生恢复身份，被达比派信徒藏在阁楼和牛棚里的孩子也陆续现身。并非所有收养过孩子的男男女女都愿意看见孩子离开，法国各地都发生过夺回孩子的斗争，还发生过强迫洗礼和强迫皈依的指控。也并非所有孩子都想要离开，有些孩子在收养他们的家庭里过得快乐又安全。但法国犹太社群强烈地感到，这些孩子需要恢复他们的犹太属性，他们需要接受犹太教育，最终成为"新犹太人"。

儿童救援组织开设了 25 处儿童之家，以照顾这些孩子。

从瑞士回来、曾经偷越国境的孩子有 1500 人，其中有 569 人已经失去父母。加雷尔环线有 900 名隐藏的孩子。随着布痕瓦尔德（Buchenwald）集中营的解放，又有一批孩子来到法国，其中许多孩子原本来自波兰和匈牙利的犹太人隔离区。浏览儿童救援组织存放在巴黎的儿童档案，你会对孩子们的经历有生动的想象：支离破碎的家庭，徒步或者坐火车的漫长旅程，与父母和兄弟姐妹生离死别，藏身于谷仓和阁楼，饥饿，但压倒一切的是恐惧。在这些为每个孩子保留的档案中，你只能发现他们每个人的语焉不详的细节：孩子的父母和兄弟姐妹的姓名，他们是否被抓走，他们被送往哪个营地，他们什么时候被驱逐。有时候，档案里还有照片，通常是有颗粒感的黑白照片，要么是祖父母在华沙的照片，要么是父母在婚礼上的照片。有些是警察局格式的照片，要么是在居尔营地拍的，要么是从身份证件上取下来的。

决定这些孩子的去向可不容易。这涉及监护人职责问题，包括寻亲问题。美国提供过签证，然后就搁置了；澳大利亚愿意收留 100 人，加拿大愿意收留 100 人，南非愿意收留一定数量的年龄小于 12 岁的孩子。

孩子们自己也不容易。孩子们往往内向、难以理解，把成年人当成敌人，因为正是成年人夺去了他们的父母。孩子们很难接受周围的事物，包括安慰和关爱。跟进孩子情况的老师在报告中写道，孩子们总是做噩梦和尖叫，缺少主动性，害怕争论，傲慢无礼；据说年纪稍大的女孩会"神经衰弱"，而男孩根本安静不下来。绝大多数孩子害怕被遗弃。1946 年，在儿童救援组织的一次代表会议中，许多代表都在讨论，如何才能把这些"自怨自艾、不守纪律、令人丧气"的孩子引导回正常的生活轨道。在儿童之家，员工尽可能保持平静和友善，但总是措手不及。当一位妇女决定把早上叫孩子们起床的普通闹铃改为更加柔和的长笛曲时，四名 14 岁的孩子愤怒地对她说："你把我们当成蛇呢。"[3]

1946 年，儿童救援组织决定在儿童之家创办一份报纸，由孩子们撰稿，他们把这份报纸命名为《明天报》（Lendemains）。报纸上的诗歌和故事涉及运动、友谊、假日等主题，有时候还会涉及巴勒斯坦，并采用探究的、超然的基调。几乎没有涉及个人的主题。因此这份报纸奇怪得令人震惊，只要看看这首关于死亡营的诗就明白了。这是一首没有署名的诗。"我的父母在绿色的火焰中升天。我在梦里听见，他们的遗骨在我的耳朵里咯咯作响，舞动着，燃烧着，肮脏的天杀的蠕虫……肮脏的带着黑色灵魂的蠕虫，不要指望我会原谅。"另一个孩子把自己形容为"没有人会问它意见的行李箱"。就像战后回到法国的成年流放者那样，这些孩子宁愿保持沉默，并不信任他们的聆听者。被驱逐者感觉自己在这个忙于庆祝抵抗运动英雄事迹的国家里就像个边缘人，与此类似，这些孩子感到，作为眼睁睁地被驱逐之人的孩子，他们是低人一等的。他们猜疑，他们警觉，他们内疚；他们想要跟其他孩子一样，但对于他们当中的许多人来说，这根本是不可能的。他们发现正是犹太人这个概念困扰着他们，因为身为犹太人意味着死亡。为了生存，最好忘记。在经历过大屠杀之后，问题不在于如何做个犹太人，而在于如何生存下去。

在战争刚刚结束后，无论距离有多远，让这些孤儿与亲戚团聚似乎是最好的解决方法。在阿姨、叔叔、堂表亲和祖父母经过确认与接洽后，孩子们会被送去波兰、古巴、美国或者加拿大，总之是任何有犹太家庭幸存或者为犹太家庭提供庇护的地方。对于有些孩子来说，这种经历是很糟糕的。亲戚们鼓励

孩子们忘掉过去，不要提及发生过的事情，这让他们觉得自己
与新"家庭"格格不入。孩子们原有的家庭已经无影无踪，很
难想象他们会接受另一个家庭。出乎意料的是，那些无人认领
的孩子，那些滞留在儿童救援组织儿童之家的孩子，他们与其
他孩子有着共同的失落感和负罪感，反而表现得更好。他们共
同哀悼。

并非所有发现自己父母还活着的孩子都能适应战后法国的
新现实。他们很小的时候就被带走，被慈爱温柔的妇女关爱和
照顾，他们发现自己的母亲枯瘦憔悴、筋疲力尽、过早衰老、
唉声叹气，她们总是不停地回想过去，无法再次承担作为正常
父母的责任，这肯定会造成困扰，尤其是他们自己现在只能说
法语，早已忘掉小时候的母语。有些孩子后来说，他们宁愿自
己永远没有找到父母。有一个幸存者为自己的回忆录取了一个
令人心碎但也揭示真相的标题："不是每个人都有机会成为孤
儿"。有些孩子，比如安妮特·德雷福斯会说，他们越来越觉
得无论自己做什么都永远无法达到父母的期望，与此同时，他
们也意识到，正如一个来自罗阿讷的女孩写道，他们的父母
"就像焦土，就像荒漠，就像灾区"。他们的父母已经不是他们
记得的模样。卡罗勒·扎尔贝格曾经被高原上一名农夫的妻子
收养了一年，她写道，父母总是在张望，"他们仿佛正在等待
什么东西，小心翼翼地度过余生，仿佛死亡会轻而易举地抓住
他们"。

很快，隐藏在高原上的孩子们四散而去。及至 1944 年冬
天，当一场大雪再次让村庄与外面的世界隔绝好几个星期，孩
子们住过的许多房子都关闭了，等待着游客们在下一个夏天重
返高原，他们将再次在森林里漫步，再次采摘蘑菇和蓝莓。勒

尚邦看上去更小更安静了。

年纪稍大的孩子走得更早也更远。马克斯与汉娜有了一个女婴，一家人搬到了纽约。吕迪·阿佩尔也去了美国。他不知道自己有资格申请奖学金读大学，一直在做毛皮衣服制作工人，直到有人发现他掌握四国语言，他才在出口公司找到一份好工作。约瑟夫·阿特拉斯和他的弟弟一直在学习化学，他们认为欧洲已变成"坟场"，兄弟俩带着母亲去了美国圣迭戈。

正是来自罗阿讷的女孩们最早决定加入新生的以色列。解放后不久，勒尚邦的青年锡安主义者组织了一次派对，这是一次"犹太童子军大会"，热妮和利利亚纳的母亲为这次派对制作了甜品"雪花蛋奶"（œufs à la neige），看上去就像漂浮的岛屿，她们谈论着作为先驱者可以做点什么。她们的许多亲戚都死了，施洛斯家的波兰亲戚几乎都死了，吕特·戈朗的家族失去了 90 名成员，与约瑟夫一样，她们也觉得欧洲已变成巨大的犹太"坟场"。

1939 年的白皮书对于移民进入巴勒斯坦的严格限制仍然有效，因此女孩子们首先在日内瓦接受护理培训和教师培训，然后前往位于普罗旺斯的营地，摩萨德（Mossad）正准备让年轻的锡安主义者非法进入巴勒斯坦。她们坐上一艘第一批出发的船，那艘船破旧、漏水、超载，几乎沉没，当她们最终抵达海法的时候，两艘英国驱逐舰已经恭候多时。她们在塞浦路斯的营地里待了一年，但当以色列宣布建国时，她们马上返回以色列。接下来几年的日子相当艰难，因为她们居住的基布兹（集体农场）就在黎巴嫩边境上，她们轮流担任警卫，并在遍地石头、毫无植被、难以种植的山坡上建造村庄和农场。

皮埃尔·布洛克跟随父母回到里昂，但他再也不想与非犹太人住在一起了。他继续学习了一段时间，然后，当以色列宣布建国时，他加入基布兹，同时帮忙守卫边境。他说他是"发自内心的锡安主义者"。每当听见人们说，战争结束后那些藏匿的儿童就像特罗克梅的云雀那样从高原上飞走，既不知道感恩，也不觉得遗憾，皮埃尔就会觉得很恼火。这明显不是事实。"我们觉得自己仿佛在一场无法解释、无法接受的噩梦中幸存下来。我们感到继续前行的唯一路径就是遗忘，甚至将美好的事物也一并遗忘。"对于在高原上藏匿的许多孩子来说，他们将会在多年以后才会再次上山。但他们的确来了，来的时候还带来了争议。

没有任何一个欧洲国家比法国对记忆和历史的性质更感兴趣，法国人关心历史记忆如何被理解、如何被记录、如何被感知、如何被书写、如何被传播。[4]从马克·布洛克（Marc Bloch）和吕西安·费弗尔（Lucien Lebvre）于 1929 年开创年鉴学派开始，过去的历史如何在现代被铭记，如何与同时代的观念相缠绕，这些问题吸引着法国的历史学家，引出许多理论和抽象的思考。这些理论和思考被称为"记忆的战争"，这种"记忆的争斗"让人们对过去着迷，又引出许多密谋、质疑、控诉。据说法国有大约 10000 处"记忆之场"（lieux de mémoire），这是法国独有的概念，因为法国人认为记忆是流动的、鲜活的现象，是某种永远在变动的事物，是遗忘的建构。这些"场域"通常是场所，但也可以是观念、事物，甚至是人。

在战争刚刚结束后，法国人努力为被占领的年代寻找意义，这种寻找不仅为戴高乐所鼓励，而且为所有政治阶层所鼓励，他们认为维希政权只是一小撮卖国贼的作品，与其说是邪恶不如说是被误导了，被德国人引向了背信弃义。在亨利·鲁索（Henry Rousso）的著名论断里，维希综合征是第一阶段，是哀悼的阶段，哀悼悲惨的战败、九万阵亡将士、200 万被俘官兵、屈辱的占领、对囚犯的清洗；然后进入第二阶段，是更令人欣慰的阶段，整个法国被认为是抵抗者的民族。1964 年，抵抗运动领导人让·穆兰（Jean Moulin）被移葬到巴黎先贤祠，他的骨灰由壮观的队伍护送，敲钟人、掌旗手和退役老兵一路随行。在这几十年里，几乎无人提及犹太人的命运，不仅是因为幸存者希望自己重新融入战后法国的生活。贝亚特·克拉斯菲尔德（Beate Klarsfeld）和塞尔日·克拉斯菲尔德（Serge Klarsfeld）夫妇记录和追踪那些被德国人驱逐和杀害之人的纪念作品，只不过是个开端。

326

法国的英雄主义传说无法延续多久。1968 年的"五月风暴"见证了法国年轻人怀疑一切的思潮。戴高乐曾经极力压制人们对通敌卖国者所扮演角色的追问，但他于 1970 年去世。1971 年，马塞尔·奥菲尔斯（Marcel Ophuls）的《悲哀与怜悯》（Le Chagrin et la Pitié）上映，这绝非巧合，这是一部长达 280 分钟的纪录片，记录了德军占领时期克莱蒙－费朗这座城市的日常生活，这被认为是一座优柔寡断、自私自利的城市，从未团结一致抵抗入侵者。在 87 个星期里，观影人数达到 232000 人，尽管这部纪录片十年后才在电视上播出，但已被排上议事日程了。罗伯特·帕克斯顿（Robert Paxton）的著作《维希法国：老卫兵与新秩序》（Vichy France：Old Guard and New Order）主要取材于德国和美国档案，因为许多法国人与他关系密切。此书最终被翻译成法语，并于 1973 年在法国出版。

帕克斯顿并非为战时犹太人的生活撰写编年史的第一人，

劳尔·希尔贝格（Raul Hilberg）的著作《欧洲犹太人的毁灭》（*The Destruction of the European Jews*）和约瑟夫·比利希（Joseph Billig）的著作《犹太人问题总委员会》（*Le Commissariat Général aux Questions Juives*）早在 20 世纪 50 年代末 60 年代初就出版了，但正是帕克斯顿及其后来的共著者迈克尔·马鲁斯（Michael Marrus）小心翼翼地扯下了英雄主义神话的遮羞布，为人们揭示了维希政权主要人物的真面目，以及法国各地维希政权许多小人物的嘴脸，他们探寻通敌卖国者与纳粹的真实关系，希望能够刻画出法国在希特勒所设计的新欧洲的真正角色。帕克斯顿指出，贝当并非年老体衰、行将就木的老人；也不存在什么试图保护民族免受入侵者摧残的"双面游戏"。正好相反，维希政权给予的总是超过德国人所要求的，不仅更多，而且更快。由帕克斯顿和马鲁斯引发的、关于法国在黑暗年代真实作为的争议，至今仍然是法国政治生活的一部分。

也正是由于帕克斯顿的努力，法籍犹太人和外籍犹太人在法国的命运终于走出阴影，此前他们足足被漠视了四分之一个世纪。1945 年 11 月，15 具战争死难者的遗骸象征性地环绕在无名烈士墓周围，其中没有一个是犹太人。所有人，甚至犹太人自己，都没有把犹太人视为一个特殊的族群。在英雄辈出的"抵抗主义"年代里，政治流放者，即那些因为参与抵抗运动而被逮捕和驱逐的男男女女，极力把他们自己与被驱逐的犹太人区分开来。因为抵抗行动而落入德国人手中是高贵的，作为受害者被德国人抓走是可耻的。那些罹难的受害者，由于束手就擒、坐以待毙，即使被反犹法律赶尽杀绝也是咎由自取，也未能免于羞辱。西蒙娜·韦伊（Simone Veil）是犹太政治家和律师，曾经被送去奥斯维辛，她说这种漠视所造成的遗忘无异于第二次死亡。甚至许多幸存者协会的立场也是相当含糊，格外强调其成员必须"符合法国的荣誉"。抵抗战士能够得到补偿，而犹太人则被刻意遗忘。

但在此时，在奥菲尔斯、帕克斯顿、马鲁斯警醒世人之后，在克劳德·朗兹曼（Claude Lanzmann）关于死亡营、长达九个半小时的作品《浩劫》（Shoah）上映之后，以及在克拉斯菲尔德夫妇的持久努力之后，研究维希综合征的新时代开启了，产生了许多专题论文、专著和大学论文。及至 1985 年，已有 240位学者投身于这一领域的研究工作。这种研究也产生了持续的争议，人们围绕犹太人的经历的独特性而反复争吵，慷慨激昂，冷嘲热讽，口诛笔伐，人们为谁承受了最多痛苦这个话题吵得面红耳赤。这种研究也使数十个"记忆之场"，即维希政权实施镇压的地点，在此时得到发现和纪念。但不包括维希政权的犹太人问题总委员会，人们在任何地图上都找不到这个地点。它在一处主要广场的街角，在建筑物的三楼，在一套已经关闭的套房里，贝当　度在此停留。它仍然是不可触碰的禁区，而且显然已成为元帅支持者们的朝圣地点。

一个"场域"是里韦萨特营地，这个营地靠近佩皮尼昂，在 1942 年 8～10 月，有 2250 名犹人人从这里被驱逐到奥斯维辛。这个营地是吕迪·阿佩尔逃脱的地方，也是奥古斯特·博尼悉心照顾小孩子们的地方，孩子们正是从这里出发前往勒尚邦。原本的想法是，人们不仅将在这里向犹太人致敬，还向西班牙共和派和吉卜赛人致敬，之后还要向来自阿尔及利亚、被关押在这里的哈吉人致敬，这里还应该有设施良好的博物馆和恰如其分的纪念碑。但是地方上没有足够的经费，如今的里韦萨特营地就像 1940 年犹太人刚刚抵达时那样破败，就是一片沙

328

质的炎热平地，只有稀稀落落的几棵伞松和橄榄树，远处可见巍峨庄严、终年积雪的比利牛斯山。在原本准备建博物馆的地方，入口处砌了一排石栏杆。附近还有个风力发电站，以及某些军事设施。

韦尼雪营地更是什么都没有，只有一块小牌匾，那块牌匾小到几乎找不到，还被一株藤蔓遮挡着。

在韦尼雪营地以西 200 千米的居尔营地，人们付出更多努力去重建营地，那里有 382 座新近重建的木制营房，其中一座营房前面有一小段铁路轨道，显示那里就是火车停靠的地方，旁边有一个游客中心，以及一圈石碑。营地附属的墓地得到良好修缮，那里有 1072 座坟墓，绝大多数坟墓属于来自巴登和巴拉丁、上了年纪的男男女女，他们不可能在如此漫长的可怕旅途中存活下来。汉娜的祖母芭贝特就长眠于此，这里还葬着汉娜的阿姨贝尔塔。

在战争结束 40 年后，那些在法国迫害犹太人的主要罪犯终于被人抓获并受到审判。隐姓埋名的克劳斯·巴比据信把大约 14000 人送上死路，死难者中就包括勒福雷捷医生。人们发现巴比隐居在玻利维亚，于是把他引渡到法国，并于 1987 年判处终身监禁，他死于 1991 年。对他的审判是法国历史上第一次针对"反人类罪"的审判。在驱逐犹太人这件事情上，警察总监勒内·布斯凯是仅次于赖伐尔的千古罪人。战争结束后，他本来已经因为参与维希政府、侮辱民族尊严而被判处五年监禁，后于 1993 年再次受审，却在庭审开始时被一个精神错乱的哗众取宠者枪杀。达基耶尔·德·佩莱波，犹太人问题总委员会第三任，也许是最暴力和脾气最火暴的一任负责人，在西班牙被人发现，但在引渡之前就已死去。还有波尔多警察总监莫里

斯·帕蓬（Maurice Papon），他曾经把数千名犹太人和抵抗战士
送进纳粹集中营，最终在 1999 年被判刑。这些审判都姗姗来
迟，但迟来的审判依然是无可取代的：审判能够让证人说出他
们自己的故事，这些上了年纪的男男女女借此成为今天的英雄，　329
老人们代表死者说出了他们未能说出的故事。

　　在以色列，纪念活动的时间安排略有不同，但也走过了类
似的道路。在以色列建国初期，当来自罗阿讷的女孩们和皮埃
尔·布洛克帮助保卫边疆的时候，许多年轻的锡安主义者指责
《浩劫》这部电影呈现了欧洲犹太人消极被动的一面，影片中
的犹太人惨遭屠杀，而不是手执武器英勇战死。20 世纪 40 年
代后期和 50 年代从欧洲乘船来到以色列的幸存者，就像在法国
的幸存者那样感到羞愧。然后，在 1953 年，为了纪念大屠杀遇
难者，大屠杀纪念馆在耶路撒冷开馆，这是为了回应戴维·
本·古里安（David Ben Gurion）的担忧，他害怕战后出生的那
代人会对历史一无所知。以色列还通过了一部纪念法律，以确
认哪些具体的个人值得被授予"国际义人"的称号，这是为了
表彰那些曾经冒着生命危险拯救犹太人的男男女女。如果说帕
克斯顿的著作标志着法国的关键时刻，那么艾希曼于 1961 年在
耶路撒冷受审，则改变了以色列人的观念。检察官吉德翁·豪
斯纳（Gideon Hausner）宣告："以色列各位法官阁下，我站在
你们面前，但我不是独自站在这里，在我身后站着 600 万起诉
人。"死难者也是见证人。学校里的孩子们也要记住豪斯纳说
过的话。

　　早在 20 世纪 50 年代的以色列，就有人谈论维瓦莱－利尼
翁高原上勒尚邦以及其他村庄的故事，但直到 20 世纪 70 年代

初，才有人认真地去确认具体的营救者。最早被确认的营救者是约瑟夫·巴斯。然后是安德烈·特罗克梅，之后是玛格达、丹尼尔·特罗克梅、爱德华·泰斯及其妻子米德丽。泰斯会说："安德烈是领导者。我只是门徒，是追随者。我只是第二小提琴手。"作为义人，他们都被授予勋章，并在大屠杀纪念馆的义人大道上各种下一棵树，以彰显他们的荣誉。从那时起，就有一个常设委员会持续运作，以决定由各地方委员会上报的各国义人是否的确冒着生命危险做出善举，这种善举必须是无私的、不求回报的。

及至 2012 年，法国总共有 3513 位义人，占了义人总数的 14%。随着营救者陆续得到确认，义人总数还在逐年上升。[5] 两位主教萨利埃热和泰阿斯、格拉斯贝格院长、沙耶神父、马德莱娜·巴罗、勇敢的阿讷马斯市长让·德福、带领许多孩子穿越山区的乔治·卢安热，都是义人。总共有 59 位义人是神父或牧师，80 位义人是警察。

上卢瓦尔省有 87 位义人，其中高原上有 70 位义人：47 人来自勒尚邦村，10 人来自马泽村，6 人来自费伊村，5 人来自唐斯村。① 这让高原地区成为整个法国义人最集中的地区。德莱亚热夫人、罗歇·达尔西萨克、莱昂·埃罗、丹尼尔·屈尔泰、若尔热特·巴罗及其女儿加布丽埃勒，以及埃里捷夫妇，都是义人。但也有人被遗漏了：马伯小姐就未能分享这份殊荣。

---

① 原文如此，作者未说明余下 2 人的情况。——编注

330

后　记

战争结束后不久，有人问及西马德组织的马德莱娜·巴罗，能否列举那些在拯救犹太人的行动中建立功勋的名字，巴罗拒绝了。巴罗说道，不必彰显他们的事迹，因为他们选择不去标榜自己。而且她不希望人们"不光彩地"利用过去的事情。在很大程度上，维瓦莱－利尼翁高原的居民都是这样想的，他们选择对战争年代的英勇壮举保持沉默，就像数百年来在受到宗教迫害时保持沉默那样。但他们并非始终缄默不语。在各种各样的"记忆争夺战"（mémoires contestées，法国历史学家很喜欢这个术语）中，对于勒尚邦、唐斯、费伊和马泽在德国占领期间的情形，出现了许多不怀好意的版本。当这些"记忆战争"最终爆发的时候，居民们总是异常激烈地捍卫真实的记忆。

历经20世纪50年代、60年代、70年代，高原回归到战前的状态。越来越多的樟子松被引入种植，越来越多的拖拉机取代了本地灰白色的高头大马，达比派的信徒退隐到他们的私人生活中，夏季游客依旧来到森林里漫步。然而，在平静的表面之下，人们却心绪难平。关于勒尚邦的神话越闻名遐迩——人们越是尊崇特罗克梅牧师，越是谈论和平主义以及那些虔诚新教徒的无私行为——唐斯、费伊、马泽以及高原上其他村落的居民就越是心绪难平。

然后，在1979年，美国历史学家菲利普·哈利（Philip Hallie）为了证明和平主义能够成功对抗暴力，偶然发现了这个故事。在一次前往费城郊外斯沃斯莫尔学院的访问中，他发现了安德烈·特罗克梅的自传，以及玛格达所做的补充。当时这部自传被束之高阁，并没有公开出版的计划。这部自传是一枚未爆炸的小型炸弹。

按照哈利的著作《不要让无辜者流血》（*Lest Innocent Blood be Shed*）中的说法，安德烈·特罗克梅成为"勒尚邦的灵魂"，或多或少是在孤身奋战，他向其教区居民灌输非暴力抗争的理念，而他所主持的长老会也成为拯救行动的核心。书中很少提及甚至根本不提马德莱娜·德雷福斯、约瑟夫·巴斯、德莱亚热女士、马伯小姐或者马德莱娜·巴罗，也不提及其他重要村庄，包括马泽村、唐斯村或者费伊村。至于达比派信徒，更是完全不见踪影。

村长夏尔·吉永当时根本就不在勒尚邦，却被作者描述为曾经催促玛格达赶走第一个犹太难民。作者认为博埃涅牧师曾极力说服特罗克梅不要接纳犹太孩子。勒福雷捷被作者形容为"纯粹的蠢货"（puro folle）——一个粗心大意、粗枝大叶的人，差点因为冲动鲁莽而危及所有人的安全。德军少校施梅林主持的法庭判处勒福雷捷死刑，作者却说施梅林不仅已尽力挽救勒福雷捷，而且被高原居民的和平主义感动，以至于对那些村庄投以善意的目光，挽救了躲藏在那里的犹太人。作者说，当地警察对非暴力行为的印象如此深刻，以至于停止追捕藏匿的犹太人。游击队领导人埃罗是个冷静的领导者，他阻止了年轻人的愚蠢举动，但在书中完全不见踪影。在这个已被神化而且流传至今的叙事版本中，勒尚邦或多或少是在孤军奋战，而且是在特罗克梅的指引下孤军奋战。这个叙事版本试图说明，非暴力行为能够征服维希分子和德国人的心。

曾经有一段时间，起码在哈利著作的法文版出版以前，没有多少人注意到书中的说法，尽管博埃涅已察觉到此书对自己的各种诋毁，并迫使作者删去四页最具有侮辱性的内容。当时高原居民还心安理得地沉浸在喜悦中，他们迎来了一块主要由奥斯卡·罗索夫斯基设计制造的牌匾，牌匾上用法语和希伯来语向新教徒致敬，感谢他们"藏匿、保护、拯救数以千计被迫害的人"，揭牌仪式就安排在 1979 年夏天。牌匾上铭刻了 144 个心怀感激的犹太人的名字。当时特罗克梅已去世了，就安葬在牌匾附近的墓地里，但泰斯及其家人都出席了揭牌仪式。

然后，在 1987 年，一名出生在高原上的制片人皮埃尔·绍瓦热（Pierre Sauvage）决定为这场"记忆战争"制作一部纪录片。他把这部纪录片命名为《精神武器》 （*Weapons of the Spirit*）。在戛纳电影节上，一位为《世界报》（*Le Monde*）撰稿的影评人把这部纪录片吹捧为"赞美诗"（hymn），称赞其歌颂了新教农民的无私善举。在这部纪录片中，绍瓦热大量引用哈利的观点，比如特罗克梅的惊人之举，比如无所不能的善意精神塑造和引领了他的教区居民。与此同时，哈利还在制造善意的神话，他在美国开设讲座，在讲座中，施梅林竟然变成高原上犹太人的保护者，他虽然有缺陷，但归根到底还是品格高贵的人。罗歇·邦菲斯（Roger Bonfils）是利尼翁旅馆的业主，而那个旅馆正是德军伤兵之家。据说邦菲斯描述了特罗克梅与施梅林的一次会见，而他是那次会见的见证人，二人在会见中达成了庇护犹太人的协议，但这协议明显是伪造的。

讲座引发了公愤。[1]信件、评论、抗议接踵而至。人们努力阻止绍瓦热的纪录片出现在某些电影节中。在《犹太世界》（*Le Monde Juif*）上，人们纷纷讲述真实的故事，接连几个星期

333

都处于愤怒的氛围中，奥斯卡·罗索夫斯基、马德莱娜·巴罗和皮埃尔·法约尔都以真实姓名出现在一篇细节详尽的批判文章中，他们都认为"历史的真相遭到了肆意歪曲"。[2]哈利和绍瓦热都被认为是"东拉西扯、道听途说、穿凿附会"之人。邦菲斯的说法更是荒诞无稽，因为他是高原上仅有的几个犯有通敌罪的嫌疑人之一，也因为没有其他任何证据能够证明施梅林与特罗克梅讨论过村庄里的犹太人。施梅林的所谓"善意"（goodness），曾被哈利在其他场合形容为"热切的同情心"（passionate compassion），在这里更是彻底被驳倒：难道他没有从上卢瓦尔省逮捕和遣送 234 名犹太人吗？难道他没有把法西斯民兵形容为"法国最杰出的子弟"吗？难道那些门诺派教徒，那些很可能把哈利的著作搬上银幕的资助人，不正是在战争结束后在南美洲为门格勒医生（Dr Mengele）提供庇护的同一批人吗？

勒福雷捷医生的遗孀，以及医生的儿子让－菲利普，都被迫加入这场争论中，并且澄清道，任何声称施梅林无法预见勒福雷捷被杀害的说法都是荒谬的，声称施梅林极力说服上司不要当场处决医生的说法也同样荒谬。关于特罗克梅的回忆录，新教作家雅克·普若尔（Jacques Poujol）告诉皮东，即那个曾经帮助犹太人前往瑞士的侦察员和交通员，那些回忆录只不过是"一个患上妄想症的可怜人在写那些年代久远却自以为可信的事情而已"。[3]特罗克梅的言语和事迹被筛选、演绎、歪曲了。围绕着哈利和绍瓦热这两个当事人，人们展开了更多的唇枪舌剑、口诛笔伐，控诉信堆积如山，诽谤话源源不断。绍瓦热请求得到谅解，他自己评论道纪录片可能有所夸张，但毕竟施梅林还不是个"穷凶极恶的敌人"。施梅林本人对此保持沉默。

争论还在持续。然后，在 1990 年，一位年轻的新教牧师阿兰·阿尔努（Alain Arnoux）被任命到勒尚邦担任本堂牧师，他与阿尔代什省颇有渊源，而且对过去的事情颇感兴趣。[4]他为这一任命感到荣幸。但他很快发现，这场争论开始让他所服务的教区居民为过去的事情争吵不休，阿尔努想要举办一场研讨会，所有卷入争论的人士都将获得邀请。无休止的争吵、憎恨、电影、书籍、演讲早已让他感到不胜其烦，而且这些言论越来越不准确，甚至获救人数也越来越离谱，就连 5000 人、8000 人这样的数字也出来了！美国福音派访问者组织的游行更让他感到不堪其扰，那些福音派信徒认为这个故事体现的宗教非暴力精神深得其心，因此跑到特罗克梅故居来朝圣。年复一年，特罗克梅夫妇获得了某种近似于圣徒的身份，这让阿尔努深感不安。这个神话已变成吸引游客的噱头了。

阿尔努本来以为研讨会将会带来和平，结果他说这是他做过的最糟糕的决定。

1990 年 10 月的三天里，高原上的争端再次爆发。所有曾经被忽略的人，包括埃罗、法约尔、邦尼索、游击队员们，以及唐斯村、马泽村和费伊村的居民们，好几位新教牧师，天主教徒，藏匿孩子的农民们，还有他们曾经藏匿的、现已长大成人的孩子们，他们的呼声终于被听见了。但气氛并不平静，现场弥漫着敌意。阿尔努所做的决定很可能于事无补，高原居民从未寻求也并未寻求引起公众注意，而一旦有人凭借这个故事从中渔利，"那么当地人所秉持的精神就遭到了无情背叛……如果某个教会，或者任何机构或家族，试图大肆宣扬过去的善举，那么这些自我标榜并从中获利的家伙，就会让那些恬退隐忍并保持沉默的人觉得不值"。阿尔努声称，铭记过去的善举

335

应该让人更加谦逊自抑，而非更加骄矜自负。

同样很可能引起波澜的是，当天以色列大使亲临现场，准备在研讨会结束后，代表大屠杀纪念馆为勒尚邦颁授奖章。阿尔努却声称，他真诚地希望，既然以色列向高原居民的善举致以敬意，那么以色列人就不要再炸毁巴勒斯坦人的家园，不要再驱逐巴勒斯坦家庭，不要再关闭巴勒斯坦儿童的学校。毫不让人意外的是，以色列方面旋即怒火中烧。在一份以色列报纸上，阿尔努被称为"纳粹牧师"（Nazi pastor）。

在此之后，这片土地再也未能恢复宁静，而爱好宁静原本是高原居民世代相传的品性。[5]后来还有其他研讨会和争论以更加缓和的方式进行，但争夺记忆的战争再也未能停歇。在历史学家与其他学者之间，在和平主义者与抵抗战士之间，在旁观者与拯救者之间，攻讦与谩骂还在继续。罗索夫斯基与绍瓦热的意见分歧难以化解，他们分别以自己的方式成为高原历史的保护人，不断吸纳和丧失追随者，不断争论勒福雷捷是否被逮捕以及被逮捕的确切时间，不断争论施梅林言论的确切意义，不断争论巴克和施梅林到底是好人还是坏人。2004年，希拉克总统访问勒尚邦，他对当地居民的赞美进一步强化了那个神话，因为在全国新闻报道中反复提到了"5000"名犹太人被拯救的数字，反复提到了特罗克梅和勒尚邦，那里的一个善意的密谋照亮了一个被拖入黑暗的国度。然而，更为完整的画面又一次未能得到呈现。在11位最为重要的法籍"国际义人"中，只有特罗克梅的名字被人提及。

这种让人不愉快的内部分裂，在延宕已久、至今未了的博物馆建造过程中得到最清晰的体现。早在1980年，山区历史学会（Société de l'Histoire de la Montagne）就提出了建造博物馆的设想，但这个设想到 2013 年才曙光初现，筹备的过程可谓艰难曲折，有时强调精神的力量和非暴力抗争，有时又强调抵抗运动和游击队员，召开了好多次气氛糟糕的会议，有人控诉档案材料被盗窃，有人抱怨博物馆建造计划被巴黎的历史学家和政治团体绑架。勒尚邦新任村长埃利亚内·沃基耶·莫特（Eliane Wauquiez Motte）是个雷厉风行、令人生畏的人物，她的儿子是萨科齐总统手下的政府官员，她决心凌驾于各种争吵之上，终于强势推行了一个建造计划，使高原历史的所有方面都能得到展示。但在这个过程中，她难免会得罪其他村庄，其他村庄的居民再次发起抗议，抗议他们被排除在这个故事之外，抗议他们被根深蒂固、盘根错节的利益相关方和野心勃勃的局外人"剥夺了他们的过去"。博物馆将会建在老学校的原址上，正对勒尚邦教堂。沃基耶夫人希望博物馆既能吸引游客，又能引来学童，孩子们已在课本里学习过大屠杀的历史。博物馆将能提醒孩子们，即使在维希政权统治的岁月里，还有地方保留着人性的尊严。

那么真相到底在哪里呢？施梅林到底是个英雄，还是个只想在战争中活卜来的德国军官？巴克到底是个人道主义者，还是个通敌者？当地居民真的特别利他无私吗？当然，在德国占领期间，高原并非唯一救助他人的地区。在整个法国，还有其他村庄，还有其他市镇，有修女，有家庭，有新教徒，有天主教徒，有戴高乐派，有共产党员，他们不惜冒着巨大的风险，庇护那些被纳粹追捕的人。德龙省的迪约勒菲、塔恩省的瓦布尔、塞文的维亚拉，这些地方都有类似的善举。从法国的一端到另一端，都有民政官员在修改食品配给名册，都有警察在网开一面，都有电话接线员提前预告即将到来的搜捕。在与维希版图平行的世界里，还有一幅人性尊严的版图。

尽管与其他地方情况类似，但维瓦莱－利尼翁高原的故事又略有不同。

在这 22 个社区和孤立的农舍中，有更多的人得到救助，获救比例比法国其他地方都高。拯救行动是由当地人默不作声、齐心协力地进行的，他们共同参与、共同计划、共同承担。他们的确没有救下 5000 人，这个数字在战争结束后引起很大困扰；真实的救助人数很可能是 800 人，也许有 3000 人只是路过此地，准备前往更安全的地方，但他们也在路上得到了当地人的帮助。还有一个在争论中困扰人们多年的问题有待解答，就是他们如何能够做到救助这么多难民。

337　　　其中一个解释可以在村长夏尔·吉永身上寻找。吉永颇具先见之明，早就预见到战争来临，有必要帮助涌入此地的难民。正如加布丽埃勒·巴罗所说："吉永让我们做好准备，他告诉我们准备接收难民。"另一个解释是如此众多新教牧师的加入，他们恪守《旧约》和犹太教义，与欧洲各地的新教徒都有来往，并与在欧洲各地备受迫害的认信教会略有往来；还有虔诚的、坚定的达比派信徒，他们早已习惯恬淡隐忍、保持沉默，这意味着他们从未引起别人的关注，别人自然也意识不到他们的贡献。还有一个解释就是，高原在冬季大雪封山的几个星期难以进入，即使在夏天，狭窄蜿蜒的林中道路也让人难以穿越。因此早在战争之前，人们就知道这里适合孩子成长和老人养老，这里也变成难民的天然庇护所。与中立国瑞士的联系也发挥了一定作用。

除了上述原因以外，还要考虑到德国在勒皮的驻军规模较小，而且许多驻军士兵其实是不甚可靠的鞑靼人、格鲁吉亚人和亚美尼亚人，他们不太可能服从纳粹的命令。这也部分解释了另一个让人困惑的谜团：在战争后期的 18 个月里，德军伤兵就住在勒尚邦，但他们没有采取任何行动，去告发或者逮捕那些他们知晓其身份的犹太人。他们是国防军士兵，而不是纳粹党徒，而且他们肯定不想激起当地人的敌意，尤其是游击队员还活跃在这个地区。此外，埃罗和布雷斯也尽可能让游击队员保持冷静。

此外还必须留意一个事实，无论是巴克省长，还是驻军勒皮的施梅林少校，他们都不是狂热的反犹主义者，而奥斯卡·罗索夫斯基则是个优秀的伪造证件者。此外还要考虑当地的历史传统，当地人崇尚谨慎和沉默的美德，高原上来了这么多崇尚自由、具有名望的难民，以及唐斯和伊桑若的警察都是当地人，都出身于那些藏匿犹太人的家族。当然，还有安德烈·特罗克梅和爱德华·泰斯，起码在被迫躲藏之前，他们对教区居民保持了强有力的影响，就像高原上其他新教牧师那样。特罗克梅可能不是人们口中的圣人，有时却被描绘为圣人，非暴力抗争也只是这个故事的一小部分；因为拯救了藏身于高原的人们，特罗克梅及其家人当然应该享有荣誉，但同样的荣誉也应该授予沉默且谦虚的达比派信徒，授予温和的天主教徒、新教徒、无神论者和不可知论者，他们相互支持，不顾自身安危，保护了被追捕和迫害的难民。

综上所述，这是天时、地利、人和等各种因素恰到好处地发挥作用的结果。

2012 年夏天，我请求马德莱娜·塞什带我到高原上到处

338

走走。她是埃米尔·塞什的女儿，在苏莉阿姨之家那帮孩子的合影中笑得特别开心。马德莱娜当了一辈子医生，但她经常会带孩子和孙子回到勒尚邦。她告诉我当年难民们如何爬出火车，小火车站建在村庄最高处，如今早已被关闭，轨道上长满了杂草。然后我们沿着山坡往下走，一路走到梅氏旅馆，农民们曾经在那里等候，把难民们带离他们的马槽，送往农场和农舍藏身。我们也去看了特罗克梅的长老会堂，勒福雷捷曾经在那里以滑稽戏逗孩子们笑，而在那座教堂里，泰斯和特罗克梅宣读过那么多热情洋溢的布道词。在拉盖斯皮，有汉娜和吕迪·阿佩尔住过的地方；在拉布里克、费多利、花丘和格里永，有许多犹太人（包括小孩和大人）在战争年代毫发无损地住过的地方；而在丽日旅馆，奥斯卡·罗索夫斯基和加布丽埃勒·巴罗曾经彻夜不眠制作假文件。在苏莉阿姨之家，马德莱娜告诉我，她的卧室窗户正对露台，能够看见德军士兵在露台上做运动。

我们沿着利尼翁河的堤岸漫步，当年要不是一个当地男孩出手相救，一名德军士兵就淹死在利尼翁河里了；当年让－皮埃尔·特罗克梅及其朋友们还在河边偷走了另一名德军士兵的衣服，这样那名士兵就只能光着屁股爬上岸跑回家了；当年皮埃尔·布洛克还在河里抓青蛙。马德莱娜指给我看广场上一栋房子，普拉利就是在那里被射杀的。她还指给我看罗什之家，就在通向马斯村的路上。1943 年夏天，那里曾经受到盖世太保的突然袭击。

339　　　后来，我又去了马泽村，露露·吕埃尔及其女儿曾经把难民藏在阁楼里；我也去了唐斯村，莱纳特牧师曾经指引人们保护了 163 名犹太人；我还去了肖马热，约瑟夫·巴斯曾经在那里训练犹太裔游击队员，伊扎克·米哈伊利在星光和烛光下阅读《圣经·路得记》。还有好几次，我去了费伊村，那里寒冷而风大，跟战争年代相差无几，但当年商店云集的高原商业中心早已人去楼空。在费伊村的长老会堂，丹尼尔·屈尔泰曾给自己的父亲写暗语信。马德莱娜说过，这些地方跟她小时候相差无几，人们早已离去，但建筑物和高原的景色始终未变。只有树木变化了，樟子松如今覆盖了原有的开阔草地。

假如约翰·达比回到高原，再次行走于村庄之间去布道，他会惊奇地发现人们的生活方式几乎毫无改变。拉文派的信徒陆续离开了，尽管那里还有零星的"纯洁派"（les purs）社区，但他们保持着与世隔绝的状态。在达比派信徒家中，人们仍然以不折不扣的虔诚来诵读《圣经》。人们带着某种自豪缅怀战争年代，但并不高调张扬。一位男士告诉我："我们都是坚守道德自觉的人，我们的家族当时并不认为自己在行善积德。他们只是凭着良心做事，为被迫害的人们提供庇护。"这种低调谦逊的美德，意味着只有很少的达比派信徒被列名为"国际义人"。

我曾经去马赛探望吉尔贝·尼扎尔，他刚退休没多久，在城市最高处给自己盖了座小房子，能够看到大海的全景。他有六个幸存的兄弟姐妹，兄弟姐妹们总共有 20 个孩子，而孩子们又有 61 个后代。如今，家族后代散布于法国、以色列、美国、瑞士和巴西。他们仍然是相亲相爱的大家族。直到战争临近结束的时候，直到死亡列车从波兰带着所有幸存者开回法国的时候，他们才意识到阿尔芒和安德烈再也回不来了。

我曾经前往纽约，去寻找马克斯·利布曼和汉娜·利布曼。1948 年，他们都在居尔感染了肺结核，因此不得不在疗养院里待了 18 个月，还被迫把尚在襁褓的女儿送到寄养家庭。马克斯

和汉娜并没有对发生在自己和家人身上的不幸怨天尤人，他们
非常庆幸，遇见了忠诚于信仰，并且愿意冒着生命危险拯救他
人的人们。马克斯和汉娜都年过 90 了，问道，还有谁跟他们一
样活到这个岁数呀？在纽约，我还找到了吕迪·阿佩尔，他还
在战争结束后不久就入职的那家出口公司工作。

340

最后，我环游以色列，并拜访了罗阿讷的女孩们，她们住在
特拉维夫的小型公寓和以色列北部的基布兹农场里。在 20 世纪
90 年代初期，她们帮助建立了"隐身孩子协会"（Association of
Hidden Children），一起回忆坐着雪橇在勒尚邦的街道上滑雪的日
子，一起回忆当地人的友善好客。我在靠近黎巴嫩边境的一处基
布兹农场里找到了皮埃尔·布洛克。他已改变了姓名、语言和国
籍，现在他叫艾利·本·加尔（Eli Ben Gal）。

皮埃尔出席了阿尔努在 1990 年举办的研讨会。他解释道，
他之所以出席研讨会，是为了感谢鲁塞尔女士，他曾经住在鲁
塞尔女士家中，"在大屠杀的岁月里，作为一个犹太小孩度过
了快乐的童年"。他还想向所有被打扰的村民道歉，同时感谢
他们发自内心的利他行为和英勇举动。皮埃尔说，他必须感谢
他们，感谢他们拯救了他以及许多人的生命，感谢他们日复一
日地"身体力行"，让他明白何谓人类的高贵尊严。二十多年
后，皮埃尔对我说了另一番话："我们曾经生活在一场伟大的
冒险里，在无与伦比的时空里。那是一种非同寻常的年轻体验，
那是法国的至暗时刻。在空气中、在人们的精神世界里，仿佛
存在某种氛围，让我们永远无法忘怀。在这一生中，我都努力
地生活着，因为我不想辜负那个伟大的时刻。"

插图清单

本书地图由比尔·多诺霍（Bill Donohoe）绘制。

（第 18 页插图）阿龙·利弗朗与萨拉·利弗朗夫妇，及其两个孩子

（第 31 页插图）犹太人抵达德朗西，摄于约 1942 年（DIZ 慕尼黑 GMBH 及南德意志图像出版社供图）

（第 44 页插图）被关押在居尔拘留营的囚犯，摄于 1941 年（尤斯坦图像及 AKG 图片社供图）

（第 51 页插图）马德莱娜·德雷福斯及其女儿安妮特（勒尚邦基金会供图）

（第 57 页插图）居尔拘留营的墓地，摄于 1952 年

（第 62 页插图）被关押在拘留营的三名儿童，拘留营里总共关押了 5000 名儿童（美国大屠杀纪念馆和美国公谊服务委员会供图）

（第 65 页插图）汉娜·希尔施，摄于 1936 年；马克斯·利布曼，摄于 1934 年

（第 68 页插图）吕迪·阿佩尔，摄于 1940 年（勒尚邦基金会供图）

（第 83 页插图）沙耶神父，摄于 1941 年；格拉斯贝格修道院长

（第 114 页插图）小火车向高原攀爬

（第 117 页插图）夏尔·吉永（勒尚邦基金会供图）

（第 120 页插图）若尔热特·巴罗及其寄宿者站在丽日旅馆前面，摄于 1944 年 8 月（勒尚邦基金会供图）

（第 122 页插图）孩子们正在勒尚邦一处农场收集牛奶（浩劫纪念馆和当代犹太文献中心供图）

（第 124 页插图）勒尚邦的孩子们正在晨练

（第 131 页插图）勒尚邦郊外森林里的达比派妇女

（第 138 页插图）20 世纪 30 年代后期的特罗克梅一家（私人收藏）

（第 141 页插图）特罗克梅的教堂

（第 144 页插图）勒福雷捷医生与达妮埃尔（美国大屠杀纪念馆供图）

（第 146 页插图）塞文诺新学堂的教职员工，摄于 1937 年

（第 147 页插图）马伯小姐及其女伴让娜·卡里亚

（第 157 页插图）1942 年 8 月 15 日，拉米朗访问高原，巴克身穿制服站在拉米朗身旁（勒尚邦基金会供图）

（第 163 页插图）马德莱娜·巴罗制订的逃跑计划（私人收藏）

（第 177 页插图）米德丽·泰斯与爱德华·泰斯

（第 182 页插图）设在勒皮的德军司令部，摄于 1941 年（勒尚邦基金会供图）

（第 191 页插图）奥斯卡·罗索夫斯基（私人收藏）

（第 199 页插图）埃米尔·塞什与索朗热·塞什及在苏莉阿姨之家的孩子们，摄于 1942 年（美国大屠杀纪念馆供图）

（第 204 页插图）普拉利及其朋友们（勒尚邦基金会供图）

（第 208 页插图）阿尔芒·尼扎尔与贝拉·尼扎尔夫妇，

及其九个孩子中的七个，摄于 1928 年

（第 218 页插图）丹尼尔·屈尔泰与苏珊·屈尔泰夫妇（私人收藏）

（第 221 页插图）利利亚纳·施洛斯与热妮·施洛斯

（第 230 页插图）泰斯、达尔西萨克与特罗克梅在圣保罗德约

（第 238 页插图）露西·吕埃尔，摄于 1945 年（勒尚邦基金会供图）

（第 254 页插图）马德莱娜·德雷福斯的部分笔记（勒尚邦基金会供图）

（第 256 页插图）约瑟夫·巴斯以及安德烈服务团的部分成员，摄于 1944 年（勒尚邦基金会供图）

（第 279 页插图）罗贝尔·布洛克与亨丽埃特·布洛克夫妇，及其两个儿子，摄于 1942 年夏天（勒尚邦基金会供图）

（第 288 页插图）丹尼尔·特罗克梅

（第 291 页插图）罗什之家

（第 302 页插图）弗朗夫妇与三个犹太孩子，还有一个牧羊男童，皮埃尔·科恩就站在弗朗夫人面前（私人收藏）

（第 356 页插图）一群孩子在勒尚邦后面的群山里

（第 365 页插图）弗吉尼亚·霍尔及其"戴安娜自由军团"

（第 366 页插图）勒尚邦解放，摄于 1945 年

（第 370 页插图）乔治·加雷尔与莉莉·加雷尔夫妇战后在瑞士

我们已尽力追寻与联系各位版权所有者，出版方也乐意尽早更正任何标注疏漏。

参考文献

一手文献

本书最为重要的素材,来自我在法国、以色列和美国所进行的访谈,访谈对象是那些在德国占领期间藏身于维瓦莱 - 利尼翁高原的人,或者那些在努力营救中施以援手的人。在某些个案中,我与他们的孩子和亲友对谈。而且,我非常幸运,因为人们把从未公开发表过的书信、日记和回忆录都交托给我。

关于法国被占领期间抵抗运动的珍贵档案,关于驱逐行动和德国占领者的珍贵档案,收藏在位于巴黎的法国国家档案馆CARAN(Series 72AJ45;72AJ69;72AJ78;72AJ142;F715000;AJ383575;AJ383618;AJ38258;F161 - 1038;F1c111/1162/1137)。还有大量关于维瓦莱 - 利尼翁高原的档案,收藏在位于勒皮的上卢瓦尔省档案馆(Series R,Series 12W,Series 173W,Series 562W;Fonds Bonnissol AD120J;Cabinet de la Haute - Loire,Series 1115W,12W,173W,562W;Rapports de Gendarmerie,Series R3 and R4;Rapports des Renseignements Généraux R6828;Rapports du Préfet 526W208/9/10;Fonds Piton AD168J;AD562W170)。更多文件收藏于西马德组织的档案库中(Boîte No. 1、Boîte No. 2 和 Papiers Violette Mouchon)。关于拯救者与被拯救者的个人文件,收藏在位于马泽的山区历史学会、位于耶路撒冷的以色列犹太大屠杀纪念馆图书馆、位于华盛顿的美国大屠杀纪念馆、位于费城的美国公谊会档案库,以及位于巴黎的西马德组织和儿童救援组

织的图书馆中。位于巴黎的浩劫纪念馆也收藏了一定数量的关于高原及其居民的材料（CCXV111 - 104；DLXX11 - 7；DLXX11 - 53；DLX1 - 103；DLX1 - 104；CMXL1V；DCCCLX；DCCCLX1 - 55；DCCCLX 1 - 37）。安德烈·特罗克梅和玛格达·特罗克梅的文件收藏于斯沃斯莫尔学院和平文库。

二手文献

关于第二次世界大战期间被德国占领的法国，关于把犹太人和抵抗战士押送到位于东欧的灭绝营和集中营，关于法国拘留营内部的生活，均有为数众多的回忆录、日记、书信和学术论文予以记载。以下是笔者选录的对于本书最有裨益的那部分文献。

Alary, Eric, *Les Français au Quotidien*. Paris, 2006.

Alary, Eric, *L'Histoire de la Gendarmerie*. Paris, 2000.

Alexis-Monet, Laurette, *Les Miradors de Vichy*. Paris, 1994.

Alsop, Stewart, and Thomas Braden, *Sub-Rosa: The OSS and American Espionage*. New York, 1946.

Amicales des déportés d'Auschwitz et des Camps de Haute-Silési, *Marseille, Vichy et les Nazis*. Marseilles, 1993.

André Philip; Socialiste, Patriote, Chrétien. Colloque 13–14 Mars 2003. Paris, 2005.

Annales, 48 No. 3, May–June 1993, *Vichy, l'Occupation, les Juifs*. Paris.

Bailly, Danielle (ed.), *Traqués, Cachés, Vivants. Les Enfants Juifs en France*. Paris, 2004.

Barcellini, Serge, and Annette Wierviorka, *Passant, Souvient-Toi! Les Lieux du Souvenir de la Seconde Guerre Mondiale en France*. Paris, 1995.

Baruch, Marc Olivier, *Servir l'Etat Français. L'Administration en France de 1940 à 1944*. Paris, 1977.

Baubérot, Jean, *Le Retour des Huguenots. La Vitalité Protestante XIX–XX Siècle*. Paris, 1985.

Bauer, Yehuda, *American Jewry and the Holocaust*. Detroit, 1981.

Bédarida, Renée, *Pierre Chaillet*. Paris, 1988.

Bédarida, François, et Renée Bédarida (eds), *La Résistance Spirituelle 1941-1944. Les Cahiers Clandestins du Témoignage Chrétien*. Paris, 2001.

Belot, Robert (ed.), *Guerre et Frontières. La Frontière Franco-Suisse Pendant la Seconde Guèrre Mondiale*. Neuchâtel, 2006.

Bénédite, Daniel, *La Filière Marseillaise*. Paris, 1984.

Bergier Commission, *Switzerland and Refugees in the Nazi Era*. Bern, 1999.

Berlière, Jean-Marc, and Denis Peschanski, *La Police Française 1930–1950*. Paris, 2000.

Bernard, Serge, *Traces Légendaires, Mémoires et Construction Identicaire*. Lille, n.d.

Billig, Joseph, *Le Commissariat Général aux Questions Juives 1941–44*. 3 vols. Paris, 1955–60.

Birnbaum, Pierre, *Anti-semitism in France. A Political History*. Oxford, 1992.

Boegner, Philippe (ed.), *Les Carnets du Pasteur Boegner*. Paris, 1992.

Boegner, Philippe, *Ici, on a aimé les Juifs*. Paris, 1982.

Bohny-Reiter, Friedel, *Journal de Rivesaltes 1941–42*. Geneva, 1993.

Boismorand, Pierre, *Magda et André Trocmé. Figures de Resistance*. Paris, 2007.

Bolle, Pierre (ed.), *Les Résistances sur le Plateau Vivarais-Lignon 1938–1945. Témoins, Témoignages et Lieux de Mémoire*. Roure, 2005.

Bollon, Gérard, *Aperçus sur la Resistance armée en Yssingelais 1940–1945*. Le Chambon-sur-Lignon, 2007.

Boschetti, Pietro, *Les Suisses et les Nazis*. Geneva, 2004.

Boulet, François, *Histoire de la Montagne-Réfuge*. Roure, 2008.

Boulet, François, *Etrangers et Juifs en Haute-Loire de 1936 à 1944*. Cahiers de la Haute-Loire, 1992.

Braumann, J., Loinger, Georges, and F. Wattenberg. *Organisation Juive de Combat. 1940–1945*. Paris, 2006.

Brès, Eveline, and Yvan Brès, *Un Maquis d'Anti-Fascistes Allemands en France 1942–1944*. Languedoc, 1987.

Burrin, Philippe, *France Under the Germans*. New York, 1996.

Cabanel, Patrick, *Histoire des Justes en France*. Paris, 2012.

Cabanel, Patrick, and Laurent Gervereau, *La Deuxième Guerre Mondiale, des Terres de Refuge aux Musées*. Vivarais-Lignon, 2003.

Cabanel, Patrick, and Marianne Carbanier-Burkard, *Une Histoire des Protestants en France XVI–XX Siècles*. Paris, 1998.

Caen, Simon, *Georges Garel: Directeur d'un Reseau Clandestin de Sauvetage d'enfants juifs 1942–44*. Phd thesis, Université de Sciences Sociales de Grenoble, 1988–9.

Callil, Carmen, *Bad Faith. A Forgotten History of Family and Fatherland*. London, 2006.

Calvi, Fabrizio, *OSS: La Guerre Secrète en France*. Paris, 1990.

Camus, Albert, *La Peste*. Paris, 1947.

Camus, Albert, *Carnets: 1942–1943*. Paris, 1962; *Carnets: 1943–1951*. Paris, 1963.

Capdevila, Luc, François Rouquet, Fabrice Virgili, and Davide Voldman,

Hommes et Femmes dans la France en Guerre. Paris, 2003.

Carpi, Daniel, *Between Mussolini and Hitler. The Jews and the Italian Authorities in France*. New Haven, 1994.

Charguéranel, Marc-André, *L'Etoile Jaune et la Croix Rouge. Le CICR et l'Holocauste 1939–1945*. Geneva, 1999.

Chaumont, Jean-Michel, *La Concurrence des Victimes*. Paris, 1997.

Chauvy, Gérard, *Histoire Secrète de l'Occupation*. Paris, 1991.

Chouraqui, André, *L'Amour Fort comme la Mort*. Paris, 1990.

Coad, F. Roy, *A History of the Brethren Movement*. Vancouver, 1968.

Cohen, Asher, *Persécutions et Sauvetages. Juifs et Français sous l'occupation et sous Vichy*. Paris, 1993.

Conan, Eric, and Henry Russo, *Vichy – An Ever Present Past*. New England, 1998.

Court, John M., *Approaching the Apocalypse. A short history of Christian Millenarianism*. London, 2008.

Courtois, Stéphane, and Adam Rayski, *Qui Savait Quoi?*. Paris, 1991.

Courvoisier, André, *Le Reseau Heckler de Lyon à Londres*. Paris, 1984.

Croslebailly, Berthe, *Dorcas. Héroine de la Résistance dans l'Yssingelais*. Le-Puy-en-Velay, 1999.

Dear, Ian, *Sabotage and Subversion: The SOE and OSS at War*. London, 1996.

Debiève, Roger, *Mémoires Meutries, Mémoires Trahies*. Paris, 1995.

Delarue, Jacques, *Histoire de la Gestapo*. Paris, 1962.

Delarue, Jacques, *Trafics et Crimes sous l'Occupation*. Paris, 1968.

Diamant, David, *Jeune Combat. La Jeunesse Juive dans la Résistance*. Paris, 1993.

Dray-Bensousan, Renée, *Les Juifs à Marseille 1940–1944*. Paris, 2004.

Dreyfus, Raymond, *Une 'Psy' selon Alfred Adler*. Unpublished memoir.

Duquesne, Jacques, *Les Catholiques Français sous l'Occupation*. Paris, 1966.

Durland De Saix, Deborah, and Karen Gray Ruelle, *Hidden on the Mountain*. New York, 2007.

Eychevine, Emilienne, *Les Pyrénées de la Liberté*. Paris,1983.

Favez, Jean-Claude, *Une Mission Impossible? Le CICR, les Déportations et les Camps de Concentration Nazis*. Lausanne, 1988.

Fayol, Pierre, *Le Chambon-sur-Lignon sous l'Occupation*. Paris, 1990.

Finkielkraut, Alain, *La Mémoire Vaine*. Paris, 1989.

Fishman, Sarah, Laura Lee Downs, Ioannis Sinanglou, Leonard V Smith, and Robert Zaretsky, *France at War. Vichy and the Historians*. Oxford, 2000.

Fitko, Lisa, *Escape through the Pyrenees*. Illinois, 1991.

Flaud, Annik, and Gérard Bollon, *Paroles de Réfugiés, Paroles de Justes*. Le Cheylard, 2009.

Flood, Christopher, and Hugo Frey, 'The Vichy Syndrome Revisited', *Contemporary French Civilisation*, Vol. 19, No. 2, 1995.

Foot, M. R. D., *SOE in France*. London, 1966.

Fry, Varian, *Du Réfuge à l'Exil. Actes du Colloque du 19 Mars 1999*. Arles,

2000.

Fry, Varian, *La Liste Noire*. Paris, 1999.

Gallisol, René, and Denis Peschanski, *De l'Exil à la Résistance*. Paris, 1989.

Garel, Georges, *Activités des Organisations Juives en France sous l'Occupation*. 1947.

Giniewski, Paul, *Une Résistance Juive 1943–45*. Paris, 2009.

Giolitto, Pierre, *Histoire de la Milice*. Paris, 1997.

Golnitz, Gérard, *Les Déportations de Réfugiés de Zone Libre en 1942*. Paris, 1996.

Grandjonc, Jacques, and Theresia Gunther (eds), *Zone d'Ombres 1933–1944*. Aix-en-Provence, 1990.

Grynberg, Anne, *Les Camps de la Honte. Les Internés Juifs des Camps Français 1939–44*. Paris, 1991.

Guéhenno, Jean, *Journal des Années Noires 1940–1944*. Paris, 1947.

Guillon, Jean-Marie, and Pierre Laborie (eds), *Mémoire et Histoire de la Résistance*. Toulouse, 1995.

Guirand, Jean-Michel, *La Vie Intellectuelle et Artistique à Marseille à l'Epoque de Vichy et sous l'Occupation*. Marseilles, 1989.

Hallie, Philip, *Lest Innocent Blood Be Shed*. New York, 1979.

Halls, W. D., *Politics, Society and Christianity in Vichy France*. Oxford, 1995.

Halls, W. D., *The Youth of Vichy France*. Oxford, 1981.

Harris Smith, Richard, *OSS. The Secret History of America's Central Intelligence Agency*. Berkeley, 1972.

Hazan, Katy, and Georges Weill, *Andrée Salomon, une Femme de Lumière*. Paris, 2011.

Hazan, Katy, *Les Orphelins de la Shoah*. Paris, 2000.

Henry, Patrick, *La Montagne des Justes*. Paris, 2010.

Hilberg, Raul, *Perpetrators, Victims and Bystanders. The Jewish Catastrophe 1939–1945*. New York, 1992.

Hilberg, Raul, *The Destruction of the Jews of Europe*. Chicago, 1961.

Jackson, Julian, *France: The Dark Years*. Oxford, 2001.

Jacques, André, *Madeleine Barot. Une Indomptable Energie*. Paris, 1989.

Joutard, Philippe, Jacques Poujol, and Patrick Cabanel (eds), *Cévennes, Terre de Réfuge 1940–1944*. Montpellier, 1987.

Kahn, Annette, *Robert et Jeanne: A Lyon sous l'Occupation*. Paris, 1990.

Kedward, H. R., *In Search of the Maquis. Rural Resistance in Southern France 1942–1944*. Oxford, 1993.

Kedward, H. R., *Resistance in Vichy France. A Study of Ideas and Motivation in the Southern Zone 1940–1942*. Oxford, 1978.

Kernan, Thomas, *Report on France*. London, 1942.

Klarsfeld, Serge, *Memorial to the Jews Deported from France 1942–1944*. New York, 1983.

Klarsfeld, Serge, *Vichy-Auschwitz*. Paris, 1985.

Knout, David, *La Résistance Juive en France*. Paris, 1947.

Kott, Aline, and Jacques Kott, *Roanne*. Paris, 1998.

Laborie, Pierre, *L'Opinion Française sous Vichy*. Paris, 1990.

Laharie, Claude, *Le Camp de Gurs 1935-1945*. Paris, 1994.

Latour, Anny, *The Jewish Resistance in France 1940-1944*. New York, 1970.

Lazare, Lucien, *Rescue as Resistance. How Jewish Organisations fought the Holocaust in France*. New York, 1996.

Lazare, Lucien, *Le Livre des Justes*. Paris, 1993.

Lecomte, François, *Jamais Je N'Aurai Quatorze Ans*. Paris, 2005.

Le Goff, Jacques, *History and Memory*. New York, 1992.

Lemalet, Martine (ed.), *Au Secours des Enfants du Siècle*. Paris, 1993.

Levy, Gaston, *Souvenirs d'un Médecin d'Enfants à l'OSE en France et en Suisse 1940-1945*. Unpublished memoir.

Loinger, Georges, *Aux Frontières de l'Espoir*. Paris, 2006.

Lowenthal, David, *The Past is a Forgotten Country*. Cambridge, 1985.

Lowrie, Donald A., *The Hunted Children*. New York, 1963.

Luirard, Monique, *La Région Stéphanoise*. Saint-Etienne, 1984.

Lytton, Neville, *Life in Occupied France*. London, 1942.

Maarten, Johan, *Le Village sur la Montagne*. Geneva, 1940.

Maber, G. L., *Le Faisceau des Vivants. Le Fagot Chambonnais*. Unpublished memoir.

Mabon-Fall, Armelle, *Les Assistantes Sociales au Temps de Vichy*. Paris, 1995.

Maillebouis, Christian, *Un Darbyste au XIXième siècle. Vie et Pensées de A. Dentan*. Le Chambon, 1990.

Marrot-Fellague Avionet, Céline, *Les Enfants Cachés pendant la Deuxième Guerre Mondiale. Mémoire de Maitrise*. Université de Versailles, 1998.

Marrus, Michael R., and Robert O. Paxton, *Vichy France and the Jews*. New York, 1981.

Masour-Ratner, E., *Mes Vingt Ans à l'OSE*. Unpublished memoir.

La Mémoire, entre Histoire et Politique. Cahiers Français. July-August 2001.

Merle-d'Aubigné, Jeanne, and Violette Mouchon (eds), *Les Clandestins de Dieu. CIMADE 1939-1945*. Paris, 1968.

Michel, Alain, *Les Eclaireurs Israelites de France pendant la Seconde Guèrre Mondiale. Mémoire de Maitrise*. Paris, 1981.

Michel, Henri, *Les Courants de la Résistance*. Paris, 1962.

Mours, Samuel, *Le Protestantisme en Vivarais et en Velay*. Montpelier, 2001.

Munos du Peloux, Odile, *Passer en Suisse. Les Passages Clandestins entre la Haute-Savoie et la Suisse*. Grenoble, 2002.

Nicole, G., and R. Cuendot, *Darbysme et Assemblées Dissidentes*. Neuchâtel, 1962.

Noguères, Henri. *Histoire de la Résistance en France de 1940 à 1945*. 5 vols. Paris, 1967-9.

Nora, Pierre (ed.), *Rethinking France: Les Lieux de Mémoire*. Chicago, 2001.

Nossiter, Adam, *The Algeria Hotel. France, Memory and the Second World War*. New York, 2001.

Nouzille, Vincent, *L'Espionne. Virginia Hall – Une Américaine dans la Guèrre*. Paris, 2007.

Oliner, Samuel P., and Pearl M. Oliner, *The Altruistic Personality. Rescuers of Jews in Nazi Europe*. New York, 1988.

Ousby, Ian, *Occupation: The Ordeal of France 1940–1944*. London, 1997.

Pacy, James S., and Alan P. Wertheimer (eds), *Perspectives on the Holocaust. Essays in honour of Raul Hilberg*. Oxford, 1995.

Paxton, Robert O., *Vichy France: Old Guard and New Order*. New York, 1972.

Peschanski, Denis, *La France des Camps. L'Internement 1938–1946*. Paris, 2002.

Peschanski, Denis, *Les Tsiganes en France 1939–1946*. Paris, 1994.

Poliakov, Léon, *L'Auberge des Musiciens*. Paris, 1981.

Porthuis-Portheret, Valérie, *Août 1942: Lyon contre Vichy*. Lyons, 2012.

Poujol, Jacques, *Protestants dans la France en Guerre 1939–1945*. Paris, 2000.

Rayski, Adam, *Le Choix des Juifs sous Vichy*. Paris, 1992.

Riegner, Gerhart M., *Ne Jamais Désespérer*. Paris, 1998.

Rist, Charles, *Une Saison Gâtée. Journal de Guerre et d'Occupation 1939–1945*. Paris, 1983.

Roznanski, Renée, *Etre Juif en France pendant la Seconde Guèrre Mondiale*. Paris, 1994.

Ruby, Marcel, *F Section SOE. The Buckmaster Networks*. London, 1988.

Ruby, Marcel, *La Résistance à Lyon 19 June 1940–3 Septembre 1944*. Lyons, 1979.

Russo, Henry, *The Vichy Syndrome. History and Memory in France since 1944*. London, 1994.

Ryan, Donna F., *The Holocaust and the Jews of Marseille*. Illinois, 1996.

Samuel, Vivette, *Rescuing the Children: A Holocaust Memoir*. Wisconsin, 2002.

Schramm, Hanna, *Vivre à Gurs. Un Camp de Concentration Français*. Paris, 1979.

Siekierski, Denise, *MiDor LeDor*. Paris, 2004.

Stulmacher, Jacques, unpublished memoir.

Teissier du Cros, Janet, *Divided Loyalties*. London, 1962.

Todd, Olivier, *Albert Camus: Une Vie*. Paris, 1996.

Trocmé, André, unpublished memoir.

Trocmé, André et al., *Le Visage et l'Ame du Chambon*. Le Chambon-sur-Lignon, 1943.

Trocmé, Jacques, *Message Posthume du Pasteur André Trocmé*. Unpublished memoir. May 2003.

Unsworth, Richard P., *A Portrait of Pacifists. The Chambon, the Holocaust and the Lives of André and Magda Trocmé*. Syracuse, 2012.

Wellers, Georges, *L'Etoile Jaune à l'Heure de Vichy*. Paris, 1973.

Wisard, François, *Les Justes Suisses*. Geneva, 2007.

Yagil, Limore, *La France Terre de Réfuge et de Désobéissance Civile 1936–1944*. Paris, 2010.

Zalberg, Carole, *Chez Eux*. Paris, 2004.

Zaretsky, Robert, *Nîmes at War. Religion, Politics and Public Opinion in the Gard 1938–1944.* Pennsylvania, 1995.

Zeitoun, Sabine, *Ces Enfants qu'il Fallait Sauver.* Paris, 1989.

Zeitoun, Sabine, *L'OSE sous l'Occupation en France.* Paris, 1990.

Zuccotti, Susan, *The Holocaust, the French and the Jews.* London, 1993.

注 释

第一部

第一章

1. 作者对西蒙·利弗朗的采访。

2. Birnbaum, *Anti - semitism in France*.

3. Paxton, *Vichy France*; Callil, *Bad Faith*; Klarsfeld, *Vichy - Auschwitz*.

4. Marrus and Paxton, *Vichy France and the Jews*; Billig, *Le Commissariat Général aux Questions Juives*.

5. Lowrie, *The Hunted Children*.

6. Rayski, *Le Choix des Juifs sous Vichy*.

7. *Annales* No. 3.

8. Alary, *Les Français au Quotidien*; Ousby, *Occupation: the Ordeal of France*.

9. 作者对雅克·斯图马舍的采访。

第二章

1. Laborie, *L'Opinion Française sous Vichy*.

2. 作者对汉娜和马克斯·利布曼的采访。

3. Grynberg, *Les Camps de la Honte*; Peschanski, *La France des Camps*; Schramm, *Vivre à Gurs*.

4. ICRC archives B6003 - 28 - 02（Geneva）.

5. Jacques, *Madeleine Barot*.

6. Hazan, *Les Orphelins de la Shoah*; Masour - Ratner, *Mes Vingt Ans à l'OSE*; Zeitoun, *L'OSE sous l'Occupation en France*.

7. American Friends Service Committee archives.

8. Hazan and Weill, *Andrée Salomon, une Femme de Lumière*.

9. 作者对吕迪·阿佩尔的采访。

10. Samuel, *Rescuing the Children*, p. 47.

第三章

1. Grynberg, *Les Camps de la Honte*, p. 298.

2. Laharie, *Le Camp de Gurs*, p. 237.

3. AFSC archive.

4. Bohny – Reiter, *Journal de Rivesaltes*.

5. Zeitoun, *Ces Enfants qu'il Fallait Sauver*.

6. Porthuis – Portheret. *Août 1942*.

第四章

1. Callil, *Bad Faith*, p. 239.

2. Zuccotti, *The Holocaust, the French and the Jews*, p. 155.

3. Cabanel and Carbonier – Burkard, *Une Histoire des Protestants en France*.

4. Baubérot, *Le Retour des Huguenots*.

5. Jacques, *Madeleine Barot*, p. 76.

6. 引自奥斯卡·罗索夫斯基私人档案中的信件。

7. Bédarida and Bédarida, *La Résistance Spirituelle*, p. 15.

8. Duquesne, *Les Catholiques Français sous l'Occupation*, p. 250.

9. Peschanski, *La France des Camps*, p. 351.

10. 作者对莉莉·加雷尔的采访。See also Zeitoun, *L'OSE sous l'Occupationen France*；Zeitoun, *Ces Enfants qu'il Fallait Sauver*.

11. 9 月 17 日给特雷西·斯特朗的信。

12. Rayski, *Le Choix des Juifs sous Vichy*, p. 172.

13. Klarsfeld, *Memorial to the Jews Deported from France*.

第二部

第五章

1. Todd, *Albert Camus*, p. 149.

2. Camus, *Carnets: 1942 – 5*, p. 15.

3. Bolle (ed.), *Les Résistances sur le Plateau Vivarais – Lignon*; Boulet, *Histoire de la Montagne – Refuge*.

4. 作者对加布丽埃勒·巴罗的采访。

5. 作者对马德莱娜·塞什的采访。

6. 作者对克里斯蒂安·马耶布依的采访；另见 Maillebouis, *Un Darbyste au XIXième siècle*。

7. Coad, *A History of the Brethren Movement*.

第六章

1. 作者对内莉·赫洛·特罗克梅的采访；另见 Boismorand, *Magda et André Trocmé*; Unsworth, *A Portrait of Pacifists*；以及安德烈·特罗克梅和玛格达的未出版的回忆录。

2. 作者对达妮埃尔·勒福雷捷和让－皮埃尔·勒福雷捷的采访。

3. André Trocmé papers, Box 2, Series A.

4. 作者对理查德·马伯的采访。See also Maber, *Le Faisceau des Vivants*.

5. Unsworth, *A Portrait of Pacifists*, p. 164.

6. André Trocmé memoir, p. 247.

第七章

1. Paxton, *Vichy France*.

2. Halls, *The Youth of Vichy France*.

3. Capdevila et al., *Hommes et Femmes dans la France en Guèrre*.

4. Paxton, *Vichy France*, p. 222.

5. Halls, *The Youth of Vichy France*, p. 53.

6. André Trocmé memoir.

7. Boulet, *Cahiers de la Haute – Loire*, 2004.

8. *Cahiers de la Montagne*, 2004.

9. Bolle, *Les Résistances sur le Plateay Vivarais – Lignon*；Boulet, *Histoire de la Montagne – Réfuge*；Poujol, *Protestants dans la France en Guerre*.

10. 作者对吕特·菲瓦－西尔伯曼的采访。

11. 约瑟夫·阿特拉斯的档案在美国大屠杀纪念馆的档案馆里。

12. Lecomte, *Jamais Je N'Aurai Quatorze Ans*.

13. 彼得·费格尔的档案在美国大屠杀纪念馆的档案馆里。

第八章

1. Burrin, *France under the Germans*.

2. Archives Départementales de la Haute – Loire, 562W51.

3. Boulet, *Cahiers de la Haute – Loire*, 2004.

4. Zuccotti, *The Holocaust*, *the French and the Jews*.

5. Bénédite, *La Filière Marseillaise*；Amicales des déportés d'Auschwitz, Marseilles, *Vichy et les Nazis*.

6. *Enfants Cachés* MDLXXXV.

7. 作者对奥斯卡·罗索夫斯基的采访。

8. 作者对马德莱娜·塞什的采访。

9. 作者对罗贝尔·厄巴尔的采访。

10. Trocmé papers.

11. 作者对奥利维耶·菲利普的采访。

12. Magda Trocmé papers.

13. Camus, *Carnets*：*1942 – 1943*, p. 26.

第九章

1. André Trocmé memoir, p. 260.

2. 作者对吉尔贝·尼扎尔的采访。

3. 作者对阿林·屈尔泰的采访；另见丹尼尔·屈尔泰给父母的信件，私人收藏。

4. 作者对吕特·戈朗、热妮·施洛斯、利利亚纳·海莫夫、丽塔·科布林斯基、米娜·塞拉的采访，私人档案。

第十章

1. Boulet, *Histoire de la Montagne – Réfuge*; Bolle（ed.），*Les Résistances sur le Plateau Vivarais – Lignon*.

2. Magda Trocmé memoir.

3. André Trocmé memoir.

4. Zaretsky, *Nîmes at War*.

5. Piton papers, Archives Départementales de la Haute – Loire.

6. Bollon, *Aperçus sur la Résistance Armée en Yssingelais*.

7. 作者对吕埃尔的采访。

8. Archives Départementales de la Haute – Loire, 996W235.

9. Boulet, *Histoire de la Montagne – Réfuge*, p. 187.

10. Lung papers, archives of the Histoire de la Montagne.

11. Unsworth, *A Portrait of Pacifists*.

12. 屈尔泰信上的记录，私人收藏。

第十一章

1. AFSC archive.

2. Klarsfeld, *Memorial to the Jews deported from France*.

3. Riegner, *Ne Jamais Désesperer*; Courtois and Rayski, *Qui Savait Quoi?*

4. Porthuis – Portheret, *Août 1942*.

5. Zuccotti, *The Holocaust, the French and the Jews*, p. 173.

6. Hazan, *Les Orphelins de la Shoah*.

7. 作者对莉莉·加雷尔的采访。

8. Poliakov, *L'Auberge des Musiciens*.

9. Favez, *Une Mission Impossible ?*

10. Belot（ed.）, *Guerre et Frontières*, p. 299.

第十二章

1. Piton papers, Archives Départementales de la Haute Loire；Boulet, *Histoire de la Montagne – Réfuge*；Bolle（ed.）, *Les Résistances sur le Plateau Vivarais – Lignon*.

2. Merle – d'Aubigné and Mouchon（eds.）, *Les Clandestins de Dieu*.

3. 作者对吕特·菲瓦－西尔伯曼的采访。

第十三章

1. 作者对皮埃尔·布洛克的采访。

2. 作者对古尔贝·尼扎尔的采访。

3. Archives Départementales de la Haute – Loire, 996W232.

4. Gérard Bollon, *Cahiers de la Haute – Loire*, 1996.

5. Poujol, *Protestants dans la France en Guerre*；Magda Trocmé memoir.

第十四章

1. 作者对让娜·塞什和马德莱娜·塞什的采访。

2. 见西蒙·利弗朗未出版的手稿。

3. Masour – Ratner, *Mes Vingt Ans à l'OSE*.

4. 作者对勒内·里维埃的采访。

5. 马德莱娜·德雷福斯的档案，未出版文件。

第十五章

1. 作者对莱昂·埃罗的采访；see also Boulet, *Histoire de la Montagne – Réfuge*。

2. 作者对伊扎克·米哈伊利的采访。

3. 作者对 M. R. D. 富特的采访。see also Fayol, *Le Chambon – sur – Lignon sous l' Occupation*; Calvi, *OSS*。

4. 1941 年 9 月 4 日的信件。

5. Peter Churchill, *Of their own choice* (London, 1952), p. 154.

6. Alsop and Braden, *Sub – Rosa*.

7. Harris Smith, *OSS*, p. 149.

8. Maber, *Le Faisceau des Vivants*.

9. 作者对让·纳莱的采访。

10. Nouzille, *L'Espionne*, p. 290.

第十六章

1. Masour – Ratner, *Mes Vingt Ans à L' OSE*; Zeitoun, *L'OSE sous L'Occupation en France*.

2. 作者对加布丽埃勒·巴罗的采访。

3. Maber, *Le Faisceau des Vivants*; Lecomte, *Jamais Je N'Aurai Quatorze Ans*.

4. *Bulletin de Mazet – Saint – Voy*, 2004.

5. Elizabeth McIntosh, *Sisterhood of Spies*.

6. Nouzille, *L'Espionne*, p. 303.

第十七章

1. Todd, *Albert Camus*, p. 210.

2. Klarsfeld, *Memorial to the Jews Deported from France*; Marrus and Paxton, *Vichy France and the Jews*.

3. Hazan, *Les Orphelins de la Shoah*, p. 231.

4. Bernard, *Traces Légendaires*; Nora, *Rethinking France*.

5. Cabanel, *Histoire des Justes en France*.

后　记

1. 作者对奥斯卡·罗索夫斯基的采访。

2. *Le Monde Juif*, 1988/89, Numbers 130, 131, 132, 133.

3. Piton papers, Archives Départementales de la Haute – Loire.

4. 作者对阿兰·阿尔努的采访。

5. 作者对阿兰·德巴尔、埃利亚内·沃基耶·莫特、热拉尔·博隆的采访。

致　谢

如果没有以下人士的帮助，此书将不可能写就，我想要感谢他们，感谢他们为我付出时间和耐心，给我鼓励，并与我分享他们的故事：他们是米雷耶·阿尔卡代（Mireille Alkhadet）、吕迪·阿佩尔、阿兰·阿尔努、已故的加布丽埃勒·巴罗、塞尔热·贝尔纳（Serge Bernard）、帕特里克·卡巴内尔（Patrick Cabanel）、卡尔芒·卡里尔（Carmen Callil）、热拉尔·沙佐（Gérard Chazot）、米米·科尔蒂阿（Mimi Cortial）、伊莎贝尔·科汀（Isabelle Cotting）、阿林·屈尔泰、达尔什·德·马勒普拉德女士（Mme Darche de Maleprade）、安妮特·达维（Annette Davis）、阿兰·德巴尔（Alain Debard）、罗贝尔·厄巴尔、莱昂·埃罗、米歇尔·法布雷盖（Michel Fabréguet）、亨利·费德曼和海伦·费德曼（Henri and Hélène Federmann）、皮埃尔·德·费里斯（Pierre de Felice）、吕特·菲瓦－西尔伯曼、莫妮卡·费里斯马舍和马塞尔·费里斯马舍（Monique and Marcel Fleismaher）、已故的 M. R. D. 富特（M. R. D. Foot）、丹尼尔·勒福雷捷（Danielle Le Forestier）、让－菲利普·勒福雷捷、莉莉·加雷尔、阿齐萨·格里尔－马里奥特（Aziza Gril －Mariotte）、帕特里克·格兰杜耶（Patrick Grandouiller）、夏洛特·格鲁德曼（Charlotte Grundman）、纪尧姆夫妇（M. and Mme Guillaume）、利利亚纳·海莫夫（Liliane Haimov）、内莉·赫维·特罗克梅、利利亚纳·克莱因－利贝尔、让·拉普斯特

（Jean Laposte）、汉娜·利布曼和马克斯·利布曼、西蒙·利弗朗、乔治·卢安热、理查德·马伯（Richard Maber）、克里斯蒂安·马耶布依（Christian Maillebouis）、拉谢尔·马拉福斯（Rachel Malafosse）、利斯·马蒂农－梅耶尔（Lise Martinon－Meyer）、梅夫妇、克里斯蒂安·德·蒙布里松（Christian de Monbrison）、让·纳莱、吉尔贝·尼扎尔、奥利维耶·菲利普、瓦莱里·波尔图伊－波尔特雷（Valerie Portuis－Portheret）、勒内·里维埃、妮科尔·罗贝尔（Nicole Robert）、鲁塞尔女士、伊夫·卢瓦耶和马德莱娜·卢瓦耶（Yves and Madeleine Royer）、露露·吕埃尔、皮埃尔·绍瓦热、让娜·塞什和马德莱娜·塞什、斯皮德勒女士（Mme Spindler）、雅克·斯图马舍、西尔维亚·维松－加里（Sylvianne Vinson－Galy）、埃利亚内·沃基耶·莫特、弗朗西斯·韦尔（Francis Weill）。

在以色列，施罗莫·巴尔萨姆（Schlomo Balsam）、艾利·本·加尔、吕特·戈朗、利利亚纳·海莫夫、丽塔·科布林斯基（Rita Kobrinski）、吕西安·拉萨尔（Lucien Lazare）、伊扎克·米哈伊利、米娜·塞拉（Mina Sela）和热妮·施洛斯对我非常友善，并与我分享他们的战时回忆。

罗德·克德沃德（Rod Kedward）、劳伦特·杜佐（Laurent Douzou）、热拉尔·博隆（Gérard Bollon）、弗朗索瓦·布列（François Boulet）和塞尔热·贝尔纳都是历史学家，他们撰写的著作涉及战时法国的方方面面。他们给了我慷慨无私的帮助。

此书的许多素材来自私人与公共档案。我在此特别鸣谢以下机构、个人以及图书馆的职员：位于法国国家档案馆的 CARAN；位于基尤的英国国家档案馆；朱迪斯·科恩（Judith Cohen）以及位于华盛顿的美国大屠杀纪念馆；马丁·德·弗拉蒙（Martin de Framond）以及上卢瓦尔省档案馆；法布里齐奥·本斯（Fabrizio Bensi）以及红十字国际委员会；世界基督教会联合会；弗鲁玛·莫雷尔（Fruma Mohrer）以及犹太研究所（YIVA Institute for Jewish Research）；大卫·罗森堡（David Rosenberg）以及犹太历史中心（Center for Jewish History）；唐·戴维斯（Don Davies）以及美国公谊服务委员会；艾莉西亚·维沃娜（Alycia Vivona）以及 FOR 图书馆（FOR Library）；马泽圣瓦市政图书馆（Bibliothèque Municipale du Mazet - Saint - Voy）；阿加特·马林（Agathe Marin）以及西马德组织；玛丽 - 凯瑟琳·埃夫卡尼安（Marie - Catherine Efkhanian）以及塞文诺学院；凯伦·泰伊（Karen Taieb）以及位于巴黎的浩劫纪念馆；温迪·切米尔勒夫斯基（Wendy Chmielewski）以及斯沃斯莫尔学院和平文库；卡蒂·哈赞（Katy Hazan）、让 - 弗朗索瓦·拉马克（Jean - François Lamarque）以及儿童救援组织；荒漠博物馆；山区历史学会；伊莲娜·斯坦菲尔德（Irena Steinfeldt）以及以色列犹太大屠杀纪念馆。

我还应该感谢那些出于热情和善意伴我同行的朋友，正是他们让此书成为可能：安妮·布拉贝尔（Annie Blaber）、弗吉尼亚·杜尔干（Virginia Duigan）、珍妮特·萨弗里（Janet Savelli）和凯伦·德谟克利斯特（Karen Democrest）。罗德·克德沃德和安娜·希尔绍姆（Anne Chisholm）阅读了此书的手稿，并更正了手稿中的许多错误，我衷心地感激他们。

最后，一如既往地，我要把我最热切的感谢赠予我的出版代理人克莱尔·亚历山大（Clare Alexander），以及与我合作的各位编辑，他们是英国伦敦的佩尼·霍阿尔（Penny Hoare）、波比·汉普森（Poppy Hampson）和苏珊娜·奥特尔（Susannah

Otter），美国纽约的珍妮弗·巴特（Jennifer Barth）与加拿大的帕梅拉·穆雷（Pamela Murray），还有宣传人员——伦敦的莉萨·古丁（Lisa Gooding）和纽约的珍妮·贝尔尼（Jane Beirn）。

索 引

（以下页码均为原书页码，即本书页边码）

图书在版编目（CIP）数据

秘密村庄：维希法国的抵抗运动 /（英）卡罗琳·穆尔黑德（Caroline Moorehead）著；黎英亮，冯茵译. -- 北京：社会科学文献出版社，2022.7

书名原文：Village of Secrets：Defying the Nazis in Vichy France

ISBN 978 - 7 - 5201 - 9768 - 7

Ⅰ. ①秘… Ⅱ. ①卡… ②黎… ③冯… Ⅲ. ①第二次世界大战 - 史料 - 法国 Ⅳ. ①K565. 46

中国版本图书馆 CIP 数据核字（2022）第 027840 号

地图审图号：GS（2022）1370 号（书中地图系原文插附地图）

秘密村庄：维希法国的抵抗运动

著　　者 / ［英］卡罗琳·穆尔黑德（Caroline Moorehead）
译　　者 / 黎英亮　冯　茵

出 版 人 / 王利民
组稿编辑 / 董风云
责任编辑 / 张　骋　成　琳
责任印制 / 王京美

出　　版 / 社会科学文献出版社·甲骨文工作室（分社）（010）59366527
　　　　　地址：北京市北三环中路甲 29 号院华龙大厦　邮编：100029
　　　　　网址：www. ssap. com. cn
发　　行 / 社会科学文献出版社（010）59367028
印　　装 / 三河市东方印刷有限公司

规　　格 / 开本：889mm × 1194mm　1/32
　　　　　印张：14　字数：325 千字
版　　次 / 2022 年 7 月第 1 版　2022 年 7 月第 1 次印刷
书　　号 / ISBN 978 - 7 - 5201 - 9768 - 7
著作权合同
登 记 号 / 图字 01 - 2020 - 3314 号
定　　价 / 82.00 元

读者服务电话：4008918866